STEFAN LEBER

Die Menschenkunde der Waldorfpädagogik

Menschenkunde und Erziehung

61

Schriften der Pädagogischen Forschungsstelle
beim Bund der Freien Waldorfschulen

STEFAN LEBER

Die Menschenkunde der Waldorfpädagogik

Anthropologische Grundlagen der Erziehung
des Kindes und Jugendlichen

VERLAG FREIES GEISTESLEBEN

Die Deutsche Bibliothek – CIP-Einheitsaufnahme

Leber, Stefan:
Die Menschenkunde der Waldorfpädagogik :
anthropologische Grundlagen der Erziehung des Kindes
und Jugendlichen / Stefan Leber. –
Stuttgart : Verlag Freies Geistesleben, 1993
(Menschenkunde und Erziehung ; 61)

ISBN 3-7725-0261-X

NE: GT

Inhalt

TEIL III: DAS JUGENDALTER

Inhalt

Vorwort

Es gibt vielfältige und eindrückliche Darstellungen zur Pädagogik Rudolf Steiners, darunter solche, die ganz anschaulich und praktisch auf die Lebensvorgänge und den Erziehungsprozeß eingehen. Hier noch eine weitere hinzuzufügen ist nicht meine Absicht. Vielmehr ist es das Anliegen, die Anthropologie Rudolf Steiners, die er selbst teils systematisch, teils nur aphoristisch entwickelte, gründlich zu entfalten und von da aus die Erziehung des Kindes und Jugendlichen zu begründen. Dabei werden auch die andernorts (erziehungswissenschaftlich und philosophisch) unternommenen Bemühungen, den Menschen zu verstehen, mit in die Betrachtung aufgenommen – soweit das angebracht erscheint und von einem einzelnen geleistet werden kann. In dieser Hinsicht wurde auch der methodischen Begründung der anthroposophischen Erkenntnisse besondere Aufmerksamkeit gewidmet. Viel verdanke ich für die Darstellung dem geistigen Klima am Seminar für Waldorfpädagogik in Stuttgart, den Konferenzen und Gesprächen mit meinen Kollegen, insbesondere E.-M. Kranich, Chr. Lindenberg und W. Schad.

Ostern 1993   *Stefan Leber*

Einleitung

Anthroposophische Menschenkunde

In der anthroposophischen Menschenkunde und in den auf ihr aufbauenden pädagogischen Einrichtungen wie den Waldorfkindergärten, -schulen und heilpädagogischen Instituten spielen erkenntnisleitende Begriffe eine Rolle, deren Bedeutung im allgemein gebräuchlichen Sprachhorizont der Psychologie, Anthropologie und Erziehungswissenschaft in dieser Form nicht vorkommt. Allein schon diese Tatsache gibt reichlich Anlaß zu Mißverständnissen. Denn mit Worten assoziieren sich sofort irgendwelche – zumeist unscharfe – Vorstellungen, die ihrerseits noch unklarere Gefühle und Stimmungen aufrufen. Gegenüber dem nicht Gewohnten und erst recht gegenüber dem nicht einfach Zugänglichen verstellt dieser Ablauf nur allzu rasch den Weg zum ursprünglich gemeinten Gehalt. Rudolf Steiner (1861-1925), der Begründer der anthroposophischen Menschenkunde, verwendet Termini, durch welche das im Leibe wirkende Seelisch-Geistige des Menschen für das Verständnis aufgeschlossen werden soll. Dabei wird vorausgesetzt, daß das Dargestellte durch eigene Denkanstrengung im Mitvollzug selbst eingesehen und verlebendigt werden kann und sich damit als evident erweist. Man hat es mit einem fragmentarischen, dazu erst noch zu rekonstruierenden Angebot zu tun, das zugleich auch mehr sein will als eines unter vielen. Darin liegt eine Zumutung, die dem vorherrschenden Zeitgeschmack widerspricht. Das zweite Hindernis aber ist, daß Steiner in seinen Darstellungen Hilfen für das Denken anbietet, die gelegentlich aus einer völlig anderen *Bewußtseinsebene* herrühren als jener, auf der wir uns gewöhnlich im Alltag bewegen. So können die gegebenen Hinweise überraschen und damit aufweckend wirken, aber es kann auch das Gegenteil eintreten, daß man sich nämlich entmutigt oder verärgert von einem derart Unverständlichen oder scheinbar Ungereimten abwendet.[1] Das mag zunächst allein zu Lasten der vorgetragenen Erkenntnis gehen, indem sie sich in ihrer öffentlichen Ausbreitung wie von selbst begrenzt, berührt also den

Hörer oder Leser wenig. Freilich kann dadurch auch das Kulturleben insgesamt nachteilig betroffen sein, insofern sich Einsichten, die für die menschliche Selbsterkenntnis und das Selbstverständnis einer Kultur notwendig wären, nur unzureichend entfalten können.

Daß die von Rudolf Steiner entwickelten Einsichten in die Menschennatur durchaus eine wertvolle und fruchtbare Aufschließung des menschlichen Wesens für die Erkenntnis und das daraus folgende Handeln zu sein vermögen, zeigen sowohl die Erfahrungen, die einzelne damit gemacht haben, als auch die vielfältige und im allgemeinen erfolgreiche Praxis der darauf aufbauenden anthroposophischen Pädagogik, Therapie und medizinischen Heilkunde. Daß die Erkenntnisgrundlagen dieser Arbeitsrichtungen weit weniger bekannt sind als geistig viel magerer ausgestattete Auffassungen, mag, außer mit der eigenwilligen Wortwahl, auch mit der Wendung zum Spirituellen, zum Geist, zusammenhängen. Wer über Geist im konkreten, wesenhaften Sinne spricht, wird in einem Zeitalter, wo alles auf Beherrsch- und Berechenbarkeit zielt, nicht mit einer weitgespannten Akzeptanz rechnen können.[2]

Der nachfolgende Versuch, Steiners Denken über den Menschen aufzuschließen und systematisch zu umreißen, kann seiner Natur nach – bei einem Werk, das in sich so vielgestaltig wie umfangreich (wohl über 50 000 Seiten) ist und in dem unendliche Bezüge bestehen – nur einer unter manchen anderen, ebenso möglichen wie berechtigten sein.[2a] Worum es geht, ist, dem Suchenden einen Zugang zu schaffen und eine Hilfe anzubieten.

Es kann überraschen, daß bei einer genaueren Untersuchung des geistigen Umfeldes, aus dem Steiners Gedanken erwachsen, auch sprachliche Anknüpfungen für das Verständnis vorhanden sind. Denn als philosophisch Denkender und in den abendländischen Denktraditionen besonders seit Kant hervorragend Bewanderter knüpft Steiner, wie eine genauere Untersuchung zeigt, an die frühen Psychologien seit C. G. Carus[3] und die Anthropologien seit Herder an, also an die Anfänge, die von den Nachfolgern allzuleicht über der eigenen späteren Leistung vergessen wurden. Doch diese Anknüpfung ist bei Steiner keine zitierende und philologisch mit Belegstellen arbeitende – was man bedauern mag –, sondern eine, die von innen her an den geistigen Gehalt der Fragestellungen in Psychologie und Anthropologie des 19. und beginnenden 20. Jahrhunderts anschließt. Freilich ist mit der Anknüpfung auch noch nichts über die Originalität ausgemacht. Steiners Wert liegt in der eigenständigen

Sicht, die sich um systematische und konzeptionelle Verknüpfung sowie um den Kontext der laufenden fachwissenschaftlichen Diskussion letztlich wenig kümmert, selbst dann, wenn er durchaus vorhanden sein mag.

Worum aber geht es in der hier zu untersuchenden Frage nach der anthroposophischen Menschenerkenntnis? Ausschließlich um das *Rätsel Mensch*. Schaue ich jemandem ins Antlitz oder nur in die Augen, so sehe ich darin etwas vom inneren Wesen des anderen gespiegelt; es ist indessen allenfalls die Offenbarung der Zuständlichkeit des Innern, nicht aber sein Wesen selbst. Doch ist die Offenbarung stets in Übereinstimmung mit dem Wesen, unverstellt, ehrlich? Keineswegs braucht ein Zusammenklang zwischen dem Inneren und der äußeren Kundgabe bestehen. Kann ich dem Wesen eines anderen überhaupt nahe kommen oder bleibt es letztlich doch immer verschlossen? Und umgekehrt: Verstehe ich mich überhaupt selbst in meinem inneren Wesen oder wird dieses nur in meiner Beziehung zu anderen sich seiner selbst bewußt? Offenkundig hat man es beim Menschenverständnis mit einem Spannungsverhältnis zweier Pole, mit Gegensätzen von außen und innen, Kleid und Inhalt, Leib und Wesen, Hülle und Kern zu tun. Einmal darauf aufmerksam geworden, wird man auch bemerken, daß weder ich in meinem Selbsterleben noch der andere in seinen Offenbarungen unveränderlich, das heißt überzeitlich ist. Doch gegenüber dem vorübergehenden aktualen Erleben schwingt im Innern zugleich das Wissen mit, daß es ein dauerndes Zentrum gibt, auf das hin das wechselnde Erleben orientiert ist. Wenn ich indessen das Dauernde vom Zeitlichen trennen will und die verschiedenen Eigenschaften oder Eigentümlichkeiten des Wesens Mensch einigermaßen zutreffend zu erfassen suche, dann muß ich sorgfältig zwischen dem Vorübergehenden und dem Grundsätzlichen, zwischen den Erscheinungen und dem Wesen selbst, zwischen Substanz und Akzidens, differenzieren. Ist das aber überhaupt möglich? Steiner gebraucht für *das Erscheinende* im Leib den *Begriff der Hülle(n) oder der Wesensglieder* und rechnet dazu eine Vielzahl von Eigenschaften, die nicht das Wesen selbst, den «Kern», darstellen, dessen sich das Wesen aber gleichsam als eines Instrumentes oder Werkzeugs bedient: zum Handeln, Erleben und Erkennen. Diese Art der Unterscheidung ist keineswegs ungeläufig, ja auch für das eigene Erleben gewiß, denn niemand verwechselt den Zahnschmerz oder Muskelkater oder das Magengrimmen, so unangenehm sie sein mögen, mit sich, seinem eigenen Wesen selbst. Wenn aber diese Unterscheidung von Wesen und Hülle zu Recht besteht, dann ist die Frage, wie beide miteinander zusammenhängen. Da gibt es verschiedene Lösungsansätze; deren extremste Ausformungen gehen entweder von einer unauftrennbaren Einheit beider oder von einem Dualismus aus, dessen Elemente streng parallel verlaufen. Große Namen der Philosophie und Psychologie sind hierfür zu nennen.[4] Der Lösungsweg Steiners ist komplexer, wenn auch keineswegs ohne Bezug zu bereits vorhandenen Erkenntnisformen.[5] Er geht von einer ersten noch allgemeinen, damit aber umgreifenden Differenzierung aus, der begrifflichen *Scheidung von Leib, Seele und Geist.*

Soll diese Scheidung aber nicht bloß eine solche nach Namen bleiben, sondern auch eine Wirklichkeit beschreiben, ist anzugeben, was das je Eigentümliche des Leiblichen, des Seelischen und des Geistigen sei und wie es sich zum Wesen verhält. Dabei wird einem sogleich bewußt, daß diese Begriffe geschichtlich keineswegs von unverrückbarer Bedeutung oder gleichbleibendem Gehalt erfüllt waren und sind. Im Mittelhochdeutschen heißt «lîp» soviel wie Leib *und* Leben, der Leib ist der ganze Mensch, umschreibt die ganze Person, was im Leibarzt, dem Arzt, der für den ganzen Menschen und nicht nur für eine Teilerkrankung als Fachmann zuständig ist, aber auch im persönlich Verbundensein noch nachklingt. Leib meint auch den Gegensatz von Leib und Seele, einerseits zwar die Einheit zwischen beiden, dann aber auch jenen im Leben vereinten Gegensatz, der mit dem Tode wieder aufgehoben wird; denn nur die Seele zusammen mit dem Geist hat nach dieser Anschauung ewiges Leben. Die Vorstellungen, die sich in der Sprache abbilden, sind also verschieden, sie unterliegen einer Entwicklung. Vollends schwierig wird die Erscheinung und Benennung des Geistes.[6]

Weder in allen Kulturen noch etwa zu allen Zeiten wurde der Mensch in seiner Konstitution, seinem Aufbau oder Dasein gleichförmig betrachtet. Vielmehr verändert sich sein Selbstverständnis in dem Maße, wie er nicht bloß sein Leben führt und sich mit seinem Erleben, wie es nun einmal ist, zufrieden gibt, sondern dieses befragt und über die Gegebenheiten seines Soseins und Daseins nachdenkt und verstehen will, warum dies so und nicht anders ist oder vielleicht doch anders sein könnte. Um diesen Wandel in unsere Betrachtung hereinzurufen, greifen wir mit einem zusammenfassenden Blick jeweils auf den ungeheuren, wenig gehobenen Reichtum der Wort- und Bedeutungsgeschichte der einzelnen erkenntnisleitenden Begriffe zurück.[7] Damit ist allerdings nur der deutsche, vielleicht abendländische Sprachraum repräsentiert, keineswegs jedoch andere Kulturräume; ebensowenig ist damit die Geschichte des Denkens über den Menschen in diesem Raum erschöpfend erörtert, aber doch indirekt anwesend, und das schon ist sprechend.

Das Erkenntnisinteresse jener Wissenschaften, die sich mit dem Menschen befassen, wandelte sich also naturgemäß im Laufe der Zeit. «Jede Zeit findet ihr erlösendes Wort. Die Terminologie des 18. Jahrhunderts kulminiert in dem Begriff der Vernunft, die des 19. im Begriff der Entwicklung, die gegenwärtige [um 1930] im Begriff des Lebens.»[8] Plessner, einer der (Wieder-)Begründer der philosophischen Anthropologie in unserem Jahrhundert (zusammen mit Scheler und Gehlen), hebt hervor, wie die exzentrische Positionalität des Menschen seine besondere Eigentümlichkeit ausmacht und gerade auf das Wirken des Ich hinweist. Heute, im ausgehenden Jahrhundert, ist das «erlösende Wort» nicht mehr der Begriff des Lebens, allenfalls der der Autopoiesis, der Selbstgestaltung des Lebens, vielleicht mehr noch der des Systems. Keine wissenschaftliche Fragestellung kann und darf für sich Dauer beanspruchen, vielmehr leuchtet das jeweilige Erkenntnisinteresse verschiedene Provinzen der Existenz und Wirklichkeit mit seinen Fragestellungen aus.[9] Verstehensweisen und Erkenntnisformen wechseln, einmal herrschende Paradigmen verschwinden, andere tauchen auf, wobei meist die überwunden geglaubten, trotz ihres vielleicht gewichtigeren Inhalts, einfach vergessen werden. Dementsprechend gibt es auch «zeitgemäße», das heißt auf allgemeines Interesse stoßende Fragen, und unzeitgemäße, die weniger im Zeithorizont liegen. Doch genauer besehen, erweist sich etwas anderes als aufschlußreicher. Jüngst wurden beispielsweise die Menschenbilder in der Erziehungswissenschaft der letzten zwei Jahrzehnte untersucht, und es wurde aufgezeigt, wie seit Ende der sechziger Jahre dieses Jahrhunderts die Blickrichtung auf den Menschen von der Sozialwissenschaft bestimmt wurde. Dadurch wurde einerseits von einer mehr analytisch-empirischen Richtung der *rational handelnde* Verstandesmensch als lohnendes Erziehungsziel entdeckt, während andererseits die kritisch-dialektische Richtung den sich aus vorgegebenen Verhältnissen herausringenden, sich *emanzipierenden* Menschen als erstrebenswert ansah. Wiederum eine andere Richtung blickte auf den von der Gesellschaft in seinen Rollen festgelegten und diese erfüllenden *Homo sociologicus* als entscheidend hin, während wieder eine andere Richtung den modernen *Systemmenschen* vor dem Hintergrund «alteuropäischer Menschenbilder» diskutierte. Diese verschiedenen Konzepte haben unterschiedliche

Dimensionen des menschlichen Daseins aufgehellt, aber keineswegs den «ganzen Menschen» zu umfassen vermocht.[10] In diesem Sinne sind alle zeitlich bedingten und rasch wechselnden Menschenbilder aspekthaft und zielen kaum auf die «Wahrheit des Ganzen».[11] Denn diese ändert sich keineswegs kurzlebig, sondern hat es mit länger dauernden, da fundamentalen und essentialen Fragen zu tun.

Geistige Einordnung der anthroposophischen Menschenerkenntnis

Wie ordnet sich vor diesem Hintergrund das anthroposophische Menschenverstehen ein? Die Anthroposophie geht nach dem Einbruch, den der Materialismus einerseits und die Entfaltung der modernen Naturwissenschaft andererseits im 19. Jahrhundert gebracht hat, als eine erste neuzeitliche Erkenntnisform auf den *ganzen* Menschen zu, indem sie ihn nach Leib, Seele und Geist differenziert zu erfassen versucht. Die Besonderheit besteht vor allem darin, daß sie nach dem Wesen des Menschen im *Geiste* fragt und danach, wie dieses sich dem Leibe verbindet. Auf dem Gebiete der Psychologie waren durch Freud und später C. G. Jung ähnliche Bemühungen für das ihm eignende Verborgene, Un- oder Unterbewußte im Gange, nachdem der Psychologie seit Wundt «die Seele abhanden gekommen» war. So ist das anthroposophische Menschenverstehen durchaus Vorläufer von Bemühungen, die später, wenn auch in anderer Weise, von der philosophischen Anthropologie[12] unternommen wurden, nämlich zu einem einheitlichen Verständnis des ganzen Menschen zu kommen (siehe Anhang, I). Diese Ganzheitlichkeit kollidiert freilich mit dem reduktionistischen Wissenschaftsverständnis, wie es heute vorherrscht.[13] Dennoch hielten und halten bedeutende Denker und Anthropologen sie für notwendig. So sagt Jaspers: «Was ist Weltanschauung? Etwas Ganzes und etwas Universales. Wenn zum Beispiel vom Wissen die Rede ist: nicht einzelnes Fachwissen, sondern das Wissen als Ganzheit, als Kosmos. Aber Weltanschauung ist nicht bloß ein Wissen, sondern sie offenbart sich in Wertungen, Lebensgestaltung, Schicksal, in der erlebten Rangordnung der Werte ... Die Beschäftigung mit dem Ganzen nennt man Philosophie ... Die Philosophie war von jeher mehr als nur universale Betrachtung, sie gab Impulse, stellte Werttafeln auf, gab dem Menschenleben Sinn und Ziel, gab ihm die Welt, in der er sich geborgen fühlte ... Die universale Betrachtung ist noch keine Weltanschauung, dazu müssen die Impulse kommen, die den Menschen in seiner Totalität treffen und von seiner Totalität ausgehen. Philosophen waren nicht nur ruhige, verantwortliche Betrachter, sondern Beweger und Gestalter der Welt. Diese Philosophie nennen wir prophetische Philosophie.»[14] Dieses Bestreben liegt auch der anthroposophischen Menschenkunde zugrunde. Wollte man es wissenschaftsgeschichtlich einordnen, hätte man die gesamte Zeit- und Philosophiegeschichte einzubeziehen, eine Aufgabe, die sich Steiner bei der Begründung seiner Anthroposophie gestellt hat, indem er zuvor eine Erkenntniswissenschaft entwarf, die zuinnerst bereits Anthropologie ist.[15]

Steiners Grundeinsichten in die Menschennatur und ihre Entwicklung

Anthropologie des Individualismus und der Freiheit

Steiner führt in seiner Erkenntniswissenschaft einen empirischen und keinen spekulativen Nachweis der Möglichkeit menschlicher Freiheit. Dabei legt er die alltägliche Erfahrung des Menschseins zugrunde. «Die Philosophie der Freiheit ist nach Thema und Inhalt eine philosophische Anthropologie, die den Versuch unternimmt, als das spezifisch Menschliche des Menschen die schöpferische Freiheit nachzuweisen.»[16] Körperliche Merkmale werden dabei von ihm allerdings – anders als später – noch kaum berührt, statt dessen geht es ihm um die zentrale Konstitution von Erkennen und Handeln.[17] Wahrnehmungen sind dem Menschen durch seine Sinnesorganisation im Wachzustande ständig gegeben, es handelt sich um etwas, das von Vorfindlichem, Gegebenem, ausgeht. Dabei begreift Steiner unter Wahrnehmungen sowohl solche, die durch die Sinne, als auch solche, die durch geistige Organe, durch innere Wahrnehmung, gegeben sind. Was in seinem Hauptwerk *Philosophie der Freiheit* Wahrnehmung heißt, wird in den *Grundlinien einer Erkenntnistheorie der Goetheschen Weltanschauung* (1886) als «erste Erfahrung» bezeichnet, in *Wahrheit und Wissenschaft* (1892) heißt sie noch «unmittelbar gegebenes Weltbild». Innerhalb des Erkennens nimmt das *Denken* einen besonderen Platz ein. Es ist das *Organ zur Auffassung des Ideengehaltes der Welt.*[18] Das Denken gehört zum Wahrgenommenen, unterscheidet sich aber von diesem dadurch, daß der Mensch selbst an seinem Zustandekommen beteiligt ist, es ist tätiges Organ. Als solches wendet es sich auf anderes Gegebenes und bringt von ihm aufgefaßte Objekte selbständig hervor. Das Denken ist *höhere Erfahrung in der Erfahrung,* weil es zuvor getätigt wird, um gegeben zu sein, und weil es als Gegebenes sich voll enthüllt, das heißt sich selbst erklärt. Mit ihm und durch es erzeugt der Mensch einen universellen Zusammenhang, als Inhalt betrachtet: die

Gedanken. Sie sind gegenüber den sinnlich gegebenen Wahrnehmungen etwas, was allein aus der menschlichen Tätigkeit selber stammt, was aber zugleich erst Erkenntnis über diese Tätigkeit selbst konstituiert. Darum auch das besondere Wesen der Gedanken: Sie sind *durchschaubar*. Die *Beobachtung des Denkens* wird mithin zur allerwichtigsten Tätigkeit des Menschen, zu der er fähig ist. «Denn er beobachtet etwas, dessen Hervorbringer er selbst ist; er sieht sich nicht einem zunächst fremden Gegenstande, sondern seiner eigenen Tätigkeit gegenüber ... Er durchschaut die Verhältnisse und Beziehungen.»[19]

Damit ist Steiners erkenntnispraktische Ausgangsposition knapp umrissen. Man mag einwenden, der Zweifel oder das Problematisieren seien noch ursprünglicher, stellen diese doch das Gedachte in Frage. Aber auch sie sind auf das Denken angewiesen. Im *Denken* als Tätigkeit liegt eine *nicht weiter hinterfragbare Gegebenheit* vor, also ein sicherer Grund; befragbar sind natürlich die Inhalte des Denkens, die geschaffenen Verknüpfungen, aber nicht das Daß. Die in der Philosophie häufig als unzuverlässig und subjektiv erklärte und destruierte Sinneswahrnehmung bildet für Steiner die *eine* Grundlage des Erkennens, denn alle Daten rühren allein von ihr her, wie immer sie dann auch in theoretische Konstruktionen eingebunden werden mögen (etwa in den Atomismus). Die andere Grundlage ist das Denken, das wie die Wahrnehmung als Gegebenheit auftritt, an dessen Quell allerdings der Mensch selbst teilhat, wodurch es eine Sonderstellung im Erkenntnisvorgang erlangt. Entschieden wendet sich Steiner von seiner Position, wonach sich das *Erkennen* aus zwei Elementen aufbaut, aus Wahrnehmen und Denken, gegen die Auffassung, die Welt läge prinzipiell als fertige vor und der Erkennende bilde sie nur ab. Die wahren Verhältnisse liegen für ihn so: Ohne den im Denken selbst erzeugten Begriff bliebe die Wahrnehmungswelt «ein bloßes Nebeneinander im Raum und Nacheinander in der Zeit, ein Aggregat zusammenhangloser Einzelheiten ... Keines der Dinge, die da auftreten und abgehen auf der Wahrnehmungsbühne, hat mit dem andern unmittelbar etwas zu tun.»[20] Erst unser Denken stiftet durch seine Tätigkeit, die sich an dem Wahrgenommenen spontan entzündet, den – nur vermeintlich schon in der Wahrnehmung – gegebenen Zusammenhang. Die sinnlich gegebene Wahrnehmungswelt als solche ist unfertig und unvollständig, sie harrt der Ergänzung durch das Denken. Mit anderen Worten: Die *Wahrnehmungen tragen keine Eindeutigkeit in sich*, sie wird ihnen erst vom Menschen gegeben, doch er tut dies aus seiner Sicht, seiner Bio-

graphie, auf seine Art, je nachdem, wie er Lebenserfahrungen gesammelt
und verarbeitet hat; sie spiegeln seine Lebensgeschichte und seine ihn
umgebende Kultur. Dennoch ist es wiederum das Denken, das jede einseitige Sicht ins Allgemeine aufzuheben oder mindestens zu erweitern
vermag, nämlich dann, wenn es zu sich erwacht und sich seiner bewußt
wird. «In dem Denken haben wir das Element gegeben, das unsere besondere Individualität mit dem Kosmos zu einem Ganzen zusammenschließt. Indem wir empfinden und fühlen (wahrnehmen), sind wir einzelne, indem wir denken, sind wir das all-eine Wesen, das alles durchdringt.»[21] Diese Durchdringung macht es denn auch, daß die *Begriffe das*
Einheitliche sind, das alle Menschen gemeinsam haben können. Das Gewahren des Vorfindlichen heißt bei Steiner *Beobachtung*, das des Denkens *Intuition*. In beiden Fällen umfaßt der Mensch nur einen Teil des
Weltprozesses. In der Wahrnehmung erschließt sich ein bestimmter Ort
der Welt, im Denken zunächst ein Teil der Peripherie, wobei das Denken
in der Möglichkeit zum Absoluten der Erweiterung und Verallgemeinerung offen ist. Weil das Absolute, das heißt das Umfassende, das All-
Eine, dem Denken eignet oder ihm innewohnt, ist der Mensch eben dadurch der stufenweisen Erweiterung seines Erkennens fähig. Als Ziel
steht vor Augen die Einsicht: «Das einzelne menschliche Individuum ist
von der Welt nicht tatsächlich abgesondert. Es ist ein Teil der Welt, und es
besteht ein Zusammenhang mit dem Ganzen des Kosmos der Wirklichkeit nach, der nur für unsere Wahrnehmung unterbrochen ist. Wir sehen
fürs erste diesen Teil als für sich existierendes Wesen, weil wir die Riemen
und Seile nicht sehen, durch welche die Bewegung unseres Lebensrades
von den Grundkräften des Kosmos bewirkt wird.»[22]

An dieser Stelle kann ein Kernproblem bewußt werden: Wie kommt es,
daß wir, indem wir über Erscheinungen nachdenken, etwas über sie auszumachen vermögen? Liegt der im Denken aufgefundene Gedankengehalt möglicherweise bereits in den Erscheinungen, so daß wir ihn nur
aufzufinden brauchen?[23] «Wir müssen uns zweierlei vorstellen: einmal,
daß wir die ideelle Welt tätig zur Erscheinung bringen, und zugleich, daß
das, was wir *tätig* ins Dasein rufen, *auf seinen eigenen Gesetzen beruht* ...
So ungewohnt uns die Vorstellung sein mag, daß wir selbst ein Objektives
tätig zur Erscheinung bringen, daß wir mit anderen Worten eine Erscheinung nicht bloß wahrnehmen, sondern zugleich produzieren: sie ist keine
unstatthafte.»[24] Die Inhalte des Denkens entfalten sich angemessen, das
heißt den Begriffen und Ideen gemäß. Bei Begriffsurteilen erfolgt die

Verknüpfung allein aus den Gesetzen der verknüpften Inhalte, bei Wahrnehmungsurteilen wird ein Bestandteil, der nicht aus dem Denken stammt, in das Urteil aufgenommen. Da muß die bestimmte Wahrnehmung im Begriff vorgebildet sein, damit das Zusammenfallen, das heißt die Übereinstimmung im Urteil erkannt werden kann.

Die sich aufdrängende Frage, wieso der Erkennende denn nicht in einem Akte mit der Wahrnehmung auch den Begriff vermittelt bekommt, also nicht sofort voll erkennt, behandelt Steiner auf dieser Stufe seiner Erkenntniswissenschaft noch nicht, vielmehr geht er zunächst allein dem Tatbestand nach, daß es so ist. Später, 1914, wird dann die Ursache dafür, daß gerade in der selbstbewußten Seele die Quelle zu suchen sei, «aus der die Erkenntnis zu schöpfen habe, um Aufschluß auch über die außerseelische Welt zu gewinnen»,[25] darin gesehen, daß das, was die Sinne wahrnehmen, nur eine *halbe Wirklichkeit* darstelle, deren andere Hälfte durch selbstschöpferische Leistung der Erkenntnis erzeugt werde. Die Welt ist nichts Abgeschlossenes, Fertiges, sie bedarf der Fertigstellung durch den Menschen. Doch was ist die Ursache für die Unfertigkeit oder die jeweils zu vollbringende Erkenntnisleistung? Sie ist darin zu sehen, daß der Mensch, «indem er sich unmittelbar den Dingen gegenüberstellt, das in sich unterdrückt, was in Wahrheit zu ihnen gehört … Es liegt im Wesen der Seele, beim ersten Anblick der Dinge etwas *auszulöschen*, das zu ihrer Wirklichkeit gehört.»[26] Für diesen Vorgang gebraucht Steiner 1917 den Begriff der «Ablähmung», die durch die Nervenorganisation bewirkt wird.[27] Wenn der Mensch dann selbstschöpferisch aus den Tiefen seiner Seele etwas aufsteigen läßt, «was in diesen Tiefen schlummert, dann fügt er zu dem, was er mit den Sinnen geschaut hat, ein weiteres hinzu, das das halb Wirkliche als ganz Wirkliches in der Erkenntnis gestaltet.»[28] Dieses aus der Tiefe Kommende ist nur schwer an seinem Quellort zu erfassen, weil es zwar im gewöhnlichen Bewußtsein mitarbeitet, «aber in seiner Arbeit gar nicht in das Bewußtsein eintritt. Wenn der Mensch denkt, so ist sein Bewußtsein auf die Gedanken gerichtet. Er will durch die Gedanken etwas vorstellen … Man kann aber auch auf anderes seine Aufmerksamkeit richten. Man kann die Tätigkeit des Denkens als solche in das Geistesauge fassen … Man kann sich ganz einleben nur in das innere Tun der Seele … Es kommt hierbei nicht darauf an, in Gedanken zu leben, sondern darauf, die Denktätigkeit zu erleben. Auf diese Weise reißt sich die Seele los von dem, was sie in ihrem gewöhnlichen Denken vollführt … [Das führt zu einer] *unbegrenzten Steigerung* von Seelenfähigkeiten

… Es sind die Fähigkeiten der *Aufmerksamkeit* und *der liebevollen Hingabe an das von der Seele Erlebte.*»[29] Dadurch wird dann das Wirken des Geistes, das heißt der Zusammenhang der Wesen und Dinge, stufenweise erfahrbar. Das Vorstellen ist nicht abgelähmt, sondern belebt sich.

Aus dieser Anthropologie des Erkennens führt der weitere Erkenntnisweg zu einer *Anthropologie des Handelns* und damit der Freiheit. Für diese Anthropologie des Handelns gilt dasselbe, was für das Erkennen gilt. Auch für das Handeln kann der Mensch die Begriffe und Ziele dem Denken entnehmen. Durch die Begegnung mit Goethe wurde Steiner bewußt, wie Erfahrung ein Wiedererkennen des Begriffs im sinnenfälligen Gegenstand ist. Für das Handeln gilt, daß die Situation nicht als spezieller Fall eines Allgemeinen anzusehen ist, sondern die konkrete Gegebenheit individuell gestaltet werden muß. Dabei ist der Begriff – selbst ein Wesen – erst durch eine dem Wahrnehmen vergleichbare geistige Tätigkeit zu erfahren: im Falle der Handlung durch sittliche oder moralische Intuition, denn jede Handlung hat stets eine ethische Dimension. Die dafür eingebrachte Tätigkeit ist das Denken. Wenn das Bewußtsein – im Ausnahmezustand – sich auf die Denktätigkeit selbst und nicht auf den Inhalt des Denkens richtet, dann wird jene Spaltung der Organisation zwischen Wahrnehmung und Denken, Denken und Handeln aufgehoben, aufgehoben auch der Widerspruch Ich – Welt, Natur – Geist, Subjekt – Objekt. Insofern der denkende Mensch sich in seiner Tätigkeit als Tätiger bewußt wird, erfährt er sich als frei und sittlichen Zielen verbunden. Diesen Gedanken entwickelt der junge Steiner in *Die Natur und unsere Ideale*, einem Sendschreiben an die Dichterin M. E. delle Grazie. Er fragt: «Sind unsere Ideale, wenn sie wirklich lebendige Individualitäten sind, nicht Wesenheiten für sich?»[30] Die Denk-Erfahrung wird von Steiner persönlich tief erlebt, erlebt aber auch, daß der Mensch als Einheit dadurch zerrissen wird, daß er zwar als Denkender und als Handelnder, kaum jemals jedoch als aus Erkenntnis Handelnder betrachtet wird. Das fordert eine weitere Untersuchung, inwiefern nämlich der Wille frei und das Intuitionsvermögen steigerungsfähig sei. Am Beispiel des ganz persönlich Durchlebten, an der «Biographie einer sich zur Freiheit emporringenden Seele»,[31] wird dieses vorgeführt. In der *Philosophie der Freiheit* zeigt er, daß dieses Erlebnis prinzipiell jedermann zugänglich ist, sofern der entsprechende Weg gegangen, das heißt die Aufmerksamkeit auf das Denken im Vollzug hingelenkt wird. Da sind die Wirklichkeit, der schaffende Ursprung, der Moment der Freiheit und Sittlichkeit in Selbstevidenz zu erfahren. Später zeigt Steiner die Verwandtschaft dieses tief ergreifenden Erlebnisses sowohl zu Denkern wie Platon, Fichte und anderen auf[32] wie auch zu den Erfahrungen recht verstandener Mystik.[33] Zentral gegenwärtig und vollkommene Realität bis in jede Handlung hinein ist ihm dieses Erlebnis, das in der Regel nur als Ausnahmezustand erfahren werden kann, in Jesus von Nazareth, als in diesen sich der Sohn Gottes, Christus, verkörperte. In Christus findet Steiner das «verkörperte Ideal seines Menschenbildes».[34] Sein eigenes zentrales Anliegen ist es, darzustellen, wie die Anschauung des Denkens und das Gewahren der Freiheit als dem Menschen eigentümlich sich in der Philosophiegeschichte wiederholen, und sie zugleich als allgemein und individuell auszuweisen. Im IX. Kapitel seiner *Philosophie der Freiheit* gliedert Steiner alle Normhandlungen oder solche, die aus irgendwie gearteten Instinkten hervorgehen, systematisch aus, um den Raum der Freiheit zu bestimmen. Im Falle der konkreten Handlung geht es nicht um allgemeine Begrifflichkeit, sondern um *moralische Phantasie*, die aus dem Erleben der Situation den Handlungsentwurf schafft. Sie bildet die Brücke von der ideellen Intuition zum persönlichen Handeln. Der Mensch ist dort frei, wo er nicht von außen Handlungsmuster in Form von Geboten, Routinen oder Anweisungen übernimmt, sondern sich originär die Lösung selbst, die ganz persönliche Antwort sucht. Wie steckt in ihr aber Allgemeines, für die Menschen Sittlich- Verbindendes? Das Allgemeine wären die sittlich formulierbaren Handlungsmaximen, die für jeden zu gelten hätten. Gegen diese Maximen wendet sich Steiner, da Freiheit nur individuell sein kann. Er räumt zwar ein, daß nach vollbrachter Tat aus ihr die immanent vorhandenen sittlichen Elemente aufgefunden und eine *Naturlehre der Sittlichkeit* gewonnen werden könne, aber vor der Handlung hat der einzelne die Freiheit. Gegenüber E. v. Hartmann räumt er als einen Mangel ein, daß ihm eine Frage zunächst nicht schlüssig beantwortbar war, nämlich, «inwiefern das Individuelle doch nur ein Allgemeines, das Viele ein Eines ist».[35] Dieser Mangel liegt aber an der empirischen Methode, die keine Aussage über das Absolute des Geistes und den objektiven Geist macht, sondern von «sittlichen Ideen nur als Gedanken des individuellen Bewußtseins» spricht.[36] Aus diesem selbstempfundenen Desiderat wird Steiner dann zehn Jahre später zur Einsicht und zur *Begründung einer eigenen Seelenlehre*, die die Welt des Leibes und des Geistes zeitweilig – individuell – aneinander bindet, geführt.[37] Das wird in der Schrift *Theosophie* geleistet, wodurch sich dann auch der bei Steiner längst evidente Gedanke der Wiederverkörperung des Geistes schlüssig in Begriffsform aussprechen läßt. Damit vervollständigt sich sein Menschenverständnis.[38]

So wie Steiner das Normative aus der freien Handlung ausgrenzt und dadurch in gewisse Schwierigkeiten in der Bestimmung von Individuellem und Allgemeinem beziehungsweise deren tatsächlichem Zusammenhang kommt, die er erst später aufzulösen vermag, so auch mit der Ausgrenzung des aus dem Leibe herrührenden Instinktiven und der Triebe gegenüber der freien Handlung. Steiner charakterisiert das Erkennen als durchzogen von einem «Grund*trieb* zur Wissenschaft». Später, in der Auseinandersetzung mit Nietzsche, räumt er dann ein, daß zwischen dessen «moralischen Instinkten», wodurch dieser sich unter Steiners Zustimmung von konventionellen Werten befreit und so zu Individualismus und Nihilismus kommt, und seiner moralischen Phantasie durchaus ein Zusammenhang bestehe. Die Triebe und Instinkte des Menschen stehen auf verschiedenen Stufen: Der Erkenntnistrieb steht auf einer höheren Stufe als der Nahrungstrieb. «Die moralischen Antriebe zum Beispiel sind eine besondere Stufe der Instinkte ... höhere Formen sinnlicher Instinkte.»[39] Die moralischen Instinkte werden allerdings bewußt: in der moralischen Phantasie. Sittliche Ideen sind ein Produkt des Individuums und seines sittlichen Geschmacks, nicht aber ein Produkt allgemeiner Ideen. Steiner ringt in seiner Anthropologie darum, den einzelnen Menschen, insofern er Erkennender und Handelnder ist, als Ort oder Schauplatz von Vorgängen zu begreifen, die völlig individuell, ja einzigartig sind, obgleich sie auch allgemeinen, das heißt mensch(heit)lichen Charakter tragen. Der Mensch ist Mitgestalter von Weltprozessen; nur durch seine individuelle Mittätigkeit kommen sie zustande. Wenn dieser Individualismus für Erkennen und Handeln gilt, dann müßte im Ergebnis ja jedes Erkennen und Handeln unvergleichbar und damit verschieden sein. Für das Handeln gilt dies unbedingt. Aber auch für das Erkennen? Es gibt Eigenschaften, die «in allen Menschen gleich sind, [sie] erzeugen über die Dinge auch gleiche Urteile. Die Art, wie die Menschen die Dinge nach Maß und Zahl ansehen, ist bei allen gleich. Daher finden alle die gleichen mathematischen Wahrheiten. In den Eigenschaften aber, in denen sich die Einzelpersönlichkeit von dem allgemeinen Gattungscharakter abhebt, liegt auch der Grund zu den individuellen Ausgestaltungen der Wahrheit.»[40] Entscheidend aber ist für Steiner, was in dem Vorgang des Erkennens und Handelns erlebt wird. «In der Wahrheit leben ist

nichts anderes, als bei der Betrachtung jedes einzelnen Dinges hinzuse-
hen, welches innere Erlebnis sich einstellt, wenn man diesem Dinge gegenübersteht.»⁴¹ So wie die Erlebnisse verschieden sind, so auch die Sprache der Wahrheit: «Die Wahrheit spricht im Innern der einzelnen Menschen verschiedene Sprachen und Dialekte; in jedem großen Menschen
spricht sie eine eigene Sprache, die nur dieser einen Persönlichkeit zukommt. Aber es ist immer die *eine* Wahrheit, die das spricht.»⁴² Damit
wird das ganz Individuelle einerseits betont und andererseits doch mit
dem Allgemeinen, wie es dem Geist von Platon bis zum deutschen Idealismus eignet, verknüpft, ohne daß das Individuell-Persönliche auf Kosten des Absoluten ginge, also das Ich sich zu einem Pangeistigen wie bei
Hegel verflüchtigte.⁴³ Freiheit und Notwendigkeit, Selbstgestaltung und
Karma werden dann die Begriffe weiterer Ausgestaltung der Anthropologie Steiners sein: Das Gegebene ist der Leib, aus höherer – karmischer –
Notwendigkeit gestaltet, frei ist der Geist, die Seele verknüpft beide.

Weiterentwicklung der Anthropologie unter Einbezug des Leibes und der Seele

Seine weiteren anthropologischen Überlegungen hat Steiner unter Einbe-
zug des Leibes dann zuerst systematisch dargestellt in dem Buch *Theosophie – Einführung in übersinnliche Welterkenntnis und Menschenbestimmung* (1904).⁴⁴ Dort wird zunächst ausschließlich der reife, mündige,
erwachsene Mensch der Gegenwart betrachtet. Doch bereits drei Jahre
später wendet Steiner die zuvor entwickelte Verstehensform auf die
menschliche Entwicklung von der Kindheit zur Jugend an. Freilich wird
zunächst vor allem das sich entwickelnde Kind von der Geburt bis zum
Zahnwechsel, dann die mittlere Kindheit bis zur Geschlechtsreife betrachtet, es folgt ein sehr knapper Aufriß des Jugendalters. Diese kurze
Schrift ging aus verschiedenen Vorträgen der Jahre 1906/07 hervor und
trägt den Titel *Die Erziehung des Kindes vom Gesichtspunkte der Geisteswissenschaft* (1907).⁴⁵ Weitere, allerdings meist nur aperçuhafte Ausführungen finden sich immer wieder eingestreut in einzelne Vorträge des
umfangreichen Werkes Steiners, denen jeweils dieselbe Systematik wie in
der *Theosophie* zugrundeliegt; die Umrisse der Systematik werden vom

Vortragenden auch meist kurz entwickelt, bevor dann bestimmte Aspekte des Menschseins beleuchtet werden, sie geben sogar Ausblicke auf den gesamten Lebenslauf des Menschen.[46] Für den bereits 1904 entfalteten Gedanken der Gliederung des Menschen in Leib, Seele und Geist gibt Steiner in seiner *Geheimwissenschaft im Umriß* (1909), die er als die Fortsetzung der *Theosophie* – gleichsam deren zweiten Band – betrachtet, eine ganz neue und wiederum eigenständige Begründung, die zwar demselben Muster folgt, aber methodisch von besonderer Bedeutung ist. Im übrigen wird in diesem umfangreichen, fundamentalen Werk der Mensch in seiner Existenz, vor allem aber in seinem leiblichen, seelischen wie geistigen Werden, nicht nur in einen Zusammenhang mit den Naturreichen gebracht, sondern diese werden wiederum in Beziehung zum geologischen wie kosmologischen Werden der den Menschen umgebenden Welt gesetzt, und es wird der Zusammenhang der stofflich-physikalischen Erscheinungen in ihren Formen als von geistigen Wesen in ihrer Stufung impulsiert und bewirkt dargestellt: eine originäre Synthesis zweier sich scheinbar widersprechender Gedankenfiguren, des Schöpfungsgedankens und der Evolutionslehre. Offenbarungswissen und moderne naturwissenschaftliche Einsicht werden in einer das gegenwärtige Verständnis herausfordernden Weise verknüpft. Darauf werden wir nachfolgend nicht weiter eingehen, weil dies nicht unser besonderer Untersuchungsgegenstand ist.

Ausblick auf weitere Themen –
Umriß des zu behandelnden Gegenstandes

Mit der Evolution ist unweigerlich auch die Frage nach der *rassischen Differenzierung der Menschheit* gestellt, zu der Steiner sich in verschiedener Form[47] geäußert hat.[48] Obschon er die Unterscheidung der Rassen für die Gegenwart und Zukunft als bedeutungslos geworden ansieht,[49] kommt er doch auf rassische, das heißt leibliche Eigenschaften zu sprechen. Denn insofern auf die Leiblichkeit und die darin eingebundenen seelischen Eigenschaften geschaut wird, gibt es vom *evolutiven* Gesichtspunkt Merkmale, die einem früheren oder späteren Entwicklungsstadium angehören; in dieser Hinsicht gibt es dann auch eine Wertigkeit von höher oder niedriger, von fortgeschritten und zurückgeblieben. Diese Wertung benutzt Steiner gelegentlich,[50] wenn er im Sinne der Evolutionstheorie auf die Leibentwicklung zu sprechen kommt. Vor dem Hintergrund des später sich entfaltenden Rassismus kann das als durchaus problematisch interpretiert werden, weil da schon das Wort Neger pejorativ klingt. Freilich beruhen Einwände dieser Art auf einer a-historischen Interpretation, und sie verkennen vor allem den viel bedeutenderen Gesichtspunkt, um den es Steiner durchgängig geht: die Betrachtung des *individuellen Geistes und seiner Seele, der Geistseele.*[51] «Wir tragen in uns das Bewußtsein, daß in allen Menschen eine einheitliche Natur und Wesenheit liegt.»[52] Dabei handelt es sich um eine jeweils einzigartige Wesenheit, die den Leib bewohnt; sie gibt dem Menschen Würde, sie bildet das Menschentum des Menschen, unabhängig von jeder Leibgebundenheit.[53] Steiner denkt evolutiv, und dies im radikalen Sinne: «Die Seelen der Menschen schreiten durch die verschiedenen Rassen hindurch. So kommt ... Sinn und Vernunft in die Mannigfaltigkeit der Rassen», weil sie jeweils ein Instrument oder Organ der seelischen Entwicklung des einzelnen darstellen.[54] Menschenschätzung, Menschenachtung gilt Steiner als *das* Ideal, das freilich eine «kraftvollere» Seele verlangt, als den anderen zu negieren oder abzuwerten. Das Ziel, eine Kultur des Menschen-

Verständnisses auszubilden, hat deshalb eine herausragende Bedeutung, weil der «Gedanke ebensogut eine Kraft ist wie die elektrische Welle».[55]

Diese Auffassung bestimmt denn auch die Gedanken Steiners über die Sozialentwicklung. Dem herrschenden Egoismus stellt er bruderschaftliche Gesinnung gegenüber, die er bis in konkrete Überlegungen für die gesellschaftliche Gesamtgestaltung ausbildet: in seiner Idee der Dreigliederung des sozialen Organismus, aber auch in der Selbstverwaltungsgestaltung etwa der Schule.[56]

Eine ähnliche Gedankenführung wie für die Rassen wendet Steiner auf die «Frauenfrage» an, wo er gegenüber der Leiblichkeit und den daraus folgenden seelischen und kulturellen Unterschieden bemerkt: In der Diskussion der Unterschiede zwischen den Geschlechtern «wird einfach übersehen, was viel größer und einschneidender ist als die Geschlechtsunterschiede … die Individualität, die über das Geschlecht hinausgeht, gegenüber dem, was vom Geschlecht abhängig ist.»[57]

Ein weiterer Bereich, den zu behandeln für die Menschenerkenntnis als notwendig erscheint, ist jener, der mit dem spezifischen Leben des einzelnen in einem konkreten Sprach- und Kulturraum zusammenhängt. Inwieweit wird dadurch der einzelne so geformt, daß das Individuelle an ihm durch ein Gemeinsames, Kollektives überformt wird? Wieweit gehen die volksmäßigen Differenzierungen, die zu Sprachwendungen führen wie typisch deutsch, polnisch, niederländisch und so weiter? Auch in die Natur der einzelnen «Volksseelen» gab Steiner beachtenswerte Einsichten.[58]

All diese Themen, die aus Steiners Menschenverständnis folgen, werden wir nicht weiter behandeln, sondern uns begrenzen auf den Kernbereich: sein Menschenverständnis selbst.

In der Reihenfolge *Theosophie*, danach *Geheimwissenschaft* wird in unserer Darstellung das Menschenverständnis der Anthroposophie entfaltet. Daran schließt sich die mit der *Erziehung des Kindes* eingeführte Begrifflichkeit an, insoweit sie verschieden von der zuvor entworfenen ist. Bei der Darstellung der Wesensglieder geht Steiner in den genannten schriftlichen Darstellungen entwickelnd vor: Er gibt stets einen ersten Begriff des Bezeichneten und zeigt dessen Eigenschaften auf, dann in einer weiteren Stufe, bei neu gewonnenen Zusammenhängen, erweitert er den Begriff. Wir weichen methodisch von diesem Verfahren ab, indem wir die Stufen in Längsschnitten zusammenschauen, ohne die

Entwicklungsschritte zu vergegenwärtigen. Diese synoptische Betrachtung bildet den *ersten Teil* unserer Darstellung. Sie hält sich von allen Teilen am engsten an die Ausführungen Steiners selbst.

Was sich als Entwicklung in der Zeit vollzieht und wie sich das Wesensgefüge verändert, hat Bedeutung für die Pädagogik. Steiner stellte es in der sehr konzentrierten Schrift *Die Erziehung des Kindes* dar, manches darin erschließt sich nicht im ersten Anlauf. Darum soll eine interpretierende Verständnishilfe gegeben werden. Gelegentlich werden für die Kindheit auch Ausführungen Steiners aus späterer Zeit hinzugezogen. Insofern lösen wir uns von dem gewählten Steinerschen Text gelegentlich schon weiter und betten, im *zweiten Teil,* stärker in den Zusammenhang seines Werkes, wie es sich weiter entwickelt hat, ein.

Das Jugendalter, gleichfalls ein Zeitraum eigener Gestaltung in der Menschwerdung, wird in den schriftlichen Darstellungen Steiners nur sehr kurz berührt. Erst nach der Gründung der Waldorfschule erfährt es eine vielfältige Behandlung. In dieser Zeit war Steiner bereits ein Erkenntniszusammenhang zugänglich geworden, der unter dem Stichwort der *Dreigliederung des Menschen* das Ineinander der Leib-Seelenvorgänge verstehen lehrt. Dieser neue methodische Zugang wird von uns exemplarisch am Jugendalter verdeutlicht, hierfür gibt es keine direkte Textgrundlage Steiners, aber zahlreiche Hinweise an verschiedenen Orten und vor allem: ein methodisches Prinzip, das wir in eigener Form im *dritten Teil* unserer Darstellung anwenden und fruchtbar machen wollen.

Was mit dem Gedanken der geistig-seelisch-leiblichen Interaktionen erreicht wurde, ergibt sich erst dem Blick auf die zugrundeliegende Auseinandersetzung mit dem Dualismus, wie er prägnant von Du Bois-Reymond (1818-1896) formuliert wurde. Dieser bezeichnete es als vorrangiges Erkenntnisproblem, daß die Naturwissenschaft prinzipiell außerstande sei, jenes Paradoxon zu erklären, daß überall, wo immer sie den Wahrnehmungsprozeß untersucht, sie es mit physikalischen oder chemischen Vorgängen zu tun habe, daraus aber niemals verstanden werden könne, wie Empfindung oder gar Bewußtsein entsteht. Der Sprung von elektromagnetischen Schwingungen oder chemischen Prozessen, wie sie im Wahrnehmungsvorgang auftreten, zu Empfindung und Bewußtsein ist mit den Methoden der Naturwissenschaft nicht zu bewältigen (siehe Anhang, II). Für Du Bois-Reymond[59] liegen hier endgültig gegebene und nicht übersteigbare Erkenntnisgrenzen vor: Ignorabimus (siehe Anhang, III). Doch mit eben diesen scheinbar unübersteigbaren Grenzen kann und will sich das Steinersche Denken nicht abfinden. Er hält eine Ausweitung der Erkenntnis wissenschaftlich für lösbar. Wenn die Grenzen möglicherweise für die Naturwissenschaft nicht aufhebbar sind, dann lassen sie sich vielleicht von der anderen Seite her verschieben, etwa indem sich das Denken über die Seele den ihr eignenden Phänomenen, also Empfindung und Bewußtsein, zuwendet und von da aus eine Brücke zur Natur des Leibes und seiner Vorgänge baut. So wird es Steiner nach einem fünfunddreißigjährigen Forschungsbemühen möglich, schließlich aufzuweisen, *in welcher Weise das Seelisch-Geistige des Menschen in den Leib und dessen Lebensvorgänge eingreift* (wir werden inhaltlich auf diese Fragestellung zurückkommen). Durch den Umgang mit der Frage, wie Seele und Leib zusammenhängen, wird dann nach Jahrzehnten auch die Antwort möglich, wie einerseits vom Ich intendierte Bewegung entsteht und wie andererseits im Wahrnehmungsvorgang Empfindung auftritt und wie Denken und Sprache durch und im Leib verständlich werden.

Diese Betrachtung führt Steiner von der zwischen 1904 und 1916 vorherrschenden *gliedernden oder differenzierenden Methode* in der Menschenbetrachtung, die von Stufen und Entwicklungsschritten ausgeht, ab 1917[60] zu einer ganz anderen, *funktionalen* Methode, wodurch erst möglich wird, im *Ineinander der Prozesse* unterschiedliche Eigenschaften zu verfolgen, nämlich:

- Stoffwechsel- und Bewegungsprozesse (Stoffwechsel-Gliedmaßensystem)
- rhythmische Prozesse (auch sie bilden ein eigenes System)
- rezeptiv-sensorische Prozesse (Sinnessystem) und Informationsverarbeitungsvorgänge (Nervensystem)

Das Ineinander der Prozesse läßt sich so einerseits bis in die Formwerdung (etwa Muskel- oder Nervengewebe, Knochen oder innere Organe) verfolgen, andererseits bis in ihre Beziehungen zu Bewußtseinszuständen und zur seelischen Tätigkeit. Dies wird dann, nach vorangegangenen Vorträgen, schriftlich in dem Band *Von Seelenrätseln* (1917)[61] dargestellt.[62] In der Folge finden sich zahlreiche Darstellungen in den rund 200 Vorträgen, insbesondere seit der Begründung der Waldorfschule, wo zu den unterschiedlichsten Themen teilweise systematische, teilweise mehr aphoristische Ausführungen vorliegen: künstlerischer Unterricht, moralische und religiöse Erziehung, Einführung in die Arbeitswelt, naturwissenschaftlicher Unterricht, Gedächtniserziehung, Bewegungsschulung, Ästhetik, Strafen, Rhythmus im Leben und in der Erziehung, Eigentätigkeit und betrachtender Unterricht in ihrer Wirkung auf den Schlaf und des Schlafes auf das Tagesleben und viele andere Dinge. Sie alle auszubreiten übersteigt unser Ziel. Steiners Darstellungen erweisen sich ohnehin als wahre Keime, Nuklei, die des Ausbaus und der weiteren Entfaltung harren.[63]

Teil I:
Die Wesenheit des Menschen

Leib, Seele und Geist

Wenden wir uns zunächst der Kernaussage zu, daß der Mensch aus Leib, Seele und Geist bestehe. Dabei soll in die Menschenbetrachtung die «verborgene Weisheit»[1] einbezogen werden. In einer ersten Bestimmung differenziert Steiner das Erscheinungsbild des Menschen nach den hauptsächlichsten Eigenschaften. Er charakterisiert den Leib als den Organismus, durch den das innere Wesen des Menschen *Kunde* von der Welt bekommt, indem die Sinne, mit denen er ausgestattet ist, ihm die unterschiedlichen Qualitäten der Welt erschließen. Die Eindrücke werden von einem inneren, eben dem seelischen Wesen empfangen, bearbeitet und in eine Beziehung zum inneren Erleben, das heißt zur Seelentätigkeit, gesetzt, indem die *Seele* das ihr Behagliche von dem Unbehaglichen, das Lustbereitende von dem Gleichgültigen oder Widerwärtigen trennt, das ihr Nützliche schätzt, das ihr Unnütze oder Unangenehme flieht oder meidet. Entscheidend ist für das Erleben, mithin für alle seelische Tätigkeit, ein *Selbstbezug auf ein Subjekt* hin, auf etwas, was sich im Erleben, sei es in Genuß oder Verdruß, als ein eigenes Wesen erlebt. Das Erleben ist im Unterschied zum Leib ein Qualitatives, das sich in Bezügen zu sich und zu etwas anderem, seien es Vorstellungen oder Erinnerungen, Hoffnungen oder Befürchtungen, darlebt. «Unter Seele versteht der neuere Sprachgebrauch den substantiellen[2] Träger von Vorstellungen und anderen Eigenschaften, welche ebenso wie die Vorstellungen nur durch innere Erfahrungen unmittelbar wahrnehmbar sind, und für welche Vorstellungen die Grundlage bilden; also den substantiellen Träger einer Empfindung zum Beispiel, einer Phantasie, eines Gedächtnisaktes, eines Aktes von Hoffnung oder Furcht, von Begierde oder Abscheu pflegt man Seele zu nennen.»[3]

Doch mit der aufgewiesenen Polarität von Leib und Seele hat es nicht sein Bewenden, denn der Mensch kann über das, was ihm behagt, hinaus, von sich und von allem, was ihm nützt, ihn anzieht oder abstößt, absehend, die Sache selbst sprechen lassen und «als gleichgültige[s] und gleichsam göttliche[s] Wesen suchen und untersuchen, was ist, und nicht, was behagt» (Goethe).[4] Zu erkennen, was in der Gesetzmäßigkeit der Erscheinungen liegt, in das fremde Wesen mit seiner überdauernden Qualität einzudringen und es zu erkennen – das ist Aufgabe und Vermögen des Geistes. Man könnte auch sagen – diese Wendung findet sich freilich so bei Steiner nicht –, der Geist habe es mit dem zu tun, was über das nur subjektiv Persönliche in den Weltbeziehungen ins allgemein Objektive führt, was den Menschen aus seiner Begrenztheit auf sich selbst hinausführt in die allgemeinen Weltgesetze, was ihn transzendieren läßt.[5]

So erweist sich der Geist des Menschen gerade darin, daß er gegenüber den wechselnden Erscheinungen auf das Dauernde hinzielt. Das gilt sowohl auf dem Gebiet der Erkenntnis, wo er das Gesetzmäßige zu durchschauen strebt, als auch für den eigenen Lebenslauf und dessen Entfaltung. Während die Seele sich den jeweils augenblicklichen Erlebnissen, dem stets Neuen, hingibt, strebt der Geist danach, einen Sinn zu schaffen, indem er *das Heutige mit dem Morgigen verbindet*. Durch den Geist werden unverbundene Geschehnisse in einen inneren Zusammenhang, auch für die eigene Biographie, gebracht. «Durch das Nachdenken über die Wahrnehmungen erwirbt er [der Mensch] sich Erkenntnisse über die Dinge; durch das Nachdenken über seine Handlungen bringt er einen vernunftgemäßen Zusammenhang in sein Leben.»[6] Der Geist ermöglicht es dem Menschen, unterschiedliche Erfahrungen zu verarbeiten und daraus durch das ihm eigene Lernen Gewinn zu ziehen. Er ist auch jene Instanz, durch die sowohl einzelne Handlungen als auch Widerfahrnisse (Schicksalsschläge) erst zu einem einheitlichen Lebensganzen (im Sinne der Biographie) gestaltet werden.[7] Das *geistige Wesen des Menschen*, das die rein innerseelische, subjektive Empfindsamkeit zu gestalten vermag, wird im deutschen Sprachgeist als Ich bezeichnet.

Wir haben bereits vielfältig das Wort Wesen gebraucht, im Rückblick wollen wir uns kurz vergegenwärtigen, in welcher Bedeutung dieses Wort innerhalb der deutschen Sprachentwicklung gebraucht wurde. Wesen als Verb, nicht als Substantiv, meint soviel wie ‚*weben und leben*‘, existieren, dasein. Als Begriff rührt es aus einer nur im Deutschen und Niederländischen vorkommenden Substantivierung des alten germanischen Infinitivs wesan ‚*sein, verweilen, sich aufhalten, existieren*‘ her. Verwandt ist es mit Altnordisch vesa, got. wisan und altindisch vásati ‚*wohnt, lebt, verweilt*‘. Die indoeuropäischen Wurzeln *ues- *verweilen* und *es -

‚sein' und *bheus - ‚bin, bist' bilden das verbum substantivum. Sehr alt ist die genannte Wurzelbedeutung von *verweilen* sowie dem konkreten ‚*Aufenthaltsort, Wohnstätte, Quartier, Stätte, Anwesen, Ding, Sache*' und so weiter, die später wie selbstverständlich hinzutritt. Im Mhd. umfaßt *Wesen das ‚Sein, Verweilen, Wohnen, den Aufenthaltsort, das Hauswesen, Anwesen*'.

Eine weitere, schon ahd. nachweisbare, aber weniger verbreitete Bedeutungsebene zielt auf den ‚*Zustand, die Existenz, das Leben*', aber auch der Erhaltungszustand ‚*ein gutes Wesen*' ist gemeint.

Durch die Theologie erhält das Wesen eine spirituelle Note, gilt es doch die auf die Trinität bezogenen Eigenschaften von ‚substantia, essentia' sprachlich im Deutschen auszudrücken. Das göttliche Wesen, sein verborgenes, namenloses Wesen – das sind vielgebrauchte Wendungen. Die Anfüllung mit diesem theologischen Gehalt geschieht durch die Mystik, die das Wirkende (der Gottheit) mit dem Wesen verbindet: «Wan got lebet und weset und wurket in im alle sine werk und gebruchet sin selbes in ime» (Tauler).

Seit dem 14. Jahrhundert nimmt der Gebrauch des Wortes bedeutend zu und umfaßt nun auch die ‚*bleibende Beschaffenheit, die Art*'. In diesem Sinne dehnt sich die Bedeutung dann auch auf den sozialen Stand (Status) aus als ‚*Lebensform, Lebensweise*', die Hauptbedeutung ist aber weiterhin die von ‚*Tun und Treiben*'.

Vom 16. Jahrhundert an erweitert sich die Bedeutung nochmals auf ‚*viel Wesens machen; Aufhebens, Lärm machen*'. Schon früher gibt es die Wendung ‚*seinem Wesen (Sache) nachgehen*', später ist es dann soviel wie ‚*sein Spiel treiben*'. Das ist ein seltsames Wesen (Sache), öffentliches Wesen, Gemeinwesen sind verbreitete Wendungen. Als Kompositum geht das Wesen zahlreiche Bindungen ein: zum Militär, zur Justiz, zum Krieg, zur Schule, zur Münze und so weiter.

Seit dem 18. Jahrhundert vollzieht sich eine Bedeutungsumschichtung. Während die alten Bedeutungen fortleben, konzentriert sich der Bedeutungsgehalt jetzt zum differenzierten Gebrauch von gegenständlichen und belebten Dingen, mehr auf das ‚*Lebewesen*' selbst, gemeint wird die ‚*eigentliche Natur der Sache – das Wesen der Sache, die Art und der Charakter eines Menschen*'. Das Wesen wird jetzt im Sinne von ‚ens animans' als etwas selbständig Existierendes, namentlich als ein Belebtes oder zumindest als belebt Gedachtes betrachtet. Unter Rückgriff auf die theologische Bedeutung von essentia und substantia, wo Gott als Wesen bezeichnet wurde, werden seinem Wesen Eigenschaften wie allmächtig, allwissend und so weiter beigefügt. Diese Bedeutung dehnt sich aus. Die realen und fiktiven Dinge werden unter einem Begriff vereinigt: ‚alle Wesen der Welt, Gott ist ein Unendliches, die Seele ist ein geistiges Wesen, alle Körper sind vergängliche Wesen‘. Es prägt sich die Vorstellung der Gemeinschaft aller Lebewesen und ihrer Stufenfolge aus, wobei der Zusammenhang durch das Wort ‚Wesen‘ ausgedrückt wird. Der eine hat ein gesetztes, der andere ein einnehmendes Wesen. Es gibt weibliche, männliche, dienende, höhere Wesen. Aber mit Wesen wird auch die ‚zentrale Natur eines Menschen, seine innerste Organisation‘ gemeint.

Das Adjektiv *wesentlich* beschreibt ‚hauptsächlich, charakteristisch, wichtig, bestimmend, wirklich, dauerhaft‘. Im Frühneuhochdeutschen ist auch ‚wohnhaft, seßhaft, in gutem Zustande‘ gemeint.

Der Leib des Menschen

Wort- und Bedeutungsgeschichte von «Leib»

Wenden wir uns zunächst der etymologischen Bedeutung von «Leib» zu,
denn in der Sprache wirken durchaus tiefe Weisheitskräfte, die manches
aufzuhellen vermögen, was an gedanklichem Gehalt und ursprünglicher
Einsicht im Gang der Zeit verlorengegangen ist oder doch stark verblaß-
te. Wenn im menschlichen Erleben etwas erfahren wird, was Bedeutsam-
keit erlangt, drängt es die Seele, mehr noch ihr Erkenntnisvermögen, das
so Erlebte auch angemessen zu benennen. Dies geschieht durch die Sprache, indem ein dem Erleben entsprechendes Wort gesucht oder neu gebildet wird. Der ursprüngliche Vorgang der Sprachbildung zeigt, wie durch
die vergleichende Sprachforschung seit Humboldt in vielfältiger, aber
keineswegs einheitlicher Weise aufgewiesen wurde, daß intime Innener-
fahrungen – aber nicht nur sie – einerseits an bestimmte Lautverbindun-
gen (Silben), andererseits daran gebunden waren, daß das innerlich Erlebte in Bezug zu einer äußeren Erscheinung gesetzt wurde.[8] Zwischen der
Gebärde des innerlich Erlebten (etwa Erstaunen, Frische, Bewegtes) und
dem äußerlich Erscheinenden (Lufthauch, fächelnder Zug der Luft), das
bezeichnet werden sollte, stellte die Lautung die Beziehung her: *A-tem*.
Inneres und Äußeres sind in der Gestik noch synonym. Ein anderes, auch
heute noch beobachtbares Verfahren bestand darin, zwei Bezeichnungen
so zu verknüpfen, daß dadurch ein Drittes benennbar wird. So heißt zum
Beispiel Menschheit auf gotisch ,manaseths‘, was *Geist-Saat* bedeutet.[9]
Es mag freilich ein Wort dem Erleben noch so angemessen nachgebildet
sein, wenn dasselbe oder wenigstens ein ähnliches Erleben nicht auch in
anderen Menschen auftritt, dann wird es nicht in den Sprachgebrauch
übergehen. Darum kann umgekehrt geschlossen werden, daß, wenn ein
Wort Gemeingut geworden ist, es auf einem gemeinsamen Erleben auf-
ruht. Nun ist aber das Erleben keineswegs durch die Zeiten unverändert,

anderes kann wichtig werden, früheres tritt in den Hintergrund – so kommt es, daß sich die Bedeutungen ändern, vergrößern, verkleinern, verdichten oder verblassen, gewichtiger werden oder sich einengen oder in einen anderen Sprachbezirk abgleiten. Wie auch immer, die Sprach-, Wort- und Bedeutungsgeschichte kann lehren, in welcher Art die Weisheit des Sprachgeistes zu wirken vermag. Ihm wollen wir deshalb bei wichtigen Begriffen, die Steiner sprachlich benützt, nachlauschen.

«Leib» ist in allen germanischen Dialekten außer dem Gotischen nachzuweisen. Das Wort ist bedeutungsgeschichtlich eng verknüpft mit leben und zusammenbleiben, genauer: übrigbleiben im Sinne der Überlebenden in der Schlacht. Denn lîp im Munde eines streitbaren Germanen steht im Gegensatz zu wal, der Wal- oder Schlachtstätte und den dort Verbliebenen, es bedeutet die Nichtzurückgelassenen, also die Lebenden. Wal hat die Bedeutung von Niederlage, Schlachttod, lîp hingegen die von Leben, genauer: die lebende Person. War es ursprünglich ein Neutrum, wird es maskulin. Der Plural Leiber kommt erst im 17. Jh. auf, zuvor heißt es lîbe, bei Luther: es stunden auf viel Leibe der Heiligen.

Seit ein eigenes Substantiv, Leben, an die Stelle von Leib gesetzt wurde, verliert sich für den Leib auch die Schärfe gegenüber dem Tod, jener Schädigung des Leibes: den Leib wagen, den Leib nehmen, um den Leib kommen, den Leib sichern, das Leben verbürgen werden gleichwertig gebraucht. «Beileibe nicht» ist eine alte bis heute erhaltene Wendung wie das Synonym: bei Leib und Leben. Der Leib gilt auch gleich der Person: mîn lîp, wodurch das persönliche Fürwort ‚ich' umschrieben wird. «In seinem Leib keinen Rat wissen», verkürzt sich zu: keinen Rat wissen. Komposita betonen das Persönliche: Leibdiener, Leibarzt, Leibessen, Leibkapelle, also das, was zur eigenen Person gehört.

Dazu meint der Leib *das Äußere des Menschen*, seine Hülle, den corpus. Inzwischen ist diese Bedeutung des Wortes Leib zur vorherrschenden geworden, Leib bezeichnet nun im Gegensatz zu Seele und Geist, dem eigentlich Inneren, ein mehr *Äußerliches*. So unterschied die Glaubenslehre zwischen dem Leben des Leibes als dem irdischen, sterblichen und dem geistigen, dem ewigen Leben. «Wir wissen, daß dieweil wir im Leibe wohnen, so wallen wir dem Herrn … wir haben viel mehr Lust außer Leibe zu wallen und daheimen zu sein bei dem Herrn.» Der Leib wird auch nach seinen äußeren Merkmalen hervorgehoben, zu ihm gehören die Glieder, die wohlgestaltet oder schwach sein können. Er selbst kann vielfältige Eigenschaften haben: zart, dürr, fett, schwach, kräftig, elend, adelig, aber auch ausgemergelt oder stark, schön oder häßlich. In bezug auf die Frau kann der Leib unberührt, jungfräulich sein, er kann aber auch genossen werden. Des weiteren steht er in einer engen Beziehung zu den in ihm ablaufenden Lebensprozessen; schlagen diese durch, so ist der Leib gesund oder krank, rein, zerrüttet oder aussätzig.

Manches läßt sich mit ihm, mehr äußerlich gesehen, anstellen; er läßt sich pflegen, reinigen, besorgen, baden, doch auch schädigen, ja sogar verheeren. Er hat manches Widerwärtige zu ertragen, Schläge, Peinigungen und Schmerzen, ja er kann sogar preisgegeben, vernichtet, also in seiner Einheit zerstört werden.

Vielfältig sind die sprachlichen Verbindungen und Wendungen, die von der Annäherung von außen an den Leib handeln: an den Leib gehen, anrücken – im aggressiven Fall –, streicheln, zärtlich umfangen – im sympathischen und so weiter. Er wird auch immer wieder in Gegensatz zu den Organen und den darin entstehenden Krankheiten und Schmerzen gesetzt, weil sie offenbar einer anderen Seinsschicht zugehören. Man kann Essen und Trinken in den Leib schütten, in dieser Wendung ist der Leib ein umhüllendes Gefäß, bloße Form für den Inhalt. Doch wohnt in ihm auch die Seele, deren Heimstatt und Wohnung er bildet, bergendes Gefäß.

Die Wendung: im Mutterleib, gesegneten Leibes sein, meint ausschließlich den Unterleib. Dieser wird, wie die Glieder, aus der größeren Einheit als bestimmbarer Bereich ausgesondert, wie ohnehin der Leib in seiner Räumlichkeit, in seiner Bildung, die drei Raumesdimensionen erfüllt und dazu aufruft, ihn nach seinen räumlichen Differenzierungen zu gliedern und zu bezeichnen: Haupt, Rumpf, Ober- und Unterleib, Glieder.

Während der Mensch den dichten, fühl- und tastbaren Leib besitzt, kann jener der Engel und Geister aufgrund der Gottesebenbildlichkeit des Menschen nur *entsprechend* der menschlichen Gestalt gedacht werden – allerdings mit erheblichem Unterschied: sehr zart, licht, ein ätherischer Leib, ganz transparent. In diesem Sinne wird auch vom Leib des Herrn im Abendmahl gesprochen. Ein Leib kommt freilich auch den Tieren zu. Im übertragenen Sinn wird von der Erde Leib gesprochen, gemeint ist dann das Körperhafte, eine Bedeutung, die auch in der Baukunst und in der Schneiderei vorherrscht. Insgesamt ergibt sich aus der Wortgeschichte, wie sich die ursprüngliche Einheit von Leib und Leben immer stärker auseinanderentwickelt: Der Leib steht für die äußere räumliche Erscheinung, den Körper.

Körper als Wort ist eine Lehnübersetzung von lat. *corpus,* zunächst chorpär, corper beziehungsweise in der alten oberdt. Form körpel, ein Neutrum; es wird unflektiert gebraucht und meint *die tote Gestalt.* Im nordischen Bereich tritt es nicht auf, da steht Leichnam dafür, das ähnlich klingende Wort kroppr, kropp hängt mit skrof, Rumpf, zusammen. Eine Verwandtschaft besteht vielleicht zu ahd. href (ref) cadaver. Zuerst wird es in der Bedeutung von Leichnam in geistlicher Rede gebraucht: «die greber alle wider gebent/ ir corper, ir gebeine». Ähnlich ist dann der Gebrauch in der Rechtssprache. «Umsonst erhebt er sich, des Körpers schwere Last zieht an ihm innerlich.» Doch bis heute ist das Lehnwort Körper mit dem einheimischen Leib nicht ganz in eins verschmolzen. Vielmehr ging der Körper eher eine Verbindung zum Geist, der Leib eine solche zur Seele ein, jenes kontrastiert stärker als dieses. Körper ist wissenschaftlicher, Leib sinnlicher; doch das eine kann auch für das andere stehen. Es gibt geometrische Körper, aber keine entsprechenden Leiber, desgleichen Gleiskörper. Auch das frz. corps als Kern, Stoff, Rumpf hält die Trennung bei. Viele einzelne Glieder, viele Individuen können eine Körperschaft bilden.

Der Leib in anthroposophischer Perspektive

Wie die Wortgeschichte zeigt, lassen sich aus der *einheitlichen Erscheinung* des Leibes gedanklich *verschiedene Eigenschaften* oder qualitative Merkmale herauslösen:

– solche die sinnlich und damit räumlich faßbar sind,
– das Leben selbst und die damit verbundenen Prozesse (wie Wachstum, Gesundheit, Krankheit),
– des weiteren die Empfindungen, die an die leiblichen Vorgänge, das Lebensgefühl, an die Sinneswahrnehmungen gebunden sind.

Im ersten Fall hat man es mit dem *Körperhaften,* das heißt der *stofflichen Raumerfüllung,* mit der Abgrenzung gegen anderes, mit einer Grenzfläche des einen gegen das andere zu tun, im zweiten mit Funktionen, Abläufen und Prozessen des Leibes. Wissenschaftlich bezeichnet liegt im ersten die Anatomie vor, im anderen Fall die Physiologie mit der Beschreibung der Prozesse des Lebens, mit den Stoffumsetzungen, der Energiebilanz und so weiter. Beim dritten Fall, den leibgebundenen Empfindungen, hat man es mit Vorgängen zu tun, die an die Sinnesorganisation mit ihren Lebensvollzügen gebunden sind. Eben diese Trennung der verschiedenen Eigenschaften des zunächst als einheitlich erfaßten Leiblichen vollzieht Steiner sehr grundsätzlich, indem er sagt: «Durch leibliche Sinne lernt man den Leib des Menschen kennen.»[10] Gemeint ist zunächst die Wahrnehmung der Form und Gestalt – im beschriebenen überlieferten Bedeutungssinn: des Körpers – durch den Sehsinn. Dabei bemerkt man, daß, wenn mit dem Körper die Bauformen auch anderer mineralischer Körper sowie der Pflanzen und Tiere gemeint sind, diese auch miteinander verglichen werden können. Dies wiederum setzt voraus, daß nicht nur auf das Erscheinende hingeschaut wird, sondern daß im Schauen besonnenes Erwägen liegt oder wirkt; dann werden die Gestaltungen der Körperformen zu einem Ausdruck der jeweiligen Daseinsgestaltung oder der Daseinsweise des Lebewesens oder Gegenstandes, die ihm jeweils in ganz spezifischer Weise entsprechen. Aus der Architektur der Gestalten in den Naturreichen und ihrem Formenschatz läßt sich für das verstehende Denken bereits viel über die Partnerschaft der Erscheinungen und über die Beziehungen der Naturreiche zueinander aussagen.[11]

Will man jedoch den physischen Leib des Menschen in seiner Bedeutung erfassen, darf man nicht vom Lebensprozeß ausgehen, sondern es müssen die *Potenzen des Physischen* selbst als solche unterschieden werden. «Die eine Potenz ist die *Starrheit* des mineralischen Stoffes. Die andere ist, daß dieser Stoff sich *gestalten* läßt, daß er sich gegen ... [die Gestaltung] nicht absolut abweisend verhält. Wenn nun der physische Leib eine Realität sein soll, dann müssen diese beiden Potenzen, die *Starrheit* und die *Gestaltbarkeit* des mineralischen Stoffes, sich in der physischen Welt selbst zur Einheit verbinden. Dieses *Fürsichsein* des physischen Leibes ist der *Kristall*, die gesetzmäßige, in ihrer Gesetzmäßigkeit reine und durchsichtige Gestaltung der starren Elemente ... Das *Kristallschema* ist die physische Stufe des physischen Leibes, welches im Pflanzenreich zum Organschema der Pflanze, im Tierreich zum Organschema des Tieres und im Menschenreich zum Organschema als den das Ich tragenden physischen Leib des Menschen metamorphosiert ist.»[12]

Schon eine Betrachtung des Organschemas des menschlichen Leibes zeigt, daß sein Bau ganz auf die besondere Ausbildung des Kopfes und damit des Nervensystems hin organisiert ist. Bereits die Form des Körpers erscheint so, als solle in ihm alles zur Entfaltung der Geisteskräfte kommen. Daher resümiert Steiner für den physischen Leib und dessen Form: «Das Gehirn ist das leibliche Werkzeug des Denkens», es ist die «Leibesgrundlage des denkenden Geistes».[13] – Auch die Gliedmaßen nehmen im menschlichen Organschema eine Sonderstellung ein, deren herausragende Bedeutung gerade ein Vergleich mit der Tierwelt zeigt. Der Fuß, mit dem zugehörigen Bein als wesentliches Stütz- und Bewegungsorgan gebildet, entlastet nämlich die Arme und Hände von jeglicher Stützfunktion, wodurch diese Organe frei werden. Damit können sie zur zielgerichteten Tätigkeit, der *Arbeit,* eingesetzt werden oder in Gestik und Gebärde einem beseelten Inneren Ausdruck geben – beides urmenschliche Eigenschaften.[14]

Physischer Leib oder Körper

Der physische Leib oder Körper wird als der «mineralische, in Gemäßheit seiner Aufgabe gebildete Bau» bezeichnet. Der Steinersche Erkenntnisblick sieht, wie erwähnt, seinen Mittelpunkt in dem Gehirn, jenem Organ, an dem sich das Denken bewußt werden kann. Dieser Leib hat an der Raum- und damit an der Gegenstandswelt teil, daher wird er als mineralisch bezeichnet. Mineralien gehören der Welt des Festen, des Kristallinen an, dadurch erst konstituiert sich – anders als im Wäßrigen – die umgrenzte Körperwelt, in der sich Körper von Körper scheidet. So grenzt sich der physische Leib oder Körper, wie alle mineralischen Gebilde, von anderen Körpern ab und schafft durch diese Abgrenzung erst einen *eigenen, seinen Raum.* Was innerhalb der Haut eingeschlossen ist und wodurch aufgrund des Prinzips der *Undurchdringlichkeit* der Körperwelt nicht zugleich ein anderer Körper an der Stelle des eigenen sein kann, das heißt in diesem Falle *physisch.* Doch mehr noch: Physisch ist der Leib auch deshalb, weil sowohl die Stoffe, durch die er sich aufbaut, als auch die Kräfte, die ihn durchziehen und die auf ihn einwirken, innerhalb des Leibes dieselben sind wie außerhalb in der Gegenstandswelt. Dadurch ist «der Mensch der mineralischen Welt gleich».[15] Nicht nur grenzt sich der physische Leib, wie jeder andere, durch seine Oberfläche von anderen ab, sondern wie an jenen hat er auch an der die Gegenstandswelt konstituierenden Kraft der *Schwere* teil. Aber auch alle anderen Kräfte – elektromagnetische Schwingungen, Licht, Wärme und so weiter

– wirken auf ihn ebenso wie auf jene. Auch baut sich der physische Leib aus denselben Stoffen auf, die in der Welt vorhanden sind (Wasserstoff, Sauerstoff, Kohlenstoff, Stickstoff, Natrium, Kalium, Kalzium, Phosphor und so weiter). Quantitativ finden sich dieselben Stoffe hier wie dort – im Leib und in der Welt.

Steiner unterscheidet – das kompliziert die Betrachtung und Erfassung zunächst, schärft sie letztlich aber auch – am physischen Leib einerseits die *Erscheinung* und andererseits das *Prinzip oder seine Idee.* «Man muß vielmehr sorgfältig unterscheiden zwischen physischem Leib und mineralischem Leib. Ein physischer Leib ist derjenige, welcher von den physischen Gesetzen beherrscht wird, die man gegenwärtig in dem Mineralreiche [das heißt der physischen Welt] beobachtet.[16] Der gegenwärtige *physische Menschenleib* ist nun nicht bloß von solchen physischen Gesetzen beherrscht, sondern er ist außerdem noch durchsetzt von mineralischem Stoffe.»[17] Diese Deckung von Erscheinung und Prinzip, wie sie faktisch besteht, braucht nicht auf allen Stufen der Entwicklung vorzuliegen, gerade darum ist die gedankliche Scheidung zwischen beiden wichtig.

Der physische Leib – sprachlich würde er besser Körper genannt, hielte die Bezeichnung «Leib» das Denken nicht noch etwas in Bewegung – hat aber auch eine deutlich beschreibbare Gestalt, die in sich gegliedert ist: die auf die Welt hin gerichteten Glieder (Extremitäten), die sich differenzieren nach der den Leib stützenden Beinorganisation und der sowohl gebärdenreichen als auch die Welt ergreifenden Hand- und Armorganisation, sowie den Leib im engeren Sinn (Truncus) mit den Brustorganen (Lunge, Herz) einerseits und dem gesamten Verdauungssystem (Magen, Leber, Bauchspeicheldrüse, Darm, Sexualorgane) andererseits, sowie als dritten Bereich den Kopf, den Steiner besonders hervorhebt, mit seinen nach außen gerichteten Fernsinnen und dem Innenraum des Gehirns, dem System der Weltrepräsentanz.

Doch schon beim Verständnis der Organe und bei der Frage nach der Entstehung des Körpers kommt man nicht ohne ein *Funktionsverständnis* aus. Damit wird methodisch der rein räumliche Aspekt verlassen, und ein *Zeitliches* muß in die Betrachtung mit aufgenommen werden. Wird dieser Sprung von der Beschreibung eines Räumlichen zur Erfassung eines Zeitlichen bemerkt, wird für die Erkenntnis deutlich, daß sie qualitativ anders vorzugehen hat. Denn wir haben es nun mit dem Leben, jener ursprünglich mitgemeinten Bedeutung von Leib, im besonderen zu tun. Der «mineralische Bau entsteht durch *Fortpflanzung* und erhält seine ausgebildete Gestalt durch *Wachstum*.»[18] Im einen Fall wird das Sosein beschrieben, im anderen läßt sich alles auf einen Keim, also auf schon vorangegangenes Leben zurückführen. Lebendiges entsteht, soweit nachweisbar, immer aus Lebendigem durch den Keim.[19] Im Mineral richten sich die Entstehungskräfte auf die Stoffe, die es zusammensetzen, die Gestaltungskräfte des Lebendigen dagegen gehen ihren Weg über den Keim. (Wir fügen hinzu: sie werden heute als an Informationsträgerstoffe gebunden gedacht.) Dieser Unterschied macht für Steiner den Sprung von der sinnlichen Wahrnehmung zu einer höheren Stufe des Wahrnehmens notwendig; denn ein lebender Organismus weist zu jeder Zeit eine veränderte Gestalt auf. Es muß mithin der Bildeprozeß erkannt werden, was eine andere Methode erfordert, als in Zeitraffung Werdeschritte nebeneinanderzustellen. Vielmehr hat der Erkennende in die bildenden Kräfte nachvollziehend, nachschaffend, gestaltend einzudringen. Gerade die methodisch sorgfältige Reflexion führt dazu, diese über die sinnliche Wahrnehmung hinausliegende bildende Kraft in der Zeit zu erfassen. Terminologisch nennt Steiner die *artbildende Kraft*, die vererbt wird, *Lebenskraft*.[20] Doch damit ist es nicht getan, vielmehr gilt es zu bemerken: Für diese artbildende Kraft hat der Mensch zunächst *kein unmittelbares Wahrnehmungsorgan*. Er kann sich zunächst anhand der Erscheinungen, also am Bewirkten, das Wirkende erschließen. Die Begriffe lauten dann etwa so, daß es ein wirkendes System mit eigenem Informationsgehalt geben muß, damit sich die Leibgestaltung artgemäß vollzieht, wobei sich auch die Feldbedingungen, unter denen dies geschieht, genauer angeben lassen. Hier liegt nun ein Erkenntnisproblem besonderer Art: Wie ist näherer Aufschluß über das nicht unmittelbar Erfahrene, das in der Zeit sich zur Erscheinung bringt, zu erlangen?[21]

Vor dem Hintergrund eines in diesem Jahrhundert sich wandelnden Verständnisses gewinnen Steiners Ausführungen an Übereinstimmung mit den neuen Einsichten. Das 19. Jahrhundert hat neben dem neuzeitlichen Verständnis von der Konstanz des Universums in seinen Stoffen und Kräften dieses als eine geistleere Maschinerie zu sehen gelehrt (Newtons Kosmologie). Daneben aber brachte es auch den ganz anderen *Gedanken der Evolution* hervor, wodurch die Entstehung und Ausfaltung des Lebens als ein zwar zufälliger und planloser Prozeß, aber doch als etwas sich Wandelndes in den Blick trat. Evolution und Konstanz des Kosmos widersprechen sich – zumindest darin, was die Formen und Gestaltungen der Leiber angeht. Diese unterliegen auffälligen evolutiven

Veränderungen bei vermeintlicher Konstanz der Stoffe und Kräfte der Physik. Was in diesem evolutiven Prozeß entsteht, hat im Kampf, so lehrten Wallace und Darwin, zu überleben, sonst geht es zugrunde. Intelligentes oder Intelligenteres setzt sich so gegenüber weniger Intelligentem durch, aber eben planlos, unvorhergesehen, ganz im Gegensatz zur Konstitution des Universums, die von klaren, gleichbleibenden, invarianten Gesetzen bestimmt ist. Seit den achtziger Jahren dieses Jahrhunderts erfaßt der Evolutionsgedanke auch das starre Gesetz des Universums. Die Frage lautet: Entwickelt dieses Universum sich vielleicht auch? Dafür spricht ein bislang unauflösbares Problem: Wie kommt es, daß Stoffe, die unter dem Gesetz der Physik stehen, zuzeiten unter dem Einfluß formender Kräfte beispielsweise zu einer Schneeflocke – oder im Vererbungsstrom zu einer Eiche oder Buche – werden? Das Gestaltproblem stellt eine harte Nuß dar für jeden, der nicht leichtfertig tatsächlich bestehende Erkenntnisprobleme ignoriert. Wir sehen überall die verschiedensten Formen. «Formen erweisen sich jedoch als erstaunlich unhandlich, wenn wir sie gedanklich zu erfassen oder festzunageln versuchen. Wir können sie bildlich darstellen ... aber sie lassen sich nicht wiegen oder auf der Anzeige irgendeines Meßinstruments ablesen. Formen sind von ganz anderer Art als Energie, Masse, Impuls, elektrische Ladung, Temperatur oder irgendeine physikalische Größe. Jedes besondere Ding, das wir direkt sehen und erfahren, besitzt quantitative Eigenschaften, ist aber doch mehr als diese. Es hat Form oder Gestalt oder Struktur ... Die Pflanze wächst und nimmt Energie und Materie aus der Umwelt in sich auf; wenn sie stirbt, wird diese Energie und Materie wieder freigesetzt, die Form der Pflanze bricht zusammen und verschwindet ... ohne daß sich am Gesamtbetrag der Materie und Energie in der Welt etwas ändert, aber an der Art und Weise, wie die Materie und Energie organisiert sind, hat sich etwas geändert.»[22] Damit ist das Problem gekennzeichnet, dem sich die anthroposophische Art des Menschenverständnisses zu stellen hat und stellt.

Exkurs: Erkenntnismethodische Bemerkungen
zu anthroposophischen Einsichten

An dieser Stelle ist es angezeigt, eine genauere Ausführung zur *Methodik* Steiners einzufügen. Wenn Steiner der gebräuchlichen Argumentationsweise folgen würde, dann bewegte er sich in guter Gesellschaft; er würde dann lediglich für noch unzureichend oder widersprüchlich geklärte Phänomene ein weiteres *Konstrukt oder Deutungsmuster* anbieten, eine eigene Hypothese ausgestalten und hätte dafür den Nachweis zu führen, daß diese Besseres als die vorhandenen Erklärungsmuster zu leisten vermag. Diese Form der Modellbildung ist im Bereich der gegenwärtig herrschenden Wissenschaft gängig. Es hätten im konkreten die von Steiner angebotenen Modelle den Nachweis zu führen, daß sie Lebenszusammenhänge entweder ebenso gut oder gar besser als andere aufzuschließen und zu erklären vermöchten, auf diese Weise nähmen sie konkurrierend an der prinzipiell gleichwertigen wissenschaftlichen Theoriebildung teil. Die Voraussetzungen, von denen sie ausgehen, hätten plausibel zu sein und müßten als solche intersubjektiv nachvollziehbar sein. Doch gerade darauf hebt Steiner nicht ab, ja, er läßt sich sogar ärgerlicherweise gar nicht erst darauf ein, sondern reklamiert für sich und die von ihm vertretene Geisteswissenschaft eine andere Form der Erkenntnis– und Paradigmengewinnung, indem er auf eine weitere, keineswegs allgemeine, sondern *höhere Form der Wahrnehmung* abhebt. Nicht die Überlegungen sind es, die das Anderssein seiner Auffassung begründen, sondern die Erfahrung, die Wahrnehmung. Danach soll es neben den allgemein verfügbaren Wahrnehmungen mit Sinnen oder Instrumenten (so im Bereich der Physik) andere, höhere geben. Diese höhere oder andere Form der Wahrnehmung verleiht Steiner selbst bei der Forschung, etwa in bezug auf das Prinzip des Lebens und seiner Gestaltung – anders als es bei nur versuchsweise vorgebrachter Hypothesenbildung möglich ist – eine gewissermaßen unbestreitbare, da der höheren Wahrnehmung verdankte Sicherheit. Denn was ich durch Wahrnehmung erfahre, hat einen unvergleichlich höheren Sicherheitsgrad als das nur Erwogene oder Gedachte, das auf ein Gewahrtes deutet oder es interpretiert. Doch was in dieser Form Steiner Sicherheit gibt, ruft bei anderen Zweifel und Skepsis hervor. Ist doch diese Wahrnehmung gerade darum strittig, weil sie im Unterschied zu sinnlich oder instrumentell vermittelten Wahrnehmungen nicht jedermann gleichermaßen zugänglich ist. Die cartesianisch bestimmte Wissenschaft der Gegenwart aber baut auf der Reproduzierbarkeit auf. Was nützt ihr, wenn jemand sagt, er sehe etwas mit «anderen Augen», was nicht jedem zugänglich ist, was nicht kontrolliert, nicht falsifiziert und auch nicht von anderen wiederholt werden kann? Es mag dies zwar eine interessante Botschaft sein, doch sie unterliegt, weil nicht überprüfbar, dem Beliebigen: Sie kann zwar subjektiv angenommen, zur objektiven Erkenntnisbildung indessen muß sie als unwissenschaftlich abgelehnt werden. Wohl gibt es nach Steiner in jedem Menschen eine *Anlage* für dieses von ihm behauptete Wahrnehmungsvermögen,[23] aber um es zu nutzen, muß es eben mehr als nur Anlage, nämlich Fähigkeit, also entwickelt sein, und das ist es nun einmal zweifellos zumeist nicht. Damit stellen sich einige Fragen:

1. Worum handelt es sich bei dem Gewahrten überhaupt?
2. Welchen Wert haben in dieser Art vielleicht nur singuläre Wahrnehmungen?
3. Wie ist mit den Aussagen wissenschaftlich – worauf Steiner Anspruch erhebt – und nicht bloß persönlich umzugehen?

Lediglich einige Streiflichter können diese Thematik hier berühren, die Problematik selbst wurde von Steiner in zahlreichen Darstellungen vielfältig und auch systematisch ausgebreitet,[24] sicher nicht so, daß er damit alle möglichen Einwände ausgeräumt hätte; doch dies geschah bisher bei keinem grundlegend neuen Ansatz, bei keinem neuen Paradigma in einem Zuge.[25]

Worum handelt es sich bei der übersinnlichen Wahrnehmung?

Schon die alltägliche Erfahrung des Schlafes verweist darauf, daß es innerhalb des Seelenlebens Erfahrungen oder Provinzen gibt, von denen wir nur indirekt etwas wissen. Während wir die sinnliche Welt mit ihren vorfindlichen Erscheinungen unmittelbar erleben, wissen wir über den Zustand des Schlafes gerade deshalb nichts, weil unser Bewußtsein in seiner Wachheit ausgelöscht ist. Und doch ist im Schlaf mehr als nichts, denn sonst könnten wir auf ihn ja unschwer verzichten. Schlafentzug würde uns aber in unserer ganzen Verfaßtheit unmittelbar treffen. Nicht nur die körperliche Erfrischung wäre aufs schwerste beeinträchtigt, auch die eigene Identität würde «angekratzt», unterhöhlt. Jeder weiß, daß ihm sogar bekannte äußere Eindrücke besonders nahegehen, wenn er über längere Zeit – mehr als üblich – am Schlafen gehindert war. Aber nicht nur eine Überreizbarkeit ist es, die dann vorherrscht, man ist auch kaum in der Lage, die äußeren Eindrücke und Anforderungen angemessen zu *verarbeiten* oder auch nur einzuordnen. Anders hingegen beim gesunden Schlaf, also jenem Zustand, von dem, wenn man aus ihm erwacht, der Eindruck vorherrscht, daß man «weit weg» war oder besonders «tief» geschlafen habe. Da sieht man anderntags die Erlebnisse, mit denen man am Vortag tief verbunden war, irgendwie anders an. Was einen intensiv bewegte, ja existentiell berührte, vermag nun «lockerer» gesehen zu werden; was einen etwa bei einer niedergeschriebenen Formulierung tief erfüllte, erscheint – wiedergelesen – entweder als blaß, oder es spricht vertieft zu einem, so daß man neuerlich daran geht und das Gemeinte noch schärfer zu fassen sucht. Dies und zahlreiche weitere Phänomene können verdeutlichen, daß der Bereich des Unbewußten keineswegs ohne *Wirk*lichkeit für die eigene Existenz ist. Im Gegenteil, dieser Bereich, den man in Analogie zu Freuds Begriff der «Traumarbeit» als «Schlafarbeit» bezeichnen könnte, hängt aufs engste mit der ureignen Person zusammen. Die Tiefe des Schlafes, also des Unbewußten, hat auch mit der Tiefe des eigenen Wesens zu tun. Ist es nicht so, daß der Schlaf das, was im Tagesbewußtsein noch wie ein Äußerliches ist, zum eigenen Besitz umwandelt? Bildet er nicht, was Wissen war, so um, daß es zur Fähigkeit wird? Wandelt er nicht Kenntnisse zum Lebensertrag, zur Erfahrung? Diesen Bereich der Wirklichkeit für das Menschenverständnis auszusparen hieße, ein wesentliches Element zu verdrängen. Doch wie kann man dieser verborgenen Wirklichkeitsschicht näherkommen? Sie gehört zunächst eindeutig dem *Unbewußten* zu, einer Welt, die erstmalig von C. G. Carus mit diesem Terminus bezeichnet wurde.[26] Ende des 19. und im beginnenden 20. Jahrhundert versuchen S. Freud, Adler und C. G. Jung durch psychoanalytische Methoden in diese Welt einzudringen. Zur gleichen Zeit strebt Steiner danach, *Erkenntnisse der übersinnlichen, der geistigen Welt zu erlangen.* Beide Bestrebungen haben wenigstens ein gemeinsames Merkmal, das sie von der Naturwissenschaft trennt: Es fehlt ihnen ein sinnlich eindeutig vorfindliches Substrat, dem, so oft es beliebt, gegenübergetreten werden könnte. Dennoch gibt es für den Analytiker einen Zugang, und er kann sogar zu Einsichten in die dort waltenden Gesetzmäßigkeiten kommen. Diese sollen hier aber nicht dargestellt werden. Steiners Weg ist anders. Er spricht von einem «*Aufwachen* in die geistige Welt», das heißt vom Übergang aus einem dem Schlaf vergleichbaren Zustand in einen des Wachens, in eine gesteigerte, erhöhte Wachheit. «Das Aufwachen zum Schauen kann nur aus einem gesunden Tagesleben heraus erfolgen.»[27] Wie ist dieser Zustand oder Vorgang zu verstehen?

Blicken wir zunächst einmal auf einen Zugang, den wir zum Un- oder Halbbewußten haben, auf den Traum. Wohl jeder hat, wenn auch nicht willkürlich, zumindest gelegentlich Erfahrungen damit. Gerade am Traum läßt sich etwas von der Steinerschen Methodologie, die sich zu ihm fast antithetisch, polar verhält, verdeutlichen. Wir folgen dabei zunächst einer einprägsamen Darstellung, die I. H. Fichte gab. «Als Traum haben, um eine begriffliche Klarheit in einem diffusen Gebiet herzustellen, alle jene Bewußtseinszustände zu gelten, in denen, ohne jede unmittelbare Sinneserregung, dennoch in Form sinnlicher Anschaulichkeit dem Menschen Bilder vor das Bewußtsein treten, gleichviel ob sein Urteil und die begleitende Reflexion, ihnen Objektivität beilegt (wie im Schlaftraum) oder nicht.»[28] Rasch stellt sich drängend die Frage: Was hat am Traum subjektiven, was objektiven Ursprung? Diese Frage nach seiner Zuordnung zum Bereich des Subjektiven oder Objektiven ist nur durch Vergleichung, durch Analogie, zu lösen. Zunächst dürfte man fehlgehen, wollte man den Traum nur deshalb als ausschließlich subjektiv ansehen, weil er in einer Bildersprache spricht. Denn es sind gerade diese Bilder, welche etwas enthalten – darin ähnlich den Vorstellungsbildern –, was von dem Wesen desjenigen kündet, was ihnen an objektiven Erregungen zugrunde liegt. *Traumbilder sind bildliche Einkleidungen eines höchst realen Kerns.* Was sind aber die objektiven Quellen des Traumbewußtseins und des sich darin darstellenden Gehaltes?

Für die Beantwortung dieser Frage findet Fichte, nachdem er zahlreiche Traumberichte untersucht hat, eine originelle Lösung. Er läßt die träumende Seele sich gleichsam nach zwei Richtungen hinwenden: einerseits an das wache Sinnesbewußtsein, gewissermaßen zurück zum Tageserleben, wo sie mit den Sinneseindrücken empfindend verknüpft war, und andererseits an den Geist, den er zumindest zum Teil als mit der Nachtseite des Daseins verbunden versteht. Geist als eine individuelle Substanz ist für Fichte keineswegs mit Bewußtsein gleichzusetzen. Er hat zwar durchaus Bewußtseinseigenschaften, und der menschliche Geist ist sogar auf Selbstbewußtsein angelegt,[29] aber er besitzt auch eine ursprüngliche, vorempirische Anlage, deren Wirkung im Bewußtseinsprozeß nur gelegentlich hervortritt. Diese Seite hängt mit dem Nachtgebiete der Seele zusammen, sie dürfe aber nicht unterschlagen werden, denn «der Mensch seinem eigentlichen Wesen nach [ist] unendlich reicher und tiefgegründeter, als in seiner der Welt zugekehrten Bewußtseinsform jemals zur Erscheinung kommt».[30] Es gibt Schöpfertaten des Geistes, die einer Quelle des Vorbewußten entstammen, worüber das Bewußtsein sich keine Rechenschaft abzulegen vermag. «Der Traum wendet die innere, gewöhnlich uns verborgene Seite des Geistes dem Lichte des Bewußtseins zu, und so ist er die einzige Form, in der die andere Hälfte seines Daseins, der Hintergrund auch seines wachbewußten Lebens in vorübergehenden Fulgurationen [Blitzschlägen] sich abzuspiegeln vermag.»[31]

So lassen sich denn auch *zwei Formen des Traumes* unterscheiden: eine den Sinnen zugewandte und eine dem Geist zugewandte oder die des Schlafes und die des Tages (Vision).

Der *gewöhnliche Traum* bildet sich als Nachwirkung von im Wachen eingelebten Vorstellungen oder als Effekt von Empfindungen, die während des Schlafs in das Bewußtsein eintreten; diese regen den Traum in seiner Phantasietätigkeit zu sinnbildlicher Darstellung an. Im Unterschied zum Tag schafft der Traum keine Gedächtnisbilder, sondern symbolisiert künstlerisch namentlich das Bildlose, Unanschauliche, die inneren Stimmungen und Gefühle in Bewegungen und Symbolen.

Anders ist es beim vergleichbaren *Tagtraumgegenstück*; da haben wir es mit Halluzinationen, mit Sinnestäuschungen zu tun. Ähnlich dem Traum wissen wir sie nicht auf die Wirklichkeit zu beziehen. Ohne Reizung der Sinnesnerven wird dieser Zustand ausgelöst, er beruht auf Seelenregungen, freilich unwillkürlicher Art, die einen der Empfindung ähnlichen Zustand auslösen. Der Zustand ist nur flüchtig.

Die *Träume der zweiten Stufe* spiegeln unser Inneres im symbolischen Bilde, wir ahnen voraus, haben wahrsagende Träume, der reale Kern – etwa eine kommende Krankheit, ein Unglück – wird von einer Phantasiehülle symbolisch umkleidet. Darin bildet sich wie im Spiegel der verborgene eigene Gesamtzustand ab. Aber auch innere, im wachen Bewußtsein nicht zur Verwirklichung kommende Anlagen des Geistes können sich im Traum auf diese Weise Platz schaffen. So korrigieren sie unsere Einseitigkeiten. Sie dienen der Wiederherstellung und Integration des Geistes, der die unwillkürlichen Einseitigkeiten des Wachens ausgleicht, indem er unterdrückten Richtungen ihr Recht gibt.

Bei Aufregung des Geistes können innere Stimmungen auch während des wachen Bewußtseins aus dem bildlosen Gefühl heraus auftreten und zu einer Art Wachtraum werden, er grenzt an das Wahnbild oder die fixe Idee. Zwischen Geistesstörung und leichter unwillkürlicher Einbildung bestehen unmerkliche Übergänge. Auf den genannten Stufen handelt es sich im Traum um Nachklänge diesseitiger Erfahrungen, diese Nachklänge bilden den Erklärungsgrund.

Das wird anders bei der *dritten Stufe*. Es machen sich «objektive Beziehungen unseres Inneren (von seiner organischen oder seiner gegenseitigen Seite her) geltend, welche im wachen Zustande durchaus bewußtlos bleiben, für ihn demnach als ‹jenseitige› zu bezeichnen sind.»[32] Diese Träume allein haben den Charakter objektiver Wahrsage. Es ragt in diesen Fällen das vorbewußte Seelenwesen sporadisch in das bewußte hinein. Diese Träume können magisch genannt werden. Es ist «darunter alles dasjenige Vernehmen oder Wirken, welches nicht durch die gewohnte sinnliche Vermittlung stattfindet, sondern wo eine andere ... unserem gewöhnlichen Bewußtsein unbekannte Art der Perzeption und der Wirkung anzunehmen ist. Auch bei diesen Erscheinungen ist, dem allgemeinen Charakter der Traumbildung gemäß, das phantasiemäßige, symbolische Beiwerk wohl zu unterscheiden von dem innern, objektiven Kerne, der auf Bedeutung, manchmal sogar auf tiefe Wahrheit Anspruch zu machen hat.»[33] Verborgene, vorbewußte Beziehungen anderer Körper zu unserem Organismus treten ins Bewußtsein und können sich zum Bilde steigern (Heilträume und Fernfühlen gehören hierher).

Aus dem Gebiete der Ideen senkt sich ins Bewußtsein ein geistiger Gehalt ein. Es handelt sich um ideale Offenbarungen, «aber nicht in der Form eines klaren Schauens, einer vom unterscheidenden Denken durchdrungenen Evidenz, sondern mit intensivster unwillkürlicher Macht den Geist ergreifend und eben damit seine bewußte Freiheit völlig in Beschlag nehmend.»[34]

Zweifellos handelt es sich bei den geschilderten Stufen des Traums um seelische Wirklichkeit. Doch wie wird der Inhalt gewahrt, welche Organe stehen zur Verfügung? Es muß sich, zumindest bei der vielleicht seltenen, aber doch verbürgten dritten Stufe, wo es um genaue Vorausschau geht, um mehr als reine Innenerlebnisse handeln. Die Voraussetzung in diesem Falle ist die unmittelbare Einwirkung (Einsprache) des einen Geistes in den anderen. Nötigt das aber nicht zur Annahme einer «*verborgenen Geistergemeinschaft, hinter dem Rücken unseres gewöhnlichen Bewußt-*

seins»?[35] Ist nicht ein Teil unseres Geistes vom sinnlichen Bewußtsein abgekehrt? – Hier liegt für J. H. Fichte der Ausgangspunkt zu umfangreichen anthropologischen und psychologischen Untersuchungen, die wir nicht weiterverfolgen, deren Ziel er aber in seiner *Anthropologie* so angibt: «So vermag endlich die Anthroposophie an sich selbst nur in Theosophie ihren letzten Abschluß und Halt zu finden.»[36]

Damit ist die Problematik zureichend gekennzeichnet, um deren notwendige Auflösung es im vorliegenden Thema geht: Es gibt eine *Wirklichkeitsschicht*, real, aber den Sinnen entzogen, die für die menschliche Existenz Bedeutung hat. Wie ist die «Einschau in das Übersinnliche»[37] ins Bewußtsein hereinzubekommen, da es sich doch «hinter dem Rücken unseres gewöhnlichen Bewußtseins» befindet? Auf die Zufälligkeiten des Traums kann dabei sicher nicht gebaut werden. Aber worauf dann? Könnte ein Bewußtseinszustand erreicht werden, wo einerseits Bewußtheit herrscht, andererseits aber weder Sinneseindrücke noch Erinnerungen daran den Inhalt bilden? Ein solcher gesteigerter Bewußtseinszustand wäre der notwendige «Ausnahmezustand».[38] Steiner zitiert einmal einen von ihm in seinem Erkenntnisringen geschätzten Philosophen, Gideon Spicker (1840-1912), der das Problem und seine Lösung scharf benannte: «Zu welcher Philosophie man sich bekenne …: alle ohne Ausnahme gehen von einem unbewiesenen und unbeweisbaren Satz aus, nämlich von der *Notwendigkeit des Denkens*. Hinter diese Notwendigkeit kommt keine Untersuchung, so tief sie auch schürfen mag, jemals zurück. Sie muß unbedingt angenommen werden und läßt sich durch nichts begründen, jeder Versuch, ihre Richtigkeit beweisen zu wollen, setzt sie immer schon voraus. Unter ihr gähnt ein bodenloser Abgrund, eine schauerliche, von keinem Lichtstrahl erhellte Finsternis.»[39]

Wir können nun also die erste Frage – Worum handelt es sich bei dem übersinnlich Gewahrten und welche Wahrnehmungsorgane sind notwendig? – im Steinerschen Sinne beantworten. Es handelt sich um Gedankensubstanz oder um Gedankenbewegungen und um das Denken als deren Organ. Steiner wird dieser Vorgang schon Ende der achtziger Jahre des letzten Jahrhunderts durchschaubar, und zwar im Zusammenhang mit seinen erkenntniswissenschaftlichen Forschungen, diese ziehen sich durch sein ganzes Werk (vgl. S. 25 f.). So betont er, daß die Seele sich dieses Zusammenhangs des Denkens mit einer übersinnlichen Wirklichkeit gewöhnlich deshalb nicht bewußt werde, weil sie ihre Gedankenfähigkeit zunächst ausschließlich zur Durchdringung der eigenen Gedankenwelt

heranzuziehen gewohnt ist. Diese wird allerdings im Tagesbewußtsein
von den Sinnestatsachen bestimmt, das heißt von den sinnlich bestimmten Vorstellungen. «Die Gegenstände und Vorgänge, welche die Sinne
wahrnehmen, sind im Raume. Aber ebenso wie dieser Raum außer dem
Menschen ist, so befindet sich im Innern eine Art *Seelenraum*, der der
Schauplatz geistiger Wesenheiten und Vorgänge ist.»[40] In den Gedanken,
die sich der Mensch macht, sieht Steiner nicht Abbilder oder Spiegelun-
gen der Dinge, sondern Offenbarungen einer geistigen Welt auf dem See-
lenschauplatz.[41] Der ontologische Grund, daß dieser Zusammenhang besteht, wird von ihm so beschrieben:

Der Grundgedanke der Theosophie besteht darin, «daß wir *in* den
Dingen sein können ... Der [Gedanke] ist so, daß unser Ich nicht uns
selbst gehört, nicht eingeschlossen ist in das engumschlossene Gebäude,
als das unsere Organisation erscheint, sondern der einzelne Mensch ist
nur Erscheinung des göttlichen Selbst der Welt. Er ist gleichsam nur eine
Spiegelung, ein Ausfluß, ein Funke des All-Ich ... Die größten Geister
haben nie anders gedacht als in diesem Sinne ... Das ist aus der Erkenntnis heraus gesprochen, daß das, was in unserem Geiste liegt und was wir
von der Welt erkennen, dasselbe ist, was die Welt hervorgebracht hat.»[42]

Wie ist aber nun der Quell des Denkens, das Denken in seinem Ursprung, der «Abgrund» Spickers, zu erreichen beziehungsweise zu über-
setzen? Dadurch, daß der Denkende durch innere Anstrengung dahin
kommt, in einer Art inneren Ruck seine Aufmerksamkeit nicht mehr
darauf zu richten, wie er Gedanken mit Gedanken verknüpft, also von
den Inhalten des Denkens, dem Gedachten aufgesogen oder überblendet
wird, sondern bemerkt, durch welche Tätigkeit in ihm dies geschieht.
Der Denkende hat also den Vorgang des Denkens, seinen Ursprung, zu
bemerken. Wenn ihm das gelingt, dann erfährt er auch, daß er selbst im
Hervorbringen des Denkens, das heißt im Denkakt tätig ist, während er
sonst auf den Denk*inhalt* fixiert ist. Doch ist dieser Umschwung, diese
Wendung des Blicks auf das, «was sich hinter dem Rücken des gewöhnlichen Bewußtseins» abspielt, keineswegs ein leichtes Unterfangen, denn
sonst wäre es eine Alltagserfahrung. Aus dem bisher Ausgeführten wird
auch deutlich, daß es bei dieser inneren *Umwendung* der Denkkräfte auf
sich selbst nicht allein um eine *Reflexion des Denkens auf das Denken*
geht, wie es beispielsweise die Wissenschaft der Logik leistet. Das Über-
denken des Gedachten und die Auffindung der dem Denkvollzug innewohnenden Gesetze ist eine gute, die seelischen Kräfte disziplinierende

Übung und ein wichtiges Unterfangen für die Aufhellung des eigenen Bewußtseins. Eine Berührung und Durchdringung mit dem Bereich des Unbewußten – vielleicht ist es besser, vom Überbewußten[43] zu sprechen – ist es allerdings noch nicht. Denn wenn dieser Bereich berührt wird, bedarf es zuvor einer Erkraftung des Bewußtseins, weil sonst entweder ein Zustand eintritt, der dem Schlaf nahekommt, oder den Betreffenden Bilder traumähnlicher Art (der zuvor beschriebenen dritten Stufe) überfallen, mit denen er schwer umzugehen vermag, weil die Freiheit ihnen gegenüber erloschen ist. Aus diesen Gründen beginnt Steiner seine Darstellungen stets mit der Beschreibung seelischer Übungen: mit Konzentration der Gedanken und Meditationen sehr verschiedener Art, die zur Erkraftung des Bewußtseins wie der Aufmerksamkeit beitragen sollen. Der «Ruck» ist keineswegs jedermann wie von selbst möglich, aber auch nicht unerreichbar und ebensowenig singulär (siehe Anhang, IV).

In diesem Zustand schweigen die Sinneseindrücke; auch die Gedanken, welche durch Sinneseindrücke ausgelöst wurden, fehlen. Und dennoch wird, soweit beim erstmaligen Gelingen der Umwendung die Bewußtheit erhalten bleibt, die Seele also *erweckt* ist, vom Betreffenden zutiefst erlebt, daß der Vorgang ihn nicht unberührt läßt, wie dies etwa bei den alltäglichen Vorstellungen der Fall ist. Das tiefste Erlebnis ist indessen die Erfahrung, als der Erlebende selbst in einem viel Umgreifenderen zu leben. Dadurch wird ihm ein Doppeltes bewußt: «Jeder Mensch umspannt mit seinem Denken nur einen Teil der gesamten Ideenwelt, und insofern unterscheiden sich die Individuen auch durch den tatsächlichen Inhalt ihres Denkens. Aber diese Inhalte sind in einem in sich geschlossenen Ganzen, das die Denkinhalte aller Menschen umfaßt. Das gemeinsame Urwesen, das alle Menschen durchdringt, ergreift somit der Mensch in seinem Denken.»[44] Das andere aber, was ihm bewußt wird, ist die Einsicht, «wie im Innern der Seele Gedanke sich an Gedanke webt, wie Gedanke den Gedanken sucht … Das Wesentliche dabei ist, daß man so gewahr wird, wie die Gedankenwelt inneres Leben hat … Man sagt sich: Es ist etwas in mir, was einen Gedankenorganismus ausbildet; aber ich bin doch eines mit diesem ‹Etwas›. Man erlebt … daß etwas Wesenhaftes besteht, was einfließt in unser Innenleben.»[45] Dieses Erleben weist also auf Bewegung, innere Dynamik hin. Zugleich aber wird auch verständlich, wie es zur «verborgenen Geistergemeinschaft, hinter dem Rücken unseres gewöhnlichen Bewußtseins» kommen kann, von der I. H. Fichte sprach. In dem zur Quelle zurückgewandten Denken kündigt sich

«Wesenhaftes an, welches in mir Gedanken an Gedanken bindet, welches einen Gedankenorganismus formt ... Man muß unterscheiden lernen zwischen den Gedankenverbindungen, die man durch eigene Willkür schafft, und denjenigen, welche man in sich erlebt, wenn man solche eigene Willkür in sich schweigen läßt. In dem letzteren Falle kann man dann sagen: Ich bleibe in mir ganz still ... ich gebe mich dem hin, was ‹in mir denkt›. Dann ist es vollberechtigt zu sagen: in mir wirkt ein für sich Wesenhaftes.»[46]

Diese beginnende übersinnliche Wahrnehmung, die vom wachen Tagesbewußtsein und der Aufmerksamkeitssteigerung ihren Ausgang nimmt, ist zunächst eine Wahrnehmung des eigenen Erlebens und von dessen Gesten oder Bewegungen oder Vollzügen. Es handelt sich, wie bereits in allem reinen Denken, bloß noch gesteigert, um einen sprachlosen wie bildlosen Vorgang des Gewahrens. Dieser bedarf, soll er mitgeteilt werden, der Übersetzung in die Sprache. Dem Vorgang entsprechend, eignen sich dafür sprachlich besser Wendungen, die etwas von der ursprünglichen Bewegung oder Gebärde und Gestik abbilden, als bloße Begriffe, die durch das Abstraktionsverfahren und die Konzentration auf bestimmte, definite Merkmalsgruppen ihren Inhalt gewonnen haben. Die Sprache wird eher vergleichend-bildhaft, metaphorisch oder analogisierend als abstrahierend und definit. «Das Ziel besteht darinnen, das, was durch die Geistesschau gewonnen wird, in gangbare menschliche Begriffe zurückzuverwandeln, in diejenigen Vorstellungen, die wir gerade an der äußeren Sinneswelt gewonnen haben, wenn dann auch vieles bildlich klingen muß, was wir durch solche Vorstellungen ausdrücken, die wir in der Sinneswelt gewonnen haben.»[47] Worte und sprachliche Bilder sind nur Hinweise auf das im Seelischen oder Geistigen Wirksame, nicht aber die Sache selbst. Und so können Steiners Darstellungen des Übersinnlichen auch nur Hinweise auf eine höhere Wirklichkeit sein, die miteinzubeziehen das eigene Selbstverständnis fördern kann.[48]

Damit ist auf die erste Stufe dessen etwas genauer hingewiesen, was Steiner mit übersinnlicher Erkenntnis meint. Andere Stufen, die in diesen Prozeß der übersinnlichen Erkenntnisgewinnung nicht nur das Denken, sondern auch das Fühlen und Wollen einbeziehen, werden zwar nicht hier, wohl aber von Steiner dargestellt.

Welchen Wert haben in ihrer Art singuläre Wahrnehmungen?

Wenden wir uns der zweiten Frage zu: Welchen Wert haben in dieser Art denn doch nicht allgemein verfügbare übersinnliche oder höhere Wahrnehmungen? Schon aus dem Gesagten ergibt sich, daß sich zwischen diesem geisteswissenschaftlichen Ansatz und sonstigen exakten wissenschaftlichen Methoden keine bruchlose Einheit herstellen läßt. Dies sagt freilich noch keineswegs etwas über einen möglichen fehlenden Wissenschaftscharakter aus, da die Wissenschaft nicht nur physikalische Kräfte und Stoffe zum Gegenstand hat. Bei den nur geistigen Wahrnehmungen handelt es sich ebenso wie auch bei Vorgängen des Lebens, der Empfindung und des Geistes grundsätzlich um nicht direkt sinnlich zu Gewahrendes, aber doch um Erfahrbares; daher kann durch die Wahrnehmungsbeschreibung eine *Erfahrungsausdehnung* für jeden in dem Sinne erfolgen, wie er vorliegt, wenn er von den Erlebnissen, der Biographie und den Schicksalen eines anderen hört. Doch es ist noch mehr als nur der Erfahrungsbericht damit verbunden. Denn es besteht eine gemeinsame Brücke zwischen der sinnlich erfahrbaren und der nur geistig erfahrenen Welt durch das Denken. Damit kann das, was über die Sinne erfahren wurde, durch das, was mit höheren Organen geschaut wurde, eine neue Beleuchtung und eine neue Interpretation erlangen. Das ersetzt zwar nicht die geistige Wahrnehmung selbst, aber der aufgewiesene Zusammenhang kann auf Plausibilität und Tragweite kritisch überdacht werden. So kann etwa von der Tatsache her, daß der schlafende Mensch, über dessen Wesen in diesem Zustand mit gebräuchlichen Mitteln direkt nichts ausgemacht werden kann, von dem aber die übersinnliche Wahrnehmung aussagt, daß es in vollerer Übereinstimmung mit sich selbst sei als während des Wachens, zugleich auf einen physiologischen Tatbestand geblickt werden: Ob wir wachen oder schlafen – das vegetative Leben geht unbewußt weiter. Der einflußreiche Psychologe Fortlage, auf den Steiner sich bezieht, schreibt: «Das Gehirn macht hier dadurch eine Ausnahme, daß dieses Leben der Ernährung, dieses Schlafleben, bei ihm in den Pausen des Wachens überwogen wird von dem Leben der Verzehrung. In diesen Pausen steht das Gehirn einer überwiegenden Verzehrung preisgegeben und gerät folglich in einen Zustand, welcher, wenn er sich auf die übrigen Organe mit erstreckte, die absolute Entkräftung des Leibes oder den Tod zuwege bringen würde.»[49] Steiner greift diesen Gedanken auf, indem er *alle*

Bewußtseinsvorgänge physiologisch mit *Abbauprozessen* (Verzehren) in Verbindung bringt. Er bezeichnet diese Vorgänge gelegentlich auch als Todespol innerhalb der Lebensprozesse.[50] In diesem Sinne ist der Teil unseres Wesens, der Wachheit vermittelt und in dieser bewußt lebt, erkauft durch Abbau. Im Schlaf herrscht zwar Wesensfülle, aber Bewußtlosigkeit. So zeichnet sich jener Pol des Leibes, dem wir unser Bewußtsein verdanken, das zentrale Nervensystem, dadurch aus, daß die Gehirnzellen ihre Teilungsfähigkeit verloren haben und unfähig sind, sich selbst aus dem Blutstrom zu ernähren, diese Ernährung muß durch ein eigenes Gewebe (Glia) vermittelt werden – alles Ausdruck für den vegetativen Abbau, dem aber gerade das Wachbewußtsein zu verdanken ist.[51]

Diese Tatsachen bedenkend, schreibt Fortlage: «Das Bewußtsein ist ein kleiner und partieller Tod, der Tod ist ein großes und totales Bewußtsein, *ein Erwachen des ganzen Menschen in seinen innersten Tiefen.*»[52] Völlige Wachheit, zu sich selbst in vollem Umfange kommen, ist erst nach dem Tod möglich. Da berühren sich Einsichten der Physiologie und der Erforschung des Geistes, die sich darauf richtet, wie denn das Wesen des Menschen als überzeitliches oder ewiges konstituiert sei.[53] Dieses von Steiner selbst herangezogene Beispiel weist darauf hin, wie Bearbeitungen, Reflexionen, Bezüge herstellbar sind, auch wenn die direkte Einsicht in das Übersinnliche fehlt. Im Denkakt ist diese Einsicht immer gegeben. Das mag als wenig angesehen werden, dennoch: Eine Brücke ist da.

Können anthroposophische Aussagen als wissenschaftlich gelten?

Man kann erfahren, daß die Einsichten der Geistesforschung für die eigene Erkenntnisgewinnung und Positionsbestimmung sehr wohl einen Wert erlangen können, doch bleibt dieser eben persönlich. Da aber Anthroposophie den Anspruch erhebt, «die wissenschaftliche Strenge auf das Geistgebiet aus[zu]dehnen»,[54] stellt sich die Frage nach ihrer Wissenschaftlichkeit. Wie ist mit ihren Aussagen wissenschaftlich – nicht nur persönlich – umzugehen, wenn die Ergebnisse nicht reproduzierbar sind? Nun sind keineswegs alle wissenschaftlichen Ergebnisse beliebig reproduzierbar, das trifft schon für weite Bereiche der Biologie zu, noch mehr für die Medizin und andere kulturwissenschaftliche Gegenstandsgebiete. In diesem Fall – so in Philosophie, Theologie, Erziehungswissenschaft, Soziologie und so weiter – gilt dagegen die *Intersubjektivität* als Voraussetzung für den wissenschaftlichen Diskurs, das heißt die Orientierung an gewissen Standards der Argumentation, die innerhalb der «Zunft» gepflegt werden. Man kann wohl inzwischen – anders als zu Steiners Zeiten – vielleicht schon von einer eigenen «Zunft» anthroposophischer Diskutanten sprechen, sogar interdisziplinär – freilich, den Zugang zu gebahnten Foren sonstiger Diskussion hat sie bisher nur gelegentlich gefunden. Wäre dies anders, müßte es verwundern. Denn aus der Wissenschaftsgeschichte ist bekannt, daß sich Wissenschaft zu verschiedenen Zeiten verschieden begriff. Gültige und damit herrschende Deutungsmuster der Welt (Paradigmen), also das, «was die Mitglieder einer wissenschaftlichen Gemeinschaft miteinander teilen»,[55] sind beispielsweise im Mittelalter, in der Renaissance und heute tiefgreifend andersgeartet. Spannend ist jeweils die Frage, was geschah und geschieht, wenn ein neues Paradigma auftritt. Und ohne Frage stellt Steiners Methode kein anerkanntes Paradigma dar, sondern bildet, wie ich vermute, ein neues Paradigma. Einen Hinweis darauf kann man in der ausgiebig von ihm betriebenen Methodenreflexion sehen, die mindestens ebenso gewichtig zu sein scheint wie die Fülle seiner neuen Einsichten. Wenn es sich tatsächlich um ein sich ankündigendes neues Paradigma handelt, müßte auch derselbe Sozialprozeß ablaufen, wie er bei Wechseln stets stattgefunden hat: Neue Paradigmen werden entschieden von jenen bekämpft, die in einem bisher gültigen Paradigma aufgewachsen sind; danach folgt eine Zeit der Kontroverse, wo die Anhänger des alten Paradigmas entweder konvertieren oder irgendwann aussterben. Möglicherweise spielt sich mit der Anthroposophie ein verwandter Vorgang ab.

Zwei Verhaltensweisen lassen sich zunächst erkennen: Man kann beobachten, daß die vorgebrachte Argumentation, die sich auf eigene Wahrnehmungsmodi beruft, ob ihrer Andersartigkeit teilweise von vornherein *verworfen*, also gar nicht erst zur Kenntnis genommen wird, weil ihre Quelle – gemessen an den naturwissenschaftlichen Maßstäben – *fragwürdig* ist. Eine andere Verhaltensweise besteht darin, daß die vorgebrachte Argumentation einfach *geglaubt* wird, wie Berichte von anderen Kontinenten oder fernen Ländern, die man selbst nicht besucht hat. Die Beschreibungen werden aufgenommen und in das eigene Dasein partiell integriert. Sie können, wie schon erwähnt, durchaus das eigene Vorstellungsleben bereichern und haben daher einen subjektiven Wert, spielen aber für die wissenschaftliche Erkenntnisgewinnung keine Rolle. – Beide Muster brauchen hier nicht weiter zu beschäftigen; dagegen sollen andere Momente der Intersubjektivität näher beleuchtet werden.

1. Die Darstellungen Steiners lassen sich als Anstoß nehmen, der imstande ist, eingefahrene Betrachtungsweisen aufzubrechen und dem Erkenntnisvermögen neue Lichter aufzustecken, indem «durch wechselnde Perspektivität auf die gleichen Problemstellungen» ein «*heuristischer Weg*» der Aufschließung ermöglicht wird.[56] In diesem Falle läßt sich sogar eine post-moderne Vorgehensweise geltend machen, die nicht nach der «großen Erzählung» fragt, sondern nach dem Erkenntnisgewinn. Tragend ist hierbei das Erkenntnisinteresse: Was bereichert, was neue Sichtweisen eröffnet, sollte zumindest erprobt werden.

2. Eine nochmals etwas andere Haltung geht von einer Einsicht aus, die Goethe so formuliert hat: «Was fruchtbar ist, allein ist wahr.» Wissenschaftlich kann dieses Vorgehen so gekennzeichnet werden, daß zuerst die Praxis angeschaut, dann die Theorie untersucht wird. Was auf den ersten Alltagsblick hin als unverständliche Begründung oder Theorie erscheint, vermag möglicherweise eine erfolgreiche Praxis des pädagogischen Handelns bewirken, die als solche bei näherer Beschäftigung wiederum als Frage auf die Begründung zurückverweisen müßte. Am Beispiel der Pädagogik sei diese Form des letztlich *pragmatischen Erkenntnisinteresses* verdeutlicht: «Die erste Aufgabe der Erziehungswissenschaft ist nicht die Auslese der richtigen Theorie, überhaupt nicht die Prüfung auf wissenschaftliche Wahrheit einer Theorie oder eines Konzeptes, sondern auf ihre pädagogische Wirksamkeit und deren aktuelle und problemspezifische Bedeutung. Darin liegt ihre eigene Fragestellung, den pädagogischen Zusammenhang von speziellen Theorien und Konzepten mit speziellen Praktiken und deren Wirkungen aufzuklären, die pädagogische Wahrheit von Konzepten zu untersuchen und angesichts von Problemen, Aufgaben, Zielen zu beurteilen, und dieses Wissen wissenschaftlich zu sichern und für die pädagogische Praxis bereitzustellen.»[57]

Diese beiden Ansätze entsprechen den Forderungen wissenschaftlichen und methodenbewußten Umgehens mit Einsichten, sie bedürfen der weiteren Entfaltung, die wir aber nicht vornehmen; wir begrenzen uns auf die von Steiner selbst gegebenen Überlegungen zum verstehenden Umgang – auch das bereitet einige Mühe.

3. Es ist also möglich, zwischen vorhandenem positivistischem Wissenschaftsparadigma und geisteswissenschaftlicher Einsicht die *Brücke* zu suchen, eine mögliche Brücke nämlich zwischen dem *höheren Wahrnehmungsvermögen* einerseits und den jedermann zugänglichen Erfahrungen andererseits. Falls sie tatsächlich besteht, müßten sich die noch bestehenden Gegensätze «vermitteln» lassen. Das genau ist der von Steiner gemeinte und intendierte Weg. Er sieht die Brücke im Denken, freilich nicht in einem vorstrukturierten, sondern in einem offenen Denken. So heißt es beim Aufweis für den zweiten, inneren Leib – der ersten geisteswissenschaftlichen Erkenntnis in bezug auf den Menschen –, der innerhalb des physischen wirksam, für die sinnliche Beobachtung nicht direkt, wohl aber für die «übersinnliche», das «höhere Wahrnehmungsvermögen», zugänglich ist: «Wenn nun auch jenes *Verborgene,* das in dem physischen Leibe den Kampf gegen den Zerfall führt, nur für das höhere Schauen zu beobachten ist: in seinen *Wirkungen* liegt es für die auf das Offenbare sich beschränkende Urteilskraft klar zutage.»[58] Die gegebene Tatsache, das Phänomen, ist von zwei Seiten zugänglich: dem schauenden Blick, der zugleich denkende Gestaltung ist, und dem schließenden Denken, das die sinnlich erfahrbaren Erscheinungen durchdringt.

Nun ist es so, daß das rein durch das verarbeitende Denken zu gewinnende Ergebnis der inneren Menschennatur einerseits und das durch das höhere Wahrnehmungsorgan Gewonnene und zu Beschreibende andererseits nichts Gegensätzliches, sondern gleichsam nur zwei Darstellungsseiten oder -weisen derselben Tatsache darstellen. Sie sind beide gleichermaßen dem klaren Denken zugänglich. Darum sind Einsichten aufgrund höherer Wahrnehmung durch das kritische Denken prinzipiell befragbar und – soweit der gesamte Zusammenhang durchgegangen wird – auch kritisch überprüfbar, das heißt dann aber auch falsifizierbar. Ausgerechnet von theologischer Seite, die sich ja ihrerseits mit Offenbarungen herumzuschlagen hat, wird gelegentlich behauptet, Anthroposophie sei prinzipiell «falsifikationsresistent» und damit immer irrtumsfrei.[58a] Sicher gilt bei der Prüfung, daß die Darstellungsform im einen Fall – der denkenden Erschließung – *begrifflich*, im anderen – der *höheren Wahrnehmung* – vergleichsweise *anschaulich-bildhaft* ausfallen wird, wie schon erwähnt. Doch auch «bildhafte» Darstellungen, die das Wirkende eher vergleichsweise oder sinnbildlich bewußt machen, bleiben gedanklicher Erfassung zugänglich. «In dem Gedanken selbst liegt nämlich schon

eine innere Wesenheit, welche im Zusammenhang steht mit der übersinnlichen Welt.»[59] Demnach müßte die Brücke zwischen der gedanklich
sinnvoll durchdrungenen und erschlossenen und der «übersinnlichen
Darstellung», wenn sie in ihrem Gehalt gestaltend durchdacht wird, also
im Denken selbst, bestehen. Es ist das Denken, das die Verbindung und
Brücke der beiden Erkenntnisweisen schafft. «Denn *begreifen* kann man
eben auch das auf diesem Gebiete, was man noch nicht *beobachtet*. Ja es
ist der gute Weg zum Schauen derjenige, welcher vom Begreifen ausgeht.»[60]

Der Lebens- oder Ätherleib

Um den durch das Denken vermittelten doppelten Zugang zur Wesenheit
des Menschen im einzelnen zu verfolgen und soweit als möglich auch zu
leisten, folgen wir in der Beschreibung der Lebensvorgänge zunächst
weiterhin Steiner. Die von ihm geschaute, für das Denken aus der Wahrnehmung der Phänomene zu postulierende *artbildende Kraft* wird von
dem physischen Leib als etwas Eigenständiges abgegrenzt. Obgleich die
Erscheinung des Leibes – außer im Augenblicke des Todes – immer auch
die des Lebens an sich trägt, stellt letzteres doch eine andere Substanz als
das Physische dar. Und auch wortgeschichtlich ist, wie wir sahen, bis in
die Gegenwart ein Unterschied zwischen Körper und Leib geblieben,
weil offenkundig vom Sprachgeist oder vom Sprachempfinden diese beiden Substanzen aus – nennen wir es Form und Leben – jeweils als verschieden gespürt werden. Steiner bezeichnet den *Körper* als *physisch*, mit
den genannten Eigenschaften der Abgrenzung von anderen Körpern, der
Schwere und Stofflichkeit, den *Leib* dagegen als den Träger des Lebens, ja
sogar als eine eigene *lebenserfüllte Geistgestalt.* Hierfür benutzt er eine
eigene Wortleiblichkeit: *Ätherleib* oder *Lebensleib*, später dann auch *Bildekräfteleib* oder sogar *Lebensbildekräfteleib*, es gibt auch die Wendung
innerer Plastiker oder *Zeitleib.*[61] Freilich kann festgestellt werden, daß
Steiner die Benennung nebensächlich erscheint, denn sein *Wort*gebrauch
– im Unterschied zum *Begriffs*gebrauch – ist keineswegs einheitlich.
Dennoch werden jeweils bestimmte Aspekte der zu beschreibenden
Wirklichkeit mit der jeweiligen Benennung hervorgehoben. Der Ausdruck *Ätherleib* entstammt einer älteren Überlieferung. Er findet sich bei

Agrippa und taucht im 19. Jahrhundert dann wieder auf: Ätherisch ist der Leib der Engel, unstofflich, aber gestaltet, wirksam, durchlässig. Die Bezeichnung wird benutzt, um auf das Unstoffliche dieses Leibes zu verweisen. Unverkennbar ist bei der Ausdruckswahl *Bildekräfte- oder Lebensbildekräfteleib* oder bei der Wendung *Zeit- oder Gedächtnisleib* die Absicht, die Wortbildung als genaueren Hinweis auf das bezeichnete Wirksame zu benutzen; das Wort weist in seiner Gebärde schon auf das *Wirksame* hin, soll das Bezeichnete gleichsam nachschaffen.

Der Begriff des Ätherleibes umfaßt bei Steiner das ganze dem *Lebensprozeß* eigene Geschehen, wodurch die sonst bloß (physischen) Stoffe und Kräfte erst zum Leben aufgerufen werden, indem sie durch eine *höhere Organisationsstufe* in einen übergeordneten Zusammenhang, den des Organismus, des Lebewesens, eingegliedert werden.

Oben (S. 47f.) wurde schon, im Anschluß an die philosophische Terminologie Kirns, vom Organschema gesprochen, das die Starre der Stoffe ergreift. Dieses organisierende Prinzip ist nicht abstrakt, sondern offenbart sich an der Leiblichkeit: einer Blume, einem Tier, aber auch am menschlichen Leib. Darum wird der Lebensleib auch als eine «selbständige, wirkliche Wesenheit»[62] bezeichnet, deren Haupteigenschaft die der Gestaltung und des Lebens mit all seinen Prozessen ist, denn wo seine Wesenheit schließlich weicht, wie im Tod, tritt Zerfall der Gestalt auf. Die bisher von einem höheren Organisationsprinzip ergriffenen Stoffe, die während des Lebens in einen anderen Sinnzusammenhang, eben in den des Leibes, eingefügt waren, fallen nunmehr auf eine niedere, ihnen eigene Energiestufe zurück. Erst durch die Verwesung treten die den Stoffen ursprünglich eigenen Kräfte zutage, deren Organisationsform ist nun die mineralische, sie sind stets bereit, wieder in andere Verbindungen einzutreten. Damit wird im Negativ, als Wirkung, die den Organismus bildende Kraft, der *Träger des Lebens*, sichtbar. Leben ist an Rhythmus, an Phasen der Ausdehnung, Zusammenziehung, an Aufbau, Ausscheidung, Umbau, an Werden, Reifen, Altern gebunden, es ergreift hochkomplizierte Stoffe, «vielfältig gestaltet und gemischt und in einem halb flüssigen, wasserreichen Zustand, der sie in ständiger Umsetzung hält. Aber wir können dem Eindruck nicht ausweichen, daß eben die lebendige Gestalt es ist, die in ihren Grenzen die Stoffe aufruft und sie darin zeitweilig erhält. Läßt die Gestalt den Stoff fallen, gerät er außerhalb ihrer Grenzen, so kehrt er ins Unbelebte zurück und nimmt die trägen Formen an, vor denen das Leben ihn «zeitlebens» geschützt hatte. Der Stoff ist nur Treibgut im Flusse der Gestaltung. Nicht der Stoff bildet die Gestalt … Sogleich muß man aber hinzufügen, daß die Gestalt selber nichts Ruhendes, Statisches ist. Wie sie mit der Stoffbewältigung ringt, so ringt sie mit ihrer eigenen *Labilität*. Sie bleibt nie dieselbe, und wie sie sich erneuert, so verändert sie sich auch ständig.»[63] Philosophisch gesehen, liegt eine Hypothese vor, wonach «es sich hier um eine substantiell-natürliche, gestaltbildende beziehungsweise -konkretisierende Kräftekonstellation handelt, die aber als solche kein sinnlich wahrnehmbares Dasein hat, insofern also übersinnlicher Natur ist.»[64]

Der Bildekräfteleib ist nun, anders als der Körper, nicht in sich abgegrenzt, indem er einer «umgebenden Sphäre nicht individualisierter Lebenskraft, einer ‹Bildekräftesphäre› [angehört], mit der er in kontinuierlichem Austausch steht … Bildekräfteleib und Bildekräftesphäre verhalten sich zueinander wie der Wirbel zu einem Wasserlauf, in welchem die Gestalt stehenbleibt und doch immer wieder als Wasser mit anderem Wasser zusammenfließt … Der Wirbel im Wasserlauf ist deshalb nur ein Bild des Bildekräfteleibes, weil sich in ihm die organische und die mechanische Wirkung (des Hindernisses gegen die Strömung) auf unorganische Weise verbindet. Hält man die Strömung an, so verschwindet der Wirbel … Auch der chemische und thermodynamische Prozeß erhält sich nicht aus sich selbst, sondern nur durch das Spannungsverhältnis der jeweils gesetzten Differenz. Das geschieht in der Bildekräftesphäre nicht: Hier ist der Fall gegeben, daß in einem *Kontinuum* trotz des Ineinanderfließens der Gestalten die Entropie der Gestalten nicht zunimmt, sondern die *Gestaltungskraft* sich gegenüber der allgemeinen Zerstreuungstendenz dieser Sphäre erhält und sogar wächst. Aus der Natur der Bildekraft ist dies nicht zu erklären. Wir müssen es also auf die *Entelechie des Lebewesens* zurückführen, welche in jene Sphäre eingreift und in ihr die relative Selbständigkeit der Bildekräfteleiber erzeugt.»[65]

Kennzeichen

Der Begriff Leib meint durchgängig den inneren – naturhaft weisheitsvollen – Zusammenhang der Kräfte. So wie im physischen Leib oder Körper die Einheit durch die Außengrenze konstituiert wird, die das Zusammengehörige gegen anderes abgrenzt, so bildet Leib in der anthroposophischen Terminologie stets den *Zusammenhang eines Zusammen-*

gehörigen auf dem Feld bestimmter Kräfte, das heißt deren System. In der *Erziehung des Kindes* nennt Steiner den Lebensleib lapidar und zugleich bildhaft den «Erbauer und Bildner des physischen Leibes, dessen Bewohner und Architekt(en)».[66] Die *Substanz* des Ätherleibs ist damit bildhaft gekennzeichnet; in abstraktere Ausdrucksweise übersetzt, könnte man auch sagen, sie sei von naturhafter Intelligenz oder Weisheit. Denn überall, wo ein Organismus vorliegt, besteht bei all seiner Differenzierung in eben der Differenzierung immer ein bedeutungsvolles Sinnganzes. Was das Sinnganze schafft, ist, bildlich gesprochen, Erbauer und Architekt, sie gestalten den Bauplan. Es ist für jeden vernünftigen Betrachter in den Organismen ein Wirkendes vorhanden, das in sich Richtung auf sein eigenes Ziel hat und den Organismus in seinem Sosein und seiner Entwicklung bestimmt. Bei Aristoteles heißt dieses Wirkende *Entelechie,* womit allerdings, genauer besehen, noch mehr bezeichnet wird. Biologisch bedeutet das, daß aus der einen befruchteten Zelle all jene Differenzierungen hervorgehen, die in den verschiedenen Organen erscheinen und in einem abgestimmten Bezug zueinander stehen. Wenn nach dem 22. Tag nach der Konzeption – embryonal wurde soeben das Rückenmark veranlagt – das Auge in einem hochdifferenzierten Vorgang angelegt und danach allmählich ausgebildet wird – Retina, Aderhaut, Lederhaut, Linse, Ziliarmuskel, Sehnerv, der motorische Apparat und so weiter –, ist dies ein Gestaltungsvorgang, der bis in die Molekularstruktur der beteiligten Stofflichkeit wirkt. Nur so kann es gelingen, daß aus einem Einheitlichen so verschiedene Gestaltungen wie die einzelnen Organsysteme sich bilden. Die spezifischen Eiweißkörper der Linsenkristalline sind beispielsweise anderen chemischen Vorgängen in den Zellen zu verdanken als die der Stäbchen- und Zäpfchenzellen in der Retina und diese wiederum anderen als in der Pigmentschicht. Und diese Bilde-Vorgänge unterscheiden sich wieder von jenen in allen übrigen Organbereichen, dem Gehirn, dem Magen-Darmtrakt, den Gliedmaßen oder Kreislauforganen. Nur wenn all die Differenzierungsvorgänge sachgerecht geschehen, kann sich ein gesunder Leib bilden. Was gestaltet oder steuert diese Prozesse? Eine naturhafte Intelligenz ist am Werk. Steiner nennt sie Ätherleib. Ob nun von einem *Informationsträgersystem* gesprochen wird oder, wie wir es tun, von Intelligenz oder, wie Steiner es bildhaft tut, von Architekt oder Erbauer, ist zunächst einerlei. Die weiteren Fragen tun sich erst danach auf. Wie ist dieses fraglos Wirkende zu verstehen? Wo sitzt es? Im Erbgut (DNS), in der Selbstorganisation der Natur oder im

Organismus?[67] Handelt es sich lediglich um natürliche Mechanismen wie Vererbung, Mutation und Auslese, die genetisch an bestimmte Stoffgruppen gebunden auftreten?[68] Erst in der Interpretation werden die gegensätzlichen Positionen sichtbar: mechanistisch-reduktionistische, organizistische (Autopoiesis), Zufallsentwicklung versus Zielgerichtetheit, materialistische gegen geistorientierte.[69]

Steiner beschreibt ein mögliches Spannungsfeld von unklarer Geistorientierung und klarer Zielrichtung so: «Niemand hat so wie Goethe erkannt, daß eine organische Wissenschaft ohne allen dunklen Mystizismus, ohne Teleologie, ohne Annahme besonderer Schöpfungsgedanken möglich sein muß. Keiner aber auch hat bestimmter die Zumutung von sich gewiesen, mit den Methoden der unorganischen Naturwissenschaft hier etwas anzufangen.»[70] Biographisch wird für Steiner der Goethesche Typus-Begriff zu einem Organon, das ihm später auch ermöglicht, den Begriff Ätherleib für die geschaute Erfahrung desselben zu verwenden: «Dieser Typus [im Goetheschen Sinne] ist in keinem Einzelorganismus in aller seiner Vollkommenheit ausgebildet. Nur unser vernunftgemäßes Denken ist imstande, sich desselben zu bemächtigen, indem es ihn als allgemeines Bild aus den Erscheinungen abzieht. Der Typus ist somit die Idee des Organismus: die Tierheit im Tiere, die allgemeine Pflanze in der speziellen. Man darf sich unter diesem Typus nichts Festes vorstellen ... Der Typus ist etwas durchaus Flüssiges, aus dem sich alle besonderen Arten und Gattungen, die man als Untertypen, spezialisierte Typen ansehen kann, ableiten lassen. Der Typus schließt die Deszendenztheorie nicht aus. Er widerspricht nicht der *Tatsache*, daß sich die organischen Formen auseinander entwickeln ... *Die Darwinsche Theorie setzt den Typus voraus.*»[71] – «Der Typus spielt in der organischen Welt dieselbe Rolle wie das Naturgesetz in der unorganischen.»[72] Vor diesem Hintergrund wird der Ätherleib zum konkreten Mittler zwischen Typus und der konkreten leiblichen Erscheinung des einen speziellen Organismus. Über die Vererbung wird die Gestalt weitergegeben. Die Weitergabe der Gestalt (Gestaltübertragung) ist aus dem umfassenderen Phänomen der Gestalt*erhaltung* zu begreifen.[73] Denn nur so werden folgende Phänomene verstehbar:

– die *Regeneration* bei Verletzung, wo das Individuum seine Gestalt im Wechsel der Umstände erhält,
– die Weitergabe der *Erhaltungskraft* des Individuums an einen Teil der Leiblichkeit, an Keim oder Sproß,

– die Weitergabe der Gestalt für die Zukunft durch das *Reproduktions-system.*

Die Erscheinung der Vererbung ist «als eine in die Zeit hineinragende Metamorphose der Restitution» anzusehen.[74]

Steiner geht in seinen unmittelbar auf das Menschenverständnis bezogenen Darstellungen auf diese gegensätzlichen Fragestellungen nicht weiter ein, er diskutiert nun nicht mehr das wissenschaftliche Umfeld der Fragestellung, wie er es noch vor der Jahrhundertwende entschieden tat,[75] sondern beläßt es bei der positiven Aussage, daß es einen Ätherleib, das heißt einen dem jeweiligen Organismus eigenen zweiten Leib gebe, den er in der *Theosophie* als eigene Wesenheit bezeichnet. Gleichwohl gibt er dann in der *Geheimwissenschaft*, also 1909, sogar eine evolutionistische Beschreibung der Entstehung des Ätherleibes, die wir nicht weiter darstellen. Er wird in seiner Substanz als Schöpfung (Emanation) hoher geistiger Wesen, der *Geister der Weisheit* (Kyriotetes), betrachtet.[76]

Reflektieren wir an dieser Stelle, was die Aussagen der Geistesforschung auf diesem Gebiet der Menschenerkenntnis gebracht haben, so können wir sagen, daß sie für das Denken kein größeres Problem darstellen. Während in der *Theosophie* zur Erkenntnis-Methode nur grundsätzliche Bemerkungen gemacht werden, wie dieser Ätherleib und die anderen Wesensglieder wahrgenommen werden können, findet sich darüber in einem öffentlichen Vortrag aus der Entstehungszeit der *Theosophie* eine recht genaue Darstellung. Es wird da von einem zum physischen Leib gehörenden *Ätherdoppelkörper* gesprochen, der die leiblichen «chemischen und physikalischen Prozesse zusammenhält, sie gleichsam gruppiert in der Form, wie sie sich innerhalb des menschlichen Körpers abspielen».[77] Schwieriger für den denkenden Mitvollzug ist vielleicht folgendes zu verstehen: Für den Hellseher ist der Ätherleib dann am leichtesten wahrzunehmen, wenn er sich den physischen Körper absuggeriert, das heißt die ganze seelische Aufmerksamkeit ausschließlich auf den Lebensprozeß als solchen konzentriert. Damit verliert die Raumstruktur ihre die Wahrnehmung anziehende Kraft, und für die Wahrnehmungsfähigkeit wird etwas Neues sichtbar: der Ätherleib als solcher. «Es bleibt dann aber in dem Raum, den der physische Körper ausgefüllt hat, noch immer die ganze körperliche Erscheinung zurück in Gestalt eines dem äußeren physischen Körper in der äußeren Form ganz ähnlichen Doppelkörpers von einer sehr schönen, leuchtenden Farbe, die etwa die Farbe

der Pfirsichblüte hat.»[78] (Auf das Problem der Farbangaben für übersinnliche Eindrücke gehen wir weiter unten, S. 508f., ein.)

In einem späteren Versuch der schriftlichen Darstellung dieses Zusammenhanges, gleichsam einem zweiten Versuch der Verdeutlichung des
wirkenden Prinzips, mit dem man es beim Ätherleib zu tun hat, in der
Geheimwissenschaft, sucht Steiner nicht den Anfang, die Fortpflanzung,
sondern das Ende des Lebens auf, wo der physische Körper oder Leib
nur noch rein physisch, das heißt räumlich, ohne Zeitlichkeit ist: das ist
im Moment des Todes. Als Leichnam eignet ihm noch voll die Menschen-
form, doch er kann sie nicht halten, er hat kein Leben mehr. Er beginnt zu
zerfallen, weil jene Kräfte, die ihm Leben gaben, nicht mehr in ihm wirksam sind. Das aber heißt im Umkehrschluß, daß ein bis dahin wirksames
Höheres, den Stoff zum Leben Organisierendes, dem physischen Leib
entzogen wurde. Was während des Lebens ineinandersteckte und scheinbar eine Einheit bildete – physischer Leib und Leben –, erweist sich als
zwei unterschiedliche Prinzipien, die sich im Tod auseinandergliedern.
Der Erkennende hat nun im Grunde nur das, was er in diesem Grenzmo-
ment erfaßt, für das gesamte Leben zu realisieren, daß nämlich im Inneren des Körper-Leibes ein *zweites Prinzip* tätig ist, das es nicht mit dem
Raum, sondern mit der *Zeit* zu tun hat, denn seine Wirksamkeit ist an die
Zeitlichkeit gebunden. «Der Bauplan ist eben nicht ein Resultat der im
Chemismus des Eiweißes und ähnlicher Gebilde enthaltenen Stoffe, sondern das Abbild eines außerräumlichen Ordnungsgefüges, das den Organen ihre Form und Anordnung, aber auch dem Gesamtorganismus seinen irdisch-kosmischen Lageplan verleiht. Die Enzyme und Hormone
und so weiter, die sich in ihm bewegen, sind keine formativen Ursachen,
sondern bloß Indikatoren der an bestimmter Stelle herrschenden Bilde-
feldverhältnisse.»[79] Dieses zeitliche Prinzip der Gestaltung durchsetzt
den Leib, organisiert die ablaufenden Lebensprozesse, ruft die *Erscheinungen des Wachstums, der Organdifferenzierung, des Kreislaufes der
Säfte, des Stoffwechsels* ebenso hervor wie *Regeneration, Werden* und
Altern und *Tod*. Es läßt sich für den nicht mit «höheren Wahrnehmungen» Ausgestatteten denkerisch unschwer in seiner *Wirksamkeit* erfassen, nicht aber ohne Übung direkt in seinem Sosein beobachten. Es ist
nicht physisch, nicht sinnlich, sehr wohl aber tätig.

In Zerfall und Verwesung wird das nur Räumliche des Stofflichen, eben
das Physische oder die Mineralität, erfahrbar. Das zeitliche Prinzip des
Lebensleibes hingegen wird erfaßbar durch das Wirken im Leib und an

dessen Verwandlung in der Zeit, in den Vorgängen des Wachstums, der physiognomischen Verwandlung des Alterns. «Alle Organe werden in ihrer Form und Gestalt durch die Strömungen und Bewegungen des Ätherleibes gehalten. Dem physischen Herzen liegt ein ‹Ätherherz› zugrunde, dem physischen Gehirn ein ‹Äthergehirn› und so weiter.»[80]

Schon der Begriff des Stoffwechsels vergegenwärtigt, daß alle Stoffe des Leibes umgesetzt und irgendwann ausgeschieden werden. Dieser Prozeß ist von ungeheurer Dynamik, wie man seit der Möglichkeit radioaktiver Markierung einzelner Stoffe weiß: in den verschiedenen Geweben unterschiedlich schnell, nach Tagen, Wochen oder Monaten, im Nervengewebe und im Zahnschmelz am langsamsten. Gleichwohl läßt sich im Stoffwechsel zu Recht zwischen Erneuerung, Verjüngung und Altern beziehungsweise Sterben als fortdauerndem Prozeß unterscheiden, «so daß das Leben ununterbrochene Wiedergeburt sei, welche nicht möglich wäre, wenn es nicht ebenso unmittelbar den Todesprozeß aus sich vollzöge».[81]

Wenn nun aber der Leib innerhalb von Wochen oder höchstens Jahren stofflich zu wiederholten Malen ausgetauscht wird, wer gibt ihm dann Identität oder Konstanz? Wer schafft «geprägte Form, die lebend sich entwickelt»? Diese Tätigkeit kann nicht vom Stoff, sondern nur von der organisierenden Kraft ausgehen, dem Bildekräfteleib.[82] Demselben Stoffwechsel unterliegt auch die Erbträgersubstanz, die DNS. Solange die Zelle aktiv ist, finden sich in ihr Enzyme. Im Zustand gesteigerter Lebenstätigkeit, wenn sie auf eine Teilung zugeht, bilden sich aus dem verteilten Chromatin die Chromosomen als Ur-Matrizen; an deren Kontaktstellen bilden sich Enzyme um, die den Auf- und Abbau der Chromosomen steuern. «An den geheimsten Stätten der lebendigen Substanzbildung liegt ein Spiegelbild-erzeugender Prägevorgang vor, ein Bild der rätselhaften Selbstvermehrungskraft der lebenden Proteine; aber wieder ist ja nicht die Gußform das Entscheidende bei der Entstehung des Lebensvorganges, sondern diejenige Tätigkeit, die das Gießen in Gang hält und an geeigneter Stelle im rechten Augenblick die Gußmaterialien auswechselt. Nicht ein Stoff, und wäre er noch so kompliziert, kann der Träger des Lebens sein, weil das Leben die Stoffe selber trägt.»[83]

Nach dem Tode löst sich der physische Körper in der Stoffwelt, der Ätherleib in der Lebenswelt auf.[84] Tod heißt, daß sich die Glieder des Menschenwesens im Verhältnis zueinander ändern: Der physische Körper folgt den Stoffgesetzen, der Ätherleib bleibt noch mit der Seele vereint und löst sich dann allmählich von ihr. Solange dient er dem Seelischen zur eigenen Wahrnehmung, denn neue *Sinnes*eindrücke sind jetzt nicht mehr möglich, da deren Organgrundlage weggefallen ist. Nun geht Steiner in seinen Schilderungen aber noch weiter und stellt damit einige Zumutungen an das mitvollziehende Verständnis: Er verfolgt, was mit dem Ätherleib weiter geschieht. Zunächst läßt sich eine einfache Überlegung anstellen: Wenn im Stoffwechsel die Formkonstanz nicht dem Stoff, sondern der zugrundeliegenden Organform eignet, dann hat diese Bildekraftgestalt eine in sich gefügte Ordnung. Da Ordnung der Stoffe durch Wechselwirkungskräfte geschaffen wird, die unter gleichen Bedingungen stets gleich wirken, kann das für die höhere Ordnung des Lebens so nicht gelten, denn da wandeln sich die Formen lebendig, zeitlich; wohl aber hängt die vorangehende mit der nachfolgenden Form zusammen, es ist etwas wie eine *organische Gedächtniskraft* am Werk. Oder anders gewendet, eine Funktion des Bildekräfteleibes ist die des Gedächtnisses, die ein Späteres mit einem Früheren, die Art mit der Art verbindet. So mag der weitere Gedanke Steiners verständlich werden, was aus dem Lebensleib nach dem Tode wird: Er trägt die «*Erinnerung* an das vergangene Leben. Diese läßt der noch vorhandene Ätherleib als ein *umfassendes, lebensvolles Gemälde* erscheinen. Das ist das erste Erlebnis des Menschen nach dem Tode. Er nimmt das Leben zwischen Geburt und Tod als eine vor ihm ausgebreitete Reihe von *Bildern* wahr ... Der Seele geht nichts verloren von dem, was im Leben auf sie Eindruck macht ... Solange der Ätherleib dem Menschen erhalten bleibt, besteht eine gewisse Vollkommenheit der Erinnerung. Sie schwindet aber in dem Maße dahin, in dem der Ätherleib die Form verliert»[85] – und das geschieht innerhalb von Tagen nach dem Tode.

Es ist keine Frage, daß hier die Bruchstellen zwischen Anthroposophie und herrschender Wissenschaft verlaufen. Wenn auch eine positive Wissenschaft zu diesen Fragestellungen zunächst nichts zu sagen hat, so kann doch bei den Grenzwissenschaften, die es auch gibt, nachgeforscht werden, ob sie Phänomene kennen, welche die Aussage Steiners nicht gar so exotisch erscheinen lassen. Aus den vielfältig bezeugten Nah-Tod-Erlebnissen Reanimierter sind sowohl rückläufige Bilderfolgen als auch panoramaartige Übersichten des ganzen Lebens in der Form der Lebensrückschau bekannt.[86]

Historische Überlieferungen:
Ägypten, abendländische Philosophie

Auch wenn man den Ausführungen Steiners zur Erfassung des Lebens-
prinzips als plausibel und einsichtig zu folgen vermag, bleibt doch die
Frage, ob das höhere Wahrnehmungsvermögen, auf das er sich beruft
und das den geschilderten Tatbestand unmittelbar gewahren läßt, singulär war oder ob er nicht sogar aus entsprechenden durchaus vorhandenen Quellen geschöpft habe. Keineswegs ist Steiner mit der Wahrnehmung oder Darstellung des zweiten Leibes, des Ätherleibes, beispiellos.
Es gibt historische Beispiele. Einmal erwähnt Steiner selbst, daß die
theosophische Literatur eine ausgebildete Terminologie für die Benennung der entsprechenden Wesensglieder besitze. So findet sich in dem
umfangreichen, mehrere tausend Seiten umfassenden Werk *Isis ent-
schleiert* und *Die Geheimlehre* von H. P. Blavatsky ein reiches, wenn
auch leicht verwirrendes und verwirrend dargebotenes Belegmaterial,
aus unterschiedlichen Kulturen zusammengetragen, um nachzuweisen,
daß es eine eigene Welt des Geistes gibt, die sich anderer Kräfte als die
materielle Welt bedient. Blavatsky kennt beispielsweise ein *Fluid, Spirit*
und *Od* als ein im Umkreis und im Menschen Wirksames, ebenso verschiedene den Menschen konstituierende verborgene Prinzipien, zu deren Benennung sie die alten Sanskrit-Ausdrücke verwendet, die sie bei
ihren Aufenthalten bei indischen und tibetanischen Gurus kennenge-
lernt hat (siehe Anhang, V). Steiner kannte ihr Werk. Aber gerade ein
Vergleich mit diesen durch viele Belege beschwerten und oft nicht konturierten Darstellungen Blavatskys[87] läßt Steiners Leistung besonders
hervortreten. Seine präzise, stets nachvollziehbare Gedankenführung
besticht durch eigene Qualität (siehe Anhang, VI). Will man also die
persönliche Leistung Steiners bestimmen – das gilt für alle Stufen seiner
Darlegungen in der Menschen- und Welterkenntnis –, so besteht sie
sicher nicht zuerst darin, daß er Inhalte darlegt, die nur bei ihm aufzufinden wären, sondern in der gedankenorientierten Art der Darstellung
und der Komposition, darin, wie sich die eine Überlegung aus der anderen entwickelt. Wie ein Komponist zwölf Töne in den verschiedenen
Tonhöhen zur Verfügung hat und seine schöpferische Leistung im neu
gestalteten Zusammenklang besteht, so auch bei Steiner. Daraus abzu-
leiten, daß die Inhalte kompilatorisch seien, wie das auch getan wurde,
ist allerdings absurd, weil der Bezugspunkt das eigene, wenn auch

erweiterte Wahrnehmungsvermögen ist, das seiner Natur nach intersubjektiv ist, insofern es dem Denken zugänglich bleibt.

Um das Wissen vom Lebensleib des Menschen historisch zu belegen, ziehen wir – unter vielen möglichen Darstellungen – zunächst eine aus altägyptischer Zeit heran, die Steiner wohl nicht kannte, und zwar den Mythos von der *Geburt des Gottkönigs* (Pharao). Die Erzählung ist vom Alten Reich Ägyptens bis in die noch vorhandenen Tempelbauten der Ptolemäerzeit, das heißt von 2700 bis ins 1. Jahrhundert v. Chr., belegt. Die älteste erhaltene vollständige bildliche Darstellung findet sich im Tempel von Der el-bahri aus dem Mittleren Reich. In großen Bildtafeln wird dargestellt, wie sich der höchste Gott zur Zeugung eines Sohnes entschließt. Dieser Entschluß wird umgesetzt durch Götterhandeln: Amun vereinigt sich mit der Königin von Unter- und Oberägypten im Fürstenhaus. Zwei Götter, Hathor und Chnum, machen sich an einer Töpferscheibe zu schaffen, um das Werk, den Leib, zu bilden, der also von einer sterblichen, irdischen Mutter, aber einem ewigen, höchsten Vater (Amun) abstammt. Zunächst wird der Töpfergott Chnum, der Gestalter, beauftragt, einen Leib zu bilden, der «der des Amun ist», also wesensgleich dem Vater. Chnum ist unter begleitenden Segenssprüchen tätig. Er fertigt den Ka (das Urbild des physischen Leibes, den Bildekräfteleib).[88] Segenssprüche begleiten das Werk der Götter, sie sind auf 15 großformatigen Bildtafeln angebracht: «Ich töpfere dich hiermit eines Leibes (mit Amun) ... alle ... alle. Du wirst König von Ägypten und Herrscher des Rot(en Landes).»[89] Nach dem Ka, dem Urbild, ist nun der physische Leib herzustellen, wobei jener diesen zu durchdringen hat. Auch der physische Leib wird auf der Töpferscheibe aus Ton (Stoff) hergestellt. Beide Leiber durchdringen sich während des Lebens, und erst nach dem Tode trennen sie sich voneinander: Der physische Leib geht in das Reich der Stoffe, der Ka (Lebensleib) in das ihm gemäße Reich kosmischer Kräfte. Der Tote spricht: «Gekommen ist dieser König zu dir, seinem Vater, er ist gekommen zu dir, Osiris, er hat dir gebracht diesen deinen Ka.» Der Pharao ist Horus, Sohn des Osiris. Nach dem Tode ruht der Ka in den «Gefilden des Ka». Dies geschieht ohne Rituale, naturhaft. Die Verstorbenen sind die Herren der Kas. Die, die zu ihren Kas gegangen sind, bilden die Abgeschiedenen. Damit ist der ganze reich entfaltete Totendienst Ägyptens verbunden, der dem Ka zu dienen hatte.[90]

In der Philosophiegeschichte erweist sich Aristoteles als derjenige Denker und Beobachter der Seele, der bereits analytisch klar vom Leiblichen unterschiedene Seeleneigenschaften abtrennt, indem er «die von Früheren überkommenen Lehren über die Seele« untersucht.[91] Er bestimmt zunächst: «Von den Körpern haben die einen Leben, die anderen nicht. *Leben* heißen wir *Ernährung* (eines Körpers), Wachstum, Abnahme durch sich selbst.» Dann stellt sich die Frage, ob die Seele sich von dem Körper als Eigenes abtrennen läßt. Dieser ist zwar die Unterlage (Substrat) von jener, aber wenn ihr «nichts eigen ist, ist sie nicht abtrennbar». Obgleich «Zorn, Milde, Furcht, Mitleid, Wagemut, dazu Freude und Lieben wie Hassen» als Affektationen dem Körper verbunden erscheinen, haben sie doch eigene Eigenschaften, die durch sorgfältige Trennung in reiner Gestalt aufgezeigt werden können. Auf diesem Weg einer sorgfältigen Untersuchung trennt Aristoteles folgende Eigenschaften voneinander und faßt sie begrifflich gestuft zusammen: Das Seelenvermögen hat zuunterst das Ernährungs- und Zeugungsvermögen, dem eine eigene Seeleneigenschaft, die Ernährungsseele, *Treptikon,* zugrunde liegt. Das Wahrnehmungsvermögen hingegen, von Aristoteles sehr differenziert untersucht und ausgebreitet entwickelt, hat zur Grundlage die *empfindende Seele, Ästhetikon* genannt, wovon wiederum eine eigene innere Empfindungwelt mit der entsprechenden Seele, *Oretikon,* abgetrennt wird. Die Verstandes- und erkennende Tätigkeit im Sinne des geistigen Vermögens wird jeweils einer eigenen, extra benannten Seele zugeordnet: *Kinetikon* und *Dianoetikon,* so daß sich die Seelentätigkeiten sehr differenziert in Form eigener Seelen (oder Seelenglieder) darstellen.[92]

Viel später, im 19. Jahrhundert, und dies ist nur ein Beispiel unter anderen, verwendet Immanuel Hermann Fichte (siehe Anhang, VII) – Sohn von Johann Gottlieb Fichte und wie der Vater Philosoph von Rang, dazu Anthropologe – eine ganz verwandte, einprägsame und eigenständige Begriffsbildung für den Ätherleib.[93] Er geht von der Überlegung aus, daß das «ganze Universum nur ein System von Einwohnungen des Höheren im Niederen» sei, wodurch das Niedrige, soweit es die eigene Natur gestattet, zugleich der höheren Wesenheit mit teilhaftig werde und durch ein vorübergehendes Eingerücktsein in dieselbe an deren Vollkommenheit teilnehme.[94] «Alles ist real, raum- und zeitsetzend, der Geist wie das niederste Element; nichts ist aber bloß real, todt, chaotisch, zusammenhangslos irrational, sondern auch das unterste der Elemente ist dazu geartet, als das vielseitigste Verleiblichungsmittel der Seele zu dienen.»[95]

In diesem Sinne greift die Seele in den Stoff ein, schafft sich in ihm ihr Abbild und entläßt es wieder, ohne darin aufzugehen. So sucht Fichte nach einem wahren Begriff des Leiblichen. «Im ‹Leibe›, diesem höchst komplicierten Phänomen heterogener Stoffe und mannichfacher Kräfte, ist offenbar ein Doppeltes zu unterscheiden. Zuerst die *Stofftheile*, welche eine äußere Erscheinung bilden. Wie die analytische Chemie nachweist, lassen sich diese auf die einfachsten chemischen Elemente zurückführen, welche wir auch in allen anderen unorganischen wie organischen Körpern finden. Diese sind dem Menschenleben gemeinsam mit dem übrigen Erdwesen; nur sind sie in ihm zu eigenthümlichen tertiären und quartären Bildungen geeinigt ... Der Seele ... bleiben sie ein völlig fremdes. Jener Sauerstoff, Stickstoff, Wasserstoff und Kohlenstoff, die man im Menschenleib aufweist, erklären ebensowenig die Mitexistenz einer Seele in ihm ... Zudem sind diese chemischen Elemente das *unablässig Wechselnde:* sie treten ein in den Assimilationskreis des Organismus und scheiden wieder aus. Ja nach Verlauf eines bestimmten Zeitraums hat dieser *äußere* Leib, dies Product ihrer Zusammensetzung, so vollständig sich wieder erneuert, daß auch nicht der kleinste Theil dieses alten zurückgeblieben, daß ein völlig neuer Leib vorhanden ist. Dennoch bleibt derselbige Leib während der ganzen Dauer unseres Zeitlebens, sowol im äußeren Typus als nach dem Grundcharakter seiner innern organischen Constitution ganz der eine und selbige während dieser steten Umbildung seiner Stoffe. In den Stoffelementen daher kann das wahrhaft Beharrende, jenes *einende Formprincip* des Leibes nicht gefunden werden, welches sich während unseres ganzen Lebens wirksam erweist ... So werden wir auf eine zweite, wesentlich *andere* Ursache im Leibe hingewiesen. Jenes Beharrende und Einende kann nicht im Bereiche seiner Stoffe liegen, es kann überhaupt kein bloß Stoffliches mehr sein; denn es zeigt sich als das absolut Uebermächtige gegen sie, indem es ihre Ungleichartigkeit, sie ,assimilierend‘, zur Harmonie der äußeren Körpererscheinung zusammenzwingt und diese Einheit während des ganzen Lebens aufrechterhält. Daher ist es nur als ‹*Kraft*› zu denken; als Kraft aber ohne Zweifel an *einem realen Substrate befestigt* ... Nur kann dies Substrat nicht gleichfalls ein Stoff ... sein ... Dies Einende, das eigentliche ‹Band› des äußeren Leibes, welches schon die Alten als *dynamis hektiké*, als zusammenhaltende Macht desselben gar wohl kannten, ist ... in allen seinen Theilen wirksam gegenwärtig ... Indem es aber zugleich das eigentlich im Stoffwechsel Beharrliche enthält, ist es der *wahre, innere unsichtbare*, aber in aller sichtbaren Stofflichkeit *gegenwärtige* Leib. Das Andere, die äußere Erscheinung desselben, aus unablässigem Stoffwechsel gebildet, möge fortan ‹Körper› heißen, der wahrhaft nicht beharrlich und nicht Eins, der bloße Effekt oder das Nachbild jener innern Leiblichkeit ist, welche ihn in die wechselnde Stoffwelt hineinwirft, gleichwie etwa die magnetische Kraft aus den Theilen des Eisenfeilstaubes sich einen scheinbar dichten Körper bereitet, der nach allen Seiten zerstäubt, wenn die bindende Gewalt ihm entzogen ist.»[96] Fichte bemerkt, daß die Lehre vom *inneren Leib* oder *pneumatischen Organismus* uralt und zu allen Zeiten in verschiedenen Vorstellungsweisen ausgebildet worden sei.[97]

Die schwer interpretierbaren Phänomene, die der Magnetismus mit seinen Feldlinien und das Licht mit seinen gegensätzlichen Erscheinungen – Korpuskel und Welle – zeigen, führten die moderne Physik dazu, neue Vorstellungen auszubilden, die schließlich in die Relativitätstheorie und die Quantentheorie einmündeten. Wenn Einstein den leeren Raum als von einem elektromagnetischen Feld durchflutet ansah, so war dieser Raum nicht mehr absolut, sondern Ort komplexer Prozesse, der, wie massetragende Materie, Energie und Bewegungsgröße (Impuls) besitzt. Das Feld kann in Wechselwirkung mit Materie treten, wobei es zum Austausch von Energie und Bewegungskraft kommt. Es ist unabhängig von der Materie, kein Zustand der Materie, sondern ein Zustand des Raumes. Einstein dehnt den Feldbegriff auch auf Gravitationsphänomene aus. Das Schwerekraft-Feld ist als Raum-Zeit-Kontinuum in der Nähe der Materie gekrümmt, Gravitation ist eine Folge der geometrischen Eigenschaften des Raumes. Während sich die Relativitätstheorie mit Phänomenen der oberen Größenordnungen (Planeten und Kosmos) befaßt, wendet sich die Quantentheorie der Wechselwirkung von Feldern und Materie im Allerkleinsten, im subatomaren Bereich zu. Sie ging von der Einsicht aus, daß Licht von Atomen nicht kontinuierlich, sondern in Quanten von Energie abgegeben oder aufgenommen wird. Lichtwellen bestehen aus *Teilchen*. 1924 äußerte de Broglie den Verdacht, daß alle subatomaren Teilchen zugleich Wellencharakter haben, was dann auch nachgewiesen werden konnte. So entstand die Theorie des Quantenmateriefeldes. Es ist von anderer Art als elektromagnetische Felder, aber ebenso wirksam. Dabei gibt es verschiedene Arten von Materiefeldern, ebenso viele, wie es Teilchen gibt. Sie können als Felder miteinander und mit elektromagnetischen Feldern in Wechselwirkung treten. «Felder sind ... die grundlegenden physikalischen Eigenschaften geworden ... Teilchen sind Manifestationen der grundlegenden Wirklichkeit der Felder. Diese Felder sind Zustände des Raumes, und dieser Raum ist nicht leer, sondern voller Energie und erfährt Quantenfluktationen, bei denen neue Quanten ‹aus dem Nichts› erschaffen und dann wieder vernichtet werden.»[98]

Sheldrake interpretiert vor diesem theoretischen Hintergrund die Morphogenese, die Entstehung von Gestalten, und sieht sie als von morphischen Feldern mitverursacht an. Morphische Felder sind *«nichtmaterielle Kraftzonen»*, die sich im Raum ausbreiten und in der Zeit dauern (siehe Anhang, VIII). Sie befinden sich innerhalb und in der Umgebung eines gestalteten Systems. Morphische Felder sind *«potentielle Organisationsmuster»*, die sich, wo es Keime gibt, zu anderen Zeiten und an anderen Orten wieder konkretisieren können, sie behalten dann zugleich eine Erinnerung an frühere Zustände, mit denen sie in *«morphische Resonanz»* treten.[99] Die morphischen Felder haben Wahrscheinlichkeitsstrukturen, denn sonst würde eine Gestalt stets ein Duplikat einer anderen sein; der Variantenreichtum der Gestalten weist eher auf die probabilistische Natur dieser Felder hin.[100]

Der Empfindungs- oder Astralleib

Für den Empfindungsleib und das gesamte Seelische wie auch für das Ich und damit das gesamte Geistige gilt Ähnliches wie für den Lebensleib. Für den Menschen selbst sind seine Empfindungen unmittelbare Erfahrung, er hat die Empfindungen selbst und lebt sie. Doch wie verhält es sich mit der Wahrnehmung dieser Empfindungswelt von außen, und zwar direkt? Zweifellos ist sie in der Wirkung erschließbar. Ein unmittelbarer Zugang zur Innenerfahrung eines anderen besteht zunächst für den Beobachter von außen nicht, wohl aber die Selbstevidenz und durch das Wahrnehmen der eigenen Empfindungen und die Art, wie eigene Erfahrungen gewonnen werden, auch die Möglichkeit, andere Erfahrungen zu erschließen. Die Wahrnehmung des *Fremdseelischen* in direkter Weise bedarf hingegen, so ist die Auffassung Steiners in der *Theosophie*, wiederum der Ausbildung eigener geistiger Wahrnehmungsorgane, die dann ermöglichen, das, was im Mittelalter als Aura bezeichnet und in letzten Resten im Heiligenschein abgebildet wurde, wahrzunehmen. Was im Innern der Seele in Empfindungen aufleuchtet, erscheint nach außen für die geistige Wahrnehmung wie der aurische Glanz, gleichsam als Farbeindruck. Dabei handelt es sich in Struktur und Farbe der Aura um ein äußeres Bild dessen, was im Innern das Gefühlsleben ist.

Was für das Empfindungsleben gilt, gilt freilich keineswegs in gleicher Weise für das geistige Wesen des Menschen. Denn das geistige Selbst entzieht sich der direkten Fremdwahrnehmung auch für erweiterte Wahrnehmungsmöglichkeiten. Für dieses Selbst gilt: «Eigentlich unternehmen wir umsonst, das Wesen eines Dinges auszudrücken. Wirkungen werden wir gewahr, und eine vollständige Geschichte dieser Wirkungen umfaßte wohl allenfalls das Wesen jenes Dinges. Vergebens bemühen wir uns, den Charakter eines Menschen zu schildern: man stelle dagegen seine Handlungen, seine Taten zusammen, und ein Bild des Charakters wird uns entgegentreten» (Goethe).

Steiner geht später[101] der psychologisch bedeutsamen und erkenntniswissenschaftlich schwierigen Frage nach, ob und wenn ja, auf welche Weise das Fremdseelische, das heißt das, was in der Seele eines anderen Menschen lebt, zu erfassen sei. Dabei kommt er zu einer mittleren Position, indem er die Wahrnehmung für jeden Menschen bejaht, ohne daß dadurch das, was über die Wahrnehmung mit Hilfe der geistigen Organe gesagt wurde, ungültig würde. In einem Zusatz zur Neuauflage der *Philosophie der Freiheit* von 1918 geht er auf eine verbreitete Auffassung des Problems ein. «Es gibt Denker, welche der Meinung sind, daß sich eine besondere Schwierigkeit ergäbe, wenn man begreifen will, wie ein anderes menschliches Seelenleben auf das eigene (des Betrachters) wirken könne. Sie sagen: meine bewußte Welt ist in mir abgeschlossen; eine andere bewußte Welt ebenso in sich. Ich kann in die Bewußtseinswelt eines andern nicht hineinsehen.»[102] Und die Teile, die ich mir aus dem Seelenleben eines anderen erschließen kann, sind nicht unmittelbar gewahrte, sondern durch Schlußfolgerung vermittelte. Demgegenüber vertritt Steiner die Auffassung, daß eine unmittelbare *Du-Wahrnehmung* möglich sei und genau diese Wahrnehmung das soziale Urphänomen bilde. Natürlich ist damit nicht gemeint, daß das Fremdseelische in seinem ganzen Umfang zu erfassen wäre, sehr wohl aber jener Bereich, wo das Wesen des Menschen sich in einem Felde betätigt, der durchschaubar ist: in dem des Denkens. Es ist schon viel vom Wesen eines anderen erfaßt, wenn er in der Art, wie er seine innere Welt ordnet, verknüpft, strukturiert, in der Tätigkeit also, und nicht nur durch Schlußfolgerung wahrgenommen werden kann.

Auszugehen ist bei der Wahrnehmung des anderen Menschen zunächst von dem sinnlich Gegebenen: der «Leibeserscheinung der anderen Person»,[103] die außer Frage ein dem Wesen Äußeres, keineswegs schon das Fremdseelische, ihr Wesen selbst ist. Indessen, diese Wahrnehmung «setzt meine denkende Tätigkeit in Bewegung».[104] Dadurch wird aber die Wahrnehmung «seelisch durchsichtig», denn man sagt sich, daß das sinnlich Erscheinende nicht das sein kann, worauf es ankommt, daß es aber auf das Wesen der Person selbst verweist. «Die Sinneserscheinung offenbart in dem, was sie unmittelbar ist, ein anderes, was sie mittelbar ist. Ihr Sich-vor-mich-Hinstellen ist zugleich ihr Auslöschen als bloße Sinneserscheinung.»[105] Der Vorgang, so läßt sich interpretierend verständlich machen, ist vergleichbar dem Lesen: Das Auge sieht gestaltete Zeichen auf dem Papier; würden diese für die Sache selbst genommen werden, gäbe es kein Verstehen des Gesehenen; das Denken muß die Wahrnehmung benutzen und auslöschen, um auf den Sinn zu kommen, um zu verstehen.

Bei der Gewahrung einer Person – und nur dann ist sie vollgültig zu erfassen, wenn sie sich mir gegenüber äußert – führt die entsprechende Auslöschung der bloßen Sinneserscheinung dazu, daß ich als denkendes Wesen in einem zweiten Akte sogar mein eigenes Denken vorübergehend auslöschen muß, um an «dessen Stelle *ihr* [also das fremde] Denken zu setzen. Dieses *ihr* Denken aber ergreife ich in meinem Denken als Erlebnis wie mein eigenes. Ich habe das Denken des andern wirklich wahrgenommen. Denn die als Sinneserscheinung sich auslöschende unmittelbare Wahrnehmung wird von meinem Denken ergriffen, und es ist ein vollkommen *in* meinem Bewußtsein liegender Vorgang, der darin besteht, daß sich an die Stelle meines Denkens das andere Denken setzt.»[106] Die Erfahrung des anderen Wesens ist also deshalb unmittelbar, weil im Bereich des Denkens das fremde Denken durch die Auslöschung an die Stelle des eigenen gesetzt werden kann und mithin wie das eigene erlebt und vollzogen wird.

Dieser Vorgang umfaßt nun allerdings nur die halbe Wirklichkeit. Denn bliebe es dabei, dann könnte ich das fremde Denken vom eigenen nicht mehr unterscheiden – ich verlöre meine Identität. Identitätsverlust aber hieße Ichverlust, denn der Vorgang wäre dann so, daß ich «im Erleben des andern Bewußtseinsinhaltes mein eigenes Bewußtsein ebensowenig erlebe, wie ich es im traumlosen Schlafe erlebe».[107] Im Schlaf weiß ich auch nichts von mir. Doch zu dieser Konsequenz kommt es nicht. Denn das Auslöschen des eigenen Bewußtseins ist nur vorübergehend, dann kommt es zum «Wiederaufleuchten des Bewußtseins von mir selbst».[108] Der *ganze* Vorgang spielt sich in einem fortdauernden raschen Wechsel zwischen Auslöschen (Sozialität) und Selbstbehauptung (Antisozialität), zwischen Offenheit für das Fremdseelische und Eigensein ab. Auf der Ebene des Bewußtseins wechseln fortwährend Einschlafen und Erwachen des Selbstbewußtseins miteinander ab. In diesem Sinne hat jeder Mensch teil an der unmittelbaren Wahrnehmung eines Fremdseelischen – des Vorstellungslebens.

Wir wenden uns nun dem Prinzip der menschlichen Leiblichkeit zu, das Steiner als Empfindungsleib bezeichnet.

Empfindung und Bewußtsein

Die Sinnesorgane werden fortdauernd durch aus der Umwelt kommende Reize affiziert. Ihrem Bauplan haftet etwas von der räumlichen Qualität der Außenwelt und deren Gesetzen an. Das Auge beispielsweise ist mit seiner Linse dem Lichtraum und den Brechungsgesetzen entsprechend – ähnlich einer Kamera – gebaut. Der sensitive Teil, die Netzhaut (Retina) mit der sogenannten Erregungsleitung (Afferenzen), setzt voraus, daß die Lebensprozesse mit ihrem Stoffwechsel, dem Chemismus, darin stattfinden. Doch dieser kunstvolle Bau und die Lebensfunktionen können nicht erklären, wie die chemisch-physikalischen Prozesse plötzlich im Bemerken der Vorgänge im Bewußtsein, das heißt in einem Innerlichen, enden. Doch erst dadurch ergibt sich, daß das, was das Äußere der Welt der Seele bringt, in das Innere des Seelischen, das heißt in den Raum des Subjekts und des Subjektiven eintreten und als *Empfindung* aufleuchten kann. Die Empfindung «ersteht erst innerhalb der *Seele* dieses Empfängers».[109] In der Empfindung antwortet bereits ein Inneres auf den von außen empfangenen Eindruck, es ist *das erste Bemerkbare* und nicht weiter auf anderes zurückführbare Äußere (siehe Anhang, IX). Es gibt in der Tat einen «unreduzierbaren Wesensunterschied zwischen physischen und psychischen Wirklichkeiten».[110] Der Unterschied besteht darin, daß die physisch-leibliche Welt durch räumliche Ausgedehntheit und Teilbarkeit dargestellt werden kann, die psychische nicht. «Wenn wir nun eine bewußte oder psychische Gegebenheit, wie einen Schmerz oder Willensakt, untersuchen, zeigt sich aufs deutlichste, daß irgendwelche raumausfüllende Erstreckung derselben nicht möglich ist. Die Fiktion eines drei

Zentimeter oder auch bloß einige Mikron langen Willensaktes oder einer kugelförmigen Freude ist in sich absurd.»[111]

«Das Bewußtsein kommt zuerst zu sich selbst an der einfachen Empfindung. Es findet sich unmittelbar versenkt in eine Welt durchaus fertiger und bestimmter Sinnesaffektationen, denen es sich weder entziehen kann, noch an deren Inhalt oder Folge es etwas zu ändern vermag. Von allen Seiten ist es geöffnet dieser auf ihn einströmenden Gewalt … es rechnet sie daher einer Sphäre zu, über welche ihm selbst keine Macht zusteht, und die es so als *Außenwelt* sich entgegensetzt, an dieser Entgegensetzung aber zuerst sich selbst gewahr wird. Dies ist die Geburtsstätte des Ich: An der Empfindung, deren Intensität und Reiz wird es zuerst für sich selbst empfindlich. Wir können dieses Hingegebensein, dies Empfangenmüssen überhaupt als Sinn bezeichnen.»[112] Die psychischen Akte setzen zumindest ein erlebendes Wesen voraus. Und zwar tritt die Empfindung sogleich nach verschiedenen Qualitäten, dem Roten, dem Salzigen, dem Tönenden und so weiter auf.

Hier stellt sich die Frage von Du Bois-Reymond: Wie kommt das für die Naturwissenschaft Unerklärliche, die Empfindung, zustande? Physiologisch werden all die sensitiven Nervenvorgänge von elektrischen Potentialen und dem Chemismus (Transmittersubstanzen) begleitet. «Wäre also das Wesen dieses Empfängers mit dem physischen Körper und dem Ätherleib erschöpft, so könnte die Empfindung nicht da sein. Ganz wesentlich unterscheidet sich die Tätigkeit, durch welche die *Empfindung* zur Tatsache wird, von dem Wirken der Lebensbildekraft».[113] Wird auf die durch den Sinnesreiz ausgelöste Antwort, die Empfindung, geachtet, so ist nicht allein die *Reaktion* selbst von Wichtigkeit – denn auch eine ins offene Feuer gehaltene Hand reagiert durch Brandwunden –, sondern auf welche Art die Reaktion geschieht. «Es kommt dabei nämlich nicht darauf an, daß das betreffende Wesen eine Antwort gibt auf den äußeren Reiz, sondern vielmehr darauf, daß der Reiz sich durch einen *inneren* Vorgang, wie Lust oder Schmerz, Trieb, Begierde und so weiter abspiegelt.»[114]

Die Nachtseite und die Tagseite der Empfindung

Das innere Erlebnis der Empfindung wird durch seelisches Wirken aus den physiologischen Prozessen «hervorgelockt». Das Merkwürdige ist aber, daß alle zur Empfindung führenden Prozesse durchaus als solche organisch ablaufen können und daß dennoch nichts davon wahrgenommen und empfunden zu werden braucht. Dies ist nämlich dann der Fall, wenn der Mensch schläft. Zwar vermag sich das Auge durch das Lid abzudunkeln, doch das Ohr ist unentwegt der Welt der Töne und Geräusche exponiert, und alles, was an Reizen an das Ohr dringt, wird entsprechend – genau wie am Tage – zum Gehirn weitergeleitet. Nachweislich arbeitet auch das Hörzentrum, aber im Schlaf ist der Mensch nicht «auf Empfang geschaltet», der Hörende oder Empfindende ist abwesend. Das empfangend-antwortende Prinzip des Bemerkens, das sich des Sinnes- und Nervensystems bedient, welches über den ganzen Leib ausgebreitet, gleichwohl im Kopf zentralisiert ist, benennt Steiner mit dem Ausdruck *Empfindungsleib*. Daß bei entsprechender Gewöhnung jemand an einer Ausfallstraße selbst dann schlafen kann, wenn Panzer vorbeirattern, während eine Mutter durch das viel leisere Schreien ihres Kindes geweckt wird,[115] ist Ausdruck dafür, daß ein «Lebens- oder Gefühlsfaden» vom physischen beziehungsweise vom Ätherleib zum Empfindungsleib bestehen bleibt, die Trennung beider also nur eine Lockerung auf Zeit ist (erst im Tode wird sie endgültig).[116] Empfindungs-*Leib* heißt es wiederum deshalb, weil die Gestalt dieses Prinzips – dem Leib selbst entsprechend – im Hörbereich anders als in den Hautsinnen, in den Spannungsverhältnissen der Sehnen anders als im Gewebedruck der Bauchorgane arbeitet; Leib aber auch deshalb, weil durch dieses Prinzip bei aller Differenzierung ein *Einheitliches,* nämlich das Innewerden von Eindrücken geschieht und Innewerden nun einmal Empfindung heißt. Der Empfindungszusammenhang der Sinne bildet ein differenziertes *System*, eben einen Leib, der das Innegewordene für die Seele, den empfindenden Teil des menschlichen Wesens, bemerkbar macht. Ein Äther- oder Lebensleib, bloß sich selbst überlassen, befände sich fortdauernd im Zustande des Schlafes. Der Empfindungsleib ist somit auch als «Träger des Bewußtseins»[117] zu beschreiben: «Handeln und Denken schwinden dahin im Schlafe, aller Schmerz, alle Lust versinken für das bewußte Leben. Wie aus verborgenen, geheimnisvollen Brunnen steigen beim Erwachen des Menschen bewußte Kräfte aus der Bewußtlosigkeit des Schlafes auf. Es ist dasselbe Bewußtsein, das beim Einschlafen hinuntersinkt in die dunklen Tiefen und das beim Aufwachen wieder heraufsteigt. Dasjenige, was das Leben immer wieder aus dem Zustand der Bewußtlosigkeit erweckt»[118] – das ist der *Empfindungs- oder Astralleib.* Daß Bewußtsein möglich ist, daß also der gesamte Organismus – bis in die letzte Zelle – durchsetzt ist mit der Anlage aufzuwachen, und zwar in den Sinnen am leichtesten und schnellsten, in dem Bereich unwillkürlicher Muskulatur am schwersten und seltensten – das ist die Eigenschaft eines durchgängigen Prinzips, das nichts mit den Lebensprozessen direkt zu tun hat: des Empfindungsleibes. Dieser hat freilich ein *physiologisches Widerlager,* dessen er sich als Organ bedient: das Nervensystem, und zwar ist das markhaltige (Sinnesnerven, Cortex) jenes, das die Tagwachheit vermittelt, während das marklose (Vegetativum, Sympathicus/Parasympathicus) die nur selten bewußt werdenden Lebensvorgänge trägt. Doch damit kommen wir schon zu Überlegungen, die Steiners Denken nach 1917 erfüllen.

Das eigentliche Entstehen der Empfindungen setzt allerdings voraus, daß aus der ungeheuren Reizflut des Leibes und der Umgebung ein Quell der *Aufmerksamkeit* – es läßt sich auch sagen: das sich gestaltende Bewußtsein als Regsames – sich einer der zahllosen Qualitäten des Bemerkten im besonderen zuwendet und dadurch dann eine besondere Antwort auf die Reize erzeugt, nämlich die konkrete Empfindung, die mit dem Subjekt und Erleben des Menschen verbunden ist. Steiner trennt also das «*Tätige*» (im Bewußtsein) vom «*Träger*» des Bewußtseins, dem mehr Empfangenden, Vorhandenen, sorgfältig als etwas Eigenes ab: «Nach allen Seiten hin antworten die Empfindungen auf die Eindrücke [der Sinne]. Dieser *Tätigkeitsquell* soll *Empfindungsseele* heißen.»[119] Der *Träger* des Bewußtseins ist der Empfindungs*leib*, das darin *Tätige* mithin die Empfindungs*seele.* Sie holt dem Lebensgefüge das hervor, «was sie als Empfindung aufglänzen» läßt.[120]

Auch wenn die unmittelbar von außen angeregten Empfindungen von Lust und Leid des Empfindungsleibes im Schlaf schweigen: «er bleibt nicht untätig.»[121] Zwar löst er sich während des Schlafes aus der Sinnessphäre und bleibt mit Lebens- und physischem Leib nur noch locker verbunden, aber er lebt nun in der ihm eigenen Umgebung, in seiner Welt. Auch diese wird von Steiner genauer untersucht, obschon wir aus der Eigenerfahrung ja nur wissen, daß wir im Schlaf mehr oder weniger «weit weg» sind oder waren und der Traum in seiner verwirrenden Vielgestaltigkeit eher ein Hindernis oder einen Seitenweg darstellt, um in das Reich der Nacht, des Tiefschlafes einzudringen. Zunächst geht Steiner schlicht von der Nachtseite der Welt aus, von den Sternen. Was am Tage die Hingabe an die aus der Welt kommenden Eindrücke durch die Empfindungen ist, das ist in der Nacht die *Hingabe an die Gesetze der Welt*, an den Kosmos, die Sternenwelt. Als *Welt-Bürger* im realen, nicht bloß metaphorischen Sinn steht der Mensch nicht nur mit einer Welt in Beziehung, die so weit reicht, wie seine Augen sehen – und sehen kann er nur die vom Lichte erhellte Welt –, doch schon das natürliche Licht verweist auf den Kosmos, denn es stammt von der Sonne. So liegt es nahe, zunächst den inneren Blick auf den gesamten Kosmos auszudehnen, der gerade dann in seiner umfassenden Weite und Gewalt besonders wirksam wird, wenn das menschliche Bewußtsein schläft. Während es am Tage, an unendliche Einzelheiten oder naheliegende Zusammenhänge hingegeben, dieser Weite nicht gewachsen ist, ruht es des Nachts in ihr mit all ihren «ehernen Gesetzen», ihrer Ordnung und Harmonie.

Vergegenwärtigen wir uns das unterschiedliche Erleben der Tag- und der Nachtwelt an einem Vergleich: Die meteorologischen Erscheinungen in ihrem unvorhersehbaren Wechsel – Stürme, Windstillen, Kälteeinbrüche, Trockenheiten und Dürre, Gewitter, Überschwemmungen, Wasserfluten, Erschütterungen durch Erdbeben, Vulkanausbrüche –, haben sie nicht eine tiefinnere Verwandtschaft mit den sich überstürzenden Tagerlebnissen, den Wechselhaftigkeiten ihres Auf und Ab? Oder kommen das Hoch und Tief, die Depression, die bedeckten Stimmungen der Seele etwa ganz aus einer Erfindung des Inneren? Wie anders stellt sich demgegenüber die Sternenwelt dar, wenn der Blick durch Wolkenschleier auf sie fällt! Seit urfernen Zeiten wurde sie majestätisch, erhaben, ja als Ausdruck der Harmonie und Ordnung erlebt: Kosmos im Gegensatz zum Chaos. Selbst heute noch, wo Vorstellungen anderer Art das Bewußtsein überformen, kann sich dieses ursprüngliche Erleben einstellen, wenn man sich in sternklarer Nacht diesem Eindruck des Großen, Ruhigen nicht entzieht. Die Sterne hießen in sumerischen Zeiten Astra, ein Ausdruck, der von den Mittelmeervölkern entlehnt wurde. Ist nicht die durch den gesunden Schlaf erfahrene Wirkung jenen Eindrücken verwandt, die wir an der Sternenwelt sogar bei äußerer Beobachtung erfahren? Klingt nicht sogar beim Erwachen nach tiefem, gutem Schlaf diese kosmische Welt in ihrer harmonischen Ordnung in der Seele des Erwachenden nach – als Ruhe, Ausgeglichenheit, Harmonie und Tatkraft? Die

Erlebnisse der Nacht, der Nachtaspekt des Empfindungsleibes, werden in der ausgleichenden Wirkung des Schlafes durch die erfahrenen kosmischen Harmonien gegenwärtig. Darin liegt die Begründung für die Wahl der Bezeichnung Astralleib, er hebt den Nachtaspekt dessen hervor, was am Tag Empfindung ist: die Erfahrung an der Welt des Schlafes, an der Sternenwelt.

Kehren wir zu Steiners eigener Darstellung zurück. Durch das Wachleben wird der Astralleib aus seiner ursprünglichen Welt herausgerissen; ähnlich wie durch einen Schwamm ein Tropfen aus einer Wassermasse aufgesogen wird, so saugen ihn physischer und ätherischer Leib auf. Diese enthalten die Sinnesorgane, jener muß aus seiner Welt, der Seelenwelt, sich herausscheiden, um zu sinnlich-gegenständlichen Wahrnehmungen der äußeren Welt zu kommen. «Aus dieser seiner Welt aber kann er nur die Vorbilder erhalten, welche er für den Ätherleib braucht. – Wie dem physischen Leibe zum Beispiel die Nahrungsmittel aus seiner Umgebung zukommen, so kommen dem Astralleib während des Schlafzustandes die *Bilder*[122] der ihn umgebenden Welt zu. Er lebt da ... im Weltall.[123] In demselben Weltall, aus dem heraus der ganze Mensch geboren ist. In diesem Weltall ist die Quelle der Bilder, durch die der Mensch seine Gestalt erhält[124] ... Im Schlaf kehrt ... sein Astralleib in diese Harmonie des Weltalls zurück. Er führt beim Erwachen aus dieser so viel Kraft in seine Leiber ein, daß er das Verweilen in der Harmonie wieder für einige Zeit entbehren kann ... [Er] bringt sich beim Erwachen neugestärkte Kräfte in das Leben mit ... in der Erquickung, welche ein gesunder Schlaf verleiht.»[125] Durch das Erwachen wird der Empfindungsleib in seiner Regsamkeit in die Sinnesorgane, ja in das gesamte Nervensystem eingegliedert, also getrennt und individualisiert gegenüber seiner Ursprungswelt, die ihm verwandt, ja gleich ist. Dadurch erschöpft er sich, er ermüdet.

Leiblicher und seelischer Anteil an der Empfindung

Steiner trennt – aus der Perspektive des Seelischen betrachtet – von der eigentlich seelischen Tätigkeit, dem Begehren, der Reizbarkeit, den Gefühlsregungen, gleichsam einen Teil ab, der seiner Natur nach ebenso beschaffen ist – empfindend und erreg- oder reizbar –, der aber ganz eingebunden ist in den Leib. Dieser die seelischen Eigenschaften tragende

Anteil, welcher eng mit dem physischen und Lebensleib verbunden ist, und zwar vor allem mit der Sinnesorganisation, heißt *Empfindungs-Leib*. Aus der Perspektive des Leibes könnte man sagen: Ein Teil des inneren, geistigen Leibes hat dieselben Eigenschaften wie das Seelische, er ist reagibel, empfänglich, beeindruckbar von flüchtigen Reizen. Doch diese Beeindruckungen verselbständigen sich, benötigen nicht mehr des Eindrucks, sondern werden als eigenständige Qualität zur rein in sich kreisenden Tätigkeit, schaffen ein eigenes Erleben und sind so nicht mehr an den Leib gebunden – dann wird von *Empfindungs-Seele* gesprochen. Sie wird später noch im einzelnen zu behandeln sein. Zwar werden diese emanzipierten Kräfte des Seelischen noch durchaus vom Leibe angeregt, aber sie gewinnen doch eine eigene Bedeutung, selbst wenn sie – bildlich gesprochen – noch auf gleicher Ebene wie zuvor wirksam sind. In diesem Bereich findet also eine gedanklich scharfe Unterscheidung statt, die durch das Steinersche Anschauen differenziert wird. Da die gekennzeichneten Differenzierungen in der seelischen Beobachtung prinzipiell feststellbar sind, werden sie von Steiner auch begrifflich scharf getrennt. Doch sie lassen sich für das alltägliche Leben auch ohne Schaden wieder zusammenfassend benennen: Empfindungsseele und Empfindungsleib werden als *Astralleib* zusammengefaßt. «Mit dem Ausdruck *Astralleib* wird dabei ... das bezeichnet, was Seelenleib und Empfindungsseele zusammen sind.»[126]

Diese zusammenfassende Bezeichnung ist im anthroposophischen Sprachraum der wohl häufigst gebrauchte Terminus für die in sich hoch differenzierte seelische Tätigkeit.

Durch den Astralleib erfährt das Subjekt die Außenwelt, gewahrt die verschiedenen Qualitäten der Sinne. Im *Rhythmus von Wachen und Schlafen* verbindet sich das menschliche Subjektive, das Seelische, zum einen mit den Erfahrungen der Welt, zum andern, im Schlaf, mit der Welt der Nacht, der Dunkelheit, der geistigen Verarbeitung der Tagerlebnisse, der Welt des Über- oder Unterbewußten.[127] Gibt sich der Empfindungsleib während des Tages an die Sinne hin und empfängt dort, worauf sich die Aufmerksamkeit konzentriert, die äußere Welt in ihrer für die Seele bedeutungsvollen Intensität, so geschieht Entsprechendes in der Nacht: die Hingabe des empfänglichen Wesens der Seele an die Erscheinungen und Wirksamkeiten der Nacht, der Seelenwelt und des Kosmos. Aus dieser Unterscheidung folgt dann auch der Gedanke, daß neben oder über dem Menschen mit seinen Tagerlebnissen und seinem wachen, zentrierten Bewußtsein gleichsam ein zweiter, umfassenderer Mensch als komplementäres Wesen besteht, mit einem peripheren, allumfassenden «Schlaf-Bewußtsein», wenn der paradoxe Ausdruck gebraucht werden darf. Die Nachtseite gehört entschieden mit zum Wesen des Menschen. Es eignet sich der Mensch seine Fähigkeiten nicht im Wachbewußtsein, sondern im Schlaf an, und bei Schlafentzug geht er des Selbstbewußtseins wie der Identität verlustig (vgl. S. 53f.). Beide Seiten also konstituieren erst den Menschen als volles Wesen. Wird der Tag von den Sinnesreizen als der vorherrschenden Wirksamkeit bestimmt, so die Nacht von der Wirksamkeit des Kosmos, der Sternenwelt, welcher die Seele hingegeben ist – allerdings eben nicht durch die Sinne, sondern auf anderem Wege vermittelt. Das Mittelalter sprach noch davon, daß der Kosmos, die Sternenwelt, durchsetzt sei von Intelligenzen der einzelnen Planeten-sphären;[128] auch heute noch ist jedem erfahrbar, daß durch den Schlaf psychisch wie physisch Veränderungen geschehen. Einerseits lassen sich die durch den Schlaf eintretende Beruhigung und Harmonisierung, der Abstand gegenüber den Tagerlebnissen feststellen, andererseits erfährt man, daß alles zuvor Erlebte sich durch den Schlaf tiefer mit dem Wesen verbindet. Lernen, das heißt Verbindung mit einem Angeeigneten, ge-schieht im Schlaf. Ob es sinnvoll ist, von «Schlafarbeit» zu sprechen, sei dahingestellt, in jedem Fall läßt sich indirekt von einem aneignenden, verarbeitenden, also aktiven Vorgang während des Schlafes sprechen. Es ist eine Welt voller Bedeutungen, mit der man es bei der Nachtseite der Seele zu tun hat. Ihrer Erforschung widmet sich die Geisteswissenschaft vielfältig.[129]

Für die abbauende Wirkung der Tagerlebnisse und die aufbauende in der Nacht läßt sich ein zunächst physiologischer Grund angeben. Im Nervensystem sind die Lebensprozesse einerseits gesteigert, denn kein Organsystem ist wie dieses auf ununterbrochene Versorgung mit Sauer-stoff und entsprechenden Nährstoffen angewiesen. Auf der anderen Seite sind die Lebensvorgänge aber auch extrem spezialisiert und reduziert, denn dem Nervensystem fehlt die Fähigkeit der Zellteilung, das heißt der Regeneration; andererseits weist es wiederum Substanzen auf, die Cere-broside, die dem Leben nahezu entfallen sind, sie sind hungerresistent. Gerade in jenen Partien, die der Vitalität, dem Aufbau entrückt sind, kann sich das Prinzip der Bewußtwerdung, eben der Empfindungsleib, der Empfindung besonders bemächtigen. In ihnen trifft er auf die Natur der Erscheinungen, wie sie die Sinne vermitteln, unmittelbar auf und gewahrt sie. Wir zitieren J. H. Fichte, der durchaus in dieser Richtung Liegendes schon früh thematisiert: «Daß aber das Nervensystem der *Träger* dieses Empfindungslebens sei, lehrt uns die Erfahrung.»[130] Im Nervensystem allerdings den *Sitz* der Empfindungen zu sehen lehnt er wohlbegründet ab, weil durch das «Ineinander von Seele und Leib» die Seele real auf jenen so wirkt, daß der ganze ungeteilte Leib Seelenorgan, Organ ihrer Wirksamkeit ist.[131]

Die Sinnesempfindungen haben für die Seele etwas Aufweckendes und Anregendes – durch sie wird die Seele in die Wachheit gerufen und aufgefordert, sie zu verarbeiten, wenigstens sich mit ihnen zu beschäftigen. So bilden sie gewissermaßen die Tagseite des Empfindungsleibes. Die Empfindungen sind «Kinder des Lichtes», die Emotionen «Kinder der Finsternis», «gesonderte Entitäten …, die in unseren Seelen leben, auf- und untertauchen wie Wesen, die erwachen und wieder einschlafen».[132] Zorn, Furcht, Scham, die grundlegenden Emotionen, «sind Mahner für unser Selbst in fremdartigen und unerwarteten Situationen. Emotionen warnen; sie rufen uns auf und warnen uns und lassen uns Situationen gewahren, die uns vorher nicht bewußt waren.»[133] Ähnlich wie wir weinen und lachen, «zwei Äußerungsformen, über die im Vollsinn nur der Mensch verfügt»,[134] so ist es auch mit den Emotionen. «Wer lacht oder weint, verliert in einem bestimmten Sinne die Beherrschung, und mit der sachlichen Verarbeitung der Situation ist es fürs erste zu Ende», der Mensch wird von diesen Zuständen überfallen.[135] Entsprechend ist es auch bei den Emotionen: Sie «sind Antworten ohne Worte auf jene Fragen, die uns durch besondere Lebenssituationen gestellt werden; Emotionen sind eine Sprache ohne Worte … aber sie sind doch sehr eindrucksvoll. Sie sind allen Menschen über die Erde hin gemeinsam.»[136] In ihnen, den Begleitern des Menschen im Leben, steckt tiefe Weisheit.[137]

Als *Träger von Schmerz und Lust, von Trieb, Begierde und Leidenschaft* hat der Astralleib während des Tages zu gelten.[138] Im wiederholt gebrauchten Begriff des Trägers wird das Bild einer Säule, die das Darüberliegende *trägt*, aufgerufen. Handelt es sich beim Ätherleib um die Trägerschaft des Lebens, so beim Astralleib um die inneren Eigenschaften der Seele. Der Empfindungsleib hat am Seelischen und dessen Qualitäten des Begehrens Anteil, er hängt darum mit dem «Verlangen des Fleisches» zusammen.[139] An die Empfindung schließen nun alle Vorgänge der Gefühle, der Lust, Unlust, des Behagens und Mißbehagens, der Freude, des Genusses, des Verdrusses, des Sehnens und so weiter an, also alles, was die Seelentätigkeit im eigentlichen Sinne ausmacht. Dieser Bereich der Seele verlangt mithin eine eigene Betrachtung, zumal darin auch der Bezug zum menschlichen Wesen selbst, dem Ich, zu untersuchen sein wird. Ohne diesen weiteren Einschlag, den wir als den geistigen bezeichneten, bliebe es bei einem zwar reich differenzierten, aber doch nur je gegenwärtigen Empfinden.

Historisches

Der Begriff des *Empfindungsleibes* findet sich bereits bei K. Fortlage, den Steiner selbst zitiert.[140] Fortlage – wie dem aus ihm schöpfenden I. H. Fichte – geht es darum, den Leib-Seele-Dualismus zu überwinden. Dabei ist einer der Pole in der Dualität dominant, das ist der geistesgeschichtlichen Tradition nach selbstverständlich der Geist. Die betreffenden Philosophen oder Psychologen haben deshalb nachzuweisen, wo das Wirkende (Seele und Geist) «*sitzt*» und wie der Zusammenhang mit dem Bewirkten, dem Leib, beschaffen ist. Ein Realsein kommt der Seele zu; daß sich aber die Seele im Leib auch ihren Raum schafft und ihre Zeit setzt, geschieht dadurch, daß der zentralen Tätigkeit der Seele, dem Empfinden, eine andere Tätigkeit bedingend vorangeht: «Die Seele setzt oder produziert in jedem Augenblicke den Raum für ihre Empfindungen und erfüllt ihn im gleichen Augenblicke mit den Empfindungen, die hineingehören. Dieser durchaus begrenzte Raum, in dem die Seele empfindet, kann ihr *Empfindungsleib* oder der *Seelenleib* genannt werden … Insofern aber das den Raum der sinnlichen Anschauung hervorbringende Vermögen den Namen der anschauenden Phantasie (Einbildungskraft) verdient, kann er ‹Phantasieleib›, ‹Einbildungsleib› heißen. Der Phantasieleib ist von mathematischer Natur und geht den Empfindungen voran, die durch ihn erst möglich werden. Der tastbare Leib ist nicht von mathematischer, sondern physikalischer Natur. Er besteht aus Stoffen, welche aber nur die Werkzeuge (Organe) der Empfindungen liefern, und daher bringt die Seele die Empfindungen des Tastens und Sehens niemals am physikalischen Leibe, sondern am Empfindungsleibe hervor … Umgekehrt fließen alle Willensimpulse von innen zuerst in den Phantasieleib und durch seine Vermittlung dann in den physikalischen Leib ein.»[141] Fichte schließt mit dieser Betrachtung die in seiner *Anthropologie* noch verbliebene Lücke, wie die Seele als gestaltendes Formprinzip konkret zum wirsamen Agens für die Stoffelemente des Leibes werden könne, damit, daß er sagt, es seien die Triebe, die diese Vermittlung bewältigen: «Die Seele ist in uns ein *instinktbegabtes Triebwesen*, weil sie in unbewußter Antizipation und idealer Vorausnahme schon *besitzen* muß, was sie werden soll und was zu *werden* sie eben damit *durch sich selbst* getrieben ist; – ebenso wessen sie durch fremde Ergänzung bedarf, dessen Bild ihr daher gleichfalls durch ideale *Urbeziehung* eingegeben sein muß.»[142] Dabei steht der Trieb zwischen Realem und Idealem, Unbewußtem und Bewußtem. Er erweist sich als das eigentlich Gestaltende und Formgebende in der organischen Natur, wie er umgekehrt auch den «erweckbaren Zunder des Idealen in sich» hat. Deshalb kann nach Fortlage der Trieb unter gewissen Umständen zur physikalischen Kraft werden, wie er sich unter anderen Bedingungen in seine einfache Innerlichkeit zurückzieht. Durch die Seele, vermittelt durch den Trieb, kann «das Schema des innern Leibes der Materie gegenüber» wirken, da dieses von den Trieben erfüllt ist. Die Triebe «gehören dem Leibe nur entliehenermaßen, dagegen dem inwendigen Leibe[143] als fester, unabtrennlicher Besitz an ... Der Wille, welcher an sich selbst der abstrakte Entschluß ist (irgendwohin gehen zu wollen), hat die unmittelbare Fähigkeit, gewisse Teile seiner selbst zu blinden Trieben im Seelenleibe herabzusetzen ... Der Organismus der blinden Triebe hat wiederum die Fähigkeit, gewisse Teile seiner selbst zu physikalischen Kräften herabzusetzen oder in den äußeren Leib zu entlassen. Die Phantasiebilder (der Angst, der Freude ...) bringen ihre Wirkung mittels der mit ihnen unzertrennlich verknüpften Triebe hervor.»[144]

Steiner formuliert den Zusammenhang wie auch den Unterschied zwischen dem Lebens- und Empfindungsleib bildlich-vergleichend so: «Man kann auch sagen: ein Teil des Ätherleibes sei feiner als der übrige, und dieser feinere Teil des Ätherleibes bildet eine Einheit mit der Empfindungsseele, während der gröbere Teil eine Art Einheit mit dem physischen Leib bildet», ohne mit den Grenzen zusammenzufallen.[145] Der physische Leib ist, außer im Tode, schlechthin unabtrennlich von der Seele – so sieht es Fichte –, *denn er ist sie selbst, nur nach ihrer sinnlichen Seite betrachtet.* Fichte unterscheidet den Leib im äußeren und inneren Sinn, als sinnlich wahrnehmbaren Leib, in dem die von der inneren Seite herrührenden Empfindungen, Gefühle und Triebe wirken, und als vom bewußten Selbst durchdrungenen Leib. Demgemäß hat auch das Nervensystem ein Doppelgesicht: ein stoffseitiges, eiweißhaltiges und das andere: die Seele mit ihren Regungen und Gefühlen.[146]

Der *geistigen Wahrnehmung* – sie findet sich allein bei Steiner beschrieben – stellt sich der Ätherleib aus wirkenden Kräften, nicht aber aus Stoff bestehend dar, «und der Astral- oder Empfindungsleib ist eine Gestalt aus in sich beweglichen, farbigen, leuchtenden Bildern.»[147]
Nach Eintritt des Todes löst sich der Astralleib allmählich in der Seelenwelt auf, aber zunächst eignen ihm, wie als Erinnerungen, weiterhin die bisherigen Neigungen, Begierden und Wünsche, die ihn während des irdischen Lebens durchzogen haben. Sie klingen noch einige Zeit nach und werden, da sie sich nicht in der durch den Leib gewohnten Weise befriedigen lassen, als *«brennender Durst»*, als tantalidische Qualen, als Fegefeuer durchlebt. Diese Übergangzeit stellt gleichsam eine Form der inneren Läuterung und Reinigung dar, der Sublimierung der Seelenkräfte aus der Leibbindung in das rein Seelische. In allen Religionen der Welt wird in Waschungen und Reinigungszeremonien, in der Askese und Meditation etwas vom kommenden Seinszustand nach dem Tode sowohl symbolisch wie auch real vorweggenommen.
Steiner erwähnt – in Übereinstimmung mit den heute bekannten Nah-Tod-Erlebnissen (vgl. S. 75) –, wie nach dem Tode gleichsam rückläufig und zeitlich gerafft das vorhergehende Leben durchlebt wird. Ist der Verstorbene auf diesem Weg gleichsam bis zur Geburt gelangt, löst sich sein bisher als eigene Wesenheit konstituierter Empfindungsleib in der allgemeinen Seelenwelt, seinem eigenen Reich, auf. «Für die übersinnliche Erkenntnis gibt es somit drei Leichname, den physischen, den ätherischen und den astralischen ... in der menschlichen Umwelt [sind] fortwährend Astralleichname vorhanden, die abgeworfen sind von Menschen, welche aus dem Läuterungszustande in ein höheres Dasein übergehen.»[148] Aus den vorangegangenen Überlegungen ergibt sich, daß mit dem Astralleichnam keineswegs etwa eine Auflösung der ganzen Seele gemeint ist, vielmehr nur jene des Seelen(Empfindungs-)leibes und der Empfindungsseele, das heißt also des leibgebundenen Teiles der Seele.
Damit ist zunächst stufenweise alles das beschrieben, was Steiner unter der leiblichen Natur des Menschen versteht: die leiblichen menschlichen Hüllen.

Die Seele des Menschen

Seele und Geist

Der Leib in seiner Stufung von Form, Leben und Empfindungsfähigkeit bildet einen Teil der menschlichen «Hüllen», in denen das Wesen wohnt und deren es sich als der ihm eigenen Organe oder als Werkzeuge bedient. Der Charakter dieser Hüllen entspricht vergleichsweise dem eines Musikinstruments: Es kann bespielt werden von Seele und Geist; je nach den verschiedenen Bedingungen kann es verzogen oder verstimmt sein oder voll klingen. Wenn der Klang von der Intention abweicht, hat das sogar entsprechende Rückwirkungen auf den Spieler; denn wenn das, was er erstrebt, nicht gelingt, kann er mißmutig werden, unterbrechen, erneut ansetzen, vielleicht ist er dann selbst verstimmt. Eine andere Möglichkeit besteht darin, daß der Instrumentalist sich sagt, es müsse doch gehen, wenn auch vielleicht nur unvollkommen oder erst nach intensiver Übung. Der Vergleich mit dem Spieler und seinem Instrument trägt eine gute Wegstrecke, will man sich die Gegebenheit des Leibes vergegenwärtigen.[149]

Neben den Stimmungen oder Gestimmtheiten ist da noch das Wesen des Menschen zu berücksichtigen, das sich selbst mit dem Wort *ich* benennt. Dieses Wesen ist keineswegs einfach, denn es lebt in der Seele, in den Gemütsregungen, in den Begehrungen, in Wünschen, Absichten ebenso wie in den Bildern, Vorstellungen und Phantasien, die es sich von sich und der Welt macht. Auch die Ziele, Einsichten, Motive gehören zu ihm. Dies alles, Teil der Seelentätigkeit, muß also differenziert betrachtet werden. Wir gehen zunächst, um einen Zugang zu gewinnen, vom vielgestaltigen Gebrauch des Wortes Seele und seiner Bedeutung im deutschen Sprachraum, der mit dem der anderen europäischen Sprachen vielfältig verknüpft ist, aus.[150]

Wort- und Bedeutungsgeschichte von «Seele»

Seele (lat. anima) stammt von einem gemeingermanischen Wort, saiwaló, unbekannter Herkunft, möglicherweise ist es mit *saiwiz, See, verwandt, es bedeutet «in Verbindung zu etwas stehen», könnte aber auch auf das rastlose Wogen der bewegten See im Inneren deuten, ein eindeutiger Nachweis der Herkunft fehlt. Von den zahlreichen Konstruktionen ist die Verbindung zu slav. sila «Kraft, Gewalt, Eile» zwar plausibel, aber genausowenig nachweisbar. Flektiert wurde das Wort ursprünglich stark, im Mhd. wird die schwache Flexion üblich.

Die Seele bezeichnet das innere, geistige Wesen. Die leiblichen Dinge sind, laut Eckhart, ein geborenes Ding, doch gerade das ist die Seele nicht, vielmehr ist sie «Weisheit, Leben, Wille, ist Kraft in sich selbst, sie gibt dem irdischen Leibe Leben und Empfindung». Die Seele bildet den Kern unseres Wesens, sie gilt als der wahre und ganze Mensch. Einzelne haben sie als ein vom Leib selbständiges Wesen zwar immer wieder in ihrer eigenen Existenz geleugnet, doch zumeist wird sie als ein geistiges, vom Körper unterschiedenes Wesen gedacht, wofür sich zahllose Zeugnisse finden. Durch die Zeiten hindurch wird besonders ihre Unsterblichkeit hervorgehoben – anima immortalis: «das die seel gewisz unsteyrblich sein musz, wann sie vom leib theilbar und absönderliche seie» (Fischart). Durch diese Eigenschaft des Überdauerns erhält die Seele letztlich ihre herausragende Wertigkeit. Häufig findet eine Gleichsetzung der Seele mit dem Herzen statt, noch häufiger aber werden Seele und Geist gleichzeitig, das heißt wie ein und dasselbe oder zumindest als eng zusammengehörig, genannt; vielfach werden sie dabei als identisch angesehen, teilweise aber auch als zwei verschiedene Substanzen: «dar umbe ist diu sêle nâch den obristen kreften ein geist unde nâch den nidristen eine sêle, und alsô ist ein strik zwischen der sêle unt dem geiste in dem einigen wesen» (Eckhart). Auch Lohenstein sieht Leib, Seele und Geist als klar getrennt und eigenständig: «er aber der Gott des Friedens, heilige euch durch und durch, und ewer geist gantz sampt der Seele und Leib.»

Daß das innere Wesen des Menschen mehrfach in sich gegliedert ist, zeigt sich gerade darin, daß der Begriff der Seele so unterschiedliche Elemente umfaßt. Bestimmte Teile werden einerseits zusammengenommen, andererseits mit dem gleichen Recht auch wiederum getrennt, so daß dann von verschiedenen Seelen – gleichsam differenzierten Funktionen –

97

des einen Wesens gesprochen wird. Es wird also die Beziehung der Seele zum Leib und danach zum Geiste genauer zu untersuchen sein. Leib, Seele und Geist – obgleich verschiedener Art und Ursprungs – sind im Menschen miteinander verknüpft und konstituieren ihn.

Wenden wir uns zunächst der *Beziehung von Seele und Leib* zu, wie sie sprachgeschichtlich abzulesen ist. Da gibt es die Vorstellung, daß Gott zwischen Seele und Leib ein starkes Band geknüpft und zugleich eine Scheidewand aufgerichtet habe; im einzelnen ist die Art des Zusammenhangs unbekannt (Hamann). Bis zur Trennung im Tode herrscht zwischen beiden Eintracht, sie sind vermählt. Zur Bezeichnung der Verbindung des Menschen mit etwas tritt deshalb sprachlich meist die Wendung «mit Leib und Seele bei etwas sein», «mit Leib und Seele jemandem gehören», auf, auch wenn die beiden nicht auf gleicher Stufe stehen. Denn das «Fleisch soll der Seele untertan sein». Es ist so, «dasz die seele im leibe disz, was der fuhrmann im wagen, der steuermann im Schiffe ... sey» (Lohenstein). Die Seele «wohnt» dem Leibe inne, dieser kann der Kerker, aber auch das Kleid sein. Die Seele bewegt den Leib, belebt ihn aber auch, ohne sie kann jener nicht bestehen. «Die Seele baut aber doch ihren Körper, und kann man nicht aus dem Gebäude auf den Baumeister schließen?» (Lichtenberg). Herder hingegen ist nicht der Meinung, daß es die vernünftige Seele sei, die sich im Mutterleib ihren Körper mit Vernunft baue – aber vielleicht die unbewußte, unwissende? Der Gedanke einer mehr unbewußten und einer mehr dem Vernünftigen verbundenen Seele, also einer inneren Stufung der Seele, hat als Gemeingut zu gelten. Dieser Zusammenhang drängt dann dahin, im Leib zugleich ein Bild der Seele zu sehen, in dem Sinne, daß in einem schönen Körper auch eine schöne Seele lebe, desgleichen eine gesunde Seele in einem gesunden Leibe. Im Anschluß an Aristoteles werden füglich drei Seelenglieder unterschieden, «die meist als verschiedene Seelen bezeichnet werden: eine *vegetative*, die allen lebenden Wesen, auch den Pflanzen, innewohnt, eine *animalische*, die der Mensch mit den Tieren gemein hat, und eine *vernünftige*, die ihm eigentümlich ist. Innerhalb der letzteren werden weitere Scheidungen gemacht» (Hohberg). Aber auch das platonische Erbe lebt fort, wonach die erste Seele – sie hat ihren Sitz im Haupt – göttlich und unsterblich ist, während die zweite, begehrliche Seele, mit dem Sitz zwischen Zwerchfell und Nabel, und die dritte, vermittelnde sterblich sind. Alle leben in einer Seelenrepublik zusammen. Doch auch Streit kann unter ihnen herrschen: Zwei Seelen wohnen, ach, in meiner Brust.

Die leibgebundene, vegetative Seele ist im Deutschen weniger heimisch geworden, allenfalls über den biblischen Einfluß, wo sie an den Atem gebunden erscheint. Gewöhnlich wird sie mit der Qualität des Vernünftigen gekennzeichnet, diese Eigenschaft fehlt elementaren Wesen (etwa den Nixen oder Undinen). Die Seele unterliegt Stimmungen, und sie ist Sitz des *Begehrens*. Desgleichen eignet ihr die *Kraft der Liebe,* wobei die Liebe sich auf die andere menschliche Seele, das Du, richtet, ebenso der *Haß.*

Es ist denn auch die Seele, welche die Verbindung zu den Sinneswahrnehmungen eingeht; sie ist es, die hört, schmeckt, riecht, die Sinnes-Organe sind nur ihre Werkzeuge. Die Seele ist das unkörperliche Wesen des Menschen, die alle Äußerungen seines Inneren, des spezifisch Menschlichen, umfaßt, wobei das Innere mit dem engeren Begriff der *Empfindung* gefaßt wird, so daß es zu dem in erster Linie denkenden Geist einerseits in einen Gegensatz gerät, andererseits aber auch eine Ergänzung bildet.

Sehr differenziert wird von den *Kräften der Seele* gesprochen. Sie werden verschieden beschrieben – als Grundtriebe und Anlagen. Obgleich immateriell, werden gelegentlich räumliche Bestimmungen auf sie angewendet: Die *empfindende* Seele hat ihren Sitz im Blute (einer alttestamentlichen Vorstellung folgend), die *vernünftige* dagegen wird ins Gehirn versetzt, doch tritt sie durchaus in alle Körperteile ein, wie sie sich auch während des Lebens gelegentlich aus dem Leibe entfernt, das heißt aus dem Körper austritt – nicht nur in Ohnmachten. Zumeist ist die Entfernung vom Leib im «Schweifen der Gedanken» ihre Tätigkeit, wobei weniger der Inhalt des Gedankens als die Bewegung des Gemüts maßgeblich ist; sie ist dann gehoben oder niedergeschlagen. – Auch die Größe der Seele im räumlichen wie übertragenen Sinne wird sprachlich oft thematisiert. Ferner kann sie ganz bei einer Sache oder geteilt sein (Aufmerksamkeit), aber auch leer oder erfüllt, geschlossen oder offen.

Der Seele werden aber auch gleich einem körperlichen Wesen Handlungen und Zustände zugeschrieben, die Bezeichnung gilt dann im übertragenen Sinne. Der Ekel frißt der Seele Mark. Die Seele hat dem Leben ähnliche Eigenschaften: Sie wächst, reift, ist gesund, krank, stirbt, erliegt, wird geschwächt, ist matt, schläft, trinkt Genesung, ist gesättigt, es gibt das Labsal der Seele. Näher dem inneren Prozeß kommt es, wenn davon gesprochen wird, daß sie ächzt und keucht, weint, lacht, spricht, klagt. Doch sie vermag auch zu verstummen, ehe sie sich aufschwingt. Aus der Bibel stammen Ausdrücke wie Seelenhirt und Seelenweide, aber auch der

Ausdruck: Braut oder Gemahlin des Geistes oder Gottes. Ja, sie hüpft im Leibe als Zeichen lebhafter Freude. Auch kann sie, einem Zugtiere gleich, ausspannen – heute heißt das wohl: abschalten. Anspannen und abspannen führen zum Bild der Saite; so kann sie klingen, klagen, tönen. Oft tritt sie in Bezug zu den Elementen: Sie glüht, brennt, lodert, sie kann aber auch kalt sein oder im Glück schwimmen, überströmen, eintauchen, ja sie selbst wurde von Gott dem Leibe eingegossen. Es handelt sich um metaphorische Beziehungen zu den Elementarzuständen. Das Innere offenbart sich nach außen im Leib, im Gesichtsausdruck: «ihr Gesicht sagt dir alles, malt dir ihre ganze Seele ab», die Seele «schaut aus dem Auge», fließt in die Schöpfung des Künstlers aus.

Durch die Theologie kommen in Zusammenhang mit der Seele Denkformen auf, die ihren *Ursprung*, ihre Beziehung zu Gott und ihr Dasein nach dem Tode zu klären versuchen. Der Seele Ursprung liegt in Gott, sie stammt vom Himmel, das heißt aus einer anderen Welt als der sinnlichen, sie gehört zum Himmel, der Himmel ist ihre Heimat. Sie ging von Gott aus, dieser Ursprung haftet ihr immer an, sie ist göttlich. «Wie die Wurzel der Sonnenstrahlen in der Sonne, ihre Spitzen aber auf der Erdkugel wären; also wären die Seelen zwar in menschlichen Leibern, aber sie wären doch mit Gott, als ihrem Brunnenquell verknüpft» (Lohenstein). Die Verbindung wird im Bild der Verlobung dargestellt: Gott ist Bräutigam der Seele. Oder die Seele ist das Schaf, Christus der Hirte. Die Sünde befleckt die Seele, deshalb ist sie zu reinigen. Verjüngung und Jungfräulichkeit sind Bilder der Unschuld. Der Himmel ist die Heimat, die Erde der Kerker. Aufgabe der Seele ist es, sich zu retten, damit sie sich nicht verliere. Deshalb ist für die Seele zu sorgen. Sie vergewissert sich ihrer selbst durch Beteuerungen: so wahr meine Seele lebt. Man kann auch seine Seele verpfänden, man schwört bei seiner Seele, gleichsam dem innersten verfügbaren Wert. In Flüchen wird sie dagegen entstellt. Seelen können verschmelzen, ja getauscht werden – in der Liebe. Das Allerwertvollste, die Geliebte, ist die Seele, der man sich verbindet. Werden viele von derselben Erregung befallen, scheint die Seele in einer weiteren, einer Gruppen-Seele aufzugehen. Die Versenkung in Werke, in welche die Seele des Schaffenden eingeflossen ist, führt beim Betrachter zur seelischen Berührung. So bestimmt sich die Seele auch nach ihren Strebungen: gottesfürchtig, groß, treu, ergeben, jungfräulich. Vorübergehende Eigenschaften der Seele sind: ruhig, heiter, friedvoll, zerstreut, gramselig. Die Wendung mit froher Seele ist gleichfalls häufig. Die «schöne Seele» erhält seit dem 18. Jahrhundert eine besondere Sendung, ihr schließt sich die gute, arme, die schwarze Seele an. Als Einwohner werden auch die Seelen gezählt. Die gutmütige Seele ist wie die liebe Seele ganz ins Persönliche heruntergezogen.

Nehmen wir die *Beziehung der Seele zum Geist* in den Blick. Eine herausgehobene Bedeutung bekommen für das Verhältnis der Seele zum Geist besonders das Ende des Lebens und die nachtodliche Existenz. Was machen die Seelen der Abgeschiedenen, die Manen? Die Seele vergeht nicht sogleich beim Tode (Matth. 10,28).[151] Der «Tod ist eine Veränderung, aber keine Verderbung der Seelen» (Lohenstein). Der Funke des sehnlichen Verlangens ist das «Kennzeichen für eine den Leib überlebende Seele», ja sie beginnt dann erst recht zu leben. Dem steht die atheistische und materialistische Auffassung entgegen, die sagt: «Zernichtet wird die Seele, sag ich dir!» (Schiller, Räuber). – Aufenthaltsort der Verstorbenen ist ein abgegrenztes Gebiet, das unter der Erde oder im äußersten Westen liegt, das Schattenreich, die Unterwelt, die Hölle. Doch das ist die Frühform überlieferten Vorstellens. Sie wird bald von differenzierteren Gedanken abgelöst, indem die Seelen, je nachdem, ob sie böse oder gut sind, getrennte Wege zu gehen haben: entweder in die Hölle oder in den Himmel. «Wenn die Priester keiner Seele den Himmel aufzuschlüssen hätten, was wäre es anders, als dasz sie mit dem sterblichen Leibe verschwinden müste» (Lohenstein). Furcht und Hoffnung durchziehen die Seelen.

Die Entscheidung über den von den Seelen einzuschlagenden Weg trifft das *Gericht*, eine Vorstellung, die schon der alte Iran, aber auch Ägypten und Griechenland ausgebildet hatten. Ins Christentum drang diese Vorstellung über den Hellenismus ein. Strittig ist und bleibt, ob dieses Gericht gleich nach dem Tode oder erst am Jüngsten Tage, am Weltenende, dem Ende der Zeiten und dem Beginn der Ewigkeit, über die Menschen hereinbricht. Das Bild des Kampfes von Engeln und Teufeln um die Seele begleitet die ganze christliche Entwicklung im deutschen Sprachraum. Die gerechten Seelen werden von Engeln getragen, sie befinden sich in Gottes Hand, im Himmel herrscht der Zustand der Seligkeit. Anders die unvollkommenen Seelen, die durch das Reinigungsfeuer hindurchgehen zur Läuterung und Buße; sie können durch Fürbitte anderer erlöst werden sowie durch gute Werke der Überlebenden. Den nicht Erlösten, den Verdammten, ist die Hölle sicher, sie sind in der Hand der Teufel, obgleich auch in ihrem Reich Christus erschienen war. (Geräucherte Seelen gelten als Nahrung des Teufels.) Drastisch sind die Ausmalungen der Höllenstrafen der verdammten Seelen, «sie sind mit soviel Angst und Schmertzen überschüttet, dasz sie der gewesenen Dinge gerne vergessen» (Lohenstein). Die sterbende Seele befiehlt sich Gott anheim. – Im Untergrund haben sich gegenüber diesen vom Christentum geklärten Gedanken durchaus ältere und rohere Vorstellungen gehalten, etwa jene, daß sich die Seele in der Nähe des Leichnams aufhalte: «wie unruhig Geister um ihre Gräber schwärmen». Das Gespräch der Seele mit dem Leib ist literarisch vielfältig festgehalten. Die abgeschiedenen Seelen können den Lebenden erscheinen, sie gar heimsuchen. Sie können auch beschworen werden. Sie vermögen den Lebenden Gutes und Böses zuzufügen. Die Seele als überlebender Teil eines menschlichen Wesens wirkt, anders als der Geist, nicht auf außermenschliche Wesen wie Naturgeister. Substantiell lebt die Seele in den Werken des Menschen fort.

Die Vorstellung einer *präexistenten Zeit*, also einer *Existenz der Seele vor der Geburt*, findet sich nur sehr vereinzelt im deutschen Sprachraum (ungeborene Seele, anima non nata, humana creatura in potenza): «wâ verdient diu sêle gotes zorn ê si zer werlde wirt geborn?» (Vridang). Indische Vorstellungen der Seelenwanderung fanden keinen Eingang in den Volksglauben, wohl aber in das Schrifttum, also in den Kreis der Gebildeten, wobei durchgängig die wohl verderbte Lehre der neuerlichen Verkörperung von einst menschlichen Seelen in Tiere abgelehnt wird. Gleichwohl wird allerdings sehr durchgängig eine Seele der Tiere und Pflanzen als deren Wesen angenommen, doch dies stört das Vorstellungsleben keineswegs, weil diese Pflanzen- und Tierseelen im Range niederer als die menschliche stehen und mit letzterer nicht vergleichbar sind.

Das Reich der Seelen ist auch auf leblose Dinge ausgedehnt: auf die *Seele der Natur*, des Kunstwerkes, des Liedes. Jemandes Seele ist sein höchstes Verlangen. In volkstümlicher Sprechweise kann die Übertragung auch uneigentlich geschehen: Seele des Herings, der Feder, des Seils, was den Kern eines Seiles, einer Sache meint, oder der Entwurf eines Bildhauers oder das Stimmhölzchen in einer Geige und so weiter.[152]

Die Seele in anthroposophischer Sicht

«Der Seele Grenzen kannst du nicht ausfindig machen, wenn du auch alle Wege absuchtest; so tiefgründig ist ihr Wesen» – dieses Heraklit-Wort[153] ruft Steiner gelegentlich in Erinnerung, um die Erkenntnis-Aufgabe, die sich bei der Beschäftigung mit der menschlichen Seele stellt, zu charakterisieren.[154] Die Welt des Seelischen ist durchaus unmittelbar zu gewahren, denn der Einzelmensch lebt in den seelischen Erlebnissen unmittelbar. Aber auch das Fremdseelische ist nicht fremd, es ist durch die (seelische) Wirkung am anderen Wesen erfahrbar (vgl. S. 81 ff.).

«Die Grundtatsache des Seelenlebens ist Lust und Schmerz. Denn das, was wir als Lust und Schmerz, als Freude und Unlust empfinden, das ist unser ureigenes Seelenerlebnis.»[155] Aber der Schmerz wird nicht nur als vorhanden konstatiert, sondern als eine Erfahrung, durch die der Mensch zugleich eine Sinndeutung für das Gesamt seines Lebens gewinnen kann. Schmerzvolle Erfahrungen, die denen des Glücks als Rätsel gegenüberstehen, werden sowohl aus der individuellen Entwicklung gedeutet – ein Kind stürzt, der Schmerz ist eine Lektion, dadurch befähigt es sich zum Gehen – als auch in einem umfassenderen Sinn, indem aus Schmerz eine höhere Entwicklungsstufe erwachsen kann: «Es stellt sich die Lust- und Unlustbilanz als etwas dar, was da sein muß, damit wir lernen von dem einzelnen Leben und es herübertragen können in ein anderes Leben … der Schmerz ist ein Entwickelungsfaktor … [er] bekommt einen höheren Sinn. Und so werden wir das Einzelleben begreifen als Wirkung … vorhergehender Ursachen.»[156]

Die Seele ist nichts Sinnliches, Tast-, Riech- oder Sichtbares, sondern etwas ganz Innerliches; um sie zu gewahren, bedarf es der Wahrnehmung nach innen, der Selbstevidenz. Scheler sieht als psychisches Urphänomen des Lebens das diesem zukommende «Fürsich- und Innesein, in dem sie [die Wesen] sich selber innewerden».[157] Doch auch nach außen offenbart sich die Innerlichkeit in ihrer Wirksamkeit, diese Wirkung aber ist nichts anderes als die Offenbarung des Wesens. «*Was* sich offenbart, ist zum Wesen gehörig, nur ist es wegen der Beschränktheit der Sinne nicht das *ganze* Wesen.»[158] In der Stimme und ihrer Klangfarbe, in der Physiognomie und der Mimik wird so das Seelische, das Verborgene, die Innerlichkeit auch äußerlich offenbar. Doch der andere muß dafür aufmerken, wach sein. «In der Freude und im Schmerz, die sich abspielen im Innenleben, drückt sich des Menschen ganz besondere Wesenheit aus … jene

Wesenheit, wodurch keiner dem anderen gleich ist … so daß also, so viele Menschen vor uns stehen, ebenso viele Innenwelten vor uns stehen, die wir nur begreifen können aus dem Tiefsten dieser ihrer inneren Natur heraus, die etwas ganz besonders, etwas ganz für sich bestehendes Wirkliches sind.»[159] In der *Theosophie* gibt Steiner für eine genauere Analyse und Darstellung der Seele drei Perspektiven:

1. eine Betrachtung, die das *Eigenleben des Innern* – also die Empfindungen, Gefühle, das Erleben – und den sich an diese Vorgänge anschließenden Erkenntnisvorgang, das heißt auch den erkennenden Menschen umfaßt;

2. die Betrachtung der Seele in ihrer *Mittleraufgabe* zwischen der Sinneswelt und dem Reich der Wahrheit, zwischen Vergänglichem und Beharrendem, Vorübergehendem und Dauerndem, die Seele in der *Mitte* zwischen Leib und Geist lebend;

3. die Beschreibung der Seele nach den *Grundkräften*, die in ihr wirken, und nach dem «*Stoff*», aus dem sie besteht. Diese letzte Perspektive vornehmlich entstammt nach Steiner der unmittelbaren Beobachtung des Seelischen[160] und nicht der Selbstwahrnehmung oder der Offenbarung des Seelischen in der äußeren Erscheinung. Die Sprache verlangt in diesem Fall, wo der «Seelenstoff» vergegenwärtigt werden soll, weil dieser selbst unsprachlicher Natur ist, den Vergleich, der allerdings manches aus der Selbsterfahrung, also der unmittelbaren seelischen Evidenz im Innern wachruft.

Aus diesen drei Perspektiven kann die Seele betrachtet werden. Es bedeutet dies: «als Teil der *Selbstproduktion des Organismus (Seelenleib)*, als Konstellation von *Tätigkeitsformen*, die je für sich begrifflich faßbar und geistig ausbaufähig sind (vorstellendes Denken, Fühlen und Wollen) und als *Instrument* des menschlichen Denkens, insofern dieses von einem Ich ausgeht, welches sich über das bloße Vorstellen erhebt».[161]

Wir werden zunächst – entgegengesetzt zum Aufbau und der Entwicklung des Gedankens bei Steiner – unsere systematische Betrachtung der Seele mit einer gleichsam geistigen Perspektive beginnen. Denn dadurch ist das Seelische ideell, gewissermaßen ohne Leib, rein als solches gedanklich zu erfassen. Ausgangsgedanke dafür kann sein, daß es auch für die Seele eine «Heimat», einen «Ort», ein «Reich» gibt: die *Seelenwelt*. Ähnlich wie es im physischen Bereich eine uns umgebende Natur mit verschiedenen, in sich gegliederten und differenzierten *«Reichen»* gibt:

Mineral-, Pflanzen- und Tierreich, so auch für die Seele und den Geist. –
Wir beginnen gewissermaßen mit dem Ergebnis und schauen von da aus
zurück auf den Weg.

Stoffe und Kräfte der Seele

Die Stärke unserer gegenwärtigen modernen Zivilisation oder Kultur ist
die Erkenntnis und Beherrschung der Körperwelt, das heißt der Natur,
der Technik und so weiter; von daher beziehen wir unsere Wort- und
Begriffsbildung. Ganz ungleich dieser äußeren Körperwelt und ihrer
sprachlichen Benennung ist indessen die seelische. Gleichwohl läßt sich
im übertragenen Sinne davon sprechen, daß sie sich aus seelischen *Kräften* und aus *Seelenstoff* konstituiere. Die seelischen Eigenschaften, unsere
Triebe, Begierden, Gefühle, Leidenschaften, Wünsche, Empfindungen,
kurz: die seelischen Regungen, sind ungleich reagibler, feiner, bildsamer
als diejenigen der Körperwelt. Im Grunde sind beide Welten unvergleichbar, doch läßt sich durch die Erfahrung in der körperlichen auch eine
andeutende Aufschließung der seelischen vornehmen. «Wie den körperlichen Gebilden die räumliche Ausdehnung und räumliche Bewegung
eigentümlich sind, so den seelischen Dingen und Wesenheiten die Reizbarkeit, das triebhafte Begehren. Man bezeichnet deshalb die Seelenwelt
auch als die Begierden- oder Wunschwelt oder als die Welt des ‹Verlangens› … Trieb, Wunsch, Verlangen sind Bezeichnungen für das Stoffliche
der Seelenwelt. Dieses Stoffliche sei mit ‹astral› bezeichnet.»[162] Wird statt
auf die «Stoffseite» mehr auf die seelischen Kräfte hingeschaut, so sind sie
es, die aus Wunsch und Begehren ein Wesen konstituieren, die *Begierden-
wesenheit*. Indessen ist die menschliche Seele doch noch mehr als diese,
da auch der Geist in ihr lebt. Indem aber das Allgemeine des seelischen
Wesens beschrieben wird, wie es als solches in der Seelenwelt lebt, lassen
sich die typischen Eigenschaften des Seelenwesens selbst gewinnen. So ist
zunächst zu verdeutlichen, daß die unterscheidenden Begriffe von Kraft
und Stoff für das Seelische nur vergleichsweise zutreffen und die Unterscheidung keineswegs so strikt und sinnvoll wie in der Körperwelt
durchgeführt werden kann. Gleichwohl hat die menschliche Seele an diesen allgemeinen seelischen Kräften und Stoffen und deren Eigenschaften
ebenso Anteil wie andere beseelte Wesen, denn sie konstituiert sich ebenso aus diesen Kräften und Stoffen, ist nur in ihrer Form verschieden.

Durch die Teilhabe an einer gemeinsamen Seelenstofflichkeit und den Kräften des Seelischen wird eine Verwandtschaft zwischen allen seelischen Wesen begründet, durchaus vergleichbar jener, die zwischen den Körpern in der Körperwelt besteht. Aus dieser Verwandtschaft sind Anziehung und Abstoßung zwischen Menschen, aber auch zwischen Menschen und anderen beseelten Wesen – etwa zwischen Herr und Hund – zu erklären. Diese Beziehungen sind niemals neutral, sondern stets in das seelische Kraftfeld von Sympathie und Antipathie getaucht. – Freilich ist die Seele nicht nur an die Gesetze des Seelischen gebunden, sondern, soweit sie «im Fleische lebt», auch an den Leib mit seinen Gesetzen und desgleichen an den Geist mit den seinigen. «Die Vorgänge, die man an ihr beobachten kann, sind also zugleich von der leiblichen und geistigen Welt beeinflußt.»[163]

Seelische Wesen üben also wie körperliche eine *Wechselwirkung* aufeinander aus. Die körperlichen haben beispielsweise durch ihre Masse eine gravitative, das heißt sie ziehen sich an, sowie eine der Trennung, der räumlichen Scheidung, deshalb können Körper aufeinanderstoßen – nach Stoffbeschaffenheit verschieden. Die seelischen Wesen sind hingegen in ihren Beziehungen und Wechselwirkungen viel innerlicher, eben «seelenhaft». Um der Erfahrung aneinander willen suchen sie sich. Ist es nicht verwunderlich, daß ein Kind den Eltern anhängt, selbst wenn es bei ihnen nichts zu lachen hat, daß Treue über Jahre der Trennung bewahrt wird, weil eben eine individuell geprägte Beziehung vorliegt? In der Körperwelt sind die Beziehungen unter gleichen Bedingungen von gleicher Gültigkeit – gleiche Massen ziehen sich gleich an –, im Seelischen niemals. Unzählige Erscheinungen blieben unerklärlich ohne die Berücksichtigung der ureigensten Qualität des Seelischen: sich gegenseitig anzuziehen, in Wechselwirkung zu treten und «aus eigenem Triebe» mit anderen Seelen zu kommunizieren.

Die beiden Grundkräfte des Seelischen sind die *Sympathie* und die *Antipathie*.[164] «Als *Sympathie* muß die Kraft bezeichnet werden, mit der ein Seelengebilde andere anzieht, sich mit ihnen zu verschmelzen sucht, seine Verwandtschaft mit ihnen geltend macht. *Antipathie* ist dagegen die Kraft, mit der sich Seelengebilde abstoßen, ausschließen, mit der sie ihre Eigenheit behaupten ... Drei Arten von Seelengebilden hat man zunächst zu unterscheiden, je nach dem Wirken von Sympathie und Antipathie in ihnen.»[165] Beide Grundkräfte sind jeweils vorhanden. Im einen Fall überwiegt die Antipathie, dadurch spielen solche Gebilde eine eigensüchtige

Rolle; die in ihnen zugleich vorhandene Sympathie läßt sie als gierig erscheinen, zugleich aber auch als unersättlich, weil viel Entgegenkommendes abgestoßen wird, so daß letztlich keine Befriedigung einzutreten vermag. Diese Bildungen sind wie unveränderliche Formen des Seelenraumes, «sie entsprechen den festen physischen Körpern».[166] – Der zweite Typus bildet ein Gleichgewicht zwischen Sympathie und Antipathie aus; die Seelengebilde treten sich mit einer gewissen Gleichgültigkeit gegenüber, sie wirken verwandt, ohne sich besonders anzuziehen oder abzustoßen, wirken also wie mit neutralem Reiz aufeinander. Dieses zweite Reich kann mit dem flüssigen Element verglichen werden. – Ein dritter Typus von Seelengebilden ist durch vorherrschende Sympathie bestimmt, wobei die beigemischte Antipathie ein eigensüchtiges Sichgeltendmachen bewirkt. Eine gewisse *Wunsch-Stofflichkeit* ist an ihnen zu bemerken. Es ist ein eigenes Reich, etwa dem luftigen auf Erden mit seinen bewegten meteorologischen Vorgängen, den Hochs und Tiefs, vergleichbar.

Wenn die Kräfte des Seelischen in sich selbst weben, kann die Tätigkeit als *Fühlen* bezeichnet werden. «Von der Art, wie die Gefühle der Lust und Unlust in dem Seelischen weben, hängt das ab, was man dessen *Behagen* nennt.»[167] Der Seelenwelt und ihren Gebilden ist eigen, daß sie nach Begegnung und Wechselwirkung mit anderem Seelischen streben, um auf diese Weise ihr Eigenleben zu verstärken und zu bereichern. Ähnlich wie der einzelne Mensch das Bedürfnis hat, mit anderen zu kommunizieren, sich zu verständigen, zu streiten, kurz, die Anregung sucht, um dadurch sich selbst zu verändern und auch zu wachsen, so ist es mit allen Gebilden des Seelenraums; sie haben eine sowohl aneignende als auch ausstrahlende Gebärde, sie berühren und ergießen sich. Die Seelenwesen benötigen ferner der belebenden Kraft höherer *Seelenstofflichkeit*, gleichsam einer seelischen Ernährung. Das, wodurch sie diese Nahrung und Belebung empfangen, wird von Steiner, damit der Vergleich zur materiellen Nahrungsaufnahme nicht zu plump gefaßt wird, als *Seelenlicht und tätige Seelenkraft* bezeichnet. Was bei Steiner weiterhin noch sehr differenziert ausgeführt wird, geben wir zusammengefaßt wieder, um darauf hinzuweisen, daß er damit tatsächlich in seiner Art eine Begründung dafür gibt, wieso der Sprachgeist auf jene doch sonst unverständlichen Wendungen verfällt, daß die Seele leer oder erfüllt, geschlossen oder offen sei.

Beschreiben wir die *Art der Wechselwirkung* genauer! Sie hängt von den inneren Eigenschaften oder der Beschaffenheit der Seelengebilde ab. Zwei mögliche Extreme unterscheidet Steiner:

Es gibt Seelengebilde, die «durchdringen sich gegenseitig, verwachsen gleichsam miteinander, wenn sie miteinander verwandt sind. Sie stoßen sich ab, wenn ihre Wesenheiten sich widerstreiten.»[168]

Daß mir jemand nahesteht, setzt eine Seelenfreundschaft voraus. In diesem Falle schwingt die eine Seele mit der anderen mit, vergleichbar dem musikalischen Phänomen der *Resonanz*. Warme Empfindungen sind die Folge der Durchdringung oder Nähe. Ablehnung, Zurückweisen des Fremden, Schneidendes, Trennendes charakterisieren den wohlbekannten anderen, den kalten Pol der Wechselwirkung. Dementsprechend ist in der Seelenwelt das der einzelnen Seele Vertraute nahe, das Fremde liegt ihr fern, selbst wenn die Seelenwelt ganz unräumlich ist. Die «Raumbeziehung» der Seelen zueinander ist qualitativ «geladen», nicht gleichgültig, also nicht in jeder Richtung von demselben Wert. Das führt dazu, die Grundkräfte näher in den Blick zu fassen.

Wenn Begehren, Verlangen, Reizbarkeit und so weiter die Substanz (Stoff) des Seelischen darstellen, so kann es nicht verwundern, daß im sinnenbezogenen Leib ein wesentlicher Anteil des Seelischen auf das eigene Wohlbefinden gerichtet wird. Was von Freud (siehe Anhang, X) als eine der Haupttriebkräfte der Seele[169] ausgemacht wird, nämlich das Luststreben (Libido), gilt uneingeschränkt für die mit dem Leib, also mit den Lebenskräften verbundene Seelenwesenheit. Ihr ordnet sich sogar ein Teil der Kräfte unter, die sich mit dem Geist, dem Quell der Erkenntnis, verbinden. Das Seelische begehrt also einerseits nach dem Materiellen und klammert sich daran; andererseits «erhebt es sich zu dem Edlen».[170] Dadurch jedoch, daß nicht einmal der leibhingegebene Teil des Seelischen ganz im «Leibesdienst» aufgeht und durch die Strebensrichtung nach «oben» ergänzt wird, erhält das menschliche Wesen die Anlage zur Transzendenz,[171] der Fähigkeit, über sich hinauszustreben. So vermag die Seele auf «ihrer Pilgerschaft durch die Welt vom Verlangen zur Liebe», zur Liebe der Erkenntnis, fortzuschreiten. «Die Seele, welche verlangt, haftet am Körperlich-Sinnlichen. Diejenige aber, welche liebt, läßt sich vom Geiste durchdringen,[172] gehorcht dem Geiste, erfüllt das Gebot des Geistes.»[173] (Auch in der Freudschen Psychologie werden erst durch die Sublimierung des Luststrebens, durch Triebversagung, wahre Kulturleistungen hervorgebracht.[174]) Die Vorstellung von Meister Eckhart, daß die Seele in ein Höheres als Geist und

ein Niedereres als Seele im engeren Sinn – qualitativ betrachtet – gegliedert
sei, wird von Steiner aufgegriffen und sogar noch schärfer bestimmt. Denn
der Steuermann im Schiffe (Lohenstein) ist eben nicht die Seele selbst,
sondern der Kern der Seele: das Ich.

Wir können nun fragen, was diese erste Betrachtung des Seelischen, die
von Introspektion absieht, für das Begreifen der Seele und deren Erscheinungen
erbracht hat. Die Bestimmung des Seelischen, wie sie Steiner
vornimmt, ausgehend von den Begriffen *Stoff und Kraft des Seelischen*[175]
– wobei die im physischen Raum vorhandenen Eigenschaften räumlicher
Ausdehnung und Bewegung, nunmehr verinnerlicht, zu Reizbarkeit und
triebhaftem Begehren werden – macht zunächst die Kräfte von Anziehung
und Abstoßung, wie sie in so eigentümlicher Weise herrschen, einsehbar.
Desgleichen wird verständlich, was Aristoteles meint, wenn er
den Menschen als *zoon politikon* bezeichnet, die Tatsache nämlich, daß
der Mensch auf Gesellung, auf Gemeinschaft, auf den anderen, das Du
angewiesen ist, und dies auch ohne äußere Nötigung.

Methodisch geht Steiner bei seinem Entwurf so vor, daß er zwar die ihm
zugängliche höhere Wahrnehmung zugrundelegt, aber gleichwohl die Beschreibung
für den denkerischen Mitvollzug offen hält, indem er stets den
Ausgang von der eigenen Erfahrung nimmt, über die jeder verfügt, und
dann untersucht, welche Eigenschaften beim Übergang von der Körperwelt
ins Seelische wegfallen (Schwere, räumliche Umgrenzung, Ausdehnung
und räumliche Bewegung) und was als Neues, Eigenständiges hinzutritt
(Reizbarkeit, Verlangen, Anziehung, Abstoßung, Innerlichkeit, innere
Bewegung); schließlich wird festgehalten, was in beiden Welten, der
körperlichen und der seelischen, gleichbleibt: die Wechselwirkung der
Gebilde – zum einen der Körper, zum anderen der Seelenwesenheiten –
untereinander. Die Aufgabe, die Steiner sich stellt, geht indessen weiter, sie
zielt auf die unmittelbare Beobachtung des Seelischen. «Um die Seele zu
erforschen, muß man in der Lage sein, sozusagen in seelischer Substanz
Beobachtungen anzustellen. Da müssen wir allerdings die Seele nicht als
etwas Unbestimmtes, Nebuloses ansehen, in dem da herumschwirren Gefühle
und Gedanken und Willensimpulse.»[176] Anders als der Behaviorismus,
ja anders als manche Psychologien, denen allenfalls noch seelische
Wirkungen oder einige seelische Kräfte (Begehren, Libido und so weiter)
verblieben sind, sucht Steiner nach der *Seele als Wesenheit* selbst. Dabei
benutzt er aus den schon diskutierten Gründen das übersinnliche Wahrnehmungsvermögen,
das den direkten Zugang zum Seelischen erschließen

soll und die unmittelbare Erfahrung desselben vermittelt. Dieses Seelische ist nicht ein Mitgelebtes, sondern ein Wahrgenommenes. Gleichwohl kann die zugrundeliegende Methode für den Leser ausgespart bleiben, weil das so Gewonnene dem allgemeinen Verständnis, der eigenen Erfahrung und dem eigenen Denken zugänglich ist. Doch diese müssen mobilisiert werden, um die Gedanken zu verstehen. Und in der Tat entfalten sich dann systematisch ganz wesentliche Einsichten, die wir bereits mit der Darstellung des sprachlichen Bedeutungsfeldes von «Seele» umrissen haben, in einer erstaunlich aussagekräftigen Weise.

Es kann keinem Zweifel unterliegen, daß mit den Begriffen Reizbarkeit, Begehren, Begierden, Wunschwelt oder Verlangen, Trieb oder Erregbarkeit zentrale Kräfte des Seelischen thematisiert und dargestellt werden. Aber auch, wo von Sympathie und Antipathie als der Grundlage der wechselseitigen Anziehung oder Abstoßung in der Beziehung der Seelen zueinander gehandelt wird, werden wesentliche Kräfte getroffen, die von jeher der Seele zugeordnet oder zugesprochen wurden. Dasselbe gilt für das Behagen oder den Verdruß, die sich aufgrund der Lust- und Unlustempfindung der in sich als Gefühl kreisenden Seelenkräfte einstellen.

Es läßt sich nach zwei Richtungen weiterfragen. Wie verhält sich das seelische Wesen zu Empfinden, Erkennen und Handeln des Menschen, also zu jenen ur-menschlichen Tätigkeiten, an denen es ja zweifelsfrei auch beteiligt ist? Und wie stehen die verschiedenen Bezirke des Bewußten und Unbewußten – Hauptthema gerade der analytischen Psychologie – zueinander in Beziehung?

Auf diese Fragen geht Steiner direkt erst in anderen Darstellungen, teilweise erst in späteren Jahren, ein; sie werden im folgenden zum Teil herangezogen. Auf zwei wichtige Ergänzungen, die im Steinerschen Denken Bedeutung haben, sei indessen schon hier eingegangen.

Aus der Beschäftigung mit Franz Brentano übernimmt Steiner dessen Gedanken von der «intentionalen Inexistenz»[177] unter der eingängigeren Bezeichnung «intentionale Beziehung»,[178] womit auf eine Eigentümlichkeit des Seelischen aufmerksam gemacht wird, daß nämlich etwa im Sehen immer das Gesehene, im Geruch ein Gerochenes und so weiter anwesend ist.[179] Die intentionale Beziehung ist das «gegenständlich (objektiv) in etwas sein» oder das «immanent gegenständlich sein» im Ungegenständlichen, welches nur dem Psychischen eignet.[180] Kein physisches Phänomen zeigt «intentionale Inexistenz, die Beziehung auf etwas als Objekt».[181] Psychische Phänomene haben durch die unmittelbare innere

Wahrnehmung unmittelbare *Evidenz*, dadurch kommt ihnen auch unmittelbare Existenz zu. Die psychischen Phänomene, trotz all ihrer Mannigfaltigkeit, erscheinen immer als Einheit. Und doch ist die intentionale Beziehung je eine andere, ob die Seele denkt, fühlt oder will. Die Beziehung läßt sich also genauer ausleuchten. Im *Denken* besteht die intentionale Beziehung darin, das (intentionale) Objekt selbst zu verstehen, wir halten Distanz zu ihm, durchforschen, betrachten es, machen es zum Bild. Im *Fühlen* verlangen oder meiden wir das Objekt, sind ihm zu- oder abgeneigt.[182] Im *Wollen* begehren wir, eignen es uns an, gestalten es. Dadurch ist die Seele unentwegt mit ihrer Umgebung – oder mit sich – beschäftigt. Diese Beschäftigung sieht König, der die Beziehung eingehender untersucht, als etwas *Musikalisches*. Denn jedes Element der Musik ruft in der Seele ein Verlangen hervor. «Es liegt im Charakter jedes Tones, daß er dieses besondere Element des Sehnens enthält ... Nie singen die Vögel, um zu bestätigen, was sie erlangt haben, ihr Gesang drückt die Sehnsucht nach irgend etwas aus, ihr Wünschen und Verlangen ... Die Musik kann beruhigen so gut wie anfeuern ... Ähnlich dem Ton und der Musik von außen sind die rhythmischen Funktionen einzelner unserer Organe. Das Herz schlägt, weil es nach mehr Blut verlangt, die Lunge atmet, weil sie nach mehr Luft und Sauerstoff hungert ... Es ist unsere Seele, die nach Luft verlangt, nach Sauerstoff hungert, um den Körper zu erhalten, der ihr Wohnsitz ist zwischen Geburt und Tod. Der Herzschlag ist der Grundton unserer Lebensmelodie ... Die Seele, die in sich selbst Ton und Musik ist, kann nur in einem Reich wohnen, das aus Rhythmus und Wiederholung besteht ... Sobald dieser Rhythmus aufhört, muß die Seele den Körper verlassen und einen neuen Wohnort finden. Die Seele, die aus Klang und Musik besteht, trägt in sich selbst das Element dauernder Sehnsucht.»[183] – Ein anderes Element, auf das man bei der Betrachtung stößt, ist das von *Frage und Antwort*. «Ein Vogel, der zu jubilieren beginnt, wartet auf den anderen Vogel, der seinen Gesang aufnehmen und zurückgeben wird» – so auch der Mensch. «Nach etwas fragen bedeutet ein verfeinertes Sich-Wünschen; das Antworten ist die subtilste Form, einen Kontakt herzustellen.»[184]

Die unbewußte Seite der Seele berührt Steiner in Aufsätzen, die parallel zur Niederschrift seiner *Theosophie* entstanden und die er danach (1904/ 05) in einer von ihm herausgegebenen Zeitschrift veröffentlichte;[185] sie erschienen später zusammengefaßt unter dem Titel *Wie erlangt man Erkenntnisse der höheren Welten?*[186] Hauptsächlich geht es in ihnen darum, wie die Fähigkeiten zu entwickeln sind, die eine Einsicht in die höheren Welten ermöglichen, in denen die Seele ohne Unterbrechung lebt und aus denen sie fortdauernd die Anregungen schöpft, «durch welche sie immerwährend auf den physischen Leib wirkt» – so in der Atmung, dem Erröten, dem Erblassen, kurz in den psychosomatischen Vorgängen. «Nur bleibt für den Menschen dieses sein höheres [geistiges] Leben *unbewußt*.»[187] Die Bewußtwerdung dieser Zusammenhänge erfordert innere Kraft, weil die Versuchung besteht, sie in vielfältiger Weise zu mißbrauchen. Weltflucht einerseits, gesteigerter Egoismus andererseits stellen die Versuchung der lebensfeindlichen Mächte dar. Denken, Fühlen und Wollen, die im Alltag einigermaßen geordnet und einheitlich zusammenwirken, können ihren inneren Bezug zueinander verlieren und, sich verselbständigend, gegeneinander wirken und zügellos werden. In dieser Situation beginnen sie sich gegenseitig zu paralysieren, so daß der Mensch zwischen Gewalttätigkeit, Roheit, Brutalität, Unterwürfigkeit, innerer Schwelgerei, verschlossener Beschaulichkeit oder teilnahmsloser Kälte hin und her schwankt oder sich vereinseitigt – es sei denn, er ordnet die Verhältnisse selbst. Dies verlangt allerdings eine innere Seelenschulung.

Alle Affekte, die der Mensch noch nicht beherrscht, alles, was in ihm an tieferlebten Unzulänglichkeiten, an Unvollkommenem und Mißglücktem, an Verstrickungen aus der Vergangenheit unbewußt wirkt, kann aus dem Unterbewußten als *Doppelgänger* in das Bewußtsein hereintreten. Mit diesem Schwellenerlebnis sind starke Furchtgefühle verbunden, das Erlebnis, am *Abgrund des Seins* zu stehen. Dieses Furchterlebnis, vom eigenen Vergangenheitswesen ausgehend, schützt gewöhnlich den Menschen, so daß er vor einem Übertritt ins Reich des Unbewußten zurückscheut. Wer unvorbereitet in die Nähe der Schwelle kommt, kann den «Anblick seines *Schattenwesens*» nicht ertragen. Durch Schulung gestärkt, vermag er indessen «tiefe Lebensgeheimnisse», die selbst eine Analytik nur teilweise zutage fördern kann, zu erfahren.[188] Die unbewußte Region der *Vergangenheit* im Menschen kann durch geistige Wirksamkeit bestimmter Mächte – Steiner nennt sie ahrimanisch, und sie werden wesenhaft gedacht – dadurch zum Doppelgänger werden, daß durch sie gleichsam Teile der menschlichen Seele aus dem Ganzen herausgelöst und wie zu einem eigenständigen Zerrbild geformt werden, das als Wesen erlebt wird. «Er [der Hüter der Schwelle] kleidet sich in dasjenige, was uns nicht nur Sorgen und Kummer, sondern oft Abscheu und Widerlichkeit erweckt. Er kleidet sich in unsere Schwächen, in das, von dem wir sagen können, wir erbeben in Furcht ... Es ist also eine Selbstbegegnung, aber in Wahrheit doch die Begegnung mit einer anderen Wesenheit.»[189] Dieser gestaltete Teil – er ist substantiell ein «Teil des ätherischen Leibes» – verselbständigt sich gleichsam, wird objektiv und kann als «verhältnismäßig elementarische Erscheinung» erfahren werden.[190] Damit haben wir wenigstens einen Aspekt des Steinerschen Denkens über das Unbewußte berührt. Er selbst fügt ihm in seinem Vortragswerk andere hinzu, allerdings nicht systematisch, wenn auch von einem inneren Gesamtbild ausgehend.[191]

Die Seele als Mittler zwischen Leib und Geist

Zwischen dem Leib als stofflich Gegebenem und dem Beziehungen schaffenden Wesen des Ich lebt die Seele.[192] Der Leib gehört dem Vergänglichen an, der Geist hat es mit dem Dauernden zu tun – in der Mitte zwischen beiden hat die Seele am Flüchtigsten, an den rasch wechselnden sinnlichen Eindrücken und Empfindungen einerseits, durch das Denken über die Gesetzmäßigkeiten der Erscheinungen andererseits auch am Dauernden der Gesetze, an der Wahrheit, teil.[193] «Während die Seele im Leibe wohnt, ist sie gewissermaßen an allem beteiligt, was in diesem Leibe vorgeht. Wenn die physischen Verrichtungen des Leibes mit Regelmäßigkeit vor sich gehen, so entsteht in der Seele Lust und Behagen; wenn diese Verrichtungen gestört sind, so tritt Unlust und Schmerz ein. – Und auch an den Tätigkeiten des Geistes hat die Seele ihren Anteil: dieser Gedanke erfüllt sie mit Freude, jener mit Abscheu; ein richtiges Urteil hat den Beifall der Seele, ein falsches ihr Mißfallen.»[194] Der Kern des Menschen ist der Geist, sein individueller Geist: das Ich. Der Leib in seiner Gesamtheit vermittelt die Beziehung zur physischen, wahrnehmbarsinnlichen Welt. «Die Seele aber ist der Vermittler zwischen beiden. Sie entbindet dem physischen Eindruck, den die Luftschwingungen auf das Ohr machen, die Empfindung des Tones, sie erlebt die *Lust* an diesem Ton. Alles das teilt sie dem Geiste mit, der dadurch zum *Verständnisse* der physischen Welt gelangt.»[195] Diese Brücken- und Mittlerfunktion zwischen den durch die Leibessinne vermittelten immerfort wechselnden Eindrücken und den durch innere Tätigkeit erarbeiteten Einsichten hat zur Folge, daß die Seele sich in der Weltbegegnung bereichern und durch die Erfahrung «wachsen» und «reifen» kann, ja durch die Seelenfähigkeit

Abb. 1: Aus K. König, Über die menschliche Seele.
Stuttgart 1989, S. 34.

des Gedächtnisses eine innere Stetigkeit, Kontinuität und Dauer erhält, die ihr Züge des Geistes verleihen. Damit wird angedeutet, daß aus der Berührung und teilweisen Durchdringung der Seele durch den Geist gerade das Wachstümliche herrührt.[196] Denn Steiner ordnet die Zeit mit ihren Qualitäten der Vergangenheit, Gegenwart und Zukunft der menschlichen Konstitution zu:

- das Dauernde, ewig Beharrliche dem Geist; was durch ihn berührt wird, erhält den Stempel des Bleibenden, Anwesenden, auch wenn dies keineswegs jederzeit voll bewußt sein muß;
- das Gegenwärtige, ständig Wechselnde, Vorübergehende, stets dem Neuen Offene der Seele;
- das in die Zukunft Drängende, auf Entfaltung hin Angelegte den Lebensprozessen des Leiblichen.

Freilich ist dies nur ein vordergründiger Aspekt, weil die Verhältnisse, genauer betrachtet, sich ungemein komplizieren, wobei indessen die Seele ihre Mittleraufgabe zwischen Bewußtem und Unbewußtem, zwischen Transzendenz und Begehren beibehält.[197] Zeylmans und König[198] geben ein verwandtes Bild, um die Regionen und Tätigkeiten des so umfassenden, schwer zu ergründenden, stets regen Wesens «Seele» zu kennzeichnen.

Damit haben wir die zweite Perspektive des Steinerschen Denkens über die Seele, die Mittlerfunktion, kurz berührt, ohne alle durchaus möglichen Folgerungen daraus zu ziehen, und wenden uns der dritten zu, die in der *Theosophie* die Betrachtungen über die Seele einleitet.

Die Seelenglieder

Die Seele ist für Steiner zwar eine Einheit, aber mit in sich differenzierten Eigenschaften. So spricht er von Seelengliedern, wie wir bei Füßen und Beinen oder Händen und Armen von Gliedern sprechen, und zwar in doppelter Bedeutung:

– Arme und Beine und so weiter gliedern sich vom Leib in einer gewissen Eigenständigkeit ab, obgleich sie weiterhin Teil des Ganzen bleiben; so ist es auch bei den Seelengliedern.
– Durch die Abgliederung wird erst eine Spezialisierung in verschiedene Aufgabenbereiche möglich; so können Füße und Beine Stütz- und Fortbewegungsaufgaben übernehmen, während die Hände frei werden zu Arbeit, Gestaltung und Ausdruck. Entsprechendes gilt auch für die Seele: Sie gliedert sich in ihrer Entwicklung, dadurch jeweils neue Eigenschaften hinzugewinnend.

Durch die Differenzierung der seelischen Eigenschaften wachsen der Seele jeweils weitere «Fähigkeiten» zu, durch die das Subjekt, das Wesen, sich selbst in veränderter Weise erleben und seine Welterfassung anders aufbauen kann. Damit ist auch verbunden, daß die Seele so unterschiedliche, ja disparate Eigenschaften aufweist, wie dies in der Fülle unterschiedlicher Gefühle, Ahnungen, Strebungen erlebbar wird.

Steiner bezeichnet die Glieder, in die sich die einheitliche Seele funktionell differenziert, als Empfindungsseele, als Verstandes- oder Gemütsseele und als Bewußtseinsseele. Diesen Gliedern kommen jeweils besondere Eigenschaften und damit Fähigkeiten zu. Soweit mir bekannt, findet sich diese Differenzierung in dieser Systematik und Form nirgendwo in der psychologischen Literatur.[199]

Die Empfindungsseele

Ausgangsort für die genauere Betrachtung der Seele bildet zunächst das *Urphänomen des Seelischen*, so darf es wohl genannt werden: *die Empfindung*. Wir wenden uns zunächst der sprachlichen Bedeutung des Wortes zu: Empfinden (lat. sentire, percipere, ahd. infindan, mhd. enphinden, gelegentlich entfinden) erscheint heute zumeist mit fühlen synonym, dabei gilt fühlen inzwischen als etwas sinnlicher beziehungsweise sinnenbezogener als empfinden, das geistiger und abstrakter klingt: «Du sollst die Schläge fühlen, aber die Wirkung dieser Worte empfinden.» Das Gefühl des Schmerzes ist mehr leiblich, die Empfindung der Schmerzen eher innerlich. Doch diese Trennung ist nicht durchgängig. Frühere sprachliche Belegstellen weisen auf die Empfindungen hin, die von sinnlichen Erscheinungen ausgehen. Sich empfinden ist soviel wie sich fühlen, die eigene Person gewahren. Sprachlich gebräuchliche Wendungen sind zum Beispiel auch anempfinden, durchempfinden, mitempfinden, nachempfinden.

Es läßt sich kein eindeutiger und durchgängiger Gebrauch des Wortes nachweisen. Allerdings hat Kant zwischen Empfindung und Gefühl scharf unterschieden. Für ihn ist die Empfindung «eine objektive Vorstellung der Sinne», während das Gefühl «jederzeit bloß subjektiv bleiben muß und schlechterdings keine Vorstellung eines Gegenstandes ausmachen kann». Beiden eignet der Charakter der Rezeptivität, der Empfindung indes, durch ihre Sinnesbindung, Objektivität: «Die grüne Farbe der Wiese gehört zur objektiven Empfindung, als Wahrnehmung eines Gegenstandes des Sinnes.» Das Gefühl hingegen empfindet die Annehmlichkeit desselben, es bildet den Bezug des Empfundenen zum Subjekt.[200] Steiner charakterisiert recht genau, was er unter Empfindung und Gefühl versteht. Im Gefühl ist der Mensch selbst betroffen, indem er die Empfindungen auf sich bezieht und zugleich in der «intentionalen Beziehung»[201] auf die Welt, wobei sie eine eigene Qualität gegenüber jenem erlangen. Gefühle zeichnen sich durch ihre Unmittelbarkeit aus, sie sind vor jedem Urteil und vor jeder Handlungsabsicht, vor jedem Wollen eine durch die Seele gegebene Wirklichkeit, das Seelische unmittelbar; Vorstellen, Urteil und Wollen folgen ihnen erst.

Im Wahrnehmungsprozeß sind mehrere Komponenten wirksam. Zum einen ist notwendig der Sinn mit seinem leiblichen Organ, zum anderen die Gegenwart des Dinges, von dem eine Wirkung (Reiz) auf das Organ ausgeht. Damit eine Empfindung auftritt, muß noch ein drittes hinzukommen: entweder die Aufmerksamkeit oder eine gewisse Intensität des Reizes (oder beides), so daß der Reiz als eigene Qualität bemerkt wird.

Den im Innern wahrgenommenen Eindruck eines Äußeren in seiner unverwechselbaren Qualität wie der des Roten, Blauen, Süßen, Sauren und so weiter nennt Steiner Empfindung. Die äußeren Reize treten in das Erleben, sie werden bemerkt. Die Empfindung ersteht aufgrund seelischer Tätigkeit, die auf dieser Stufe aber ganz abhängig ist von der Leiblichkeit, von den Sinnen. Die an die Empfindungen anschließenden Wahrnehmungen von Bedeutsamkeitseinheiten oder Bedeutsamkeitsganzheiten[202] einerseits und Gefühlen andererseits sind schon Bestandteil des seelischen Wesens, das Steiner als einen speziellen Wirkenszusammenhang aus der Seele herausdifferenziert und als Empfindungsseele bezeichnet. Die für das Erleben unauflösliche Einheit von Sinnesempfindungen und den sofort sich anschließenden Gefühlen legt nahe, von «Gefühlsempfindungen» zu sprechen.[203] Da ist die ganze Welt leibnaher Gefühle. Eindeutig lokalisierbar sind bestimmte Sinnesfelder wie Geruch-, Kitzel-, Temperatur-, Schmerzempfindungen. Da diese aber auch miteinander zusammenhängen und im diffusen Leibgefühl zusammenklingen, gehen von den Leibempfindungen starke Gefühle aus, etwa Lustgefühle vom Süßen oder Unlustgefühle von allzu Bitterem, Saurem oder Salzigem. Grundbefindlichkeiten gehen von der Leibempfindung aus. Eine ganz persönliche Disposition ist das Kennzeichen dieser Region der seelischen Welt, der Empfindungsseele, sie «trägt den Charakter des Eigenlebens wie die Empfindungen».[204]

Das unendlich reiche Leben der *Gefühle*, der Stimmungen, von Freude und Lust, Mißstimmung und Schmerz, der Triebe und Leidenschaften hat als seinen *Träger* den *Empfindungsleib*, seiner Substanz nach aber ist es Seelisches. Wie die Empfindung eine nicht weiter rückführbare letzte Qualität darstellt, die durch die Sinne ausgelöst wird, so haben es die anschließenden Gefühle, wodurch wir etwa ein Gewahrtes schön oder angenehm oder eklig erleben, damit zu tun, daß wir die Empfindung auf uns als das Subjekt und unser subjektives Befinden beziehen – das aber genau ist eine Eigenschaft, wodurch sich die Seele als solche erlebt. Aber nicht allein das. Wenn eine Rose wahrgenommen wird, stellt dies schon einen komplexen Zusammenhang von zahlreichen Empfindungen dar: Farben, Geruch, Gestalt und so weiter. In dem Moment, wo sich das

Auge abwendet, erlischt auch die an die Sinne (Bewußtseinsleib) gebundene Empfindung. Doch das ist nicht die ganze Wirklichkeit. Es kann bemerkt werden, daß ein inneres Bild, die *Erinnerungsvorstellung* verbleibt, häufig etwas blasser, zumeist auch fragmentiert. Diese zwei Momente, die Wahrnehmung der Rose selbst und das Bild der Rose, sind streng zu unterscheiden: Das eine ist Besitztum der Welt, das andere das der Seele. Qualitativ sind sie voneinander verschieden wie Sein und Schein. «Wir können genau die Grenze ziehen zwischen demjenigen, was wir innerlich erleben, und der Außenwelt. In dem Augenblick, wo wir anfangen, innerlich zu erleben, da beginnt dasjenige, was wir nennen Empfindungsseele gegenüber demjenigen, was Empfindungsleib ist, der uns zum Beispiel die Wahrnehmung vermittelt.»[205] Dort, wo Bilder vom Gewahrten auftreten, kann in freier und innerlicher Weise mit den Inhalten umgegangen werden. «Für die Wahrnehmung müssen wir mit der Außenwelt in Korrespondenz treten; die Vorstellung ist Besitztum der Seele.»[206] Wäre dies anders, könnte die Seele nicht gestalten, sie bliebe verständnislos der Wahrnehmung ausgeliefert beziehungsweise hätte stets feste Bedeutungsmuster mit dem Reiz verkoppelt gegeben, wie das Tier. Erst wenn der Wahrnehmung der Begriff hinzugefügt wird, «verhält sich das Ich nicht mehr nur empfangend, sondern zugleich unmittelbar tätig, und diese Tätigkeit ist nicht nur unterscheidender, sondern zugleich verknüpfender Art.»[207]

Es unterliegt kaum einer Frage, daß schon die elementarsten Sinnesempfindungen, die das Äußere dem Innern vermitteln, im Innern auf ein Subjekt treffen müssen, eben auf das Wesen, das die Empfindungen hat. Indem sie als angenehm oder unbehaglich erlebt werden, geschieht zugleich eine unmittelbare Bewertung, insofern als ein Wesen oder Zentrum im Erleben der Empfindung diese auf sich und das ihm Zuträgliche bezieht. Wir haben es also mit einer Art *Beurteilungsvorgang* zu tun, der noch ganz unbegrifflich, nämlich rein erlebend, geschieht. Seine Ähnlichkeit mit dem Urteilsprozeß ist deshalb unübersehbar, weil mindestens zwei Glieder am Zustandekommen beteiligt sind: der äußere Reiz oder Eindruck und das Subjekt, das innerlich darauf durch die Empfindung und die anschließenden Gefühle antwortet, im übrigen keineswegs immer in gleicher Weise auf denselben Eindruck. Will man also das seelische Wesen, den Träger des Subjektes genauer untersuchen, so muß im Grunde über die Gefühlstätigkeit hinaus, als diese durchdringend, der eigentliche Kern des Menschen, sein Ich untersucht werden; denn nur dann ist der Wandel der Empfindungen und Gefühle zu verstehen, der sich im Laufe des Lebens bei ähnlichen Eindrücken ergibt. Daß zwischen Gefühlen und Ich-Erleben keine Übereinstimmung bestehen muß, zeigen extreme Selbsterfahrungen: Es sind zwar meine Gefühle, die ich habe, aber die jeweilige Betroffenheit des eigenen Ich ist hiervon verschieden. Es kann Zustände geben, wo mich Zorn übermannt oder wo sich rauschhafte Zustände der Begeisterung ausbreiten, so daß die Seele wie daneben steht: Die Gefühle sind dann wie eine fremde Macht, die das wache Bewußtsein überschwemmen. Ich ärgere mich über – meine? – Gefühle! Das macht innerhalb der Sphäre des Fühlens auf den Kern der Seele, das Ich, aufmerksam. Darüber soll erst später genauer gesprochen werden, obschon sich das Ich bereits auf dieser Stufe in seiner Wirksamkeit zeigt.

Die Welt der Gefühle

Die gesamte Gefühlswelt mit ihrem Reichtum und ihrer Intensität des Erlebens gehört mithin überwiegend der Empfindungsseele zu. Doch Steiner läßt es bei diesem Hinweis bewenden, er gestaltet diesen Bereich in seiner *Theosophie* zunächst nicht weiter aus, sondern benennt lediglich die polaren Gefühle der Lust und Unlust sowie die Triebe, Instinkte und Leidenschaften.

Füllen wir diesen Seelenraum inhaltlich etwas genauer aus, zunächst anhand der Wort- und Bedeutungsgeschichte von Fühlen! Das Wort Gefühl als Substantiv zu fühlen ist überraschend jung, und zwar ist es erst seit dem 16. Jahrhundert belegt. Die zugrundeliegende seelische Eigenschaft wurde bis dahin als *sensus* bezeichnet. *Fühlen* hat die Bedeutung von *tasten, prüfen*, man «kann es tastend erkennen» (dafür steht im Mitteldeutschen Fühlung): «wo das Gefühle aufhört, ist der Tod nicht weit» (Steinbach). Das Gefühle (sensus tactus) ist den Menschen mit den Tieren gemeinsam. Die Hand verliert durch harte Arbeit ihr Gefühl. Daneben steht das Wort Empfindung für das Gefühl selbst. Man kann unterscheiden die Tätigkeit, das Wollen des Fühlens, vom Leiden, dem ungewollten Fühlen, wie es zum Beispiel als Vorgefühl für ein Gewitter oder als Nachgefühl einer Krankheit auftritt. Allen Sinnen wird Gefühl zugeschrieben, wie die Sinne im Sprachgebrauch auch zusammen Teil der Gattung des Gefühls sind. Herder war es, der die halbvergessene Bedeutung des Gefühls für das Leben, die Kunst und den Geist hervorholte. Das Gefühl hängt für ihn aber auch mit dem Leib zusammen, mit dem Wohl-, Lebens- und Krankheitsgefühl, kurz: dem Sich-Befinden. Der Plural ist sprachlich zunächst ungebräuchlich, wie heute noch beim Geschmack. Es wird auch von Gefühlen der Seele gesprochen, die nie ganz von dem Sinnlichen zu trennen sind. Fühlen hängt eng mit empfinden zusammen. Die Behauptung, daß «fühlen» sinnlich, «empfinden» mehr geistig-abstrakt sei, muß deshalb als eine recht willkürliche gedankliche Unterscheidung angesehen werden; philosophiegeschichtlich ist es eher umgekehrt: «wie das tiefere Aufnehmen der äußeren Empfindung ins Innere auch Fühlen heißt». Fühlen weist also auf einen gewissen Grad stärkerer Verinnerlichung hin als die Empfindung – aber der Sprachgeist ist dabei keineswegs durchgängig und strikt. Wird die Empfindung (perceptio) gefühlt, so wird sie ihrer selbst bewußt (apperceptio). Gelegentlich werden freilich beide wieder genau gleich bewertet – sowohl sinnlich verursacht als seelisch bewirkt. Der Unterschied ist ursprünglich nur ein örtlich auftretender: *empfinden* hieß es in *Oberdeutschland*, *fühlen* dagegen in *Mitteldeutschland*. Allmählich wird das süddt. Wort im Norden Bezeichnung für eine höhere Sache, ähnlich wie -lein dort höher und edler klingt als -chen. Gefühl wird zu einer mehr inneren Regung, nämlich als Gefühl der Seele, des Herzens. Der Plural läßt sich erst seit 1796 nachweisen, es werden Gefühle verborgen, man ist seiner Gefühle nicht Herr und so ähnlich lauten nun die Wendungen für innere Erregungen. Nach und nach werden jetzt die Gefühle auch genauer bezeichnet, nämlich danach, ob sie schicklich sind oder nicht. Es gibt fortan gute, edle, aber auch mit Mut oder Ehre und Anstand verbundene Gefühle, ebenso Mitgefühle. Da berührt sich Gefühl schon mit dem, was seit altersher das Gemüt darstellt. Kein Gefühl haben, fühllos sein, gehört ebenso hierher wie viel oder gar zu viel Gefühl haben. In diesem Sinne kann das Gefühl in Stellvertretung für den ganzen Menschen stehen, so im veredelten Gefühl. Aber es geht auch Verbindungen mit einzelnen Eigenschaften ein, es betätigt sich gegenüber einzelnen Erscheinungen, gegenüber *Werten* wie Ehre, Pflicht, Freundschaft, Familie, Vaterland, Heimat, Schönheit, Religion, Wahrheit, Sprache und so weiter. Es wird von einer Sache angeregt und kommt ins Schwingen. Die Seele klingt, oder sie wird stumpf wie in der Verlassenheit, Einsamkeit; im anderen Fall herrschen Befriedigung, Zufriedenheit, Genügsamkeit. Gefühle können miteinander streiten, so im gemischten Gefühl oder in widerstreitenden Gefühlen. Das Gefühl der Liebe gilt als reines, das heißt bloßes Gefühl. Ferner vermag ein

Adjektiv ein einzelnes Gefühl näher zu bestimmen: ängstliches, hoffendes, ewiges, seliges Gefühl.

Doch das Gefühl kann sich auch dem Begehren zuwenden, ja es ist für Kant sogar der erste innere Grund des Begehrungsvermögens überhaupt. Desgleichen geht es Verbindungen mit der Gesamtstimmung, nämlich der Grundlebensempfindung ein, so im Glück, der Ohnmacht, Ahnung, dem Selbstgefühl. Das Gefühl kann seiner Form nach als fein, scharf, leise, deutlich, grob, dumpf auftreten. Häufig ist es mit dem Flüssig-Beweglichen verbunden, das aus tiefem Grunde quillt. Lange gehemmte Gefühle können hervorbrechen, andere reißen kalte Herzen mit sich fort, eine Sängerin trägt beispielsweise mit hinreißendem Gefühl vor. Ist das Bild abgeblaßt, erfährt es eine Auffrischung durch glühende, wallende Gefühle, die alles andere als milde oder zarte Gefühle darstellen.

Durch die hohe Zeit der deutschen Literatur, vom Sturm und Drang über die Klassik zur Romantik, hat sich das Gefühlsleben und zugleich dessen begrifflich-sprachliche Differenzierung kräftig entwickelt. Anders als die Gedanken erfassen Gefühle die Erscheinungen unmittelbar, mit den Gedanken sehen wir sie bloß, ein Urteil vollends ist kein unmittelbares Gefühl mehr, es verstellt die Übereinstimmung, die das Gefühl – als Resonanz – schafft. Es gilt gleich dem Instinkt als unmittelbar, als direkter Zugang zur Erscheinung. Nur das reine, echte, unverfälschte, gesunde Gefühl kann als jener Wegweiser zum Wahrhaftigen und Ewigen dienen, wie ihn insbesondere das sittliche Gebiet benötigt. Die Absicht Gottes wird durch ein geheimes Gefühl des Herzens (moral feeling) offenbar. Für die alten Ägypter ist es das Organ, mit dem der Mensch «Gottes Willen, also die Ma'at, erfahren kann».[208] Ihnen ist es eine «Gabe Gottes», ja der «Gott im Herzen».[209] Bei Kant ist das moralische Gefühl Maßstab für die Übereinstimmung mit dem Pflichtgesetz. Gegenüber dem Schönen ist der gute Geschmack, der auf einem inneren Gefühl beruht, ohne jeden weiteren Vernunftschluß sachgerechter Maßstab. Aber auch im Hinblick auf das Wahre gibt es ein Gefühl: Es wird klar genannt, während es sonst unklar oder dunkel heißt. Das volle Gefühl findet schwer Worte, sich auszusprechen.

Was ursprünglich von außen über die Sinne angeregt wurde, hat sich verselbständigt und entfaltet sich nun im Innern der Seele als eine Regsamkeit, die mannigfache Beziehungen zu den anderen seelischen Tätigkeiten, aber auch zur Welt eingeht.[210]

Jede bedeutende systematische Psychologie hat sich eingehend mit dem Gefühlsleben beschäftigt. Wir erinnern etwa an C. G. Carus' Versuch, die Windrose der Gefühle zu beschreiben.[211] Dabei unterscheidet er zunächst die eine zentrale und zugleich polare Spannung von Sympathie und Antipathie, also jene zwei ganz gegensätzlichen Richtungen des Fühlens, die sich in Zuneigung und Liebe oder Abstoßung und Haß ausleben. Gleichsam senkrecht dazu steht die andere polare Spannung: Heiterkeit und Freude, die in der Kindheit vorherrschen, Trauer und Verlassenheit beziehungsweise Einsamkeit, wie sie im Alter zu dominieren beginnen. Carus war es auch, der im Hinblick auf das Erleben erstmals die systematische Unterscheidung zwischen «bewußt» und «unterbewußt» traf, wobei das Unbewußte zwar nicht gewußt wird, aber gleichwohl höchst wirksam sein kann. Auf ihn geht also jene Unterscheidung zurück, die in der Tiefenanalyse der Handlungselemente in der analytischen Psychologie so bedeutsam werden sollte.

Aus Steiners eigenen Forschungen zur Sinneslehre lassen sich wichtige Gesichtspunkte zu einer Gliederung und Ordnung der von den Empfindungen ausgelösten und sich verselbständigenden so reichen Gefühlswelt gewinnen (siehe Anhang, XI). Wir gehen zunächst von den «*sinnlichen Gefühlen*» aus. «Die sinnlichen Gefühle der Lust und Unlust sprechen bei dem einen leichter, bei dem anderen schwerer an. Unter diesem Gesichtspunkt unterscheidet man starke und schwache Reizempfänglichkeit.»[212] Ferner muß unterschieden werden, was an Empfindungen und Gefühlen sich dadurch bildet, daß Sinne zu einer Ganzheit zusammenwirken und so erst den Sinn der Sache ergeben.[213] Dieser Tatbestand wurde früher als *Sensorium commune* bezeichnet, eine Einsicht, die allmählich zum Nachteil der Erkenntnisgewinnung verlorenging, worauf Viktor von Weizsäcker[214] zu Recht aufmerksam machte. Ein «gemeinsames Seinsmedium», aus dem kein Bestandteil herausgebrochen werden kann,[215] bildet den schwer auflösbaren Zusammenklang der Sinnesfelder und damit der Gefühlswelt. Es ist die Welt der Synästhesien (ursprünglich war damit das Anklingen eines Tones bei der Farbwahrnehmung und ähnliches gemeint), nämlich die Interaktion aller Wahrnehmungsbereiche, die höchst wirksam ist und zunächst das einzelne Sinnesfeld mit seiner Empfindungsqualität für die Erfahrung überdeckt, zugleich aber auch gerade die Fülle und den Reichtum des Gefühls auslöst.

Nicht in diesem umfassenden Sinn soll nun im folgenden das durch die Empfindungen ausgelöste Gefühlsleben untersucht werden, sondern so, daß einzelne Sinnesqualitäten in Gruppen unterschieden und für daraus

hervorgehende Gefühlstönungen und Stimmungslagen verantwortlich
gemacht werden. Die Gliederung der Wahrnehmungsmannigfaltigkeit
nach zwölf Sinnen geht auf Steiners Sinneslehre und seine Unterscheidung von zwölf Sinnesqualitäten zurück, die er in drei Gruppen zu je vier
Sinnen unterteilt. Die dadurch erschlossenen Felder unterscheidbarer
Empfindungsqualitäten betreffen zunächst:

- die der eigenen Leibwahrnehmung,
- die Weltwahrnehmung,
- die Wahrnehmung geistiger Gehalte.[216]

Gefühle aufgrund der Leibsinne

Die Leibsinne beziehen sich allesamt auf die Wahrnehmung des eigenen
Leibes und der darin ablaufenden Prozesse sowie darauf, wie der Leib
unmittelbar der Welt begegnet.

Durch die *haptisch-taktile* Berührung, den *Tastsinn*, wird mit jeder
Fremdwahrnehmung zugleich eine Eigenerfahrung vermittelt. Dadurch
entstehen Empfindungen des Plastischen, der Vergegenständlichung sowie solche des Weichen und Harten und so weiter. Ein Gefühl, das sich
daran anschließt, kann als solches der Nähe und des Vertrauten, aber auch
der Geborgenheit beschrieben werden, auch das Gefühl des Vollen, Run-
den mag dazu zu zählen sein. Vielleicht geht aus der Tastempfindung
auch das Seinsgefühl, desgleichen das Krafterleben hervor. Dieser Sinn
vermittelt auch Schwereempfindungen, damit ist das Gefühl des Lastens,
der Belastung und des Niederdrückens oder Gedrücktseins verbunden.

Gehen wir zur Wahrnehmung der eigenen Lebensprozesse, zum
Lebenssinn, jenem bedeutungsvollsten Wahrnehmungsfeld der eigenen
Befindlichkeit. Es ist der Sinn, der Schmerz und Lust, Behagen und Miß-
behagen, kurz, Lebensempfindungen auslöst. Das Lebensgefühl kennt
keine Grenzen des Leiblichen zum Seelischen oder Geistigen. Alle
Organempfindungen wie Juckreiz und Kitzel gehören hierher, also un-
eigentliche Gefühle, aber auch alle Gefühle des Befindens, der Müdigkeit,
des frohen oder niedergeschlagenen Gestimmtseins sowie das Gefühl der
Frische und Kraft, des Ermattetseins, der Ruhe oder Getriebenheit, der
Schwäche, der Schlappheit, aber auch der Spannung und der Gelöstheit,
ebenso die Empfindung oder das Leibgefühl des Hungers und des Ge-
sättigtseins, des Wohlbehagens, der Ausgeglichenheit, der Gelassenheit

und Harmonie und Lebensfreude, desgleichen Unternehmungslust, Tätigkeitstrieb, vielleicht auch die allgemeine Lebensfreude und Daseinslust. Da zum eigenen Leib auch die Lebensvorgänge gehören, spielen in die von ihm ausgelösten Empfindungen und anschließenden Gefühle auch solche herein wie das Krankheitsgefühl, aber auch die ganze Triebhaftigkeit, insofern sie fühlend erlebt wird, so zunächst der Selbsterhaltungstrieb, der Drang zu leben, «überhaupt da zu sein und des Lebens als eines Prozesses innezuwerden, zu erleben, daß man lebt, noch gleichgültig, was und wie man lebt».[217] Eine Fülle weiterer Gefühle schließen sich an, in die freilich dann schon erste Reflexionen einerseits auf das Subjekt, die eigene Person, und andererseits auf die Umstände, die durch die Empfindung vermittelt werden, hineintönen: Eigenwertempfindung, Geltungsstreben und andere. Gefühle wie die des Neides, der Durchsetzung, des Anspruches, der Arroganz, des Zorns und der Freude, aber auch ganz polare wie der Genügsamkeit und Bescheidenheit haben im Lebenssinn ihre leibgebundene Wurzel, emanzipieren sich aber bereits davon. Es kann nicht verwundern, daß mit dieser Sinnesgruppe und den sich daran anschließenden Gefühlen der größte Reichtum des Empfindungs- und Gefühlslebens verbunden ist und daß sie gleichsam die Basis, den Lebensgrund, für den Empfindungsmenschen bilden.[218]

Die Wahrnehmung der eigenen Bewegung durch den *Eigenbewegungssinn* ist lebenswichtig, vermittelt sie doch eine Empfindung der eigenen Körperlichkeit im Raum und macht die eigenen Handlungen, Gebärden und Gesten für die Seele selbst erleb- und wahrnehmbar. Gerade in der Selbstbewegung offenbart sich das Charakteristische des inneren Wesens. Durch Bewegung taucht das Wesen in die Zeit ein. Die passende Geschwindigkeit für jeden Akt zu finden, ist die dem Bewegungssinn gestellte Aufgabe. «Nur das andauernde Bewußtsein des Stadiums, in dem sich eine Bewegung befindet, gibt uns die notwendigen Anhaltspunkte dafür, ob ihre Gestalt vollendet beziehungsweise noch zu vollenden ist. In der Vollendung der Akte liegt die Zieldynamik des Bewegungssinnes.»[219] Aber nicht nur leiblich, sondern auch seelisch laufen unterschiedliche Bewegungsgestalten ab. Der Ausdruckswille, das Streben auf etwas zu, so auch der Schaffensdrang, vielleicht auch das Kontaktbedürfnis, desgleichen das allgemeine Sehnen nach einem Ziel, das sich in höheren Zielen einen erhabenen Inhalt gibt, sowie das Bereitschaftsgefühl können wohl diesem Sinnesbezirk, der mit den anderen vielfältig verbunden ist, zugerechnet werden. Auch in diesem Fall lösen sich die Gefühle

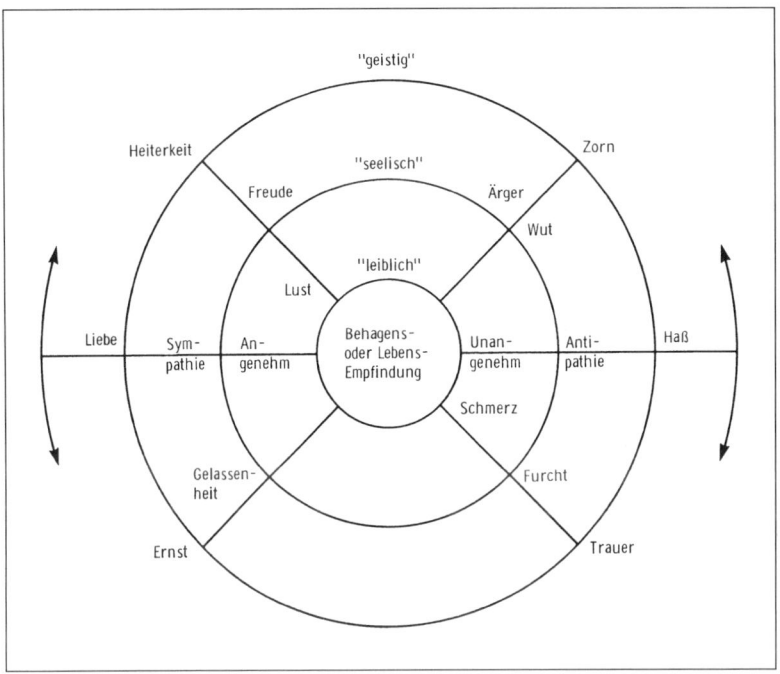

Abb. 2: Qualitäten des Lebenssinnes. Die horizontale Achse der Wertungen ist beweglich beziehungsweise drehbar im «Zifferblatt» der Qualitätenordnung zu denken (aus: H. J. Scheurle, Die Gesamtsinnesorganisation).

von der Sinnestätigkeit ab und erlangen eine seelische Selbständigkeit. Im Ablauf der Bewegung muß ein bestimmter Fluß herrschen, soll sie sich vollenden. Wo Stockung auftritt, unterbricht sie sich und mißlingt. Von den Gefühlen ist es der *Mut*, der ohne Zagen auf etwas zugeht, während das Zögerliche, Gehemmte im Gefühl zu Ängstlichkeit, Zurückhaltung und Unsicherheit führt.

Wir kommen zum *Gleichgewichts-*, dem *statischen Sinn*. Er hängt mit der Raumorientierung zusammen, zuvörderst mit der Aufrichtung. Durch seine Orientierung am Schwerefeld ist er nicht variabel. Er hat es mit der Mittellage – gerade, eben, gleich – und den Abweichungen zu tun – schief, krumm, ungleich. Die Kraft der Aufrichtung überwindet für das Empfinden das Körpergewicht, schafft ein Gefühl für das Gegenüber, die

Distanz, stärkt wohl auch die Antipathie und die Empfindung für das eigene Wesen, kann in der Distanz aber auch Befürchtungen, Abgründiges, Gruseln, Bedrohliches auslösen.[220] Der Gleichgewichtssinn ist das Organ der Harmonie, das erleben läßt, ob sich Verhältnisse im Gleichgewicht befinden, ausgeglichen sind. Der Seelenzustand der Ausgeglichenheit ermöglicht Gelassenheit. Das Gefühl der Friedfertigkeit, das «Aufgehobensein», ist ohne die Erfahrung dieses Sinnes kaum erklärlich.

In der frühen Kindheit, wo sich die Seele allmählich in den Leib einkörpert, dominieren gerade diese leibbezogenen Sinne im besonderen Maße, denn das Kind muß seelisch ja zunächst die eigene Leiblichkeit durchdringen. Daher schließen sich an die Leibempfindungen und an das sinnlich Zunächstliegende die stärksten – lustvollen – Anregungen für das Kind an, wenn auch gerade die Tätigkeit dieser Sinnesgruppe stark unbewußt abläuft.[221] Doch nicht nur das Seinsgefühl verdanken wir dieser Sinnesgruppe. Auch in den höheren Erkenntnisprozeß spielen die Leibsinne und die durch sie vermittelten Erlebensqualitäten vielfältig hinein, sehr unbewußt zwar, aber für die seelische Existenz desto verbindlicher. In der Erkenntnis von Geometrie, Arithmetik und Mathematik und in der Logik wirken sich diese Sinne so aus, daß sie ein Grundgefühl des Richtigen, Stimmigen, des a priori Einsehbaren vermitteln – in der gleichen Weise, wie man zwar das Gerade, Aufrechte und so weiter erleben, aber nicht erklären kann.[222]

Gefühle aufgrund der Weltsinne

Die Welt- oder Raumsinne, wie wir die nächste Sinnesgruppe nennen, setzen den Organismus einerseits mit der Stofflichkeit in der Welt in Verbindung, andererseits mit dem ganzen Umkreis, der den Menschen umgibt.

Wir haben es zunächst mit dem *Geruchssinn* zu tun. Düfte und Gerüche verbinden uns mit dem Äußeren der Weltstofflichkeit, zugleich berühren sie uns im Innersten. Sie haben eine affektive Nähe und wirken unvermittelt ins Gefühlsleben: erfrischend oder betäubend, angenehm oder unangenehm, süßlich oder eklig. Alles Lebendige und Organische hat seinen Duft, desgleichen die Jahreszeiten und einzelne Örtlichkeiten. Gerüche sind von eigentümlicher «Begriffsferne».[223] Dieser Sinn steht mit anderen in vielfältigen synästhetischen Beziehungen. Es fällt auf, daß manche Gefühlsnuance mit dem Geruch in Verbindung gebracht wird, so etwa eine etwas mulmige Botschaft – ein Gerücht. Dann gibt es Menschen, die eine Nase für etwas haben, für kommende Ereignisse, für tieferliegende Gründe, ja für das Wahre. Der Naseweis wird von Neugier verzehrt oder getrieben, ebenso jener, der seine Nase in alles stecken muß oder herumschnüffelt. Der Drang der Seele, sich mit anderem in Verbindung zu setzen, findet einen auffälligen, leicht unangenehmen Ausdruck.

Der *Geschmackssinn* dringt in die Stofflichkeit selbst ein, er ist der chemische Sinn schlechthin. Durch das Süße wird uns das Ernährende des Zuckers erschlossen, andere Geschmacksnuancen, der Wermut etwa, verschließen uns den Magen. Manches hat einen bitteren Nachgeschmack oder nur einen schlechten Beigeschmack. Zuviel einer würzigen Zutat verdirbt den Geschmack, während allzu Ausgewogenes fade wirkt. Der schlechte Geschmack spricht gegen sich selbst. Der Geschmack ist im gesamten Bereich des Kunstgefühls, der Ästhetik zu Hause. Was zunächst Empfindung der Sinne ist, wirkt auf das ganze Seelenleben ein.

Der *Sehsinn* hat es mit Helligkeit und Farben, also dem Lichtraum zu tun. (Die Gestaltwahrnehmung, die wir dem Auge zuzuschreiben geneigt sind, geht in Wirklichkeit auf ein Zusammenspiel mehrerer Sinne zurück.) Goethe bemerkte: «Die Erfahrung lehrt uns, daß die einzelnen Farben besondere Gemütsstimmungen geben ... Die Farben von der Plusseite sind Gelb, Rotgelb (Orange), Gelbrot (Mennig, Zinnober). Sie stimmen regsam, lebhaft, strebend ... Die Farben von der Minusseite sind Blau, Rotblau und Blaurot. Sie stimmen zu einer unruhigen, weichen und sehnenden Empfindung.»[224] Damit ist angedeutet, wie Licht- und Farbempfindungen tiefere Gefühle anzuregen vermögen.

Der *Wärmesinn* vermittelt eine alle Körper durchdringende Raumeigenschaft. Das lateinische Wort temperare, wovon Temperatur abgeleitet ist, heißt mäßigen, es kann sowohl richtig wärmen als gehörig abkühlen bedeuten, im einzelnen läßt sich dies schwer angeben. Wärme und Kälte stellen dagegen recht eindeutige Empfindungen dar. Die Wohligkeit ist an eine bestimmte Mittellage gebunden. Die Wärmeempfindungen gehen von schmerzhaft heiß, warm, lauwarm über neutral zu kühl, kalt, eisig. Es besteht ein enger Zusammenhang zum Lebenssinn. Es kann einem kalt oder warm ums Herz werden, aber auch der Angstschweiß oder der kalte Schweiß kann einem ausbrechen. Als Gefühle schließen sich an diesen Sinn die Herzenswärme oder Gefühlskälte an. Seelisch kann einen frösteln, obgleich es recht warm sein mag; das warme Gefühl ist jedem bekannt, wie auch warmherzige und gefühlsstarke Menschen.

Diese Sinnesgruppe wirkt stark und unmittelbar auf das Gefühl. Die durch diese Empfindungen veranlaßten Gefühle hängen einerseits am sinnlichen Reiz, andererseits können sie wie die leibgebundenen in die Lebensgrundbefindlichkeit einwirken, und zwar in polaren Richtungen: als Genuß und Behagen, als Überdruß und Ekel. Erst im Zusammenhang mit höherer seelischer Betätigung offenbart sich der ganze Reichtum der Gefühle, die sich in diesem Bereich, auch stärker von der auslösenden Empfindung emanzipiert, in Tiefe und Intensität ausbilden können: Bewunderung, Verehrung, Schönheitsgefühl und so weiter. (Dies wird im Zusammenhang mit den Kräften des Verstandes und Gemüts zu erörtern sein.)

Gefühle aufgrund der modalen und zeitlichen Sinne

Von der Gruppe der *Sinne zur Erfassung geistiger oder zeitlicher Vorgänge* ist nur einer allgemein bekannt; die anderen wirken subtiler, darum werden sie nur gelegentlich von der Sinneslehre erfaßt. Zu ihrer exakten Beschreibung hat Steiner beigetragen.

Durch den *Gehörsinn* erfahren wir die inneren Eigenschaften und Proportionen der Dinge. Jeder Körper hat seinen Ton, in allen Dingen «schläft ein Lied» (Eichendorff). Die menschliche Stimme ist die Offenbarung des inneren Wesens nach außen, im Klang bekundet sich die innere Gestimmtheit. Eine Welt der Inspiration eröffnet sich dadurch, Nahrung der Seele fließt über diesen Sinn: lockende Schalmeien, unheilschwangeres Dröhnen, die Posaunen des Jüngsten Gerichts. Die Tonwelt spricht zum Herzen, Menschen verstehen sich in der Musik – der Botschaft des Herzens. Tiefe und Intensität sowie Bewegung des Gemüts werden durch sie ausgelöst: In «Höhen und Tiefen der Töne», im Ansteigen und Abfallen der Melodien, im Sich-Vereinigen in der Harmonie drücken sich die Gefühlsbewegungen der Seele selbst aus.

Vom Gehör unterschieden, wenn auch eng mit ihm verbunden, ist als eigener Sinn der *Laut- oder Klangsinn,* er vermittelt im Tönenden ganz spezifische Gestaltungen, die als solche unmittelbar wahrgenommen werden, also nicht über die Einsicht, das heißt über Schlußfolgerungen oder Urteile, erschlossen werden müssen. Wenn die betreffende Qualität unmittelbar, ohne Einschaltung von Überlegungen, in ihrer Eigenheit empfunden wird, dann haben wir es mit einem Sinnesvorgang zu tun. Dieselbe Melodie von verschiedenen Instrumenten, etwa Geige oder Posaune, gespielt, klingt sehr verschieden, dennoch wird die Melodie gehört. Tonhöhe und Klangfarbe gehören verschiedenen Qualitätskreisen an. Auch das Zusammenklingen – konsonant oder dissonant – ergibt sich aus dieser eigenen Lautwahrnehmungsqualität, die sich des Hörorgans bedient. Diese Eigenschaft ist aber auch gefordert, wenn gesprochen wird, denn die Sprache bekundet sich in Lauten, deren kleinste zusammenklingende Einheit die Silbe ist. Sie werden von den Vokalen gefärbt, dumpfer bei o und u, heller bei e und i, während a eine mittlere Lage einnimmt. Es versteht sich, daß diese Lautqualitäten seelische Stimmungen auslösen können, wie sie auch umgekehrt fähig sind, diese auszudrücken: das Gruseln im u, das Erstaunen im a, den Widerwillen im eh, den Ekel im i-gitt und so weiter. Diese Differenzierungen wirken auch auf das Gefühlsleben ein, so daß zahlreiche Nuancen ausgebildet werden und die Gefühle gleichsam ihre Klangfarbe erhalten.

Der *Gedanken-* und *Sprachsinn* lassen durch innere Wahrnehmung den Sinn des Wortes und den Gedanken der gesprochenen Sprache unmittelbar erfassen. Indem beim Hören der Sprache die Wortinhalte und Bedeutungen unmittelbar durch Mitdenken und Vorstellen aufgefaßt werden, erweist sich darin ein eigener Sinn als tätig.[225] Dieser Sinn wird von Steiner erstmals erschlossen, er ist heute aber auch der Husserlschen phänomenologischen Schule nicht unbekannt, wo Gedanken und Vorstellungen als wahrnehmbare Gegebenheiten betrachtet werden. Es ist die Frage, ob Wort- und Gedankenerleben einer einzigen oder zwei Sinnestätigkeiten entspringen. Das verlangt einen Aufschluß darüber, ob Wort und Gedanke eine Einheit bilden oder nicht. «Phänomenal sind Worterleben und Gedankenerleben, bezeichnete und gedachte Sache, zunächst eins. Die Annahme dagegen, Gedanke und Wort, Bezeichnung und Sache seien zweierlei, ist auf ein konkretes eigentümliches Erleben zurückzuführen, das sich an die primäre Gedankenwahrnehmung in oft verwirrender Weise anschließt. Es ist der Zwiespalt im Denken, der Zweifel … die ursprüngliche Einheit wird vom Zweifelnden aufgegeben … Das Phänomen des Zweifels macht den Wort- und Gedankenbereich einerseits problematisch, stellt aber andererseits ein dynamisierendes Element dieses Sinnes dar, dessen Inhalte durch ihn vor Starrheit bewahrt werden.»[226] Die Isolierung dieses Sinnes ist deshalb so schwierig, weil sich unmittelbar als sekundäres Phänomen der *Zweifel* einstellt; die Denkansätze müssen zunächst unmittelbar überzeugen, während der Beweis der Wortsphäre entstammt, doch Gedanken können nur durch innere Wahrnehmung unmittelbar erfahrbar werden. Ohne weiter in die dem Sinn anhaftenden erkenntniskritischen Probleme einzudringen, kann indessen festgehalten werden, daß so, wie Seinsgefühl und Daseinssicherheit im Lebens- und Tastsinn wurzeln, auch Zweifel, Unsicherheit, Fragen, Unschlüssigkeit und Abwägen ihren Empfindungsgrund haben. Mithin wirkt auch dieses Sinnesfeld als Grundlage für das Gefühlsleben.

Der *Ich-Sinn* dient der sinnlichen Gewahrung des Ich eines anderen, er ist damit eigentlich der Du-Sinn schlechthin und stellt eine folgenreiche Entdeckung Steiners dar. Das Ich als Erfahrung eigener Wahrnehmungsmodalität wurzelt in der *Identität als Urform des Ich,* das Ich ist kein Inhalt für sich, kein Subjekt, sondern Akt der Identifikation selbst. «Das Ich ist entweder gar nicht, oder durch sich selbst. Also muß die Urform des Ichs reine Identität sein.»[227] In diesem Sinne wurde von I. H. Fichte «die Tatsache von der Einheit unseres Selbstbewußtseins während unseres ganzen Lebens», «das reale Einsbleiben der Seele während aller Veränderungen» als das entscheidende Moment des Ich gesehen.[228] Die am Leib – aber nicht durch diesen – erlebte Identität strahlt auch auf die Wahrnehmung der Dingwelt aus, so auch gegenüber dem anderen Ich. Allgemein wird angenommen, daß das Ich des anderen entweder durch Einfühlung oder durch Analogieschluß erlebt werde. Schon Scheler wandte dagegen ein, daß dann in der Einfühlung ein willkürlicher Akt vorläge, der mit der Besonderheit des anderen Wesens gar nichts zu tun haben muß, so daß unerfindlich bleibt, wieso dies bei unbelebten Objekten nicht in ähnlicher Weise möglich ist. So bleibt nach Scheler nur der andere Fall, daß wir nämlich etwas vom anderen Ich unmittelbar gewahren. «Um von der Existenz eines individuellen Ich zu wissen, bedarf es durchaus nicht des Wissens um seinen Körper! Auch wo uns irgendwelche Spuren seiner Tätigkeit gegeben sind, wie zum Beispiel ein Kunstwerk oder die fühlbare Einheit eines willentlichen Wirkens, erfassen wir hierin ohne weiteres ein tätiges individuelles Ich!»[229] Wenn die Kraft eines identitätschaffenden Wesens unmittelbar bemerkt wird, dann hat man es mit der Empfindung des Ichsinns zu tun.

Auch hieran schließen sich Gefühle an: Nähe, Anziehung, Inne- und Getragen- und Verstandensein, aber auch Blindheit für den anderen,

Fremdheit, Ablehnung, Unverständnis, Unvermögen, ihn zu verstehen, Verfremdung, Entfremdung, Ferne.

Die geistigen Sinne – sie lassen sich auch als die Zeitsinne begreifen – geben wie alle anderen Sinne auch Empfindungen verschiedener in der Welt der Zeit und des Geistes vorhandener Eigenschaften als Wahrnehmungsgehalt. Die daran anschließenden Gefühle sind dementsprechend flüchtiger oder innerlicher Natur als die der anderen Sinnesfelder. Die geistigen Sinne sind dem Höheren, dem Einheitlichen zugewandt, sie tragen den Charakter des über sich Hinausweisenden und -strebenden an sich. Vollgültig können sie erst begriffen werden, wenn die anderen Funktionen des Seelischen einbezogen werden, was später geschehen wird.

Was Steiner der Empfindungsseele zuordnet, das sind die durch die Sinne ausgelösten Empfindungen und die unmittelbar darauf im Innern der Seele erfolgenden Gefühlsantworten. Die Gefühle erhalten damit, insofern sie sinnesbezogen sind, eine Ordnung durch die Sinnesfunktionen selbst.[230] Dies hebt sich, wie die Selbstwahrnehmung zeigt, durchaus von den dumpferen Begehrungen und Trieben ab, aber auch von den aufflammenden Affekten der Leidenschaft und den entsprechenden aufrührenden Stimmungen, denn die «Gefühlsordnung» wird von den Sinnestätigkeiten her strukturiert, dadurch erhalten die Gefühle eine gewisse Gliederung und werden etwas «gemäßigt», so daß sie nicht mehr nur überwältigend dumpf heranbranden. Das braucht freilich keineswegs einen Verlust an Intensität zu bedeuten. Gerade das intensivste Gefühl, zu dem die Empfindungsseele fähig ist, der Zorn, der aufflammende heftige, leidenschaftliche Unwille über etwas, was als Unrecht empfunden wird oder den eigenen Wünschen entgegenläuft, wird von Steiner als der Erzieher dieser Seelenschicht gesehen. Wo das eigene Selbst noch dumpf brütet, kann uns der Zorn als etwas ergreifen, das wie ein Vorentwurf einer später aus abgeklärtem Urteil heraus erfolgenden Regung erscheinen kann. «Wir sind noch nicht reif, im Urteil zu finden, was der Außenwelt angemessen ist; wir sind aber fähig, in unserer Empfindungsseele aus der Summe unserer Empfindungen heraus zu reagieren auf dasjenige, was uns entgegentritt von der Umwelt ... Erst urteilen wir aus unserem Zorn heraus über ein Ereignis der Außenwelt; dann werden wir, indem wir erst unbewußt lernen, nicht übereinzustimmen mit demjenigen, was nicht sein soll ... gerade durch dieses Urteilen immer reifer und reifer werden zum lichterfüllten Urteilen in der höheren Seele. So ist der Zorn in gewissem Gebiete ein Erzieher des Menschen ... Denn niemand wird besser zu einem in sich selber sicheren Urteil geführt als derjenige, der aus einer alten edlen Seelenanlage heraus sich so entwickelt hat, daß er über das Unedle, Unmoralische, Törichte hat erglühen können in edlem Zorn. Und der Zorn hat die Mission, des Menschen Ich heraufzuheben in die höheren Gebiete ... Er ist ein Lehrer in uns selber.» Er kann aber auch, weil alles beim Menschen auszuarten vermag, zur Wut werden, «so daß der ärgste Egoismus befriedigt wird».[231]

Dieser Bereich des Seelischen, den jeder in sich sehr wohl kennt und tief durchlebt, hat innerhalb des Lebenslaufes ein unterschiedliches Gewicht und damit auch verschiedene Bedeutung. Wenn ein einjähriges Kind jemanden etwas essen sieht und selbst hungrig ist, löst die Wahrnehmung sofort Reaktionen aus: Es bekundet, daß es auch etwas möchte; fruchtet das nichts, steigert sich die Unmutäußerung bis zum Zorn mit Weinkrampf. Der Erwachsene kennt all die zugehörigen Gefühle zur Genüge, doch er steuert sie. Dies kann auch schon das ältere Kind, wobei es für seine Reaktion sogar sorgfältig die Umwelt «bedenkt» und sich entsprechend einrichtet, je nachdem, ob es mit den Eltern allein oder vor Fremden ist.

Die geschichtliche Entfaltung der Empfindungsseele: Die Kultur Altägyptens, die Sprache der Azteken

Auch innerhalb der Geschichte spielt sich, ähnlich wie in der Biographie des einzelnen, eine seelische Entwicklung ab. In alten Zeiten lebte in der Empfindungsseele noch die Anschauung, die geistig-ideelle Wahrnehmung im Innern und die sinnliche Außenwelt bildeten lediglich zwei Ausdrucksformen eines *einzigen* göttlichen Geistes in seiner ursprünglichen Einheit. Diese ursprüngliche Einheit von Schöpfer und Geschöpf bestehe irgendwie fort, weil die Gottheit das Selbst noch nicht in die volle Selbständigkeit entlassen habe. Die «unmittelbar [gegebene Anschauung als] ‹sinnliche Gewißheit› des Geistigen (Hegel), die ... für den heutigen Menschen nurmehr der naivste Anfang des Erkenntnisprozesses sein kann, war für die welthistorischen Völker des vorderen Orients der Horizont ihrer geistig-seelischen Aktivität überhaupt, weil eben der Mensch nicht mehr bedurfte, um die Offenbarung des Geistes zu empfangen.»[232] Diese Seelenhaltung gehört der Geschichte an, einer schon lange vergangenen. Die frühen Hochkulturen gehen durch Entwicklungsstadien hindurch, in denen die Empfindungsseele in einer ganz erstaunlichen Art entfaltet und durch die ganze äußere Kultur erzogen wird. Ein eindrucksvolles Beispiel dafür dürfte Altägypten sein, wie dies von Teichmann in einer Studie aufgewiesen wird.[233] Zunächst lassen sich drei Seelentätigkeiten voneinander unterscheiden, wodurch erst die Eigentümlichkeit der ihr eigenen Qualitäten begründet hervortritt:

– der *Reiz*, der von den Sinnen ausgeübt wird,
– die daraus erwachsende *Empfindung* als Antwort,
– die *Vorstellung*, die sich aus der Begegnung von beiden ergibt.

In diesem Sinne bestimmen die von außen kommenden Anregungen (Reize) die Reaktionen des Menschen. Ganz entsprechend wurden in zahlreichen Lebens- und Weisheitslehren im Alten Reich Ägyptens, also vor vier bis fünf Jahrtausenden, Verhaltensweisen eingeübt, so daß bei einer sinnlich gegebenen Situation der Betroffene genau wußte, wie er sich zu verhalten hatte: «Wenn du einen Mann im öffentlichen Leben triffst, in führender Stellung und angesehener als du, dann beuge deinen Arm und krümme deinen Rücken (das heißt grüße) ... Wenn du ein Mann in leitender Stellung bist, der die Verhältnisse von vielen zu regeln hat, dann bemühe dich stets um fürsorgliche Handlung, so daß dein Verhalten frei ist von Unrecht ... Wenn du ein Gast bist, am Tische eines, der größer ist als du, dann nimm, was er dir gibt, wie man es dir vorlegt ... Wenn du ein Mann des Vertrauens bist, den ein Großer zu einem anderen Großen schickt, dann sei ganz zuverlässig, wenn er dich sendet, und führe den Auftrag so aus, wie er ihn gesagt hat ... Gib keinen Klatsch weiter ... Krümme deinen Rücken vor deinem Vorgesetzten ... Gefährdet ist, wer seinem Vorgesetzten widerstrebt ... Nützlich ist das Hören für einen Sohn, der hört, denn das Hören dringt ein in den Hörer, und so wird aus dem Hörer ein Gehorsamer ... Der Sohn ist erfolgreich, wenn sein Weg vorgezeichnet ist, während Irrgang dem widerfährt, der nicht hört.»[234] Es handelt sich um Verhaltensanweisungen, wo ganz situativ beschrieben wird, wie man sich in welcher Lage und unter welchen Umständen zu verhalten hat. Die Belehrung ist zugleich Anweisung, ganz, wie es auch heute noch vorkommt, wenn einem Kind beispielsweise eingeschärft wird, wie zu welchen Gelegenheiten das richtige Verhalten beschaffen sein sollte, um nicht anzuecken: beim Essen keinen Ellenbogen auf den Tisch stützen, vor Älteren in der Bahn aufstehen, wenn alle Plätze belegt sind ...

Weil vielen Anweisungen die Spontaneität, der eigene Trieb, entgegensteht, ist die Strafe oder Belohnung – zur Konditionierung, ähnlich dem Behaviorismus – wirksam: «Hören (das heißt gehorchen) ist wertvoller als alles andere, es führt zu Beliebtheit bei Gott und Menschen.» Was gerade nicht erwünscht ist, das ist die eigene Überlegung oder selbständige Problemlösung: «Geht nicht hinaus über das, was festgelegt ist.»[235]

Damit ist etwas Beständiges, über das bloße dumpfe Reagieren Hinausgehendes veranlagt. Auf diese Weise wurden nicht nur allgemeine Lebensregeln eingeübt, sondern auch Berufspraktiken, die in Altägypten auf einer bewundernswerten Höhe standen. Ebenso war der Kunstkanon durch rund drei Jahrtausende festgelegt und gab der Kultur ihr erhabenes Ansehen. Alle Weisheitslehren gehen auf einen namentlich bekannten Schöpfer, der als unumstößliche Autorität gilt, zurück. Alle Ordnung zielt darauf ab, daß das Verhalten stets in einer sinnvoll geregelten Weise auf von außen kommende Eindrücke antwortet. Die Gegebenheiten sind stets konkrete. Darum findet man auch keine Allgemeinbegriffe in Altägypten, vielmehr wird das Allgemeine, sei es das Böse oder die Ordnung, stets an Beispielen konkret vergegenwärtigt. Aus dem Gedächtnis, das von außen erregt wird, kommen dann die entsprechenden Verhaltensweisen hervor.

«Heutzutage findet der Mensch sein Selbstbewußtsein aus seinem eigenen inneren Zentrum heraus. Der Ägypter dagegen unterstand einem äußeren Zentrum. Die Lebens-Sicherheit und das eigene ‹Selbstbewußtsein› wird damit aus der als wohltuend empfundenen Geborgenheit gewonnen, die eine Gesellschaftsordnung gibt, die im Königtum ihren Mittelpunkt hat. Erst dessen Zerfall eröffnet dann die Möglichkeit für eigene Innenwelten.»[236] Das Großartige ist nun, daß dieser auf Erstarrung hintendierenden Kultur ein immerwährender Quell der Erneuerung innewohnt, die schon beim Übergang von der Vorgeschichte zur Hochkultur kräftig sichtbar wird: Innerhalb kurzer Zeit steht die ägyptische Kultur mit Schrift, Baukunst, Kalender und einheitlicher Reichsverwaltung vollkommen ausgebildet da. Von erstaunlicher Inspirationskraft, Einfallsreichtum und direktem Zugang zu Göttern blieb das Pharaonenamt, das durch einen realen Vollzug in der Krönungszeremonie den König zu einem Inspirationszentrum machte, das zur notwendigen Neuerung auf allen Gebieten, in Ritus, Kunst, Wissenschaft, Technik, Gesellschaft und Recht, befähigte und darum eine entsprechende Achtung und Stellung genoß. In den Taten des Pharao sollte «der Schöp-

fungsatem des Weltbeginns spürbar sein»,[237] das heißt, er hatte mit den
Schöpferkräften der Welt selbst zu verkehren, seine unmittelbare Gott-
nähe zu vergegenwärtigen und im erstarrenden Traditionsstrom den jeweils notwendigen Wandel zu bewirken. Das setzte in ihm die Geburt
des Ach, des Geistes in der Seele, voraus.[238] Griff der Herrscher allerdings zu stark verändernd und wandelnd in die einmal bestehenden
Verhältnisse und Kulturzusammenhänge ein, widerstrebte dies der ganzen Seelenhaltung der Bevölkerung, zumindest aber jener, die in unmittelbarer Ausführung mit den Traditionen und Sitten befaßt waren, und
sie revoltierten dann wie bei Echnaton.

Aber nicht nur Ägypten ist ein Beispiel für die Ausbildung der Empfindungsseele, sondern es gibt eine Fülle an reich entfalteten Sprachen, die
aus ihrer eigenen Sprachgeistigkeit ganz verwandte Phänomene aufweisen, die auch als solche der Empfindungsseele bezeichnet werden können. Dies liegt dann vor, wenn die Sprache lediglich zur konkreten
Beschreibung und Benennung sinnlich gegebener Verhältnisse geeignet
ist, aber nicht Allgemeinbegriffe oder Abstrakta zu bilden vermag. Gerade der Reichtum und die Beweglichkeit dieser Sprachen vermögen
ebenso tief zu beeindrucken, wie dies in anderer Weise die Ordnung
ausstrahlenden Kulturdenkmäler Ägyptens tun (siehe Anhang, XII). So
gibt es beispielsweise in der aztekischen Sprache, die wir als ein Beispiel
aus einer ganzen Gruppe wählen, keine allgemeine Bezeichnung für
Vater, Mutter und so weiter. Immer ist es: mein Vater, dein Vater, sein
Vater; notá, motá, itá, tá, den Vater als Stammsilbe, nämlich: den Vater
an sich, gibt es nicht, höchstens tetá = jemandes Vater. Die Wortwurzel
kann nur gestützt auf Partikel oder Prä- und Suffixe ins Dasein treten,
absolute Nomina bleiben deshalb unbekannt. Und in der Tat: Wo die
Seele durch die Sinnesempfindung zum Erleben und Benennen aufgerufen wird, handelt es sich immer um Konkreta, nie um Abstrakta oder
Allgemeines. Dieses verlangt nicht nur ein Begleiten des Sinnesein-
drucks durch das Denken, sondern das Denken muß eine Selbständigkeit erlangen, um die Eindrücke und Empfindungen unabhängig von
der ausgelösten Empfindung, das heißt nach sich dem Denken ergebenden Sachgesichtspunkten zu ordnen. Dies liegt in diesen reichen, ur-
tümlichen Sprachen nicht vor. Und den ganz anders gearteten Seelenzustand bilden die sprachlichen Gegebenheiten tatsächlich sorgfältig ab.
Im Aztekischen hängen Gefühle mit dem Herzen, yolló, zusammen.

Yollehuaya besagt aufhetzen, wörtlich: das Herz aufheben, da ehua heben heißt. Yollòcocoltiaya meint in Wut versetzen, dabei verschmelzen yolló, Herz, und cocoltia, kraus oder krumm machen, miteinander, wobei ya eine Reduplikation darstellt – zur Verstärkung. Yollalia, trösten, heißt: das Herz auf den Boden legen. Und quizaya in iyollò, außer sich geraten, ist wörtlich: das Herz geht heraus.[239]

«Die Sinnlichkeit und Wirklichkeitsfreude der Sprache tritt allenthalben hervor.»[240] Demnach ist es etwas völlig anderes, ob man runde oder lange oder flache Gegenstände auf den Boden legt; das Verb ist verschieden, ob ein Vorgang auf mich zu oder von mir weg gerichtet ist; desgleichen ist die Anrede differenziert abhängig davon, auf welcher sozialen Stufe der Sprechpartner – ähnlich den Weisheitslehren Ägyptens, hier schon sprachlich gegeben – sich befindet. «Es überrascht immer wieder, in welch sinnliche Qualitäten der Sprachprozeß hineinführt.»[241] So wie die Sinnesempfindungen vielfältig sind, so auch der sprachliche Ausdruck.[242] Was indessen diesen Sprachen abgeht, ist die Fähigkeit zu Generalisierung und Abstraktion. Demgemäß wird durch diese Sprachen auch ein Denken gefördert, das, soweit es erfolgt, in derselben Weise, wie die Empfindung es tut, am Sinneseindruck selbst haften bleibt. Vom Sinneseindruck, seiner Unmittelbarkeit, Direktheit und Vielfalt kommen weder Empfindung noch Denken frei. So fehlt dieser Form des Denkens (innerhalb der Empfindungsseele) auch jene Willkür, mit der lieb- und bezugslos über die Erscheinungen und Tatsachen hinweggegangen wird, wie es gerade das Denken der Moderne zeigt. Statt dessen bestehen Einfühlung und Miterleben mit der umgebenden Natur in einem tiefen, manchen modernen Menschen beschämenden Maße. Dieser Reichtum und die sprachliche Sorgfalt wie Abbildhaftigkeit allen konkreten Vorgängen gegenüber kann faszinieren, so daß Müller (1981) das «europäische Denkgefängnis» kraß kennzeichnet und durch ein Zurück zum lebensvollen «Ursprungszustand» überwinden will. Doch damit würde eine Lenkung durch den an den Sinneserscheinungen sich betätigenden Sprachgeist eingehandelt werden, dem das Element der Freiheit des Vorstellens und Denkens denn doch allzusehr mangelte, jener Errungenschaft, der wir uns nun zuzuwenden haben.

Die Verstandes- oder Gemütsseele

Es ist schon aufgewiesen worden, daß gerade das innere Bild, die *Erinnerungsvorstellung*, die der Seele als Folge eines Wahrnehmungsvorganges, wenn auch etwas abgeblaßt und fragmentiert, für das Erleben verbleibt, die Empfindungsseele wesentlich auszeichnet. Von der Art des Umgangs mit den Bildern hängt ab, ob es bei dieser Qualität des Seelischen bleibt oder nicht. Wie wir sahen, gab es mit Bildern verbundene langlebige Deutungsmuster bei den Ägyptern oder, allein von der Sprache geleistet, im indianischen Kulturraum. Aber der Mensch verfügt über eine Fähigkeit, die die Bilder ordnet, strukturiert, bearbeitet, auf ihren Gehalt hin befragt – *das Denken*. «Der Mensch bildet sich Gedanken über seine Empfindungen. Dadurch klärt er sich über die Außenwelt auf.»[243] Wie die Empfindungsseele zum Leibe in Verbindung tritt, so auch zum Geiste, also zum Denken. In der *Geheimwissenschaft* wird gerade die Tätigkeit, durch die sich das Ich von den Gegenständen der Wahrnehmung loslöst, um das Wissen darüber zu seinem Besitztum zu machen, als die *Verstandes- oder Gemütsseele* bezeichnet.[244] Der Mensch erlebt «den Geist nicht mehr einfach als innere Offenbarung, sondern als etwas Widerstrebendes, das nur mit einer methodischen Anstrengung hervorzubringen ist».[245] Indem die Seele alle Eindrücke darauf befragt, ob sie gefallen oder mißfallen, ob sie begehrens- oder verabscheuungswürdig sind, stellt sie zunächst das Vermögen des Denkens in ihren eigenen Dienst, um dadurch ausschließlich das eigene Befinden zu bereichern und die eigene Existenz materiell zu fördern: «Unermeßliche Summen von Denkkräften werden auf dieses Ziel gerichtet. Denkkraft ist es, die Schiffe, Eisenbahnen, Telegraphen, Telephone gebaut hat; und alles das dient zum weitaus größten Teil zur Befriedigung von Bedürfnissen der Empfindungsseelen.»[246] Die Kraft im Menschen, die mit den Eindrücken, welche der Seele aufgrund von Wahrnehmungen als Erinnerungen verbleiben, arbeitet und sie mit Gedanken durchwebt, ist damit eine andere, qualitativ höhere als die Kraft der Empfindungsseele. Diese «vom Denken bediente Seele» heißt *Verstandesseele*; denn der Verstand ist es, der uns gedankliche Inhalte auffassen und verstehen, analysieren und kombinieren läßt. In der Empfindungsseele ist der Mensch noch tierverwandt. Doch während das Tier seinen Trieben, Begierden und Empfindungen unmittelbar folgt, durchsetzt der Mensch sie mit eigenen Gedanken.[247]

Dadurch, daß sich der Mensch das Erfahrene und durch das Denken Durchdrungene zunutze macht, um auf ein noch nicht Erfahrenes, auf ein Morgen zu schließen, wird er zu einem geschichtlichen, genauer: zu einem Wesen mit unverwechselbarer Biographie, mit einer ihm allein eignenden geistigen Gestalt;[248] denn in der Art, wie er das tut, unterscheidet sich jeder einzelne Mensch vom anderen. «Der Mensch schließt aus seinen Beobachtungen und Erfahrungen heraus und wird dadurch zum selbstherrlichen Bestimmer seiner Zukunft. Er ... verwandelt die Entwicklung in Geschichte.»[249]

In seiner Gedankenführung zur Erfassung des Seelenlebens geht Steiner gestaltend vor, indem er auf bestimmbare Eigenschaften abhebt. Dieselben Bauelemente, die für den Leib und seine dreifache Gliederung gültig waren – die äußere Begrenzung und Verbindung mit der Welt des Raumes, dann die gestaltende Lebenskraft als Zeitliches und die leichte Erregbarkeit der Innenwelt mit den Empfindungen – treten in seiner Darstellung in entsprechend modifizierter Weise auch für Seele und Geist auf. Im mittleren Seelenbereich durchdringt die Denkkraft die Seele so, wie die Lebensbildekraft den physischen Leib. Dadurch, daß die Empfindungsseele durch das Denken, die Rationalität strukturiert wird,[250] wird sie in eine Gesetzmäßigkeit gestellt, die mit ihr selbst – nämlich der Empfindungswelt – nichts zu tun hat. Dies heißt natürlich nicht, daß damit die Empfindungsseele gleichsam zum Schweigen gebracht wäre, sie besteht und wirkt fort, aber das vom Denken beherrschte seelische Glied entfaltet eine eigene Tätigkeit, die nicht ohne Rückwirkung auf jene ist.

In der *Theosophie* erwähnt Steiner in einem einzigen Satze, daß die vom Denken bediente Seele Verstandesseele heiße, und fügt ohne weitere Erklärung hinzu: «Man könnte sie auch die Gemütsseele oder das Gemüt nennen.»[251] Es handelt sich offenkundig um zwei verschiedene Aspekte einer gemeinsamen beziehungsweise einheitlichen seelischen Tätigkeit.

Sprachgeschichtliches zu «Gemüt»

Fragen wir zunächst, was Gemüt im Sprachgebrauch und -geist bedeutet. Das Wort findet sich im Mittelhochdeutschen als gemuot und ist mit den Eigenschaften wol gemuot, truric gemuot, hohe gemuot, guoter muot, löuwegemuot oder vroeliche gemuot vielfältig nachweisbar. Im Althochdeutschen fällt die Silbe ge beziehungsweise gi weg, so sind es auf dieser noch früheren Stufe bereits der Lang-, Wankel-, Hart-, Klein- und Groß-mut ebenso wie der Unmut und die Demut, aber auch der Heißmut (heizmuoti), der furor, die im und unter Menschen leben. Das Gemüt ist gleich dem Mut unser eigenes Inneres ganz allgemein, im Unterschied zum Körper oder Leib, deshalb heißt es Leib und Gemüt, entsprechend Leib und Seele, oder muot und lîp. Noch im 18. Jahrhundert gilt Körper und Gemüt als der ganze Mensch. Mein Gemüt bedeutet «ich». Durch lange Zeit wird das Gemüt dem lat. mens (Verstand, Gesinnung, Vorstellung, Absicht und so weiter) gleichgesetzt, aber auch mit animus (Seele, Geist, Sinn, Bewußtsein). Während die heutige Bedeutung von Gemüt mehr auf die Gefühlswerte abhebt, hat in vergangener Zeit, und zwar von der altdeutschen bis ins 18. Jahrhundert, Gemüt denselben Wert wie Geist, beide Worte standen in engster Beziehung, ja wurden einfach gleichgesetzt, während sie heute nahezu Gegensätze bezeichnen. Die See-le wird von Keisersberg (in: irrig schaf) geteilt in einen oberen und unte-ren Teil: «der ober teil, das auch genant würt dz gemüt oder der geist, und das under teil, dz genant würt die sinlichkeit». In diesem Sinne hat also das Gemüt nicht bloß mit Anschauungen, sondern auch mit Begriffen und Ideen zu tun. Zugleich meint Gemüt aber auch Seele und Herz, dazu gesellt sich das, was im Geblüte, im Blute liegt. Der innere Sinn, die Art, wie Stimmung und Gesinnung, Absicht, Neigung, Wunsch, Wille, Cha-rakter, Streben gestaltet sind, tritt im Gemüt zutage. Desgleichen werden die Kunst und das Schöne in eine enge Beziehung zum Gemüt gesetzt, es gilt gleichsam als deren Arbeitsstätte. So kann das Gemüt der Quell der künstlerischen Einbildungskraft sein.

Für die ganze Romantik sind Poesie und Gemüt eine Einheit. Damit vollzieht sich die stärkere Betonung des nicht Intellektuellen, Gefühlhaf-ten. Doch das Gemüt reicht tiefer, nämlich in die Region des Sittlichen, wo es als wirkende Kraft sich schöpferisch regt. Erst in jüngster Zeit wird der sehr weite Begriff des Gemüts, des inneren Wesens, verengt hin auf Gefühl und Empfinden im Unterschied zum Verstand, der sich seit der deutschen Klassik nun ausschließlich mit dem Geist verbindet: Die Tren-nung zwischen Gemüts- und Verstandesmensch tritt nunmehr auf.

Gemütlich in der Bedeutung von angenehm, wohltuend, liebevoll, gü-tig finden wir als Adjektiv in gleichbleibender Bedeutung schon vom Mittelhochdeutschen an.[252]

Faktoren des Lebens

Das Gemüt bildet demnach das innere Wesen des Menschen in der Gesamtheit seiner Stimmungslagen, seines Wollens,[253] mehr noch der gesamten Persönlichkeitskräfte, die sich in der Lebensentwicklung ausgeformt
haben. In seiner *Philosophie der Freiheit* bestimmt Steiner «die Faktoren
des Lebens» genauer: Durch die Wahrnehmung ist die Welt in einer Summe von Einzelheiten gegeben; durch die Selbstwahrnehmung gewahrt
der Mensch sich selbst und bezieht die anderen Erscheinungen zunächst
auf sich, im Denken fügt er den Erscheinungen *ideelle Bestimmtheiten*
hinzu und weist auch dem eigenen Subjekt seinen Ort zu. Die Wahrnehmungen werden aber nicht bloß ideell durch den Begriff auf uns selbst
bezogen – im Sinne des Erkennens –, sondern auch durch das Gefühl.
«Das Gefühl ist auf subjektiver Seite zunächst genau dasselbe, was die
Wahrnehmung auf objektiver Seite ist … [Es ist] die Bürgschaft der Realität der eigenen Persönlichkeit.»[254] Aber auch das Gefühl ist wie die
Wahrnehmung «ein unvollständiges Wirkliches», deshalb tritt das Fühlen
vor dem Erkennen auf. Aus anderer Perspektive angeschaut, wird der
sonst dunkle Wille in einer ersten Stufe durch das Fühlen aufgehellt.
Diesem Fühlen geht allmählich aus dem dumpf gefühlten Dasein der
Begriff des eigenen Selbstes auf. Es läßt sich demnach der Weg in das
Denken wie auch der in das Gemüt – über das Gefühl – verfolgen. Wenn
der Wille nämlich genauer untersucht wird, so zeigt sich, daß er außer den
rein instinktiven Handlungen, die ohne Bewußtsein ablaufen – so die
reflektorischen Handlungen etwa der Verdauung – immer zwei Komponenten hat: den motivischen Teil und den eigentlichen Antrieb (die Triebfeder).[255] Dabei ist der motivische, vorstellungshafte Teil der vorübergehende, die Triebfeder hingegen der dauernde Bestimmungsgrund des
Wollens.[256] Dies hängt mit der «individuellen Beschaffenheit» des Menschen, der «charakterologischen Anlage» zusammen. «Die charakterologische Anlage wird gebildet durch den mehr oder weniger bleibenden
Lebensgehalt unseres Subjektes, das ist durch unseren Vorstellungs- und
Gefühlsinhalt.»[257] Der eine ist empört, wenn er von einem anderen nicht
oder wenig freundlich gegrüßt wird, dem anderen fällt es gar nicht auf,
weil ihm die Grüßerei eh nicht wichtig ist. Der eine gerät durch die
Quälerei eines Tieres in Zorn und greift ein, ein anderer bemerkt gar
nichts, weil er mit sich beschäftigt ist – oder der Eindruck reicht in seiner
Intensität nicht aus, um das Subjekt zu veranlassen, sich zu engagieren.

Eine Vorstellung kann nur Motiv einer Handlung werden, wenn sie auf eine geeignete charakterologische Anlage auftrifft. Die Gesamtheit dieser Anlagen aber entspricht dem Gemüt, dem inneren Wesen in seiner Gestimmt- und Gewordenheit. Da sind mannigfache Erfahrungen, Überlegungen, Einsichten, Überzeugungen eingegangen, die nicht jeweils neu bewußt gemacht werden müssen, um aus dem Zustand der Latenz in Regsamkeit überzugehen. Hinzukommen können Antriebe aus der Wahrnehmungswelt, sie entsprechen der Empfindungsseele; der ganze Bereich der Konvention, des Taktes und sittlichen Geschmacks gehört hierher. Aber auch Gefühle können auf den Antrieb einwirken, sofern sie im Gemüt wurzeln: Schamgefühl, Stolz, Ehrgefühl, Demut, Reue, Mitgefühl, Rache- oder Dankbarkeitsgefühl, Pietät, Treue, Liebe- oder Pflichtgefühl. Genau diese Wirklichkeit ist es, die begrifflich als Gemütsseele benannt wird. Wie der Vorgang des Handelns im einzelnen abläuft, hängt einerseits mit den Konventionen der Gesellschaft zusammen, andererseits mit der individuellen Anlage und dem Lebensgehalt, also der Person selbst.

Denken und Vorstellen können gleichfalls Einfluß auf die charakterologische Anlage nehmen: Sie schweben als bestimmende Muster vor und können in sie eingehen – als praktische Erfahrung. Als Handlungsziele können rein rationale Motive auf die Triebfedern einwirken. Steiner nennt etwa die Handlungsorientierung am größtmöglichen Wohl der Gesamtheit oder am Kulturfortschritt das, was der Verstandesseele entspricht. Das eine Mal sind es die Gemütskräfte, das andere Mal die rationalen Kräfte, die das Seelische und damit die Handlungen bestimmen, dementsprechend handelt es sich um die Gemüts- oder Verstandesseele.

Historisches

Wir können auch für die Verstandes- oder Gemütsseele fragen, ob sie innerhalb der menschheitlichen Entwicklung eine Zeit besonderer Entfaltung und Kräftigung durchgemacht hat. Da kann es schon einer ersten Analyse auffallen, daß beim Übergang zweier unterschiedlicher Bewußtseinszustände, vom mythischen zum logischen Bewußtsein, das Phänomen zu erfassen sein dürfte. Ein solcher Umschwung im Bewußtsein vollzog sich in Griechenland bei der Geburt der ionischen Philosophie im 6. Jahrhundert vor Christus. Was geschah? Als im persisch-griechischen Krieg das gewaltige persische Heer unter Xerxes auf einer eigens erbauten Brücke den Hellespont übersetzte, brach die Brücke ein. Zur Strafe ließ der Großkönig das Meer auspeitschen. Griechen, die das Geschehen beobachteten, erstatteten in Athen Bericht. Der Vorgang löste, trotz der bedrohlichen, gewaltigen Übermacht der Perser, Hoffnung aus, dem Feind gewachsen zu sein. Und in der Tat: Griechenland widerstand an den Thermopylen und in der Bucht von Salamis. Es war die Interpretation des delphischen Orakels, die zum Schiffsbau und zum Sieg führte. J. Gebser macht an dieser Begebenheit deutlich, wie ein in Bildern lebendes Bewußtsein, das sich noch in Übereinstimmung mit den in der Natur wirkenden wesenhaften Kräften wußte, auf ein den Erscheinungen distanziert gegenüber stehendes Bewußtsein trifft, das die Verhältnisse mental analysiert.[258] Auch sprachlich drückt sich dieser Umschwung aus. Der Begriff für Wort, Mythos, mit dem das Wirkliche, Wirkende bezeichnet wurde, wird nun durch die andere Bezeichnung für Wort und Wahrheit verdrängt: Logos, durch dessen Betätigung Widerspruchsfreiheit in der Denkbewegung hergestellt wird.[259] Wir haben es mit einem ersten Aufblühen der Verstandesseele zu tun. «Es ist die Epoche des erwachenden Gedankenlebens. Vorher lebt die Menschenseele in bildlichen (sinnbildlichen) Vorstellungen über die Welt und das Dasein ... Was in orientalischen, in ägyptischen Weltbetrachtungen dem Elemente des Gedankens ähnlich ist, das ist vor echter Betrachtung doch nicht wahrer Gedanke, sondern Bild, Sinnbild. In Griechenland wird das Streben geboren, die Weltzusammenhänge durch dasjenige zu erkennen, was man gegenwärtig *Gedanken* nennen kann. – Solange die Menschenseele durch das Bild die Welterscheinungen vorstellt, fühlt sie sich mit diesen noch innig verbunden. Sie empfindet sich als ein Glied des Weltorganismus; sie denkt sich nicht als selbständige Wesenheit ... Da der Gedanke in seiner Bildlosigkeit in ihr erwacht, fühlt sie die Trennung von Welt und Seele.»[260] Doch beim ersten Auftreten der Verstandesseelen-Eigenschaft ist das Verhältnis zum Denken noch eines, das der Empfindungsseele ähnlich ist. Der Gedanke wird wie eine von außen, von den Göttern den Menschen zukommende Gabe empfunden, so daß er die Seele zwar nicht an die Wahrnehmung, doch aber an ihn selbst beziehungsweise an die Welt bindet. Erst auf einer späteren Stufe wird der Gedanke als etwas Selbsterzeugtes erlebt, damit tritt dann auch verstärkt ein Selbsterleben und Selbstbewußtsein auf, es ist die «Entwicklung des Selbstes im denkenden Bewußtsein.»[261]

Die Frage nach Wahrheit und Schöpfung, insoweit sie im Denken zu klären ist – mit Hilfe überlieferter Offenbarung –, bewegt die Scholastik in hohen Reflexionen. Parallel dazu wird auch das Wirken der Gemütskräfte deutlich erkennbar. Durch Generationen hindurch hatten die frühen Christen um ein Verständnis der Heilstatsachen gerungen. Nicht nur, weil die Zentren der Gemeinden räumlich weit auseinanderlagen – Edessa, Alexandria, Antiochia –, sondern auch, weil das individuelle Denken diese Entwicklung förderte, war es zu einer Vielzahl von Anschauungen gekommen. Nun, im 3. Jahrhundert, schien es notwendig, die durch die Verstandeskräfte aufgelöste Einheit im Verständnis der Heilstatsachen wieder herzustellen, um so die Fundamente des gemeinsamen Glaubens erneut zu sichern. So kam es dann zur Einberufung von Konzilien oder Synoden, wo die Repräsentanten der führenden Gemeinden, die Oberhirten, zur gemeinsamen Beratung anstehender Streitfragen oder gegensätzlicher Auffassungen zusammentraten und berieten, was denn wahr und noch im «Consensus» sei. Der Verstand ringt dabei im Diskurs um Einsicht, und wo sich die Mehrheit einer bestimmten Auffassung zuneigte, vermeinte man, das Wehen des Heiligen Geistes zu verspüren. Diese Mehrheitsauffassung wurde dann zum Dogma erhoben, die abweichende Auffassung als unwahr, ja verdammenswürdig angesehen und mit der ganzen Wucht des Gemüts verworfen, damit die Sicherheit, wie sie eine altüberlieferte Tradition gewährt, fortbestehe. Was sich als verläßlich erwiesen hat, muß sich gegen das Fragende, Neue, Unsichere behaupten.

Wir zitieren als Beispiel dafür, wie das Gemüt die gesamte Gefühlsregion in Bewegung setzt, einen historisch bis heute weiterwirkenden Beschluß des achten ökumenischen Konzils (9. Jahrhundert), der folgenschwere Auswirkungen,[262] auch für die Psychologie, hatte.[263] Der Vorgang der Dogmenbildung hat deshalb eine unabsehbare und schwer abzuschätzende Bedeutung vor allem für das Menschenverständnis, weil Konzilsbeschlüsse allen nachfolgenden Denkern vorschreiben, in welchen Bahnen sich ihr Denken, was Struktur und Inhalt betrifft, zu bewegen hat. Abweichung heißt Häresie, und Häresie heißt Ausschluß aus der Gemeinschaft der Gläubigen und vom ewigen Heil. Da durch Jahrhunderte alle Denker ausschließlich im Dienste der Kirche standen, hatten Konzilsbeschlüsse tatsächlich eine prägende Kraft – auch unbewußt. So ist mit der Verwerfung der sogenannten Zwei-Seelen-Lehre auch die Trichotomie – das Verständnis des Menschen als aus Leib, Seele und Geist bestehend – verworfen. Ganz ausgemerzt werden konnte der Trichotomie-Gedanke freilich schon deshalb nicht, weil die Trinität Gottes ja als Welttatsache auch für das menschliche Wesen irgendeine Bedeutung haben mußte. Sollte sich der Schöpfer etwa nicht in seinen Geschöpfen spiegeln, die er zu seinem Ebenbilde schuf?

Doch geht es in unserem Zusammenhang nicht um Inhalte, sondern um die Art der seelischen Betätigung, in diesem Fall um rationale Begründung und emotionale Verwerfung des für falsch Erachteten. «Während das Alte und Neue Testament lehren, daß der Mensch eine verständige (rationalibem) und vernünftige (intellectualem) Seele habe, und alle in Gott redenden Väter und Lehrer diese Meinung bekräftigen, sind einige bis zu einem solchen Grade der Gottlosigkeit herabgesunken, indem sie sich der Erfindung von Übeln hingeben, daß sie schamlos behaupten, er habe zwei Seelen, und mit unvernünftigen Beweisführungen ... ihre eigene Ketzerei zu befestigen sich bemühen. Deshalb: in dem Bestreben, dieses ganz schlechte Unkraut ... rasch auszureißen ... verdammt diese heilige und allgemeine Synode die Erfinder und Verbreiter dieser Gottlosigkeit mit lauter Stimme. Sie bestimmt und verkündet, daß niemand künftig die Behauptungen der Erfinder dieser Gottlosigkeit besitzen oder bewahren dürfe. Wenn aber jemand es unternehmen sollte, dieser heiligen und großen Synode zuwider zu handeln, so sei er verflucht und als ein Fremdling vom Glauben und der Kultur der Christen» geschieden.[264]

Diese Form der verstandesmäßigen, logischen Abklärung dessen, was als wahr zu gelten hat oder nicht, unter Berufung auf Autoritäten und Traditionen – mit gefühlhaftem Engagement – drückt das trefflich aus, was die Verstandes- oder Gemütsseele auszeichnet: zwei Seiten derselben Seelenqualität.

Nach jahrhundertelanger Ausreifung vollzieht sich schließlich eine weitere Wendung: Der Denkende erlebt sich verstärkt selbst auf der einen Seite und auf der anderen die Welt von sich getrennt. Dadurch entstehen Verhältnisse, durch die bereits Einschläge der Bewußtseinsseele sichtbar werden.

Auch die Verstandes- und Gemütsseele muß sich entwickeln, dabei gelangt sie im gegebenen und einmal errungenen Erleben allmählich über sich hinaus, schafft sich selbst gleichsam ein weiteres Organ. Dazu dienen, worauf Steiner verweist, die in ihr bereits aus dem Gemüt aufsteigenden Kräfte. Wenn sich der Mensch liebend hingegeben in die eigenen Seelenerlebnisse versenkt, erhöht er allmählich die Stärke seiner Seele. «Das, was die Seele in sich selbst lieben darf, dasjenige, wodurch sie sich nicht zur Selbstsucht, sondern zur Selbstlosigkeit erzieht, wenn sie es liebt – das ist die Wahrheit. Die Wahrheit erzieht die Verstandes- oder Gemütsseele.»[265] Der Wahrheit und dem Streben nach ihr stehen die Lüge und der Irrtum polar gegenüber, wobei die Lüge dadurch zustande kommt, daß das Subjekt dem eigenen Wunsch gemäß die Wirklichkeit deuten möchte, der Irrtum dagegen aus inneren Hemmungen sich ergibt. Unverkennbar führt das Streben nach Wahrheit die Seele aus ihrer Selbstbezogenheit hinaus. Denn es ist so, «daß der Mensch durch die Entwickelung des Wahrheitssinnes in seinem Innern erfüllt wird von einer vorwärtstreibenden Kraft, die ihn zur Selbstlosigkeit führt».[266] Zunächst könnte man glauben, daß gerade dieses Streben zu ganz entgegengesetzten Anschauungen führt. Doch es zeigt sich am Beispiel der Mathematik, daß sich überall dort, wo sich in die Liebe zur Wahrheit nichts an Begehrungen und Interessen hineinmischt, eine Übereinstimmung ergibt, die nur eine Übereinstimmung mit dem Wesen des Wahren selbst sein kann. «Die Menschen würden in bezug auf die höchsten Wahrheiten zur Einigkeit kommen, wenn sie in bezug auf diese höchsten Wahrheiten so weit wären, wie sie in bezug auf diese Wahrheit auf dem Gebiete der Mathematik schon sind ... In demselben Maße, wie wir die Wahrheit finden, herrscht Friede, Eintracht und Harmonie unter den Menschen.»[267]

Die Bewußtseinsseele

Über die Verstandes- oder Gemütsseele ragt eine weitere Seelentätigkeit mit spezifischem eigenem Charakter hinaus. Steiner nennt sie Bewußtseinsseele. Sie ist im heutigen Menschen noch nicht voll entwickelt, in ihren ersten Ausprägungen jedoch deutlich erkennbar.

Indem der Mensch über Inhalte des Äußeren denkt, bewegt er sich innerlich. Das Denken führt ihn über sein Eigenleben hinaus. Daß das, was der einzelne denkend an Einblick in die Weltgesetze erfährt, auch tatsächlich mit der Weltordnung übereinstimmt, kann überraschen. Daß der Mensch, indem er sich nach der Beobachtung von der Welt abwendet und in sich überlegt, wie er das Beobachtete zu verstehen habe, in sich und seinem Denken das Gesetz für die Erscheinungen findet – diese erstaunliche Tatsache gibt ihm zugleich Sicherheit und heimisches Gefühl in ihr. «In seiner Seele sucht der Mensch nach Wahrheit; und durch diese

Wahrheit spricht sich nicht allein die Seele, sondern sprechen sich die Dinge der Welt aus ... Mit meinem Entzücken über den Sternenhimmel lebe ich in mir; die Gedanken, die ich mir über die Bahnen der Himmelskörper bilde, haben für das Denken jedes anderen dieselbe Bedeutung wie für das meinige ... Macht eine Erkenntnis mir Freude, so ist diese Freude so lange von Dauer, als sie in mir lebt; die *Wahrheit* der Erkenntnis hat ihre Bedeutung ganz unabhängig von dieser Freude. In dem Ergreifen der Wahrheit verbindet sich die Seele mit etwas, das seinen Wert in sich selbst trägt.»[268] Was im Subjekt vor sich geht, hat teil an einem Außersubjektiven, dazu auch noch Überzeitlich-Dauernden. Unter Bezug auf Lessing spricht Steiner an dieser Stelle vom *Streben nach Wahrheit*, das in jedem Menschen lebt. Nur das, «was eine ewige Bedeutung in sich selbst hat, kann ein ewiges Streben nach sich hervorrufen»; daher kommt der Wahrheit eine selbständige Wesenheit zu. «Die Wahrheit entsteht und vergeht nicht.»[269]

So wie das Wahrheitsstreben den Menschen über sich hinausführt, so ist es auch mit dem wahrhaft Guten. Denn das Sittlich-Gute ist unabhängig von Neigungen, vom Trieb der Selbsterhaltung, von Sympathie oder Antipathie für etwas. Wer das Rechte erkannt und sich dafür entschieden hat, folgt der eigenen Einsicht, selbst wenn rationale und Empfindungsgründe dagegen sprechen. «Der Mensch läßt sich nicht von einer äußeren Macht Gesetze geben, er ist sein eigener Gesetzgeber.»[270] Es gibt herausragende Beispiele für solche sittlichen Handlungen aus der Kraft der Bewußtseinsseele. Wir nennen nur Janusz Korczak,[271] der zusammen mit den von ihm betreuten Kindern freiwillig in den Tod ging.[272] Steiner verwendet in diesem Zusammenhang den Pflichtbegriff, freilich in einem solchen Sinne, daß sich die Seele diese Pflicht ganz aus eigener Einsicht auferlegt, nicht aber als ein von außen kommendes Gebot.[273] Es ist, können wir interpretierend hinzufügen, ein der Seele innewohnendes Streben, sich nicht allein mit den Sensationen der Sinne und den aufsteigenden Gefühlen begnügen zu wollen, von denen sie fühlt, daß sie sie immer noch von dem wahrhaft erfüllenden Grund trennen. So bleibt ihr ein Streben, das sie über sich hinausführt, ein Sehnen nach Einung, genauer: nach Erfüllung des eigenen verbleibenden Dunkels durch das Licht des Gedankens – was mehr ist als nur Metaphorik. Es ist der *ewige Geist*, der die Seele ergreift und über die Empfindungsseele, aber auch die Verstandes- oder Gemütsseele, hinaus erhebt. Was in der Seele dadurch geschieht, ist dem Aufgehen des Lichts in ihr vergleichbar und seiner Natur nach unvergänglich. Sofern die Seele in diesem Lichte lebt, ist sie eines Ewigen teilhaftig. Das Bewußtsein hat Stufen oder Schichten, der «Kern des menschlichen Bewußtseins, also die *Seele in der Seele*», wird als *Bewußtseinsseele* bezeichnet.[274]

Mit der Bewußtseinsseele als dem Kern des Bewußtseins steht auch das Selbstbewußtsein und damit das innerste Wesen des Menschen, das Ich, zur Erörterung an.[275] Wir schieben die damit zusammenhängenden Fragen aber hier noch auf und vergegenwärtigen uns statt dessen in der gleichen Systematik wie bisher einige weitere Aspekte der Aussage.

Wo wir uns als Mensch im eigenen Mittelpunkte selbst behaupten und zu großen Ideen, mit denen wir – wie im Entwicklungsgedanken – die Natur begreifen, oder zu moralischen Ideen kommen, sondert sich die Bewußtseinsseele am meisten von der übrigen Welt ab; sie wird *einsam*, löst sich am stärksten von der Umwelt, das heißt von den Empfindungen. Insofern wirkt sie auch in die sozialen Beziehungen – Menschen trennend – hinein, ja sie wird antisozial.[276] Damit würde verständlich, daß unsere gegenwärtige Kultur, sozial gesehen, im hohen Maße von den Kräften eben dieses Seelengliedes geprägt ist. Schon in der Entwicklung der Verstandesseele war eine Stufe erreicht worden, wo der Mensch bemerkte, daß zwischen ihm als erkennendem Subjekt einerseits und der Objektivität der Welt andererseits ein Abgrund bestand. So drängte sich Cartesius die Frage auf: Wie kann die res cogitans (das Erkenntnisvermögen) die res extensa (die ausgegossene Welt der Dinge) erfassen, mehr noch: beherrschen, sich untertan machen? Gerade an dieser hohen Stufe ihrer Entfaltung verdeutlicht Steiner zunächst die Eigenschaft der Verstandesseele, indem er auf Schiffahrt, Telephon und Telegraph, als aus deren Leistung hervorgegangen, aufmerksam macht, indem er also die uns umgebende industrielle Welt, die Gegenwart, in den Blick rückt.

Doch setzen wir dem eine andere Darstellung Steiners gegenüber. Durch die Wahrheitssuche bemerkt der Mensch, daß die Wahrheit in zwei Formen zerfällt: in eine, welche an der Natur, der Außenwelt gewonnen wird und deren Gesetze und Weistümer beinhaltet, und in eine andere, die nur erringen kann, wer über das, was im äußeren Leben gegeben ist, hinausgeht. Der zweite Fall wird konkretisiert: Will jemand eine Uhr konstruieren, muß er über das bloße Nachdenken über das ihm Bekannte hinausgehen.[277] Beruht aber nicht gerade auf diesem zweiten Fall die Industrie- und Dienstleistungskultur der westlichen Welt? Dann wäre doch derselbe Herrschaftszugriff wie im ersten Fall, also die Beherrschung der Natur und der Einsatz konstruierter Mechanismen das Streben der Bewußtseinsseele? Ja und nein. Man hat es mit zwei Gebärden zu tun, die sehr wohl unter der Signatur der Herrschaft auftreten, aber doch recht unterschiedlicher Natur sind. Um sie in ihrer Bedeutung zu unterscheiden, müssen wir eine historische Dimension einbeziehen.

Historisches

Wenn die aus der Leiblichkeit aufsteigenden Bedürfnisse vielfältigster Art nach Befriedigung streben und in der Empfindungsseele zu Begehrungen werden, dann betätigt sich zunächst der Verstand, indem er darüber reflektiert, wie denn Hunger und Durst zu stillen, Bekleidung und Behausung zu schaffen, Wärme gegen äußere Kälte, Kühlung gegen äußere Hitze zweckmäßig und rationell herzustellen seien. Im ersten Anlauf wird der Hunger unmittelbar zur Nahrung treiben, später wird – neben der Erfahrung – neuerliche Überlegung die Wege bahnen; Ausdruck dafür ist die industrielle Welt. Aber damit nicht genug. Die Bedürfnisse nach Kommunikation, Abwechslung, Zerstreuung, Erholung, «Relaxing», Freizeit, Reisen, Abenteuer, Bequemlichkeit und Komfort haben eine ganze vorzüglich organisierte Welt erzeugt, die der Befriedigung der immer differenzierter werdenden Bedürfnisse dient. Umgekehrt bringen die so geschaffenen Strukturen weitere Organisationen hervor, in die der Mensch eingegliedert wird, um als Teil und Funktionär dem Gesamt der Bedürfnisbefriedigung innerhalb einer Gesellschaft zu dienen. Die Erzeugung der Güter (Nahrungsmittel, Gebäude, Autos, Medien, Energien), das Erbringen von Diensten in Kultur-, Gesundheits-, Verkehrs- und Erholungswesen und Verwaltung strukturiert die Tätigkeit der Menschen in immer rationellerer Weise; gemüthafte Strukturen älterer Traditionen haben darin immer weniger Raum. Der große *Rationalisierungsprozeß* aus den mustergültig angewandten Verstandeskräften gestaltet die soziale Ordnung mehr und mehr. So hat die Entfaltung der Verstandesseele die Gegenwartskultur mit der hochorganisierten Wissenschaft und Technologie geschaffen, deren Prinzip die Zweckmäßigkeit, der Rechnungsfaktor Nutzen – gemessen am Preis – ist. Alle Vollzüge werden vornehmlich daraufhin befragt, was eine Sache bringt und was sie kostet (Kosten-Nutzen-Analyse), wie sich Ertrag und Aufwand zueinander verhalten. Es ist der von Max Weber beschriebene Rationalisierungsprozeß der Modernen (im okzidentalen Staat, in Bildung und Erziehung und bürokratischer Organisation, Finanzen und Lebensführung) mit seinem Geist der Rechenhaftigkeit,[278] der – psychologisch gesehen – durch die voll entfaltete Verstandesseele hervorgebracht wurde. Diese saugt zunächst die strebenden, sich befreienden Kräfte des Bewußtseins voll auf, und dadurch wird der Rationalisierungsprozeß der letzten vier Jahrhunderte, der Vorgang der Aufklärung, der Entwicklung von Industrie, Technik und Bürokratie in Schwung gehalten.

Ganz andersartig im Wertsystem war die Kultur Chinas, vor allem im technologischen Erfindungsreichtum bis ins 17. Jahrhundert dem Westen noch hoch überlegen. Dann allerdings kehrten sich die Verhältnisse um: Die westliche Wissenschaftsform, das galileische Paradigma des Experimentierens und der reduktionistisch-mathematischen Theoriebildung, setzte sich weltweit durch. Warum? Seit dem 12. Jahrhundert bildeten sich im Westen Gedankenformen aus, welche die moderne Naturwissenschaft vorbereiteten, zum Beispiel durch Robert Grosseteste (um 1175-1253), Roger Bacon (1214-1292), Wilhelm von Ockham (1285-1347), wobei der letztere schon Wissen und Glauben streng trennte und den Glauben als nicht vernunftmäßig, sondern nur autoritätsmäßig begründbar ansah. Die von ihm vorangebrachte Strömung des Nominalismus bereitete jenen Boden, auf dem sich die mathematische Erfassung der Natur und die Reduktion aller Qualitäten auf Quantitäten entfalten konnte. Einer ähnlichen Entfaltung gleichgerichteter Denkformen standen in China die Systeme von Taoismus und Konfuzianismus entgegen, diese verhinderten die «Rationalisierung des Denkens».[279] Da die Verstandesseele wie kein anderer Teil des Menschen befähigt ist, die äußeren Verhältnisse zu beherrschen und sich untertan zu machen, setzte sie sich mit dieser Fähigkeit gegenüber allen anderen Kulturen durch. Die einst von Francis Bacon (1561-1626) proklamierte Zurückgewinnung der dem Menschen bereits im Paradies von Gott verheißenen Herrschaft[280] über das Universum scheint inzwischen durch die empirisch-induktive Methode erreicht zu sein. Sollte der Mensch aber wirklich die Herrschaft über die Welt gewinnen, so findet er sich auf der Verliererseite wieder.[281] Denn die Probleme wachsen. Die durch die moderne rationelle Methode ausgegrenzten Problemstellungen, die in dieser Weise auf vorhergehenden Kulturstufen offenkundig nicht auftraten, melden sich massiv zurück. Da sind die uferlosen Naturzerstörungen, geschädigte Kreisläufe und zunehmende Vergiftung und Lebensschädigungen; dann das schwärende Problem, ob, was prinzipiell technisch machbar, auch gemacht werden sollte. Es fing mit der atomaren Technologie «harmlos» an,[282] setzt sich inzwischen in Biologie, Medizin, Genetik mit ihren manipulativen Möglichkeiten (und in heute noch nicht überschaubare Gebiete) fort.[283] Dabei erweist sich mehr und mehr die Ausgrenzung von moralischen Zielsetzungen aus der Wissenschaft, das heißt ihre einmal freudig begrüßte Wertfreiheit, als gravierendes Problem.

Die unumgänglichen Wertsetzungen auch für die Wissenschaft zu entwickeln – statt auf alte Empfindungsseelen-Kulturen zurückzugreifen – stellt eine unverzichtbare Entwicklungsaufgabe der Zukunft dar. Doch dies kann die Verstandesseele nicht leisten, dazu benötigt es in der Seele noch jener anderen Kraft, welcher der Gestus des «über sich hinaus» eignet. Es ist, so Steiner, der Weg vom Verstand zur Vernunft. «Unser Denken ist der Dolmetsch, der die Gebärden der Erfahrung deutet.» Es «hat eine zweifache Aufgabe zu vollbringen: erstens, Begriffe mit scharf umrissenen Konturen zu schaffen; zweitens, die so geschaffenen Einzelbegriffe zu einem einheitlichen Ganzen zusammenzufassen. Im ersten Falle handelt es sich um die unterscheidende Tätigkeit, im zweiten um die verbindende. Diese beiden geistigen Tendenzen erfreuen sich in den Wissenschaften keineswegs der gleichen Pflege.»[284] Doch genau die verbindende Kraft der Vernunft ist es, die als Bewußtseinsseele zu gelten hat. Sie ist jetzt noch eingebunden in die Verstandesseele, von der sie sich erst noch emanzipieren muß.

Wir haben es bei der Entwicklung der modernen Technik und Wirtschaft mit einer reifen Leistung der Verstandesseele zu tun, die unter einem ersten Einfluß der sich entwickelnden Bewußtseinsseele zu den Leistungen des Analysierens und der unterscheidenden Tätigkeit kommt und so gerade durch die Methode der Ausgrenzung jene ungeahnte Herrschaft über die Natur ermöglicht, die bisher erlangt wurde. Die selbstbezogene Wertschätzung dieser großartigen Leistungen ist Sache des Verstandes. Ohne den analysierenden Verstand bliebe alles in der Welt eine verschwommene, zwar vielfältige, aber letztlich doch dunkle Einheit, unbestimmt, aber auch unbeherrschbar. Über diesen Zustand kommt der Verstand aus eigenen Kräften nicht hinaus. So ist alles durch ihn Erfaßte zunächst ein – notwendiges – Durchgangsstadium. «Wer die Wirklichkeit bloß verstandesmäßig erfaßt, entfernt sich von ihr. Er setzt an ihre Stelle, da sie in Wahrheit eine Einheit ist, eine künstliche Vielheit, eine Mannigfaltigkeit, die mit dem Wesen der Wirklichkeit nichts zu tun hat ... Die

Vernunft führt wieder zur Wirklichkeit zurück. Die Einheitlichkeit alles Seins ... wird von der Vernunft vollkommen durchschaut. Die Verstandesansicht muß durch die Vernunftansicht vertieft werden. Wird die erste statt für einen notwendigen Durchgangspunkt für Selbstzweck angesehen, dann liefert sie nicht die Wirklichkeit, sondern ein Zerrbild derselben.»[285] Descartes' Satz: *Cogito ergo sum* zeigt, wie sich der neuzeitliche Mensch in Beziehung zur Welt setzt. «Hier findet sich das Bewußtsein in das Kopfsein (cogito) und das Selbstsein des ganzen Organismus (sum) gespalten, das heißt, es *ist* nicht mehr nur in diese beiden Momente gespalten, sondern es beginnt sie gedanklich zu verbinden. Der Standpunkt, von dem aus das geschieht, ist selbst wieder eine Realität, also ein Seelenorgan.»[286] Es ist die Bewußtseinsseele, wodurch die «absolute Einheit», die Negation der Negation, hergestellt wird.

Es läßt sich fragen, ob sich bereits eine Abwendung der Bewußtseinsseele von der Einbindung in die reine Verstandestätigkeit, in den Nutzen- und Zweckgedanken ankündigt.[287]

Zukunftsaufgaben

Der Notwendigkeit, in unserer Zeit von einer rationalen Beherrschung der Umwelt, der natürlichen wie der sozialen, zu einer neuen seelischen Befähigung der *Sachgerechtigkeit* und einfühlenden *Angemessenheit* – gleichsam einer *Befruchtung aus dem Geiste* – zu gelangen, war sich Steiner sehr wohl bewußt, obschon damals die katastrophalen Auswirkungen der Eingriffe des Menschen in die Natur keineswegs so deutlich zu sehen waren.[288] Am Beginn seines anthroposophischen Wirkens analysiert er gegenüber dem Schriftsteller und Dichter Wolfgang Kirchbach (1857-1906), wie Steiner Mitglied des freidenkerisch orientierten Giordano Bruno-Bundes, brieflich: «Ich habe nur die Empfindung, daß es gerade jetzt für den ‹Denkpädagogen› eine gefährliche Sache ist, wenn er die Menschen auf der Leiter des Denkens nach den mechanischen Kategorien herunterführt. Das hängt mit einer historischen Perspektive zusammen, die ich vor mir sehe. Mir scheint in der Geschichte des abendländischen Denkens gegenwärtig ein Moment zu sein, wie wir einen solchen seit etwa Galilei noch nicht gehabt haben. Vorher war wieder einer zur Zeit Augustins. Von Augustin bis – etwa – Galilei haben wir eine Zeit der nach innen gehenden menschlichen Geisteskräfte. Seither eine Verbreiterung über die äußere Erfahrungswelt. Beide Entwicklungsströmungen müssen zuletzt bei toten Punkten anlangen. Die Denkgesinnung Augustins hat zuletzt alle Fähigkeit verloren, über die Außenwelt mitzusprechen; sie konnte nur noch un-, ja antiwissenschaftlich sein. Unsere moderne naturwissenschaftliche Denkweise ist zwar im eminentesten Sinne wissenschaftlich ... aber sie hat so, wie sie ist, alle Möglichkeit verloren, über das Innenleben, über den Geist mitzusprechen. – Und wir müssen, meine ich, wenn wir die ‹Zeichen der Zeit› richtig deuten, vor einer Epoche einer Vertiefung in den Geist stehen. Das nächste Zeitalter wird Augustinismus und Haeckelismus als ‹aufgehobene Momente› in sich enthalten ... Ich möchte darauf halten, das Gefühl zu erzeugen, daß nicht die tote wissenschaftliche, sondern die lebendige, im Geiste wiedergeborene Erkenntnis die Wahrheit bringe.»[289] Was Steiner vor sich sieht, ist ein neues «wissenschaftliches Paradigma,»[290] eine neue Fragehaltung und Verstehensweise der Welt gegenüber, getragen nicht mehr aus den Kräften des Verstandes, sondern der Vernunft. Diese aber zielt auf die «Wahrheit des Ganzen». Das nennt Steiner, von den Kräften der Seele her beschrieben, *Bewußtseinsseele.*

Das Streben nach Wahrheit ist auch in Steiners eigenem Lebensgang schon früh als bestimmendes Element aufzuweisen. Bereits als Zwanzigjähriger schreibt er, am 27. Juli 1881, an einen Freund: «Ich bin durchaus kein Mensch, der in den Tag hinein lebt, *wie ein Tier in Menschengestalt,* sondern ich verfolge ein ganz bestimmtes Ziel, ein ideales Ziel, die *Erkenntnis der Wahrheit.* Nun kann man diese aber keineswegs im Sprunge erhaschen, sondern es bedarf dazu gerade des allerredlichsten Strebens ... eines Strebens, das frei von Selbstsucht, aber eben auch frei von Resignation ist.»[291] Dieses Streben bleibt ihm lebenslang eigen. In der Korrespondenz mit dem Wiener Philosophen Vincenz Knauer, wo er seine eigene Forschungsrichtung als einen Individualismus, der aus seiner monistisch-naturwissenschaftlichen Beobachtungsweise der Welt resultiert, darlegt, schreibt er, es habe ihn gefreut, daß Knauer es für eine Torheit halte, die Rätsel mit einer Formel oder einem Schlage lösen zu wollen. «Auch ich halte es mit der Ansicht, *daß weder in intellektueller, noch in ethischer Beziehung je ein letztes Wort gesprochen werden kann, und daß alles wissenschaftliche Streben ein Entwicklungsprozeß ist.*»[292]

In der Bewußtseinsseele gibt es Kräfte, die den Denker über das sinnlich Gegebene hinausführen wollen in das Nichtsinnliche, wie es im Bereich der Mathematik und Geometrie, aber auch der künstlerischen

Phantasie vorliegt. Soll das Übersinnliche aber in die Seele aufgenommen werden, muß der Mensch den Antrieb zur Wahrheit von innen empfangen, damit wiederum das Denken aus dem Wahrheitsverlangen einen Impuls bekommt. Tatsächlich kann das Gefühl durchaus eine erste Bewahrheitung für das nur Gedachte abgeben. «So kann der Wille entwickeln die Ergebenheit in das Unbekannte, das Gefühl kann entwickeln die Liebe zum Unbekannten; und wenn sich beide vereinigen ... dann entsteht durch ihre Vereinigung dasjenige, was wir im wahren Sinne des Wortes Andacht nennen. Und wenn Andacht die Vereinigung ist, die Durchdringung ist, die gegenseitige Befruchtung ist von Liebe zum Unbekannten und Ergebenheit in das Unbekannte, dann wird diese Andacht sein der vereinigte Anstoß, der uns hineinführen kann in dieses Unbekannte, damit das Denken sich seiner bemächtigen kann. So wird Andacht zum Erzieher der Bewußtseinsseele.»[293] Ein Zukünftiges ragt damit in die Gegenwart herein, das dafür sorgt, daß selbst auf der erreichten Stufe, wo die sinnlichen Antriebe nicht mehr ausschließlich das innere Leben bestimmen, eine weitere Entwicklung statthat. Freilich kann man verstehen, daß diese Haltung, die durchaus religiöse Elemente in sich schließt, in Widerspruch steht zu einer Konzeption der Wertfreiheit, wie sie gegenwärtig noch in der etablierten Wissenschaft herrscht. Gerade darin aber liegt der Wechsel der Paradigmen.

Die bisher vorgenommene Differenzierung des Zugangs der menschlichen Seele zur Welt beruht auf einer genaueren Beschreibung der letztlich doch recht verschiedenen seelischen Eigenschaften. Diese Wegstufen – an der Empfindung haftende Sprache, Abstraktionsfähigkeit, Andacht und Sich-Einleben in das Gegebene – stellen sie nicht gleichsam *drei unterschiedliche Typen* des Wirkens des einen Wesens, der Seele, des menschlichen Subjektes dar? Sind sie nicht bloß verschiedene Glieder des einen Organismus Seele? So ist in der Tat Steiners Auffassung. Zur Erkenntnis der Seele ist methodisch eine scharfe gedankliche Trennung nötig, die in der seelischen Alltagswirklichkeit so freilich nie auftritt: «Es sind nicht Scheidewände zwischen den einzelnen Seelengliedern.»[294] Wir haben es beim Gedanken der Seelenglieder mit einer Bildung von «reinen Typen» ihres Wirkens zu tun, mit einem wissenschaftlichen Verfahren, das mehr als nur heuristischen Wert hat, das Wirksamkeiten erfaßt.[295]

Das menschliche Ich oder
die Individualität

Ich-Phänomene*

Gehen wir zunächst von einer einfachen Beobachtung aus: Ein Künstler, der an einem Werk mehrere Wochen lang mit großer Intensität gearbeitet und es nach wiederholtem Betrachten immer wieder korrigiert hat, sieht es nun, soweit das überhaupt möglich ist, als vollendet an. Es ist zum Ausdruck dessen geworden, was in ihm lebt, was er zu gestalten beabsichtigt. Zu einem Besucher äußert er sich tief bewegt und erfüllt von dem, was ihm hier gelungen ist. Der Besucher gewinnt den Eindruck, daß der schaffende Künstler etwas hervorgebracht hat, mit dem er sich voll identifizieren kann, mit dem er eins ist. Sein eigenes Wesen scheint mit den Absichten völlig in das Werk eingeflossen zu sein, beides – Absicht und Werk – stimmen überein. Zwei Jahre später findet wiederum ein Besuch beim gleichen Künstler statt. Jetzt ist zu erfahren, wie der Künstler nunmehr an einem neuen Werk darum ringt, diesem etwas einzuprägen, das mit seinen innersten Einsichten zusammenhängt, und wie er meint, dieses Werk, obwohl noch unvollendet, würde nun zum Besten werden können, was er je geschaffen habe. Auf das frühere Werk angesprochen, wo ihm dies doch schon einmal gelungen sei, lächelt der Künstler und sagt: «Ja, aber es war nur ein Durchgangsstadium, heute bin ich weiter», und es folgt eine ausführliche Begründung.

Zwei ganz unterschiedliche Eigenschaften kennzeichnen demnach das Ich, die erst beide zusammen das Wesen des Menschen konstituieren, mithin sein schaffendes Zentrum bilden: einerseits die Fähigkeit, im Werk sich völlig mit dem Schaffen zu identifizieren, das heißt im Tun, im Hervorbringen und produktiven Tätigsein selbst ganz aufzugehen, und andererseits die Fähigkeit, sich von alledem auch wieder zu lösen, das heißt (partiell) zu

---

* Dieser einleitende Abschnitt ist entnommen aus Leber: 1990 c.

distanzieren.²⁹⁶ Was zwischen beiden Vorgängen liegt, ist die verstrichene Zeit, Zeit in doppeltem Sinn: äußerlich, wo die Uhr weiterläuft, innerlich, in der die Seele ihre Erlebnisse verwandelt und zur Erfahrung umschmilzt. Etwas von diesem inneren Strom der Zeit, der auch mit Bewußtseinsakten zusammenhängt, wird faßbar, wenn schon am nächsten Tag auf die Fülle und den Reichtum der einen beschäftigenden Erlebnisse des Vortages hingeschaut wird. Sie haben dann bereits einen völlig neuen Charakter angenommen, erscheinen abgeklärt, verinnerlicht, irgendwie anders, wenn ein Bewußtseinswechsel durch den – zumeist wenig beachteten – traumlosen Schlaf stattgefunden hat. Obgleich im Schlaf gerade das Bewußtsein eine Form hat, die dem Selbstbewußtsein sehr weit entfernt scheint, hängt dieser doch mit der inneren Verbindung und Aneignung einer Sache, mit dem Getanen, Geübten, Erlebten eng zusammen, und zwar durch das eigene Wesen. Umgekehrt ist es eine jedem zugängliche Erfahrung, daß Schlafmangel und Übernächtigung den Menschen verletzlich, überreizt, unsicher machen. Deshalb bedienen sich Gewalthaber verschiedener Provenienz gern des Schlafentzugs als Mittel für Identitätsstörung und -veränderungen. Und was so offensichtlich von einem Tag zum anderen gilt, gilt um so mehr für längere Zeiträume: Wir *trennen und verbinden* uns mit einer Sache durch die Zeit. Indem sie uns von einem Erlebnis trennt, rückt sie es ferner, wir gewinnen Abstand; indem wir uns erneut mit einer Sache verbinden, stehen wir ihr – nach verflossener Zeit – erfahrener, souveräner, die Erscheinungen besser verarbeitend, ja reicher geworden, gegenüber.

Das Ich gründet sich auf die *Kontinuität des Bewußtseins* (durch das Erinnerungsvermögen). Doch dieser Vorgang ist paradox: Jede Nacht nämlich verschwindet im Tiefschlaf jeglicher Bewußtseinsinhalt und damit auch die Erinnerungsvorstellung – also die Erlebniskontinuität –, ebenso sind für die Wahrnehmung von außen anscheinend auch alle Fähigkeiten ausgelöscht, das heißt, sie sind im Schlaf nicht aufrufbar. Gleichwohl bedeutet der Schlafzustand weder, daß das Ich selbst noch daß die Vorstellungsinhalte oder die Fähigkeiten abhanden gekommen wären; sie sind weiterhin *existent*, wenn auch nicht vollbewußt aufrufbar. Diese Tatsache läßt sich so verstehen: Im Schlaf sind die geistigen Fähigkeiten ganz dem schlafenden Ich, kaum aber dem Leib verbunden. Die Herrschaft des geistigen Zustandes über den Leib fehlt und damit die Orientierung im Raum. Wir sind deshalb im Schlaf unfähig, intentional zu handeln, obgleich die Leibprozesse als solche auch ohne die seelischgeistige Durchdringung des Ich kräftig fortbestehen.

Wo ist im Schlaf das Ich? Man könnte sagen: Es schläft eben. Doch das tut es nun keineswegs. Es ist nämlich durchaus tätig, wie die Erfahrung zeigt, um sich die Tageserlebnisse der Seele anzueignen, und zwar so, daß es diese umwandelt zu Fähigkeiten, also gleichsam die Tageserlebnisse verinnerlicht, indem das unmittelbar regsame und betroffene Erleben von ihnen scheinbar Abstand gewinnt und sich damit zugleich in tieferer Weise verbindet. Der Schlaf ist es, wie die Selbsterfahrung zeigt, der durch die dort statthabende andersgerichtete Ich-Wirksamkeit zur Fähigkeitsbildung ganz Entscheidendes beiträgt. Im Rückblick erscheint das Erleben – auf der Ebene des Bewußtseins – kontinuierlich verflossen zu sein, obgleich es in Wirklichkeit von Nacht zu Nacht durch den Schlaf unterbrochen wurde. Dieser Kontrast der Bewußtseinszustände von Wachen und Schlafen aber scheint gerade notwendig zu sein, um sich des eigenen Ich-Gefühls aufs neue zu versichern. Während schon Übermüdung das seelische Gleichgewicht hin zur leichteren Reizbarkeit verlagert, vermag sich systematischer Schlafentzug von außen geradezu zerstörend auf das Selbstbewußtsein auszuwirken. Entsprechendes gilt bei endogenen Depressionen, wo der Patient traurig wird und ihn das «Gefühl der Gefühllosigkeit» überfällt, wobei «der Schlaf regelmäßig erheblich beeinträchtigt ist».[297]

Wie ist dieser Symptomkomplex begrifflich zu durchdringen? Indem man auf das eigene Leben zurückblickt, tauchen in der Erinnerung ausschließlich die Inhalte des Tagbewußtseins auf; was hingegen als Verarbeitung im Schlaf geschah, bleibt völlig ausgeblendet, und zwar so gründlich, daß die Tatsache des Schlafes sogar völlig übersehen wird. Der Schlafzustand in seiner Unbewußtheit bildet etwas wie ein schwarzes Loch oder eine Hintergrundfolie, die gleichsam als Kontrast zu den Erinnerungsbildern gerade die «Veranlassung» für die eigene Ich-Wahrnehmung und das Selbstgefühl zu bieten scheint.[298] Das Ich benötigt zur Aufrechterhaltung seiner Wirksamkeit und des Sich-selbst-Wisssens offenbar nicht nur den Wechsel von schaffendem hingebendem Tun und zurückhaltender Betrachtung, sondern eine noch größere Rhythmik: die Verankerung im Tagesgeschehen durch das Bewußtsein einerseits und das Versinken und die Hingabe an die Welt der Nacht, an den Kosmos, durch den bewußtlosen Schlaf andererseits.

Zwischen beidem – der Entfernung von der Sache und der inneren Reifung, der vertieften Aneignung – gibt es eine unsichtbare Brücke: die *Kontinuität der eigenen Existenz*, aber gleichsam darin mit «eingebaut» jenes Streben, eine Handlung verbessert in einer späteren aufzugreifen. Die Kontinuität selber lebt sich polar im tätigen Hervorbringen und distanzierten Betrachten dar.[299] Auch wenn Hervorbringen und Distanzieren in einem gleichzeitigen Akte nicht möglich sind, gehören beide Handlungen gleichwohl zum inneren Wesen des Menschen, zu seinem Ich: das Hervorbringen mit der bedingungslosen Hingabe aller Kräfte, die verfügbar sind, und das distanziert kritische Betrachten mit dem Wunsch, das Geschaffene noch besser zu machen, also dem «immer strebend sich Bemühen».

Diese Gegensätzlichkeit der inneren Haltung verlangt eine entschiedene innere Kraft, nämlich sich ganz zu verwirklichen und (später) dann dem so Hervorgebrachten gleichwohl mit einem gewissen Abstand gegenüberstehen zu können, sich auch wieder zu lösen, damit Neues werde. Dadurch geht das Durchlebte keineswegs verloren. Das Vormalige ist zwar nicht mehr aktuell, aber doch dem Wesen und dessen geistigem Gehalt als Erfahrungssubstanz eingeschrieben.

Das Ich erscheint wie der Atem: im Einatmen zu sich kommend, im Ausatmen sich verströmend und ausweitend. Volle Verschmelzung mit dem Tun, Identifikation mit der Tätigkeit einerseits, und Loslösen, Gegenüberstehen, Distanzfähigkeit andererseits – es sind zwar polare Tätigkeiten, aber eben durch ein *Drittes,* das Gemeinsame, das Ich selbst, verbunden. In beidem ist das Wesen des Hervorbringenden und Betrachtenden selbst anwesend, aber das Wesen geht weder im Hervorgebrachten noch im distanzierten Hin- oder Rückblick auf, es wirkt vielmehr in einem Höheren, nämlich in dem, was beides verbindet. Zwar besteht das Wesen weder in der Position, dem Geschaffenen, noch in dessen Negation, der Distanz, doch ohne beide käme es nicht zu sich. In diesem Sinne bildet das Ich etwas Höheres oder sprachlich genauer: Umfassenderes als das, was an Selbstbewußtsein oder an Bildern ihm über sich selbst verfügbar ist. Seine Eigenschaft besteht in der die Spannung überwölbenden In-*divid*-ualität, dem unteilbaren Wesen. Die Individualität ist es, die als Kraft in beiden beschriebenen Polen (Erzeugen – Betrachten) anwesend ist, aber eben nicht darin aufgeht.[300] Die Individualität senkt sich gleichsam einmal in den Vorgang des Tuns, ein anderes Mal in die sich vom Getanen lösende Betrachtung hinein, ohne in beidem aufzugehen. Als Dahinterstehendes, die Geschehnisse Verbindendes schafft sie dadurch einerseits Kontinuität, indem sie die Stationen des biographischen Werdens miteinander verbindet, und andererseits treibt sie als inneres, geistiges Wesen den Menschen selbst über die je vorhandene Gegenwart hinaus, läßt ihn transzendieren und damit auch wachsen und reifen. Das *Streben* gehört damit neben der Schaffung sehr polarer Beziehungen zur Kraftgestalt des Ich. Da es sich nicht um einen äußeren sinnlichen Vorgang handelt, sondern um einen, der sich im Medium des Geistigen abspielt, müssen wir also das innere Wesen des Menschen als ein geistiges bezeichnen. Wir haben seine Individualität weniger in den Inhalten zu sehen, mit denen es sich beschäftigt, als im Wie, in der Kraft, mit der dies geschieht und mit der es sich wieder davon löst. Also in der «Spur von meinen Erdentagen» (Goethe) ist die Wirksamkeit der Individualität zu sehen. «Denn das Ich erhält Wesen und Bedeutung von dem, womit es verbunden ist.»[301]

Seele und Ich

Es gilt, nach dieser allgemeinen Übersicht, die Seele mit ihrer Empfindungsfähigkeit und ihren Gemütskräften etwas schärfer von dem Wesen des Menschen selbst zu unterscheiden. Zwar ist die Seele mit dem Wesen des Menschen eng verbunden, aber dieses Wesen geht doch in den Empfindungen und den Gemütskräften nicht auf, sondern es stellt etwas ganz Eigenes dar. I. H. Fichte schreibt: «Es muß ... zugegeben werden, daß in dieser Sphäre des Seelischen und des Gemütslebens dasjenige Vermögen noch nicht gefunden werden konnte, welches den Menschen zu einem perfektiblen, des Fortschreitens und neuer Geistesschöpfungen fähigen, ‹Geschichte› erzeugenden Wesen macht. Der Mensch ist nicht bloß ‹Seele› und ‹Gemüt›, sondern auch ‹Genius›.»[302] Unter *Genius* versteht I. H. Fichte das Selbst oder das Ich.[303] Es wirkt auf allen Stufen der seelischen Tätigkeit immer schon mit. Auf der allerersten Stufe der Bewußtwerdung, in den Sinnesempfindungen, ist es schon anwesend. Indem die Sinnesreize in der Seele Empfindungen hervorlocken und im Seelenraum als solche bemerkt werden, ergibt sich für das Bewußtsein die Tatsache, daß es ein Außen gibt, dem sich das Innere gegenüberstellt. Im Gegenüber erfährt sich das seelische Wesen zugleich mit dem ihm *immanenten Ich*, es wird sich seiner selbst bewußt und gleichzeitig für das *eigene Selbst empfindlich*. Umgekehrt gilt: «Wo das Ich noch nicht, sich fassend wie das ihm Begegnende, vergleichend und unterscheidend entgegenwirkt, da wird auch noch nichts eigentlich wahrgenommen.»[304] Im

Unterschied zum Wahrnehmungsvorgang ist bei der Gewahrung des Ich nicht bloß Sympathie oder Antipathie für oder gegen einen Eindruck, einen Genuß, ein Objekt oder Wesen, also etwas, das auf ein Äußeres zielt, wirksam, sondern es muß die innere Tätigkeit der Seele sich auf sich selbst, auf ihr eigenes inneres Wesen richten. Die Seele nimmt Stellung; sie lehnt ab oder stimmt zu. Die Ablehnung oder Zustimmung einem äußerlich Gewahrten gegenüber hat für den Moment für die Seele Bedeutung, die damit verwandte Gestik der Ichtätigkeit hingegen für die gesamte Biographie, für das Wesen selbst. Der Vorgang unterscheidet sich darin, ob er nur eine seelische Gebärde oder Geste darstellt oder ob es sich um eine Tätigkeit oder Wirksamkeit des Ich handelt. In der Gewahrung des eigenen Wesens, des eigenen Ich, tritt stets ein *erstes Bewußtsein* davon auf, ein eigenes Wesen zu sein: Es erscheint als *Selbstbewußtsein.* Dieses Bewußtsein hat ohne Frage in der Biographie Stufen der Entfaltung und unterschiedliche Intensität, die es genauer zu betrachten gilt.

Die Entwicklung des Selbstbewußtseins und die Sprache

Kaum daß die Seele das *Ich als ein Wirkendes gewahrt,* bezieht sie – durch die Kraft des Ich – wie selbstredend auch alle Eindrücke der Seele zunehmend auf sich selbst. Das Ich stellt somit eine *Kraft* dar, die das ganz Unterschiedliche der verschiedenen Empfindungsrichtungen aller zwölf Sinnesfelder *vereinigt,* zusammenschließt und zunehmend auf sich als Wesen bezieht. Zugleich aber erlebt sich das Wesen in diesen Vorgängen selbst. Lebensgeschichtlich ist das Sich-Selbst-Erleben daran gebunden, daß eine klare Erinnerung an schon einmal Erlebtes auftritt. «Im Laufe der Kindheitsentwickelung tritt im Leben des Menschen der Augenblick ein, in dem er sich zum erstenmal als ein selbständiges Wesen gegenüber der ganzen übrigen Welt empfindet.»[305] Dieser Zeitpunkt liegt gewöhnlich im Verlaufe des *dritten Lebensjahres,* eher zur Vollendung des zweiten als des dritten Lebensjahres hin. Dieser Moment der ersten Ich-Erfahrung wird möglich, wenn «das Ich den Ätherleib ausfüllt und sich gleichsam an seinen [des Ätherleibes] Innenwänden spiegelt».[306] Dies ist keineswegs immer der Fall, denn wir können uns nur soweit zurückerinnern, als bei der Vorstellungsbildung «das Ich dabeigewesen ist ... Ungefähr so weit zurück, als die Erinnerung an die früheren Ereignisse zurückreicht, liegt der Moment, wo das Kind überhaupt fähig geworden

ist, die Ich-Vorstellung, das Ich-Bewußtsein zu entwickeln. Nur diejenigen Vorstellungen, die so aufgenommen worden sind, daß das Ich dabei
war, daß eine aktive Kraft dabei war, indem das Ich sich als bewußtes Ich
gefühlt hat, nur diese Vorstellungen werden im gewöhnlichen Menschenleben überhaupt erinnert ... Früher hat das Ich sozusagen unbewußt die
Eindrücke aufgenommen, war nicht selbst dabei.»[307]

Das gibt Veranlassung, den Akt der Selbstbenennung genauer zu untersuchen. Denn es ist bei dieser Benennung einer einzigartigen Tatsache zu
gedenken, daß der Name «ich» – anders als alle anderen Namen – niemals
von außen an das Ohr dringen kann, wenn er mich selber meint, sondern
daß er nur durch die Seele selbst von innen erfaßbar ist.[308] Wird das Wort
«ich» gehört, bezieht es sich stets auf ein Du, einen anderen. Jeden anderen Namen – Tisch, Stuhl, Müller – kann jeder verwenden, «ich» kann
nur das Ich gebrauchen. Dieses Ich ist der Mensch selbst. Niemand anderes kann «ich» sagen als derjenige, der sich so benennt. Das Ich ist sich
letztlich selbstevident, das heißt, es «ist dasjenige Wesen, welches keiner
äußeren Organe zu seiner Wahrnehmung bedarf», was seine volle Gültigkeit erst im leibfreien Zustand erlangt, aber schattenhaft stets anwesend
ist.[309] – Das Wort selbst heißt altd. ik, im got. ïk, in noch älterer Fassung
aga, agam. Es wird ahd. auch mit verstärkendem Suffix ihha, ndt. ek, aik,
oberdt. einfach î als erste Person des Personalpronomens gebraucht. Ihm
entspricht sansk. ahâm, altpers. adam, zend. asem, griech. und lat. ego. Es
meint immer den Redenden selbst. Ursprünglich wurde in den alten
Sprachen der Redende einzig durch die Flexion bezeichnet, das Prono-
men wurde nur gelegentlich zur verstärkenden Wirkung gebraucht. Daran kann wohl abgelesen werden, daß sich der Sprecher selbst noch weniger intensiv und bedeutend erlebte, als dies heute der Fall sein dürfte. Ihm
kam es eher auf die Beschreibungen der Wahrnehmungen und Vorgänge
an (im Sinne der Empfindungsseelentätigkeit) als auf die denkende Reflexion auf sich selbst. Inzwischen sagt er, damit auf sich blickend: ich kam,
ging, rede, sprach, oder fragt: soll ich?

Damit er auf sich blicken kann, muß er erfaßt haben, wer er ist – in
seiner Einmaligkeit, seiner Unverwechselbarkeit. Dies geschieht im
Bewußtsein von sich selbst, im Selbstbewußtsein. «Durch das Selbstbewußtsein bezeichnet sich der Mensch als ein selbständiges, von allen
übrigen abgeschlossenes Wesen, als ‹Ich›.»[310]

Wie wir sahen, geschieht die Selbstbenennung mit dem ersten persönlichen Fürwort in der Regel im Verlauf des dritten Lebensjahres. Doch

damit ist nur ein erster Anfang gemacht in einer sich wiederholt erneu-
ernden und intensivierenden Entwicklung, denn zwischen der ersten
Selbstbenennung und der Mündigkeit und Sozialreife zwischen 18 und
21 liegt nicht nur eine gewaltige zeitliche Spanne (von fünfzehn bis acht-
zehn Jahren), sondern auch ein schwer zu fassender Widerspruch. Erst
gegen das 20. Lebensjahr entwickelt der Mensch die Kräfte, die ihn befähigen, in seinen Handlungen auch für die Folgen verantwortlich einzutreten. Er wird rechtsmündig. Der Tatbestand der Mündigkeit läßt sich so
beschreiben, daß er nun zu einem «vollständig sich selbst angemessenen
Ich-Träger» wird. Zuvor entwickeln sich sowohl die Leiblichkeit als auch
die übersinnlichen Wesensglieder, aber sie geben nicht die Grundlage
dafür, daß sie zum Ich-Träger werden könnten. Darum läßt sich sagen:
«So richtig reif, ein Ich zu entwickeln aus sich selber heraus, wird der
Mensch durch die Eigentümlichkeit seiner Organisation erst im 20. und
21. Jahre, nicht früher.»[311] Ich-Erleben und Ich-Wirklichkeit entsprechen
sich offenkundig bisher in der kindlichen Biographie noch nicht.

Wie ist das zu interpretieren? In den ersten Lebensjahren, obschon sich
seiner selbst bewußt, träumt sich das menschliche Wesen förmlich in das
Leben hinein. «Von da an, wo er [der Mensch] sagt: *Ich* habe das getan, *ich*
habe das gedacht, rechnet der Mensch seelisch sein Ich. Was vorher war,
verliert sich in Seelendämmerung. Unsere Erinnerung reicht nur bis zu
diesem charakterisierten Zeitpunkte. Was liegt denn dann vor, wenn wir
die beiden Tatsachen zusammenhalten: diejenige, daß der eigentliche Ich-
Träger des Menschen geboren wird im 20., 21. Jahre, mit derjenigen, daß
wir uns seelisch als ein Ich bezeichnen vom dritten und vierten Jahre an? Da
liegt vor, daß der Mensch im gegenwärtigen Zyklus seiner Entwickelung
über sich selbst ein Meinen, ein Gefühl hat, das nicht seiner inneren Organisation, so wie diese geworden ist, entspricht. Denn das Bewußtsein des
Ich tritt mit dem dritten und vierten Jahre auf, die Organisation für das Ich
aber erst im 20. und 21. Jahre. Diese Tatsache ist von fundamentaler Wichtigkeit für das Verstehen des Menschen ... Alles, was der Mensch erleben
kann an Zwiespalt zwischen äußerlicher Organisation und innerer Erfahrung, an Leiden und Schmerzen im Leben dadurch, daß ihm gewisse Dinge
vermöge seiner Organisation nicht möglich sind, an Disharmonie zwischen dem, was er wünschen und wollen, und dem, was er ausführen kann;
die Tatsache, daß er Ideale haben kann, die über seine Organisation hinausführen – all das führt zurück auf die Tatsache, daß das Bewußtsein unseres
Ich einen ganz anderen Weg geht als der Träger unseres Ich. In dieser

Hinsicht sind wir ein zweifacher Mensch: ein äußerer Mensch, der darauf hinorganisiert ist, seine Ichheit im 20. oder 21. Jahre zu entwickeln, und ein innerer Seelenmensch, der sich schon im 4., 5. Jahre auf sein Seelenleben hin von seiner äußeren Organisation emanzipiert. Emanzipation des Ich-Bewußtseins von der äußeren Organisation findet statt im Kindesalter. Wir machen in unserer Seele etwas durch, was von unserer äußeren Organisation unabhängig verläuft, was sogar in herben Widerspruch kommen kann mit unserer äußeren Organisation. Wir sind in bezug auf das innere Bewußtsein des Ich geneigt, außer acht zu lassen unsere Organisation, das, was unten in unseren Leibern ist. Seelisch entwickeln wir uns ganz anders, als unsere Leiber sich entwickeln.»[312]

Die Mündigkeit, die Steiner in seinen pädagogischen Darstellungen mit der «Geburt des Ich» gleichsetzt, und das zeitlich voranlaufende Selbstbewußtsein bedürfen, um allmählich zu koinzidieren und schließlich zur Deckung zu kommen, einer weiteren Festigung und Verstärkung des Ich-Gefühls und des Ich-Bewußtseins in der Lebensgeschichte. Besonders markant heben sich in der Entwicklung des Kindes das 9./10.,[313] dann aber auch das 12. Lebensjahr heraus,[314] Zeitpunkte, die Steiner in seiner Pädagogik besonders berücksichtigt. Er sieht ihren Zusammenhang so, daß etwa das erste Ich-Bewußtsein zur Zeit des ersten Trotzalters mit dem verstärkten Ich-Bewußtsein im 10. Lebensjahr korrespondiert, wo nun das Ich-Bewußtsein eine neue Gestalt bekommt, indem der Mensch fähig wird, «die äußere Natur mehr objektiv zu betrachten. Früher verbindet er alles, was er in der äußeren Natur sieht, mit seinem eigenen Wesen ... Das Ich-Bewußtsein kommt da in geistigerer Form zurück, während es mehr seelisch so im zweiten oder dritten Lebensjahr ist.»[315] Die ganze Reifezeit läßt sich als Versuch beschreiben, zwischen Selbstbewußtsein und Streben nach Autonomie einen stimmigen, gleichgewichtigen Zusammenhang zu finden.

Das Wesen der Intuition und die Ich-Qualitäten

Die Seele hat die Möglichkeit, sich einerseits an die sinnlichen Wahrnehmungen, andererseits an das Geistige selbst hinzugeben. Das Ich-Erleben ist ein rein innerer Vorgang, der keiner sinnlichen Vermittlung bedarf, in ihm spricht das Geistige des Menschen unmittelbar. Darum kann zu Recht gesagt werden: «Der Gott, der im Menschen wohnt, spricht, wenn die Seele sich als Ich erkennt.»[316] Damit aber stellt sich die Frage, um welche Seeleneigenschaft es sich handelt, wenn das Ich, durch die Seele vermittelt, in die Selbsterfahrung des Menschen eintritt. Nach der Systematik Steiners werden die Empfindungen bedient und durchdrungen, wenn sich ihnen die Verstandeskräfte zuwenden. Doch mit der Selbsterfahrung und dem Selbstbewußtsein muß noch eine höhere Kraft verbunden sein als die der Verstandesbetätigung. Dies ist allein in der Bewußtseinsseele der Fall, die nach dem Wahren und Guten, nicht nur nach dem Nützlichen und Befriedigenden zu fragen in der Lage ist. «Wie die Empfindungsseele und die Verstandesseele in der äußeren Welt leben, so taucht ein drittes Glied der Seele in das Göttliche ein, wenn diese zur Wahrnehmung ihrer eigenen Wesenheit gelangt.»[317] Dieses eigentliche Wesen des Ich ist von allem Äußeren unabhängig. Als innewohnende Kraft schafft das Ich in allem Wechsel der seelischen Vorgänge *Kontinuität*. Im Ich spiegelt sich das Selbst,[318] das in allem Wechsel «immer von neuem als das eine erscheint».[319]

Ohne Frage ist mit diesem ersten Bewußtwerden des eigenen Wesens eine weitere Stufe der Entfaltung des Seelenlebens verbunden, nämlich die des Denkens. Die Empfindungs-Eindrücke der Seele werden in einen Zusammenhang gebracht, zunächst ganz der Stimmungslage entsprechend, dann aber auch, wie es den äußeren Erscheinungen gemäß ist. Wird nämlich zur Erscheinung im Wahrnehmungsvorgang ein Begriff hinzugefügt, so verhält sich das Ich keineswegs nur empfangend, sondern es ist im Erkenntnisprozeß unmittelbar gestaltend tätig.

Das, was im Erkenntnisvorgang gegenüber dem Geistigen, das heißt dem Ich, vorliegt, läßt sich genauer verdeutlichen. Beim gewöhnlichen sinnlichen Erkennen, so kann vereinfacht zusammengefaßt werden, sind vier Elemente wirksam:

- der *Gegenstand*, welcher auf die Sinne einen Eindruck macht;
- das *Bild*, das sich der Mensch von diesem Gegenstande macht;
- der *Begriff*, durch den der Mensch zu einer geistigen Erfassung einer Sache oder eines Vorganges kommt;
- das «*Ich*», welches sich aufgrund des Eindruckes vom Gegenstande Bild und Begriff bildet, indem es Bewußtsein entwickelt.[320]

Aus diesen Elementen entwickelt Steiner die Einsicht in höhere Erkenntnisstufen, die er mit den Begriffen der Imagination, Inspiration und Intuition bezeichnet. Wenn für die sinnliche Erkenntnis die Sensation,

Bild, Begriff und Ich maßgeblich sind, so kann es durchaus auch andere Verläufe geben. Zwar ist der Mensch in der Regel darauf angewiesen, daß sein Ich durch die Sinnesempfindung angeregt wird, um tätig zu werden. Doch es gibt auch die Möglichkeit, daß an die Stelle der Sensationen, also der Sinnesreize, Bilder treten, die nicht Erinnerungsvorstellungen sind, sondern Bilder von Seelischem oder Geistigem, das heißt Bilder, die geistige oder seelische Bewegungen und Gesten wiedergeben – in Imaginationen. Bleibt auf einer weiteren Stufe der inneren Bemühung auch noch der Bildgehalt weg, so daß sich der Mensch nur noch der Begriffe und seines Ich bedient, dann kann es zu Inspirationen kommen: Er vernimmt den Klang der Dinge, das innere Wesen der Dinge spricht sich selber aus.[321] Auf einer noch höheren Erkenntnisstufe hört dann aber auch die Inspiration auf. Derjenige, der dies durchlebt, erlebt sich nicht mehr außerhalb, sondern innerhalb der Erlebnisse und Geschehnisse mit seinem Wesen mitten drin. «Das Ich hat sich ergossen über alle Wesen; es ist mit ihnen zusammengeflossen. Das *Leben* der Dinge ist nun die *Intuition*.» Nun aber das Entscheidende: «Im gewöhnlichen Leben hat der Mensch nur *eine* Intuition, das ist diejenige des ‹Ich› selber. Denn das ‹Ich› kann auf keine Weise von außen wahrgenommen werden, es kann nur im Innern erlebt werden … Das rührt davon her, daß man nicht *außer,* sondern *in* dem ‹Ich› lebt.»[322] Und die Gewahrung eines Wesens ohne äußere Sinne ist die Intuition. Sie erfolgt in der Form der unmittelbaren Selbstevidenz und Selbstidentifikation; diese wird wenigstens einmal im Leben fundamental von jedem Menschen erfahren. «Die Wahrnehmung des eigenen ‹Ich› ist das Vorbild für alle intuitive Erkenntnis … Man muß ‹selbstlos› werden, um mit dem ‹Selbst›, dem ‹Ich›, einer anderen Wesenheit zu verschmelzen.»[323]

Diese Darstellung Steiners ist eine andere Sicht für das, was Wesenseinung oder *Kommunion*, die zunächst zwischen Seele und Ich selbst erfolgt, genannt werden kann. Dieser Vorgang geschieht erstaunlich früh in der menschlichen Biographie und ist deshalb als ursprünglicher Vorgang, als Quell, das heißt im Entstehungsmoment, für den einzelnen zumeist schwer beobachtbar, weil kaum erinnerbar. Dennoch wird durch wiederholte Verdichtung und Festigung dieses Geschehens der eine oder andere dieses Vorgangs vollbewußt inne. Es ist das erste Aufleuchten des Selbstbewußtseins. Wird das kindliche Ursprungserlebnis aber erneuert – gleichsam im Vollbesitz des Bewußtseins –, wird gemeinhin von Erweckung gesprochen, gleichsam von einer Wiedererweckung. Ein großartiges Beispiel für diese Innenerfahrung, wo das Selbstbewußtsein geboren wird, gibt Jean Paul in seiner *Selberlebensbeschreibung*: «Nie vergeß ich die noch keinem Menschen erzählte Erscheinung in mir, wo ich bei der Geburt meines Selbstbewußtseins stand, von der ich Ort und Zeit anzugeben weiß. An einem Vormittag stand ich als ein sehr junges Kind unter der Haustüre und sah links nach der Holzlege, als auf einmal das innere Gesicht ‹ich bin ein Ich›, wie ein Blitzstrahl vom Himmel vor mich fuhr und seitdem leuchtend stehen blieb: da hatte mein Ich zum ersten Male sich selber gesehen und auf ewig.» Er bezeichnet den Vorgang als «eine bloß im verhangnen Allerheiligsten des Menschen vorgefallne Begebenheit».[324] Der zugrundeliegende Realvorgang wird mit dem Erlebnis des *Lichtes* (Blitzstrahl, inneres Gesicht) und des *Allerheiligsten* sprachlich vergegenwärtigt. Die Seele nimmt Zuflucht zu Bildern, wenn sie ihr Erlebnis anderen mitteilen will. Die Sprache hat für denselben Vorgang verschiedene bildliche Ausdrucksformen gefunden.

Wir beschreiben den Vorgang zunächst vom Spannungsfeld der in der Bewußtseinsseele wirkenden Kräfte her, um dann in bildhafter Annäherung einen weiteren Zugang zu suchen. Zuerst führt die Bewußtseinsseele den Menschen in die Vereinzelung und Einsamkeit, steigert auch den seelischen Selbstbezug bis zur Selbstsüchtigkeit, zum Egoismus, sofern nicht aus anderen Quellen dem etwas entgegengesetzt wird. Wenn das Selbstbewußtsein mit dem Ich zusammenhängt, dann wird deutlich, daß dieses stets nur einen Teil des Wesens auszuleuchten und in das Bewußtsein hereinzuholen vermag. Je selbstbezogener die Seele sich erlebt, desto enger wird sie. Doch es kann auch klar werden, daß das eigene Wesen selbst umfassender, größer sein muß als das, was von ihm im Bewußtsein und Selbsterleben erfahren wird. Denn schon die Alltagserfahrung zeigt, daß nur ein kleiner Teil unserer Existenz, die wir durchlebt haben, erinnert und zur bewußten Erfahrung werden kann; geschweige denn, daß wir die «Zufälle des Lebens», die von außerordentlicher Bedeutung für die nachfolgende Entwicklung werden, vom Ich aus zulänglich zu durchschauen oder zu begreifen vermöchten. Wenn nun das Allwissen mit dem *Sein* des Wesens, also nicht mit dem Selbstbewußtsein, gleichgesetzt und *Geistselbst* genannt wird, wird begreiflich, daß eine geheime Sehnsucht nach inniger Verbindung mit diesem höheren, umfassenden geistigen Wesen, das seinerseits wieder innige Verbindungen mit dem Weltwesen hat, besteht.[325] Dieses Wesen tritt nicht unmittelbar mit den Erdengeschehnissen in Berührung, darum wird es als höher erlebt.[326]

Die mögliche Wesenseinung zwischen dem Ich und dem umfassenden Wesen rührt aus dem ausgebreiteten, von der Seele geahnten und ersehnten strahlenden Göttlichen her, dem sich das Ich als dem ihm Entgegenstrahlenden, dem Höchsten, hingeben möchte. Die Versenkung in das Göttliche, die Einung mit dem Allmächtigen, ist tiefstes Streben des Ich, das als «Geistestropfen» aus dem Geist-Meer seines umfassenden Ursprungs sich, wenn auch in Selbständigkeit, wieder zu versenken wünscht in das Erhabene, Große, Mächtige. Liebe erwärmt dabei die Seele, die sich im neuerlichen Erweckungsakt, der vom Ich herbeigeführt wird, in der Unio mystica, wie die Mystiker aller Zeiten wußten, mit dem Höheren vereint. An Goethes Wort «Das Ewig-Weibliche zieht uns hinan» verdeutlicht Steiner, daß jede Unio mystica zum Unheil der Seele führte, wenn das Ziel der Vereinigung in einem bloß unbekannten Dunkel verschwimmen würde. Das Ewig-Männliche ist, recht verstanden, das gesunde Selbstgefühl – in aller Andacht – bei Mann und Frau.[327]

«Erwecke ich nun mein eigenes Selbst, nehme ich den Inhalt meines Innern wahr, dann erwecke ich auch zu einem höheren Dasein, was ich von außen in mein Wesen eingegliedert habe. Das Licht, das auf mich selber fällt bei meiner Erweckung, fällt auch auf das, was ich von den Dingen der Welt mir angeeignet habe. Ein Licht blitzt in mir auf und beleuchtet mich, und mit mir alles, was ich von der Welt erkenne.»[328] Schon im Erkenntnisakt, wo der Begriff sich der Wahrnehmung eint und dadurch das Licht der Erkenntnis auf zuvor dunkle Zusammenhänge ausbreitet, sind Vorstufen dieser Erweckung vorhanden. Auf höherer Stufe erweist sich, daß die Bewußtseinsseele mit ihrem Kern, dem Ich, sich an das Geistige selbst hingibt und mit ihm vereinigt, das heißt, daß sie sich endgültig aus ihrer Einbindung in die Verstandeskräfte herauswindet und mit einem Höheren, dem eigenen Geistselbst, verbindet. In Bildern ist dieses innere Geschehen von jenen, die es in Schulungen durchlebt haben, vielfältig gefaßt worden: so in dem der Hochzeit, in dem von Braut (Bewußtseinsseele) und Bräutigam (der Geist selbst), im Bild von Isis und Osiris, deren Kind, Horus, die neuen Kräfte der Seele ausdrückt.[329]

«Alles im Grunde, was in unser Bewußtsein eintritt, tritt durch unser Ich in unser Bewußtsein ein … Das Ich ist dasjenige, was uns mit unserer Umgebung verbindet.»[330] Das Ich schafft Beziehungen, geht sie ein und bleibt dabei es selbst. Gerade in der Identität, welche in den eingegangenen Beziehungen waltet, sah Schelling das Wesen des Ich. «Ich bin ich» ist die einzige Aussage, die das Ich treffen kann. Nichts in der Welt ist von der Identifikation ausgeschlossen. «Denn das Ich ist, nur weil es ist. Außerhalb des Ich ist nichts ... Ich nehme mein Ich weg, und alles, was ist, ist nichts.»[331] Es ist auch für eine geistige Erkenntnis unsichtbar; das innerste Wesen des anderen Menschen, sein Geist selbst, entzieht sich der direkten Wahrnehmung, es verbleibt im verborgenen Heiligtum; erfaßbar ist es in seinen Äußerungen.[332]

Wenn das Ich jene Kraft ist, die sich im Distanzieren und im Identifizieren mit etwas oder mit der eigenen Tätigkeit darlebt, dann hat es sich inhaltlich auf Erden mit dem Vorfindbaren auseinanderzusetzen: den eigenen Empfindungen der Seele, den Gedanken, die es sich über die Erscheinungen bildet, aber auch mit sich selbst, den eigenen Zielen und Strebungen. Das Ich kann zum Sklaven der niederen Triebe, Begierden und Leidenschaften der Seele werden, oder es kann selbstgesetzte sittliche Ideale, ethische Urteile, die durch Umwandlung von Begierden und Leidenschaften gewonnen wurden, ausbilden und zu verwirklichen suchen – nur dann ist es Ich und damit Herr im eigenen Seelenhause. «So sehen wir das Ich von innen heraus arbeiten an den Hüllen des Menschen, zunächst an der astralischen Hülle, an der Bewußtseinshülle.»[333] Es ist die Arbeit des Ich an Leib und Seele, die veredelnd und vergeistigend wirkt, dadurch wird das Begehren Interesse, aus sinnlicher Leidenschaft Begeisterung für Ideale, aus Jähzorn Gleichmut. Wenn so das Ich verwandelnd auf die Seele und schließlich auch auf die anderen Wesensglieder einwirkt, entwickeln sich gänzlich neue Organe und Fähigkeiten, die tief auf die gesamte Konstitution des Menschen zurückwirken.

Dieser Ich-Aufgabe widmet sich der Schulungsweg Steiners im besonderen.[334] Indem eine strenge Übung der Gedanken-, Willens- und Gefühlskontrolle durchgeführt wird, wozu noch eine Unbefangenheit der Sichtweisen gehört, aber ebenso eine Schulung der Positivität den Erscheinungen gegenüber – das heißt auch dem durchaus nüchtern Kritisierbaren nicht allein abschätzig gegenüberzustehen, sondern darauf zu achten, was ihm noch Positives abzugewinnen sei –, wachsen der Seele Kräfte zu, die ihr durch ihre Leibbindung aus sich selbst heraus so nicht möglich wären. Die Seele erhält durch das Ich und seine Wirksamkeit das, was sie in die Lage versetzt, ihre Erkenntnisse auszuweiten.[335] Dadurch kann sie dann schließlich zur reinen Offenbarung des Ich werden. Der Gedanke der Seelenverwandlung durch die Lenkung von seiten des Ich hat allerdings auch Auswirkungen gerade für die Begründung einer geistorientierten Pädagogik, wie wir später sehen und ausführen werden. – Es kann die Arbeit des Ich sogar darin gesehen werden, «wie der Mensch bis in die Leiblichkeit hinein arbeiten kann … Dasjenige am Menschen, in dem sich das Äußerste seines innersten Charakters besonders ausprägt, das ist in erster Linie sein mimisches Spiel; ferner das, was wir nennen können seine Physiognomie, und drittens die plastische Bildung der Knochen seines Schädels.»[336]

Ein anderer Zugang zum Ich-Wesen des Menschen findet sich in Steiners *Theosophie*. Die Darstellung beginnt mit einer vergleichsweise gesprochen «räumlichen» Beschreibung des Verhältnisses der Seele zum Ich. «Wie der physische Körper im Gehirn, so hat die Seele im ‹Ich› ihren Mittelpunkt … Das ‹Ich› bleibt als die eigentliche Wesenheit des Menschen ganz unsichtbar.»[337] Erst in der Bewußtseinsseele kann, wie schon gesagt, die wirkliche Natur des Ich dem Menschen selbst voll offenbar werden, denn das Ich gibt sich, solange es in den niederen Seelengliedern wirkt, ganz an die Empfindungen und damit an die Weltobjekte oder an die Vorstellungen hin. Die Selbstwahrnehmung des Ich benötigt mithin so etwas wie eine Umkehr des Blickes: Dieser muß sich auf die «innere Tätigkeit des Ich» richten; dabei muß das Ich selbst «durch innere Tätigkeit seine Wesenheit aus den eigenen Tiefen erst heraufholen, um ein Bewußtsein davon zu haben».[338] Dieses Sich-Ergreifen des Ich geschieht in der Form eines *reinen Willensaktes*. Wenn dieser Vorgang bemerkt wird, dann ist es durchaus berechtigt, das Ich vom Willen her, vom Sich-selbst-Setzen, zu begreifen, wie das J. G. Fichte tat. Dieser Akt geschieht uranfänglich bereits in der Selbstbenennung, weil sich darin das Sein als eigenes setzt. Somit wird auch die Selbstidentifizierung gestiftet, durch die alles andere entgegengesetzt wird als ein Nicht-Ich. Das Ich gibt es nicht, bevor es sich tätig erfaßt.[339] – Man kann das Bild vor sich haben, daß innerhalb der umgebenden Schalen der Leiblichkeit und der Seelenglieder – gleich wie im Innersten einer Blume der Fruchtknoten sich befindet – das Ich im Zentrum der Seele kraftet.[340] Im Unterschied zur Samenanlage der Pflanze allerdings ist das Wesen des Ich ein immaterielles, ein reines Kraftzentrum.

Jeder Aussage über das Ich liegt eine Realerfahrung zugrunde, die sich sprachlich nur unzulänglich, das heißt lediglich hindeutend aussprechen läßt. «Bilder dürft' ihr mir nicht verwehren, ich wüßt' mich sonst nicht zu erklären», sagt Goethe einmal, um auf das Dilemma zwischen Erlebnis und sprachlichem Ausdruck hinzuweisen. So sind Gleichnisse ein Mittel, um der Wesenheit des Ich verstehend nahezukommen. Ein alter esoteri-

scher Vergleich nimmt den Leib als Tempel, dessen Räume als Seelenglieder. Innerhalb des Raumes gibt es gestaltete Räume, durch die der Weg
aus dem Räumlichen ins Zeitliche, zum eigentlichen Geschehen, führt,
das sich am heiligsten Ort, dem verborgenen Sanktuarium, vollzieht.
«Mit dem Hinansteigen über jede Stufe fällt einer der Schleier, mit denen
das Verborgene umhüllt ist. In dem, was die Bewußtseinsseele erfüllt, tritt
dieses Verborgene hüllenlos in den innersten Seelentempel.»[341] Die «Begebenheit im Allerheiligsten», das heißt in dem herausgehobenen und
erhabenen Raum der Seele, besteht in der Begegnung mit dem eigenen,
wahren, dem Alltag enthobenen oder entrückten Wesen, dem Geistselbst.
Die Seele gewahrt im inneren Aufblick den Geist selbst, der sie für diesen
Moment – «und auf ewig» – erfüllt. Damit erfaßt sie ihren Kern, das Ich,
gleichsam die geistige Substanz selbst. Was als Realvorgang sich abspielt,
kann nicht stets in gleicher Intensität im Bewußtsein aufrechterhalten
werden. So bleibt häufig nur eine schattenhafte Empfindung.[342] «Das Ich
nimmt in sich die Strahlen des Lichtes [des Geistes] auf, das als ewiges
Licht in dem Menschen aufleuchtet ... so läßt er Gedanken der Wahrheit
und Güte in das ‹Ich› einfließen. Die Sinneserscheinungen offenbaren
sich dem ‹Ich› von der einen, der *Geist* von der andern Seite. Leib und
Seele geben sich dem ‹Ich› hin, um ihm zu dienen; das ‹Ich› aber gibt sich
dem Geiste hin, daß er es erfülle. Das ‹Ich› lebt in Leib und Seele; der
Geist aber lebt im ‹Ich›. Und was vom Geiste im ‹Ich› ist, das ist ewig.»[343]
Wie die Begegnung mit dem Allerheiligsten ihren «Raum», aber auch
eine Vorbereitung benötigt, so hat das Ich auch mit dem Leibestempel
und den durch ihn vermittelten Erfahrungen zu tun: vermittelt doch der
gegenständliche Raum ein Bewußtsein der Erdenerfahrung. Was hinzu-
zutreten hat, ist das, was der Tempel gibt: das Erleben der Identität (siehe
Anhang, XIII), das Wissen, daß in allem Wechsel ein Stetiges vorhanden
ist, solange wir im Leibe leben.[344]

Persönlichkeit und Individualität

An dieser Stelle läßt sich fragen, wie der weitverbreitete Begriff der Persönlichkeit (siehe Anhang, XIV), den Steiner in seiner *Theosophie* gar
nicht, aber auch sonst nur ausnahmsweise gebraucht,[345] in Beziehung zu
seinem Ich-Begriff steht. Zur Zeit der Abfassung seiner *Theosophie*
beschreibt Steiner unsere gesamte technische Kultur als Ausdruck der

Persönlichkeit. Als Persönlichkeit gilt ihm das, was der Mensch so in sich
entwickelt, daß er dadurch veranlaßt wird, alles zu verwerten, also die
Denkkraft, welche sich auf die unmittelbare, das heißt sinnlich umgebende Welt bezieht. «Der Mensch ist also eine Persönlichkeit, soweit er der
Sinnenwelt angehört, und dieser Sinnenwelt gehört auch der kombinie-
rende Verstand an. Alles, was der Mensch aus dem Verstande heraus
denken kann», das hängt mit seiner Persönlichkeit zusammen.[346] Es handelt sich um die Verstandesseele, welche die die Persönlichkeit konstituierende Kraft bildet.[347] Die Individualität stellt demgegenüber die Kraft
dar, die über die Gegebenheiten und ihre Ordnung hinausführt; sie bildet
den «Keim zum Zukunftsmenschen»: Durch sie leuchtet «die geistige
Welt in diese Welt hinein: in den großen Kunstwerken, in den originellen
Ideen, welche über die Alltagsbedürfnisse hinausgehen.» Jeder Mensch
ist ein «Kanal», durch den sich die Geistwelt ergießt, jeder kann ein
«Träger seiner Originalität sein», wodurch sich die Individualität als
Wirkendes erweist.[348]

Der Ich-Begriff Steiners hat eine Weite, die einerseits das umgreift, was
gemeinhin Persönlichkeit genannt wird, andererseits aber auch das ganz
unverwechselbare, innerste Wesen des Menschen, die Individualität.
Wenn es ihm auf eine genaue Unterscheidung ankommt, verwendet Steiner für die Individualität den Begriff des Geistselbstes; weist er dagegen
allgemein auf das Geistige im Menschen, dann gebraucht er schlicht den
allgemeineren Begriff: Ich, der freilich für ihn durchaus umfassend Anteil
an dem unvergänglichen Wesen des Menschen hat. Der Begriffsgebrauch
gilt für sein Vortragswerk, wo er – anders als in der *Theosophie* – keineswegs bis in die letzten Feinheiten differenziert formuliert, sondern wo
die Richtungsangabe das Entscheidende für das Verständnis bildet.

Das Wort Person, Persönlichkeit kommt sprachlich von per-sonare,
hindurchtönen. Damit wurde im antiken Drama der Vorgang bezeichnet,
daß der Maske(n)-tragende Schauspieler durch die Maske hindurch-
spricht. Auf den Menschen bezogen heißt das: Das Wesen, das selbst wie
hinter Masken unsichtbar bleibt, tönt durch die Erscheinung des Leibes,
die Handlungen, die Absichten, die Verarbeitung der Eindrücke hindurch. In der herkömmlichen Psychologie hat der Persönlichkeitsbegriff
viele Facetten. Allport hat insgesamt neunundvierzig verschiedene Definitionen für das, was unter Persönlichkeit zu verstehen sei, zusammengetragen[349] – und dann seinerseits eine fünfzigste hinzugefügt.[350] Man kann
vermuten, daß schon dieses Changieren des Begriffs Steiner dazu bewog,

ihn für sein eigenes Anliegen der Menschenerkenntnis zu vermeiden, was nicht ausschließt, daß er ihn gelegentlich, insbesondere in seinen Vorträgen, im umgangssprachlichen Sinne gebraucht. Aber es hat auch substantielle Gründe. Legt man die folgende Charakteristik der Persönlichkeit zugrunde, lassen sich wichtige Unterschiede zu Steiners Verständnis des menschlichen Wesens herausarbeiten. Wenn «die Persönlichkeit ein bei jedem Menschen einzigartiges, relativ überdauerndes und stabiles Verhaltenskorrelat ist,»[351] dann gehören zu ihr auch Neigungen, Gewohnheiten, ja Charakterzüge wie stur, freundlich, beweglich, stark, ausdauernd, aufrecht, überzeugt und überzeugend oder seelische Züge wie Empfindsamkeit, Empfindlichkeit, Verletzlichkeit, Furchtsamkeit, zweifelnd, skeptisch, unsicher, reagibel, aggressiv, unbeherrscht und so weiter. Es handelt sich um Merkmale und Eigenschaften, die Steiner mit der Tätigkeit des Ich im physischen, im Ätherleib und Empfindungsleib beziehungsweise den Seelengliedern in Verbindung bringt, wenngleich er, da im Seelischen alles ineinander spielt, gegen diese Zusammenfassung unter dem Persönlichkeitsbegriff wohl nichts einzuwenden gehabt hätte. Nur: seine Blickrichtung ist eine andere. Sie rührt aus dem bisher dargelegten Grundverständnis her.

Vor dem Hintergrund der tieferen Frage, was denn nun ewig, unsterblich, was vorübergehend oder vergänglich am Menschen sei, klären sich die Begriffe von Persönlichkeit oder Ich beziehungsweise Individualität nochmals genauer. Das Ich ist es, das durch die Seele und den Leib Verbindungen zu den Erscheinungen der Welt, zu anderen Menschen und so weiter eingeht. Es ist das Hindurchtönende, das im sterblichen Leib wohnt, durch ihn seine Identität erhält, Eindrücke durch die Seele empfindend aufnimmt, an ihnen wächst, indem es sie verarbeitet, das Zentrum der Seele bildet. Durch das Ich im Leibe entsteht das Selbstbewußtsein. «Im ‹Ich› faßt der Mensch alles zusammen, was er als leibliche und seelische Wesenheit erlebt.»[352] Es ist gleichsam die Person, deren Träger Leib und Seele sind. Indem aber das Ich sich mit dem Willen, den Wahrnehmungen, den Gefühlen, dem Denken verbindet und in diesen lebt, zentriert es sich in dieser Vielfalt seinerseits auf ein inneres geistiges Zentrum hin, sein geistiges, höheres Wesen: die Individualität, das Geistselbst (vgl. S. 190ff.). Das Geistselbst bildet mit dem Ich eine Einheit, insofern es als das höhere Selbst des Ich verstanden werden kann. Das Ich ist eines Wesens mit dem Geistselbst, aber es verläßt – gleichsam dessen weltzugewandte Seite bildend – den Bereich des Geistes und verbindet sich während der Inkarnation aufs intensivste mit dem Schicksal von Seele und Leib. Dadurch bildet es das «Ich in der Welt», wie wir es nennen wollen.[353] Das Ich freilich umgreift stets mehr, als was es von sich weiß: nämlich auch das, was ihm unbewußt, vergessen, verdrängt bleibt. Aus der Perspektive des Geistes wird das Ich zum niederen Selbst oder «Alltags-Ich», während der im Geiste bleibende Kern, das Geistselbst, als das höhere Ich oder Selbst bezeichnet werden kann. Das Geistselbst oder die Individualität ist, was sie immer war und immer sein wird.[354] Sie allein, das höhere Selbst, ist unsterblich,[355] während die Eigenschaften der Person und die des alltäglichen Ich, sofern sie Verbindungen mit Leib und Seele entstammen, vergänglich sind. Unsterblich sind aber auch die Erträgnisse, die das Ich aus seiner Verbindung mit Leib und Seele ziehen konnte, sowie das, worin es mit dem Geistselbst eine geschwisterliche Einheit bildet. Einmal gebraucht Steiner einen der Evolutionslehre entnommenen Vergleich: In allem Wandel der Evolution, wo die Stoffe in den Organismen ständig wechseln und die Formen allmählich sich ändern, so daß sich aus der Stufe der Beuteltiere die Säuger und innerhalb der Säuger die Affen entwickeln, bleibt doch ein Beharrendes, das nämlich, was diese Entwicklung zusammenhält. «Es ist dasselbe, was den Menschen zusammenhält. Es ist das unsichtbare Prinzip, das tätig war vor Jahrtausenden und heute noch unter uns fortwirkt.»[356] Die Aufgabe der Erziehung, so wird aus dieser Blickrichtung dann abgeleitet, besteht darin, dasjenige am Menschen zu entwickeln, «was als Individuelles im Menschen ruht. Diese in jedem Menschen ruhende höhere Seele zu erwecken, ist das erste Erziehungsprinzip ... Jedes Menschen Seele ist verschieden von der des anderen.»[357] Damit ist die Erweckung, das Regsamwerden der Individualität, die in den «Tiefen» steckt, gegenüber den anderen vorhandenen Schichten der Persönlichkeit gemeint.[358]

Der Geist des Menschen

Wort- und Bedeutungsgeschichte von «Geist»

Geist kommt schon im Althochdeutschen als keist, geist vor, wohingegen eine gleichlautende Bezeichnung im Gotischen fehlt, dort heißt es ahma und hängt mit dem *Atem*, dem Hauch, zusammen.[359] Das Englische ghost meint Gespenstisches, für den Heiligen Geist findet sich spirit oder mind. Hinter dem lat. spiritus steht das spirare, hauchen. Altnordisch heißt geisa rauschend, brausend ausbrechen, von dieser Bedeutung zeugt noch der Geysir. Auch das, «was das im Kessel gärende Bier ausstößt», heißt geisa. Selbst im Aufschäumen, der Gischt, ist dieselbe Gebärde – das Hereinbrechende, Bewegung Erzeugende, Ergriffenheit Auslösende anwesend. Noch für das Aufschäumende des gärenden Bieres wird ein verwandtes Wort angewendet. *gheizd* (indogerm.) sagt lebhaft, bewegt, aufgebracht, erschreckt; ghei- heißt lebhaft bewegen, antreiben; indogerm. entspricht dem hedah, Zorn; usgeisnan ist erschrecken, außer Fassung bringen. Es unterliegt keinem Zweifel, daß das Wort ursprünglich die Erscheinung des Hauchens, Wehens, Blasens bezeichnet. In diesem Sinne ist der lebendige Odem, den Gott Adam, dem Menschen, einbläst, Zeugnis für das schöpferische Eingreifen, das Hervorgehen der Schöpfung aus dem gesprochenen Wort, dem Atemhauch aus dem Munde des Schöpfers. – Die sehr konkrete, leib- oder dingbezogene Eigenschaft des Geistes, den wir heute als das Innerlichste, Sublimste ansehen, mag in der Sprachentstehung überraschen. Doch gilt für alle Worte, die Innerliches benennen, daß sie ursprünglich durchaus mit Äußerlichem, Natürlichem in Verbindung gebracht und gebraucht wurden. Diese Tatsache ist für Steiner ein Hinweis darauf, daß «der Mensch noch so zusammengewachsen war mit der Natur, daß er sein Seelisches noch nicht genauer von der Natur unterschied. Die neuere Entwicklung der Menschheitsgeschichte bedeutet, daß der Mensch sich losgelöst hat von dem natürlichen Dasein.»[360]

Barfield kommt in seinen Überlegungen zu dem Ergebnis, daß Sprache aus ursprünglicher Partizipation hervorgeht; da herrschte das «Gefühl vor, daß das Repräsentierte, vom Beobachter aus gesehen, auf der anderen Seite der Phänomene liegt. Gleichzeitig fühlte sich das Selbst dieses Beobachters auf außersinnlichem Wege mit dem Repräsentierten verbunden. Dieses Selbst, soweit es überhaupt schon vorhanden war, war sich noch der Tatsache bewußt, daß es und die Phänomene aus derselben übersinnlichen Quelle fließen ... [Das menschliche Wesen war] – nicht nur durch seinen Körper, sondern auch in seiner Seele – so eng mit der Natur verbunden, wie wir es uns kaum noch vorstellen können. Subjektiv betrachtet, konnte der damalige Mensch seine Seele noch nicht sein Eigen nennen. Je weiter wir in die Vergangenheit vordringen, desto weniger lassen sich seine Handlungen und Äußerungen von Prozessen unterscheiden, die wir heute in der ‹äußeren Natur› ansiedeln.»[361]

Die *Verbindung von Geist und Wind, Hauch und Luft* bleibt lange bestehen beziehungsweise wird immer aufs neue hergestellt. «Der Wind weht, wo er will, und du hörest sein Sausen wohl, aber du weißt nicht, von wannen er kommt und wohin er fährt: ebenso ist ein jeglicher, der aus dem Geist geboren ist» (Joh. 3,8). – 1526 übersetzt Luther noch: «der Geist geistet so er will». In den alten Mundarten wurde Geist in der Bedeutung von Heiliger Geist stets in der vornehmen hochdeutschen Form und nicht in der Mundartform, etwa Geischt, gesprochen, es sei denn, es handelte sich um eine Erscheinung gespenstischer Art.

Die Seele gilt ursprünglich als Trägerin des Lebens und wird als Atem gedacht. Der lebendige Geist, der Lebensodem oder Lebensgeist gibt dem Leib das Leben. Den Geist aufgeben, heißt: das Leben verlassen, den Geist übergeben, ihn an Gott aufgeben. Im Gedanken des Hauches liegt, daß der Geist nur zeitweilig mit dem Leibe vereinigt und sich als ein unvergängliches Wesen mit der Seele verbindet. Seit dem 16. Jahrhundert wird indessen nicht mehr so streng zwischen Seele und Geist unterschieden, beide erhalten nunmehr die Eigenschaft, unsterblich zu sein. Wenn der Geist aber ein eigenes Wesen ist, dann muß er auch eine eigene Erscheinung haben; diese wird meist als Doppelbild, der irdischen Erscheinung verwandt, gedacht. So tritt Jesus Christus als Auferstandener leibhaftig mitten unter die Menschen, so daß sie erschraken, weil sie glaubten, einen Geist zu sehen (Luk. 24,37). Im Unterschied zu den abgeschiedenen Seelen, die im Fegefeuer Pein erleiden, wird nicht von abgeschiedenen Geistern gesprochen, die offenbar weiterhin im Verkehr mit der Welt verbleiben. Doch nicht jeder Lebende kann in Kontakt mit ihnen kommen.

Auch *rein geistige Wesen* lassen sich in vielen Textzeugnissen belegen, sie sind als lebend, vor allem aber als wirkend gedacht. Da tut sich eine ganze Welt hierarchischer Geister auf: teils anordnend, teils dienend, die einen helfend als gute Geister wie die Engel, die anderen schadend oder doch hemmend als böse Geister (spiritus malignus) wie die Teufel oder noch geringmächtigere elementarer Art wie Kobolde oder Spectren, rechte Plagegeister. Die christliche Vorstellung vom Schutzgeist, dem *Genius*, meint den Helfer des Menschen, ja sein eigenes höheres Wesen selbst. Doch auch mit dem griechischen *Daimon* – ursprünglich gleich dem Genius – kreuzt sich der Begriff des Geistes. Beide, die guten wie die bösen Geister, sind in ganzen Geister-Reichen vielfältig geordnet – nach Licht und Finsternis. Diese Welten oder Reiche haben auch zum Menschen Zugang. Der Geist kann von oben her kommen, auf dem Menschen ruhen, ihn ergreifen oder in ihm wohnen und dessen eigenes Wesen stärken oder verändern, den Menschen gleichsam väterlich als Kind annehmen und ihn kräftigen, erbauen, dann handelt es sich um den heiligen, den guten Geist. Der eher dämonische Geist macht dagegen das eigene Wesen des Menschen besessen, dieser wird dann gleichsam von einem fremden Wesen in Besitz genommen. Ob böse oder gut, Wirkung hat die Geistberührung allemal. In den Äußerungen nach außen ist manchmal nicht leicht auszumachen, ob eine Einwohnung oder eine Besessenheit vorliegt. Darum schwankt der Begriff zwischen dem eingegebenen und dem eingefahrenen Geist ebenso wie der zwischen dem eigenen, angeborenen Geist des Menschen und dem über ihn gesetzten Geist, dem Gottesgeist im Menschengeist. Nur der Gottesgeist läßt frei, der dämonische zwingt oder berauscht. Der Heilige Geist (Spiritus sanctus) ist das zu Erstrebende, er hängt eng mit dem Wesen Christi zusammen, es ist der Geist der Weisheit und Wahrheit, der des Menschen Geist erfüllen soll. Der göttliche Geist ist wirkmächtiger als der menschliche, der menschliche Geist bedarf daher der Erneuerung und Belebung durch jene höhere Geistigkeit, um zu wachsen und zu reifen. Aber es besteht nicht nur ein Bezug des göttlichen Geistes zum menschlichen Geist, sondern auch zur Welt, die durch und durch geistdurchwoben ist, bis in die letzten Zellen und Atome. «So mag der Geist der Welt in unser Denken,/ in jede Blüte, jede Brust sich senken» (Herwegh).

Neben dem Weltgeist, von dem die Philosophie spricht, gibt es den

Sternen- und Naturgeist und die Geister der Elemente, der Pflanzen, der Tiere. Wer die Quintessenz aus einer Sache, einem Werk, einem Text zieht, stößt auf den Geist oder berührt ihn.

In der kirchlichen Tradition hat sich die Vorstellung gebildet, daß der Geist etwas sei, das im Gegensatz zum Fleische stehe. Daraus formte sich das Gegensatzpaar Leib / Geist neben Leib / Seele. Parallel zu dieser Auffassung lebt jedoch ungebrochen bis ins 16. Jahrhundert die andere Vorstellung fort, daß beide sich einheitlich durchdringen: «der lîp ... ist hie heime [hier zu Hause] ... diz ertrîche [Erdenreiche] ist sîn vaterlant ... der geist ist hie ellende, aber in dem himele sint alle sîne mâge [Verwandten]» (Eckhart). Der Leib ist das Vergängliche, der Geist das Ewige, im Leben sind beide verbunden, doch nicht gleichrangig, denn eher ist es so, daß sich der Geist seinen Körper bildet, ihn selbst schafft und belebt: «Es ist der Geist, der sich den Körper baut» (Schiller). Ja er schafft ständig um und neu, dadurch wird allmählich «durch all dein Forschen ... deine Liebe, vereint deinem Geist, einen verklärten Leib bilden, und daß der dem irdischen Leib nicht mehr unterworfen sein werde, wenn er ihn ablegt, sondern schon in jenen geistigen Leib überströmt» (Bettina von Arnim). Im gleichen Sinne spricht J. G. Schlosser von einem reinen Geist mit einem feineren Körper.

Das Verhältnis von Geist und Seele ist schwer zu klären; teils fallen sie im Sprachgebrauch in eins zusammen, teils werden sie deutlich unterschieden. Für letzteres einige Beispiele. Da heißt es: «einen Leichnam, der was tot,/ von seinem Geist geschieden ... / bei dem Leichnam stund die Sel/ mit weinen und mit clagen» (Bartsch). Ebenso: «daz Wort Gotis ist ein Swert, daz da scheidet den Geist von der Sêle ... wan iz Underscheid zwischen Geiste und Sêle. Di niderste Redelichkeit (ratio inferior) und di Sinlichkeit und daz bese des Gevûlens des Menschen daz hôret di Sêle an, aber die oberste Redelichkeit (ratio superior) und die Vernunftlichkeit und der vrîe wille, diz sint eigene Werc des Geistes, darumme gehôren si zû deme Geiste.» Seele und Geist erscheinen gelegentlich als ein Wesen, das jeweils in der Richtung verschieden wirkt: «es sain wol zwei Wort, aber nur ain Ding» (Bertholt v. Chiemsee). Dabei wird Gemüt oft mit dem Geist gleichgesetzt, dadurch erhält der Geist auch die Bedeutung von Stimmung, Absicht und Gefühl, Stimmungslage. Wie er so in eine Beziehung zu den Gefühlen tritt, so auch – und das noch deutlicher – zum Erkennen und zur Wahrnehmung, das heißt zu den Seelenkräften und auch zum Bewußtsein. Doch widerstrebt es beispielsweise Schiller, den Geist ganz im Begriffsvermögen aufgehen zu sehen: Was die Denkkräfte anspannt, stärkt zwar den Geist, verhärtet ihn aber auch und raubt ihm die Fähigkeit, zu einer größeren Empfänglichkeit zu kommen; die «härtende Kraft» führt statt dessen zu einer größeren Selbständigkeit. Genauer: Im Geiste ist, wie im Universum, nichts oben und nichts unten, vielmehr ist er das Zentrum, das Sinnlichkeit und Vernunft, Einbildungskraft und Verstand zur Einheit verbindet.

Das Wesen des Geistes offenbart sich in seinem Leben, gleichsam in seinem Tun und Treiben, wofür die Sprache reichlich Bilder liefert. Der Geist lebt im Innern des Menschen als ingedanke (mhd.). Als solcher ist er der *Beweger,* er ist Bewegung. Diese vermag ihn über den Leib hinauszuführen, um sich die Welt anzueignen. *Bilder vom Geistesflug,* von gehobenem Geist – im Gegensatz zum brütenden – deuten das an. Seit dem 18. Jahrhundert ist er schranken-, ja grenzenlos. Da werden Bewegungen vollzogen, die nur im Seelen- oder Geistesraum möglich sind. Dieser ist im Verhältnis zum irdischen Raum so beschaffen, wie die «Idee unserer Seele zu einem Schall, der durch den Mund hervorgebracht wird [um die Idee auszusprechen], ist eben die Entfernung als zwischen Geist und Leib, Himmel und Erde» (Hamann). Diese Bewegung und das Tun gehen im Geiste vor sich, das heißt in freier Verfügung, aber auch im Auftrag und Gebot eines anderen. Durchmischt ist diese Welt des Geistes mit Licht und Feuer: Wie das Licht außer uns kann sich auch das Licht des Geistes mit Feuer und Wärme vermählen. Nötig für das Leben im Geiste ist die freie, lichte Atmosphäre, die man atmet. Doch treten auch Bilder auf, die vom Erfassen und Greifen bei der geistigen Tätigkeit, insbesondere dem Denken, handeln. Dabei ist die Berührung Bild innigster Annäherung zweier Geistigkeiten. Doch auch das Gegenteil, das Ringen, der Kampf der Geister, ist möglich, insbesondere der Kampf der Geistwelt gegen widerstrebende Mächte, der Kampf des Geistes für sein eigenes Dasein und Gedeihen. Vielfältig ist der Kampf des Menschengeistes mit dem Fleische thematisiert.

Was sagt der Sprachgeist über sich selber, also über den Geist nun unmittelbar? Wie der Geist geboren wird, eignen ihm auch fernerhin Eigenschaften des Lebens: er wächst, nährt sich, gedeiht, reift, wird krank, gesundet, trägt und gebiert Neues, Blüten und Früchte, zeugt, bewegt, regt sich, entschläft, wird erweckt, erwacht, sucht, verirrt sich, findet sich wieder zurecht, ermüdet, ist träge, regsam, rafft sich auf, eilt, schreitet, flieht, ringt und kämpft mit Hindernissen, um sein Ziel zu erreichen, um zu gedeihen, berührt sich mit anderen, äußerlich und innerlich – in Kampf und in Liebe. In ihm ist das innere Leben, der ganze Mensch anwesend.

Ähnlich konkret-gegenständlich, genauer: sinnlich charakterisiert die Sprache das *Denken des Geistes*, das Tun und Leben seines Bewußtseins, das als dem Leiblichen am entgegengesetztesten gedacht wird: Als fassen, greifen, be-greifen, ja auch als fühlen, sehen, schmecken und riechen wird die Tätigkeit des Geistes bezeichnet, und das durch alle Zeiten. Der Kunstgeschmack, der Geschmack des Verstandes, die feine Nase, der Geistgenuß sind etwas Konkretes, dem abstrakte Wissenschaftlichkeit zu entfliehen sucht.

Doch der Geist geht nicht in dem Sprachbild, in dem er sich spiegelt, auf, nicht im Leiblichen, sondern er weist nach zwei Richtungen – nach innen und außen – darüber hinaus. Er hat ein eigenes Gebiet, in das er sich zurückzieht, «in sich geht»: bei Schmerzen, Reue, ja vor sich selber; dort tut er das, was er leiblich nicht kann, von dort geht sogar alles leibliche Tun aus, zum Beispiel das Wort. Aber er löst sich auch vom Leibe, geht über sich hinaus, fliegt, strebt, vertieft sich.

An den Gegensätzen, an dem, was er nicht ist, läßt sich der Geist am sichersten bestimmen: Geist – Materie, Geist – Körper. Der «geist ist bloz und ledic aller materie, bilde und formen» (Eckhart). Die verschiedenen Geistesarten beschreiben Wesen und Leben des Geistes: starker, feuriger, schöner, kräftiger, kleiner, erhabener, origineller, schöpferischer, nachahmender Geist, Freigeist. Seine höchste Form ist seit dem 18. Jahrhundert das Genie. Neben dieser Kernbezeichnung gibt es denn auch Witz, Esprit, Talent und Begabung als geistige Eigenschaften. Dann wiederum treten gewisse Stimmungen oder Geistesarten wie eigene Geister auf: der Geist des Zorns, der Widerspruchsgeist, der Geist der Parteiung. Dazu können Adjektive treten: beobachtender, wissenschaftlicher Geist. Das legt die Frage nahe, wie denn sich der Geist zum Ich verhält, dessen Lebenskern er ursprünglich bildet. Im Geist der Liebe, der Forschung und so weiter gewinnt der Geist eine eigene Macht, abgetrennt vom Menschengeist, wie außer diesem, verschieden in Erscheinung tretend, doch dann als Geist des Widerspruchs wieder in jeden Menschen (der Möglichkeit nach) Einzug haltend. Der Geist als göttlicher ist über dem Menschengeist, Quellort für alle nachgeordneten Geister, eine hierarchische heilige Wirkmächtigkeit und Einheit für sich, den Menschen gleichsam inspirierend, soziale Bindungen stiftend. Der Geist-Begriff ist vom einzelnen Menschen her zum allgemeinen Gottesgeist hin, das heißt zu höherer Wirkmächtigkeit offen.

Für den Philologen[362] erhebt sich an dieser Stelle die Frage, «wieweit auch noch dieser (höhere und doch gestufte Geist) wirklicher Geist bleibt, das heißt die Ich-Form festhält». Anthroposophie schildert, daß geistige Wesen, beispielsweise die «Wahrheit», gewisse geistige Formen, an denen der Mensch teilhaben kann, durchaus durch die Kraft ihres Ich zusammenhalten. Richtig ist zweifellos, daß der Geist «in der bloß begrifflichen Auffassung von heute ... eigentlich ohne Einheit und Ichheit erscheint».[363] Damit wird der Geist als ein allgemeiner, wie er in der Hegelschen Philosophie thematisiert wird, als Geistigkeit der Völker und der Menschheit, der Zeiten und der Welt berührt, ebenso wie die Geister oder Engel der christlichen Gemeinden, von denen der Anfang der Apokalypse des Johannes spricht.

Für Hegel sind Volksgeister Momente des allgemeinen Geistes in der Entwicklung. Zunächst geht die Betrachtung aber vom Geist einer Familie, das heißt einer kleinen Gemeinschaft, aus und steigt dann stufenartig in größere Zusammenhänge auf. Der Genius des Volkes, der Geist der Nation, offenbart sich nach Herder in der «Physiognomie seiner Sprache». Wort und Sprache wird allgemein als Gewand oder Kleid des Geistes gesehen. «Nationalgeist eines Volks nenne ich die Ähnlichkeit und Übereinstimmung seiner Meinungen und Neigungen bei Gegenständen, worüber eine andere Nation anders meint und empfindet» (Herder). Der Begriff des Volks- und Zeitgeistes wird in der Klassik, um 1800, vom abstrakten Begriff zu einem immer konkreteren belebt – durch Poesie und Philosophie. Es ist wie «eine Verkörperung des vorher zu sehr ins Begriffliche zurückgetretenen Geistes zu bezeichnen ... es ist aber eigentlich zugleich eine Rückkehr (auf höherer Stufe) zu ursprünglicher Vorstellung und Empfindung» eines Wesenhaften, wie es in Frau Triuwe, Gerechtigkeit, im hohen Mittelalter schon lebendig war. In diesem Zusammenhang treten auch wieder Gedanken wie der einer Familie des Geistes mit sozialen Beziehungen auf, desgleichen das Bild vom Reiche der Geister, in dem eine deutliche Rangordnung herrscht. Ab einer gewissen Höhe finden sich Geister zusammen in einem Punkte oder in höherem Geiste, der dann die Kraft des einzelnen Gliedes steigert. Eine zutreffende Vorstellung dieser Verhältnisse kann das Bild von Kreis und Zentrum geben. Maßgebende Geister sind Mittelpunkt und Sonne zugleich, das heißt, der Geist durchwirkt als Lebensquell den ganzen Umkreis. Obgleich er alles durchwebt, benötigt er doch einen festen Punkt, wovon er ausgeht: Gott als Lenker der Bewegung. «Es beharrt im Wechsel ein ruhiger Geist» (Schiller). Zugleich aber erlangt der Begriff des Geistes auf seiner Höhe und am Ende seines Weges durch die deutsche Sprachentwicklung erneut die Anfangs-Klippe, wo er zwischen Einheit und Vielfalt zu schwanken beginnt.[364]

Die zuletzt berührte Thematik, wie es möglich sei, daß ein übergeordneter Geist in einem untergeordneten zu wirken vermöge, verlangt eine Erläuterung. Denn der Vorgang kann nur unter einer bestimmten Gedankenvoraussetzung verstanden werden, daß sich nämlich Geister – anders als die Körper der Raumeswelt – zu durchdringen vermögen, daß mithin *Geist im Geiste wirkt*. In der Hierarchienlehre des Dionysios Areopagita[365] wird die Stufung der Wirkenssphären von den Engeln, Erzengeln, Urkräften über die Exusiai, Dynamis, Kyriotetes bis hin zu den Thronen, Cherubim und Seraphim vergegenwärtigt. Letztere sind der trinitarischen Gottheit am nächsten. In deren Anschauen erfüllen sie sich unmittelbar mit den göttlichen Absichten. Je nachgeordneter die Wesen sind, desto mehr nehmen Vollmacht und Wirkmächtigkeit ab, desto spezialisierter werden Auftrag, Wirken und Eigenschaften. Am nächsten dem Menschen sind die Engel, Boten und Offenbarer des wahren Ursprungs, nicht aber dieser selbst.

Diese Traditionslinie des Geistverstehens erneuert die Anthroposophie für die Erkenntnis geistigen Wirkens.[366]

In der Welt geistiger Hierarchien bildet die Sprachgeistigkeit durchaus eine eigene Wirkenssphäre, sie erfüllt ein Volk mit gleichem sprachlichen Geist. Aber auch für das in sozialen Gemeinschaften waltende Bewußtsein der Zusammengehörigkeit liegt der Gedanke der Wirksamkeit eines sozial verbindenden Geistes nahe. Bis heute wird dieser Geist mit dem Ausdruck der «corporated identity», gemeinsamer Geist eines Unternehmens, beschworen. Die reale, aber schwer greifbare Wirksamkeit dieser Art, die mit dem Wort Geist bezeichnet wird, verbindet die Anthroposophie mit einem realen geistigen Wesen. Es handelt sich für sie auf allen Stufen des Geistes um Wesen mit einem personalen Ich. Daß sich diese Verhältnisse sprach- und bedeutungsgeschichtlich durch die Jahrhunderte hindurch nachweisen lassen, zeigt, daß die Anthroposophie in ihrer Begriffsbildung durchaus kongruent mit dieser Entwicklung ist.

Der Geist des Menschen in anthroposophischer Sicht

Vor dem Panorama der erstaunlich differenzierten Begriffsbildungen von Geist soll nun die Sicht Steiners in bezug auf den Menschen dargestellt werden. Diese verläßt zwar nicht dasjenige, was sich in der Sprach- und Bedeutungsgeschichte widerspiegelt, wohl aber – in Diktion, Bestimmtheit und Gedankenführung – alles, was gegenwärtig üblich ist, wenn von Geist gesprochen wird. Freilich bleibt auch hierbei die Möglichkeit des gedanklichen Nachvollzugs uneingeschränkt erhalten.

Eine erste Bestimmung des menschlichen Geistes wurde schon genannt: der denkende Umgang mit den Wahrnehmungen, insofern er den Sachzusammenhang untersucht und nicht nur den Nutzen für das eigene Wesen feststellt, das heißt das *Streben nach Wahrheit*. Eine zweite Bestimmung war jene, daß *Licht in der Seele* aufstrahlt, wenn sie sich dem Geist zuwendet. Dabei greift Steiner nicht etwa auf die gebräuchliche Lichtmetaphorik[367] zur Umschreibung für den Geist zurück, sondern es entsteht der Eindruck, bei ihm seien Licht und Geist identisch. Eine dritte Bestimmung – sie hängt mit dem Ich zusammen – besagt: «Der Geist ist der Mittelpunkt des Menschen, der Leib der Vermittler, durch den der Geist die physische Welt betrachtet und erkennt und durch den er in ihr wirkt.»[368] Die Seele in ihrer Mittlerfunktion senkt ihre «Fühlfäden» in das Physische hinunter – wodurch sie ihrerseits gefärbt wird – und streckt sie hinauf zum Geiste.

Wird die Welt des Geistes direkt betrachtet, dann kann die Wahrnehmung sprachlich nur *gleichnishaft* wiedergegeben werden, nur andeutend, hinweisend, symbolisch. In diesem (freilich uneigentlichen) Sinne kann auch, wie bei der Seele, von einem «*Stoff*» gesprochen werden, aus dem der Geist «besteht»: Geist ist aus demselben Stoff gewoben, aus dem der menschliche Gedanke besteht,[369] er ist gleichsam Gedankensubstanz. Doch woraus bestehen Gedanken? Steiner weist darauf hin, daß der Gedanke, wie er im Menschen lebt, nur ein Schattenbild, ein Schemen seiner wirklichen Wesenheit ist. Im Aussagegehalt stark an das *Höhlengleichnis* in Platons *Politeia*[370] erinnernd, heißt es: «Wie der Schatten eines Gegenstandes an einer Wand sich zum wirklichen Gegenstand verhält, der diesen Schatten wirft, so verhält sich der Gedanke, der durch den menschlichen Kopf erscheint, zu der Wesenheit im ‹Geisterland›.»[371] Der Vergleich besagt, wie weiter ausgeführt wird, daß das sinnliche Auge den Löwen wahrnimmt, während das auf die Wahrnehmung gerichtete

Denken den Gedanken oder Begriff des Löwen als ein Schemen denkt, das heißt Merkmalsgruppen von Eigenschaften zusammenfaßt. Die geistige Welt ist dagegen mit lebendigen Gedanken oder Geistwesen erfüllt – so wie die sinnliche mit Erscheinungen, das heißt sinnlich Wahrnehmbarem. Die wahre Welt des Geistes ist die Welt der geistigen *Urbilder aller Dinge und Wesen,* die als Nachbild auch im Seelischen und Physischen auftreten können.[372] Das wird durch einen Vergleich veranschaulicht: Das im Geiste eines Malers vorhandene Bild entspräche dem Urbild – im Sinne der Absicht, des Entwurfs oder der Intention und Phantasie –, das gemalte Bild demnach dem Nachbild. Der Maler kommt vielleicht zu seiner Idee erst nach und nach im Prozeß. «In der wirklichen ‹Welt des Geistes› sind solche Urbilder für alle Dinge vorhanden, und die physischen Dinge und Wesenheiten sind *Nachbilder* dieser Urbilder.»[373]

Reflektieren wir etwas genauer auf dieses Gleichnis, um den «Gedankenstoff», also die Substanz des Geistes zu fassen, dann erkennen wir:

– Der Gedanke vermittelt *Einsicht* in Zusammenhänge und Zusammengehöriges.
– Ihm voran liegt aber eine Tätigkeit: das *Denken,* dessen Ergebnis der Gedanke ist und durch das er seine Form und seinen Inhalt erhält.
– Dem Gedanken wohnt *Erhellendes* inne, das Gedachte wird gewußt, was gedankenlos ist, bleibt dunkel, undurchschaut, unerkannt. Das Gedachte kann wie das Denken Rechenschaft über sich geben, es begründet und weist sich aus.[374]
– Gedanken treten einerseits als Begriffe, andererseits in Vorstellungsformen auf. Sie gliedern oder differenzieren das innerlich Geschaute: etwas tritt hervor, anderes zurück.[375] Ohne diese vom Denken vollzogene Gestaltung gäbe es nur ineinander Verschwimmendes.
– Gedanken haben es mit *Wirksamkeit* und *Gesetzmäßigkeit,* aber auch mit *Sinn* zu tun, denn sonst wäre das Gedachte, der Gedanke, bezugslos oder gar irrig in bezug zum Gedachten. Gedanken folgen vielmehr dem, worauf sie bezogen sind.
– Wenn der erfüllte Gedanke in einem solchen Verhältnis zum Gedachten steht wie der Schatten zum Gegenstand und er Nachbild des Wesens oder Dinges ist, dann ist das wirkliche Ding oder Wesen erschließbar.
– Dieses geistige Wesen hat folgende Qualitäten: Es ist wirksam und gestaltet, ein in sich bestehender Zusammenhang, bedeutungs- und sinnvoll, intelligent und weisheitsvoll seiner Substanz nach.

– Das Gleichnis sagt aber auch, daß das geistige Wesen als ursprünglicheres gegenüber dem Schemen (Gedanken) zu gelten hat, daß also die Formen des urbildlichen Geistes sich in der Vielfalt der Gedanken abbilden, das Denkvermögen mithin am Geist als *nachschaffend* teilhat.

– Wo Schatten fällt, muß einerseits Licht (als Wirkendes) neben dem Ding oder Wesen, andererseits ein Schattenträger (Materie) sein, der dem Licht entgegensteht. Das Abgebildete (Schemen) weist auf das lebendige geistige Wesen, das seiner Natur nach dem Licht verwandt sein muß, darum kann der Gedanke vom Menschen her als erhellend erlebt werden.

Auf diese Überlegungen führt der Begriff des Geistes, der sagt, daß Geist aus dem Stoff der Gedanken gewoben sei. Steiner fährt fort: «Die Urbilder in ihrer wahren Gestalt sind ihren sinnlichen Nachbildern sehr unähnlich. Ebenso unähnlich sind sie aber auch ihren *Schatten*, den abstrakten Gedanken.»[376] Und: «Was auf der Erde bloß *gedacht* wird, das wird in dieser Region *erlebt*.»[377] – «In der geistigen Welt ist alles in fortwährender beweglicher Tätigkeit, in unaufhörlichem Schaffen. Eine Ruhe, ein Verweilen ... gibt es dort nicht. Denn die Urbilder sind *schaffende Wesenheiten*. Sie sind die Werkmeister alles dessen, was in der physischen und seelischen Welt entsteht. Ihre Formen sind rasch wechselnd; und in jedem Urbild liegt die Möglichkeit, unzählige besondere Gestalten anzunehmen. Sie lassen gleichsam die besonderen Gestalten aus sich hervorsprießen ... Unzählige Urbilder wirken oft zusammen, damit diese oder jene Wesenheit in der seelischen oder physischen Welt entstehe.»[378] Daß die Urbilder verschiedene Gestalten annehmen können, läßt sich am Dreieck erfassen: Es kann als ein beliebiges Gebilde der Geometrie gedacht werden, es kann aber auch als Spitze eines Bergkristalls oder als Pyramide erscheinen. Es ist als Urbild die Dreiheit, die Nachbilder sind Gedanken oder sogar irdische Gestaltungen.

Das *Reich des Geistes* ist vielfältiger gegliedert als das physische und seelische. Eine genauere Wahrnehmung dieser geistig differenzierten Eigenschaften und Wesen verlangt allerdings eine besondere Form des geistigen Hörens, ohne physischen Ton. Denn die Urbilder werden eigentlich klingend vernommen. Im geistigen Klingen drücken sich die Wesenheiten aus; der Zusammenklang, die Harmonien, Rhythmen und Melodien prägen die Gesetze ihres Daseins, ihre gegenseitigen Verhältnisse, Verwandtschaften und Beziehungen aus. Zu Recht wurde von jeher von den *Sphärenharmonien* gesprochen.

Was ist also unter Geist zu verstehen? Vom Geiste gehen die wahren Antriebe aus, und die bewegenden Ideen des menschlichen Geistes sind nichts anderes als der Abglanz, der Schatten geistiger «Keimgedankenwesen». Was im physischen Leib bestimmend wirkt, ist der Geist. «Von diesem gehen die *Absichten*, die Richtungen aus für das Wirken in der physischen Welt. – Solange nun der Geist im physischen Leibe wirkt, kann er als Geist nicht in seiner wahren Gestalt leben ... Das menschliche Gedankenleben gehört nämlich in Wahrheit der geistigen Welt an ... (es ist) ein Schattenbild, ein Abglanz der wahren geistigen Wesenheit, zu der es gehört.»[379] An anderer Stelle wird der Zusammenhang dergestalt formuliert, daß die geistige Wesenheit der Dinge sich in der Gedankenwelt des Menschen abspiegelt.[380] Noch allgemeiner gilt, daß nicht nur zwischen dem menschlichen Geist und der geistigen Welt ein Zusammenhang besteht, sondern zwischen allen Erscheinungen und Wesen der physischen Welt einerseits und den Wesen der geistigen Welt andererseits. Denn es ist im Grunde doch verwunderlich, daß ein Gedanke, den ich mir bilde, einen Zusammenhang mit dem gedachten oder gewahrten Gegenstand haben soll – und tatsächlich auch hat. Die «Zusammenstimmung der menschlichen Gedankenwelt mit dem Bau und der Einrichtung der Natur» rührt daher, daß die Dinge der Sinneswelt nichts anderes sind als «verdichtete Geist- und Seelengebilde».[381]

Steiner gebraucht dafür wiederum einen (dieses Mal physikalischen) Vergleich: Wie ein Stück Eis auf dem Wasser schwimmt (siehe Anhang, XV), mit dem es doch gleicher Art ist, nur der Form nach verschieden, so heben sich die Sinnendinge mit ihrer Stofflichkeit und Wahrnehmbarkeit vom umgebenden Geistesmeer ab, wobei die Ursprungssubstanz des Geistes, nämlich der Gedanken, auch jene durchdringt.[382] «Nur weil die Dinge der Sinnenwelt nichts anderes sind als die verdichteten Geistwesenheiten, kann der Mensch, der sich durch seine Gedanken zu diesen Geistwesenheiten erhebt, in seinem Denken die Dinge verstehen. Es stammen die Sinnendinge aus der Geisterwelt, sie sind nur eine andere *Form* der Geisteswesenheiten; und wenn sich der Mensch Gedanken über die Dinge macht, so ist sein Inneres nur von der sinnlichen Form ab- und zu den geistigen Urbildern dieser Dinge hingerichtet.»[383] Freilich wäre es ein Irrtum, die beiden Welten, die physische und geistige, als gleichgeartet anzuschauen und mit denselben irdischen Maßstäben zu bewerten, wie sie für die sinnlich-irdische Welt notwendig sind. Denn was der Mensch gedanklich an den Gegenständen zu erfassen vermag, ist eben nur ein schattenhafter Abglanz des Urbildes. So ist beispielsweise unser irdischer Raum, wo die verschiedenen Körper nebeneinander getrennt sind, für den geistigen Blick nichts anderes als ein *Hohlraum*; «aber rings um diesen Hohlraum wird die Kraft gesehen, welche die Form des Steines bildet. Eine Farbe, welche der Stein in der Sinnenwelt hat, erscheint in der geistigen wie das Erlebnis der Gegenfarbe ... Auch die anderen Eigenschaften erscheinen in ihrem Gegensatze.»[384] Dasselbe gilt, mit entsprechender Abwandlung, für die Qualitäten des Lebens, des Empfindens, für Handlungen und so weiter. Man hat es mit gewissermaßen umgestülpten, polaren Verhältnissen zu tun: Was hier erfüllt, raumsetzend ist, ist dort saugend. Zwar gibt es Entsprechungen zwischen der irdischen und der Geistwelt, und zwar deshalb, weil die geistige die Ursache der irdischen darstellt; die Welt der Absichten und Möglichkeiten ist indessen umfassender als die realisierte Körperwelt. Die Brücke zwischen beiden Welten ist der Gedanke: Die geistige Welt besteht nur aus Gedankensubstanz, die irdische aus Stoff, in den der gestaltende Gedanke eingeflossen ist. Darum kann sich auch der Mensch durch seine innere Tätigkeit des Nachdenkens über Weltzusammenhänge aufklären. Dennoch ist die Beziehung beider Welten nicht die einer gleichförmigen Entsprechung – das gilt es methodisch zu beachten –, sondern der Spiegelung, der Umkehrung, genauer: der Umstülpung zu polarer Struktur. Steiners Methode ist mithin eine solche, wie sie die *polareuklidische oder projektive Geometrie*[385] streng gedanklich zu konstruieren versucht: Verändert sich innerhalb eines endlichen Punktraums etwas, so hat das Auswirkungen in der Welt der unendlich fernen Ebenen.[386] Was so im Bereich polarer geometrischer Elemente streng kontrolliert geschieht, ist eine Vorstufe dessen, was als Erforschung der Vielfältigkeit des Geistigen in seiner vollen Wirklichkeit zu gelten hat. Die Evidenz der Sache ergibt sich allein dem Denken und dem im Vollzug beweisenden Vorgehen. In diesem Sinne beansprucht Steiner, daß durch den denkenden Mitvollzug sich Evidenz, wenigstens aber Plausibilität für das Geistige einstellt.

Es liegt für den Geist eine Aufgabe vor, auf und in der Körperwelt zu wirken. Die Absichten dafür rühren freilich aus der geistigen Welt. Steiner gebraucht für den Zusammenhang des Geistes mit dem Leib des Menschen den Vergleich mit der Planung eines Hauses, die auch nicht erst auf dem Bauplatz erfolgt. Der *Architekt* des menschlichen Leibes und seines Schaffens ist der Geist oder das *höhere Selbst*, das seine Pläne ins irdische Dasein überzuführen hat[387] (siehe Anhang, XVI). Die physische Welt mit ihren Stoffen und Gesetzen stellt eine eigene Welt dar, die es dem Geist ermöglicht, einerseits seine Gedanken und Ideen darin zu verkörpern und andererseits Erfahrungen zu machen und neue Fähigkeiten zu erwerben, die durch ein rein geistiges Dasein in dieser Form nicht möglich wären. Doch da sich die Gesetzmäßigkeiten beider Welten – trotz der Vermittlung durch die Seele – nicht ganz ausgleichen lassen, bleibt eine Spannung zwischen Geist und Leib. Dies führt dazu, daß dann «nicht die Seele und der Geist den Leib verlassen, sondern er wird von denselben entlassen, wenn seine Kräfte nicht mehr im Sinne der menschlichen Organisation wirken können».[388] Der Geist benötigt dann wieder Kraft und Stärkung aus der geistigen Welt, weil er sich in der Leiblichkeit durch die Bindung an sie erschöpft hat.[389] Diese Darstellung macht deutlich, was in der Sprachtradition, dem Lebensprozeß vergleichbar, vom Geist gesagt wird: Er kann (am Leib) ermattet sein, kann sich anregen lassen, frisch werden und so weiter.

Nach dem Tode ist der Geist eng mit der Seele verbunden. Erst wenn diese ihre Läuterung durchlaufen hat, kann er in seinen eigenen Bereich eintreten – befreit von der Körperlichkeit, aber verbunden mit den darin gewonnenen Erfahrungen und Früchten des Lebens. Der Geist schaut nun gleichsam vorwärts und rückwärts, um seiner eigenen Absichten, Ziele und Entwicklung willen. «So ist sein Blick immer auf den Schauplatz seiner irdischen Aufgaben gerichtet, so arbeitet er stets daran, die Erde, insofern diese der Platz seines Wirkens ist, durch die ihr notwendige Entwickelung hindurch zu verfolgen.»[390] Dies ist wiederum ein sehr differenziert darzustellender Zusammenhang, den wir hier in unserem Rahmen nicht weiter entfalten.

Die Konstitution der geistigen Wesenheit des Menschen

Der Geistmensch

Im Geiste liegen die Ursachen alles dessen, was ist und geschieht. Dieser Geist ist wesenhaft, nicht bloß gedachte Abstraktion. Er ist das Verborgene in allem Offenbaren. Steiner schildert, wie der Geist des Menschen als *Wesenheit* in seiner Gesamtheit analog gebaut ist wie der leibliche und der seelische Organismus, nämlich dreifältig. Bildet der Leib zunächst eine Grenze, die ihn von anderen Körpern räumlich scheidet und somit einen *Innenraum* eigener Qualität ermöglicht, so ist dies auch für den Geist der Fall. Denn wenn ein Wesen mit eigener Innerlichkeit und Selbständigkeit sich entwickeln soll, so hat es sich von anderen zu unterscheiden. Auf der Ebene der physischen Gesetze geschieht diese Abgrenzung durch die *Haut*, die den Eigenraum und damit die Eigenständigkeit schafft. Die Haut ist ein wunderbares Organ, das sehr wohl abschließt und trennt und doch durch ihre Durchlässigkeit zugleich den Organismus aufs innigste mit der Umgebung verbindet: sie atmet, strahlt Wärme ab, aber sie absorbiert auch Licht. «Die Haut ist das größte Sinnesorgan des Körpers, sie ist die Hauptendigungsstätte sensibler Nerven. Druck-, Berührungs-, Wärme- und Kältesinn sowie die Schmerzempfindung sind, wenn nicht ausschließlich, so doch vornehmlich an die Haut gebunden: Mit diesen ‹Hautsinnen› nehmen wir … jeweils den Teil der Umwelt wahr, der mit uns in Berührung gerät, den wir begreifen.»[391] Das Organ der Haut weist noch andere Funktionen auf. So bilden die Sekrete der Hautdrüsen einen Säureschutzmantel, der die Überschwemmung der Haut mit Bakterien verhindert, obgleich immer auch pathogene Keime auf ihr leben. Erst wenn die Haut geschädigt wird, kann es gefährlich werden. «So kann ‹ein Nadelstich die Eingangspforte für den Tod› werden. Ferner ist die Haut der beste *Wärmeregulator* … Sie steht als Glied des Ganzen in Wechselwirkung mit dem übrigen Organismus … Die Haut hat auch eine nach innen gerichtete Schutzfunktion.» An ihr läßt sich Gesundheit oder Krankheit des Organismus ablesen, weil sie einen äußeren Spiegel der inneren Vorgänge bildet.[392]

Innerhalb der Haut entfaltet sich das Leben des Leibes mit seinen vielfältigen Organen und Stoffen. In ihm lebt die Seele. Hinzu tritt eine selbständige geistige Wesenheit, die, ähnlich dem Leib, in einem Eigenraum sich entfaltet; sie wird *Geistmensch* genannt. Es ist gleichsam der *Geistkörper,* aufgebaut aus dem Geiststoff, den Gedanken. Auch dieser Geistkörper hat eine Gestalt, für die es ein Innen und Außen gibt. «Die geistige Haut, die den Geistmenschen von der einheitlichen Geisteswelt abschließt, ihn innerhalb derselben zu einem selbständigen Geisteswesen macht, das in sich lebt und intuitiv den Geistinhalt der Welt wahrnimmt, – diese ‹geistige Haut› sei (aurische Hülle) genannt.»[393] Während die physische Haut den irdischen Gesetzen entspricht und deshalb Stoffcharakter trägt, ist die geistige Haut eine *Kraftgrenze,* keine stoffliche. Auch sie kommuniziert aufs vielfältigste mit ihrer Umgebung, dem allgemeinen Geistigen, dem Weltgeistigen. Es besteht zwischen beiden, dem eigenständigen Organismus des Geistes und der umgebenden Geistwelt, ein fortwährender Austausch, denn in ihm arbeiten die Geistkräfte des Umkreises. Durch die Wechselwirkung mit der geistigen Umwelt, woraus die «ewige Nahrung» kommt, wird der Geistmensch angeregt und wächst mit der fortschreitenden menschlichen Entwicklung. «Das Geistige ist die ewige Nahrung des Menschen ... [er wird] aus dem Geiste durch die ewigen Gesetze des Wahren und Guten geboren».[394] Wie die Haut eine ganz individuelle Struktur aufweist, so auch der Geistmensch.

«Innerhalb der Geisteshülle *lebt* der Geistesmensch. Dieser wird durch die geistige Lebenskraft in demselben Sinne auferbaut, wie der physische Leib durch die physische Lebenskraft.»[395]

Bei der Darstellung der geistigen Wesenheit des Menschen wendet Steiner methodisch dasselbe Verfahren an wie bei der Darstellung von dessen leiblicher Wesenheit. Beide Male ist der physische Leib als ausgefüllter Raum der Ausgangsort. So wie der physische Leib von seiner Umgebung getrennt und zugleich mit ihr im Austausch steht, so bildet auch der Geistkörper, in dem der Mensch lebt, einen ihm zugehörigen Innenraum, der seine Eigenständigkeit verbürgt, zugleich jedoch mit der umgebenden Geistwelt verbunden bleibt. Daß mit dem Übergang von der körperlichen in die geistige Welt ein Wechsel in der räumlichen Dimensionalität auftritt, ist anzunehmen, da die Geistwelt, dem Gedankenraum verwandt, von ganz anderer Natur als die irdische ist. Das wird aber – außer einer allgemeinen Bemerkung[396] – in der *Theosophie* nicht weiter ausgeführt.[397]

Der Lebensgeist

«In ähnlicher Weise, wie man von einem Ätherleib spricht, muß man von einem Äthergeist in bezug auf den Geistesmenschen sprechen. Dieser Äthergeist sei *Lebensgeist* genannt.»[398] Es ist der Lebensgeist, der sich «fortwährend durch Aufnahme von Geistesnahrung aus der geistigen Welt vergrößert» und die Geisteshülle weitet.[399] Während die Seele im irdischen Leben auf unmittelbare Anregungen ihres Empfindungslebens angewiesen ist, vermag der Geist sich durch die ihm eigene Kraft der Erinnerung, deren Träger im Leben die Lebensorganisation ist, zu bereichern. Indem das Richtige vom Unrichtigen unterschieden wird, betätigt sich der Mensch, das Wahre suchend, mit seinem Einsichtsvermögen. Je mehr der Geist aus den Gedächtnisschätzen für sich herauszieht, desto reicher wird er. Die Einsicht der Bewußtseinsseele in die Gesetze des Wahren und Guten und die Erfahrung bereichern den Lebensgeist. «Diese Schätze bleiben dem Geiste keineswegs in unveränderter Gestalt. Die Eindrücke, die der Mensch aus den Erlebnissen gewinnt, schwinden dem Gedächtnisse allmählich dahin. Nicht aber ihre Früchte ... in Form von Fähigkeiten ... So geht gewiß kein Erlebnis ungenützt vorüber: die Seele bewahrt es als Erinnerung, und der Geist saugt aus ihm dasjenige, was seine Fähigkeiten, seinen Lebensgehalt bereichern kann. Der Menschengeist wächst durch die verarbeiteten Erlebnisse.»[400]

Der geistigen Architektur des menschlichen Wesens entsprechend, spiegelt sich die geistige Natur des Menschen in seiner leiblichen. Freilich beschreibt Steiner den Menschen in der *Theosophie* zunächst vom Leib über die Seele zum Geist; er geht also vom Sichtbaren aus, um zum Wirkenden vorzudringen. Dabei schattet sich das, was im Geistmenschen wirkt, im (physischen) Leib ab, während das im Lebensgeist Wirkende verwandt ist dem, was im Lebensleib geschieht. Wie der Lebensleib den Organismus zu den gesamten Lebensprozessen mit dem Stoffwechsel anregt, durch den Äußeres verinnerlicht, für den eigenen Leib zubereitet und Unbrauchbares ausgeschieden wird, wie durch ihn das Wachstum sowie die Gestaltung der Organe und die Erhaltung der Art geregelt werden, so ist es auf der Ebene des Geistes der Lebensgeist, der die *geistigen Lebensprozesse* organisiert: Er läßt den Geist wachsen, indem er an den seelischen Erlebnissen teilnimmt und sie als verarbeitete Erträgnisse, in Form von Fähigkeiten, heraussaugt. Er scheidet wie jener «Unverdauliches» aus; aus dem Angeeigneten wächst und bereichert er sich. Die Aufnahme anderer Gedanken und Erkenntnisse, die Anregungen, die ein Gespräch dem eigenen Geist vermittelt, sind innerhalb des geistigen Lebens ebenso wie selbstgewonnene Einsichten ganz individuelle Wachstumsvorgänge.

Wenn Steiner von verarbeiteten Erlebnissen spricht, dann ist damit eine Wesensschicht benannt, die dem Bewußtsein nicht ohne weiteres zugänglich ist. Denn was Erfahrung ist, läßt sich nicht allgemein angeben. Erst wenn der Mensch einem Zusammenhang oder einem zu lösenden Problem gegenübersteht und angesichts der konkreten Aufgabe eine Sicherheit im Herangehen und Vorgehen, eine Folgerichtigkeit der Handlungsschritte erkennen läßt, erweist sich – auch für ihn –, daß er das Problem geistig durchdrungen hat. Die Lösung erfolgt ohne umständliche Überlegung, sie wird einfach gekonnt, weil die Befähigung vorliegt. Woher aber kommen die Fähigkeiten? Aus Übungen und Bemühungen. Als dasselbe Problem erstmalig auftrat, war derselbe Mensch unsicher, probierte oder überlegte, ja befragte vielleicht andere, was zu tun sei. Nun braucht er alles dies nicht mehr durchzuspielen; hat er die Aufgabe wahrgenommen und richtig «erkannt», dann kann er sich direkt der Lösung zuwenden. Denn tiefer als das Tagesbewußtsein sitzt ein Vermögen, das ihm hilft: Es ist die geistige Kraft, der eigene Lebensgeist. Er ist dem Lebensleib durchaus verwandt, denn wie dieser Träger der Gewohnheit ist, so jener Träger der verarbeiteten, gereiften Lebenserfahrung. In den Gewohnheiten steckt Routine, in der hier gemeinten Erfahrung stets der Lebensertrag, also auch die Individualität, das unverwechselbar Persönliche.

Das Geistselbst

Das in der Erfahrung auffindbare Individuelle heißt bei Steiner *Geistselbst,* es ist mit dem Ich insofern verbunden, als es sich zu diesem wie dessen höheres Selbst verhält. Es ist der *Kern des Ich,* dessen Individualität. Das Ich hat unmittelbare Beziehungen zur Welt, das Geistselbst mittelbare, das heißt durch das Ich vermittelte. Während das Ich in allen Regungen der Seele mit anwesend ist, also in der Seele lebt und von dort auf den Leib ausstrahlt, aber auch von diesem beeinflußt wird, offenbart sich im Ich die geistige Welt, durch jenes aus gedankenhaftem Stoff gewobene, eigene Wesen des Menschen, seine geistige Substanz: das Geistselbst. Das Ich ist der Mittelpunkt der Seele, das Geistselbst aber Zentrum des Ich, seine geistige Substanz. Während die vielfältigen seelischen Eindrücke, die über die Sinne an das Ich herankommen, dieses von außen nach innen bilden, bildet das Geistselbst das Ich von innen nach außen. «Es strahlt der Geist in das Ich und lebt in ihm als in seiner ‹Hülle›, wie das Ich in Leib und Seele als seinen ‹Hüllen› lebt ... Der ein ‹Ich› bildende und als ‹Ich› lebende Geist sei ‹Geistselbst› genannt, weil er als ‹Ich› oder ‹Selbst› des Menschen erscheint.»[401] Das Geistselbst bildet in der stets auftretenden «exzentrischen Positionalität» des Ich den geistigen Kraftpol, wie das Ich den seelisch bestimmenden. Während das Ich in der Bewußtseinsseele die Wahrheit berührt, trägt das Geistselbst dieselbe vom Ich umschlossen in sich. In jener geistigen Welt, die das geistige

Wesen des Menschen so umgibt wie die physische Welt die Leiblichkeit, besteht zwischen dem Wesen und seiner Umgebung ein Verhältnis, das analog ist dem zwischen physischem Leib und mineralischer Welt. Das seelische Wesen gewahrt die physische Umwelt, also die anderen Körper und Wesen in ihrer sinnlichen Offenbarung, durch eine eigene Sinnesorganisation. Der Geist des Menschen erfährt die in seiner – geistigen – Umgebung wirkenden Kräfte in seinem unmittelbaren Erleben als sich offenbarende Gedankenwesen, und zwar durch ein Vermögen, das im Bereich der Sinne der Empfindungsfähigkeit entsprechen würde. Dieses Gewahren eines Geistigen ist die *Intuition*. «In dem gleichen Sinne, wie die Offenbarung des Körperlichen Empfindung heißt, sei die Offenbarung des Geistigen *Intuition* genannt. Der einfachste Gedanke enthält schon Intuition, denn man kann ihn nicht mit Händen tasten, nicht mit Augen sehen: man muß seine Offenbarung aus dem Geiste durch das Ich empfangen.»[402] Mit Intuition (von intueri, ansehen, betrachten) wird das geistige Wahrnehmungsvermögen bezeichnet. (Das Griechische nannte die innere geistige Anschauung, das geistig unmittelbar Gewahrte, also das Wesen *theoria* oder *eidos*.) Wie in der Empfindungsseele das Empfindungsvermögen angesiedelt ist, so die *geistige Evidenz*, also das Intuitionsvermögen, im Ich, dem Geistselbst. Da der Geist seinem Stoffe nach als aus Gedankensubstanz gewoben sich erweist, handelt es sich bei der Wahrnehmung des Geistigen zunächst um die Wahrnehmung von Gedanken*formen*, in einer weiteren Stufe dann um eine solche von Gedanken*wesen*. Dementsprechend bemerkt Steiner in seiner *Philosophie der Freiheit*: «Wer das Denken beobachtet, lebt während der Beobachtung unmittelbar in einem geistigen, sich selbst tragenden Wesensweben darinnen. Ja, man kann sagen, wer die Wesenheit des Geistigen in der Gestalt, in der sie sich dem Menschen *zunächst* darbietet, erfassen will, kann dies in dem auf sich selbst beruhenden Denken. Im Betrachten des Denkens selbst fallen in eines zusammen, was sonst immer getrennt auftreten *muß*: Begriff und Wahrnehmung.»[403] Zuvor hatte Steiner schon formuliert: «Für uns ist die Intuition ein unmittelbares Innesein, ein Eindringen in die Wahrheit, die uns alles gibt, was überhaupt in Ansehung ihrer in Betracht kommt.»[404] In aller Regel richtet der Denkende während seiner Tätigkeit seine Aufmerksamkeit auf den Inhalt des Denkens, auf die Abfolge, die Verknüpfung von Vorstellungen, Begriffen, Folgerungen aus Annahmen und anderes. Wäre dem nicht so, entschwände ihm der Inhalt des Gedachten, der Gedanke, aus dem Bewußtsein. Deshalb bedarf es einer mühsam zu erringenden, das heißt zu erübenden inneren Anstrengung, gewissermaßen eines Ruckes, die Aufmerksamkeit umzuwenden und die Entstehung der Tätigkeit selbst zu beobachten. Korrekt spricht Steiner von der Erzeugung eines Ausnahmezustandes, in dem der Denkakt, die Tätigkeit und der Verlauf, nicht aber die Denk*inhalte* innerlich angeschaut werden. Das Entscheidende, was dadurch geschieht, ist, daß in diesem Augenblick jene sonst fehlende Einheit von Wahrnehmung und Begriff auftritt, die aufgrund der menschlichen Leibesorganisation ursprünglich stets getrennt gegeben sind, nämlich die Wahrnehmung durch die Sinne, der Begriff durch das Denken. *«Intuition ist das im rein Geistigen verlaufende bewußte Erleben eines rein geistigen Inhaltes.* Nur durch eine Intuition kann die Wesenheit des Denkens erfaßt werden.»[405]

Der geistige Mensch als Zukunftsmensch

Bisher wurde ein Bild der menschlichen Wesenheit dargestellt, wie es Steiner in den Jahren 1904 bis 1909 entworfen hat. Es geht vom erwachsenen Menschen unserer Zeit aus und nimmt die Gegebenheiten so, wie sie sind. Die Gegebenheiten werden in unserer Darstellung von der Seite des Geistes her beschrieben, aber wir haben nicht ausdrücklich nach dem Warum und nach ihrer Herkunft gefragt. Das liegt an der gewählten Perspektive. Steiner selbst untersucht bereits in der *Theosophie* den Menschen nach seiner leiblichen, seelischen und geistigen Herkunft und Genese. In der *Geheimwissenschaft*, die als zweiter Band der *Theosophie* konzipiert wurde, geht er dann bis auf den Ursprung der Welt- und Menschenentstehung aus geistigen Prozessen zurück und bringt den Gedanken der Schöpfung des Menschen in einen Zusammenhang mit dem der irdischen beziehungsweise planetarischen, also der Weltentwicklung – eine eigens hervorzuhebende und zu untersuchende Leistung, die eine Sonderstellung im Wissenschaftsdenken unserer Zeit einnimmt.[406] Doch diese weitreichende Perspektive soll hier nicht verfolgt werden. Wir wenden uns lediglich einer mittleren Perspektive zu, wie sie sich bei der Betrachtung des Ich aufdrängt. Indem der Mensch den Tropfen des Geistes als Ich in die Seele aufnimmt, wendet er das, was sich im Selbst-Erfassen beim Auftauchen des Selbsterlebens ergibt, allmählich auf die offenbare Welt und die eigene Seele an. In einer vom «Ich ausgehenden Arbeit an seiner Seele» setzt der

Mensch den eigenen «Leibes- und Seelengliedern Neues an», er «erobert, was in den niederen Gliedern seiner Seele verborgen liegt.»[407] Mit anderen Worten: Es gibt im Menschen Anlagen, die erst durch eigene innere Tätigkeit zur Reife kommen, das Ich als Wesenszentrum ist Regent dieser Tätigkeit. Was in der geistigen Welt wahrgenommen werden könnte, ist dem Ich, solange es in die Kräfte des Leibes eingebunden ist, zunächst wahrzunehmen verwehrt. – Doch diese Wahrnehmungswelt erschließt sich unter zwei Grenzbedingungen: jedem Menschen nach der Leibbefreiung des Ich, also nach dem Tode, oder im Ausnahmezustand nach intensiver Schulung beim «Gang über die Schwelle». Dann vermag er wahrzunehmen die «geistigen Wesenheiten, welche den Menschen immer umgeben und die seinen physischen Leib auch aufgebaut haben. In der physischen Welt nimmt der Mensch also nichts anderes wahr als die Offenbarungen derjenigen geistigen Kräfte, welche seinen eigenen physischen Leib auch gestaltet haben.»[408] Im einen Fall hat man es mit einem Natur-, im anderen mit einem Kulturereignis zu tun. «Im Grunde besteht alles Kulturleben und alles geistige Streben der Menschen aus einer Arbeit, welche diese Herrschaft des Ich zum Ziele hat. *Jeder* gegenwärtige Mensch ist in dieser Arbeit begriffen.»[409] In diesem Sinne ist die Wahrnehmung des Geistes ein reifer Ertrag.

Die Umwandlung, die das Ich an seiner menschlichen Gesamtwesenheit leistet, wird von Steiner genauer untersucht. Das Kind, das den Eindrücken unmittelbar folgt, wandelt sich zum Erwachsenen, der seine Handlungen mehr oder weniger sorgfältig vorausbedenkt – unter dem Einfluß äußerer *Kulturfaktoren* wie auch aus eigenen Einsichtskräften. Also sowohl die äußere Kultur (Enkulturation, Sozialisation) wirkt als ein die Seele Bestimmendes wie auch von innen, aus den Gestaltungskräften des Ich, Einsicht und eigener Wille (Selbstbestimmung). Es ist eine Leistung des Ich, wenn die Triebe und Leidenschaften beherrscht werden, denn seelisch naturhaft wollen diese sich spontan ausleben, oft gegen das zur Einsicht gekommene Ich. Der Tatbestand ist allenthalben beobachtbar, daß aus einem ungezügelt handelnden Menschen ein nach begründeten Absichten handelnder, aus einem seinem spontanen niederen Begehren folgenden ein seinen errungenen geistigen Zielen oder Idealen folgender wird. Dies darf als eine ganz individuelle und persönliche Leistung angesehen werden. In ähnlichem Sinne bildend wirken, bei näherem Zusehen, auch Kulturfaktoren – Normensystem, Sitte, Tradition – mit ihren Formen, Gewohnheiten und Zwängen auf die Seele, auch wenn diese Wirkungen weniger persönlich zu sein scheinen. Man könnte im einen Fall als wirkendem Faktor vom *individuellen Ich,* im anderen Fall von einem *Kultur-Ich* sprechen. Da ist die Arbeit eine, die dem ganzen «Menschengeschlecht eigen ist». – Beiden Kräften gemeinsam ist, daß sie die «Triebnatur» lenken und nicht sich selbst überlassen. «Ja darinnen liegt gerade die Aufgabe des ‹Ich›, daß es die anderen Glieder von sich aus veredelt und läutert.»[410]

Was ist nun Tätigkeit des Ich, was des Geistselbstes? Steiner spricht davon, daß das Ich im gegenwärtigen Menschen keineswegs eine einfache Wesenheit ist. Er differenziert zwischen dem Träger des Ich, dem «Ich-Leib» (Bewußtseinsseele), und der «höheren Menschenseele», womit das Geistselbst gemeint ist.[411] Beide bilden aber ein Kraftzentrum mit zwei Polen und können daher als Einheit betrachtet werden. In diesem Sinne wird dann von Steiner auch zumeist der Begriff Ich für das Wesen der Bewußtseinsseele wie auch für das geistige Wesen des Menschen benutzt. Der Umwandlungsimpuls des Ich, wie ihn Steiner schildert, erinnert an die Schilderung Platons von dem ungebändigten Rosse der Seele und dem anderen, das sich gehorsam dem Ich als Lenker fügt.[412]

Das Ich erweist sich als Gegenpol zu der vom Leib und seinen Gesetzen beherrschten Seele. Das «Kultur-Ich», wie wir es nannten, erzeugt in den verschiedenen Leben, von denen Steiner für die geistige Existenz ausgeht, Wandlungen an den Seelengliedern, die in ihrem ursprünglichen Zustand – ohne die Arbeit des Ich – als tierverwandt erscheinen müssen.[413] Die Wirkungen der *Kultur-Tätigkeit* lassen sich kurz so zusammenfassen:

- Der Empfindungs*leib* gestaltet sich um, es bilden sich etwa verfeinerte Arten der Lust und Unlust.
- Durch Werke der Kunst gehen Wirkungen auf den *Lebensleib* aus und erzeugen Ahnungen des Höheren und Edleren, dasselbe geschieht durch die Religion, indem sich tief prägende Gewohnheiten und Verehrungskräfte bilden.
- Im gleichen Sinne wirken die Kulturverhältnisse bis in das Verhalten des *physischen Leibes,* in die Sinneseindrücke. Ob jemand in einer Jägerkultur oder im Industriebetrieb seine Erfahrungen macht, also «sozialisiert» wird, davon hängt ab, wie er sich bewegen wird, worauf seine Aufmerksamkeit gerichtet werden muß, auf die Natur oder die Gefahren des Betriebs und so weiter.

Das *individuelle Ich* hingegen arbeitet ganz persönlich an seinen eigenen seelischen Gliedern, Organen oder Hüllen; diese liegen als Verborgenes hinter dem für den Menschen Offenbaren und werden durch die Arbeit schließlich selbst offenbar.

Bemächtigt sich das Ich mit seiner Arbeit am eigenen Wesen des Astralleibes – oder der Empfindungsseele – und vereinigt sich mit dessen verborgener Wesenheit, so verwandelt sich der Astralleib allmählich zu jenen Kräften, die zum *Geistselbst* führen. «In dem Geistselbst ist ein höheres Glied der Menschenwesenheit gegeben, ein solches, das in ihr gleichsam keimhaft vorhanden ist und das im Laufe ihrer Arbeit an sich selbst immer mehr herauskommt.»[414] In dem Niederen schlummert also schon latent ein Höheres, ist keimhaft veranlagt, so wie in einem Samenkorn die Pflanzengestalt, ja sogar deren höchste Entfaltung in Blüte und Frucht der *Anlage* nach eingeschlossen liegt. Damit aber diese Anlage sich entfaltet, ist eine differenzierte Entwicklung, die von inneren und äußeren Wechselwirkungen abhängt, vonnöten. Für Steiner, der ganz unverkennbar methodisch durch sein intensives Studium der Naturwissenschaft geprägt und zuinnerst durch die naturwissenschaftlichen Ideenformen Goethes befruchtet wurde, die er selbständig weiterentwickelte, ist das Ziel des Menschseins schon in den allerersten Anfängen vorhanden. Das gilt für alles Lebendige: Schon im Keim ist das Ziel, die Idee der sich entwickelnden Gestalt anwesend; sichtbar und aktuell wird sie indessen nur, wenn sie in Wechselbeziehungen zu den weiteren Lebensfaktoren tritt. Goethe nennt die Idee, worauf ein Wesen in seiner Entwicklung abzielt, *Entelechie*, das heißt, die Zukunft wirkt als bestimmende Größe auf jeden einzelnen Entwicklungsschritt. Dieser von Aristoteles herrührende Begriff der Entelechie verdeutlicht das, was sein Ziel in sich hat. Es wäre freilich ein Mißverständnis, diesen Begriff, wie es gewöhnlich geschieht, nur teleologisch zu verstehen; denn zum Ziel gehört auch, daß es sich mit der Entwicklung des Wesens an den Erfahrungen und durch sie wandelt. Das gilt in besonderem Maße für den Menschen, für sein freies, selbstbewußtes, der Welt der Absichten und Gedankensubstanz entstammendes Wesen, das Geistselbst. Für Steiner wäre eine streng festliegende Zielbestimmung des Wesens mit dem Freiheitsgedanken unvereinbar; dieser setzt voraus, daß das Ziel mit dem Wesen zusammen wandelbar bleibt. Denn dessen geistiger Lebensorganismus mit seinen Erfahrungen und Fähigkeiten, der Lebensgeist, und schließlich seine geistige Gestalt mit ihrer unverwechselbaren

Individual-Form, der Geistmensch, haben zwar ein Werdeziel ideell in sich, doch *sind* sie keineswegs, was sie werden wollen. Das macht die Transzendenz des Menschen aus, seine «Unberechenbarkeit», Offenheit, aber auch seine Moralität.

Wie das Geistselbst dem Astralleib inhärent ist, so der Lebensgeist dem Lebensleib und der Geistmensch dem physischen Leib. Durch die Arbeit am gesamten Lebensprozeß, an Gewohnheiten, Charakter und so weiter entfaltet sich der Lebensgeist; durch allmählich wachsende Beherrschung zunächst völlig unbewußt ablaufender stofflicher Vorgänge der Geistmensch. Der überforderte, «gestreßte» Mensch wird krank; übt er Besonnenheit, Gelassenheit, dann drückt sich dies allmählich bis in Gebärden, Gesten, ja die Blutzirkulation aus, und es entwickelt sich in ihm der Geistmensch, gleichsam im Stoffleib eine Art geistiger Leib, der *Geistleib.* Es ist dies nicht eine Arbeit am Materiellen, sondern eine «geistige Arbeit an den unsichtbaren Kräften, welche ihn [den physischen Leib] entstehen lassen und wieder zum Zerfall bringen».[415] Die Arbeit des Ich an den drei menschlichen Leibern vollzieht sich, seit überhaupt der göttliche Ich-Funke in diese Leiber eingesenkt wurde. Daß sie bewußt vom individuellen Menschen geleistet wird, ist aber erst in der Gegenwart möglich.[416] Und erst in der *Zukunft* wird der Mensch in seiner wahren geistigen Wesenheit erscheinen. Der Mensch ist demnach durchaus unfertig, seiner Erlösung aus dem Fleische bedürftig, um in der Sprache von Paulus zu sprechen, ihn gibt es «noch nicht», er ist erst auf dem Wege zu sich.[417]

Der Zusammenhang von Geist und Seele: ein Blick auf den Gedanken der Wiederverkörperung

Der Geist des Menschen hat einen inneren Zusammenhang mit der Seele, und zwar so, daß die Seele gleichsam das Kind, der Abkömmling des Geistes ist. Den Zusammenhang sieht Steiner zunächst als einen solchen zwischen dem Geistselbst, dem Träger der Fähigkeiten, und dem Lebensgeist; denn wenn das Geistselbst «in sich etwas aufnimmt, was Frucht werden kann, so durchdringt es sich mit dem Lebensgeist.»[418] Dies bedeutet, daß der gesamte Lebensertrag, die persönliche Substanz bereichert wird. Auf diese Weise wird der auf dem Weg befindliche Geist sowohl durch die Erlebnisse der Seele geprägt wie er seinerseits auch Einfluß auf die Gestaltung der Seele mit ihren Begehrungskräften, ihrer Reizbarkeit, ihren Erlebens- und Empfindungsfähigkeiten hat. Der Lebensgeist bildet gleichsam die geistige Kraftgestalt, die, einem Magneten gleich, die ihm verwandte seelische Substanz in ihr eigenes Kraftfeld einbezieht und formt. An dieser Stelle wird von Steiner der Gedanke der Wiederverkörperung aufgerufen, auf den wir noch zurückkommen. Die Substanz der Begehrungen, der Wünsche, des Reagiblen ist der Seelenstoff, die Anziehung und Abstoßung anderer seelischer Wesen wird in ihrer Form individuell tingiert durch den Lebensgeist. In diesem Sinne formuliert Steiner knapp: «Wie der Lebensleib die Form von Art zu Art wiederholt, so der Lebensgeist die Seele vom persönlichen Dasein zu persönlichem Dasein.»[419] In einem Vortrag wird derselbe Tatbestand so formuliert: «Die Seele ist nicht erwachsen aus dem Urgrund des nur Lebendigen, *die Seele ist hervorgegangen aus Geistigem.*»[420]

In dem reinen Geisterland, also nachtodlich der irdischen Fesseln ledig, erlebt sich der Geist mit seinen Zielen und Absichten, die er sich gesetzt hat.[421] «Alles, was in der Welt schon verwirklicht ist, bringt ja die höchsten Ziele und Absichten nur in einem mehr oder weniger schwachen Nachbilde zum Dasein ... Und der Mensch kann während seiner Verkörperungen nur anknüpfen an diese unvollkommenen Nachbilder der vollkommenen Absichten und Ziele.»[422] Kommt das Geistselbst «zu sich», so kann das Selbst sich im Geiste ergreifen, es ist das Wesen, das einerseits die eigene Vergangenheit mit allen Fähigkeiten, andererseits die Zukunft mit den ihm eigenen Zielen umgreift. Dieser Zustand des Geistes kann als einer im «Reiche der Absichten und Ziele» bezeichnet werden. Da sind alle Unvollkommenheiten abgestreift. «Das Selbst, das während des irdischen Daseins durch ein reges Gedankenleben oder durch weise, werktätige Liebe die Absichten des Geistes zu verwirklichen gesucht hat», blüht in diesem Reiche auf.[423] Die Urteilsmaßstäbe sind hier andere als für das irdische Bewußtsein: Der menschliche Geist mißt sich hier an seinen eigenen höchsten Zielen. Daraus bildet er in sich den Drang nach einem bestimmten Schicksal aus, nach der Chance, bestimmte Erfahrungen zu durchlaufen – auch schmerzhafte.

Welcher Geist verkörpert sich denn wieder? Der hochentwickelte, reife oder der schwachsinnige des Greisenalters? Steiner antwortet auf diese ihm in Berlin gestellte Frage folgendermaßen: «Die Antwort auf diese Frage setzt voraus, daß man sich eine richtige Vorstellung bilde von dem

Verhältnis der physischen (sinnlichen) und der übersinnlichen Wesenheit des Menschen. Die physische Wesenheit unterliegt den physischen Gesetzen. Während seiner Verkörperung kann der Menschengeist nur dasjenige vollbringen, was diese physischen Gesetze zulassen. – Wenn durch die Gesetze des Körpers im Alter der Geist nicht mehr imstande ist, in derselben Weise zu wirken, wie er das in einer früheren Lebensepoche imstande war, so rührt das davon her, weil sein Körper ein weniger gutes *Mittel* für seinen Geist geworden ist ... Was altert, ist dieser Körper; und nur der gealterte Körper ist nicht mehr fähig, das ihm vom Geist Gebotene zum Ausdruck zu bringen ... Auch das *Bewußtsein* unseres Selbst ist von den Gesetzen unseres Körpers abhängig. Wir sind uns niemals unseres Geistes in seinem vollen Umfange bewußt, sondern nur insoweit, als dies die Gesetze unserer gegenwärtigen Verkörperung zulassen. Man muß klar unterscheiden, was man *ist*; und das, was man jeweilig von sich selbst *erkennt*. Was man *ist*, das ist man ewig; was man jeweilig von sich *erkennt*, das hängt genauso von den (zeitlichen) Gesetzen der Verkörperung ab wie dasjenige, was man von der Außenwelt erkennt.»[424] – «Er [der Geist] ist, was er immer war und immer sein wird ... Er lebt in dem Walten der Absichten, welche für diese Verkörperungen bestehen und die er in sein eigenes Selbst eingliedert. Er blickt auf seine eigene Vergangenheit zurück, und er fühlt, daß alles, was er in derselben erlebt hat, in die Absichten, die er in Zukunft zu verwirklichen hat, aufgenommen wird. Eine Art Gedächtnis für seine früheren Lebensläufe und der prophetische Vorblick für seine späteren blitzen auf ... Als ein Glied der göttlichen Weltordnung kann sich das Selbst fühlen ... Die geistige Welt aber ist eine Einheit. Wer in ihr lebt, weiß, wie das Ewige an der Vergangenheit geschaffen hat, und er kann von dem Ewigen aus die Richtung für die Zukunft bestimmen.»[425]

Damit haben wir die Wurzeln dargelegt, aus denen sich die Art, den Menschen zu verstehen, bei Steiner aufbaut. Er folgt mit seiner Vorstellung, daß am Menschen das Dominante der Geist sei, der sich den Leib erbaut, einer guten und langen geistesgeschichtlichen Tradition, wie sie sowohl in den verborgenen Mysterien als auch im Philosophieren des Menschen über sich selbst gepflegt wurde. Im Ausschreiten der Erkenntnishorizonte geriet in der Geschichte des menschlichen Selbstverstehens durchaus Verschiedenes aus der menschlichen Natur in den Blick des Betrachters: in diesem Jahrhundert die «große Vernunft des Leibes» (Nietzsche) sowie die in ihm eingebundene Seelen- und Triebhaftigkeit.

Demgegenüber hält Steiner an der geistrealen Anschauung fest, die schon bei I. H. Fichte auftrat, an den er deshalb auch bewußt in seiner *Geheimwissenschaft* anknüpft: «Dass es nämlich die ‹Natur› auf ein specifisch höheres Wesen angelegt habe, geht aus dem Umfange seiner Perfectibilität hervor, sowie aus den Contrasten der Vollkommenheit und Unvollkommenheit, die er in sich zu *umspannen* vermag und in denen er die ganze höhere Thierwelt aufs eigentlichste in sich wiederholt und zugleich in neuer Vereinigung darbietet. Alle Triebe, Affecte, Gemüthsrichtungen, welche die Thierwelt vereinzelt zeigt, sind auf ihn zusammengehäuft, aber zugleich seiner freien Beherrschung überwiesen. Sogar dass er so tief *entarten*, die Schranken durchbrechen kann ... ist ein Zeichen seiner specifisch höheren Stellung unter den Weltwesen.»[426] Daraus gewinnt dann Steiner seine Überlegungen für die Erziehung, denen wir uns nunmehr zuwenden wollen. Für die Begründung einer Erkenntniswissenschaft und für die Anthroposophie hat die Einsicht der Wiederverkörperung erhebliche Bedeutung; sie soll aber hier in ihrem vollen Umfang nicht weiter verfolgt werden.[427]

Exkurs: Ein anthropologisches Grundproblem – die anthroposophische Antwort

Es gilt nun die Aufmerksamkeit auf einen anthropologischen Grundtatbestand zu lenken. Wieso fallen beim Menschen generell Wahrnehmung und Denken in zwei getrennte Akte auseinander? Beim Tier besteht gerade darin eine Lebenssicherung, daß die Wahrnehmung und das dazugehörige Deutungsmuster (Schema) streng verkoppelt sind. Am Schweißgeruch bei der Beutesuche nimmt ein Wolf beziehungsweise ein Wolfsrudel bereits wahr, wie es sich beim Anpirschen an das Beutetier zu verhalten hat: Instinkthaft wird ein Hirsch anders gejagt und geschlagen als ein Großtier, etwa ein Elch oder Ren, der Hirsch wird gehetzt und erst, wenn er erschöpft ist, gerissen, das Ren wird von der Herde abgesondert und dann erlegt. Wahrnehmung und «Bedeutungsschema» und das daraus resultierende Instinkt-Verhalten sind so eng verzahnt, daß das Verhalten, wenn man es einmal beobachtet hat, sicher vorhergesagt werden kann.

Das Verhaltensmuster gilt selbst auch dann noch, wenn eine bestimmte Art durch einige Generationen im Zoo gehalten wurde und die Tiere keine Möglichkeit hatten, das typische Verhalten anzuwenden; werden einige Exemplare freigelassen, beherrschen sie sofort das Verhaltensrepertoire ihrer Art. Die von Gehlen aufgewiesene *Instinktreduktion* des Menschen hat genau diese Entkoppelung zur Folge.[428] Der Mensch reflektiert sein Tun. Physiologisch braucht aber die Reflexion Zeit, denn indem der Mensch nachdenkt, verläuft Zeit.

Von diesem Tatbestand geht Steiner aus und fragt nach seiner Verankerung in der menschlichen Natur. Eine erste Stufe wurde bereits 1894 dargestellt; eine Neuformulierung des Problems findet sich zwanzig Jahre später in den *Rätseln der Philosophie* (1914) im «Skizzenhaft dargestellten Ausblick auf eine Anthroposophie». Die Ausgangsfrage lautet: «Wie kommt die selbstbewußte Seele dazu, das, was sie in sich erlebt, als einer wahren Wirklichkeit Offenbarung anzusehen?»[429] Die Sinneswahrnehmung stellt nämlich nur die halbe Wirklichkeit dar, die andere Hälfte kommt aus der «Innenoffenbarung der Seele», durch das Denken. Nur das dadurch Erfaßte (eben der Begriff, die Einsicht in das Gesetzmäßige) gehört dem außen Gewahrten zu. So ist der Gedanke unabweisbar, daß die volle Wirklichkeit in der Wahrnehmung zunächst zum Teil ausgelöscht wird. «Es liegt im Wesen der Seele, beim ersten Anblick der Dinge etwas *auszulöschen*, das zu ihrer Wirklichkeit gehört.»[430] Erst durch Hinzugabe dessen, was das tätige Ich im Denken an Begriffen selbstschöpferisch (oder auch durch Übernahme von anderen) erzeugt, wird die Wirklichkeit hergestellt. Im weiteren Untersuchungsgang macht dann Steiner darauf aufmerksam, daß beim Eindringen in die Erscheinungen mit Hilfe des Denkens sich im Bewußtsein eine schöpferische Tätigkeit vollzieht, wodurch sich der Mensch tiefer mit der vollen Wirklichkeit verbindet. Um diesen Vorgang in die genaue Erfahrung und Beobachtung zu bringen, muß eine Wendung des Denkens auf sich selbst stattfinden. Wie schon einmal bemerkt, nennt Steiner diesen Vorgang intuitieren. Es kommt darauf an, «die Denktätigkeit zu erleben. Auf diese Weise reißt sich die Seele los von dem, was sie in ihrem gewöhnlichen Denken vollführt. Sie wird dann, wenn sie solche innere Übung genügend lange fortsetzt, nach einiger Zeit erkennen, wie sie in Erlebnisse hineingeraten ist, welche sie abtrennen von demjenigen Denken und Vorstellen, das an die leiblichen Organe gebunden ist.»[431] Damit wird der Übergang von der Verstandesseelen-, teilweise auch Bewußtseinsseelentätigkeit zur Tätigkeit des Geistselbst beschrieben, wo nicht mehr nur einfache Gedanken intuiert werden, sondern Geist- beziehungsweise Gedankenwesen selbst anschaubar werden. Innere «Seelenarbeit» und «Verharren in solcher innerer Tätigkeit» sind notwendig, damit die «Erlebnisse gewissermaßen sich geistig in sich ‹verdichten›. Sie offenbaren dann in dieser ‹Verdichtung› ihr inneres Wesen, das im gewöhnlichen Bewußtsein nicht wahrgenommen werden kann. Man entdeckt durch solche Seelenarbeit, daß für das Zustandekommen des gewöhnlichen Bewußtseins die Seelenkräfte sich so ‹verdünnen› müssen und daß sie in dieser Verdünnung unwahrnehmbar werden. Die hier gemeinte Seelenarbeit besteht in der *unbegrenzten Steigerung* von Seelenfähigkeiten, welche auch das gewöhnliche Bewußtsein kennt ... Es sind die Fähigkeiten der *Aufmerksamkeit* und der *liebevollen Hingabe an das von der Seele Erlebte*.»[432] Von dieser errungenen Sicht aus wird das Seelenleben durchschaubar, und zwar als eines, das zwar dem Leib verhaftet ist, nicht aber durch diesen erzeugt wird. Dann aber wird der Leib in seiner Bedeutung erkennbar, die darin besteht, daß er die Welt durch die Wahrnehmungen bewußt werden läßt, er ist ein «*Spiegelungsapparat* dessen, was außerhalb des Leibes seelisch-geistig sich abspielt».[433] In ihm liegt die Ursache dafür, daß es zu jener Spaltung in zwei getrennte Vorgänge kommt: in Wahrnehmung *und* Denken. Er zerreißt die einheitliche Wirklichkeit, Wahrnehmung und Denken schaffen die erneute Annäherung an die Wirklichkeit. Allerdings schaltet sich das Wesen des Menschen selbst in diesen Vorgang ein. In einer ersten Stufe ist die Intuition bei jeder Begriffserfassung schon gegeben; nach vorhergehender Seelenübung kann es zur vollgültigen Intuition kommen, in der das geistige Wesen selbst erfaßt und als volle Wirklichkeit geschaut wird. «Theoretische Beweise, daß die [durch Intuition gewahrte] geistige Welt wirklich ist, wird man vergeblich suchen; doch gibt es solche auch nicht für die Wirklichkeit der Wahrnehmungswelt. Wie da zu urteilen ist, darüber entscheidet *das Erleben* selbst in dem einen oder anderen Falle.»[434]

1917 wendet sich Steiner erneut dem Problem zu, indem er die Schwierigkeiten, «das rein Seelische in den Bereich der Aufmerksamkeit zu ziehen», also eine zentrale Aufgabe jeglicher psychologischen Forschung, im Anschluß an Brentano untersucht. Geschieht dies nämlich, werden die meisten Menschen sogleich von ihrer Vorstellungskraft verlassen und fangen an zu träumen. Denn wenn das sinnlich Wahrnehmbare als Grundlage fehlt, «dämpft» sich sofort das Vorstellungsvermögen herab.[435] Dieser Dämpfungsvorgang wird pointierter auch als «Herablähmung» bezeichnet. Er vollzieht sich stets, wenn das sinnliche Gewahren verlassen wird und dann nur die Erinnerungsvorstellung zurückbleibt. Diesen Vorgang kennt jeder: Nach dem Schließen der Augen ist schon nach kurzer Zeit die Bewußtseinshelle gedämpft. Das hängt mit der Leibesorganisation zusammen,[436] indem erst durch sie die Fähigkeit zur Abstraktion geschaffen wird, also die Überwindung der Empfindungsseele, wo Wahrnehmung und Deutung noch eng verbunden sind. Steiner fragt: Was hat der *Begriff Wolf,* über den ich in der Vorstellung verfüge, mit dem *Wolf der Wirklichkeit* zu tun? Ist er bloß ein von mir geformtes Schema, indem ich aus einer Vielzahl von Wahrnehmungen und Vorstellungen nach und nach Merkmalgruppen abstrahiert habe, die zusammengefaßt dieses Schema Wolf bilden, wie die philosophische Richtung des Nominalismus annimmt? Oder berührt der Begriff etwas von jener Wirklichkeit, die das Lebewesen Wolf, leiblich und in seinen Verhaltensweisen und Instinkten als Raub- und in Rudeln lebendes Tier konstituiert? Zu diesem Wirklichen, dem *Wirkenden* muß es ja gehören, daß das Eiweiß, der leibliche Stoff, entsprechend dem Wesen des Wolfes geordnet wird. «Der Wolf zum Beispiel besteht aus keinen andern materiellen Bestandteilen als das Lamm; seine materielle Leiblichkeit baut sich aus assimiliertem Lammfleisch auf; aber der Wolf wird doch kein Lamm, auch wenn er zeitlebens nichts als Lämmer frißt. *Was ihn also zum Wolf macht, das muß selbstverständlich etwas anderes sein als die Hyle [Stoff], die sinnfällige Materie, und zwar kein bloßes Gedankending muß oder kann es sein, obwohl es nur dem Denken, nicht dem Sinne zugängig ist, sondern ein Wirkendes, also Wirkliches, ein sehr Reales.*»[437] Die Sinne vermitteln nicht den Begriff Wolf. Und in der Form, in dem das Bewußtsein über diesen Begriff verfügt, ist der Begriff kein Wirkendes, denn recht gefaßt, müßte er dann den darüber Verfügenden zum Wolfe machen. Damit stößt die Anthropologie in ihrem Verständnis an einen Grenzort des Erkennens, über den sie nicht hinauskommt. Den Zusammenhang deckt nach Steiner erst die Anthroposophie auf, insofern neben der sinnenfälligen Beziehung des Menschen zum Wolf noch eine andere besteht, nämlich ein lebendiger, über den Sinnesprozeß hinausgehender «übersinnlicher» Zusammenhang zwischen dem Menschen und dem sinnlich angeschauten Objekt. Dieses Lebendige des Zusammenhangs wird durch die Verstandestätigkeit zum Begriff «herabgelähmt». «Die abstrakte Vorstellung ist das zur Vergegenwärtigung im gewöhnlichen

Bewußtsein erstorbene Wirkliche, in dem der Mensch zwar lebt bei der Sinneswahrnehmung, das aber in seinem Leben nicht bewußt wird ... Die Wirklichkeit gibt dem Menschen ein Lebendiges. Er ertötet von diesem Lebendigen denjenigen Teil, der in sein gewöhnliches Bewußtsein fällt. Er vollbringt dieses, weil er an der Außenwelt nicht zum Selbstbewußtsein kommen könnte ... Ohne die Ablähmung dieser vollen Lebendigkeit müßte sich der Mensch als Glied innerhalb einer über seine menschlichen Grenzen hinausreichenden Einheit erkennen; er würde Organ eines größeren Organismus sein.»[438]

Überblicken wir den Gedankengang. Steiner macht innerhalb des geistigen Wesens des Menschen einen Kraftbereich fest, den er Geistselbst nennt, das geistige Wesen des Menschen selbst; es steht mit dem Ich in innigstem Zusammenhang, ist der unzerstörbare Kern, sein höheres Selbst, die Individualität. Während im Denken, der Fähigkeit der Seele, insofern sie dem Geist zugewandt ist, die Wahrheit erstrebt wird, nennt Steiner die *Wahrheit vom Geist umschlossen*, das heißt, sie lebt in ihm. Das wird durch das dritte Merkmal des Geistselbstes, die Intuition, verständlich. Wenn das geistige Vermögen, durch welches das Geistige als das Gedankenverwandte angeschaut wird, sich auf die Wirklichkeit – das ist aber auf dieser Stufe: die Wahrheit – richtet, dann geschieht dies nicht in der Betrachtung eines Gegenüber, nicht durch distanziertes Abtasten des anderen, sondern durch Einung, ja Verschmelzung des eigenen Geistes mit dem anderen geistigen Wesen: Gedankenwesen lebt in Gedankenwesen, und diese Erfahrung wird als Glückserlebnis erfahren. Ein schwaches Schattenbild davon ist die jedermann zugängliche Erfahrung des Aha-Erlebnisses: Was unklar war, leuchtet ein, «ein Licht geht auf». Der Verstehende versteht nicht mehr, wie er vorher nicht verstehen konnte. Die Evidenz überstrahlt alles. Freilich fällt es schwer, dieses «blitzartige» Erleuchtungsgeschehen im genauen Ablauf, im Wie und Warum zu beschreiben, während es als Daß dem Erlebnis zugänglich bleibt. Genau dies macht Steiner zum Gegenstand späterer Untersuchung, denn er ist sicher, daß man dazu gelangen könne, es aufzudecken, und zwar schon auf der Ebene des begrifflichen Denkens. Einem «seelischen Beobachtungsverfahren nach naturwissenschaftlicher Methode» müßten sich durchaus Resultate ergeben. Sie sind bereits in der *Philosophie der Freiheit* dargestellt, wo nicht das Denken in seinen Inhalten oder logischen Abläufen, sondern als sich vollziehend Hervorbringendes zum

Beobachtungsgegenstand gemacht wird – im Ausnahmezustand, wodurch Wahrnehmung und Begriff verschmelzen, sich einen, also eine Kommunion vollziehen. «Das Gewahrwerden der Idee in der Wirklichkeit ist die wahre Kommunion des Menschen.»[439] – In weiteren Untersuchungsstufen, die wenigstens kurz gestreift werden sollen, stellt Steiner dann dar, wie die menschliche Natur so beschaffen ist, daß sie in sich stets Sinnesprozeß und Vorstellungstätigkeit getrennt hält und beide niemals streng verkoppelt. Daraus resultiert die einzigartige menschliche Freiheit, die zunächst, in ihrer Natur betrachtet, einfach eine Freiheit vom Instinktzwang bedeutet. Dies eröffnet aber auch Freiheit *für* selbstbestimmte Handlungen, die ganz von Einsicht und Ethik, welche sich das Ich selbst setzt, bestimmt werden. Das, was Steiner *Herablähmung* nennt, verhindert, daß in der Sinneswahrnehmung etwas so stark in den Wahrnehmenden herüberfließt, daß er entweder dadurch gebannt oder sich nur durch Flucht oder gar durch Vernichtung des anderen davon befreien könnte, wie dies im Tierreich gelegentlich geschieht. Auch die Bedeutung, die das Wahrgenommene für den Menschen hat, wird nicht vollumfänglich, sondern nur abgedämpft empfangen. Dadurch wird eine *Distanz* zwischen dem Objekt und dem Wahrnehmenden geschaffen. Als Folge der beschriebenen Trennung kann sich das Selbst seines eigenen Wesens – im Kontrast und im Gegenüber zur Wahrnehmung – bewußt werden. Es ist dies der eine Quell des Selbstbewußtseins. Der andere Quell ist eine zweite Herablähmung, die im Begriffsbereich geschieht. Würde das im Denken Wirkende, wie es im anderen Wesen lebt, unmittelbar erfahren und nicht nur der «schattenhafte Abglanz», müßte das eigene Wesen des Denkenden von dieser Wirksamkeit überwältigt und geformt werden, der Mensch wäre dann Teil der Natur, unbewußtes Glied eines großen Organismus.

Wir fügen noch Bemerkungen zur *Intuition* an. Sie ist schon in jeder Begriffsbildung anwesend, dann aber vor allem im Erleben des eigenen Wesens, der Ich-Erfahrung und -Evidenz. Als solche Fähigkeit läßt sie sich durch Seelenübung schulen. Hier verläßt Steiner den allgemein nachvollziehbaren Rahmen des Üblichen, da der den Gedanken Mitvollziehende sich aktiv auf den dargestellten Vorgang einlassen müßte, um zur Evidenz zu gelangen. Aber gerade darauf stützen sich seine weitreichenden Äußerungen und Einsichten. Indem nämlich das Intuitionsvermögen erkraftet wird, kann es zum Betrachtungsorgan für das Seelische selbst werden, und das gemeinhin im Träumenden oder Schlafenden verlaufende Seelische wird bewußt. Um das freilich zu erreichen, ist ein langer Weg der Schulung und Selbstdisziplinierung zu durchlaufen, sollen nicht Wirrnisse eintreten.[440] Entscheidend ist dabei, daß der Prozeß erst bei zureichender Ausbildung der Erkenntniskräfte und eines starken Selbstbewußtseins begonnen werden kann.

Das Intuitionsvermögen ist vielfältiger Steigerung fähig. Steiner wendet einerseits den Blick auf die Methode, wie das Vermögen geschult werden kann, andererseits auf die Ergebnisse, nämlich darauf, wie es der Gedanke ist, der das andere Geistige erfaßt. So kann die geistige Aufmerksamkeit auch auf das Erleben der Vereinigung und des Glücks gerichtet werden. Dann stellen sich weniger Einsichten in weitgespannte Zusammenhänge ein als Erlebnisse von Intensität und Tiefe. Sie finden sich, soweit ich sehe, bei Steiner kaum beschrieben, und wenn, dann zumeist in Gedanken-, kaum in Bilderformen.[441] Anders ist das bei überlieferten religiösen Erfahrungen. Da taucht vielfältig das Bild der (geschlechtlichen) Vereinigung oder der «Heiligen Hochzeit» auf.[442] Diese Bilder geben das Erleben der Einung, des Glücks, der Erhebung wieder, weniger den Erkenntnisgewinn, den das menschliche Gedankenleben macht, wenn es sich dem Gedankenleben der Welt eint. Es handelt sich dabei eben nicht nur um schattenhafte Vorgänge, sondern um Begegnung, Durchdringung und Erhöhung am Wirklichen und Wirkenden der geistigen Welt. Daß dadurch nicht ein Verlöschen und eine Selbstaufgabe stattfinden, sondern alles dies in Aufrechterhaltung des eigenen Selbstes geschieht, ist Kennzeichen der Tätigkeit des Geistselbstes.

Teil II:
Die Entwicklung und Erziehung des Kindes

Das geisteswissenschaftliche Menschen-
verständnis als Grundlage
für eine Pädagogik

Steiner baut seine Gedanken zur Erziehung auf dem vorstehend skizzierten Konzept, den Menschen zu betrachten, auf. Erstmals entwickelt er seine pädagogischen Gedanken in Vorträgen, die er 1906/07 an verschiedenen Orten in Deutschland hält. Er faßt sie dann als Autoreferat zusammen und veröffentlicht sie unter dem Titel *Die Erziehung des Kindes vom Gesichtspunkte der Geisteswissenschaft.*[1] Dabei wird der Gedanke von Reinkarnation und Karma, gewissermaßen der Erkenntnisstand, wie er ihn bereits in der *Theosophie* dargelegt hat, vorausgesetzt.

Wir müssen nochmals auf das geistige Wesen des Menschen genauer eingehen. Denn es ist nun das *Geistselbst*, welches von Steiner – neben dem *Intuitionsvermögen* – vor allem als *Quell der Lernfähigkeit* begriffen wird. Die Geschehnisse des seelischen Lebens gehen vorüber, nicht ihre Früchte. «Daß das Geistselbst mit ihnen [den Erlebnissen] verknüpft war, macht einen bleibenden Eindruck auf dasselbe. Tritt der menschliche Geist an ein solches Erlebnis heran, das einem andern ähnlich ist, mit dem es schon einmal verknüpft war, so sieht er in ihm etwas Bekanntes und weiß sich ihm gegenüber anders zu verhalten, als wenn es zum erstenmal ihm gegenüberstände. Darauf beruht ja alles Lernen. Und die Früchte des Lernens sind angeeignete Fähigkeiten. – Dem ewigen Geiste werden auf diese Art Früchte des vorübergehenden Lebens eingeprägt.»[2] In den Anlagen sind diese Fähigkeiten sogar wahrnehmbar, woraus Steiner im Kontext der von ihm vorgenommenen psychologischen Untersuchungen den *Wiederverkörperungsgedanken* begründet, den wir hier nur sehr kurz neuerlich streifen, insofern er für die pädagogische Auffassung Bedeutung erlangt. Zum Gedanken der Wiederverkörperung wird der das menschliche Leben beobachtende und reflektierende Geist aus wenigstens zwei wichtigen Gründen gedrängt:
– Durch die Beobachtung der Anlagen zu Fähigkeiten. Anlagen sind Möglichkeiten, die durch Anregungen oder Herausforderungen zu ra-

scher Entfaltung kommen können, während es bei fehlenden Anlagen unendliche Mühen bereitet, sich das entsprechend Notwendige anzueignen. Für Steiner sind die Fähigkeits-Anlagen auf die beschriebene «Arbeit des Ich» zurückzuführen.[3] Im Vergleich mit dem Tier fällt die Instinktreduktion des Menschen auf, das heißt, er bekommt wenig oder keine Fähigkeiten aus seinem Organismus mit, diese Tatsache erst macht ihn offen für das Lernen. Sein Geist erhält dadurch in der Gemeinschaft anderer Geister eine besondere Stellung. Mustergültig formuliert Goethe den Tatbestand, der für Steiner Gewißheit ist: «Das Tier wird durch seine Organe belehrt; der Mensch belehrt die seinigen und beherrscht sie.»[4] Später antwortet Goethe Wilhelm von Humboldt auf dessen Frage, ob er zu jeder Zeit zu dichten vermöge: «Die Tiere werden durch ihre Organe belehrt, sagten die Alten, ich setze hinzu: die Menschen gleichfalls, sie haben jedoch den Vorzug, ihre Organe dagegen wieder zu belehren.»[5] Diese Fähigkeits-Anlagen können nicht aus der Vererbung herrühren, weil in den Erbgang – auch nach gegenwärtigem Stand der Biologie – *nur* «Informationen» über die DNS weitergegeben werden, die zur *Eiweißbildung* und zur Gestaltung von Geweben notwendig sind (siehe Anhang, XVI). Bei genauer Betrachtung erweist sich die zentrale Aussage, daß die DNS Informationen zum Protein geben soll und nicht umgekehrt, als unzureichend. «Faktisch steht … fest, daß die DNS nur einen Teil der organischen Gesamtinformation codiert und daß bestimmte Proteine ebenso ‹Informationsträger› für Struktur und Funktion der DNS sind, wie die DNS Informationsträger für die Proteinstruktur ist … Aufgrund embryologischer Regenerationsversuche wird dargestellt, daß sie [die Informationen] aus einer dem organischen Material (inkl. DNS!) übergeordneten Ebene stammen müssen.»[6] So bleibt es bei der grundlegenden Frage, wie denn aus Eiweiß, das heißt aus Zellzusammenhängen, Fähigkeiten zur Musik oder Mathematik erwachsen sollen? Dies läßt sich nicht aufweisen, mit anderen Worten: Die entsprechenden Anlagen können nicht auf Vererbung zurückgeführt werden. Steiner nimmt analog einen zweiten, «geistigen Vererbungsstrom», wenn man will, eine Art übersinnliche Informationsweitergabe an, die in der Individualität selbst liegt (davon wird weiter unten gehandelt). Wichtig ist für den Erzieher vor allem, daß er möglichst die Stimmung in sich trägt, im Kind nicht bloß ein «unbeschriebenes Blatt», sondern ein Wesen mit Vergangenheit, reichen Erfahrungen und Zukunftsaufgaben vor sich zu haben. Die Einsicht in eine Wiederverkörperung des Geistes kann dann zu Bescheidenheit und Achtung gegenüber dem sich entwickelnden Menschen werden. Der genaue Beobachter bemerkt, wie die Umwelt für die Biographie keine gleich-gültige ist, sondern aufs innigste mit der Entwicklung – sei es in Form von Hemmnissen, sei es in Form von Förderung – mit dem Menschen verbunden. Denn die Umwelt ist seine Welt, in der er lebt, Anregungen empfängt, Hindernisse erfährt. So kann dieselbe Gegebenheit, die gleiche Klasse, für den einen *das* Glück bedeuten, während der andere sich «unterm Rad» fühlt.

Um diese auffällige Verschiedenheit in der Wirkung des von außen Kommenden auf die einzelnen zu erfassen, untersucht Steiner die *Handlungsfolgen* menschlichen Tuns und beobachtet, wie der Mensch nur Erinnerungen daran hat, was er selbst im Tun erlebte und erfuhr, nicht aber daran, was sich als Tatfolge von ihm ablöste und damit gleichsam eine objektive Wirkung in der Welt wurde. Wer beispielsweise eine Wende auf der Straße einleitet und den Weg zurücknimmt, kann übersehen, daß er einen hinter ihm fahrenden Wagen zum raschen Ausweichen veranlaßt. In einem tatsächlichen Fall hatte das Verhalten eines fahrlässigen Fahrers die Folge, daß der nachfolgende Fahrer die Herrschaft über seinen Wagen verlor und mit einem anderen, entgegenkommenden zusammenprallte – mit insgesamt sechs Toten. Der fahrlässige Fahrer hatte von seinen durch ihn verursachten Tatfolgen nichts bemerkt! Die Folgen unserer Handlungen werden uns weit weniger bewußt als unsere Innenerlebnisse. Geschieht ähnliches nicht auch mit den kollektiven gesellschaftlichen Handlungen ganzer Generationen, die von den angerichteten Folgen ihres Tuns nichts bemerken oder bemerken wollen? Es drängt sich somit die Frage auf, ob nicht unser Ich mit seinen Taten in einem ganz objektiven Sinn schon deshalb verbunden bleibt, weil es diese bewirkt hat?

Einfacher stellt sich dieser Gedanke dar, wenn man sich vergegenwärtigt, wie ein Eindruck, den man auf einen Menschen macht, einer neuerlichen Begegnung ihre Färbung geben wird, weil eben in der Beziehung dasselbe Ich mit seiner Erfahrung wirkt.

Die Tatfolgen faßt Steiner unter dem Begriff Karma zusammen. Das aus dem Sanskrit stammende Wort bedeutet ursprünglich *Tat*, hängt aber auch mit dem deutschen krumm und dem griechischen charattein ritzen, prägen zusammen: *Das Ich prägt sich in den Tatwirkungen der Welt ein.*

Damit aber drängt sich eine weitere Frage auf: Liegt nicht in dem, was dem Menschen widerfährt, ja in allem, was ihm begegnet, kurz: in dem, was Schicksal genannt wird, liegt nicht im Karma eine Spur des früher vom Ich Geprägten oder Zubereiteten? Freilich so, daß das Ich den Zusammenhang nicht im Bewußtsein durchschaut, dennoch aber dieses Geschehen anzieht, weil es seiner für seine Entwicklung und Absichten bedarf. Wie könnte es denn sonst sein, daß wir durch Ereignisse, die ins Leben eintreten – als Herausforderung, Hindernisse oder Förderungen – gerade zu dem werden, von dem wir sagen, es entspreche unserem «idealen Selbstkonzept»?[7] Umwelt hat demnach nicht nur die Dimension des Fremden, Gegenüberstehenden, sondern auch die, daß in ihr die Generationenspuren, das gesamte historische Werden, ja das Zeitliche, Begrenzte der ganzen Menschheit eingeschrieben oder -gezeichnet sind und damit auch meine ganz persönlichen Tatspuren mit ihren Verschuldungen und Verstrickungen, mit all den Glanzleistungen und Verquerungen, wie sie zwischen Menschen vorkommen. In diesem Sinne ist das Elternhaus, aber auch die Gesellschaft der Zeit, in der ein Mensch geboren wird, Karma, das heißt mit den vorausgehenden Spuren des Eigenwirkens durchzogen. Dieser Gesichtspunkt deutet auf eine Realität, auch wenn sie dem eigenen Bewußtsein noch ganz fernliegt und noch ferner der heutigen wissenschaftlichen Fragestellung.[8]

Es ist zunächst ein verblüffender und zugleich tief berührender Aspekt. Steiner gewinnt und verfolgt ihn ganz aus dem genauen Beobachten der Biographie und der Tatfolgen. Das Ergebnis ist, daß die Verbindung zur Umwelt weder nach dem Reiz-Reaktions-Schema noch dem transaktionalen verstanden werden kann, sondern einen viel intimeren, wesenhafteren Charakter annimmt. Er gestaltet diesen Gedankenkeim selbst sowohl künstlerisch[9] als auch in weiteren Darstellungen[10] aus und geht dabei über die bloße Fragestellung hinaus auf ganz individuelle Beziehungen zwischen Umwelt und persönlicher Entwicklung ein, zeigt auch bestimmte Gesetzmäßigkeiten zwischen der Tat und ihren Folgen einerseits und dem, was dem Menschen in einer späteren Existenz widerfährt, andererseits, insbesondere den Tatbestand, daß die eigene Leiblichkeit, also das Intimste, dem der Mensch aus der Umwelt begegnet, doch letztlich ein von außen Zukommendes bildet. Freilich ist eine systematische auf die Pädagogik bezogene Ausarbeitung dieses Gebietes erst noch zu leisten.

Doch nun zu der verhältnismäßig schmalen, wiederum als keimhaft für eine neue Pädagogik zu bezeichnenden Schrift *Die Erziehung des Kindes*. Erkenntnisleitend wird dabei zwischen dem sichtbaren Menschen und seiner «verborgenen Natur»[11] unterschieden. Sichtbar ist der physische Leib, während dann, wenn von den *«Trägern der Eigenschaften»* gesprochen wird, also etwa von Gedächtnis, Vorstellung oder Empfindung, die das Innere offenbaren, die verborgenen Glieder wie Lebens- und Empfindungsleib oder Ich gemeint sind.[12] Aber auch der physische Leib ist vor der Geburt verborgen, das heißt «allseitig von einem fremden physischen Leib umschlossen ... Der physische Leib der Mutter ist seine Umgebung. Nur dieser Leib kann auf den reifenden Menschen wirken.»[13] Leiblich, genauer: körperlich betrachtet, ist das Eigene des werdenden Menschen zunächst umhüllt von einem Fremden, wenn auch ihm Angemessenen; nur dadurch kann sich das Eigene an und in der Wechselwirkung zur umgebenden Umhüllung entwickeln und zu sich selbst kommen.

Die Hülle für den physischen Leib wird auf dieser Stufe, also während der embryonalen Entwicklung, die *«physische Mutterhülle»* genannt. Zwei Überlegungen folgen daraus. Zum einen, daß die Gestaltungskräfte des eigenen Leibes nicht aus der Stofflichkeit selbst kommen, sondern aus einem verborgenen Gestaltungszusammenhang von Kräften, dem Lebensleib, der noch in einer intimen Beziehung zum mütterlichen Organismus steht; zum anderen aber, daß mit der physischen Geburt lediglich die bisherige physische Hülle, der Uterus, die Gebärmutter, verlassen wird, nicht aber weitere, zunächst noch weiter fortbestehende «Mutterhüllen», nämlich, bildhaft gesprochen, die des Ätherischen, Astralischen und Ichlichen. Das «Verborgene der menschlichen Natur» verbleibt unmittelbar nach der physischen Geburt weiterhin in einem vergleichsweise embryonalen Zustand, das heißt von Mutterhüllen umschlossen. Die dem Lebensleib, dem Astralleib und dem Ich zukommenden Eigenschaften offenbaren sich nach außen noch so, als ob sie von diesen Mutterhüllen umschlossen wären. Die betreffenden Eigenschaften erweisen sich noch als unselbständig und an den Leib gebunden, ehe sie sich als eigenständig offenbaren. Erst dann emanzipieren sie sich von ihrem Nährgrund, werden «geboren» wie der physische Leib bei seiner Geburt. Die Emanzipation besonderer charakterologischer oder seelischer Eigenschaften oder rein menschlicher Kräfte beziehungsweise die Erlangung frei verfügbarer Fähigkeiten vollzieht sich in «drei Geburten» zeitlich nacheinander.[14] Sie sind, biologisch gesehen, bei keinem anderen Lebewesen in vergleichbarer Weise wie beim Menschen gegeben, das macht die einzigartig *lange Jugendzeit* des Menschen aus.[15] Der metaphorische Ausdruck «zweite oder dritte Geburt» ist verschiedentlich in Gebrauch,[15] so bezeichnet Jean-Jacques Rousseau die Geschlechtsreife als zweite Geburt, wo der Mensch zum zweiten Male, nämlich «pour le sexe», also für das Geschlecht, geboren werde.[17] Bei Steiner handelt es sich bei den drei Geburten um die Entstehung und Bildung folgender Kräfte:

- Neigungen, Gewohnheiten, Gewissen, Charakter, Gedächtnis, Temperament, «Freude am Leben, Liebe zum Dasein, Kraft zur Arbeit»;[18]
- Urteilsfähigkeit und Kraft der Phantasie sowie Fähigkeit zur Liebe;
- Mündigkeit und soziale Reife, das heißt selbstverantwortliches Handeln.

Der Grundgedanke besteht nun darin, daß diese drei «Eigenschaftskomplexe» zwar schon von der physischen Geburt an veranlagt, aber keineswegs schon reif und damit frei verfügbar sind. Sie befinden sich gewissermaßen – ähnlich dem physischen Leib während der Embryonalentwicklung – jeweils in einer ihnen zugehörigen Mutterhülle, aus der sie sich gleichsam in drei Stufen oder Geburten befreien. Wenn die Kräfte «geboren» worden sind, erhalten sie jeweils die ihnen eigene Fähigkeit und Selbständigkeit. So unterliegt es keiner Frage, daß *Mündigkeit* ein vorausgehendes Reifen des Urteils, der eigenen Reflexion voraussetzt, wie andererseits keineswegs mit der Geburt schon über selbständige Erinnerungs- und Gedächtniskräfte verfügt wird.

Die genannten Eigenschaften sind aber nichts anderes als Umschreibungen für Lebens- und Astralleib beziehungsweise für das Ich, also die verborgenen Träger der Eigenschaften. Allerdings handelt es sich dabei jeweils um «freigewordene Kräfte», die zuvor ganz in die Leiblichkeit eingebunden, das heißt in ihr tätig waren.

Die «zweite Geburt» nach der physischen ist bei Steiner die des Ätherleibes, sie geschieht etwa zur Zeit des *Zahnwechsels* und des ersten *Gestaltwandels*. Damit – und dies bedeutet gelegentlich eine nicht unerhebliche Verständnisschwierigkeit – wird derselbe Begriff, Lebens- oder Ätherleib, in noch einem anderen Sinn gebraucht, nämlich als freie Vorstellungsfähigkeit, Gedächtnis und so weiter. Bedeutete Äther- oder Lebensleib zunächst die dem Leben zugrundeliegenden Gestaltungszusammenhänge und Lebensprozesse, die Vorgänge des Stoffwechsels und die artbildende Kraft, den Erbauer und Architekten des Leibeshauses, so bezeichnet er in der weiteren Bedeutung nun auch charakterologische Elemente. Im ersten Fall hat man es mit leibgebundenen Kräften, im zweiten Fall mit der Umwandlung oder Metamorphose derselben in nunmehr leibentbundene oder freie Kräfte zu tun. Es sind *zwei Aspekte* derselben Kräfte: leibgebunden im einen Fall, kulturoffen im anderen. Deshalb werden sie mit demselben Namen bezeichnet. Zuvor «arbeitet am Menschen nicht der freie Lebensleib ... Der Ätherleib arbeitet da erst die eigenen Kräfte aus im Verein mit den ererbten fremden.»[19] Danach besorgt der eigene Ätherleib das Wachstum allein. Noch genauer heißt es dann, daß in den ersten Lebensjahren die physischen Organe sich in gewisse Formen bringen müssen; «ihre Strukturverhältnisse müssen bestimmte Richtungen und Tendenzen erhalten»[20] – dies geschieht durch die Kraft des Ätherleibes. Sind aber die Formen und Strukturen angelegt, nach denen sich dann das weitere Wachstum zu richten vermag, dann werden die leibgestaltenden Kräfte den Organen entbunden, sie werden freigesetzt oder geboren.

Entsprechendes gilt für die *dritte Geburt*, die der *Urteilskraft* oder des Astralleibes bei der Geschlechts- oder Erdenreife. Unter der *vierten Geburt* wird die Fähigkeit der *Mündigkeit* und des *Selbstbewußtseins* verstanden, es handelt sich um die Ich-Geburt gegen das zwanzigste Jahr.

Damit ist zunächst die Gedankenführung Steiners im allgemeinen umrissen. Sie wird von ihm vielfältig variiert und für konkrete erzieherisch förderliche Maßnahmen fruchtbar gemacht.

Der physische Leib und seine Entwicklung – die Aufgabe der Erziehung

Die Nachahmungsfähigkeit

Die Embryonalentwicklung wird eingeleitet, wenn die befruchtete Eizelle sich zu teilen beginnt. In ihr ist bereits das Gefüge des Lebensleibes[21] und etwas später auch die des Empfindungsleibes[22] eingebunden. In diesen durch Vererbungskräfte gesteuerten Vorgang greift nun durch das wirkende Ich die *Individualität des Menschen* (vgl. S. 154ff.) ein, um die Vererbungsgegebenheiten in einen Zusammenhang oder doch in Korrespondenz zu den eigenen Intentionen für das kommende Leben zu bringen. Die Individualität lebt noch ganz als seelisch-geistige Wesenheit in einer geistig-seelischen Welt, aber sie entwickelt schon vorgeburtlich «die Neigung ...von der geistigen Welt herabzusteigen zu einer physischen Verkörperung», weil nur im Leibe bestimmte Erfahrungen gemacht werden können.[23] Und so hat sie für das kommende Leben einen Lebensplan mit deutlichen Absichten.[24] Das Sich-Verbinden mit dem Leibwerden geschieht schon wenige Tage nach der Konzeption, ungefähr um den achtzehnten Tag.[25] Der Geist lenkt das Leibgeschehen, denn sowohl in den Vererbungskräften ist der Geist wirksam als auch in der individuellen Mitgestaltung des Leibes. Wir haben es mit einem vielfältigen und differenziert zu beschreibenden Vorgang zu tun, auf den wir uns aber hier nicht weiter einlassen.[26]

Durch neun Monate reift dann die Leiblichkeit so weit heran, daß sie einerseits lebensfähig und andererseits in der Lage ist, die empfindende Seele und den sich allmählich bewußt erlebenden individuellen Geist aufzunehmen. «Das Leben der Seele im irdischen Dasein beginnt mit dem ersten Atemzug. Nun ist die Seele in das Leben des selbständig gewordenen Leibes eingezogen.»[27] – «Weit mehr als beim Erwachsenen sind im Kinde Leib, Seele und Geist eine Lebenseinheit ... In jedem Einzelnen, das man seelisch-geistig an dem Kinde und mit dem Kinde vollbringt, greift man gesundend oder schädlich in sein Leibesleben ein. Seele und Geist wirken sich im Erdendasein des Menschen leiblich aus. Der leibliche Vorgang ist eine Offenbarung des Seelischen und Geistigen.»[28] Es ist also notwendig, zur Anthropologie, der Sinneswissenschaft, eine Anthroposophie, also Geisterkenntnis, hinzuzugewinnen. «Es waren immer schon *Kräfte* in dem kindlichen Organismus tätig, welche auf einer gewissen Stufe der Entwickelung die zweiten Zähne zur Entwicklung bringen ... Vor dem Zahnwechsel [waren sie] in dem physischen Organismus tätig. Sie sind untergetaucht in die Ernährungs- und Wachstumsprozesse. Sie leben in ungetrennter Einheit mit dem Körperlichen. Um das siebente Lebensjahr herum machen sie sich von dem Körper unabhängig. Sie leben als *seelische Kräfte* weiter. Wir finden sie in dem älteren Kinde tätig im Fühlen, im Denken.»[29] Damit ist die Perspektive angegeben, unter der nun die kindliche Entwicklung im einzelnen betrachtet werden soll.[30]

Wie und wodurch wird nun auf die Gestaltung und weitere Ausbildung der Organe gewirkt? Was vermittelt zwischen dem Außen, das heißt der Umweltwirkung, und dem Innen, der Organformung? Es ist nach Steiner die dem Kind in unvergleichlicher Weise innewohnende Kraft der Nachahmung. «Was in der physischen Umgebung vorgeht, das ahmt das Kind nach, und im Nachahmen gießen sich seine physischen Organe in die Formen, die ihnen dann bleiben. Man muß die physische Umgebung nur in dem denkbar weitesten Sinne nehmen. Zu ihr gehört nicht etwa nur, was materiell um das Kind herum vorgeht, sondern alles, was sich in des Kindes Umgebung abspielt ... Dazu gehören auch alle moralischen oder unmoralischen, alle gescheiten und törichten Handlungen, die es sehen kann. Nicht moralische Redensarten, nicht vernünftige Belehrungen wirken auf das Kind ... sondern dasjenige, was die Erwachsenen in seiner Umgebung sichtbar vor seinen Augen tun.»[31] Die Nachahmung setzt zunächst voraus, daß die Sinnesorgane reif sind, daß also wahrgenommen werden kann. Die Sinnesorgane sind beim Menschenkind nach der Geburt tatsächlich funktionstüchtig, und dies in einem überraschenden Umfang. Wir greifen einen Vorgang als Beispiel heraus: die Wahrnehmung von anderen Menschen. Nehmen wir zunächst das Gehör. Schon wenige Augenblicke nach der Geburt, wenn das Kind wach ist, wendet es die Augen in die Richtung, aus der ein Schall zu hören ist. Nach zwei Wochen bereits reagiert ein Neugeborenes eindeutig, wenn es in folgende Situationen versetzt wird:
– Die eigene Mutter erscheint und spricht.
– Eine andere weibliche Person spricht.

– Die Mutter erscheint, ihre Stimme wird durch die der Fremden ersetzt.
– Die Fremde erscheint und spricht mit der Stimme der Mutter.
«Am attraktivsten fanden die Babys die erste Situation. Sie schauten die Mutter öfter an als die Fremde … wogegen sie die Situation 3. und 4. nicht mochten: sie wandten sich aktiv von der Demonstration ab.»[32] Daraus kann viel über die Lernfähigkeit des Säuglings gewonnen werden, mehr aber noch über die seelische Atmosphäre, den Hauch des Geistes, der alle Beziehungen in der frühen Kindheit durchwirkt – ganz anders als in der prosaischen, nüchternen, ausgeleuchteten Welt der Erwachsenen. In Untersuchungen zur Imitation bei Neugeborenen wurde schon kurz nach der Geburt das Baby der Mutter frontal gegenübergesetzt, dabei schaute das Baby gespannt auf Gesicht und Zunge der Mutter, die diese etwas hervorstreckte. Es begann seinerseits kurz nach der Wahrnehmung die Zunge herauszustrecken. Wenn die Mutter dann dazu überging, mit den Lidern dem Kind zuzuzwinkern, tat das Baby dies auch. «Vergegenwärtigen wir uns einmal, was für eine komplexe Leistung das ist. Zuerst muß das Baby den einschlägigen Teil des mütterlichen Gesichts herausfinden. Aber noch komplexer ist die Aufgabe, die Zunge der Mutter als eine Zunge zu erkennen. Das Baby erfaßt, daß seine Zunge – die es nur daher kennen kann, daß es sie in seinem Munde und zwischen seinen Lippen spürt – der Zunge der Mutter entspricht, die es erblickt … Es bedeutet nämlich, daß das Baby von Teilen seines Körpers eine wahrnehmungsmäßige Vorstellung hat, die immerhin so entwickelt ist, daß es Teile seines Körpers mit Teilen der Körper anderer Menschen identifizieren kann … Ein Gipfel intersensorischer Koordination! Schließlich sprechen wir ja hier von neugeborenen Babys, die sich selbst noch nie im Spiegel betrachtet und noch keinerlei Selbstentdeckung betrieben haben.»[33]

Freilich ist dies weniger ein Erkenntnis- als ein Wahrnehmungsvorgang. Denn im Wahrnehmungsvorgang gibt sich das Seelische an das Gewahrte hin, ist gleichsam in ihm, läßt sich von ihm beeindrucken. In dieser Hinsicht ist das Wahrnehmen nicht dem Verstehen gleichzusetzen – dies würde ein Gegenüberstehen und begriffliches Durchdringen voraussetzen –, beim kleinen Kind ist die Hingabe an das Gewahrte allenfalls ein Bemerken. Das Kind lebt kaum in sich, viel mehr in der Umgebung. Erkennen setzt eine Zentrierung des Bewußtseins auf sich voraus; dieses ist aber beim Kind traumhaft ausgegossen. Besonders angezogen wird das Kind von Bewegtem, das durch die Hingabe daran seinerseits im Kind selbst eine Bewegung der Glieder auslöst, denn «Wahrnehmung,

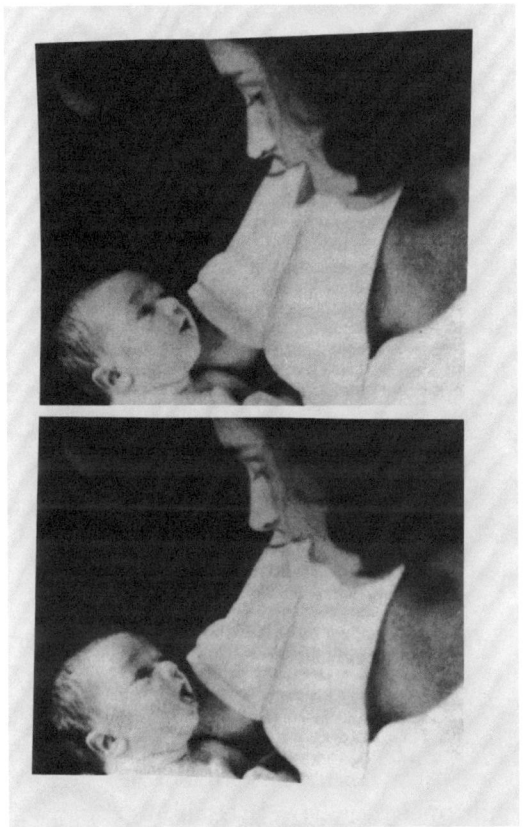

*Abb. 3: Ein sechs Tage altes Kind streckt nachahmend die Zunge heraus
(aus: R. B. McCall, Infants).*

seelische Hingabe und Willensbetätigung bilden eine Einheit, die sich erst
später auflöst, wenn einer Handlung der Entschluß zugrunde liegt.»[34]

Doch ein weiteres wird daran erkennbar: In der Sinnestätigkeit ist nicht
nur der informative Teil auf die Empfindung einwirkend, sondern vor
allem derjenige, wo Physiognomisches, Gestalthaftes, kurz Wesenhaftes
sich ausspricht. Der erste Blick des Neugeborenen geht zur Pupille des
mütterlichen Auges, an jene Stelle, wo schwarz, also «eigentlich nichts zu
sehen ist».[35] In dieser Geste dürfte sich aussprechen, daß das Wesen des
Neugeborenen bei dem ihm in die Verkörperung vorangegangenen Wesen Hilfe, Pflege und Schutz, Aufnahme und Annahme sucht. Die Begeg-

nung mit einem anderen, zugewandten Wesen – es muß nicht biologisch verwandt sein –, mit der «Mutter», ist von allergrößter Wichtigkeit, damit sich die «geistige Gestalt» (vgl. S. 138) in der leiblichen und diese mit jener entwickeln kann. Dieser Vorgang wird heute deutlich gesehen.[36] In schöner Weise beschreibt Hans Carossa das, was Steiner «Mutterhülle» nennt, aus der Perspektive des etwa Dreijährigen. Ein Komet nahte damals. «Das geduldige Harren und Starren der Menschen, ihr fast ängstliches Flüstern, das einsam ferne Verweilen des gekrümmten Glanzes, dies alles prägte sich für immer ein, ergriff mich aber später, in der Erinnerung, viel stärker als in jener Nacht. Kaum drei Jahre alt, war ich weder für Furcht noch Entzücken genug entfaltet; ich saß am Arm der Mutter und spürte durch sie hindurch den sichern Gang der Welt.»[37]

Noch als Erwachsener kann man bemerken, wie, wenn es darum geht, eine bisher noch nicht ausgeübte Handlungskette oder Geschicklichkeit der Hände und Finger zu gebrauchen, das Mit- und Nachmachen, also die Imitation, eine Hilfe darstellt, sich selbst zu befähigen. Indem die eigene Intentionalität in das Bewegungsgeschehen der anderen Leiblichkeit hinüberschwingt oder eintaucht, wird es von dessen Vermögen oder Können mitgenommen und befähigt sich dadurch, daß der fremde Bewegungsablauf den eigenen wesentlich mitgestaltet. Es handelt sich um etwas wie eine feine Magie, wodurch der eigene Wille in den fremden einschwingt und wieder von diesem gestaltet wird. Beim Kind, wo diese Vorgänge unbewußt ablaufen, bahnt sich durch die Hingabe an das Wahrgenommene, insbesondere an Bewegungsabläufe der Erwachsenen, das eigene Seelisch-Geistige den Weg in die eigene Leiblichkeit, indem dieser zunehmend den eigenen Intentionen gehorcht. Diese Bahnung heißt aber nichts anderes als die Ausgestaltung der inneren Organe, insbesondere des Nervensystems. So ist es beeindruckend, daß die Verknüpfung der zunächst höchst undifferenzierten Gehirnzellen nach der Geburt keineswegs genetisch gesteuert verläuft,[38] sondern die Differenzierung durch «erfahrungsabhängige Reifung» geschieht: Die Sehzellen verknüpfen sich durch das Sehen, der Lichtraum ist Mitbildner der Sehbahn. Die Tätigkeit also ist entscheidend.

«Die in der Wahrnehmung gebildete Vorstellung, durch die das Kind überhaupt erst die Dinge seiner Umgebung erfaßt, wirkt unmittelbar in die Willensbetätigung hinein.»[39] So wirkt alles, womit das Kind seelisch enger verbunden ist, unmittelbar bis in seine leiblichen Abläufe: Der Kummer der Mutter führt zur Lähmung der eigenen Verdauungstätigkeit

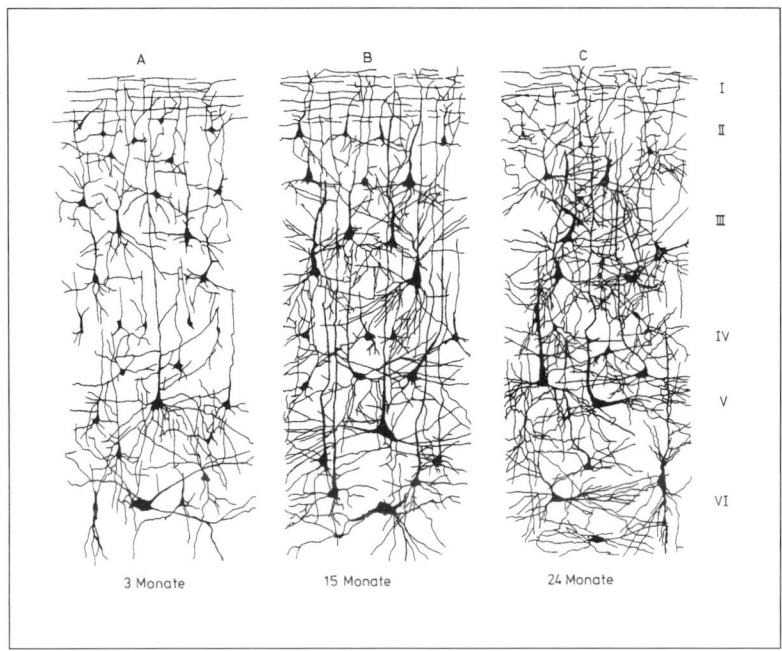

Abb. 4: Cortexstruktur bei 3, 15 und 24 Monate altem Kind
(aus: J. L. Conel, Postnatal Development of the Human Cerebral Cortex,
vol. I – VI. Cambridge 1939 – 1963).

oder zum Erbrechen;[40] das Seelische wirkt unmittelbar in das Leibgeschehen. Die Bedeutung von seelisch stabilen Beziehungen in der frühen Kindheit für eine später gesunde Entwicklung kann nicht überschätzt werden.[41] Die sinnlichen Eindrücke sind zugleich ganz ins Seelische getaucht, weil Seele und Leib noch eine völlige Einheit bilden, indem das eine unmittelbar auf das andere wirkt.

Es besteht für Steiner mithin ein dreifacher Zusammenhang: Da ist die Leiblichkeit, die durchzogen wird vom Seelisch-Geistigen, das durch die Sinneseindrücke, an die es sich hingibt, seinerseits dazu angeregt wird, über die Regsamkeit des Willens gestaltend auf den Leib zurückzuwirken, so daß dieser mehr und mehr Instrument der Seele wird. Was beim Erwachsenen nur bei der Wahrnehmung lebenslang erhalten bleibt, daß er nämlich etwa beim Sehen in feinen Bewegungen das Auge auf das

Wahrgenommene hin akkommodiert und dessen Gestalt nachgeht, das tut das Kind gleichsam fortdauernd mit der gesamten Leiblichkeit und bildet sie durch diese Tätigkeit. Was später bloß noch als Vorstellung gebildet wird, ist beim kleinen Kind noch ein Totales: die Leibgestaltung. Beide zunächst unterschiedlich erscheinenden Kräfte, diejenigen der Leibbildung und diejenigen der Vorstellungsbildung, sind dieselben, das heißt, was in der frühen Kindheit als Leibgestaltung wirkt, wandelt sich, ist der Leib gebildet, in die Vorstellungstätigkeit: Es sind die Kräfte des Lebensleibes.

Die Gestaltung der Organe in der frühen Kindheit

Das Nervensystem

Die Anlage des menschlichen Leibes, die in ihrer Zurückhaltung zunächst nur die elementarsten Funktionen des Lebens aufrechterhält, bedarf nachgeburtlich der weiteren Ausreifung. Zwar ist das Haupt schon am weitesten seiner Endgestalt angenähert – während Beine und Arme von Endgröße und Form noch weiter entfernt sind –, doch dem zentralen Nervensystem fehlt die innere Durchformung; es benötigt bis zu seiner Funktionsreife, das heißt der freien Vorstellungsbildung, noch rund sieben Jahre nach der Geburt. Die Zellteilung, die im zweiten Fötalmonat im Gehirn pro Sekunde etwa 2000 neue Zellen hervorgehen läßt, um so bis zur Geburt viele Milliarden Zellen zu veranlagen, hört mit der Geburt auf. «Nach der Geburt werden Mitosen [Zellteilungen] von Nervenzellen nur selten und nur an umschriebenen Stellen beobachtet.»[42] Mit der Geburt sind also die Gehirnzellen vollständig veranlagt, was folgt, ist eine weitere Ausdifferenzierung und Gestaltung; das Wachstum, die Größenzunahme ist vor allem der Vergrößerung der Nervenzellfortsätze und dem Gliawachstum[43] zuzuschreiben. So läßt sich beispielsweise die Rindenoberfläche beider Gehirnhemisphären bestimmen, sie beträgt bei einem acht Monate alten Fötus rund 350 cm², bei einem Kind 16 Tage nach der Geburt bereits 980 cm², 1700 cm² bei einer 35jährigen Frau.[44] Diese Vergrößerung kommt vor allem durch die Furchung der Gehirnoberfläche zustande. Bei der Geburt haben jene Rindenfelder einen Vorsprung,

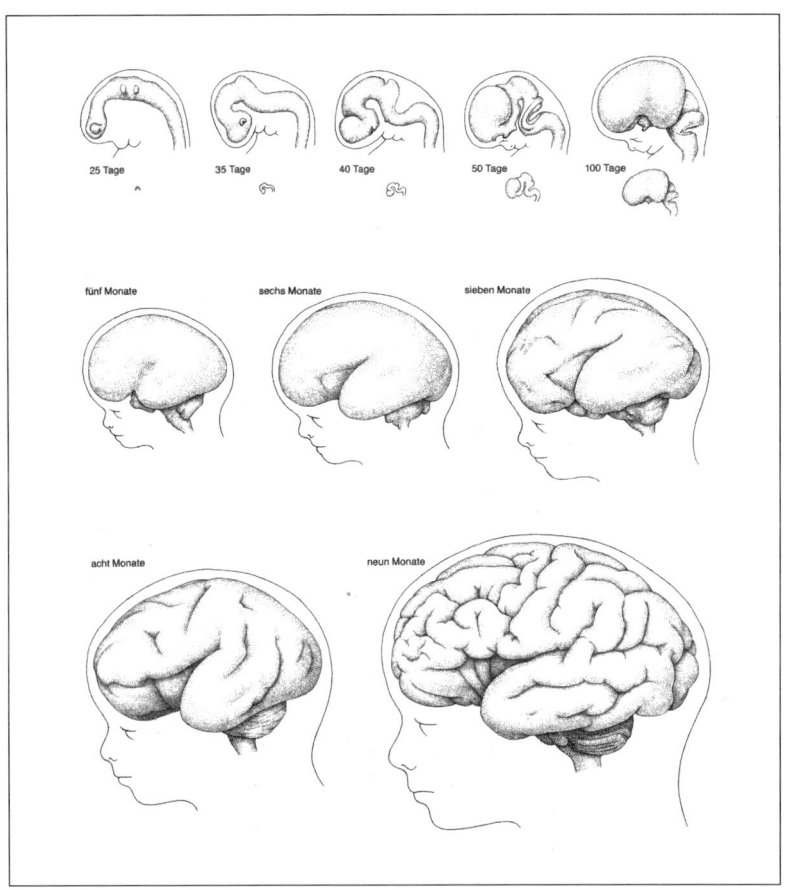

Abb. 5: Diese Zeichnungen stellen aufeinanderfolgende Stadien der Entwicklung des menschlichen Gehirns dar. Alle Zeichnungen mit Ausnahme derjenigen in der obersten Zeile haben den gleichen Maßstab (ungefähr vier Fünftel der natürlichen Größe). Die oberste Zeile zeigt die Strukturen der zweiten Zeile vergrößert, so daß Einzelheiten erkennbar werden. Die drei Hauptabschnitte des Gehirns (Vorder-, Mittel- und Hinterhirn) gehen aus drei Schwellungen am Vorderende des Neuralrohres hervor. Die Großhirnhemisphären überwachsen Mittel- und Hinterhirn und zum Teil auch das Kleinhirn. Die charakteristische Faltung der Hirnrinde tritt erst in der Mitte der Schwangerschaft ein. Da das erwachsene Gehirn aus ungefähr hundert Milliarden Nervenzellen besteht und nach der Geburt keine Nervenzellen mehr gebildet werden, müssen in jeder Minute der Schwangerschaft mehr als 250 000 Nervenzellen entstehen.

die mit phylogenetisch älteren Funktionen zu tun haben. So sind bei der Geburt große Areale jüngerer Bildung noch «stumm», das heißt unausgereift. – Die Reifung ist an die Ausbildung der Nerven*fasern*, insbesondere an die Myelinisierung (die Ausbildung der Markscheiden) und die Vernetzung der Zellendigungen miteinander gebunden. Sie geschieht stufenweise, indem vom 2./3. Jahr bis zum 5. /7. Jahr die erste und zweite und schließlich die dritte Rindenschicht myelinisiert werden, die sechste Rindenschicht durchläuft dieses Stadium bis zum 8./10. Jahr.[45]

Die Vernetzung innerhalb des Großhirns schreitet in den ersten sieben Lebensjahren allmählich so fort, daß mit der Schulreife offenbar mit der freien Vorstellungsbildung korrelierte Alpha-Rhythmen der bioelektrischen Potentiale auftreten.[46] In bestimmten eng umgrenzten Gehirnbereichen bleiben Nervenzellen im Embryonalstadium (Matrix), die letzte Partie reift im Frontalhirnbereich erst zwischen 18 und 21 Jahren aus.[47]

Doch die äußerlich am stärksten ins Auge fallende Entwicklung geht von den Beinen aus. Und nicht von ungefähr hat schon Herder in seiner Anthropologie das Spezifische des Menschseins an die drei nur ihm unter allen Wesen zukommenden Fähigkeiten geknüpft, an *Gehen, Sprechen und Denken*.[48]

Die Aufrichtung als Ichleistung

Der Erwerb der aufrechten Haltung, an die das *Gehen* unauflösbar gebunden ist, stellt «ein Überwinden ohne Ende» dar, «unser Gehen ist eine Bewegung auf Kredit».[49] Bis zur Geburt ist der werdende Leib den auf der Erde wirkenden Schwerekräften entzogen: Im Fruchtwasser der Gebärmutter wird er gleichsam ganz unirdisch von den Kräften des Auftriebs gehalten. Es wirkt in der Embryonalzeit das archimedische Prinzip, das besagt, daß ein schwimmender Körper in dem Maße an Schwere, das heißt an Gewicht verliert, wie es dem Gewicht der von ihm verdrängten Flüssigkeit entspricht. Da die Leiblichkeit des Embryos überwiegend (zu über 95 %) aus Flüssigkeit besteht und die schwereren mineralischen Bestandteile äußerst gering sind, läßt sich von einem nahezu schwerelosen Zustand sprechen, der so nur unter Bedingungen des Raumflugs oder im freien Fall künstlich herzustellen wäre. Geburt heißt nun aber, daß der Leib von der Schwere und damit den «*niederziehenden Kräften*» durchdrungen wird. «Die aufrechte Haltung weist nach aufwärts, fort vom

Boden. Sie ist die Gegenrichtung gegen die bindenden, fesselnden Kräfte der Schwere … Im Aufrichten gewinnt der Mensch einen Stand in der Welt; er gewinnt die Möglichkeit, sich der Welt gegenüber selbständig zu verhalten, die Welt und sich selbst zu gestalten.»[50] Im Aufrichten machen wir «einen Beginn, uns von der unmittelbaren Herrschaft physikalischer Kräfte zu befreien. Die Richtung nach oben, das Aufrechte und das Oben, die Höhe, werden daher zum unmittelbaren Ausdruck des Durchdringens zur Freiheit, der Überlegenheit, des Siegens und Siegreichhaltens; die Richtung nach unten, das Sinken, Fallen und Stürzen, werden Ausdruck der physischen und moralischen Niederlage.»[51] Der Schwere stellt sich nun der staunenswerte Wille des Kindes entgegen, indem er den Körper in einer Gegenbewegung zur Schwere, diese überwindend, aufzurichten sucht. Die Anlage zur Aufrichtung ist freilich angeboren, aber ihre Betätigung muß doch erst einmal gelernt werden. Bereits wenige Wochen nach der Geburt sucht der Säugling den Kopf zu heben und/oder zu halten. Die dafür «zuständige» Muskulatur erbildet und kräftigt sich erst durch die Tätigkeit selbst. Dasselbe gilt nun ganz umfassend: Im rätselvollen, ganz aus dem Innern, dem Wesen und dem Willen, das heißt dem Ich des Kindes selbst kommenden Streben, die Horizontale zu überwinden und in die Aufrechte zu gelangen, fängt das Ich selbst an, den Leib zu beherrschen und immer geschickter zu gebrauchen.[52]

Daß man es mit dem Ich zu tun hat, kann folgende Überlegung verdeutlichen. Es ist nur *eine* Ichdimension, die in der Form des Selbstbewußtseins auftritt. Eine andere erschließt sich, wenn wir uns, mit Steiner, die Frage stellen: «Wie stehen nun eigentlich Knochengerüst und Muskeln zum gesamten menschlichen Lebensprozeß?»[53] In diesem Fall wird der Mensch leiblich in seiner Beziehung zur Außenwelt betrachtet und nicht nach seinen Bewußtseinsvorgängen. Wenn etwa ein so elementarer Vorgang wie der des Armbeugens beobachtet wird, dann läßt sich dieser Vorgang – rein äußerlich betrachtet – mechanisch verstehen; er könnte auch durch maschinell veranlaßte Hebelwirkungen ausgelöst werden. Für die Wirkung in der Welt ist es gleichgültig, ob eine Bewegung mechanisch-maschinell oder intendiert erfolgt; der Energieaufwand und die Art der Kräfte sind die gleichen. Diese Perspektive nimmt Steiner ein: «Solche maschinelle Bewegungen führen Sie auch aus, wenn Sie ihr Knie beugen, wenn Sie gehen. Denn beim Gehen kommt fortwährend die ganze Maschinerie Ihres Leibes in Bewegung, und fortwährend wirken Kräfte. Es sind vorzugsweise Hebelkräfte.»[54] Während in der maschinellen Hebelmechanik ein äußerer Energieaufwand notwendig ist, ist es in der intendierten Bewegung der Wille mit dem zugehörigen Stoffwechsel.

Die Hebelkräfte, auf die Steiner aufmerksam macht, sind es, durch welche die Schwere überwunden werden kann; ohne sie käme alle äußere Bewegung zur Ruhe, und das Bewegte oder zu Bewegende würde, von der Schwere umfangen, sich irgendwo am tiefsten Punkte lagern. Steiner macht in dem betreffenden Vortrag seinen Hörern eindrücklich deutlich: «Sie leben mit Ihrem Ich, auch wenn Sie wachen, nicht in Muskeln und Fleisch, sondern Sie leben mit Ihrem Ich hauptsächlich in den Kräften, durch die Ihr Leib seine Bewegungen ausführt. So grotesk es Ihnen klingt: wenn Sie sich setzen, dann drücken Sie Ihren Rücken an die Stuhllehne an; mit Ihrem Ich leben Sie in der Kraft, die sich in diesem Zusammendrücken entwickelt. Und wenn Sie stehen, leben Sie in der Kraft, mit der Ihre Füße auf die Erde drücken. Sie leben fortwährend in Kräften. Es ist gar nicht wahr, daß wir in unserem sichtbaren Körper mit unserem Ich leben. Wir leben mit unserem Ich in Kräften ... in einem Kraftleib.»[55]

Die Schwere zieht nicht nur nieder, sondern sie verdichtet auch, drückt zusammen. Daß ihr der Mensch nicht folgt, sondern gleichsam eine *Anti-Schwere-Kraft* erzeugt, mit der er sich gegen die Schwere behauptet und seine Eigenbewegung tätigt, ja sogar Schwere überwindet – dies macht deutlich, daß er existentiell in dieser Kraft lebt: in seinem Willen. Der Wille, seelisch gesprochen, bildet die Kraft, mit der das Ich innerhalb des Gliedmaßensystems lebt.

Der Eingriff des Willens geschieht über das Muskelsystem. Dabei besteht der Muskel zu drei Viertel seiner Substanz aus Flüssigkeit, er ist dem Blut verwandt, kann geradezu «als geformtes Blut» aufgefaßt werden.[56] Doch diese Form ist nicht fest, sie ändert sich ständig: von der Kugeltendenz (Kontraktion) bis zur gestreckten Linie (Entspannung).[57] Die Bewegungen erfolgen in hochdifferenzierten gleitenden Kontraktionen, während sich die zugehörigen Antagonisten gleichzeitig entspannen, ein Zusammenspiel, durch welches fließende Bewegungsabläufe möglich werden. Wille hängt also ganz real auch mit Verdichtung, Kontraktion, also «Zusammendrücken» zusammen; doch er spielt zugleich auf dem anderen Instrument, dem der Entspannung, der Dehnung, dem Nachlassen der Antagonisten, die sich sogleich auch wieder anspannen können, je nachdem es die Gleichgewichtslage erfordert. In der intendierten Bewegung dominiert freilich das Zusammendrücken, ohne dieses erfolgt keine Willensentfaltung. Tausende von Muskelfasern spielen und klingen in jeder Bewegung zusammen, ob es sich um das Mienenspiel, die Sprach- oder die Arm- oder Beinbewegung handelt; nur unter Mitwirkung der Muskeln des ganzen Körpers kommen «Haltung», kraftvolle und harmonische Bewegungsabläufe zustande. Wollte man die Tätigkeit des Ich in diesem Vorgang erfassen, so ließe sich dieser in der Zeit ständig fließend wechselnde Vorgang des Zusammenklangs der Kräfte in den Muskeln im Grunde wohl nur musikalisch beschreiben.

Indem das Ich im Willen lebt, stellt es sich, wo nötig, den Schwerekräften entgegen und folgt den eigenen Intentionen, also nicht der Schwere. So kann es nicht wundern, daß mit der Aufrechten das innerste Wesen des Menschen verbunden ist, das *moralische*. Denn die Aufrichtekraft ist es, die auch die sittliche Orientierung verleiht. In innigster Verbindung mit dem Gleichgewichtssinn stehend, bringt uns die Aufrichtekraft im späteren Leben in Verbindung mit der geistigen Substanz sittlicher Ideen.[58] Daß das Ich über den Willen auch in die Leibgestaltung selbst einwirkt, soll weiter unten dargestellt werden.

Zunächst wollen wir uns noch der Pathologie des Bewegungsablaufes zuwenden. In einem Fall «lag keine anatomische Verletzung eines Nervs vor, und die Übertragungsgeschwindigkeit der Nerven war normal, aber die Muskeln waren ganz und gar atonisch und zeigten eine vollkommene ‹elektrische Stille› – ein Fehlen jeder funktionalen oder Haltungs-Innervation.»[59] Dies führt dazu, daß das Körperbild eines Patienten schwer gestört wird. Mit der «schweren Störung des Körperbildes leidet er ... unter einer ebenso schweren Störung des *Körper-Ichs*.»[60] Diese Erfahrung in den betroffenen Gliedmaßen geht mit einer «dem Gefühl der Auflösung oder Zerstörung oder Auslöschung des Seins verbundenen Erfahrung» parallel.[61]

Eine Heilung geschah in diesem Falle durch Musik. «Was war es, das plötzlich – verkörpert durch Musik ... – zurückgekehrt war? Es war die triumphale Rückkehr des reinen, lebendigen ‹Ichs› ... Was zurückkehrte, war ein dichtes kraftvolles Fühlen und Handeln, das einem ursprünglichen, befehlenden, wollenden ‹Ich› entsprang ... Mit der Musik kam eine Ordnung, ein Mittelpunkt ins Spiel, und Ordnung und Mittelpunkt allen Handelns war eine wirkende Kraft, ein ‹Ich›.»[62] – Es war die Musik, die zu dem Erleben führte: «Ich wußte, wie man geht.»[63] «Ich spürte, daß das Leben selbst Musik oder wesensgleich mit der Musik war und daß unser lebendiger, sich bewegender Körper ‹verfestigte Musik› war: Musik, die

Fleisch, Substanz, Körper geworden war ... War Musik, so fragte ich mich, die *Partitur* des Lebens?»[64]

Doch noch ein weiteres ist zu bedenken, will man das Ich im Gliedmaßensystem erfassen. Keine Bewegung erfolgt nur mit dem mechanischen Kraftanteil, sondern sie benötigt auch Energie, die dem Stoffwechselsystem entstammt. Dazu braucht dieses System, physiologisch gesehen, die Grundlage durch die Nahrung. Unter den Nahrungsstoffen, die aufgenommen werden und dann im Verdauungsvorgang in Lösung gehen, sind auch *mineralische Stoffe*. Diese zeichnen sich durch die ihnen eigene Tendenz aus, daß sie auch im Leibe die ihnen ursprüngliche Kristallform annehmen wollen. In der Kristallform ordnet sich die Stofflichkeit auf eine ganz besondere Weise. Während das Meer eine *Niveaufläche* bildet, bildet der jeweilige Kristall Niveaus in verschiedenen Richtungen – nämlich in den Flächen seiner Kristallisation – aus, in ihnen wird der Stoff zusammengehalten, das heißt er ist «fest». Die gleiche Kraft, die als Schwere radial vom Erdmittelpunkt ausstrahlt, wirkt im Kristall gleichsam nach verschiedenen Richtungen.[65] Diese Tendenz können die Mineralstoffe im Leib geltend machen in der Form von Ablagerungen (Arthrose, Gicht) oder Diabetes. Aber auch hier wirken nun das Gliedmaßensystem, das Knochengerüst und das Muskelsystem so in den Stoffwechsel, daß von ihnen die fortwährende Tendenz ausgeht, «der Mineralbildung der Erde [im Organismus] entgegenzuwirken, das heißt die Minerale aufzulösen».[66]

Mit dem Eingreifen des Willens und damit des Ich in den Leib unmittelbar nach der Geburt ist eine starke Veränderung des Nerven- und Muskelsystems verbunden. Wir wollen hier nur einen Blick auf die Verwandlungen des Skelettsystems tun. Durch die aufrichtende Eigentätigkeit des Kindes, wofür die Nachahmung einen bedeutenden und auslösenden Faktor darstellt, verwandelt sich das Rückgrat. Beim Neugeborenen ist die Wirbelsäule noch nahezu gerade – wobei eigentümlicherweise die Wirbelkörper der Lenden bereits im zweiten Fötalmonat schon etwas verstärkt veranlagt wurden (die Ausformung des Promontoriums und der Lendenbeugung der Wirbelsäule), obgleich die eigentliche Aufrichtung erst gegen Ende des ersten Lebensjahres erfolgt. Die künftige, erst durch nachahmendes Lernen zu vollziehende Funktion wird teilweise wie vorentworfen, worin gerade «das besondere Humane» verankert zu sein scheint.[67] Durch die Aufrichtung wird dann die doppelte Krümmung der Wirbelsäule, die Lordose der Hals- und Lendenwirbel, voll ausgebildet.

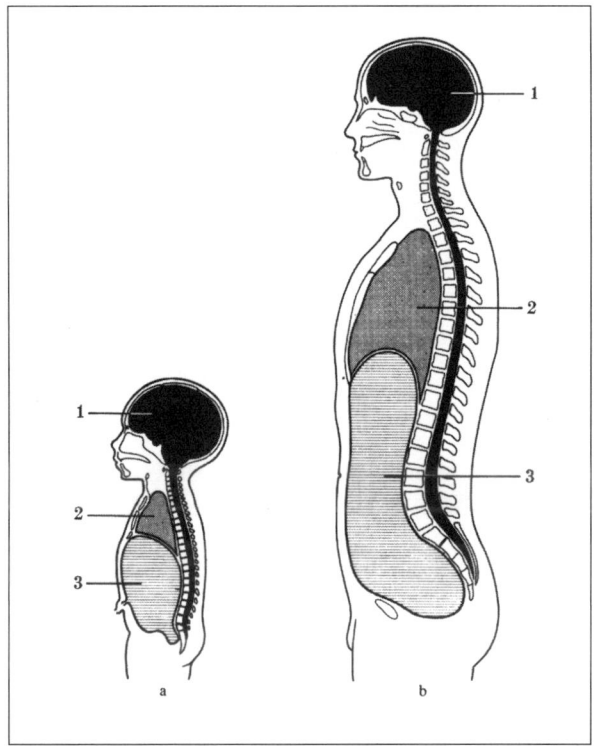

Abb. 6: Schema der Hauptkörperhöhlen des menschlichen
Organismus beim Neugeborenen (a) und Erwachsenen (b)
(aus: J. W. Rohen, Funktionelle Anatomie des Menschen).

Die Wirbelsäulen*form*, wie sie sich in der ersten Lebenszeit ausgestaltet, bleibt auch dann bestehen, wenn sich bei weiterem Wachstum die Wirbelsäule mit den einzelnen Wirbelkörpern vergrößert. Es gilt dann stets, daß die Halswirbel von zierlicher Gestalt sind, die abwärtsliegenden Wirbelkörper im Brustbereich mächtiger werden und schließlich massig im Lendenbereich; die Entwicklung bei einmal errungener Doppelkrümmung und erreichter Gestalt verläuft unter Beibehaltung der Proportionen bis zum Erwachsenenalter. Die genannte Doppelkrümmung bedeutet nun, daß sich das in der Aufrichtung tätige Wesen des Kindes die ererbte Wirbelsäule seinen eigenen Intentionen gemäß formt, sich also den Leib anpaßt, so daß dessen lastendes Gewicht federnd abge-

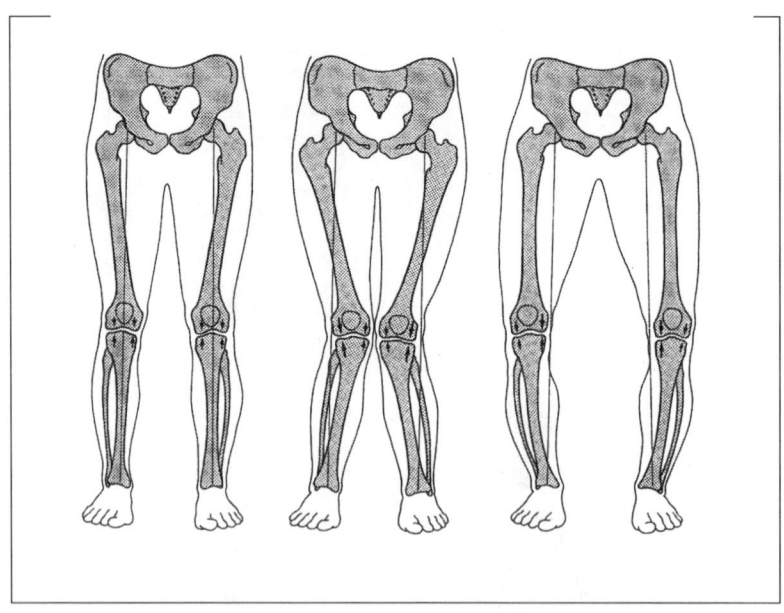

*Abb. 7: Belastungsverteilung an unterschiedlich geformten Kniegelenken
(aus: Benninghoff/Goerttler, Lehrbuch der Anatomie des Menschen. Bd. 1).*

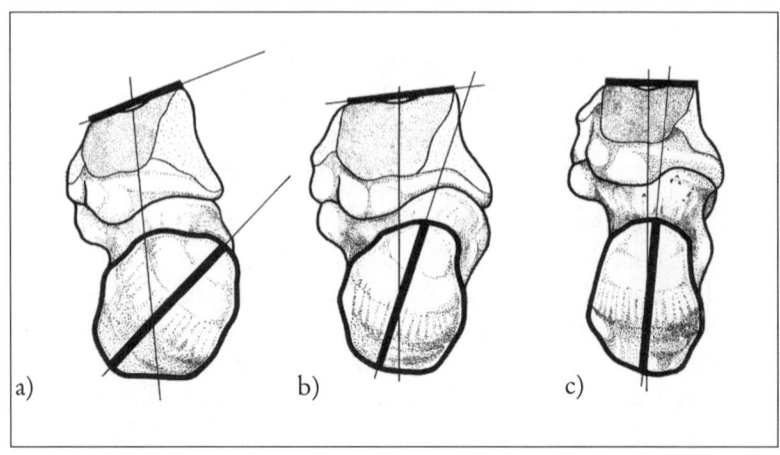

*Abb. 8: Entwicklung der Fersenstellung vom Rücken her gesehen
a) beim Neugeborenen, b) beim zweijährigen Kinde, c) beim Erwachsenen
(aus: Benninghoff/Goerttler, Lehrbuch der Anatomie des Menschen. Bd. 1).*

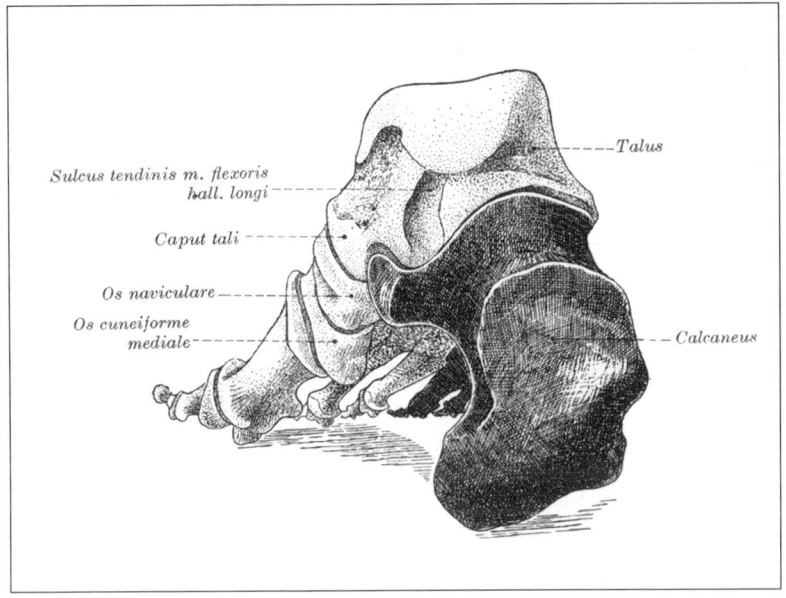

Abb.9: Fußskelett (aus: Benninghoff/Goerttler).

fangen wird und sich das Ich, im Überwinden der Schwere die Bewegungen und Tätigkeiten gestaltend, behaupten kann. Auch die Beine verändern durch die Aufrichtung ihre Form. Sie verlieren ihre gekrümmte Haltung, ordnen sich allmählich parallel zur Richtung der Schwerekräfte und erhalten so ihre Stütz- und Tragefunktion.

Indem mit der Aufrichtung die Beine gestreckt werden und das Kniegelenk durchgedrückt wird, werden die beweglichen Gelenke so in die *Stützfunktion* integriert, daß Hüftknochen, Knie und Fußgewölbe im Stehen derart gespannt sind, als ob es sich um ein durchgängiges Knochensystem handelte. Im Unterschied zum stets angespannten Hinterlauf einer Katze oder eines Hundes zieht Ruhe in die unteren Extremitäten, und der Mensch erlangt die Freiheit, in die Bewegung eigene durchdachte Absichten einzusenken und nicht nur der Körperspannung und Triebhaftigkeit, sondern eigenen Gedanken zu folgen. Daran wird erkennbar, wie ein Tätiges in den Leibbildungsvorgängen wirkt, und zwar die Organe formend und in ihre Funktionstüchtigkeit bringend. Schaut man auf die Gestaltungsvorgänge, so läßt sich von skulpturbildenden oder *plastischen Kräften* sprechen; es sind diejenigen des dem physischen Leib eingewobenen, mit ihm untrennbar verbundenen Lebensleibes. Ihre Gestaltungsimpulse haben sie wiederum vom Wesen des Menschen selber, von seinem Ich. Dieses Ich ist indessen nicht das sich selbst reflektierende, sich seiner selbst bewußte, sondern das tätige, im Willen unmittelbar wirkende Ich, Körper-Ich wurde es genannt (S. 227). Dieses zur Verkörperung und Tätigkeit drängende Ich wirkt und «läuft» um Jahre dem zum Bewußtsein seiner selbst kommenden voraus.[68]

Man hat also zwischen dem willenshaft wirkenden Kern der Individualität und dem Bewußtsein davon zu unterscheiden.[69] Ähnlich wie Hegel die Eule der Minerva erst am Abend ihren Flug beginnen läßt[70] – die in der Philosophie wirkenden Erkenntniskräfte sieht er als ein Endprodukt an, nachdem sich das Sein als Schöpfung bereits in der Welt ausgebreitet hat –, wird auch das Ich, nachdem es zuvor schon wirksam war, in Stufen seiner selbst bewußt: zumeist im Verlauf des dritten Lebensjahres mit der erstmaligen Selbstbenennung, die auf Dauer bleibt, schließlich in dem immer stärker sich ausbreitenden Selbstbewußtsein durch die Pubertät hindurch bis zur Mündigkeit.

Damit gewinnt an Bedeutung, welche nachahmenswerten Vorbilder das Kind hat. «Es gibt zwei Zauberworte, welche angeben, wie das Kind in ein Verhältnis zu seiner Umgebung tritt. Diese sind: *Nachahmung* und *Vorbild*.»[71] Dabei gilt: «Freude und Lust sind die Kräfte, welche die physischen Formen der Organe in der richtigsten Art herauslocken.»[72] Je nachdem also, ob die Erwachsenen Freude und Interesse an der Tätigkeit des Kindes, beispielsweise seinen Bemühungen um die Aufrichtung, entwickeln und seine Freude mit ihrer Freude begleiten, werden die Leibgestaltungsvorgänge ablaufen. Mit welcher Intensität werden, kaum daß die ersten Schritte gelingen, Gegenstände von nicht unbeträchtlichem Gewicht angeschleppt und dem anwesenden Erwachsenen mit Freuden ausgehändigt. Je sinnvoller und je mehr von menschlicher Intention durchdrungen die ausgeführten Tätigkeiten der Erwachsenen im Wahrnehmungsbereich des Kindes sind, desto sicherer wird das, was das Kind daraus an nachahmendem Tun gewinnt, zum tragenden Organgrund seiner Existenz werden. – Was aber geschieht, wenn die Bewegungsfähigkeit unterdrückt wird? In Albanien bestand die Sitte, Säuglinge während des ersten Lebensjahres innerhalb der fensterlosen Hütte in den Wiegen festzubinden, dabei wurde das Gesicht mit einem Tuch bedeckt, einmal täglich wurde das Kind zur Reinigung aus der Wiege genommen. In allen motorischen Leistungen waren die Kinder gegenüber den Altersgenossen in anderen Ländern erheblich zurück, die Arme hingen schlaff, die Finger waren gestreckt, statt zu Fäustchen geballt. Weder ein intentionaler Objektbezug noch eine raumgreifende Aktivität war zu bemerken. Wenn dann am Ende des ersten Jahres die Kinder befreit wurden, holten sie die fehlenden Fähigkeiten freilich sehr rasch auf: Die Fortschritte waren innerhalb von Stunden bemerkbar, auch das Gehen wurde rasch erlernt, so daß eine zwischenzeitliche *latente Reifung* angenommen werden muß. Allerdings darf man keineswegs annehmen, daß alle Schäden einer beeinträchtigten Entwicklung dadurch ausgeglichen werden könnten.[73]

Spracherwerb

Wenn die Arme nach dem Erwerb des Gehens zur gestaltenden Tätigkeit frei werden, bildet sich nach vorangegangenen sinnlichen Erfahrungen – Ruhe und Wärme oder Erregtheit und Heftigkeit des Sprachklangs – aus den eigenen Lallbemühungen allmählich die Sprache des Kindes aus.[74] Doch ist es keineswegs so, daß das Lallen einfach kontinuierlich in die Sprache überginge, sondern das Lallen muß erst verfallen, um dann als Neues, als Sprache, zu erstehen: «Nirgends leitet daher beim Neugeborenen und Säugling die phylogenetische Schablone kontinuierlich in die speziell menschliche Verhaltensweise über, sondern umgekehrt muß der phylogenetische Rest erst verworfen, unterdrückt oder gehemmt werden, um die menschliche Reife einzuleiten: So führt von der phylogenetischen Motorik kein direkter Weg zum intendierten Greifen, sondern erst über Auge und Großhirnrinde kommt dieser spezielle Akt zustande.»[75] Dies gilt nicht nur für die Selbstäußerung, sondern auch für die Wahrnehmungsfähigkeit des Kindes, das erstaunlicherweise im Lautstrom bedeutungsunterscheidende Einheiten zu Beginn seines Lebens besser wahrzunehmen vermag als geraume Zeit später.[76] Wenn die spezifischen Phoneme der eigenen Umgebungssprache unterschieden werden können, bildet sich das Wahrnehmungsvermögen zurück, ohne gänzlich zu verschwinden.

Die Weiterentwicklung und Rückbildung äußert sich darin, daß auf die Kräh- und Lallzeit die Schrei- und Kreischzeit folgt, die von der Sprechzeit abgelöst wird: «Zu seinem Erstbestand an Lallprodukten kommt das Kind nicht durch Nachbildung der Lautbildung seiner Umwelt, sondern aus eigenem Antrieb durch triebhafte Motorik seiner Stimm- und Sprechorgane.»[77] In der Tätigkeit und im Bemerken des Hervorgebrachten und der Freude daran bildet sich das Lallen. Sprechen verlangt anderes. So sind es auch die hinweisenden Gebärden, die im Sprechverstehen vor den darstellenden zuerst verstanden werden. Gebärden liegen dem Kind näher als Worte, und am Wort geht ihm zunächst die Lautgebärde auf. Das gilt entsprechend für die Sprache. Steiner weist wiederholt darauf hin, daß der Spracherwerb an die Bewegung der Arme, Hände und Finger gebunden ist; denn durch das Aufrichten wird die Hand frei von Stützaufgaben. «Wie die Hand sich bewegt, wie die Hand Gesten macht, wie die Kraft in die Hand hinein ergossen wird, das geht in das Gehirn und bildet den Motor für das Sprechen ... Das Sprechen geht aus dem ganzen motorischen Organismus des Menschen hervor ... Das Leben ist zuerst Geste, und die Geste verwandelt sich innerlich in das Motorische des Sprechens. So daß das Sprechen ein Ergebnis des Gehens, das heißt des Orientierens im Raume ist.»[78] – «Die menschliche Hand ist Sinnesorgan, ist Arbeitshand, Organ der Kommunikation und Organ des Kontaktes ... Und wie das Auge nicht nur blickt, sondern sieht und betrachtet, das Ohr nicht nur hört, sondern zuhört und vernimmt, so tastet die Hand nicht nur, sondern betastet die Dinge, greift nicht nur, sondern begreift» – das ist neben und mit der Geste die Haupttätigkeit der Hand.[79]

Von der Leibgrundlage her werden die Reife- und Gestaltungsvorgänge des Gehirns in bezug auf die Sprache durch das Bewegungszentrum angeregt. Die Sprache entsteht in mehrfacher Hinsicht aus Bewegung: aus der *Seelenbewegung*, wo sich ein Inneres nach außen, dem anderen, mitteilen möchte, aus der Bewegung des Atemstromes und des Kehlkopfes und nicht zuletzt unterstützt durch Bewegungsgebärden der Arme, Hände und Finger.[80] «Denn für Gebärden hat das Kind ein natürliches Verständnis, für Worte nicht, das Verständnis der letzteren muß erst gestiftet werden.»[81] Gehlen sagt mit Recht: Sprechen ist Bewegung.[82] Auch hier hat auf der Leibebene der Mensch eine Sonderstellung. Alle Säuger müssen während des Trinkens atmen. Der hochgestellte Kehldeckel (Epiglottis) berührt die obere Gaumenwand und garantiert die Trennung der Schluck- und Atemwege. Diese Einrichtung bleibt bei den Säugern lebenslang bestehen; nur beim Menschen verlagert sich der Kehlkopf nach der ersten Saugzeit allmählich abwärts, und zwar bis zur Pubertät. Dadurch entsteht ein nur bei ihm verwirklichter Rachenraum, der den Vokalraum über der Stimmritze gegenüber den vergleichbaren Säugern beträchtlich erweitert. Demnach sind Affen zur Vokalbildung unfähig, denn ihr Kehlkopf ist mit der Geburt fixiert.[83]

Eine russische Forscherin konnte nachweisen, daß durch einfache Fingerübungen die sprachlichen Fähigkeiten – sowohl Artikulationsvermögen wie auch Wortschatz – erheblich gesteigert werden können.[84] Dabei hat die Sprache für das Kind noch eine andere Bedeutung als die nur kommunikative, nämlich eine solche, die das gesamte Gefühlsleben zu differenzieren vermag. Über die Benennung wirkt sie sodann weckend auf das eigene Denken des Kindes.[85]

Das kindliche Denken

Über Gehen und Sprechen mündet die frühkindliche Entwicklung in das erste selbständige Denken ein. Ist dieses dem Kind in seinen Anfängen auch noch kaum bewußt, so differenziert und gestaltet es doch schon Eindrücke, Empfindungen und eigene Vorstellungen zu Bedeutungsganzheiten. So kommen am Ende des dritten Lebensjahres aus der Sprache Fragen hervor: «Was heißt eigentlich Wirrnis?» Ein Wort, eben in einem Gespräch zwischen Erwachsenen aufgefangen und wiederholt, hatte offenkundig in seinem Lautgehalt einen besonderen Eindruck gemacht. Es handelt sich nun nicht mehr, wie ein halbes Jahr früher, um eine der tausend Fragen, die unerschöpflich auftauchen, wann immer das Kind etwas sieht oder in die Hand nimmt. Diese neuen, vertieften Fragen entstehen unabhängig von der konkreten Gegenwart dessen, wonach gefragt wird. Mit zwei Jahren und neun Monaten (oder auch früher) scheint das reflektierende Vermögen hinzuzukommen, das Bewußtwerden eines zu befragenden Zusammenhanges, einer «Problemsituation». Plötzlich wird gefragt: «was ist eigentlich … » oder «was heißt eigentlich … », die Fragen wollen nicht mehr enden. Es wird gefragt, was eigentlich gestern heißt. Als erklärt worden ist, daß dies etwas ist, was zurückliegt, was schon war, wird fürderhin alles zum Gestern, was erinnert wird: der Besuch bei der Urgroßmutter zwei Wochen zuvor, Weihnachten, acht Monate zurück, oder der Spaziergang am vorigen Tage, wo Pferde den Weg kreuzten. Schwierig zu beantworten sind Fragen der Art, was eigentlich Schnee, Nebel, die Sterne seien. Das erwachende kindliche Denken verläuft noch nicht in klaren Bahnen. Die Vergleiche, mit denen das Denken bestimmte Eigenschaften der Erscheinungen ordnet und in Beziehung setzt, sind gegenüber dem späteren Denken äußerst beweglich und lebendig. Dementsprechend werden auch die Verknüpfungen vielfältig und reich gestaltet. Das kindliche Denken ist vor allem *bildlich*, weniger abstrakt. Im abstrakten Begriff, der dem *theoretischen Denken* entspringt, wird das Allgemeine – also generalisierbare Merkmale – erfaßt, während das *anschauliche Denken* stets das Besondere und Konkrete ausschöpft und gestaltet, eine Eigenschaft nur des bildhaften Vermögens. Hegel sieht daher im bildlichen Denken lediglich eine niedrigere Erkenntnis, die auf einer höheren Stufe – Wissenschaft oder Philosophie – ständig durch den Begriff abgelöst werden müsse. Freilich dürfte der wahre Zusammenhang zwischen den Denkformen und dem Erkannten weniger darauf beruhen, daß ein Denkmodus dem anderen übergeordnet ist; eher ist in beiden Polen die Erfassung eines einheitlichen Vorgangs zu sehen. Denn auch in Metaphern, also in bildlichen Wendungen wie Bergnase, Bergspitze, wird eine Erscheinung sowohl bildlich wie auch als ein Allgemeines und Wesentliches erfaßt. Noch mehr gilt dies für Gleichnisse, in denen durch die Bildgestalt ein Allgemeines hindurchleuchtet.

Es ist die Sprache in ihrem Bau, die das Denken weckt. Im Handeln, in der Begegnung mit den Dingen und durch deren Benennung gestalten sich die ersten eigenen Denkschritte aus. Von Denken kann dann gesprochen werden, wenn es zu *Verallgemeinerungen* kommt. Ein Mädchen hatte zu seinem Geburtstag einen aufblasbaren Delphin geschenkt bekommen, der ihm außerordentliches Vergnügen bereitete, denn man konnte ihn unter den Arm nehmen, gefahrlos werfen, aber auch auf ihm sitzen. Tags darauf war zu hören: «Oma, welche Fische gibt es noch? Forelle, Karpfen?» – «Ja. Heringe, Hechte, Schollen.» – «Die schwimmen doch alle im Wasser?» – «Ja.» – «Dann ist dieser Delphin doch gar kein Fisch, denn der liegt auf deinem Bett und schwimmt gar nicht im Wasser.» Damit werden schon ganz beträchtliche Schlüsse gezogen. Verbreitet ist das Phänomen, daß beispielsweise das Fauchen einer Lokomotive auf die dampfende Kaffeekanne und auf alles, was zischt oder lärmt, übertragen wird und dieses alles «Lokomotive» genannt wird. Sicherlich handelt es sich dabei nicht um kleine Hegels, die das absolut Allgemeine als das im Verschiedenartigen Identische herausheben, sondern das Kind verknüpft einzelne gleiche Merkmale, wobei es andere – vielleicht dem Erwachsenen auch wichtige – vernachlässigt, weil es sie gar nicht bemerkt. Umgekehrt kann es aber auch erstaunen, daß sehr früh recht geringe Wahrnehmungsdifferenzen bemerkt und präzise bezeichnet werden, die wiederum ein Erwachsener gar nicht bemerkt. Bereits mit zwei Jahren und drei Monaten bemerkt ein Knabe auf einer Reise den

Unterschied im Gleisbau zweier Bahnlinien, den die Mutter weder sah noch kannte. Ein Mädchen mit drei Jahren und sechs Monaten spielte gern das Spiel «was verschieden ist und was nicht», wobei sich zeigte, daß es vor allem das Verschiedene an den beobachteten Gegenständen bemerkte, aber das Gleiche übersah.[86] Das Knüpfen von Verbindungen, die Herstellung von Zusammenhängen und Bezügen ist eine Leistung des erwachenden Denkens. Gegenüberstellung und Vergleich sind die Hauptmittel des Denkens, wobei dem Wiedererkennen eines schon Wahrgenommenen auch dann, wenn es sich ändert – also des Identischen bei wechselnden Eigenschaften –, größtes Gewicht zukommt, denn sonst vermöchte das Kind die Mutter in anderer Kleidung oder auch nur veränderter Frisur nicht mehr zu erkennen. Sind im ersten und zweiten Jahr zunächst die *affektiven* Zustände mit ihren Bezeichnungen wie heiß oder naß vorherrschend, so werden es danach die Eigenschaften der Dinge und ihre wechselseitigen Beziehungen und Funktionen. Die gewohnte Ordnung wird bemerkt: Das Tischdecken zieht die Mahlzeit nach sich. Wird die Reihenfolge gestört, gibt dies Anlaß zum Fragen, ruft Befremden hervor, ein Gefühl des Nichtverstehens tritt ein. Auf diese Weise beheimatet sich der verstehende Geist des Kindes allmählich in den Gesetzmäßigkeiten der irdischen Welt, in *Raum* und *Zeit*. Während die Welt des Geistes im Werden und in den Beziehungen des Geistes und seiner Wesen zueinander, ja in deren Bewegungen besteht, gilt im Raum das Gesetz des Nebeneinander, in der Zeit das des Nacheinander; beides in seiner sachgerechten Verknüpfung zu erfassen muß aus der Fähigkeit zu innerer Beweglichkeit heraus gelernt werden. Der Vorgang des Erwägens, Überlegens, Betrachtens, Verknüpfens, Klassifizierens beginnt im Verlauf des dritten Lebensjahres, um dann in der weiteren Reifung immer neue Stufen der Betätigung, der Abstraktion, der Erfassung von Kausalitäten und so weiter, zu erlangen. «Vieles, auch Unverständliches, erweist sich als verständlich, wenn es gewohnheitsmäßig wird; wird es alltäglich, so hört es auf, in Erstaunen zu versetzen. Zunächst jedoch erweckt alles Verwunderung, und alles ruft Fragen hervor. Die Fragen des Kindes springen von einem Gegenstand auf den nächsten und rufen weitere hervor.»[87] Das Besondere des Menschseins bringt sich darin zum Ausdruck, daß selbst dann, wenn alles schon geklärt zu sein scheint, das Fragen neuerlich anzuheben, das Verwundern neuerlich aufzubrechen vermag und nach neuerlichen Antworten heischt. Ist am Anfang des Denkens die Frage so schnell ausgeschöpft, wie sie entsteht, und beziehen sich die

Fragen auf die gegebene anschauliche Situation, so weiten sie sich in der Biographie stufenweise aus.[88] Mit zwei Jahren und vier Monaten antwortet Natascha auf die Frage: Was ist eine Mama?: «Du, das ist eine Mama.» Auf den Einwand: Zu uns kommt X., ein Mädchen, das hat keine Mama, und die fragt dich, was ist eine Mama?, kommt nach einigem Zögern die Antwort: «Mama – das ist die Mama», und sie zeigt auf die Fragende, ihre Mutter. Mit drei Jahren und fünf Monaten fragt diese neuerlich, ob Natascha erklären könne, was eine Mama ist. «Mama, das bist du, sie hat eine Tochter, das bin ich.» – Dieselbe Frage wird mit vier Jahren und vier Monaten so beantwortet: «Eine Mama – sie wischt nie, sie schreibt immer.» – Mit fünf Jahren und sechs Monaten: «Eine Mutter? Eine Mutter ist eine Frau, die Kinder bekommt.» Es wird weiter gefragt: «Hat sie Kinder oder bekommt sie Kinder?» «Nein, sie bekommt sie, und hat sie noch nicht.» Was sich in den Antworten durch die Jahre ausspricht, das ist, daß die Relativität der erfragten Beziehungen zwar sehr früh bemerkt wird und doch dem völligen Durchschauen nicht unerhebliche Schwierigkeiten bereitet.

Ohne Frage greift das Denken als Teil des geistigen Wesens des Kindes schon früh strukturierend in die Gehirnvorgänge ein. Die postnatale Strukturierung des Gehirns ist eindeutig: Bei der Geburt sind die Projektionsfelder des Vorderhirns ausgebildet, soweit sie die Empfindungen des eigenen Leibes und sinnliche Qualitäten vermitteln. Die Verknüpfungen aber, die erst das, was aus den sekundären und tertiären Feldern, also aus den ursprünglichen Empfindungen stammt, nunmehr in vielfältige übergeordnete Zusammenhänge bringen, fehlen noch weitgehend.[89] Dem Neugeborenen mangeln zunächst noch die Strukturen, die das Denken zum Ausdruck bringen; sie bilden sich erst unter den Einflüssen der Sinneswahrnehmungen und dem in den Vorstellungen tätigen Denken. «In der postnatalen Gehirnentwicklung gestaltet sich der kindliche Leib wiederum unter dem Einfluß, der von dem individuellen Geist- und Seelenwesen des Kindes ausgeht.»[90] Steiner stellt, um die hier vorliegenden Zusammenhänge aufzuschließen, einmal die Frage, was sich bei der Rückschau auf die eigene Biographie für eine innere Selbstprüfung ergibt, wenn der Mensch jenen Teil an sich betrachtet, der ihm klar und bewußt erscheint und von dem er weiß, daß er damit seine Absichten erfaßt, und damit den anderen Teil vergleicht, der ihm mehr unbewußt, wie eine niedrige Wesenheit, begegnet. Der Gegensatz wird deutlich, wenn man rückschauend beispielsweise betrachtet, was man zehn Jahre zuvor getan hat. Da zeigt sich das Getane als etwas, was man erst jetzt in seiner Sinnhaftigkeit für das eigene Leben besser oder voll begreift. Was man damals möglicherweise unbedacht getan hat, erweist sich nachträglich als für die eigene Entwicklung vernünftig. Eine solche Entdeckung löst in der Seele folgende Empfindung aus: «Man fühlt sich wie geborgen durch eine gute Macht, die in den eigenen Wesenstiefen waltet; man fängt an, immer mehr und mehr Vertrauen zu gewinnen zu der Tatsache, daß man eigentlich im höchsten Sinne des Wortes doch nicht allein ist in der Welt.»[91] Verständlicherweise gilt diese Grundempfindung besonders gegenüber der ersten Zeit des Lebens, wo der Mensch gerade nur sehr wenig mit dem vollbewußten Verstande vollbringt. Was geschieht nicht alles an Bedeutungsvollem und Prägendem in der Zeit von der Geburt bis zur ersten bleibenden Erinnerung! Gerade da hat «die menschliche Seele am Menschen selbst die allerweisesten Dinge getan, und niemals kann der Mensch später, wenn er zu seinem Bewußtsein gekommen ist, so Großartiges und Gewaltiges an sich selber leisten, wie er in den allerersten Jahren seiner Kindheit aus unterbewußten Seelenuntergründen heraus vollzieht … Wenn der Mensch geboren wird, ist zum Beispiel sein physisches Gehirn noch ein sehr unvollkommenes Werkzeug. Es muß nun des Menschen Seele in dieses Werkzeug erst die feineren Gliederungen hineinarbeiten, die es zum Vermittler alles dessen machen, wessen die Seele fähig ist. In der Tat arbeitet die Menschenseele, bevor sie vollbewußt ist, an dem Gehirn so, daß dieses ein solches Werkzeug werden kann, wie es gebraucht wird zum Ausleben all der Fähigkeiten, Anlagen, Eigenschaften und so weiter, welche der Seele eignen als Ergebnisse ihrer früheren Erdenleben. Diese Arbeit am eigenen Leibe ist von Gesichtspunkten geleitet, die weiser sind als alles dasjenige, was der Mensch später aus seinem vollen Bewußtsein heraus an sich tun kann.»[92]

Das Menschenverständnis Steiners widerspricht dem gängigen Paradigma, nach dem der menschliche Geist sich durch Reifungsvorgänge und in Abhängigkeit von sozio-kulturellen Faktoren allmählich bildet, das heißt wie aus dem Nichts – als Resultante von Wechselwirkungen – entsteht. Er sieht im Geist die wirkende Kraft, die sich den Leib, seinen Zielen entsprechend, gestaltet. Das diesem Geist eignende Denken bereitet das Instrument, mit dessen Hilfe er sich seiner selbst bewußt wird und gedanklich Raum und Zeit zu ergreifen vermag. Es kommt aus seiner Wesenheit heraus, daß er die Aufrechte ergreift, die Sprache lernt und sich das bewußte Leben innerhalb der Gedankenwelt aneignet. «Die Bearbeitung des Gehirns wird aus dem Grunde vorgenommen, weil das Gehirn das Werkzeug des Denkens ist. Es ist dieses Organ im Lebensbeginne deshalb noch plastisch, weil der Mensch es selbst erst so formen soll, wie das Instrument seines Denkens im Sinne der Wesenheit sein muß, die von Leben zu Leben getragen wird. So wie das Gehirn unmittelbar nach der Geburt ist, so mußte es werden gemäß den Kräften, die von Eltern, Voreltern und so weiter vererbt sind. Der Mensch aber muß in seinem Denken zum Ausdruck bringen, was er als Eigenwesen ist, gemäß seinen früheren Erdenleben.»[93] Diese Arbeit an sich erfolgt in höchster Weisheit. Warum weiß der Mensch aber von alledem nichts? Weil sein ganzes Wesen in den ersten Lebensjahren noch in einem viel größeren Umfange als später mit höheren geistigen Wesen verbunden ist. Der geistig Wahrnehmende sieht dies daran, daß die kindliche Aura sich überall in die geistige Welt hinein fortsetzt. Diese Verbindung löst sich allmählich von dem Zeitpunkt an, bis zu dem die Erinnerung zurückreicht. Dennoch bleibt ein Rest davon durch das ganze weitere Leben wirksam: in den Fähigkeiten zu Idealen, zu künstlerischem Schaffen und den naturgemäßen Heilkräften im eigenen Leibe.

Nur in der frühen Kindheitszeit kann das Werk der Organbildung gelingen – unter Einwirkung der geistigen Welt. Denn «der Mensch ist nicht allein; in ihm lebt etwas, was ihm immerdar den Beweis liefern kann: Es kann der Mensch sich über sich selbst erheben, zu etwas, was gegenwärtig schon über ihn hinauswächst und was wachsen wird von Leben zu Leben ... [Der Mensch hat in sich] wahrhaftig einen höheren, einen göttlichen Menschen, von dem er sich lebendig durchdrungen fühlen kann, sich sagend: *Er ist mein Führer in mir.*»[94] Es ist dies der Zukunftsmensch, der «Geistmensch» (vgl. S. 192ff.). Diese Wesenheit steht ihrerseits wiederum mit dem *höheren Menschheitsselbst* in inniger Verbindung. Eine genauere Selbsterkenntnis führt dabei den Menschen dahin, «einzusehen, daß *in* der Menschenseele Kräfte gefunden werden können, welche von ... Christus ausgehen. In den ersten drei Kindheitsjahren wirken diese Kräfte, ohne daß der Mensch etwas dazu tut.»[95] Dadurch konstituiert sich die Menschheit als eine einheitliche. Und erst später im Leben differenziert sich das Individuelle, Verschiedene heraus.

Damit wird ein Blick in die anthroposophische Denkweise getan, die sich nicht mit der Beschreibung der Denkentwicklung begnügt, sondern dadurch, daß sie von dem geistigen Wesen als einem Dauernden ausgeht, nach Zusammenhängen fragt, die eine empirische Wissenschaft dem Gebiet der Philosophie und Religion zuweist. Damit wird durch sie natürlich ein Ärgernis gestiftet, das allerdings auch fruchtbringend sein kann, insofern durch die Ausweitung der Erkenntnisgrenzen neue, ungedachte, vertiefte und transzendierende Einsichten aufgeschlossen werden, die zumindest verdienen, auf ihren Erklärungswert, ihre Fruchtbarkeit, ihre Reichweite hin untersucht und geprüft zu werden. Dazu hat man sie zuerst kennenzulernen, und wir haben uns bemüht, den transzendierenden Bezug schon an dieser Stelle zu nennen.

Die Bedeutung des Spiels

Steiner sieht ein wesentliches Mittel, die Strukturierung des Gehirnes zu fördern, darin, die «richtigen Eindrücke» an das Kind heranzubringen. «Fertige», das heißt perfekt gegenständliche Nachbildungen als Spielmaterial wirken ertötend auf die Bildekräfte des Kindes. Dagegen wirkt alles belebend, was die Arbeit der Phantasie anregt. Gibt man dem Kind beispielsweise eine Puppe, die aus einer Serviette hergestellt wurde, wo Kopf, Arme und Beine nur angedeutet sind, wird die innere Vorstellungs- und Einbildungskraft des Kindes aufgerufen, ebenso durch bewegliches Spielzeug, etwa zwei verschiebbare Hölzer, die, bewegt, Schmiede abwechselnd auf einen Amboß hämmern lassen. «Diese Arbeit der Phantasie wirkt bildend auf die Formen des Gehirns. Dieses schließt sich auf, wie sich die Muskeln der Hand aufschließen durch die ihnen angemessene Arbeit ... Das alles schafft innere Regsamkeit der Organe, und aus dieser Regsamkeit baut sich die richtige Form der Organe auf.»[96] Steiner sieht im physischen Leib eine innewohnende natürliche Weisheit walten, die, ausreichend beachtet, dazu anleitet, Ernährung und Umgebung so zu gestalten, daß sie dem Kind angemessen und zuträglich sind. Dieser gesunde Zusammenklang kann in vielfältiger Weise korrumpiert werden: die Nahrung dadurch, daß die Süße der Muttermilch durch den fortdauernden Zuckerkonsum die ganze Kindheit hindurch scheinbar fortgesetzt wird, wodurch der Geschmack und gesunde Nahrungsinstinkt verloren gehen; eine kindgemäße Milieugestaltung sowie ansprechende Kleidungsformen durch karikierende Phantasie eines vermeintlich «Kindlichen» (Mickymaus-Figuren). Deshalb muß durch eine neue Erkenntnisbemühung Einsicht in das wirkliche Wesen des Kindgemäßen gewonnen werden. Zunächst weist Steiner nur auf die Richtung hin, in der das pädagogisch Richtige gesucht werden könne, Einzelheiten der Ausgestaltung erfolgen erst dann, wenn entsprechende Anfragen vorliegen. Inzwischen ist durch die Ausgestaltung der Waldorfkindergärten auf diesem Gebiet vieles geschehen: Sowohl erkenntnis- als auch praxisleitende Gesichtspunkte wurden entwickelt. Die Vorbildwirkung des sinngetragenen Tuns der Erzieher auf die nachahmende Tätigkeit der Kinder steht im Mittelpunkt, daraus wurden sowohl Formen des Spiels wie auch gemeinsamen Arbeitens entwickelt.[97]

Steiners Zugang zum Spiel ist von der Darstellung Schillers in den Briefen *Über die ästhetische Erziehung des Menschen* geprägt, wonach die beiden Pole von Stoff und Form im Spiel aufgehoben werden und der Mensch nur dort ganz Mensch ist, wo er spielt. Für die Pädagogik können noch weitere Dimensionen fruchtbar werden. Denn im Spiel liegt stets ein Doppeltes: eine Form der Weltaneignung und ein tief den gesamten Lebenssinn ausfüllendes Befriedigendes. So versteht K. Groos[98] unter Spiel alle jene Tätigkeiten und Handlungen, die als Eigenwert erstrebt, also um der in ihrem Vollzug liegenden Befriedigung willen ausgeführt werden. Huizinga[99] nennt später das Spiel eine «freie» Handlung oder Beschäftigung, die nichts beabsichtigt und außerhalb des gewöhnlichen Lebens steht, trotzdem aber den Spieler völlig in Anspruch nimmt. Das Spiel hat keine materielle Absicht, es vollzieht sich absichtlich auf beschränktem Raum und in beschränkter Zeit. So macht Huizinga auch darauf aufmerksam, daß das Spiel Gemeinschaftsbeziehungen und einen Geheimnisraum, zum Beispiel durch Verkleidungen, schaffe und dadurch von der gewöhnlichen Welt ablenke. In diesem Sinne sind Riten und Spiel verwandt. Aber: Das Heilige ist *über*weltlich, das Spiel *außer*weltlich. Das Sakrale ist erfüllt von Ehrfurcht, das Spiel ist leichtgesinnte Befreiung.

So wird es verständlich, daß von Lebensbeginn an spielende Tätigkeiten die Wachzeit in einem bedeutenden Umfang ausfüllen. Sind es am Anfang Bewegungsfolgen wie die Betrachtung der eigenen Hände oder ein wiederholtes Greifen nach einem Gegenstand, so gehören später das Bedecken des Gesichts, der Wechsel der Körperlagen, das Kriechen, das Klopfen mit einem Gegenstand auf eine Unterlage hinzu, bevor dann die Bewegungen in viel komplexere Abläufe übergehen. Schon sehr früh «ahmt das Kind sein eigenes Tun mit unverkennbaren Zeichen der Befriedigung nach ... Gegen Ende des ersten Lebensjahres ... bilden dann im allgemeinen während der sieben bis acht Tagesstunden [Spiele] den Hauptinhalt kindlichen Erlebens. Jetzt ist das Kind ganz Spielkind».[100] Der Ernst und die Bedeutung des Spieles für die kindliche Entwicklung sind nicht zu unterschätzen.[101] Doch wie lassen sich die vielfältigen Spielformen und -abfolgen genetisch ordnen? Zunächst ist der spontane Bewegungsdrang des Neugeborenen unverkennbar, allmählich differenzieren sich Arm- und Beinbewegungen; treffen sie auf Widerstand, verstärken sie sich. Wenn das Kind einen Gegenstand greifen kann, dann erlebt es an ihm: Ich kann mit ihm etwas tun, ihn bewegen. Daran macht es Erfahrungen, staunt, faßt Mut. Aber erst wenn die Welt der Worte ergriffen wird, wo nach Lacan durch das Wort Anwesenheit aus der Abwesenheit entsteht, entsteht Spiel, und zwar in *symbolischer* Form. Der eigentliche Schritt in die «menschliche Welt, in der das Wahrnehmen ein fragendes Ablesen und Hineinlesen von Bedeutungen» ist, erfolgt im *symbolischen Spiel*.[102] Erst mit den ersten Illusionen offenbart sich der Sinn des menschlichen Spiels. Das erregende und erfreuende Hin und Her des Spielerischen in der kindlichen Entwicklung wird als Weltbezug und als eine dynamisch bildende Macht wirksam. «Das Kind entdeckt diese Macht in seinem Spielen. Diese Entdeckung setzt die Existenz in *zwei* Welten voraus: der sinnlichen und der unsinnlichen – und in *zwei* Schichten des Verhaltens: der situationsbedingten und triebhaften Schicht und der gewählten entworfenen, eingebildeten Schicht. Dieses Verhalten setzt auch die Möglichkeit eines *Sichverpflichtens* voraus und bringt dieses zur Prägnanz.»[103] Wer spielt, hat einen Eid geleistet.

Neuerdings hat Oerter die Formen des Spiels in der Reihenfolge ihrer Entwicklung so geordnet:

- *Sensomotorisches Spiel* der ersten beiden Lebensjahre, von K. Bühler als *Funktionsspiel* bezeichnet.
- *Informations- und Explorationsspiel*, wo an Gegenständen erprobt wird, was man mit ihnen machen kann.
- *Konstruktionsspiele* wie das Errichten eines Bauwerks mit Materialien.
- *Symbol- oder Fiktionsspiel* als eigentliche frühkindliche Spielform, wo sich Gegenstände verwandeln, Puppen wie wirkliche Kinder angesprochen werden und so weiter.
- *Rollenspiele*; sie erfordern das Zusammenspiel mehrerer, das Durchhalten der gewählten Rolle und setzen schon erhebliche Fähigkeiten voraus.

– *Regelspiele* als entwickelte Spiele, die in die Mitte der Kindheit fallen, aber auch später, beispielsweise bei Schach und Skat, durchgehalten werden.[104]

Auch diesen, wie man sieht, hochdifferenziert zu betrachtenden Bereich der menschlichen Entwicklung erfaßt Steiner im Grundsätzlichen bereits in seiner Skizze über *Die Erziehung des Kindes*. Von besonderem Wert sind für ihn alle Formen der Rhythmen und Reigen. «Je erfrischender etwas auf Auge und Ohr wirkt, desto besser ist es. Man sollte nicht unterschätzen, was zum Beispiel tanzende Bewegungen nach musikalischem Rhythmus für eine organbildende Kraft haben.»[105] Genauere Beobachtung zeigt auch, daß es ganz spezifische Spielformen zwischen dem dritten und fünften und vom fünften zum siebenten Lebensjahr gibt, auf die jeweils in entsprechender Weise durch die Kindergartenarbeit zu antworten ist. Denn die Leibbildungsvorgänge, die im ersten Jahrsiebt vornehmlich das Nervensystem betreffen, verlaufen kranio-kaudal, also vom Kopf zu den Gliedern. Bis zum Erwachen des Denkens im dritten Jahr sind die Bildekräfte überwiegend im Kopfbereich, danach im Brustbereich (von drei bis fünf) und schließlich im Gliedmaßenbereich (von fünf bis sieben) tätig, ehe sie als plastisch-vorstellende frei werden. So ist zwischen dem dritten und fünften Jahr beobachtbar, wie «zwei ganz neue Fähigkeiten» auftreten: eine besondere Form der *kindlichen Phantasie* und eine des *kindlichen Gedächtnisses*.[106] Im Spiel fragt zum Beispiel ein Vierjähriger, der kleine runde Asthölzer vor sich stehen hat, die Kindergärtnerin: Willst du Sprudel, Bier oder Apfelsaft? Aus Kleinigkeiten entstehen wechselnde Anlässe, die eigene Phantasie zu betätigen. Je offener und unperfekter das Spielmaterial ist, desto vielfältiger wird die Phantasie angeregt. – Um das fünfte Jahr arbeiten die Bildekräfte mehr im Stoffwechselbereich und in den Gliedern, da wird beobachtbar, wie die Kinder in den Fingern geschickt werden. «Viele Kinder – besonders solche, die reich und schöpferisch spielen konnten – machen im fünften Lebensjahr eine zweite Krise [nach der Trotzphase] durch. Zum ersten Male empfinden sie so richtig Langeweile … Sie sind wie verlassen von der Phantasie und haben plötzlich keine Einfälle mehr. Die Phantasie braucht jetzt eine Schonzeit … Fünf- und sechsjährige Kinder hocken gern zusammen und schmieden Pläne für ihr Spiel. Spielmaterial, das mitwächst, ist erforderlich. Wenn vor dem fünften Jahr am Material eine Idee entzündet wurde, so ist nach dem fünften Jahr zuerst eine Vorstellung und dann die Bemühung da, das der Vorstellung Entsprechende unter dem Material zu finden.»[107]

Auf sehr einfache, geradezu lapidare Weise formuliert Steiner die sich ihm ergebenden pädagogischen Grundsätze für die frühe Kindheit: «Zu den Kräften, welche bildsam auf die physischen Organe wirken, gehört also Freude an und mit der Umgebung. Heitere Mienen der Erzieher, und vor allem redliche, keine erzwungene Liebe. Solche Liebe, welche die physische Umgebung gleichsam warm durchströmt, brütet im wahren Sinne des Wortes die Formen der physischen Organe aus.»[108] Mit physisch ist also alles gemeint, was seelisch wahrnehmbar und damit empfindbar ist, also auch die Liebe, welche zwischen Kind und Erwachsenem waltet. Das Wort von der Brutwärme ist mehr als eine bloße unverbindliche Metapher. Es deutet unmittelbar auf die Wirklichkeit, um die das Steinersche Denken kreist: die Gestaltung der Leibesvorgänge nach der Geburt.

Leibfüllung und Streckung – Gebärden des Wachstums

Lievegoed,[109] Kinderarzt und Sozialpsychologe und ein Schüler Steiners, differenziert zwischen zwei sich abwechselnden Phasen in der Leibgestaltung: der *Füllung und Streckung.* Auf die Säuglingsgestalt mit der Kopfdominanz folgt vom 2. bis zum 5. Jahr die Kleinkindgestalt, in der der Rumpf in seiner Füllung dominiert; danach streckt sich die Gestalt. Dieser erste Gestaltwandel bereitet die Schulreife vor: Die Glieder treten nun erstmals in den Vordergrund der Erscheinung. Danach tritt eine individuellere Formung des Gesichtes hervor, gefolgt etwa vom neunten Lebensjahr an von einem zweiten Füllungsstadium: Der Rumpf wächst und weitet sich. Mit der Vorpubertät strecken sich dann die Glieder neuerlich. In der eigentlichen Pubertät werden die Gesichtszüge deutlich individualisiert, der Blick wird wacher und kritisch, der Leib harmonisiert sich wieder. Bei Knaben und Mädchen in unterschiedlicher Weise erfolgt dann zwischen 15 und 18 eine dritte Füllung, danach erst erlangt die Muskulatur der Glieder ihre volle Kraft. Es kann also von einem dreimaligen Durchgang der Gestaltung des Leibes vom Kopf zu den Gliedern (kranio-kaudal) gesprochen werden, wobei sich jeweils die Dominanz der Entwicklung gleichfalls vom Kopf zur Körperperipherie verlagert.

Der Zahnwechsel

Die Ausgestaltung der Organformen, insbesondere des zentralen Nervensystems, erlangt gegen das siebente Lebensjahr einen Abschluß.

Zwar bilden sich im Gesichtsschädel noch weiterhin die individuellen Züge aus, aber für das Gehirn ist der Bildevorgang im wesentlichen abgeschlossen. In den folgenden Jahren hat man es noch mit Wachstumsvorgängen im Brust- und dann im Gliedmaßenbereich zu tun. Das ererbte Eiweiß und die damit verbundenen Organstrukturen unterliegen dem Stoffaustausch: Unentwegter Stoffwechsel führt dazu, daß vorhandenes Eiweiß abgebaut und ersetzt sowie ausgeschieden wird. Das, was erhalten bleibt, ist nicht der Stoff, sondern die *Gestalt*, in die sich der Stoff stets neu einbettet. So betrachtet, wird der Mensch innerhalb weniger Jahre ausgetauscht; was ihm leiblich seine *Identität* gibt, das ist «geprägte Form, die lebend sich entwickelt» (Goethe). Zu dieser geprägten Form gehören nicht nur die Organstrukturen, sondern auch das Immunsystem, das *biologische Ich*.[110] Vom Stoffwechsel kann alles wieder aufgelöst werden, was dem Organismus irgendwann einmal stofflich eignete, nur nicht der Zahn*schmelz*. Die Milchzähne, genauer, deren *Kronen*, sind schon während der Embryonalentwicklung in der Zahnleiste angelegt. An ihnen kann sich der Organismus des Kindes mit seinen Gestaltungskräften nachgeburtlich nicht mehr zu schaffen machen. So findet sich im kindlichen Leib nur ein einziger Bereich, der keinem postnatalen Umbau unterliegt und damit keinen persönlich-individuellen Zugang des wirkenden Ich aufweist: die Zähne. Dem Kind, das seinen Leib sich gestaltet, bleibt gegenüber diesem nicht gestaltbaren Bereich nur eines übrig: sich dieser Bildungen zu entledigen. Im Zahnwechsel trennt sich das Kind von den ererbten und nicht mehr einschmelzbaren Zähnen. Die «eigenen», das heißt die zweiten Zähne, sind bereits unter den Milchzähnen in der Zahnleiste angelegt.

Die härteste Substanz, die Zahnkrone, aus Schmelz gebildet, ist in aller Regel bei allen 28 Zähnen spätestens im Verlauf des siebenten Lebensjahres ausgebildet, so daß im Hinblick auf die Zahnbildung von einem völligen «Wechsel» gesprochen werden kann. Dieser ist keineswegs identisch mit dem Zahn*stellungs*wechsel, der sich vom Ausfall der ersten Zähne – gelegentlich schon im sechsten Lebensjahr – bis zum Hervorschieben der Backenzähne in der Pubertätszeit hinziehen kann.[111]

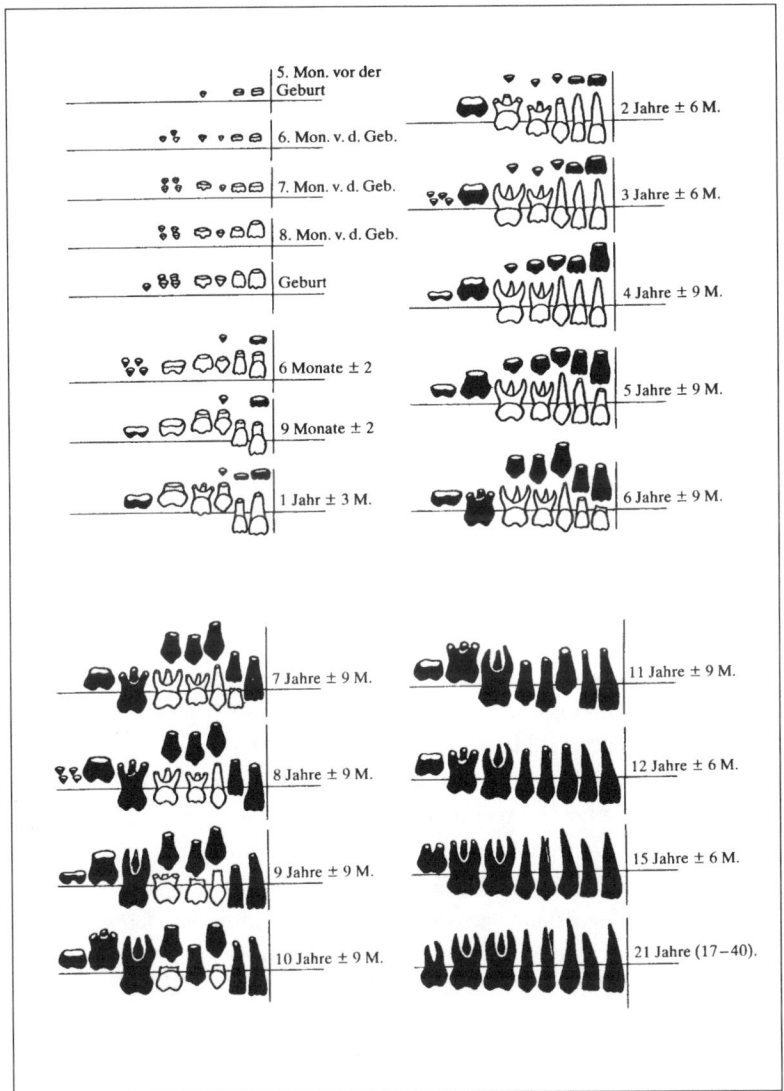

Abb. 10: Gesamte Bildfolge der menschlichen Zähne anhand der oberen rechten Kieferhälfte. Milchzähne weiß. Dauerzähne schwarz; die waagerechte Linie bezeichnet die Zahnfleischebene, die senkrechte Linie die Symmetrieebene des gesamten Gebisses (aus: W. Schad, Erziehung ist Kunst).

Erinnern wir uns nochmals der inneren Bedeutung des Vorgangs: «Der Zahnwechsel bezeugt, daß gewisse Kräfte, die vorher den Organismus durchdrungen haben ..., nun frei werden, sie werden ... freie Vorstellungskräfte. Aber alles, was so im Organismus vorgeht, darf nicht streng abgegrenzt und abgezirkelt sein, das wäre gerade gegen den Sinn der Entwickelung. Dasjenige, was bis zu einer Epoche der Menschheitsentwickelung das Hauptsächliche ist, von dem muß ein Rest zurückbleiben. Den Weisheitszahn bekommen wir eben später, weil noch immer ein Rest von dem im Organismus weiter wirken muß, was bis zum siebten Lebensjahre besonders radikal wirkt.»[112]

Mit den plastizierenden Bildungsvorgängen der zweiten Zähne sind weitere Gestaltungsvorgänge verbunden; sie werden mit dem Begriff des (ersten) Gestaltwandels zusammengefaßt.[113] Sowohl mit dem Zahnwechsel als auch mit dem Gestaltwandel sind tiefgreifende, wohlbekannte entwicklungspsychologische Veränderungen und Reifungen verbunden. Die bisher im Leib tätigen formbildenden Kräfte haben ihr Werk abgeschlossen; was sie bisher zu formen hatten, müssen sie jetzt nur noch erhalten. Der Unterhalt eines Gebäudes ist weniger aufwendig als seine Errichtung. So können sich die Gestaltungskräfte anderen Aufgaben zuwenden: Sie verwandeln sich in *Lernkräfte*, in Kräfte der *Intelligenz*. «Die ganze Zeit bis zum Zahnwechsel, während der das Kind wächst, ist ein Ergebnis derselben Kräfte, die nach dem siebten Jahre als Verstandeskräfte, als intellektuelle Kräfte auftreten.» Es «ist dieselbe Seelentätigkeit, die später als Verstand und Gedächtnis in der Seele wirkt.»[114]

Das Neue, was psychologisch mit der Schulreife im sechsten, siebenten Jahr auftritt, ist seit der Zeit, da Steiner seine Aufmerksamkeit diesem Alter zuwandte, gründlich erforscht worden; weithin unbekannt ist freilich nach wie vor jene gewichtige Einsicht in die Verwandlung der leibbildenden Kräfte in solche der Seele. Die «Kräfte, die im Zahnwechsel ihren Abschluß finden, die vorher den Körper des Kindes ausplastizierten, die Skulpturkräfte ... [sind] hauptsächlich diejenigen Kräfte, die in das Kind gelegt sind von der geistigen Welt aus ... Sie wirken zuerst kopfbildend als Körperkräfte und dann vom siebten Jahre ab als Seelenkräfte.»[115]

Den eindringlichsten Hinweis auf diesen Zusammenhang lieferte Piaget mit seinen Untersuchungen der Verwandlung des anschaulich-symbolischen Denkens in das logisch-konkrete.[116] In zahlreichen immer wieder variierten experimentellen Versuchen erhielten Kinder beispielsweise zwei Gläser: ein schmales, hohes und ein niederes, breites, mit

denen sie spielen konnten. In eines der Gefäße wurden nun Perlen ge-
schüttet, das Kind wurde aufgefordert, dieselben Perlen öfter von einem
ins andere Glas zu schütten. Nach einiger Zeit fragte der Versuchsleiter:
Wo ist denn mehr drinnen? *Vor* einem gewissen Alter antworteten die
Kinder stets: Im schmalen, hohen. Der äußere *Eindruck* gab den Aus-
schlag. Alle Kinder kamen aber aus sich, «genetisch», im Verlauf des
sechsten, siebenten Jahres zur Einsicht, daß es dieselbe Menge sei, das
heißt zum Begriff der *Konstanz*. Was war geschehen? Vorher wirkte der
«mächtige» Eindruck des schmalen, hohen Glases beherrschend; plötzlich sieht das Kind ein, daß es doch dasselbe ist, was hin und her geschüt-
tet wurde, mit anderen Worten: In der Wahrnehmung dessen, was unmittelbar vor Augen steht, sieht das Kind das erinnerte Bild der vorangegangenen Wahrnehmung nun mit. Oder nochmals anders gewendet, es sieht
durch das erinnerte Bild, die Vorstellung, auf das konkret Wahrgenommene hin, wodurch es die Identität der Menge «schaut» beziehungsweise
erfassen kann. Dieses freie Erinnern ist erst mit dem Freiwerden der
Bildekräfte, der Geburt des Ätherleibes möglich. Zwar hat natürlich auch
das kleine Kind ein Erinnerungsvermögen, doch dieses ist stark situativ,
an bestimmte Merkmale gebunden, so daß nur diese die Bilder auslösen.
So ist das Erinnern von Vorschulkindern sehr labil und störanfällig.[117]
Wenn nun der Leib durchgeformt ist, kann das Kind nach der Anschauung der Dinge das innere Bild von ihnen festhalten und es auch willkürlich, also ohne äußere Wiederbegegnung mit dem Angeschauten, frei wieder hervorrufen. Erinnern ist inneres Gestalten von Bildern, das schon in
jedem Anschauen geschieht. Dadurch, daß diese Bilder nun von der
formbildenden Kraft durchzogen werden, die zuvor in der Leibgestaltung gewirkt hat, kann jetzt das Vorstellungsleben gestaltet werden. Dadurch wird allerdings auch das Verhältnis des Kindes zur Welt etwas
distanzierter, das Wahrgenommene wirkt nunmehr nicht mehr unmittelbar in den Willen hinein, so daß sich die unbewußte Nachahmung allmählich in die bewußte Imitation wandelt. Mit den Vorstellungskräften
vermag das Kind jetzt eine eigene, von ihm gestaltete Innenwelt aufzubauen, die über die nur wahrgenommene Welt hinaus liegt. Dadurch
erweitert und vertieft sich das Fühlen, und das Kind kann eine eigene
Welt des Erfahrenen und Ersonnen aufbauen.
Jene Kräfte also, die innerhalb der kindlichen Entwicklung den
menschlichen Organismus gestalten, den Organen ihre Struktur geben,
die Leiblichkeit ausplastizieren, werden nunmehr frei. «Der Mensch ist

tatsächlich in dem Augenblick, in dem dieser Zahnwechsel beginnt, und in der Zeit oder durch die Zeit, in der er sich abspielt, im Grunde ein umgewandeltes, ein metamorphosiertes Wesen. Was in dem Erscheinen der zweiten Zähne, in diesem Ausstoßen der ersten Zähne zum Vorschein kommt, das hat bisher gearbeitet am menschlichen Organismus ... So können wir sehen, wie die ganze Seelenkonstitution des Kindes in diesem Lebensabschnitt verwandelt wird.»[118]

Was nun neu hinzukommt, ist jenes Kräftegefüge, das mit dem Seelischen eng verbunden ist, ja geradezu als charakterologischer Grundzug des Seelischen bezeichnet werden kann. Wir stoßen damit also auf jene «zweite Wesenheit», von der in der *Erziehung des Kindes* gesprochen wird. Sie bewirkt einerseits, «daß die Stoffe und Kräfte sich zu den Erscheinungen des Wachstums, der Fortpflanzung, der inneren Bewegung der Säfte und so weiter gestalten»,[119] und schafft andererseits zugleich Organ und Gefäß für all das, was sich das Ich im Zusammenhang mit der Seele erarbeitet und gleichsam als Ertrag der charakterologischen Grundstruktur des seelischen Lebens einprägt oder einschreibt. Ist das Lebensgefüge, der Lebensleib, auf der einen Seite der Erbauer und Bildner des physischen Leibes, worin er sich dann als Bewohner zu entfalten vermag, so wird er auf der anderen Seite durch die Arbeit des Ich am Wesensgefüge zum Träger der Gewohnheiten, der bleibenden Neigungen, des Temperamentes und des Gedächtnisses. Genau diese charakterologischen Eigenschaften sind es, die mit dem Zahnwechsel für den Erzieher besonders in den Blick treten. «Was sich in diesem Ätherleibe vor dem siebenten Jahre an Vorstellungen, Gewohnheiten, an Gedächtnis und so weiter entwickeln soll, das muß sich in ähnlicher Art ‹von selbst› entwickeln, wie sich die Augen und die Ohren im Mutterleibe ohne die Einwirkung des äußeren Lichtes entwickeln.»[120] Von nun an, also von der Zeit des Zahnwechsels an, wo die Fähigkeit auftritt, *konturierte* Begriffe zu bilden, wird es auch anderer erzieherischer Mittel bedürfen, um die kindliche Entwicklung zu fördern.

Der menschliche Lebensleib – seine «Geburt», Entfaltung und erzieherische Formung im Kindesalter

Das beeindruckbare Seelische und das Gefüge der Lebensbildekräfte

Wenden wir uns zunächst dem Seelischen im engeren Sinne zu! Es bildet jene Qualität, die uns in die Lage versetzt, etwas zu gewahren, etwas zu bemerken. Damit ist zugleich ein ganzes Bündel weiterer Eigenschaften oder Qualitäten verbunden, die als Aufmerksamkeit, Interesse, Hinwendung, Eindrucksfähigkeit oder Beeindruckbarkeit bezeichnet werden können. All dies setzt voraus, daß sich die Seele eines Wahrgenommenen bewußt wird. Entfaltet sich Leben als ein in sich sinnvoller, doch bewußtloser Wachstums-, Ernährungs- oder Stoffwechselprozeß, so das Seelische stets so, daß es auf ein Äußeres bezogen ist, welches ihm Richtung gibt, worauf hin es sich ausrichtet. Brentano spricht von Intentionalität (vgl. S. 110). Seelisches Leben heißt, etwas begegnet uns, wird uns bewußt und löst im Innern ein Echo, eine Reaktion aus; wir «reagieren» oder antworten von innen auf ein Wahrgenommenes. Doch dieses Innewerden hält nur so lange vor, wie das Wahrgenommene und das von innen kommende Interesse, vermittelt durch entsprechende Wahrnehmungs- oder Sinnesorgane, gegenwärtig bleibt. Fällt mein Blick zum Beispiel auf eine Vase mit Lilien und nehme ich diese wahr, so löst das in meinem Innern eine ganz bestimmte Empfindung aus. Gleitet das Auge weiter zu einem Tisch, so ist der vorangegangene Sinneseindruck erloschen. Auf einer Ebene ist die Seele, ähnlich wie die Sinnesorgane, stets dem Neuen hingegeben. Es ist die ihr ureigene Qualität, sich reagibel jedem neuen Eindruck zu öffnen und hinzugeben.

In der Art, wie wir von der einen zur anderen Erscheinung gehen, gleichsam hingleiten, offenbart sich die Aktualität, die dem Seelischen eignet, die stete Gegenwart. Das ist freilich auf Dauer auch ein recht ermüdendes

Geschäft und erheischt schließlich den Schlaf, der uns von dem fortdauernden Wechsel in der Gegenwart befreit. Gäbe es nur dieses Reagible, Aktuelle, so könnte uns nichts zum bleibenden, zum dauernden Besitz werden. Daß wir uns dennoch eines Vorübergehenden bemächtigen und es zu unserem Besitz machen können, geschieht durch die Kraft der *Erinnerung.* Schließe ich beispielsweise, nachdem ich auf eine Vase mit Blumen hingeschaut habe, die Augen, dann habe ich durchaus die Möglichkeit, den Eindruck im Nachbild – wenn auch wesentlich blasser und ungenauer in den Einzelheiten – festzuhalten oder sogar nach einiger Zeit wieder zu vergegenwärtigen, eben als Erinnerungsvorstellung. Doch ohne eine gewisse innere Beteiligung, ohne vorangehende Aufmerksamkeit, ohne Interesse an der Erscheinung gelingt dies nur schwer. Es ist also die im Aufnehmen bereits mitwirkende Regsamkeit der Seele aufgerufen, auch im neuerlichen Schaffen des Erinnerungsbildes tätig zu werden.

Die Erfahrung lehrt, daß sich zwischen den weitgehend bewußtlosen Lebensprozeß und das Seelisch-Reagible etwas hineinschiebt, was uns befähigt, den flüchtigen Gegenwartsaugenblicken etwas Dauerndes mitzugeben, so daß wir in der Zeit nicht nur stets vor neuen Eindrücken stehen, sondern an bereits gehabte Eindrücke sinnvoll, «erfahrungsgesättigt» anzuknüpfen vermögen. Dieses Bleibende – es ist seelisch zunächst die Grundlage dafür, daß wir überhaupt Erfahrungen gewinnen können – hängt eben mit dem so bedeutsamen Vermögen des Erinnerns, dem Gedächtnis, zusammen. Es ist das Geistige, das als Dauerndes in der Seele tätig wird. Das Auftreten der willkürlichen Form des Erinnerns als freie Vorstellungsfähigkeit (im siebten Lebensjahr) bezeichnet die anthroposophische Menschenkunde mit dem ihr eigenen Terminus «*Geburt des Ätherleibes*». Durch diesen Vorgang wird das Seelische «habitualisiert», gefestigt, indem es mit der Qualität des Dauernden versehen wird. Der sich entfaltende Lebensprozeß, welcher an den Ätherleib mit seinen sinntragenden Strukturen gebunden ist, durchdringt sich mit Kräften des Seelischen – oder umgekehrt, die formenden Kräfte der Lebensvorgänge dringen in die hochbeweglichen Geschehnisse des Seelischen mit seinen Reizen und Begehrungen ein. Vom Lebensleib, der bis zum siebten Jahr die Organstruktur gefestigt hat, geht etwas aus, das auch den wechselnden seelischen Vorgängen von Lust und Unlust, Freude und Trauer, Behagen und Verdruß eine Grundrichtung verleiht. Die *charakterologischen Eigenschaften,* die von nahezu bleibendem Gepräge sind wie Neigungen, Gewohnheiten, Gedächtnis, Temperamente, entstammen zwar dem Ätherleib und tragen die Substanz eines lebensvollen Dauerndwerdens an sich, aber sie sind selbst nicht mehr in die Lebensvorgänge (Ernährung, Wachstum, Fortpflanzung, Stoffwechsel und so weiter) eingebunden. Deshalb werden sie von Rudolf Steiner in der *Erziehung des Kindes* gleichgesetzt mit den Kräften, die er als «Geburt des Ätherleibes» bezeichnet.[121]

Der Ätherleib hat demgemäß zwei Gesichter: Zum einen bezeichnet er das *Gestaltende* am sichtbaren Leib, zum zweiten *charakterologische Eigenschaften* wie Charakter, Neigungen, Temperamente. Der erste Aspekt ist wirksam während der ganzen Embryonalentwicklung und dann postnatal bis in die Zeit des ersten Gestaltwandels und Zahnwechsels. Dann tritt der zweite Aspekt in den Vordergrund: Der Ätherleib mit seinen charakterologischen Eigenschaften wird frei und damit erziehbar. Wir werden nunmehr gerade die einzelnen Eigenschaften, die Steiner beschreibt, genauer zu betrachten haben, wollen aber zunächst davon noch einen anderen Bereich zwischen dem Reagibel-Seelischen und dem Bleibenden begrifflich abtrennen.

Jeder kennt folgende Erfahrung: Man wacht des Morgens auf, fühlt sich voll Spannkraft, energiegeladen, hat ein heiteres Gemüt; anderntags oder Wochen später erwacht man gedämpft, zerknittert, übellaunig; die Grundstimmung zieht sich im einen wie im anderen Fall durch den ganzen Tag hindurch, ohne daß man im einzelnen wüßte, woher sie kommt. Natürlich kann man zurückschließen auf vorangegangene seelische Erlebnisse oder die Art, wie man geschlafen hat. Dennoch ist diese Qualität der Stimmung und Tagesgrundbefindlichkeit, als etwas durchaus mit den Lebensvorgängen und seinen Rhythmen Verbundenes, abzuheben von den andersgearteten Eigenschaften des Gedächtnisses, der Gewohnheit und so weiter. Daß sie im Erleben sich länger hält, hängt mit dem «Empfindungsleib»[122] zusammen, der seinerseits auch das Reagibel-Seelische der Empfindung verfestigt und teilweise dauernd macht. In der Schichtenlehre des Psychologen Lersch wird dieser Bereich der «nicht eigentlich vom Ich eingeleiteten und in Gang gebrachten» Gruppe seelischer Erlebnisse, «die wir als Affekte, Gemütsbewegungen, Gefühle und Stimmungen zu bezeichnen gewöhnt sind, desgleichen die Begierden, die Triebe und Strebungen» als *«endothymer Grund»* beschrieben (endon = innen, inwendig; thymos = Empfindung, Gefühl, Gemüt).[123]

Wir können also das Gefüge des Lebensleibes nach zwei Richtungen wirksam sehen: einerseits hingewandt zu den Lebensprozessen, andererseits zu all dem, was im «Empfindungsleib» und im Seelischen überhaupt

Schichttabelle nach Ph. Lersch

Endothymer Grund		Empfindungsleib
Lebensgrund		Ätherleib
		physischer Leib

an Reizbarkeit, Begehrungskräften, Wünschen und Leidenschaften wirkt und treibt. Der Zusammenhang besteht darin, daß alles das, was später Seelisches wird, in der Zeit, die vor dem Zahnwechsel liegt, am Organismus arbeitet.[124]

Das Freiwerden von Lebensbildekräften mit dem Zahnwechsel

Umwandlung von Lebensbildekräften in Elemente des Seelenlebens

Mit dem Zahnwechsel streift der Ätherleib so etwas wie eine Hülle ab, «und damit beginnt die Zeit, in der von außen erziehend auf den Ätherleib eingewirkt werden kann. Man muß sich klarmachen, was von außen auf den Ätherleib wirken kann. Die Umbildung und das Wachstum des Ätherleibes bedeutet Umbildung beziehungsweise Entwickelung der Neigungen, Gewohnheiten, des Gewissens, des Charakters, des Gedächtnisses, der Temperamente.»[125] Damit ist ein bestimmter Kräftezusammenhang angesprochen, den Steiner dann später noch ergänzt hat, indem er, aus einer anderen Perspektive, vom Freiwerden der Intelligenzkräfte, der Verstandeskräfte sprach.[126] Es ist ein und dasselbe Kraftgefüge, «was organisierend im physischen Leibe ist, sich emanzipiert, während des Zahnwechsels herauskommt und im wesentlichen die Intelligenz bildet. So kann man den Vorgang von einer gewissen Seite her schildern. Man kann ihn auch so schildern, wie es in früheren Zeiten geschehen ist ... wo gesagt wurde: Mit dem Zahnwechsel wird der Ätherleib des Menschen geboren

... Was so auf der einen Seite Geburt des Ätherleibes genannt werden kann, ist dasselbe, was auf der anderen Seite genannt werden kann das Emanzipieren der Intelligenz vom physischen Leibe.»[127] Steiner geht es um eine Beschreibung der Wirklichkeit, um genaue Erfassung der offenkundigen seelischen Verwandlungen um das siebente Jahr. Daß er dabei eine von jeder gängigen Terminologie völlig abweichende, eigene, ja eigenwillige benützt, ist zum einen in der behaupteten Wahrnehmbarkeit der wirkenden, wenn auch für die gegebene Sinnesausstattung «übersinnlichen» Kräfte begründet, zum anderen fördert die Terminologie das ursprüngliche Verstehen. Denn aus den unvertrauten Worten kann zunächst keine Vorstellung abgeleitet werden, vielmehr muß ein eigenes Nachdenken einsetzen, das sich auf die dem Allgemeinbegriff Ätherleib beigefügten spezifischen Begriffe – Erbauer, Architekt und Bewohner des physischen Leibes, Neigungen, Gewohnheiten und so weiter – einläßt. Nur wenn dieser Bezug unterschlagen wird, bleibt die nähere Aussage paradox oder unverständlich; im anderen Fall dagegen füllt sie sich inhaltlich auf, ja wird zur gesättigten, wenn auch in keiner Weise bequem zu erlangenden Begrifflichkeit.

Der Erziehungsvorgang wird bei dieser Betrachtung ganz unter dem Gesichtspunkt der anthropologischen Veränderung, verkürzt als Geburt des Ätherleibes bezeichnet, gesehen. Es wird also nicht gefragt, was zur Ausbildung der Erkenntnis, des Gefühlslebens oder der Körperbeherrschung getan werden soll, und auch nicht, welches Wissen die Schule zu vermitteln habe, sondern lediglich danach, welche Kräfte nun der Entwicklung harren. Daß von dieser Ausgangsfrage aus dann auch für die entsprechenden Aufgaben kognitiver, emotionaler und motorischer Entwicklung, ja bis in die Unterrichtsstoffe hinein etwas gewonnen werden kann, zeigt die Ausbildung der Pädagogik für die Waldorfschule. Im ersten Entwurf, der *Erziehung des Kindes,* war dies noch keine Fragestellung, in ihr geht es um den Ideenentwurf.

Notwendigkeit erzieherischen Einflusses auf die freigewordenen Kräfte

Mit der Geburt beginnt bereits die Bildung an dem, was wir Lebensgrund nennen können, das heißt, schon von dem Augenblick an, da das leibliche Dasein eigenständig wird, entfalten sich Charakteranlage, Gewohnheiten, Neigungen und so weiter. Während diese Entwicklung zunächst «von selbst» geschieht, kann und soll dann mit der Schulreife eben auf diese Kräfte gestaltend Einfluß genommen werden. Ja, wenn die charakterologischen Anlagen, die sich bisher gleichsam aus ihrer eigenen Natur entwickelt haben, jetzt nicht erzieherisch beeinflußt und geformt werden, bleibt das, was im Grunde reifen möchte, unentwickelt. Statt dessen kommt es zu – vergleichsweise gesprochen – seelisch degenerativen Erscheinungen ganz subjektivistischer Art. Statt persönlicher Kraft und Stärke breiten sich Entartungserscheinungen aus: Statt guter Gewohnheiten entstehen aus Vorlieben schlechte Gewohnheiten, aus Neigungen Abneigungen, aus der subtilen Gewissensanlage Gewissenlosigkeit, an die Stelle eines festen Charakters tritt Haltlosigkeit. Kurz, die aufbrechenden und für die Gestaltung empfänglichen Anlagen bedürfen der Pflege, aber auch der vielfältigen Anregung und der Formung, auch der kulturellen Überformung. Der französische Biologe Pierre Grassé macht darauf aufmerksam, daß die menschliche Entwicklung durch drei wirkende Faktoren beeinflußt wird: «die genetische Struktur als Grundlage, die Einwirkung der Gesellschaft und das eigene Bemühen, die persönliche Anstrengung».[128] Wenn auch stets alle Faktoren wirksam sind, so bildet doch der gesellschaftliche, der sozio-kulturelle Bereich in seiner gleichsam intermediären Wirkung und seinen zwischenzeiligen Wertsetzungen zu keiner Zeit so intensiv am Kind wie in den ersten Schuljahren. Piaget spricht im Hinblick auf die kognitiven Prozesse von der einsetzenden *Dezentralisierung*, durch die das Kind zunehmend fähig wird, die die Sinnestätigkeit begleitenden Denkakte zu objektivieren und dadurch den eigenen Standpunkt mit anderen in Beziehung zu setzen.[129] Die in der *Erziehung des Kindes* genannten charakterologischen Qualitäten warten gleichsam auf «Angebote», an denen sie sich entfalten können. Dieser Teil des Lebensleibes, der nach dem Zahnwechsel als kulturoffener Teil in eine enge Verbindung mit dem Seelischen tritt und diesem eine Qualität des Dauernden, aber auch ganz individuell Geformten verleiht, ist gleichwohl schon von der Geburt an wirksam, doch ihn «bewahrt sich der Mensch; er verwendet ihn nicht zum Wachstum, nicht zu seiner natürlichen organischen Entwicklung, sondern behält ihn als etwas Freies in sich, durch das er die Vorstellungen, die durch die Erziehung in ihn hineinkommen, aufnehmen kann.»[130] Mit dem ersten Gestaltwandel verstärken sich diese freien Kräfte, so daß sie ihre Gestaltung durch die Erziehung benötigen.

Nun kann man nach der Herkunft dieser Kräfte fragen, denn sie sind in dieser Weise nicht im Tierreich, sondern nur beim Menschen wahrnehmbar, müssen also eng mit dem eigentlich Menschlichen, dem Ich, zusammenhängen. Steiner weist darauf hin, daß im Laufe der Menschheitsentwicklung die Ich-Kräfte immer stärker in das leiblich-seelische Gefüge des werdenden Menschenwesens eingreifen.[131] «Indem der Mensch ... zu immer höherer Entwickelung sich hindurchringt, arbeitet sein Ich die anderen Glieder um. So wird der Empfindungsleib der Träger geläuterter Lust- und Unlustgefühle, verfeinerter Wünsche und Begierden.»[132] In dem Augenblick also, wo das Ich am Empfindungsleib zu arbeiten beginnt, entsteht eine neue Qualität, nämlich die «verfeinerte Lust»; man steigt gleichsam vom hungernden Menschen, dem alle Nahrung gleich schmeckt, zum Feinschmecker auf! Diese Qualität läßt sich steigern, wenn der Mensch den Erscheinungen der Welt nicht bloß gegenübersteht, sondern ihnen mit Interesse begegnet und all das, was er an sinnlichen Begierden hat, in eine gesteigerte, das heißt vom Sinnesbezug freie Wissensbegierde, in Wissensdrang und Weltinteresse verwandelt.

Es ist offensichtlich, daß die Verwandlung des leiblich-seelischen Menschenwesens durch das Ich – im Sinne einer individuellen Entwicklung und einer solchen des ganzen «Menschengeschlechts» – nicht in der Kürze eines einzigen Erdenlebens zu leisten ist. So erwähnt Steiner in diesem Zusammenhang denn auch die aufeinanderfolgenden Leben oder Verkörperungen. Das bedeutet, daß der «Lebensgrund» im Moment der Geburt bereits seine Geschichte hat. Er hat bereits eine bestimmte Stufe erreicht, von der aus er weiterschreiten kann. Für diese Weiterentwicklung bedarf er als Zoon politikon der Hilfe der Mitmenschen, in der Kindheit insbesondere derjenigen der Erzieher.

Erzieherische Einwirkungen auf den Lebensleib
vor und nach dem Zahnwechsel

Wir fragen, wie denn eine erzieherische Einwirkung auf das Kind in der Zeit, da die lebendigen Bildekräfte ganz in die physische Leiblichkeit eingebunden sind, erfolgen kann. Während in der ersten Lebenszeit «Erziehung» durch Nachahmung erfolgt, also im Tun, geschieht die Formbildung, die Gestaltung des Ätherleibes durch «Belehrung» der organbildenden Kräfte. Da lassen sich zwei Arten von Einflüssen auf die Entwicklung des Kindes voneinander unterscheiden.

Die eine Art kann so gekennzeichnet werden, daß die wichtigsten An-

regungen und Einflüsse über die *Sinnesorganisation* des Kindes wirken.
So sind es zunächst, in Verbindung mit dem Nahrungsinstinkt, die Sinne
des Mundraumes, die unmittelbar Seelisches wecken, dann aber auch der
Tast- und Sehsinn (für den die «richtigen Farben und Lichtverhältnisse»
zu schaffen sind), über die das Kind zur Eigentätigkeit, zum seelischen
Leben angeregt wird. Zum selben Bereich, wenn auch auf einer höheren
Stufe, gehören dann die weiteren Anregungen, von denen bereits gesprochen wurde: «Wie die Muskeln der Hand stark und kräftig werden, wenn
sie die ihnen gemäße Arbeit verrichten, so wird das Gehirn und werden
die anderen Organe des physischen Menschenleibes in die richtigen Bahnen gelenkt, wenn sie die richtigen Eindrücke von ihrer Umgebung erhalten.»[133] Am Beispiel des phantasieanregenden Spielzeugs (s. S. 241)
verdeutlicht Steiner, was er unter «richtigen Eindrücken» versteht; denn
da ergänzt das Kind das Unvollständige aus sich heruas. Es stellt sich
allerdings die Frage: Wie ist denn eine Phantasie beschaffen, welche etwas
zur Ganzheit bildet, das sie, die Phantasie, noch gar nicht vollständig
kennen kann? Denn wenn das Kind beispielsweise eine rudimentäre Puppe bekommt und daraus in innerer Regsamkeit etwas Ganzes erbildet,
dann müßte ja die Ganzheit im Kind (als Anlage) schon anwesend sein.
Bekommt es aber während der frühen Kindheit ausschließlich phantasie-
anregendes Spielzeug, das stets aufgrund der fehlenden Abbildhaftigkeit
das Kind zu eigener Tätigkeit anregt, also eine unvollkommen gebildete
Puppe, dann kann es ja im Grunde nicht schon die Ganzheit der Puppe
erfahren haben. Das Problem löst sich erst, wenn angenommen wird, daß
im Kind selbst etwas Gestaltendes anwesend ist, das eben dieses Vollkommene – etwa der leiblichen Gestalt – als *Vor-Wissen* in sich trägt, weil
das Kind selbst vorgeburtlich aus einer Welt schaffender und in sich stim-
miger, Ganzheiten erzeugender Wesen kommt.[134] Diese Art des *physiognomischen Betrachtens* eignet dem kleinen Kind tatsächlich, denn es
entdeckt in allen Erscheinungen eine seelische Geste.

Eine andere, zweite Art der Beeinflussung geschieht in der frühen
Kindheit – auch das sei nochmals erwähnt – über die mehr unmittelbaren
seelischen Qualitäten, die vom Kind erlebt werden; so durch Freude und
Lust, jene Kräfte, «welche die physischen Formen der Organe in der
richtigsten Art herauslocken».[135] Ferner wirken «heitere Mienen der Erzieher und vor allem redliche, keine erzwungene Liebe». Eine *Atmosphäre der Liebe* bildet im Idealfall die beglückende und gesunde Umgebung
des Kleinkindes. Schließlich sei noch auf die leibbildende Wirkung des

musikalischen Rhythmus hingewiesen. – Zentral wichtig sind in dieser Altersstufe *Vorbild und Nachahmung.*

Es wird einsichtig, daß in der anthroposophischen Pädagogik nun, nachdem die leibbildenden Kräfte sich teilweise in seelische verwandelt haben, in unmittelbarer Art die seelische Wirkung innerhalb des Erziehungsvorgangs beachtet wird. So tritt ein sehr ausgeprägtes Bewußtsein für an Regeln orientiertes Verhalten besonders im kindlichen Spiel auf. Da werden nun nicht nur Geschicklichkeit und Mut der Beteiligten gefordert und gefördert; auch der soziale Verkehr, die Bereitschaft, sich gegebenen «Spielregeln» unterzuordnen, ob einem das behagt oder nicht, muß geübt werden.[136] Entscheidend ist aber, daß «das Kind ... in diesem Lebensalter durch den anderen Menschen und dessen Erfahrung einen Mittler» wahrnimmt, «der neue Gedankenrichtungen und Handlungskompetenzen im Kinde nicht verursacht, sondern anregt».[137] Da sich in der Zeit nach dem Zahnwechsel alle leiblichen Wachstums- und Gestaltungsprozesse vom Kopf in den Brustraum verlagern, ist diese ganze Entwicklungszeit bis zur Geschlechtsreife sehr stark in ein *Gefühlselement* getaucht, denn alle unsere Gefühle erleben wir im Brustraum, ob einem das Herz stockt oder hochschlägt, ob Emotionen aufsteigen oder Gefühle gedämpft werden. «Das Einleben in einen sinnvollen menschlich-verbindlichen Weltengrund, mit dem das Kind über die Sinnenerfahrung hinaus Verwandtschaft fühlen will», kennzeichnet diese Lebenszeit.[138]

Wie werden nun Neigungen, Gewohnheiten, Charakter und so weiter beeinflußt, wie erzogen? Dabei sind, ähnlich wie im ersten Jahrsiebt, wieder zwei Wirkungsbereiche zu unterscheiden. Die in der frühen Kindheit von den Sinnen ausgehende Wirkung verlagert sich nach dem Zahnwechsel mehr nach innen. Die erzieherische Ansprache geschieht mithin nicht mehr direkt über Sinneseindrücke und das Wahrgenommene, sondern gewissermaßen sublimierter, es bedarf eines Eintauchens in das Gefühl- oder Stimmungshafte, um erziehend auf den frei gewordenen Teil des Ätherleibs zu wirken. «Wie man dem Kinde bis zum siebenten Jahre das physische Vorbild geben muß, das es nachahmen kann, so muß in die Umgebung des werdenden Menschen zwischen dem Zahnwechsel und der Geschlechtsreife alles das gebracht werden, nach dessen innerem Sinn und Wert er sich richten kann.»[139]

Wirkungen des inneren «Sinnes und Wertes» der Erscheinungen

Was heißt aber «innerer Sinn und Wert»? Der Sinn umfaßt die Aufgabe, das Wesenhafte einer Erscheinung, das, was ihr als Wesen zugrunde liegt, und die Bedeutung, die sie im Verhältnis zu anderen hat, für den Lernenden selbst innerlich aufzuschließen. So ist bei einer Handlung, deren Sinn und Wert ich erfrage, nicht nur von Interesse – wie es beim kleinen Kind noch der Fall war –, *daß* sie geschieht, sondern *warum* und welche Motive und Absichten der Handelnde hat. Moralische Qualitäten kommen mit ins Spiel. Will er etwas Gutes, denkt er nur an sich oder auch an die Gemeinschaft? Will er sich mit der Handlung in Szene setzen oder tut er etwas für andere? Die soziale Gebundenheit der Regeln, ihre Abhängigkeit von den Wertungen und Einstellungen der Gleichaltrigen werden vom zehnten bis zum zwölften Jahr bewußt.[140] Diese Wertfrage wird durchgängig von Wichtigkeit. «Spielt er sich auf oder ist da was drin»? – so lauten Wendungen bei Zwölfjährigen. Blickt man also auf die verschiedensten Gebiete – Handlungen von Menschen, Natur, Mineralien, Pflanzen, meteorologische Erscheinungen und so weiter –, dann trifft man auf dasjenige, was das Kind in diesem Lebensalter zwischen dem Zahnwechsel und der Urteilsreife bewegt: die Frage nach dem Sinn, den zu enträtseln es eine innere Sehnsucht in sich trägt. «Dort sehe ich mich stehen, überwältigt von der tiefen Stille, und, indem ich ihr lausche und dem leichten Wind, fühle ich, wie mir aus der Einsamkeit ein Unbekanntes, Mächtiges ans Herz greift. Es war meine erste Ahnung, daß ich ein *Ich* war, mein erstes Aufdämmern, daß ich eine Seele hatte und daß sie – von irgendwo her – angerufen wurde» (Bruno Walter).[141]

Gelingt es, durch das Erscheinende hindurch zu schauen, stößt man auf die Wesenheit, den Kern der Sache, auf deren «Seele». Sie will erfahren oder berührt werden. Berührt man aber die in jeder Erscheinung wirkende *geistige Sphäre*, dann hat man es mit dem Bereich der (Beweg-)Gründe, der Absichten und Intentionen zu tun. Von diesem Bereich spricht Steiner, wie schon ausgeführt, sehr konkret: «In dieser Welt sind nun zunächst die geistigen *Urbilder* aller Dinge und Wesen zu sehen, die in der physischen und in der seelischen Welt vorhanden sind. Man denke sich das Bild eines Malers im Geiste vorhanden, bevor es gemalt ist. Dann hat man ein Gleichnis dessen, was mit dem Ausdruck *Urbild* gemeint ist. Es kommt hier nicht darauf an, daß der Maler ein solches Urbild vielleicht nicht im Kopfe hat, bevor er malt, daß es erst während der praktischen Arbeit nach und nach vollständig entsteht. In der wirklichen ‹Welt des Geistes› sind solche Urbilder für alle Dinge vorhanden, und die physischen Dinge und Wesenheiten sind *Nachbilder* dieser Urbilder.»[142]

Die Aufgabe des Erziehers für das zweite Jahrsiebent kann darin gesehen werden, daß er für sich selbst etwas von dieser geistigen Welt der *Sinngebung* in seiner Erkenntnis erschließt. Dann kann dies die Voraussetzung dafür bilden, daß er nun dem Kind gegenüber etwas mitteilbar und verständlich zu machen weiß, wonach es sich tief innerlich sehnt. Im Umgang mit der Welt der Räumlichkeit, der Endlichkeit, der Gewordenheit, mit der Werkwelt wird etwas von den seelisch-geistigen Kräften des Werdens, etwas Ursprüngliches deutlich, eben der tragende Sinn. Nicht das nur Faktische und vordergründig Erscheinende ist das, was das Kind bewegt, sondern das *Geheimnis des Daseins.* So sind die tiefsten Fragen des Menschen in ihm lebendig, oftmals nur traumhaft, gelegentlich aber auch ausgesprochen. Eine kleine Auswahl notierter Fragen eines Kindes (mit Altersangabe): Was ist Licht (7;5)? Wer hat die Sterne gemacht? kurze Zeit später dieselbe Frage nach der Erde (7;9). Wo leben die Toten? Wann werden sie neu geboren (anläßlich eines Todesfalles eines jüngeren Spielkameraden 9;1)? Wo kommen die Kinder her? Die «aufgeklärte» Antwort auf die Frage führte durch Tage zu immer erneutem Nachfragen nach der eigenen Geburt, vor allem aber danach, wo die Seelen herkommen, wer sie geschaffen hat und warum man davon, also vom Anfang, nichts wisse (9;5). Auf die Darstellung der Entdeckung von der Kugelgestalt der Erde in der Schule lautet die Frage: *Warum* ist die Erde rund und dreht sich genau in 24 Stunden um ihre Achse (12;3)? Die Darstellung der bloßen Fakten rief also ganz eigene Fragen wach. – Damit sind einige wenige ausgesprochene Fragen wiedergegeben, die den Erwachsenen in einige Schwierigkeiten bringen können, denn er hat sie sich in dieser auf den Grund gehenden Form entweder abgewöhnt oder mit hypothetischen Deutungsmustern zu beantworten versucht und häufig dann aus seinem Bewußtsein weggesteckt. Man hat die eigene Kindheit wachzurufen, um den ganzen Ernst der Fragen nach der eigenen Identität, der eigenen Herkunft und der zahlreichen Rätsel, die aus der umgebenden Welt so beglückend herankommen, wieder neu und lebendig zu empfinden.

Seelischer Umbruch: Rubikon

Die Entwicklung zwischen erstem Gestaltwandel und Geschlechtsreife verläuft nicht als gleichmäßiger Strom. Es gibt in dieser Zeit Verdichtungen, Stromschnellen, Katarakte – Zeiten seelischen Umbruchs. Während es *Die Erziehung des Kindes* bei einem skizzenhaften Überblick beläßt, werden mit Gründung der Waldorfschule innerhalb der Kindheit stattfindende Umbrüche von Steiner besonders beachtet. Ein solcher Katarakt fällt etwa in das zehnte Lebensjahr. Er zeigt sich beim einzelnen Kind in unterschiedlicher Gestalt. Auffällig ist aber, daß alle – ausgesprochenen und unausgesprochenen – Fragen eine existentielle Tiefe erhalten. Das hängt mit einem im Seelischen sich ereignenden Umbruch zusammen: Die bisher noch immer vorherrschende Grundempfindung, seelisch mit der Welt eine Einheit zu bilden, bricht auf. Erstmals werden Distanz und Einsamkeit erlebt. Selbst die starke Bindung an die Eltern lockert sich, indem sich das Kind stärker in seiner Eigenheit und Eigenständigkeit erfährt; die gesamte innere Verfaßtheit wird eine andere. Als Cäsar einst den Entschluß faßte, mit seinen Truppen den Grenzfluß zwischen den Provinzen und dem Stammland, den Rubikon, zu überschreiten, brach er die alte republikanische Verfassung Roms und leitete den Übergang zur Monarchie ein. Entsprechend bildet sich nun beim Kind eine Art monarchischer Verfassung: Es bezieht sein Erleben verstärkt auf sich. Der Cäsarismus knüpft an den Macht- und Herrschaftswillen Cäsars an, ihm stand die republikanische, wohl austarierte Verfassung mit ihren Machtbegrenzungen im Wege. Ähnlich versinkt nun die frühe Kindheit mit ihrem Glanz; Unbefangenheit und Naivität schwinden. Das verstärkt auftretende Sich-selbst-Erleben (vgl. S. 160f.), das in zahlreichen Phänomenen zu beobachten ist, nennt Steiner schlicht «Rubikon».[143]

Andere Fragen drängen nun in die Seele, so die nach der eigenen Identität und Herkunft. Sehr verbreitet, wenn nicht sogar ganz allgemein, ist ein leiser nagender Zweifel: Sind meine Eltern wirklich meine Eltern, oder bin ich ein Findel- oder Adoptivkind? – In diesem Alter läßt Steiner den Grammatikunterricht beginnen, in dem die Wortarten behandelt werden, darunter auch die Fragewörter. Mitte der dritten Klasse gab ein Lehrer als Hausaufgabe, zehn Sätze zu bilden, die mit «Warum» beginnen. Eine Schülerin fragt dabei in einigen Sätzen nach Alltäglichem. Dann aber kommen abgründige Sätze: «Warum fängt alles mit warum an?» –

«Warum kann ich böse sein?» – «Warum bin ich ein Ich?» – Zuunterst malt sie ein Mädchen und schreibt in eine Sprechblase als elften Satz: «Warum bin ich ein Mensch?» Es wird ahnbar, was in dieser Seele an Ahnungen, Selbstwissen, Zweifel und tastender Gewißheit lebt.

Man hat den Eindruck, daß in diesem Seelenumschwung etwas wie eine Anrufung geschieht, in der das Kind nach seinem eigenen Wesen, seiner Genese, seiner geistigen Herkunft fragt. Äußerlich zeigt sich dies daran, daß die von Freud aufgewiesene Latenzzeit, in der das geschlechtliche Interesse (nach der sogenannten ödipalen Phase zwischen dem vierten und siebten Jahr) wie verschwunden zu sein scheint, jetzt zu Ende geht. Die Neugier gegenüber allem Geschlechtlichen, das Interesse daran, woher die Kinder kommen, und an allem, was mit der Reproduktion zusammenhängt, wird unübersehbar.[144] Doch in diesem Interesse steckt ein Doppeltes: die Frage nach der *biologischen* Herkunft, aber auch die nach der *geistigen* Abkunft. Geht man als Erzieher nur auf die eine Fragestellung ein, verfehlt man die kindliche Wirklichkeit. Aufklärung über Zeugung, Leibwerdung und Geburt ist in diesem Alter des neunten, zehnten Lebensjahres unverzichtbar; wird sie nicht geleistet, vollbringt dies «die Straße».[145] So beherrschen Kinder dieses Alters das entsprechende Vokabular, das mit dem Bereich der Sexualität zusammenhängt, in erstaunlichem Maße. – Ebenso wichtig ist es indessen, ein Verständnis für die geistige Herkunft des Menschenwesens zu wecken. Diese Aufgabe wird in der Waldorfschule dadurch erfüllt, daß in der dritten Klasse, der «Rubikon»-Klasse, in einer Epoche des Hauptunterrichts die Genesis behandelt wird, wie sie im Alten Testament überliefert ist. Es gibt keine Kultur, die nicht eine Überlieferung über die Kosmogonie und Anthropogenesis hätte. Die sicher bildkräftigste ist die des Alten Testamentes. Sie enthält in den großen Bildern des Sechstagewerkes genau die gesuchte Antwort auf die Frage nach der geistigen Herkunft des Menschen – als Gleichnis, das Sinn und Wert ausspricht.

Erziehung will im Kind etwas vom Ursprung erwecken, indem sie in ihm, im sokratischen Sinne, etwas wie eine Erinnerung an das aufruft, was immer schon vorbewußt «gewußt» wurde. Der Sinn und Wert, sofern er im Vermittelten vorhanden ist, läßt das Kind sich zu einer Welt ahnend erheben, die hinter den vorgegebenen äußeren, scheinbar fertigen Erscheinungen als eine höhere, ursprünglichere Welt wesenhafter Wirksamkeit und tieferen Gehalts waltet. Was kann es Treffenderes geben, als auf diese innere Disposition durch Bilder und Gleichnisse zu wirken? «Auf den Ätherleib wirkt man durch Bilder, durch Beispiele, durch geregeltes Lenken der Phantasie.»[146] Warum dies so ist, läßt sich so verdeutlichen: Das kleine Kind hat in seiner Wahrnehmung noch etwas, was dem Erwachsenen weitgehend ferne gerückt ist. Es sieht, wie die Gestaltpsychologie aufgewiesen hat, noch stark in *Bedeutungsganzheiten* (vgl. auch S. 117), in Gestaltungen, die als solche bedeutungstragend und ausdrucksstark für das Kind sind. Alles für die Sinne Erscheinende ist ihm Ausdruck eines darin wirkenden Wesens oder Wesenhaften. Es erlebt in allem noch dessen *Physiognomie*, hat im Wahrnehmungsvorgang noch nicht abstrahierte Vorstellungsbilder mit bestimmten aussageschwachen Merkmal- oder Eigenschaftsattributen zur Verfügung. So bedauerte ein Kind eine Sonnenblume am Abend mit hängender Blüte: «Arme Blume, sie ist krank.» Das Kind ist mit seinem Erleben in den Erscheinungen selbst darinnen, steht ihnen nicht bloß gegenüber. Schmerz ist nicht so sehr im eigenen Leib lokalisiert, sondern in dem, woran es sich soeben stieß. – Mit der Geburt des Ätherleibes schwächt sich dieser Vorgang deutlich ab, das Kind möchte die Erscheinung im Bild aufgeschlossen bekommen, um so im eigenen Verstehen zum Kern des Wesens vorzudringen. Gleichnishafte, freilassende Bilder sprechen nicht mehr unmittelbar physiognomisch, sondern regen zur eigenen weiteren Ausgestaltung an. Sie sind genau das, was der kindlichen Seele entspricht; denn sie möchte sich weder mit nichtssagenden Floskeln noch mit undurchschaubaren oder unverständlichen Modellen abspeisen lassen, die ihr keine Nahrung oder Entwicklungsimpulse geben. Später, als die Waldorfschule begründet ist, betont darum Steiner wiederholt, daß in der mittleren Kindheit das Kind nicht nur leiblich, sondern auch geistigseelisch wachse. Es nimmt dabei ganz erheblichen Schaden, wenn ihm lediglich wohldefinierte Erklärungsmuster und Begriffe beigebracht werden, die den Charakter des Definitiven, Endgültigen an sich tragen. Es wäre dies gerade so, als sollten die für das Kind gekauften Schuhe das Schuhwerk für das ganze Leben bilden. Zu den Waldorflehrern gewendet führt Steiner aus: «Gerade so wie beim lebendigen Wesen, solange es im Wachstum ist, die Glieder größer werden, komplizierter werden, sich ausbilden, so müssen wir nicht fertige Vorstellungen, fertige Empfindungen, fertige Geschicklichkeiten dem Kinde überliefern, sondern solche, die die Möglichkeiten des Wachstums in sich tragen.»[147]

Das innere Wissen über die Rätselhaftigkeit der Welt bildet am eigenen Lebensgrund, am Sinngehalt der eigenen Existenz. Das Mittel, gleichsam das Erziehungs-Instrumentarium, um Sinn und Wert in den Zusammenhängen zu erfassen, bildet nun nicht das Sinnliche, sondern das «Geistig-Bildhafte, oder wie man auch sagen könnte, das sinnbildliche Vorstellen».[148] War es im ersten Jahrsiebt die sich selbst betätigende Phantasie, welche Hindeutungen aus sich heraus zum Ganzen ergänzte, so «verdichtet» sich nun dieser Vorgang, indem der Erzieher in sich stimmige Vorgaben als Anregungen zur Welt- und Sinnerschließung gibt, anhand derer sich die Eigentätigkeit des kindlichen Vorstellungslebens entfaltet. Förderten zuvor im ersten Jahrsiebt sinnlich-bewegte Erscheinungen die innere plastische Regsamkeit, so sind es jetzt *Beispiele des Lebens,* sei es aus der menschlichen Geschichte oder aus der Naturerkenntnis, bei denen eine bekannte Erscheinung stellvertretend die andere, unbekannte erschließt. War es zunächst die Qualität des Sinnlichen selbst in Farbe und Form, die aufweckend wirkte, so sind es jetzt Bilder innerer Anschauung, Gleichnisse, die zu innerer Regsamkeit und Produktivität Anlaß sein können. Das *Gleichnis,* das *Symbol,* bei dem eine Erscheinung durch eine andere vertreten wird und ein geistiges (Ab-)Bild, nicht aber der Gegenstand selbst, das Urbild, den Sinn erschließt, wird nun das hauptsächliche Erziehungsmedium. Die unmittelbare Wirkung der frühen Nachahmung wird zur indirekten Wirkung abgeschwächt; dadurch, daß nur Bezüge im Geistig-Anschaulichen hergestellt werden, gewinnt das Kind mehr Freiheit. Die innere geistige Produktivität des Kindes wird also indirekt, mittelbar angeregt, zumal ja das Gestaltende nicht mehr bis in die Organformen, sondern nur noch in die seelischen Formen der charakterologischen Eigenschaften einzudringen hat. Das vom Erzieher angeregte und im Kind selbst erzeugte Bild ist nicht die Sache selbst, sondern es weist auf etwas Gestaltendes in der geistigen Wesenswelt hin.

Als ein Beispiel dafür, wie man den Sinn und die innere Werthaftigkeit erschließen und die geregelte Phantasie entfalten kann, gibt Rudolf Steiner selbst ein Gleichnis für die Unsterblichkeit der Seele, für den Tod.[149] Sinn, Bedeutung und Wesen des Todes können aus der Erscheinung und Beschreibung der äußeren Tatsachen, insbesondere des Leichnams, nicht erkannt werden. Mit dem Rubikon tritt aber der Tod sehr stark in den Interessenhorizont des Kindes, selbst dann, wenn kein unmittelbarer Anlaß vorliegt; die Frage stellt sich in jedem Fall, wenn auch weniger drängend, ein und gewinnt allmählich an Tiefe. Es ist klar, daß der Tod von vielen Seiten betrachtet werden kann. Er kann als somatisches Problem begriffen werden, dann bleibt das Seelische ausgeblendet. Dieses wiederum scheint das Zentrale zu sein, entzieht sich aber der unmittelbaren Erfahrung, wenn auch im Bereich der Betrachtung, mehr noch der Ahnung manches aufgeschlossen werden kann. Die Vorstellungen reichen von der Ausweglosigkeit und Absolutheit des Endes bis zur Erlösung durch den Glauben. In der vergleichenden Religionswissenschaft, aber auch in den Grenzwissenschaften[150] und natürlich in der Anthroposophie[151] gibt es durchaus gewichtige Hilfen – doch auf alles dies geht Steiner mit keinem Worte ein, sondern er wählt als Bild ein Geschehen aus der Natur, und zwar das Hervorgehen des Schmetterlings aus der Puppe: «Wie sich der Falter aus der Puppe erhebt, so nach dem Tode die Seele aus dem Gehäuse des Leibes.» Psycharion, Seelchen, nannten die Griechen den Schmetterling, dieses Wesen, das sich dem Erdenraum entringt und in den freien, beweglichen Luftraum aufsteigt. «Kein Mensch wird den richtigen Tatbestand in Verstandesbegriffen entsprechend erfassen, der nicht vorher ihn in einem solchen Bilde empfangen hat.»[152]

Die Autorität des sich selbst erziehenden Erziehers

Ähnlich wie im ersten Jahrsiebt neben die erzieherische Wirkung über die Sinne als zweiter Bereich die seelische Einflußnahme über die *Heiterkeit des Erziehers und die Atmosphäre der Liebe* treten sollte, so haben wir es auch im zweiten mit einer Doppelheit zu tun. Zunächst nennt Steiner – in *Die Erziehung des Kindes* – als zentrale Elemente *Nachfolge und Autorität*. Hier geht die Wirkung nicht über das Bildliche, das Gleichnis, sondern ganz stark über die Stimmung, das Gemüt. Kaum daß der Begriff der Autorität, das heißt der Macht oder Vollmacht des Könners, der Persönlichkeit, der Überlegenheit im Hinblick auf die seelische Reife, auftritt, führt Steiner sofort komplementär die seelisch wirkenden Qualitäten von *Ehrfurcht* und *Verehrung* ein und veranschaulicht sie am Beispiel eines Kindes, das mit klopfendem Herzen vor der Türe einer verehrten Persönlichkeit steht, ehe es die Klinke drückt. Unmittelbar deutlich wird dabei als Stimmung in der kindlichen Seele der Aufblick zu etwas Größerem, das verehrt wird. Damit wird Erziehung zu einer Aufgabe auch für den Erziehenden. Er muß glaubwürdig, «verehrungswürdig» sein. Was Steiner Autorität nennt, könnte auch Glaubwürdigkeit genannt werden.[153] Um der Aufgabe gewachsen zu sein, die das Kind an ihn stellt, heißt das für den Erzieher nichts weniger als das: Vor und mit jeder Fremderziehung habe ich mich selbst zu erziehen.

Mit diesen Ausführungen liegt Steiner in nicht unbeträchtlichem Widerspruch zu heute weit verbreiteten Leitvorstellungen,[154] denen zufolge Erziehung sich der Einwirkung in diesen personalen Bereich enthalten soll. Wird in der Waldorfpädagogik nicht fortdauernd die Linie zur Repression, zu einer schwarzen Pädagogik[155] überschritten, indem in biedermeierlichem Gewande das für das Kind Gute zwar gedacht, real aber sein eigenes Wesen unterdrückt und deformiert wird? Ist Steiner nicht allzu naiv in den Wertvorstellungen des Wilhelminismus oder der Viktorianischen Zeit gefangen? Mit solchen und ähnlichen Argumenten wird allerdings die Substanz dessen, worauf Steiner zielt, nicht einmal von Ferne berührt. Es geht um den Begriff und die Erziehungsidee, die damit verbunden ist, und nicht um Worte und die sich daran assoziierenden Vorstellungen. Er selbst formulierte, daß das gegenwärtige Zeitalter auf die Selbständigkeit des menschlichen Individuums zustrebe. «Mit Energie wird die Überwindung jeder wie immer gearteten Autorität erstrebt.»[156] Die Beseitigung aller äußeren Autorität ist nach Steiners Überzeugung also das Ziel, wonach alle menschliche Entwicklung hinstrebt. Von dieser Position her kann Steiner, wenn er für die Erziehung im Kindesalter Autorität verlangt, niemals erzwungene Autorität meinen, sondern allein eine Beziehung zwischen Kind und Erzieher, die sich in und für die kindliche Seele *ungezwungen* abspielt. Autorität ist verwandt mit *augere*, wachsen lassen, mehren, steigern, aber auch mit Autor, dem Urheber, Gutachter, Stifter, woraus *auctoritas,* Vollmacht und Ermächtigung resultiert. Steiner mißt diesen Eigenschaften deshalb einen hohen Wert bei, weil das Kind, das an einem Erzieher Verehrungswürdiges erlebt, in seiner Seele einen Zuwachs an Kraft erfährt. Für ihn ist das Ich des anderen, auch das des Kindes, ein schlechthin *nicht* erziehbares, ja durch Erziehung gar nicht erreichbares Wesen. Wir erinnern an das von Steiner zitierte Erlebnis Jean Pauls aus dessen *Selberlebensbeschreibung,* wo dieser die Geburt seines Selbstbewußtseins als «eine bloß im verhangnen Allerheiligsten des Menschen vorgefallne Begebenheit» bezeichnet (s. S. 165). Dieses Allerheiligste ist jedem anderen verborgen, und niemand hat das Recht, da einzudringen. Das aber, worin das Allerheiligste sich befindet, der Umraum, das kann gestaltet werden. Die verschiedenen Religionen haben diesen Umraum sehr verschieden geformt. Die alten Ägypter grenzten durch Mauern gewaltige Bezirke aus der Landschaft aus und setzten reich geschmückte Tempelanlagen mit überquellendem Bildschmuck und Säulenwäldern hinein; das Allerheiligste mit der Sonnenbarke und dem Bild der Gottheit war dagegen nieder, dunkel und denkbar schlicht gestaltet, dem Volk unzugänglich. Anders die Griechen! Ihre Tempel, ebenfalls von einem *temenos* umgeben, waren «durchsichtig», man konnte auf das Bild der meist übermenschlich großen Gottheit in der von oben erleuchteten Cella blicken. Wieder anders die christlichen Kirchen: draußen oft der Marktlärm, drinnen ein Ort, der durch die Form der Architektur, durch Spiel von Farben und Licht, durch Malerei und Duft die Seele erhob; das Allerheiligste war verschlossen, nur im Meßopfer der knienden Gemeinde kurzzeitig sichtbar.

Der Umraum um das Allerheiligste ist immer gestaltet. Soll er es nicht auch für das Kind sein? Zunächst ist der Leibestempel als Gefäß des innersten, unantastbaren Menschenwesens zu pflegen und zu gestalten. Da achtet Steiner auf die Qualität der Nahrungsmittel ebenso wie auf den richtigen Rhythmus von Wachen und Schlafen in seiner Bedeutung für die Wachstumsprozesse, aber auch auf die sinnlichen und sinntragenden Eindrücke auf das Kind. Und er sieht, wie wichtig es ist – wenn die Menschen in gegenseitigem Respekt und in Wertschätzung des anderen miteinander auskommen wollen –, daß mit dem Freiwerden der Vorstellungskräfte und dem Bedürfnis, die eigenen charakterologischen Anlagen auszubilden, in der Seele zugleich Gefühle und Stimmungen der Achtung und Verehrung leben. Zu den Hüllen des Geistes zählen auch Anlagen, Neigungen, Temperamente, Gedächtnis und so weiter. Sie müssen gepflegt werden. Es würde sich verlohnen, einmal auch empirisch zu erheben, welche Langzeitwirkung eine Erziehung hat, in der nur Profanes, Alltägliches, kein Aufblick zu Höherem, vor allem keine Autoritäten vorkommen. Manchmal führt das Leben selbst dem Schüler zu, was er in der Schule nicht findet; er findet, was er sucht, in anderen Menschen. Ist auch das nicht der Fall, dann bahnen sich Entwicklungen an, wie sie heute als Gewaltbereitschaft Jugendlicher bereits zu beobachten sind.

Nicht gemeint ist mit dem suspekt gewordenen Begriff der Autorität die «Amtsgewalt» eines Lehrers oder Erziehers, kraft deren er sich durchzusetzen sucht. Nicht deshalb wird er geschätzt, sondern aufgrund der von ihm erworbenen Fähigkeit und Kompetenz, weil er etwas kann, weil man bei ihm etwas lernt; seine Autorität wird anerkannt, weil etwas von ihm ausgeht.[157] «Autorität hat, wer sein Lehramt so verwaltet, daß die Kinder ihm von sich aus gehorchen wollen.»[158]

In diesem Sinne ist es Aufgabe des Erziehers, selbst das auszubilden, wozu er das Kind anregen will. Nur dann, wenn er selbst den Weg schon in Eigenständigkeit zurückgelegt hat – zunächst in seiner Erkenntnisbemühung –, kann er Anlaß sein, daß ihm nachgestrebt wird. Doch das allein reicht noch nicht; wer auf erworbenen Schätzen sich ausruht, ist für die Schüler einer von gestern. Sie suchen sich selbst entwickelnde Menschen. Innerlich müßte der Lehrer, will er Autorität sein, Schritte getan haben, selber im Aufblick zur höheren Wesenswelt sich die Erscheinungen zu enträtseln, das heißt, es sollte in ihm seelisch durchaus die gleiche Gebärde anwesend sein wie beim Kind: der Aufblick zu einem Höheren, seien es die schaffenden Kräfte der Natur, sei es das Gewahrwerden des «Sinnlich-Wirklichen in einem göttlichen Gewand», in der Schönheit.[159]

Erst wenn im Erziehenden diese Qualität lebt, kann eine echte erzieherische Wirkung von ihm ausgehen. Tiefer verstanden, liegt hier eine außerordentlich partnerschaftliche Erziehung vor, insofern sie nämlich Anforderungen nach zwei Richtungen stellt: in Richtung der Schüler und in die des Lehrers. Entsprechendes gilt für alle Lehrinhalte, für die Gleichnisse und Symbole, aber auch für Analogien, für den gleichen Geist, den es in verschiedenen Erscheinungen zu erfassen gilt. Dann geht vom Erzieher zum Kind so etwas hinüber wie «ein feiner geistiger Strom».[160] Er ist wie ein Strom der *Ernährung;* aus ihm baut sich der freie Teil des Ätherleibes auf. Der Prozeß soll noch genauer analysiert werden.

Wenn der Lehrer selbst davon erfüllt, das heißt überzeugt ist, daß in dem, was er an Gleichnissen gefunden hat, eine Wahrheit, ein Wirkliches lebt, dann schafft dies in ihm – in seinem Empfindungsleib – eine gewisse innere Verdichtung, die sich im Erleben als Gewißheit äußert. Diese tritt nicht auf, wenn flüchtige, willkürliche Überlegungen, hin- und herflutende Gedanken, die Auffassung, es könne etwas so oder auch anders sein, gleichsam relativistisch die Seele durchziehen. Erst wenn der Erkenntnisvorgang sich «gesetzt» hat, verdichtet wurde, entsteht Glaube im besten Sinne des Wortes, er ist für den Erkennenden Gewißheit. Die Sicherheit gegenüber dem Erkannten oder für wahr Gehaltenen ist wie eine innere Verstärkung im eigenen Lebensganzen. Von diesem Glauben kann gesagt werden, daß er wie eine geheimnisvolle Strömung vom Sprechenden zum Hörenden hinübergeht und in diesem «Über-Zeugung» auslöst.

In noch anderer Weise fällt auf den Vorgang der Nachahmung und den geistigen Strom ein Licht, wenn niederländische Untersuchungen einbezogen werden; sie galten der telepathischen, also suggestiven Perzeption von Kindern, und zwar sowohl im Vorschulalter wie auch im Schulalter.[161] «Aus den vorgetragenen Fakten – es handelte sich um Präkognitionsunter-suchungen – kann der Schluß gezogen werden, daß der Erzieher nicht nur durch Worte und persönliches Beispiel einwirkt, sondern auch durch stummen telepathischen Einfluß, von dem er selbst nichts ahnt. Dieser unwillkürliche Einfluß kann auf den Schüler, ohne daß er dessen Wider-stand oder Protest hervorruft, allmählich sogar dann einwirken, wenn der Lehrer abwesend ist.»[162]

Was zunächst im Seelisch-Geistigen vom Erzieher errungen wurde, führt dann im Erziehungsprozeß zu einem seelischen Ernährungsstrom, der am Charakter des Menschen bildet, gleichsam etwas verdichtet, prägt, etwas «einritzt». Hat der Erzieher ein Gleichnis gefunden und glaubt mit voller Kraft an das so Gefundene, dann kann etwas auf das Kind über-gehen. «Unmittelbares Leben gießt sich dann hinüber und herüber vom Erzieher zum Zögling.»[163]

In einer Zeit wie der unsrigen, wo die Lebenswelt stark von den Kräften des Todes, des Ersterbens ergriffen wird, müßte nicht nur die äußere Natur veröden, sondern auch der Lebensleib des Kindes würde schon von früh an ausdörren, vertrocknen, wenn ihm nicht eine Kräftigung und Ernährung aus der Kultur zuflösse. Der Lebensleib benötigt eine Lebenserkraftung, eine Ernährung durch die Erziehung in den Bildern und Gleichnissen, die einen Lebensstrom in die Lebensleiblichkeit hinüberschicken.

Damit ist schon 1907 vollgültig angedeutet, was Steiner später, 1924, als «pädagogisches Gesetz» bezeichnet. Es besteht darin, «daß wirksam ist in der Welt auf irgendein Glied der menschlichen Wesenheit … das nächst-höhere Glied, und daß es nur dadurch wirksam zur Entwickelung kommt.»[164] Soll sich im ersten Jahrsiebt etwas im physischen Leib des Kindes entwickeln, so muß etwas Entsprechendes in den Bildekräften (dem Lebens- oder Ätherleib) des Erwachsenen leben und durch dessen Lebensäußerungen auf das Kind einwirken; sonst bildet das Kind seine Organe nicht kraftvoll und harmonisch aus. Soll sich im zweiten Jahrsiebt etwas im Ätherleib des Kindes entwickeln, so muß etwas Ent-sprechendes im Seelenleben (im Astralleib) des Erziehers leben und von da aus durch dessen seelische Äußerungen auf das Kind wirken. Soll sich im dritten Jahrsiebt etwas im Seelenleben (Astralleib) des Jugendlichen in bestimmter Weise entwickeln, so muß das Ich des Erwachsenen klärend, ordnend und Halt gebend auf das selbständig werdende Denken, Fühlen und Wollen des Jugendlichen einwirken; sonst bleibt es chaotisch. An die

Heilpädagogen gewandt, sagt Steiner: «Was heißt das? Wenn Sie gewahr werden, daß in einem Kinde der Ätherleib in irgendeiner Weise verkümmert ist, so müssen Sie Ihren eigenen astralischen Leib so gestalten, daß er korrigierend auf den Ätherleib des Kindes wirken kann.»[165]

Vor diesem Hintergrund wird auch verständlich, daß die Substanz des Empfindungs- oder Astralleibs mit den Kräften des Glaubens verbunden ist. Glaubenskräfte sind es, die den Menschen aufblicken lassen zu einer höheren Welt. «Wenn wir diese Kräfte nicht haben, die ... das Wort ‹Glaube› ausdrückt, so verödet etwas an uns, wir werden dürr, trocknen ein wie das Laub im Herbst.»[166] Ist das eigene Wesen des Erziehers vertrocknet, unterernährt, fehlt also jenes seelische Element, das im Unterricht ernährt, so mag der Lehrer ein hervorragender Organisator der Wissensvermittlung sein, Erzieher ist er nicht.[166a] Was durch die seelische Qualität wirklicher Autorität angeregt wird, ist die im Kind vorhandene Liebekraft, die letztlich als Lebenskraft «tiefer in unserem Wesen ruht». Diese müßte verdorren und unerweckt bleiben, erführe sie nicht ständig Anregung durch den genannten Strom, der vom echten Erzieher ausgeht. Ohne Ernährung durch die Liebekräfte des Lehrers würde sich bei den Schülern Liebeleerheit ausbreiten, die Liebekräfte würden zusammenschrumpfen.[167]

Die Neigungen

Ursprung und Richtung der Neigungen

Was sind Neigungen? Seinem etymologischen Ursprung nach heißt neigen sich beugen, sinken und nicken; aber es ist auch verwandt mit sich gegen das Einsinken stemmen, das heißt dann renitent sein, worin dieselbe Wurzel enthalten ist. Recht Gegensätzliches geht mithin aus derselben Wurzel hervor: sowohl das Sich-Hinneigen als auch das Sich-Dagegenstemmen, das Renitent-sein. Jemandem geneigt sein heißt soviel wie wohlgesonnen; jemand ist mir zugeneigt, er ist mir gewogen. Etwas bis zur bitteren Neige kosten bedeutet: eine schmerzliche Erfahrung bis zum Ende durchleben.

Verläßt man dieses Sprachfeld und wendet sich bestimmten Neigungen zu, so stößt man als erstes auf einen Komplex, der mit *Lebensvorgängen* zu tun hat. Da gibt es Kinder in einer Klasse, die haben bestimmte *Krank-*

heitsneigungen, etwa zu Erkältungen, zu Erkrankungen der Atemwege oder zu Allergien; sie lassen keinen größeren Wetterumschwung aus, bekommen Schnupfen, Halsentzündungen, grippale Infekte; andere neigen leicht zu Magenverstimmungen, wieder andere dazu, zu stürzen und sich Knochenbrüche zuzuziehen. Ein Schüler brachte es auf zwölf Brüche in acht Schuljahren. Es gibt offenbar Neigungen, die als Schwächen – oder auch Stärken – stark an das Konstitutionelle gebunden sind, die in die Lebensvorgänge, in die gesundheitliche Befindlichkeit hineinragen. Diese Neigungen sind abhängig von dem an den physischen Leib gebundenen Teil des Ätherleibes.

Wie ist es aber mit den *charakterologischen Neigungen*, also jenem Bereich, der mit dem freien, dem geborenen, emanzipierten Teil des Ätherleibes zu tun hat?

Gehen wir von einem Beispiel aus. Die jüngste Tochter war in der zweiten Klasse, als ihr achter Geburtstag nahte. Obgleich in einer größeren Geschwisterschar aufgewachsen, wo Selbstbehauptung gefordert und gefördert wird und auch herrscht, ist sie in einem «fremden» Lebenszusammenhang wie der Klasse ein eher scheues Kind, geradezu schüchtern. Zu ihrem Geburtstag wollte sie dem Beispiel der Geschwister nicht nachstehen: Sie lud acht Klassenkameraden – Jungen und Mädchen – ein. Es war ein Wagen zu chauffieren, angefüllt mit Sieben- und Achtjährigen. Eine ganze Reihe von Kindern war der eigenen Tochter sehr verwandt: schweigsam, still, ein bißchen melancholisch, aber offenbar nicht alle. Rasch tat sich auf der Fahrt ein Junge lautstark hervor, fast mit sich überschlagender Stimme war er zu hören, er kommentierte die Ereignisse draußen: Jede Haltestelle der die Fahrstraße begleitenden Straßenbahn wurde festgestellt und ausgerufen; schließlich öffnete sich der Blick – es war ein schöner Tag – auf die Schwäbische Alb, und sofort entdeckte er einen Berg mit Burg: den Neuffen. Trotz der Lautstärke rührten sich die anderen Kinder offenbar nicht stark genug, immer Neues kam über den Neuffen zutage; wie lange man hinführe, wie hoch er sei und so weiter. Kurz, ein schon sehr unterrichteter Knabe. Schließlich versuchte ich, mich in seine Ausführungen einzuschalten; das gelang erst mit einer bestimmten Lautstärke, wobei ich ihn einfach bewunderte, aussprach, was er schon alles wisse. Anerkennend sagte ich: «Du weißt ja alle Straßennamen hier in der Gegend; da weißt du ja mehr als ich. Selbst die Alb kennst du!» Darauf wurde er freundlich und sogar stiller; je lobender ich sprach, desto mehr verstummte er dann für den kurzen Rest der Fahrt. Zu Hause – es gab eine neue Umgebung, neue

Personen – begann beim Kaffee dieselbe Verhaltensweise erneut: ohren-
betäubende, trompetenhafte Aussagen zu Kaffee, Sahne, Kuchen, Kom-
mentare über die Kerzen: daß das Stearinkerzen seien, andere seien aus
Bienenwachs und so fort. Nach einer Weile kommentierte ein Erwachsener lobend: Es gibt ja fast nichts, was du nicht weißt. Darauf wurde er
wieder merklich ruhiger, ja still, und gliederte sich wie die anderen in die
Gruppe ein. Was lag vor? Eine gewisse Neigung, und zwar so, daß das
Seelische bis in ein bestimmtes Verhalten durchschlug, die Neigung, etwas
zu gelten in der Umwelt, die gesteigert als Geltungssucht auftreten kann.
In dem Moment, wo anerkannt wurde, daß er wirklich etwas vorstellte und
etwas galt, war er, ähnlich jedem anderen Kind, ganz handsam.

Wir können an diesem Beispiel ablesen, wie sich in den Neigungen
etwas ganz aus dem Seelischen, insbesondere dem Empfinden Kommendes *habitualisiert* und, oft in einer gewissen Bandbreite, hervortritt. Ein
seelischer Impuls schlägt eine bestimmte Richtung ein, rollt gleichsam –
wie eine Kugel auf einer schiefen Ebene – unaufhaltsam auf die Welt zu,
das heißt auf etwas außerhalb der Innerlichkeit, zu dem das Innere sich in
einen aneignenden Bezug setzt. Aber Neigung heißt auch, daß dasjenige,
dem man zugeneigt ist, einem leicht fällt, gewissermaßen von der Hand
geht, weil seelisch dazu etwas Anziehendes besteht. – Schön bringt den
seelischen Anteil an den Neigungen ein Distichon von Schiller und
Goethe aus den *Xenien* zum Ausdruck. Es ist auf den Kantschen Pflichtbegriff gemünzt, der keine angenehme Komponente, sondern nur den
unerbittlichen Ruf des Gehorsams zuläßt.

Gewissensskrupel
Gerne dien' ich den Freunden, doch tu' ich es leider mit Neigung,
Und so wurmt es mir oft, daß ich nicht tugendhaft bin.

Im Verlauf des ganzen zweiten Jahrsiebts zeigt sich in sehr umfassender
Weise diese seelisch bestimmte Hinneigung und Aneignung der Welt,
die die unbewußte des ersten Jahrsiebts ablöst. Doch dieses *Interesse an
der Welt* mit ihrer Vielfalt ist nicht mehr allgemein, sondern ganz persönlich, seelisch gefärbt und damit die Beziehungen, «der Neigung entsprechend», auswählend. So wendet sich das Interesse im genannten
Beispiel zunächst auf Straßennamen, auf äußere topographische Erscheinungen, dient aber zugleich auch dem Geltungsstreben. Bestimmte
Spezialinteressen treten auf: Bierdeckel, Briefmarken, Spielsachen, Puppen, verschieden geformte Bleistifte, Einträge im Poesiealbum, Auto-

marken, später Porträts von Schauspielern und Sportlern mit und ohne Autogramme, Bilder, getrocknete Blumen, Herbarien – alles, was gesammelt werden kann. Die *Neigung zum Sammeln* ist in der Mitte der Kindheit fast epidemisch, aber auch oft schon sehr individuell bezüglich dessen, was gesammelt wird, wobei die Neigungen hierzu durch Vorbilder angeregt und gefördert werden können.

Diese sich bis zur Leidenschaft steigernden, manchmal aber auch schnell wechselnden Neigungen hängen mit der Tiefenstruktur zusammen, die sich vom Zahnwechsel an entfaltet. So können die Interessen auch von der äußeren Welt weg auf subtilere Gebiete gelenkt werden, etwa auf das der Musik, vor allem dann, wenn besondere Anlagen vorliegen. Solche besonders begabten Kinder üben mit Freude und aus eigenem Antrieb. Im anderen Fall, wo die Begabung weniger deutlich ist, kann das Kind von den Eltern angeregt werden, auf dem gewählten Instrument zu üben, auch wenn es – bei einem wenig Geneigten – einen ewigen Kampf gibt, bis die Tonleiter auch nur einmal gespielt wird. – Dann gibt es Neigungen, die im Gewande besonderer Interessen erscheinen, die – vom Ende der Biographie her betrachtet – wie ein Vorblick auf die künftige Tätigkeit als Erwachsener erscheinen. So gibt es unter Kindern, die in Musikerfamilien aufwachsen, oft ausgeprägte Zuneigung zur Musik, die Zöglinge werden selbst bedeutende Musiker. Das gilt für Bach, Mozart, Beethoven, Brahms, Elgar. Aber auch das Gegenteil kann der Fall sein: Dvořáks Vater war Metzger, der von Delius Geschäftsmann, Mendelssohns Bankier, Händels Bader (Volksarzt). Händels Vater lehnte Musik ab, beide Elternteile waren gegen die musikalischen Neigungen des Sohnes. Leitner, aus dem ein bekannter Dirigent und Liedbegleiter wurde, setzte sich mit seinen musikalischen Interessen gegen den Widerstand beider Elternteile durch. – Bei manchen Kindern ist schon früh eine Neigung, anderen zu helfen, ausgeprägt, so bei der Gefängnisreformerin Elizabeth Frey oder der Begründerin der modernen Krankenpflege, Florence Nightingale. Daneben gibt es ausgeprägte *religiöse Neigungen* bei Kindern, oftmals in einem ganz anders bestimmten Milieu, die sich wie ein Vorblick auf das künftige Dasein ausnehmen. Die Heilige Katharina von Siena geißelte sich schon als Kind, betete und fastete. Wieder andere Kinder werden von Mechanismen oder technischen Geräten angezogen, hantieren mit ihnen und werden später in entsprechenden Berufen tätig.

Manche hervorragende Geister kündigten schon als Kinder an, was sie künftig tun würden, und erreichten es auch. So sagte der kaum achtjährige Schliemann, daß er einstens Troja entdecken werde. Champollion entschloß sich mit zwölf Jahren, einmal die Hieroglyphen zu entziffern, während der Architekt Michael Ventris sich vierzehnjährig schwor, die mykenischen Aufzeichnungen (in Linear B) zu entziffern, was ihm in Ansätzen gelang; er starb früh bei einem Autounfall. – Auffällige Affinitäten, etwa zum Soldatenspielen, aber auch gewisse Phobien hängen wohl mit denselben Tiefenschichten zusammen.

Noch ein Beispiel dafür, wie sich Neigungen schon früh, schon innerhalb des ersten Jahrsiebts individuell auszuprägen beginnen. Anläßlich seines 50. Geburtstages erzählte ein Kollege im Rückblick, wie er mit zwei weiteren Brüdern aufgewachsen war. Dabei war das Verhalten der drei Brüder sehr verschieden. Der eine hatte immer etwas in der Tasche: einen Wurm oder einen Käfer, ein Blatt einer Pflanze, ein Stück Holz. Der andere, ältere hatte immer in der Tasche irgendwelche Drähte oder Kabelverbindungen oder einen kleinen Motor oder irgendetwas «Technisches». Der Jüngste sammelte nichts, aber sobald ein Kinderwagen auftauchte, hing er an ihm und schaute da andächtig hinein; er hatte Beziehung zu kleinen Kindern. Der erste wurde später Biologe, der zweite, der Technikfreund, wurde Chirurg und der dritte Heilpädagoge. Eine gewisse Neigung, wie sie in der frühen Kindheit auftritt und zur deutlichen Verhaltensprägung in der mittleren Kindheit wird, zeigt sich als tragender Lebensgrund, der sogar bestimmend für die ganze Biographie werden kann.

In den Neigungen spricht sich die Wendung auf ein Ziel hin, ein individuelles Interesse, aus. Es ist ein Drang hin zu dem, womit eine halbbewußte Verbindung besteht. Woher kommt diese, woher der Drang? Er ist bereits wie von selbst vorhanden, oder er wird erst geweckt, das heißt durch Situationen oder Gegenstände veranlagt. Träger ist jeweils die Kraft des Ätherleibs. Die darin tätigen Impulse, so meint ein nüchterner Forscher, könnten dadurch verständlich werden, daß sie nicht als bildhafte, sondern als «Verhaltenserinnerungen ... die aus einem früheren Leben stammen», aufgefaßt werden.[168] Diese Deutung gibt Steiner in der *Erziehung des Kindes* nicht, weil es ihm um die Veranlagung und die Zukunftsoffenheit geht, wenn er auch in einem anderen Zusammenhang etwa zur selben Zeit durchaus der Frage nachgeht, was innerhalb des seelisch-geistigen Wesens an Wirkensimpulsen von einer Existenz zur nächsten weiterwirkt. «Wir leben von innen nach außen: Was im Astralleibe lebt als Freude, Schmerz, Lust und Leid, erscheint wieder im Ätherleibe; was im Ätherleibe wurzelt an bleibenden Trieben und Leidenschaften, erscheint im physischen Leibe als Disposition. Was man aber hier tut, so daß man den physischen Leib dazu gebraucht, das erscheint als äußeres Schicksal in der nächsten Verkörperung.»[169] Und: «Wir tragen die Wirkungen vergangener Taten, und wir sind die Sklaven der Vergangenheit, aber die *Herren der Zukunft*.»[170]

Einfluß der Erziehung auf die Neigungen

Wie wirkt man erziehend – fördernd und dämpfend – auf die Neigungen ein, die in so hohem Maße das Seelische in das Verhalten überführen können und einen so individuellen Bezug zur Welt schaffen? Nicht alle Neigungen sind als solche schon edel und unangreifbar, und oft gehen Neigungen zu etwas mit entschiedenen Abneigungen gegen anderes, etwa die pünktliche Erledigung einer gestellten Aufgabe, Hand in Hand. Die Neigung, andere zu quälen, ist sicher nicht zu fördern. Gibt es auch eine Neigung, anderen zuzuhören? Eine Abneigung, Rat von anderen zu empfangen, eine Neigung, andere unentwegt zu belehren? Sicherlich.

Nehmen wir ein Beispiel, das nahezu klassisch zeigt, in welcher Weise Rudolf Steiner auf die Neigungen, die er an den Schülern beobachtet, Einfluß nimmt. Im Rahmen einer Monatsfeier, also vor der gesamten Schülerschaft, verdeutlicht er in einer Ansprache, daß dieses Neigungswesen im Universellen zu halten sei und nicht zu früh in eine Spezialisierung, in die Vereinseitigung führen dürfe. Bildhaft wird die Geschichte zweier Kinder erzählt. Die beiden haben Blumensträuße gepflückt, und das eine Kind findet den seinen schöner als den des anderen, denn es hat nur ganz süß duftende Blumen darinnen. Das andere Kind, das alle Blumen, die ihm unter die Augen und in die Hände kamen, gepflückt hat, rechtfertigt seinen reicheren Strauß als ebenfalls «schön». Schönheit steht gegen Schönheit, Kunstsinn gegen Kunstsinn.

Schließlich erzählt das zweite Kind dem ersten ein Erlebnis. Es träumte, auf einer Wiese liegend, daß sich Tiere unterhielten. Die Biene sprach von den süßen Blüten, aus denen der Honig entsteht, die Kuh von den wohlschmeckenden Disteln, die für die Milch so wichtig seien ... Der Erzähler zieht die Folgerung: «Das Kind mit den süßen Blumen verstand nämlich, daß es nicht nur süße Blumen geben kann; es verstand, daß es lauter verschiedene Arten von Blumen geben muß, die zusammenwirken.»[171] Damit ist das Bild aufgebaut, das sich der kindlichen Seele

unmittelbar erschließt. Dann geht Steiner weiter und erreicht – vom Bild
her – jene Schicht, die geeignet ist, auf das Wesen der Neigung beziehungsweise Abneigung zu wirken, und zwar formend. Dies geschieht,
indem einzelne Blumen besprochen werden, so etwa eine zwar schöne,
aber keineswegs süße Blume, die Distel, an der man sich sogar stechen
kann. Daran wird verdeutlicht, wie das Leben einen gewissen Reichtum
aufweist, ja mit Anforderungen ausgestattet ist, so daß es nicht darum
geht, das Stachlige zu fliehen, das Unbequeme zu meiden, also in seinen
Neigungen selektiv zu sein. Wer zu wählerisch ist, nimmt dem Leben die
Fülle. Am Ende der längeren bildhaften Ausführungen heißt es dann:
«Denn die Menschenwesen, wenn sie erwachsen sind, gewinnen die
schönsten Kräfte für ihr Leben, wenn sie einen solchen Blumenstrauß aus
der Schule mitnehmen können. Das sind Lebenskräfte, die dauern bis
zum Tode und noch über den Tod hinaus.»

Ganz zum Schluß, nachdem Eltern und Lehrer angesprochen wurden,
wendet sich Steiner nochmals den Kindern zu und spricht sie nun in einer
weiteren Schicht an: «Noch ein Wort möchte ich zu Euch sprechen. Man
hat mir berichtet, daß Ihr, außer daß Ihr fleißig seid, auch noch Lärm
machen könnt. Ich erinnere mich selbst, daß ich Euch manchmal habe
Lärm machen hören. Und jetzt wünsche ich es sogar, daß Ihr Lärm macht
und so schreit, daß dieser Saal von Euren Worten widerhallt: Wir haben
unsere Lehrer lieb! (Alle Kinder riefen begeistert, so laut sie konnten: Ja,
wir haben unsere Lehrer lieb!)»[172]

An diesem Beispiel wird der erwähnte Doppelaspekt sichtbar: Zum
einen wird durch das Bild bis in die Neigungssphäre hineingewirkt, zum
anderen eine «Un-Neigung», nämlich Lärm zu machen, aufgegriffen, gestaltet und in die «richtige» Richtung gelenkt.

Wenn in den Neigungen sich die Seele zur Welt neigt, gleichsam ihrer
eigenen Intention folgend, so hat das Renitente, das Dagegenstemmen,
mit der innersten Willenstätigkeit zu tun, die ja stets darin besteht, daß
Widerstände überwunden werden. Mit der Erziehung der Neigungen ist
die Ausbildung des ganzen Willensmenschen angesprochen: die Neigung
auf die Welt zu und die Gestaltung der Welt. Letztere Fähigkeit kann
nicht in einem Fach, sondern nur durch Angebote vieler Fächer geweckt
und ausgebildet werden. So geht es vor allem darum, ein methodisches
Prinzip in den Blick zu nehmen, nicht um konkrete Ratschläge. Was
konkret zu tun ist, muß der jeweiligen Unterrichtssituation entnommen
und dem Alter entsprechend ausgebildet werden.

Gewohnheiten und Gedächtnis

Wenden wir uns nach den Neigungen nun der zweiten charakterbildenden Eigenschaft des Lebensleibes, den Gewohnheiten, zu. In Gewohnheit steckt das Verb wohnen; bedeutungsgeschichtlich: sich aufhalten, bleiben, wobei die gemein-germanische Wurzel soviel bedeutet wie nach etwas trachten und etwas gern haben.

Die Gewohnheit belehrt, aber sie zwingt auch den Menschen. Gewohnheiten kann man sich zulegen, aber auch ablegen wie Kleider oder Hüllen. Durch Gewohnheit können selbst schwere Dinge leicht werden: «Gewohnheit lindert alle Ding.» – «Wer seine Gewohnheit bricht, beleidigt seine Gesundheit», sagt die Volksweisheit und weist damit auf ihren Zusammenhang mit dem Ätherleib hin. Reich ist auch der Sprichwortschatz: «Jung gewohnt, alt getan» – «gewohn's, so kommts dir nicht hart an» – «gewon bricht eid und aisen» – «gewonheit kann den schwersten stein leichten federn gleich machen» – «Gut Gewohnheit, gut Recht» – «Alte Gewohnheit und alte Faß wollen von ihrem Geschmack nicht lassen».

Die Bestimmung der Gewohnheit im Gesamt des Menschen führt zu folgenden Überlegungen: «Gewohnheit und Wesen oder Ich des Menschen liegen gar nicht so weit auseinander» (Erdmann). Gewohnheit als Kraft greift über den einzelnen Träger, das Individuum, hinaus. «Die Gewohnheit ist ohnstreitig eine der mächtigsten und ausgebreitetsten Potenzen in der Natur» (Vogel).

«Gewohnheit ist die durch häufige Wiederholung entstandene Bereitschaft zu Handlungen, welche die Tendenz zum Gleichen, Bekannten, Geübten haben, infolge der Leichtigkeit und Sicherheit der gewohnten Tätigkeit. Die Gewöhnung besteht in einer Anpassung des Organs an die Funktion, der Funktion an den auslösenden Reiz, in einer ‹Mechanisierung› … Willenshandlungen werden zu triebartigen oder auch unbewußten reflexmäßigen Vorgängen. Auf Gewohnheit beruhen Assoziation … Reproduktion, Fertigkeiten, Sitten und so weiter.»[173] Es gibt gute, schlechte, starre, freundliche, süße, schädliche, ja schändliche, eigene, hergebrachte, natürliche, schickliche, karge, böse, alte, lange, gnädige, schöne, freundliche Gewohnheiten, die man aber auch – gegen alle Gewohnheit – aufgeben, sich abgewöhnen kann.[174]

Dabei reicht das Wortfeld von gewöhnlich im Sinne von üblich, herkömmlich bis hin zu un- oder außergewöhnlich. Wohnen heißt also auch:

heimisch sein, sich beheimaten, und zwar im eigenen Verhalten, ja in der eigenen Leibeshülle. Es wird deutlich, daß das Seelisch-Geistige sich beheimatet innerhalb der Hüllen, und die Hüllen, die die seelisch erwärmte, bergende Form abgibt und die sich in Verhaltenssicherheit niederschlägt, bildet eben das, was man Gewohnheiten nennt. In den Gewohnheiten wird man heimisch für den Alltag. Erst wenn sie ausgebildet sind, besteht Lebensschutz und -sicherheit, von wo wie von der Wohnung aus in die Welt, die weitere Umgebung eingegriffen werden kann.

Gewohnheiten und Gedächtnis im menschlichen Wesensgefüge

Das seelische Erleben, die Innenwelt, kann als ein Feld betrachtet werden, welches sich nach verschiedenen Seiten differenziert; zunächst in zwei Richtungen: das bildhafte Erleben der *Vorstellungen* und das Drängen der *Begehrungen*. Wie in den Vorstellungsbildern immer ein Bezug zum Vergangenen enthalten ist – denn die Bilder sind ihrem Inhalt nach immer aus Elementen eines bereits Bestehenden oder Vergangenen aufgebaut –, so zielt das Begehren immer auf ein Künftiges, das noch nicht ist.

Das Ich-Bewußtsein wird im dritten Lebensjahr dadurch entwickelt, daß der Ätherleib einen gewissen inneren Abschluß erlangt; dadurch, daß der Strom des Seelenlebens einen Eigeneindruck auf den Ätherleib macht, entsteht die Ich-Vorstellung. Greift nun dieses Selbsterleben, der Ich-Einschlag, in die Wahrnehmungen ein, so vermag sich ein erstes Urteilsvermögen auszubilden. Erst was innerhalb des Erlebens durch das Urteil festgestellt, «verdichtet» wurde, kann ins Gedächtnis übergehen und erinnert werden. «Das ‹Ich› urteilt über neue Eindrücke anders, je nachdem es die eine oder die andere Erinnerung hat oder nicht.»[175] Indem Vorstellungen vergessen werden, bilden sie den freien Teil des Lebensleibes. «Solange eine Vorstellung in Ihrem Gedächtnis haftet, solange beziehen Sie diese Vorstellung auf einen Gegenstand. ... Dadurch ist die Vorstellung an den äußeren Gegenstand gefesselt und muß zu ihm ihre innere Kraft senden. In dem Augenblick aber, wo die Vorstellung von Ihnen vergessen wird, ist sie innerlich entfesselt. Da fängt sie an, Keimkräfte zu entwickeln, die innerlich an dem Ätherleib des Menschen arbeiten.»[176] Während aus Handlungen und Situationen, die sich wiederholen, sich bestimmte Verhaltensweisen als Gewohnheiten bilden, tritt das, was als Erleben dem Urteil unterlag, also bewußt wurde, als Bildgehalt der

Vorstellung in die Seele, wobei diese Inhalte allmählich dem Vergessen unterliegen, ihr Ertrag aber als Fähigkeit dem Geiste bleibt (vgl. S. 189). So spiegeln sich in Gewohnheiten, Erinnerungsbildern und erübten Fähigkeiten die verdichteten Erlebnisse der Vergangenheit, die biographischen Stationen. Hat man sich etwas angewöhnt, dann ist man im Gewohnten sicher, für den Erwachsenen kann das die Gefahr bedeuten, in routinierten Handhabungen steckenzubleiben; was dem Kind zum Segen gereicht, kann hier zum Hemmnis werden. Gerade dann empfiehlt es sich, neue Gewohnheiten zu entwickeln. «Es muß der Mensch imstande sein, im Laufe einer bestimmten Zeit mit ganz neuen Gewohnheiten durch die Macht seines Willens aufzutreten. Der Mensch, der vorher lässig war, muß sich angewöhnt haben, genau und exakt zu sein, nicht durch äußeren Zwang, sondern durch den eigenen Willensentschluß. Wenn das durch kleine Eigenschaften, durch kleine Dinge geschieht, dann ist es besonders wirksam ... Sobald er imstande ist, eine ihm eigene Handbewegung, einen Gesichtsausdruck, eine unbedeutende Gewohnheit zunächst einmal an sich objektiv zu beobachten, wie wenn er sie an einem anderen beobachtete, und dann rein durch die Macht seines Willens anstelle der Gewohnheit, der Neigung und so weiter etwas zu setzen, was er selber will ... wer das tut, der ist auf dem Wege, das große Gesetz der Reinkarnation selbst verstehen zu lernen.»[177]

«Naturhafte» Gewohnheiten in der frühen Kindheit – neue Wertigkeit der Gewohnheiten im Schulalter

Genetisch betrachtet, verfügt der Mensch nur über unzureichende angeborene Verhaltensmuster (Instinkte). Als Ausgleich für diesen «Mangel», wie ihn Gehlen nennt, hat er jedoch wie kein anderes Wesen die Anlage, neue Erfahrungen zu machen und zu verarbeiten. «Die mit der raschen Gewöhnung verbundenen Erfahrungshandlungen (mnestisch, das heißt gedächtnismäßig gesteuerte) beruhen auf jener Art des Gedächtnisses, das ... (den) Namen ‹Erfahrungsgedächtnis› (Mneme) ... (trägt) im Unterschied zum *reproduktiven* Gedächtnis, durch das Wissen und Kenntnisse im pädagogischen Sinne des Lernens erworben werden. Vom Erfahrungsgedächtnis sprechen wir überall dort, wo frühere Erlebnisse sich zu unserer Geschichte verdichtet haben und aus der Vergangenheit heraus in das wirkende Verhalten des je gegenwärtigen Augenblicks hineinwirken, ohne daß die früheren Erlebnisse in Vorstellungen vergegenwärtigt werden. Die Erlebnisse der Vergangenheit, die in solcher Weise im mnestischen Verhalten wieder wirksam werden, sind solche des Erfolgs oder Mißerfolgs eines Verhaltens ... Der Säugling verhält sich auf Grund von Erfahrungen zur Mutterbrust anders als zur Flasche, er macht Schwierigkeiten, an der Brust zu trinken, sobald er zwischendurch die Erfahrung gemacht hat, daß sich die Flasche mit geringerer Anstrengung trinken läßt.»[178]

Die Veränderungen, welche sich mit der Emanzipation der Lebenskräfte aus der Tätigkeit im Leib ergeben, haben Auswirkungen, insofern die bis dahin gleichsam naturhaft erbildeten Gewohnheiten nunmehr vertieft und erweitert werden müssen und dabei «gute» oder «schlechte» Qualität anzunehmen vermögen. Gewohnheiten, die bisher so waren, wie sie sich eben aus den Umständen bildeten, erhalten nunmehr eine positive oder negative Färbung, sie geraten in die Bewertung eines größeren sozialen Zusammenhangs, das heißt, das in der Gewohnheit angenommene Verhalten stößt in Bereiche vor, die durch andere erwünschte Gewohnheiten schon besetzt sind. Zu den Gewohnheiten gehören all jene Abläufe, die vom Aufstehen, über das Waschen, Ankleiden und so weiter als automatisierte Bewegungen weder erinnert noch eigens und aufs neue impulsiert (motiviert) werden müssen. Gleichwohl durchlaufen sie um das siebente Jahr und die nachfolgende Zeit Veränderungen. Blieben sie auf der naturhaften Stufe stehen, wären sie dem erworbenen seelischen und sozialen Reifegrad nicht mehr angemessen.

Eine Erweiterung der Gewohnheiten ist schon durch den Schulbesuch gefordert. Konnte das Kind bisher mit dem selbständigen Ankleiden und ähnlich gearteten Gewohnheiten und Fähigkeiten auskommen, so tritt jetzt ein ganzes Bündel von Anforderungen hinzu, die erst noch in Gewohnheit übergehen müssen: die Pünktlichkeit des Schulbeginns, die verlangt, den Schulweg in einer bestimmten Zeit zu bewältigen, dann die Ordnung in der Schulmappe, im Klassenraum, die Pflege des Blumenschmucks – alles Gegebenheiten und Forderungen, an die sich das Kind erst gewöhnen muß. Es versteht sich, daß dieser Bereich nicht allein von individuellen Haltungen geprägt wird, sondern daß gerade hier die gesellschaftlichen Werte eine hohe Bedeutung erlangen: Gewohnheiten in Assuan, Kairo oder einem Fellachendorf sind nicht nur andere als in Bombay, Madras oder New York, dem Emmental oder Berlin, sondern auch abhängig von Kasten- oder Schichtzugehörigkeit. Gelingt die Herstellung der Übereinstimmung nicht – denn manches ist durchaus nicht dem eigenen Lebensrhythmus entsprechend –, so bilden sich eben «schlechte» Gewohnheiten: Unpünktlichkeit, Unordentlichkeit, Schlamperei. Konflikte mit dem allgemeinen Kultursystem stehen bevor. Kritisch kann gefragt werden, ob nicht jeder nach seiner Façon selig werden dürfe. Denn kein ausgebildetes Wertsystem ist so geartet, daß es nicht verbesserungsfähig und zu mehr Menschlichkeit hin entwickelbar wäre. Haben nicht gerade Abweichler die größte Bedeutung für Weiterentwicklungen gegeben? Das kann so gesehen werden, überfordert indessen jedes Kind. Es muß zunächst *heimisch* werden, und nur wer eine Heimat hat, kann sie verlassen. Wer ohne Heimat ist, ist obdachlos, ihm fehlt innere Sicherheit.

Auch die Gewohnheit des Kleinkindes, sich anzueignen, was es an Spielsachen oder dergleichen sieht, wird sich in der Mitte der Kindheit wandeln und der Scheidung von Mein und Dein Platz machen müssen.

Die Gewohnheiten zusammen bilden einen Organismus, in dem jede Gewohnheit gleichsam ein Organ darstellt. So wie im lebendigen Organismus das eine Organ in Beziehung zum anderen steht und jedes unterschiedliche Aufgaben erfüllt, so ist es auch mit den Gewohnheiten, denn was ihnen eingebildet wurde, geht dem Menschen «von der Hand».[179] Es ist wohl nicht so, daß sich die Gewohnheiten additiv, eine zur anderen kommend,[180] aufbauen; sondern sie bilden, wie es der Substanz des Ätherleibs, seiner naturhaften Intelligenz, entspricht, eine in sich stimmige Gesamtqualität, in die das durch Übung erworbene Neue eingegliedert wird. Freilich sind bei der Gewohnheitsbildung immer das Reagible der Seele und die Intention des Ich beteiligt. Dadurch kann es zwischen Verhalten und seelischer Reaktion auch zu Verkoppelungen kommen, die entweder Gewohnheiten verhindern oder falsche entstehen lassen, die dann die weitere Entwicklung beeinträchtigen können, so bei Phobien, Ängstigungen, Unsicherheiten.[181]

Die Bedeutung der Gewohnheiten für die Lebensprozesse

Man kann sich die Bedeutung der Gewohnheiten verdeutlichen, wenn man sich bewußt macht, daß sie nicht angeboren sind, sondern erst erbildet werden müssen. Ohne Gewohnheiten würde jedes Lebewesen innerlich zerrissen und von den ständig auf es einstürmenden Eindrücken und Anforderungen überwältigt. Immerwährend geschehen in der Welt der Sinne

Veränderungen: Licht, Geräusche, Töne, Gerüche, Wärme wechseln fortlaufend. Die vielfältigsten Eindrücke rufen zur Einordnung der Erscheinungen, zur Verarbeitung und Anpassung an sie auf. Ohne gebahnte Verhaltensformen, eben die Gewohnheiten, müßte sich im Seelischen eine ständige Überforderung, ja Überwältigung und Betäubung einstellen. Und so kann es nicht verwundern, daß nach dem ausgedehnten Schlafverlangen von 18 bis 20 Stunden gleich nach der Geburt sich zuerst der Lebensrhythmus von Wach- und Schlafzeiten einzupendeln sucht, wobei zunächst die Wachheit an die Nahrungsaufnahme geknüpft ist. Wenn dieser grundlegende Lebensrhythmus nicht in der angemessenen Weise erbildet wurde, wirkt sich das sofort schädigend auf alle Lebensprozesse aus. Denn dann fällt der Organismus gewissermaßen aus dem kosmisch geordneten Rhythmus von Tag und Nacht heraus; Krankheitsanlagen sind die Folgen. Auf dieser frühen Stufe der Gewöhnung bindet sich der Rhythmus des Organismus mit dem kosmischen Rhythmus zusammen. Erst auf der Grundlage dieser Gewöhnung vermag sich dann alles das auszubilden, was die anderen hinzutretenden Gewohnheiten an seelischer Sicherheit vermitteln. Aus sich heraus hat das Kind später die Tendenz, die Rhythmik in der Gliederung des Tages zu verschieben, aufzubrechen, wenn es beispielsweise möglichst lange aufbleiben möchte. Die «Störung» zeigt sich am nächsten Morgen in der Sperrigkeit und Unverträglichkeit, falls es zur gewohnten Zeit geweckt wird.

Das Fortleben der Vergangenheit in den Gewohnheiten
und Erinnerungen

In allem Gewohnten lebt stets die Vergangenheit fort. Schon einmal oder vielfach Durchlebtes ist immer mit anwesend und gegenwärtig. Damit stößt man auf eine wichtige seelische Wirklichkeit: «Das Seelische hat seine Wirklichkeit darin, daß es sich zeitigt; es besteht ‹in einem rastlosen Fortrücken der Gegenwart, in welchem das Gegenwärtige immerfort Vergangenheit wird und das Zukünftige Gegenwart› (Dilthey) ... Aber – das ist das Entscheidende – bei diesem Fortrücken bleibt die Vergangenheit ganz von selbst erhalten. Sie folgt nur in jedem Augenblick nach und ragt in jedem Augenblick hinein wie andererseits auch die Zukunft schon in ihm vorentworfen ist. Gerade bei der Betrachtung des seelischen Geschehens müssen wir uns also freimachen von dem Ordnungsschema der äußeren

Zeit, das die einzelnen Inhalte des Erlebens im Nacheinander ordnet und gegeneinander abgrenzt ... Der Begriff des Zeitmomentes, des Zeitpunktes, läßt sich überhaupt nicht auf das Erleben anwenden. Denn die physischen Vorgänge und Zustände, auch wenn sie noch so flüchtig sind, beschränkten sich nicht auf einen Zeitpunkt im mathematischen Sinne.»[182]

So ist die Vergangenheit in allem Erleben in zweifacher Art gegenwärtig: als früher Erfahrenes, das sich im Hinblick auf das Verhalten in der Welt in Gewohnheit verwandelt hat, und als bildhaftes Wiederauftauchen bereits durchlebter Situationen. Ist die Gewohnheit auf das Äußere, den Umgang mit einer Situation gerichtet, so die Erinnerung mehr auf die Vergegenwärtigung einer Gegebenheit im Bild – beides hängt eng miteinander zusammen. Wenn ich morgens aufstehe, dann «weiß» ich den Gang, den Weg, die Abfolge alles dessen, was nun zu folgen hat, bis ich angekleidet bin, das folgt aus der Gewohnheit, da bin ich heimisch. Situationen, die oft durchlebt wurden, verfestigen sich zum Erfahrungswissen, das sich sehr deutlich von einem Wissen im Sinne des neuerlichen Bewußtwerdens unterscheidet. An die Situation, den Ablauf hat sich das Erleben gewöhnt, hat stimmige Handlungsvollzüge entwickelt, die nun da sind, ohne daß sie erinnert werden müßten. Während durch das Gedächtnis die Vergangenheit nach innen im Bild auflebt, aktualisiert sie sich nach außen bildlos in den Gewohnheiten. In beiden lebt Vergangenheit ganz verschieden fort und auf, und doch ist zwischen beiden ein innerer Zusammenhang gegeben, der zunächst vergegenwärtigt werden soll.

Erzieherisches Einwirken auf Gewohnheiten

Wie ist im Bereich der Gewohnheiten pädagogisch zu wirken? «Wenig helfen zumeist Ermahnungen gegenüber solchen schlechten Gewohnheiten und Neigungen», statt dessen sind «lebensvolle Bilder in ihrer geistigen Anschaulichkeit» von außerordentlich positivem Werte, wie umgekehrt «schlechte Gewohnheiten durch entsprechende abstoßende Bilder aus dem Felde geschlagen werden können».[183]

Sicherlich gehört die Gewohnheitsbildung, die *Erziehung zum rechten Rhythmus*, zu den zentralen, aber auch am differenziertesten zu handhabenden Aufgaben dieser Lebensepoche. Das kann hier nur beispielhaft angedeutet werden. Wir wählen einen Bericht von Caroline von Heydebrand: «In meiner Klasse war zum Beispiel ein Knabe, der die Ange-

wohnheit hatte, die in seinem Temperament begründet lag, immer genau
das Gegenteil von dem zu tun, was ich sagte. Sagte ich: Jetzt schreiben
wir, so zog er sein Sagenbuch heraus, um zu lesen. Sagte ich: Ihr könnt
mit dem Bleistift zeichnen, so nahm er den Federhalter. Kurz: er machte
alles so, wie es nicht sein sollte. Das einzige, was ihn fesselte, waren
Geschichten. Je schrecklicher, je besser. Darin hatte er selbst eine große
Erfindungsgabe ... Steiner hatte, wie er in der Klasse war, gleich bemerkt,
daß der Junge immer das Entgegengesetzte von dem, was er sollte, tat. Er
hatte ihm auch gleich abgespürt, wofür er empfänglich war. Er stellte sich
vor den Knaben hin und fing an, ihm eine Geschichte zu erzählen. Ganz
ruhig, langsam und behaglich malte er aus, und seine Stimme hatte dabei
einen Klang, der für das Kind, das diese Worte trafen, zärtlich war. Die
Geschichte war ziemlich ‹grausig›. Das Kind konnte sie gut begreifen,
denn solche Geschichten begriff es eben gut. Er erzählte von einem Knaben, der nicht gehorchen wollte und dem etwas Schreckliches geschah. Es
war etwas ‹Furchtbares›, das durch die Unaufmerksamkeit des Knaben
entstanden war. Steiner sprach zu dem Kinde nichts weiter als diese Geschichte, und das Kind schaute zu Dr. Steiner auf, wandte keinen Blick
von ihm und sog die Geschichte mit allen Kräften in seine Seele ein. Was
es da einsog, das waren nicht nur die Worte, die Steiner sagte; die Art, wie
er sprach, war es, was auf dieses Kind wirkte. Solche Erzählungen wirkten sehr nachhaltig auf die Kinder. Lange, lange Wochen hinterher konnte
man es bemerken, wie sie heilsam in ihnen lebten.»[184]

Neigung, Temperament, Gewohnheit hatten sich hier zu einer Grundhaltung verknüpft, nämlich fortdauernd im Widerspruch zur Welt zu
leben. Durch eine moralisch tingierte Geschichte, das heißt durch die
Bildabfolge, wird tief auf diese charakterologische Anlage eingewirkt –
zur Besserung der schlechten Gewohnheit.

Wahrnehmung – Vorstellungsbildung – Gedächtnis

Wenden wir uns nun dem Gedächtnis im besonderen zu. Zunächst einige
allgemeine Bemerkungen, deren Gültigkeit durch einfache Beobachtung
bestätigt werden kann. «Betrachte die Herde, die an dir vorüberweidet;
sie weiß nicht, was Gestern, was Heute ist, springt umher, frißt, ruht,
verdaut, springt wieder, und so vom Morgen bis zur Nacht und von Tage

zu Tage, kurz angebunden mit ihrer Lust und Unlust, nämlich an den Pflock des Augenblicks, und deshalb weder schwermütig noch überdrüssig.» Diese Worte Nietzsches aus seinen *Unzeitgemäßen Betrachtungen*[185] bezeichnen prägnant, wie in der Tierwelt zwar Lebensgewohnheiten auftreten, das Tier aber mit seinem ganzen seelischen Wesen im gegenwärtigen Augenblick aufgeht. Der Mensch dagegen verfügt über die Kraft des Gedächtnisses. Es gibt ihm Identität, er kann und muß das Gestern an das Heute binden, sonst verlöre sein Sein den inneren Zusammenhang, den Sinn; er hätte keine Biographie.

Wenn auch in der Tierwelt Bekanntheitserscheinungen vorkommen, so fehlt doch die Vorstellungsbildung als ein sich in den Wahrnehmungsvorgang hineinschiebender zweiter Prozeß. «Die Leiblichkeit würde alle Eindrücke immer wieder ins Nichts zurücksinken lassen, wenn nicht, indem durch den Wahrnehmungsakt die *gegenwärtige* Vorstellung sich bildet, zugleich in dem Verhältnis zwischen Außenwelt und Seele sich etwas abspielte, was in dem Menschen eine solche Folge hat, daß er später durch Vorgänge *in sich* wieder eine Vorstellung von dem haben kann, was früher eine Vorstellung von *außen her* bewirkt hat.»[186] – «Wer zu beobachten versteht, was im Menschen vorgeht, der weiß: Was eigentlich eine Vorstellung uns bewußt macht, was macht, daß ich einen Gegenstand sehe, höre, fühle, das führt nicht sogleich zu Erinnerungen. Nein, sondern es muß immer etwas nebenherlaufen, ein anderer Vorgang nebenherlaufen. Haben Sie Sinn für Beobachtung, so sehen Sie sich an einen Schüler, der so recht ochst; was er alles für Nebenübungen machen muß, damit das, was er aufnimmt, auch gedächtnismäßig wird, damit es in die Erinnerung übergeht. Es muß nämlich immer ein unbewußter Vorgang, ein unbewußter Begleitvorgang vor sich gehen. Das, was wir wissen, das bleibt uns nicht, sondern was neben dem Bewußtsein im Unterbewußtsein hergeht. Das aber, was da geschieht in unserem Organismus durch diese Nebenströmung des Bewußtseins, das ist noch sehr ähnlich den Vorgängen, die vor sich gehen, wenn wir wachsen ... Das Entstehen von Bewußtseinsvorstellungen ist wirklich ein atomistischer Wachstumsvorgang im kleinen ... Unter der Oberfläche des Stromes der bewußten Vorstellungen fließt , während wir vorstellend erleben, ein Geschehen, das die Erinnerungen trägt, und das ist sehr ähnlich den Wachstumsvorgängen.»[187]

Schließe ich die Augen, vermag ich das Gesehene als Bild festzuhalten. Wahrnehmungen haben Seinsqualität, sind leibhaftig; Vorstellungen haben Scheincharakter, sind abbildhaft; sie bleiben regelmäßig in der Schärfe und Genauigkeit hinter den Wahrnehmungen zurück; diese bestehen, solange wir sie haben, während es Mühe bereitet, Vorstellungen präzise festzuhalten: Sie gestalten sich fortdauernd um. Wahrnehmungen entstehen erst, wenn Sinneseindrücke gestalthaft durchgegliedert erlebt und zu einem Bedeutsamkeitsganzen zusammengefaßt werden.[188]

Gebundene Erinnerung in der frühen Kindheit

Nun treten in der Kindheit Erinnerungsvorstellungen gebunden auf, das heißt, sie bedürfen einer sinnlichen Wahrnehmung im Sinne des Wiedererkennens. Dabei kann ein direkter Bezug zur früheren Wahrnehmung auftreten oder ein solcher zu einer Erfahrung ähnlicher Art führen. Das kennt auch der Erwachsene, dem ein Gesicht begegnet, das er wiedererkennt, während ihm die zugehörige Situation entfallen ist und er sich auch nicht erinnert, wer sich mit dem Gesicht verbindet. Noch ungenauer ist das, was haftet, wenn lediglich eine «Bekanntheitsqualität» (Hoeffding) aufsteigt. Noch dumpfer ist die reine Anmutung beim Wiedererkennen einer Gegebenheit aus einer früheren Begegnung.

Damit dürften wir, genetisch gesehen, auf der frühesten Stufe des Gedächtnisses angekommen sein, von der aus sich das *gebundene Gedächtnis* entwickelt. Der Ätherleib ist von der Geburt an vorhanden, wenn auch in einer «schützenden Hülle»; gerade diese befähigt ihn, «bis zum Zahnwechsel die Eigenschaften des Gedächtnisses ganz besonders zum Vorschein zu bringen». Doch soll nicht äußere Erziehung auf die Ausbildung des Gedächtnisses zielen, sondern man soll das Gedächtnis sich «durch sich selbst» frei entfalten lassen, indem man ihm «Nahrung gibt und noch nicht auf seine Entwickelung durch Äußeres sieht».[189]

Ein selbsterlebtes, außergewöhnliches Beispiel für das Aufsteigen einer gebundenen Erinnerung ist das folgende. Bei einer Autofahrt zog ich der blendenden Sonne wegen eine dunkel getönte Sonnenbrille mit schwarzem Holzgestell auf. Da fragte meine sechsjährige Tochter: «Wo war das, wo ich eine schwarze Brille aufhatte und unter einer Sonne lag, nicht der richtigen, und ihr dabei wart?» Nur durch mühsames Erinnern unsererseits konnten wir uns schließlich das im Kinde aufgestiegene Bild ebenfalls vergegenwärtigen: die Bestrahlung in der Klinik anläßlich einer schweren Mittelohrvereiterung genau im 11. Lebensmonat. Es war wohl der Schmerz, durch den sich diese Situation ungewöhnlich früh dem Gedächtnis einprägte, aber in einer Form, die ganz situativ arbeitet. Die neuerliche Wahrnehmung bildete die Brücke zur früheren Situation.

Von der Zeit des Zahnwechsels an hat man es dann mit *willkürlichen* Erinnerungsvorstellungen zu tun, das heißt mit solchen, die ohne Anstoß durch eine Wahrnehmung hervorkommen. In dieser Zeit muß «von außen bewußt auf die Fortentwickelung des Gedächtnisses gesehen werden».[190] Wird das versäumt, entstehen kaum gutzumachende Lücken.

Rolle des seelischen Erlebens bei der Erinnerungsbildung

«Die durch die Erinnerung hervorgerufene Vorstellung ist eine neue und *nicht* die aufbewahrte alte. Erinnerung besteht darin, daß *wieder* vorgestellt werden kann.»[191] Was *wieder* eintritt, ist etwas anderes als die alte Vorstellung selbst, insoweit trägt der Vergleich mit dem Abspeichern wie beim Computer nicht. «Ich erinnere mich, das heißt: ich erlebe etwas, was selbst nicht mehr da ist. Ich verbinde ein vergangenes Erlebnis mit meinem gegenwärtigen Leben ... Das heutige Bild gibt mir die Wahrnehmung, das heißt meine Sinnesorganisation. Wer aber zaubert das gestrige Erlebnis in meine Seele herein? Es ist dasselbe Wesen in mir, das gestern bei meinem Erlebnis dabei war und das auch bei dem heutigen dabei ist.»[192] Es ist die Seele selbst. Sie ist es auch, «die den Vorgang, durch welchen etwas Erinnerung wird, dem Leibe wie durch ein Zeichen einprägt; doch muß eben die Seele diese Einprägung machen und dann ihre eigene Einprägung wahrnehmen, wie sie etwas Äußeres wahrnimmt.»[193]

Es wird deutlich, daß beim Erinnern das seelische Erleben in seiner Bewegtheit und damit der gesamte Atemprozeß, der eng mit allen seelischen Regungen verbunden ist, einbezogen werden muß, soll von hier aus prägend auf die Lebensorganisation eingewirkt werden. Wo sich langweilige Regungslosigkeit im Unterricht breitmacht und das Erleben abdämpft, kann nichts erinnert werden, kann sich aber auch nichts dem Gedächtnis (Ätherleib) einprägen. Allerdings vermag sich manche Einprägung im Gedächtnis festzusetzen, auch ohne daß dabei ein «großes» Erlebnis beteiligt ist, dann nämlich, wenn der Lebensorganismus durch äußere Bewegung angeregt wird. So ist zu verstehen, daß Gedichte und Theaterrollen entweder über die wiederholte Lektüre im Gehen angeeignet werden können oder über das genaue Durchleben des Inhaltes, der

Sprachform, Metrik und so weiter. Im einen Fall wird auf den Ätherleib, im andern auf die Seele gewirkt. Selbstverständlich ist im Unterricht auf beides – im Wechsel – zu achten. So ist es gut, vor jeder Gedichteinführung das Erleben anzusprechen, indem Inhalte und neue Begriffe erläutert und die Bilder dem Erleben erschlossen werden, noch ehe der Text vorgesprochen und darauf gemeinsam wiederholt und gelernt wird. Dabei eignet sich das Kind den Text durch Eigenbewegung schneller an, als wenn es dabei nur säße.[194] «Das Gefühlsleben mit seiner Freude, seinem Schmerz, seiner Lust und Unlust, Spannung und Entspannung und so weiter, dieses Gefühlsleben ist dasjenige, was eigentlich der Träger des Bleibenden der Vorstellung ist und aus dem die Erinnerung wiederum geholt wird. Unsere Vorstellung verwandelt sich durchaus in Gefühlsregungen, und diese Gefühlsregungen sind es, die wir dann [als innere Wahrnehmung] wahrnehmen und die zur Erinnerung führen.»[195] Daß dem Seelischen mit seiner Gestimmtheit und inneren Bewegung – ganz entsprechend den Erkenntnissen Steiners – eine zentrale Rolle zukommt, ist auch der Gedächtnisforschung bekannt. So sagt Bower: «Stimmung weckt Erinnerung.»[196] Es wurde erkannt, daß die Gedächtnisgesetze eher der emotionalen als der logischen Organisation des Gedächtnismaterials folgen.[197] Es hat sich eine Forschung des «Gefühls des Wissens» (Feeling of knowing, FOK) ausgebildet, die dem Gefühl nachspürt, das auftritt, wenn man genau weiß, daß die Erinnerung da ist, man ihre Nähe erlebt, sie aber noch nicht «hat»; man wird bereits «berührt» von dem noch nicht Aussprechbaren, ganz Gefühlsartigen, das sich noch verdichten muß. In einer solchen Situation greift der Wille ins Leere, denn das Gefühlte entzieht sich der zu schnellen Verdichtung durch den Willen. So ist auch verständlich, daß, wer partout sich erinnern will und sich müht, nichts findet. Läßt man jedoch von dem angestrengten Sich-erinnern-Wollen ab, so ist oft nach kurzer Zeit das vergessene Bild da. Diese Hemmung des Erinnerungsvermögens stellt sich oft unter dem Druck von Prüfungs-Situationen ein, wo dem wohlpräparierten Prüfling nichts einfällt. Die Atmung ist nicht frei. – Einen Schritt näher der konkreten Bewußtheit ist die verbale Erinnerung, wenn sie «auf der Zunge liegt». Die FOK- und TOT-Forschung (Tip-of-tongue) haben die Unterschiede zwischen «Gefühl des Wissens» und «Wort auf der Zunge» detailliert herausgearbeitet.[198]

Die große Rolle des seelischen Erlebens bei der Erinnerungsbildung macht auch erst die Vorgänge der Umbildung, Umfärbung, Verdrängung von Erinnerungen verständlich, auf die schon Nietzsche scharfsichtig hingewiesen hat: «Was habe ich getan, sagt mein Gedächtnis. Das kann ich nicht getan haben, sagt mein Stolz und bleibt unerbittlich. Endlich gibt das Gedächtnis nach.»

Daß das Erinnerungsvermögen gewöhnlich bis zu dem Zeitpunkt zurückreicht, da das Ich sich zum erstenmal seiner selbst bewußt wurde, haben wir schon ausgeführt (vgl. S. 160f.). «Das Ich leistet im Erinnerungsvorgang die Identifizierung des Erinnerungsbildes mit dem wirklichen Vorgang oder Gegenstand der Welt, an dem sich die Erinnerung gebildet hat. Durch die Anwesenheit des Ich können wir die auf eine gewesene Wirklichkeit bezogene Erinnerung von einer Illusion unterscheiden. Es leistet das ‹Hindurchblicken durch das Erinnerungsbild auf das Erinnerte›,[199] sozusagen eine ‹perspektivische Identifizierung› der vergangenen Erlebnisse mit deren gedächtnismäßigen Repräsentanz.»[200]

Rolle der leiblichen Organe bei der Erinnerungsbildung

«Die heutige physische Wissenschaft hat ja durchaus recht, wenn sie den Menschen hinweist darauf, wie diese Erinnerungsbilder abhängig sind von der Konstitution des physischen Leibes»,[201] denn die Einprägung – gewöhnlich wird sie Engramm genannt – wird als in der Eiweißsynthese sich abspielender Vorgang gedeutet. Vieles wurde inzwischen aufgedeckt,[202] aber manche Deutung bleibt nach wie vor recht hypothetisch,[203] weil die an der Eiweißbildung beteiligten Transmitter so unüberschaubar sind. Es ist gar nicht zu bestreiten, daß der Gedächtnisprozeß mit der Eiweißbildung zu tun hat, denn im Leib drücken sich alle seelischen Vorgänge ab. Die entscheidende Frage ist aber, ob die biochemischen Prozesse von der Seele bewirkt werden oder umgekehrt. Für Steiner ist die primäre Wirkkraft das Seelische, das auf den Leib – über den Ätherleib – Einfluß nimmt. Die Erinnerungsbildung ist freilich äußerst vielschichtig. Blicken wir aus der Steinerschen Perspektive auf das Leibgefüge mit seinen inneren Organen und den darin stattfindenden Lebensvorgängen, so finden wir, daß sich – bei aller Bezogenheit der Vorgänge – die einzelnen Organe als abgeschlossene Felder herausgliedern, die für das seelische Leben große Bedeutung erlangen. Denn es ist die «Oberfläche der Organe», an der sich das seelische Leben spiegelt und damit bewußt wird. «Was wir wahrnehmen und auch was wir gedanklich verarbeiten, das spiegelt sich an der Oberfläche unserer sämtlichen inneren Organe, und diese Spiegelung bedeutet unsere Erinnerungen, unser Gedächtnis während des Lebens. Also was sich da, nachdem wir es wahrgenommen und verarbeitet haben, an der Außenfläche unseres Herzens, unserer Lunge, unserer Milz und so weiter spiegelt, was da zurückgeworfen wird, das ist dasjenige, was die Erinnerungen abgibt ... Wenn es sich zum Beispiel handelt um die Erinnerung, sagen wir sehr abstrakter Gedanken, da ist außerordentlich stark beteiligt daran die Lunge, die Lungenoberfläche. Wenn es sich mehr um gefühlsgefärbte Gedanken handelt ... da ist sehr stark die Leberoberfläche daran beteiligt.»[204] Es handelt sich um Kräfte des Ätherleibes, wobei an der Rückstrahlung und Bewußtwerdung das Nervensystem als Parallelorganisation beteiligt ist.

Entwicklung und Förderung des Gedächtnisses
zwischen Schuleintritt und Pubertät

Hören wir noch, was Rudolf Steiner über die Entwicklung und Förderung des Gedächtnisses zwischen Schuleintritt und Pubertät sagt, und vergleichen wir es mit den Ergebnissen der Gedächtnisforschung. «Eine Seelenkraft, auf welche in dieser Zeit der menschlichen Entwickelung besonderer Wert gelegt werden muß, ist das Gedächtnis. Die Entwickelung des Gedächtnisses ist eben an die Umbildung des Ätherleibes gebunden. Da dessen Ausbildung so erfolgt, daß er gerade zwischen Zahnwechsel und Geschlechtsreife frei wird, so ist diese Zeit auch diejenige, in der von außen bewußt auf die Fortentwickelung des Gedächtnisses gesehen werden muß. Das Gedächtnis wird bleibend einen geringeren Wert haben, als es hätte für den betreffenden Menschen haben können, wenn in dieser Zeit das Entsprechende versäumt wird. Das Vernachlässigte kann später nicht mehr nachgeholt werden.»[205]

Tatsächlich ist gerade die Mitte der Kindheit «angefüllt» mit gefühlsstarken, anregenden Erinnerungen, was gerade viele Autobiographien zeigen, indem sie diesen Lebensabschnitt ausführlich behandeln.[206] Vergegenwärtigen wir uns nur einige Grundzüge der Gedächtnisbildung in diesem Alter.

Die Gefühlsvalenz einerseits und die Aufmerksamkeit andererseits spielen für das Erinnern eine ausschlaggebende Rolle. Wo Langeweile und Monotonie sich breitmachen, hat es die Erinnerung schwer, wie sie ihrerseits in bezug auf die Vergangenheit fast stets auf Optimismus gestimmt ist. Alles, was erinnert werden soll, benötigt eine Bedeutungsganzheit; einzelne Brocken bleiben unverdaut. Der Anschluß des Unbekannten an Bekanntes gelingt leichter, wenn nach vielen Seiten Verbindungslinien gezogen werden, so daß das Gefühl entsteht: Überall in der Welt sind Zusammenhänge.[207]

Einzelne Laute sind schwerer zu erinnern als Wörter, Sätze leichter als ein unbekanntes Wort. Die Gedächtnisforschung hat herausgefunden, daß eine gehäufte Wiederholung für das Erinnern weniger wirksam ist, als wenn das Aufgenommene nach einer Pause wieder erneuert wird – was entschieden für das Prinzip des Epochenunterrichts spricht, den Steiner in der Waldorfschule eingeführt hat. Während in der ersten Kindheit das «Erfahrungsgedächtnis» überwiegt, ist in der Mitte der Kindheit der Bildgehalt unerläßlich. Dabei verlangt ein erster Eindruck weniger Anstrengung, um erinnert zu werden, als die nachfolgenden; es gibt so etwas wie ein «Erstgeburtsrecht» der Erinnerung.

Gelegentlich wird die nun vorherrschende Gedächtnisart «Materialgedächtnis» im Unterschied zum «Gestalt- und Sinngedächtnis» genannt, und in der Tat will dieses Gedächtnis, wie von Psychologen verschiedener Schattierungen bemerkt wurde, «angefüllt» werden. Im Zusammenhang mit dem Wachstum des Brustraumes und der Ausreifung des Atems ließe sich auch von rhythmischem Gedächtnis sprechen.[208]

Zwischen dem 6. und dem 13. Lebensjahr bildet sich das eigentliche oder systematische Lernen aus. In dieser Zeit wird das *mechanische* oder *Materialgedächtnis* besonders leistungsfähig, danach verschiebt sich die Behaltensfähigkeit von der mechanisch-rhythmischen nach der logischen Seite. Das Optimum für das *Gestaltgedächtnis* liegt gegen 15 und später, während das logische oder *Sinngedächtnis* einen Höhepunkt bei Mädchen mit 15, bei Jungen mit 17 Jahren hat.[209] Diese Gruppierung der Gedächtnisqualitäten geht schon auf Charlotte Bühler zurück, sie findet sich, wenn auch durch den Ansatz modifiziert, ebenso bei Piaget/Inhelder.[210] Ganz entsprechend empfiehlt Steiner, «zur Pflege des Gedächtnisses Dinge zu lernen, von denen er (der Schüler) sich erst später das begriffliche Verstehen aneignen soll … wie man die Regeln der Sprache am besten an der Sprache lernt, die man bereits spricht … Zuerst rein gedächtnismäßiges Aneignen geschichtlicher Ereignisse, dann Erfassen derselben in Begriffen … In dem besprochenen Lebensalter darf man den Geist nicht ausdörren durch die Überfüllung mit verstandesmäßigen Begriffen.»[211] – «Wen wir die drei Grundsätze festhalten: Begriffe belasten das Gedächtnis; Anschaulich-Künstlerisches bildet das Gedächtnis; Willensanstrengung, Willensbetätigung befestigt das Gedächtnis –, dann haben wir die drei goldenen Regeln der Gedächtnisentwickelung.»[212] Eine besondere Stärkung des Gedächtnisses besteht nach Erfahrungen, von denen Steiner einmal berichtet, und zwar schon lange vor Gründung der Waldorfschule, darin, daß die Schüler gewisse «Dinge, die man sonst nur in einer Richtung lernt, auch in der umgekehrten Richtung lernten und immer wieder und wieder üben mußten. So wird die Härteskala der Mineralien gewöhnlich in der folgenden Reihenfolge gelernt: 1. Talk, 2. Steinsalz, 3. Kalkspat, 4. Flußspat, 5. Apatit, 6. Orthoklas oder Kalifeldspat, 7. Quarz, 8. Topas, 9. Korund, 10. Diamant. Da habe ich nun die Schüler neben dieser Aufzählung auch immer wieder die umgekehrte Reihenfolge üben lassen: Diamant, Korund, Topas, Quarz, Orthoklas, Apatit, Flußspat, Kalkspat, Steinsalz, Talk. Das ist eine außerordentlich gute Übung – besonders, wenn sie zu guter Zeit im Kindheitsalter vorgenommen wird – für die Stärkung der Gedächtniskraft.»[213]

Ebenso wird die Erinnerungsfähigkeit durch die Bemühung gefördert, den Rhythmus, als Grundzug der Lebensvorgänge, bis in die Unterrichtsgestaltung und -organisation hineinzuführen. Man könnte zum Beispiel segensreich wirken, «wenn man die aufeinanderfolgenden Schulklassen in einer siebenklassigen Schule so einteilen würde, daß man sozusagen eine Mittelklasse einrichtete, die gewissermaßen für sich dann bestünde, und daß dann in dieser fünften Klasse – verändert – sich das wiederholen würde, was in der dritten durchgenommen worden ist, und ebenso in der sechsten Klasse sich wiederholen würde, was in der zweiten, und in der siebenten, was in der ersten Klasse behandelt worden ist. Das würde eine vorzügliche Stärkung des Gedächtnisses bedeuten, und die Menschen würden schon sehen, wenn sie dies in die Praxis einführten, wie segensreich sich diese Dinge auswirken würden, einfach aus dem Grunde, weil sie den Gesetzen des wirklichen Lebens entstammen.»[214] – Diesem Vorschlag haftet noch etwas «Theoretisches» an. Gleichwohl legte Steiner dann Wert darauf, daß in der Waldorfschule zu Ende des Schuljahres noch einmal die Inhalte des vorangehenden Jahres wiederholt würden.

Das Gewissen

Das Gewissen in Phylogenese und Ontogenese

Was die Menschheit als ganze in ihrem Werden durchlaufen hat, wiederholt sich in gewisser Weise auch in der Individualentwicklung des einzelnen Menschen. Dieser für die biologische Entwicklung aufgedeckte Zusammenhang wurde von Haeckel als *biogenetisches Grundgesetz* formuliert. Steiner – zeitweilig mit Haeckel geistig eng verbunden,[215] aber in der Frage nach dem Primat des Geistes oder dem der Materie sich klar von ihm abgrenzend – legt den Gedanken, daß die Ontogenesis eine kurze und schnelle Rekapitulation der Phylogenesis sei,[216] auch der moralischen Entwicklung zugrunde. Während Steiner sonst in seiner Betrachtungsart oft ganz alleine steht, wird der Gedanke einer gewissen Rekapitulation der Entwicklung gerade für das moralische Leben außerhalb der Steinerschen Betrachtungsart vielfältig angewandt und erfährt wenig Einwände.[217]

Wie vollzog sich – phylogenetisch – die Ausbildung des Gewissens? Steiner stellt die Ausbildung der Verstandes- und Gemütskräfte in der griechischen Antike als die Voraussetzung dafür dar, daß das Gewissen in der Menschheitsentwicklung heraufkommen konnte. Erst dann, wenn der Mensch zu einem zentrierten Bewußtsein seiner selbst gekommen ist, vermag er auch ein Gewissen auszubilden. Solange «die Abgegrenztheit des Individuums» noch fehlte und der einzelne sich mit seinem Stamm oder den Ahnen als Einheit fühlte, konnte diese Zentrierung nicht auftreten. In langen Zeiten der Entwicklung fühlte man «sich mit den Mitgliedern seines Geschlechts über Generationen hinaus identisch. Ohne Einsicht in gerade dieses Phänomen wird man Handlungs- und Daseinsweise der Menschen früherer Zeiten leicht mißverstehen.»[218] (Dasselbe Phänomen zeigt sich heute – in zerstörerischer, weil unzeitgemäßer Weise – in dem wieder rätselhaft aufflammenden Nationalismus. Das Bewußtsein, einem besonderen Volk mit einer besonderen Geschichte anzugehören, verleiht ein Kraftgefühl, überwältigt aber zugleich das selbstbewußte, selbstverantwortliche Ich.)

Steiner knüpft das erstmalige Aufscheinen des Gewissens an Orest, jenen tragischen Helden aus dem Atridengeschlecht, der den Mord an seinem Vater Agamemnon sühnte.[219] Dieser war von seiner eigenen

Gemahlin, Klytaimnestra, und deren Geliebtem, Aigisthos, meuchlings
getötet worden. Orest, der Muttermörder, handelte aufgrund eines Ora-
kelspruches des delphischen Apoll. Dieser Mord, obwohl auf Götterge-
heiß, hat für den Mörder schwerwiegende Folgen, die von den großen
Tragikern – allerdings auffällig verschieden – dargestellt werden. In der
Fassung des Stoffes durch *Aischylos* wird der Mörder von den Erinnyen
verfolgt und gepeinigt, die Trilogie wurde erstmals 458 v. Chr. aufgeführt.
Orests verzweiflungsvolle Lage wird erst versöhnt, als der von den «Unterirdischen» Gejagte durch einen von Athena veranlaßten Richterspruch
des neugeschaffenen Gerichtshofs, des Areopags, Ruhe findet. Das Gericht entscheidet zunächst mit Stimmengleichheit über die Schuld Orests,
das heißt, es findet zu keinem Urteil, durch den Eingriff der Stadtgöttin,
Athena, kommt es zum Freispruch des Muttermörders. Die Verfolgerin-
nen lassen von Orest ab. Doch es schließt sich noch eine Auseinandersetzung der Erinnyen mit Athena an, in deren Gefolge es Athena gelingt, die
«Unterirdischen» in Eumeniden zu verwandeln.[220]
    Derselbe Stoff wird kaum fünfzig Jahre später von Euripides (480-406
v. Chr.) erneut behandelt. Auf die ganz andere Art der Bearbeitung des
Stoffes durch ihn weist nun Steiner hin. Während bei Aischylos die Tat so
nachwirkt, daß der Täter sich durch geistige Wesen verfolgt fühlt, die er
unmittelbar schaut, durchlebt bei Euripides der Täter innerlich die Tat
noch einmal qualvoll nach. Das Tun wird nicht mehr von außen beurteilt
und korrigiert, sondern *von innen*.[221] Auf die Frage des Menelaos: «Was
quält dich? Welche Krankheit richtet dich zugrunde?» – antwortet Orest:
«He synesis, hoti synoida dein´ eirgasmenos – Gewissensnot: Ich bin der
Untat mir bewußt» (übers. D. Ebener). «Das Wort für Gewissen ist hier
synesis, noch nicht syneidesis, welches später der Träger für den Gewis-
sensbegriff werden wird. Aber syneidesis ist durch das entsprechende
Verbum vertreten: synoida, ‹Ich bin mir bewußt›. Die Form dieser Aussage ist zu beachten: Hier ist Orest nicht mehr der Getriebene, nicht
mehr nur Objekt, wie noch kurz zuvor (‹Meine Tat martert mich›), sondern das Gewissen ist ein Bewußtseinsvorgang, von dem er in der Ich-
Form sprechen kann.»[222]
    Die Wortwahl für die Gewissensstimme ist noch variabel, bis sie end-
gültig bei syneidesis verbleibt. Dabei ist keineswegs gesagt, daß mit dem
ersten Auftreten des Wortes auch das Phänomen als solches erstmalig
aufträte. Im Gegenteil ist anzunehmen, «daß sich die Stimme des Gewissens schon vorher Gehör verschafft hat, ebenso wie kein Mensch von

seinem Gewissen reden kann, ohne es erst empfunden zu haben.»[223] Für
Steiner ist die Ausbildung des Gewissens daran gebunden, daß der
«Mensch seinen Mittelpunkt in seinem Innern fand».[224] Damit erlosch
das überlieferte, einer alten Menschheit eignende ausgebreitete Umkreis-
bewußtsein, das «*Hellseherbewußtsein,* dafür aber tauchte immer deutlicher das *Selbstbewußtsein* auf. Was er [der alte Mensch] früher vor sich
hatte als Anschauung seiner bösen Tat – und auch seiner guten Tat –, das
wurde in sein Inneres verlegt. Es spiegelte sich gleichsam das, was er
früher hellseherisch geschaut hatte, in seinem Innern.»[225]

Andersen beschreibt in seinen Untersuchungen über das Gewissen den
Vorgang so: Wie eine Camera obscura durch die kleine Blendenöffnung
den weiten Umkreis auf die Rückwand spiegelt, so spiegelt die Fontanelle
des Kindes den geistigen Umkreis der menschlichen Individualität in die
Schädelhöhle, das heißt, der geistige Inhalt wird dort für das Alltags-Ich
bewußt.[226] Doch in der frühen Kindheit schließt sich die Fontanelle, und
der Mensch wird isoliert. Ehe dies geschieht, empfängt der Mensch allerdings bestimmte Kräfte, die ihn zum *Gewissen,* zum *Erstaunen* und zum
Mitgefühl befähigen.[227] Es ist dies im Hinblick auf das Gewissen wie eine
Zwiesprache des höheren Wesens, der Individualität, mit dem irdisch bewußten Ich. «Das Ich ist noch schwach. Über diesem Ich wacht aber der
Weltengeist; und er läßt sich vernehmen als etwas, was jederzeit wachend
über dem Ich steht und über das urteilt, worüber das Ich noch nicht urteilen könnte. Hinter diesem schwachen Ich steht etwas wie ein Abglanz des
mächtigen Weltengeistes, der früher im hellsichtigen Bewußtsein dem
Menschen die Wirkung seiner Taten gezeigt hatte. So nahm der Mensch, als
dann das alte Hellsehen hinschwand, von dem, was der Weltengeist selber
wirkte, nur noch einen Abglanz in seinem Innern wahr. Dieser Abglanz
des korrigierenden Weltengeistes, der neben dem Ich wachend steht, erschien dem Menschen als das ihn überwachende Gewissen.»[228] – Und:
«Das Volksbewußtsein sagt: Wenn das Gewissen spricht, spricht der Gott
in der Seele. Das höchste geistige Bewußtsein zeigt uns: Wenn das Gewissen spricht, spricht wirklich der Weltengeist.»[229]

Für diesen in der griechischen Zeit einsetzenden Wandel hat die griechische Sprache keinen fertig geprägten Ausdruck, er muß für die Tatsache des Gewissens erst gefunden werden. «Die Menschen jener Zeit ver-
nahmen in ihrem Innern ein seelisches Phänomen, das die Aufmerksamkeit immer stärker auf sich zog, doch als es darum ging, es zu benennen,
mußten sie sich auf eine Reihe darum herum gruppierter Empfindungen

stützen, die sie bezeichnen konnten ... (Sie) charakterisierten ein neues seelisches Phänomen, das ihnen immer bewußter wurde. Von innen entstand eine neue Kraft im Menschen, die sich langsam zur Oberfläche emporarbeitete.»[230] Von Griechenland geht die gefundene Benennung syneidesis als Übersetzung *conscientia* ins Lateinische über, von wo es dann als Lehnbildung in allen europäischen Sprachen heimisch wird, Zeichen dafür, daß die neue Kraft inzwischen alle Seelen ergriffen hat. Damit ist aber die Entwicklung keineswegs abgeschlossen, weil sich die Kräfte der Menschen auch in Zukunft wandeln werden. Dann wird auch die Beurteilung der Taten eine andere Form annehmen.[231]

Nicht in genau gleicher, aber in verwandter Weise wiederholt sich innerhalb der individuellen Entwicklung des einzelnen Menschen die Menschheitsentwicklung. Von außen erfährt das Kind Gebote von den Eltern, von anderen Erwachsenen, es hört Ermahnungen, Aufforderungen, Verbote, Drohungen, kurz, es herrscht vielfältiger «Zwang»,[232] um insgesamt die aus dem Entfaltungsdrang des Kindes kommenden Verhaltensweisen zu lenken oder zu unterbinden. Dasselbe Wirkmuster soll umgekehrt «vernünftige» Handlungen auslösen; dazu werden Voraussagen getroffen, was eintreten wird, wenn ..., oder es ergehen positive Aufforderungen zu etwas, eine Ermutigung wird ausgesprochen, eine Zustimmung zum Handeln des Kindes durch die Erwachsenen erteilt. Alles, was so an Normen und Wertsetzungen auf das Kind einwirkt, erscheint als ein gewohnheitsstiftendes Netz, in dem sich die Seele beheimatet.

Diese Verhältnisse haben zu einem vorschnellen Schluß verleitet, daß nämlich dieses Gewebe sich verinnerliche, und was an Gewohnheiten und anerzogenen Urteilen übernommen wurde, bei Regelverstößen nunmehr von innen spreche, und das werde dann Gewissen genannt. Doch ist das wirklich so?

Dieser weit verbreiteten Auffassung steht eine andere gegenüber, wonach das Gewissen ein dem menschlichen Leben als solches Eingegebenes sei, das vom Kind selbst mitgebracht werde und schon vor jedem Erworbenen – zumindest als Anlage – existiere.[233] Das Gewissen stehe auf der somatischen Seite bereits der human lebensgerechten embryonalen Entwicklung vor und leite das Wachstum und die weitere körperliche Entwicklung.

Gehen wir phänomenologisch vor! Das reichhaltigste Material hat durch seine sorgfältigen und wachen Beobachtungen und durch einfühlsames Befragen zweifellos Piaget gesammelt. Beim kleinen Kind wird das Tun ganz von der Eigentätigkeit, der Motorik des Vorgangs bestimmt; Verbote ragen bis zum dritten, vierten Lebensjahr von außen in das kindliche Tun, in seine Welt herein. Mit dem ersten Trotzalter im dritten Jahr lockert sich die zuvor gegebene Einheit des Kindes mit der Umwelt. Die Erfahrung des «Brav- oder Böseseins» im Verhalten, die moralische Wertung von außen, tritt nun erstmals als solche ins Bewußtsein: Gebote und Verbote sowie das Bewußtsein von Bindungen, von sozialen Normen, bilden eine Vorstufe, eine Umhüllung für das, was später an Bindung und Wertung im Hinblick auf das Gewissen erfolgen wird. Nicht der Intellekt, sondern das Gemüt bildet das seelische Organ für Werte, wobei diese sich zunächst allein über die Bindung an Mutter und Vater aufbauen. Warum darf man nicht lügen? Das Kind antwortet: «Weil es die Mutter nicht gern hat».[234] – Zunächst sind die Regungen eines Gewissens, des Innewerdens der eigenen Handlungen und ihrer Bewertung, beim kleinen Kinde nur von kurzer Dauer. Es beginnt danach eine Phase, in der das Verhalten der Großen nachgeahmt wird und sich eine Form des *moralischen Realismus* ausbildet, eine Neigung, bestehende Werte «als für sich, unabhängig vom Bewußtsein existierend und sich gleichsam obligatorisch aufzwingend, zu betrachten».[235]

Wenn wir sagen, die Instanz der ethischen Beurteilung sei in der frühen Kindheit *außen* in den Geboten zu suchen, so ist dies nicht ganz zutreffend, denn außen und innen sind nicht unterschieden, sie bilden eine Einheit. Erst ganz anfänglich kommt es zu Distanzierungen, indem das Handeln den Geboten zuwiderläuft und dann im «verwandelten Gemüt» durchlebt wird. Solange aber Furcht vor Bestrafung oder Hoffnung auf Belohnung nur die nach innen verlegte äußere Autorität ausmachen, ist von «autoritärem Gewissen», also einem unechten Gewissen zu sprechen.[236]

Im Zusammenhang mit dem veränderten Spielverhalten, das aus Einsicht in die Regeln resultiert, entsteht allmählich eine neue Phase, an deren Anfang zum Beispiel die Lüge mit Schimpfworten gleichgesetzt wird, dann fangen die Kinder an, «eine absichtlich begangene Handlung von einem unfreiwilligen Irrtum (zu) unterscheiden».[237] Diese Entwicklung vollzieht sich vom siebten bis elften Jahr. Schließlich folgt vom zwölften Jahr an die Entwicklung zu allgemein gültigen moralischen Gesetzmäßigkeiten, die Piaget auf das gleichrangige Miteinander im Spiel der Gleichaltrigen, auf die «demokratischen» Umgangsformen untereinander, die erheblich von dem anweisenden Charakter der Erwachsenen (Eltern und Lehrer) abweichen, zurückführt. Am Beispiel des Umgangs mit den Spielregeln beim Murmelspiel, die, durch Absprache neu geschaffen, zugleich auch neue Bindungen an das Vereinbarte herstellen, sieht Piaget das Urbild dafür, wie aus dem Miteinander sich autonome Moral bildet. In diesen Zusammenhang gehört nun auch die Gewissensbildung, die freilich bei Piaget keinen expliziten Rang erhält. Im Anschluß daran hat Kohlberg durch eigene empirische Erhebungen sechs Stufen moralischer Beurteilung und entsprechende Verhaltensweisen beim Kinde dargestellt.[238] Piaget hat eine breite Diskussion und zahlreiche Nachuntersuchungen ausgelöst, die auch die Begrenztheit seines Ansatzes zutage förderten.[239] Eindeutig ist, daß im Vergleich zu den Vorschuljahren, «in denen sich Gewissen und Moralnormen anzukündigen beginnen», die Jahre der mittleren Kindheit eine entscheidende Periode für die Entfaltung des Gewissens darstellen.[240]

Bei dieser Beschreibung des Auftretens eines individuellen Gewissens in der biographischen Entwicklung bleibt letztlich doch ungeklärt, worum es sich denn dabei handelt. Wir wollen deshalb uns der Frage noch von einer anderen Seite zuwenden, indem wir weniger die kindliche Entwicklung als die Einsichtsfähigkeit des Erwachsenen selbst zugrunde legen.

Selbsterfahrungen

In seiner *Bestimmung des Menschen* behandelt J. G. Fichte im Dritten Buch das Gewissen unter dem großen Thema des Glaubens, der für ihn Selbstgewißheit bedeutet. Das Tun nach dem eigenen Wissen «ist deine Bestimmung: so ertönt es laut im Innersten der Seele, sobald ich nur einen Augenblick mich sammle ... zum Handeln bist du da; dein Handeln und allein dein Handeln bestimmt deinen Wert ... Nichts ist unausstehlicher, als nur einem andern, für ein anderes und durch ein anderes zu sein; ich will für und durch mich etwas sein und werden.»[241] Der Wille, etwas zu verwirklichen, gewisse Ziele zu verfolgen, die dem innersten Wesen entsprechen, ist ein Grundtrieb des Menschen. Es handelt sich nicht um irgendein Meinen, sondern um den «Entschluß des Willens, das Wissen gelten zu lassen».[242] Da beginnt dann der «innerste Geist meines Geistes» – dies ist kein fremder Geist, «er ist schlechthin durch mich selbst hervorgebracht» – zu sprechen.[243] «Jene Stimme in meinem Innern, der ich glaube und um derentwillen ich alles andere glaube, was ich glaube, gebietet's mir nicht, überhaupt nur zu tun ... Sie, diese Stimme des Gewissens, gebietet mir in jeder besonderen Lage meines Daseins, was ich bestimmt in dieser Lage zu tun, was ich in ihr zu meiden habe; sie begleitet mich, wenn ich auf sie höre, durch alle Begebenheiten meines Lebens. Was das Gewissen eben von mir, der ich in diese Lage komme, fordert, daß es geschehe, dazu, lediglich dazu, bin ich da. Um es zu erkennen, habe ich den Verstand; um es zu vollbringen, die Kraft. Durch diese Gebote des Gewissens allein kommt Wahrheit und Realität in meine Vorstellung.»[244]

In nochmals anderer Weise, aber im gleichen Geist beschreibt Novalis im *Heinrich von Ofterdingen* seine Erfahrung des Gewissens. Sylvester spricht von den Schrecknissen eines heftigen Gewitters, dessen Blitze und Donnerschläge den Menschen bis ins Innere beängstigen: «Und wenn in uns dann nicht das erhabne Gefühl unsrer sittlichen Obermacht entsteht, so glauben wir den Schrecknissen der Hölle, der Gewalt böser Geister überliefert zu sein. Es sind Nachhalle der alten unmenschlichen Natur, aber auch weckende Stimmen der höhern Natur, des himmlischen Gewissens in uns. Das Sterbliche dröhnt in seinen Grundfesten, aber das Unsterbliche fängt heller zu leuchten an und erkennt sich selbst.» – Heinrich bittet Sylvester, ihm das Gewissen begreiflich zu machen, und erhält zur Antwort: «Wenn ich das könnte, so wär ich Gott, denn indem man das Gewissen begreift, entsteht es ... Allerdings ist das Gewissen der eingeborne Mittler jedes Menschen. Es vertritt die Stelle Gottes auf Erden, und ist daher so vielen das Höchste und Letzte ... Das Gewissen ist der Menschen eigenstes Wesen in voller Verklärung, der himmlische Urmensch.»[245]

Zur Pädagogik

Von diesen Erfahrungen aus läßt sich nochmals ein Blick auf die Pädagogik tun. In der *Erziehung des Kindes* spricht Steiner davon, daß das Gewissen in seiner Erscheinungsform an das Freiwerden der Bildekräfte gebunden sei. Und in der Tat tritt das Gewissensphänomen – als innere Stimme – erst in der Schulzeit auf, mag es auch schon vorher ein gelegentliches Aufflackern gegeben haben. Dennoch ist, bezieht man Steiners Äußerungen an anderer Stelle mit ein (vgl. S. 294f.), das Phänomen wesentlich komplexer, als es zunächst mit der ersten Äußerung scheint. Denn die menschheitsgeschichtliche Betrachtung zeigt, daß das Gewissen erst dann aufzutreten vermag, wenn der Mensch eine gewisse Selbständigkeit und Zentrierung auf sich errungen hat, also eine Abnabelung von den bergenden Mächten erfolgt ist; erst dann werden die Tatfolgen nicht mehr von außen kommend erlebt, sondern offenbaren sich im Innern als sprechende Stimme. Dieser Übergang vollzog sich allerdings erst in Zeiten, die dem Auftreten des Christentums unmittelbar voranliegen. Was sich in der psychologischen Konstitution der europäischen Menschheit (einschließlich des Mittelmeerraumes) vollzog, beschreibt Andersen so: «Wenn die Empfindungsseele vom Ich-Erleben durchdrungen wird, entsteht diejenige seelische Kraft, die im Gewissen wirkt. Das Gewissen ist ein Organ, mit dessen Hilfe das Verhältnis zwischen dem niederen und dem höheren Ich wahrgenommen wird. Aus dieser Wahrnehmung entsteht der Drang, das Richtige zu tun.»[246] – Ähnliches vollzieht sich mit dem Zahnwechsel: In der leiblich-seelisch-geistigen Einheit des kindlichen Menschen tritt ein deutlicher Bruch ein, indem die Intelligenzkräfte durch die Leibreifung sich diesem entbinden und der Seele verfügbar, das heißt für deren Gebrauch frei werden. Damit entsteht aus dem einheitlichen ein gespannter, wenn auch durchaus nicht ärmerer Zustand: Was bisher als *Gebot von außen* schlechthin gegeben war, wird von *innen ergriffen*, verliert seine feste Gefügtheit und entwickelt sich zu einer neuen sprechenden Erfahrung. Auf eben diesen Vorgang blickt Steiner, wenn er von der Zugehörigkeit des Gewissens zum frei werdenden Ätherleib spricht. Damit ist der Verinnerlichungsvorgang gekennzeichnet, das Phänomen der Stimme, des Vernehmens, das lenkende Kraft für das eigene Wesen erhält. Diese Offenheit hat zur Folge, daß in der Schulzeit auch kein Ende der Gewissensentwicklung erreicht, sondern lediglich ein Anfang gesetzt wird, der qualitativ allerdings mit späteren Entfaltungsstufen schon übereinstimmt.

Erst wenn statt dem von außen Gegebenen – Geboten, Äußerungen, Vorhaltungen, Belehrungen – die eigene innere Stimme spricht, entsteht das *autonome Gewissen*, das nun nicht mehr von Strafen oder Belohnungen abhängt. Es beginnt in ersten Stufen sich in der Mitte der Kindheit auszubilden. Es entsteht *aus sich*, bedarf aber zu seiner Entstehung, gleichsam als einer Hülle, der in der Umgebung ausgebildeten und vorgelebten Werthaftigkeit. «Wenn keine Sonne den Raum durchleuchtete, würden sich nicht aus der menschlichen Organisation die Augen herausorganisiert haben ... Kein Auge ist fähig, die Sonne wahrzunehmen, ohne die Kraft zum Wahrnehmen erst von der Sonne erhalten zu haben. Ebensowenig gibt es ein inneres Begreifen und Erkennen der Christus-Natur ohne einen äußeren historischen Christus-Impuls. Was die Sonne ist im Weltenall für das Sehen, das ist der historische Christus Jesus für das, was wir die Durchdringung mit der Gott-Natur in uns selber nennen.»[247]

Damit wird ein Dreifaches offengelegt. Es ist ein Medium, dem Licht für die Augen entsprechend, notwendig, an welchem und durch welches das Gewissen «hervorgerufen», geweckt wird; diese Tätigkeit ist eigenständig. Ist das Medium die umgebende Wertwelt, so das Gewissen die eigene Stimme, in der sich als Drittes zugleich ein Höheres bekundet, die eigene höhere Wesenheit, die mit dem umfassenden Weltgeist, dem Christus in Berührung steht – mit jenem Wesen, das substantiell mit Freiheit und Liebe identisch ist. In diese Dimensionen richtet Steiner aus seiner Geisteswissenschaft heraus die Aufmerksamkeit.

In der Seele sind es die Kräfte der Verehrung und Ehrfurcht, die in eine unmittelbare Beziehung zu den Kräften des Gewissens treten: «Zu diesen lebendigen Autoritäten [die dem Kind gelegentlich begegnen], zu diesen Verkörperungen der sittlichen und intellektuellen Kraft müssen die geistig aufzunehmenden Autoritäten treten. Die großen Vorbilder der Geschichte, die Erzählung von vorbildlichen Männern und Frauen müssen das Gewissen, müssen die Geistesrichtung bestimmen, nicht so sehr abstrakte sittliche Grundsätze»,[248] welche erst nach der Geschlechtsreife Bedeutung erlangen. Mit diesem Gedanken, daß sich durch das Vertrautwerden mit beispielhaft gelebten Lebensläufen etwas Bildendes in die kindliche Seele einsenkt, trifft sich Steiner mit Überlegungen, die schon der delphische Priester Plutarch in die Darstellung seiner Heldenleben eingefügt hat. Der Verstand, so führt er aus, könne seine Aufmerksamkeit, wie es ihm gut dünke, auf gewisse Gegenstände richten oder sich von ihnen abwenden. Daher müsse man immer nur nach dem Besten streben, wenn man Förderung erfahren wolle. «Denn wie dem Auge die Farbe am zuträglichsten ist, deren anmutige Frische Freude erweckt und zugleich das Sehen stärkt, so soll man seine Seele auf solchen Anblick richten, der durch die Freude zu dem ihr eigentümlichen Guten hinführt. Dies gilt im besonderen Maß von den Taten großer Männer; denn sie wecken bei allen, die sie näher betrachten, Eifer und mutigen Entschluß zur Nachahmung.»[249]

So ergießt sich während der Schulzeit ein das Gewissen weckender Strom von Bildern in die kindlichen Seelen: von den Märchen, den Legenden der Heiligen über die Helden der Sage und Geschichte bis zu Menschen der Gegenwart – Forscher- und Helfergestalten –, wodurch dem Kind der ganze Reichtum möglichen individuellen, aber eben sittlichen Verhaltens nahegebracht wird. Sein eigenes Werterleben selbst ist zumeist noch unsicher und abhängig von den wechselnden Aussagen vertrauenswürdiger Erwachsener. Gleichwohl wird hier die Grundlage des eigenen Gewissens erbildet, das sich aus dem eigenen Ich und den Kräften der eigenen Seele, die dem verwandelten Ätherleib zugehören, persönlich gestaltet; in voller Selbständigkeit und Reife erscheint es dann erst im Jugendalter.

Die *Ziele im Bereich der Gewissenserziehung* lassen sich vielleicht so vergegenwärtigen: Mit unserem inneren sittlichen Erleben stehen wir schon im gewöhnlichen Leben im Bereich der Ideen, das heißt in der geistigen Welt darinnen. Diese Tatsache, so meint Steiner, habe man zunächst in der «nötigen Stärke, mit der nötigen Reinheit (zu) empfinden». Das aber sollte nicht nur für den Lehrer so sein, vielmehr sollten auch schon die Kinder etwas von der Doppelnatur des Menschen: seiner «tierischen und geistigen», wie es Schiller nannte, erfahren; denn nur aus der geistigen Natur läßt sich das sittliche Wesen des Menschen verstehen und begründen. «Das aber erreichen wir, wenn wir dem Kinde eine ganz bestimmte Menschenerkenntnis beibringen. Und wir sollten eigentlich ohne ein gewisses Maß von Menschenerkenntnis kein Kind aus der Schule, die die allgemeine Lebensschule, die allgemeine Volksschule ist, entlassen.»[250] Er fügt dann hinzu: «Bis zu einem gewissen Grad soll jede Volksschule das Kind entlassen mit der Erfüllung des ‹Erkenne dich selbst!› Bis zu einem gewissen Grad soll der Mensch sich erkennen als Leib, Seele und Geist. Diese Menschenerkenntnis aber, wie sie aus wirklicher Geisterkenntnis folgt, stellt einen wahren Zusammenhang her zwischen dem Guten und dem Menschen. Dieser Zusammenhang ist so, daß Böses immer dann geschieht, wenn nicht das vollständige Menschenwesen in der Handlung gegenwärtig ist. «Dann wird auch die Erkenntnis vermittelt werden können, daß das Böse etwas ist, was aus dem unvollständig gebliebenen Menschen kommt.» Und so kann es zur Einsicht werden, daß der Mensch verkrüppelt bleibt, wenn er im Geiste nicht dazu kommt, das Gute zu erkennen. Dieser Gedanke schließt – hier unausgesprochen, aber immanent mit gemeint – ein, daß das Kind nicht aus sich schon das Gute in sich habe, sondern beides: die Möglichkeit zum Guten wie zum Bösen, die Neigung zum Du wie den Egoismus. Das Rechte muß erst erworben werden.

«Hier aber vereinigt sich die sittliche Erziehung mit dem Religiösen, denn jetzt erst bekommt es einen Sinn, daß Gott der Quell des Guten und der Mensch das Abbild, das Ebenbild Gottes ist. Hier wird religiöse Erziehung und sittliche Erziehung unmittelbar eines. Dazu aber müssen wir die sittliche, die religiöse Erziehung bringen, daß der Mensch fühlt und dieses Gefühl in seinen Willen aufnimmt, daß er nur als sittlicher Mensch ein wahrer Mensch ist, daß, wenn er nicht das Sittliche will, er kein wirklich vollständiger Mensch ist. Lernt man den Menschen so erziehen, daß er sich seines Menschentums selbst ganz ehrlich gefühlsmäßig beraubt glauben kann, wenn er nicht ein guter, ein sittlicher Mensch wird, dann wird man ihm die richtige religiöse und die richtige sittliche Erziehung angedeihen lassen.»

Will der Mensch eine wahrhaft erfüllte ethische Begegnung erfahren – sei es mit anderen Menschen oder mit Ideen –, dann ist es notwendig, daß er mit dem Kern der Dinge, mit den geistigen Wesen selbst in Berührung kommt, das heißt, daß er sich in das Innere anderer Wesen oder geistiger Tatsachen hineinversetzt. Eine Erziehung, die dieses Ziel verfolgt, wird auf allen Gebieten des Unterrichts überall ein «freies, offenes Interesse» für alles, was uns umgibt, veranlagen. «Alle engherzige Verschlossenheit der Seele, alles Verkriechen der Seele in sich selbst, alles, was nicht die Aufmerksamkeit der Seele hinlenken will zum Mitleiden und Mitfreuen von Mitgeschöpfen und von allem, was uns in der Sinnenwelt schon umgibt, das alles hält die Seele ab, wenn sie in eine geistige Welt hinaufgestiegen ist, zur wahren Intuition, zu wahren Erkenntnissen höherer Wesen zu kommen.»

Der Charakter

Erscheinungsformen und Bereiche

Wenden wir uns dem Charakter zu. Das Wort kommt vom Griechischen *charattein* ritzen, prägen. Der Begriff Charakter umfaßt recht unterschiedliche Erscheinungen, deren Gehalte wir voneinander abheben wollen. Die weiteste Bedeutung erscheint wohl, wenn vom Charakter der Toskaner, der Franzosen, der Engländer oder vom Charakter der Bachschen oder Mozartschen Musik im Sinne ihrer ästhetischen

Eigenart gesprochen wird. Viel enger ist der Begriff, wenn auf die Prägung, das Gepräge der Seelenkonfiguration, die Lebensführung oder die ethische Ausformung der Persönlichkeit geblickt wird.[251]

Vergegenwärtigen wir uns, was prägt, woraus der Charakter erwächst, wie sich das «Geist-Erzeugte fest bewahrt» (Goethe). Wo etwas im Innern sich herausarbeitet, um sich in materieller Form, in plastischer Gestaltung äußerlich zu offenbaren, da haben wir es mit dem Charakter auf leiblicher Ebene zu tun, wie er sich im ersten Jahrsiebt in den Leibesformen ausbildet. Im Aufsetzen des Fußes, dem Druck der Hand, der Gestik von Arm und Hand offenbart sich dann zunehmend Seelisch-Charakteristisches des inneren Wesens nach außen. Auch in mannigfaltigen Stimmungen, Gefühlsregungen und Erlebnissen kann sich der Charakter darleben. Das Verbindende im Wechsel, das Einheitliche im Verschiedenen läßt erst den Charakter sichtbar werden; es ist der Kern, das Ich, das als Prägendes sich darin ausdrückt. «Deshalb erscheint uns der Charakter zwar als etwas Bestimmtes, als etwas Angeborenes, aber doch wiederum als etwas, was sich nach und nach im Leben erst herausentwickelt.»[252] Goethe sagt: »Es bildet ein Talent sich in der Stille, sich ein Charakter in dem Strom der Welt.« Um zu reifen, sich auszuprägen, bedarf es der Auseinandersetzung mit der Welt – in vielerlei Dimensionen. Charakter und Prägung zeigen sich demnach in dem, was erlebt wurde, wobei aus dem Umgang mit dem Erlebten ein individueller Ertrag – unter Mitwirkung des Ich – geschaffen wurde, woraus sich die Gesamtheit seelischer Dispositionen bildet.[253]

Entwicklung und Formung des Charakters

Neben der Prägung der Leiblichkeit im ersten Jahrsiebt gibt es in dieser Entwicklungsepoche auch seelische Prägungen. Da macht Steiner eindrücklich auf somatische Vorgänge durch psychische Verursachung, und zwar in ihrer Langzeitwirkung, aufmerksam. Ein Kind, das viel Furcht und Strenge, Schmerz und Leid erlebt, wird im späteren Leben zu einem verschlossenen Charakter neigen, der vor allem dann auffällig werden wird, wenn nach der Lebensmitte die Bewußtseinsseele sich entwickeln soll, die in besonderer innerer Verbindung mit der frühen Kindheit steht. Freude und Heiterkeit, eine glückliche Kindheit ermöglichen einen weltoffenen, toleranten Charakter.[254]

In der Zeit des zweiten Lebensjahrsiebts tritt nun die Arbeit des Ich an den seelischen Qualitäten, die sich einheitlich zu den charakterlichen Grundzügen prägen, in den Vordergrund. Was in Vorbildern und durch respektierte Autoritäten an Charakter erlebt wird, das formt den Charakter des Kindes. Ob es die verschiedenen Seelenfunktionen beim Erzieher geordnet oder in Disharmonie erlebt, hat entsprechende Folgen.

Das menschliche Seelenwesen ist so veranlagt, daß es sich in seine drei Glieder Empfindungsseele, Verstandes- oder Gemütsseele, Bewußtseinsseele zerspalten müßte, würde es nicht durch das Ich zusammengehalten, das als der Akteur, der Lenker, fungiert, «der innerhalb unseres Seelenwesens auf den drei Seelengliedern spielt, wie ein Mensch spielt auf den Saiten seines Instruments. Und jene Harmonie oder Disharmonie, welche das Ich hervorbringt aus dem Zusammenspiel der drei Seelenglieder, ist das, was dem menschlichen Charakter zugrunde liegt. Das Ich ist wirklich etwas wie ein innerer Musiker.»[255] Was so vom Ich in der Seele geleistet wird, gliedert sich als Erfahrungssubstanz, als Erträgnis dem Lebensgrund ein, die Persönlichkeit mitprägend.

Während die Begabung (das Talent) wesentlich konstituierend für die Persönlichkeit ist, sind die charakterologischen Züge immer mit «Haltungsformen» verbunden, so etwa mit Ein- oder Unterordnungsbereitschaft, Kontaktwilligkeit und -fähigkeit, Hingabebereitschaft, Pflichterfüllung, Selbstsicherheit, Fleiß, Ausdauer, Ehrlichkeit und so weiter; aber auch Triebfedern und amoralische Qualitäten gehören dazu, so Mut oder Feigheit, Entschlossenheit oder Unentschiedenheit, Engagement oder Lässigkeit, also die ganze Werthaltung der Persönlichkeit. Im Charakter sieht Remplein die «relative Konstante des persönlichen Wertstrebens, -fühlens und -wollens».[256]

Charaktererziehung

Im zweiten Jahrsiebt kann man mit Worten auf den Charakter Einfluß nehmen,[257] aber das darf nicht in abstrakter Weise geschehen, denn es kommt für die Charaktererziehung darauf an, auf die Gesamtheit des Seelenvermögens – Denken, Fühlen und Wollen – einzuwirken.

Auf den *Willen* wirken besonders Empfindungen und Vorstellungen, «durch die der Mensch seine Stellung zu den ewigen Urgründen des Weltalls fühlt und erlebt, das heißt durch die religiösen Erlebnisse.

Niemals wird sich der Wille eines Menschen und damit sein Charakter gesund entwickeln, wenn er nicht tiefeindringende religiöse Impulse» in dieser Lebensepoche erfährt.[258] «Fühlt sich der Mensch nicht mit sicheren Fäden angegliedert an ein Göttlich-Geistiges, so müssen Wille und Charakter unsicher, uneinheitlich und ungesund bleiben.»[259]

Mit diesem Bereich verbunden, aber sich dem Gefühlsleben öffnend, ist das gesamte künstlerische Tun: Im Formenzeichnen, Malen, Zeichnen läßt sich sowohl der Schönheitssinn pflegen und das Gefühl für das Künstlerische wecken als auch selbst produktiv etwas durch das Kind hervorbringen, so daß der Handlungswille aufgerufen wird und sich in den Dienst der Gefühle stellt. Keine der Künste sollte vernachlässigt werden (Plastik, Zeichnen, Malen, Architektur, Musik, Eurythmie). *«Freude am Leben, Liebe zum Dasein, Kraft zur Arbeit,* alles das erwächst für das ganze Dasein aus der Pflege des Schönheits- und Kunstsinnes.»[260]

Turnen, Gymnastik und Wettspiele vermitteln durch die körperlichen Übungen das Gefühl des «Wachstums, der stets sich steigernden Kraft». Diese Vermittlung setzt beim Erziehenden voraus «eine intime, intuitive, ganz gefühlsmäßige Erkenntnis von dem Zusammenwirken von Lust und Behagen mit den Stellungen und Bewegungen des menschlichen Leibes».[261] Dadurch erkraftet das Eigenwertgefühl, die Triebfeder der Mutcharakterzüge (siehe Anhang, XVII). Aus dieser Sicht sind in höchstem Maße charakterbildend die kindlichen Spiele, die durch viele Generationen hin von der Gruppe Gleichaltriger in der Mitte der Kindheit weitergegeben wurden: Verstecken, Räuber und Gendarm, Ritterspiele, Wer hat Angst vorm schwarzen Mann? und so weiter. Die Bedeutung der Spielregeln sowie der inneren Wert- und Zielsetzungen wurde schon erwähnt (siehe S. 298f.). Wo sie nicht angeboten werden, bilden sie sich die Kinder selbst in ihren Gruppen, teilweise bis zur Erfindung eigener Geheimsprachen.[262]

Wie tief das Wertsystem der kindlichen Welt in die Willensnatur einzugreifen vermag, wird am Beispiel der Kindererziehung in Sparta deutlich. Das Ertragen von Schmerzen galt als tugendhaft. Ein Junge hatte einen Fuchs gestohlen und ihn unter den Falten seines Mantels verborgen; während er sich mit einem Älteren, dem er begegnete, unterhielt, fiel er plötzlich tot um: Der Fuchs hatte ihm den Unterleib zerfleischt. Die Schmerzen wurden von dem Jungen, wie es spartanischer Lebensauffassung entsprach, ertragen, ohne daß er einen Laut von sich gab.[263]

Was an Wertsetzungen notwendig ist, wird über das Bild vermittelt, über Gleichnisse, Sinnbilder, «Charakterbilder aus der Geschichte». Dadurch, daß der Charakter – anders als das Temperament und die Lebenskräftigkeit (Vitalität) – nicht angeboren, sondern erworben ist, wandelt sich das, was als Anlage erbildet wird, im Lebenslauf um. Je nachdem das Ich sich innerhalb des zweiten Jahrsiebts stärker oder schwächer erwiesen hat, werden bei der vollen Ausbildung der Verstandes- oder Gemütsseele im späteren Lebensalter die Kräfte so wirken, daß sie «den Menschen zu einem Menschen der Initiative, des Mutes oder zu einem Menschen der Feigheit, der Unentschlossenheit, der Lässigkeit heranbilden.»[264] Ist der Erzieher dem Zögling ein «Wahrheitsträger», so steigern sich die Kräfte des Ätherleibs und bilden die Anlage zu einem mutvollen Charakter mit Initiative. «Wenn das Nötige nicht geschehen ist, dann wird es schwierig, am Charakter zu arbeiten», das Fehlende kann dann später nur durch bewußte «tief innerliche meditative Betrachtung» im Hinblick auf entsprechende Eigenschaften und Gefühle eingeprägt werden.[265]

Temperamente

Temperamente und Konstitution

Mit dem Freiwerden der Bildekräfte aus dem sich umwandelnden Äther- oder Lebensleib wird dieser nicht nur zum Träger der Gewohnheiten, der bleibenden Neigungen, des Gewissens und Charakters, sondern auch zum Träger des Temperamentes.[266] In der *Erziehung des Kindes* wird die Arbeit des Ich am Temperament des weiteren als etwas dargestellt, das, ähnlich wie die Verwandlungen der Gewohnheiten und so weiter, dazu beiträgt, den Lebensgeist auszubilden.[267] Doch diese Umwandlung geht mühsam vonstatten.

Einen Zusammenhang zwischen der Konstitution und bestimmten temperamentsmäßigen Zügen, das heißt grundlegenden Verhaltensweisen, zu vermuten liegt nahe. Hat es doch der Lebensleib mit den Wachstumsvorgängen, dem Kreislauf der Säfte, dem Stoffwechsel, kurz: mit den Lebensprozessen zu tun. Wenn sich aus den Lebensprozessen heraus verschiedene Konstitutionstypen ergeben sollten und diese sich auch phänomenologisch feststellen ließen, dann wäre zu fragen, ob sie sich vielleicht bis in verschiedene Rezeptionsweisen des Menschen und möglicherweise in seine Verhaltensformen hinein auswirken, wie der gängige Begriff des Temperaments es nahelegt.[268]

Das *Temperament* (lat. *temperamentum* rechtes Maß, richtiges Verhältnis der Mischung, und *temperare* in das gehörige Maß setzen) umfaßt vier unterschiedliche Grundrichtungen möglicher konstitutioneller Ausformung:

- *sanguinisch* (lat. *sanguis* Blut, mlat. *sanguineus* leichtblütiger Mensch): temperamentvoll, leicht erregbar, lebhaft, heiter;
- *cholerisch* (griech. *cholé* gelbe Galle, Haß, Zorn): jähzornig, aufbrausend;
- *melancholisch* (von griech. *melaina cholé* schwarze Galle, Haß, Zorn, Schwarzgalligkeit, Gallsucht, Tiefsinn): schwermütig, trübsinnig, depressiv;
- *phlegmatisch* (von ursprüngl. griech: Glut, Hitze, Entzündung, *phlégein* entzünden, entflammen; seit Hippokrates: entzündlicher Schleimfluß, *phlegmatikós* schleimig, an zähflüssigem Schleim leidend): unerschütterlich ruhig, träge, schwerfällig, gleichgültig.

Es gibt *temperamentvolle*, das heißt schwungvolle, bewegliche und energiereiche Menschen und *temperamentlose*, das heißt antriebsschwache, wenig erregbare, träge. Erst seit dem ausgehenden 18. Jahrhundert werden die aus der Antike herrührenden und durch das Mittelalter sich wandelnden Bezeichnungen im Deutschen heimisch. – In diesem weitgespannten Sinn meint Temperament «die anlagebedingte, durch individuelle Besonderheiten bestimmte Art in bezug auf Reaktion oder Tätigkeit, die durch unterschiedliche Ausgeglichenheit, Beweglichkeit, Stärke und Beeindruckbarkeit gekennzeichnet ist».[269]

Daß es konstitutionelle Bestimmungsgründe für die «seelisch-geistigen Fähigkeiten, Verhaltensformen und Lebensstile»[270] gebe, war die Auffassung der spätestens seit Galen (130-199) herrschenden Lehre in der abendländischen Medizin, die sich ihrerseits wiederum auf die griechische Elementenlehre und die Lehre von verschiedenen Körpersäften des Hippokrates (460-375 v.Chr.) zurückbezieht.[271] Die Grundrichtungen der vier Temperamente sind zwar seither erhalten geblieben, haben sich aber gleichwohl differenziert, und die Vorstellungen sind reicher geworden. Nun ist in jüngster Zeit der Temperamentenlehre allgemein und Steiner im besonderen von einem Kritiker, H. Ullrich, vorgehalten worden, daß nach der Differenzierung und Verwissenschaftlichung der Persönlichkeitsforschung die Temperamentenlehre «nur mehr als volkstümliches Stereotyp» fortlebe, also außerhalb wissenschaftlicher Erkenntnisbemühung angesiedelt sei.[272] Die Temperamentenlehre sei inzwischen völlig überholt, wer sich mit ihr beschäftige, sei wissenschaftlich disqualifiziert oder ein Exot aus dem Reich der Ewiggestrigen.[273] Ist das wirklich so? Falls sich die Wissenschaft der Psychologie nicht in derselben Geschwindigkeit wie die Technologie entwickelt – und zu dieser Annahme besteht durch die Natur der menschlichen Seele wenig Anlaß, wie gerade die Verhaltensforschung aufweist –, müßte das, was vor zwei Jahrzehnten noch würdige Einsicht war, auch gegenwärtig nicht ganz falsch sein: «Die Rückführung der leib-seelischen Gesundheit sowie der Temperamente auf die Körpersäfte mutet uns geradezu modern an; denn auch für die heutige Medizin sind die Humores die Träger lebensnotwendiger Wirkstoffe, die am Aufbau der Konstitution und des Temperaments maßgeblichen Anteil haben.»[274] Damit fällt schon ein Teil der sich so sicher gebenden Kritik weg. Doch wir gehen an die Wurzel: Dem Kritiker Steiners unterläuft aus seinem eigenen Wissenschaftsverständnis jener kapitale Fehler aller Gläubigen, daß sie selbst, einer totalitären Behörde gleich, den «Stand der Wissenschaft» meinen feststellen zu können – und damit habe es sein Bewenden. Dies läßt sich verstehen, wenn man bedenkt, daß der Rationalismus, auf den Ullrich sich stützt, geschichtlich mit seinem ersten Auftreten zugleich den Absolutismus hervorbrachte. Denn ihm eignet im ersten Anlauf seiner Erkraftung der Glaube, alles eindeutig und für immer klären zu können. Auf den zweiten Blick allerdings mußte dann doch – und müßte auch heute – erkannt werden, daß der Fortschritt auch der Erkenntnis nicht so eindeutig verläuft und die Sicherheit stets nur eine vermeintliche auf Zeit sein kann. So war denn der Absolutismus, noch weniger der Totalitarismus, welcher Provenienz auch immer, niemals die Lösung der Lösungen – nicht in der Politik, noch weniger in der Wissenschaft. In diesem Sinne kann es geradezu als Kennzeichen der modernen Rationalität gelten, den Wert pluraler Weltzugänge als besondere Errungenschaft anzuerkennen. Deshalb muß auch gefragt werden, ob sich im behaupteten «Stand der Wissenschaft» nur eine bestimmte, letztlich gänzlich reduktionistische Sicht ausspricht und ob die wissenschaftliche Auffassung in dieser Thematik tatsächlich so geschlossen ist wie behauptet.[275] Auch methodologisch bestehen offenbar unausgesprochene Gegensätze. Steiner sagt: «Niemals dürfen wir uns vermessen zu glauben, daß ein Gedankenabschluß möglich sei»,[276] was natürlich auch eine Weiterentwicklung des Temperamentenverständnisses einschließt. Dagegen setzt Ullrich die Sicherheit eines ihm gewissen «gegenwärtigen Wissenschaftsstandards». Darin liegt ein allgemeines Mißverständnis begründet.

Nun aber zum besonderen Mißverständnis dieses Kritikers gegenüber Steiner. Er behauptet, daß bei «Steiner das Temperament der ‹Wesenskern› des Menschen»[277] sei und andererseits mit dem Temperament die Persönlichkeit[278] oder seine Seele erfaßt werde. Für Steiner gehören, wie gezeigt, die Temperamente zu den Eigenschaften des freigewordenen oder geborenen Ätherleibes, mithin zu den Wesensgliedern, das heißt: Sie sind Organe der Seele und des Geistes, nicht aber die Seele oder der Geist selbst.[279] Für einen Geiger ist seine Violine Instrument, auf dem er spielt, doch er selbst wird dadurch niemals Geige. Die Temperamente sind also gerade nicht Wesenskern, sondern Hülle, sind nicht Persönlichkeit, sondern ein Organ derselben. «Das Tempo in der Musik ist das Temperament im Menschen. Eine Melodie kann ganz verschieden klingen, je nachdem ihr Rhythmus beschleunigt oder verlangsamt wird … Es handelt sich um den angeborenen Takt und Rhythmus unseres Wesens … Das Temperament gibt jeder Individualität die *persönliche* Note.»[280] Es liegt also ein ganz spezielles Mißverständnis vor, das die Musik mit dem Klavier als Instrument verwechselt. Mehr noch: Im Gesamt des Ätherleibes mit seinen sechs hier ausgefalteten Eigenschaften nehmen die Temperamente – quantitativ betrachtet – genau den Platz eines Sechstels ein; nimmt man die später von Steiner gekennzeichnete Eigenschaft der Intelligenz hinzu, hat man es gar nur mit einem Siebentel zu tun. Groteskerweise spielt der Kritiker die Persönlichkeitsanalyse Guilforts gegen Steiner aus, nach der «man jede Person in Hinblick auf sieben Modalitäten untersuchen [kann], deren eine das Temperament ist».[281] Genau das sagt Steiner einige Jahrzehnte früher auch, und er sagt noch mehr. Freilich benötigt man dann für das Verständnis einen weiteren Begriff, man muß zwischen *Persönlichkeit* und *Individualität* (vgl. S. 169ff.) differenzieren. «Temperament, Neigungen, Leidenschaften mögen wir unseren Eltern verdanken. Das, was dem Menschen am wesentlichsten ist, was ihn zu seiner eigentlichen Individualität macht, können wir nicht bei seinen leiblichen Vorfahren suchen.»[282] Das Temperament hängt zwar mit dem Persönlichen zusammen, ist aber nichts Bleibendes. «Alles, was des Menschen Persönlichkeit ausmacht, sein

Temperament, seine Leidenschaften, können wir nicht als das Bleibende betrachten. Nur das eigentlich Individuelle, das vor seiner physischen Erscheinung war und daher auch nach seinem Tode bleibt», bildet das Ich.[283] Mit den Temperamenten ist nur die Modalität aufzudecken, wie sich die Persönlichkeit verwirklicht, dadurch lassen sich ihre Stärken und Hemmungen näherungsweise verstehen. Aber nicht der quantitative Gesichtspunkt ist wichtig, sondern der Zusammenhang. Das Instrument der Seele und des Geistes hat wenigstens eine kammermusikalische Besetzung, um die Melodie des Lebens zu intonieren und zum Klingen zu bringen. Ein Instrument ist dabei das Temperament.

Methodische Fragen

Daß es verschiedene konstitutionelle Merkmale einerseits zwischen den Rassen gibt, andererseits dann aber auch innerhalb der einzelnen Rassen, lehrt die schlichte Anschauung. Freilich ist damit nicht schon eine Zuordnung zu bestimmten seelischen oder charakterlichen Eigenschaftsgruppen gegeben, und sie ist in der Tat auch nicht so leicht möglich, weil die seelischen Merkmale diffuser und variantenreicher sind als etwa die Blüten im Pflanzenreich, wo niemand eine Rose mit einer Tulpe verwechselt. Jede *Typologie* stößt damit auf grundsätzliche Probleme, die systematisch schon W. Stern beschrieben und geklärt hat: «Ein psychologischer Typus ist eine vorwaltende Disposition psychischer und psychophysisch neutraler Art, die einer Gruppe von Menschen in vergleichbarer Weise zukommt, ohne daß diese Gruppe eindeutig und allseitig gegen andere Gruppen abgegrenzt wäre.» Der Ausdruck «neutral» meint dabei, daß eine Beschränkung auf das rein Psychische ohne Berücksichtigung des Leiblichen unmöglich sei.[284] Dabei gibt es verschiedene Muster, nach denen Merkmale zusammengefaßt werden: *monotypische* (so etwa die Ausdrücke: Spießer, Pedant, Jungfer, matronenhaft), *antitypische oder polarisierende*[285] sowie *polytypische* (dabei gehen mehrere Dimensionen in den Typus ein, so auch bei der Temperamentenlehre).[286] Die Reichweite dieser Typen ist unterschiedlich. Wenn alle seelischen oder Persönlichkeits-Phänomene mit einem Typus erklärt werden sollen, spricht man von *Totaltypus*, der durch «seelenlogische konstruktive Totalisierung» in der ideierenden Abstraktion entsteht.[287] Handelt es sich bei der anthroposophischen Temperamentenlehre um eine «anthroposophische Totaltypologie»?[288] Keineswegs, denn schon die Seele mit Sympathie, Antipathie, Affekten, Emotionen, Gefühlen, Begehrungen, Vorstellungen stellt ein vielfältiges Wesen dar; wenn die Temperamente auf sie bezogen werden, deutet das allenfalls auf einen bestimmten, vielleicht vorherrschenden Grundzug hin, mehr nicht. Denn Steiner war sich stets klar darüber, daß psychische Gegebenheiten nicht scharf abgrenzbar sind. Es gibt nun die Möglichkeit, das Wesen selbst geistig wahrzunehmen, worauf er sich beruft; dann werden einzelne Wesenszüge jeweils zu einem spezifischen, physiognomisch sprechenden Ausdruck des einen Wesens. Beschreibe ich Eigenschaften dagegen begrifflich, dann kann das sich wandelnde seelische Wesen nur «weitgehend akzentuierend, nicht determinierend»[289] charakterisiert werden.

Ehe wir uns nun der Steinerschen Darstellung selbst zuwenden, fügen wir eine schematische Übersicht der verschiedenen Temperamentseigenschaften, wie sie Remplein gegeben hat, ein.

	Sanguinisch	Melancholisch	Cholerisch	Phlegmatisch
1. Erlebnisfarbe (Grundstimmung)	froh	traurig	mißmutig	ausgeglichen
2. Erlebnisform				
a) Ansprechbarkeit	groß	gering	groß	gering
b) Stärke	schwach	stark	stark	schwach
c) Tiefe	flach	tief	flach	partiell tief
d) Dauer	flüchtig	nachhaltig	flüchtig	partiell nachhaltig
e) Verlauf	ungleich-mäßig	gleichmäßig	ungleich-mäßig	gleichmäßig
3. Reaktions- und Bewegungsweise				
a) Tempo	rasch	langsam	rasch	langsam
b) Stärke	stark	schwach	stark	schwach
c) Dauer	flüchtig	nachhaltig	flüchtig	nachhaltig
d) Umfang	reichlich	spärlich	reichlich	spärlich
e) Verlauf	ungleich-mäßig	gleichmäßig	ungleich-mäßig	gleichmäßig

	Sanguiniker		Melancholiker	
	+	–	+	–
Erlebnisfarbe	Leichtmut Frohsinn Heiterkeit Sorglosigkeit Unbekümmertheit Zuversicht Optimismus	Leichtsinn Gedankenlosigkeit Selbstzufriedenheit	Ernst Verantwortungs- bewußtsein Pflichtgefühl	Schwermut, Traurig- keit, Trübsinn /Angst, Sorge, Gram, Kum- mer, Schicksalsfurcht Minderwertigkeits- gefühl / Unsicherheit Mutlosigkeit Verzagtheit Schuldbewußtsein Selbstquälerei Empfindlichkeit Kränkbarkeit Mißtrauen Pessimismus
Erlebnisform	Große Ansprech- barkeit Aufgeschlossenheit Eindrucksfähigkeit Feinfühligkeit Interessen Erlebnisdrang Anpassungsfähigkeit Geselligkeit Mitteilungsdrang Beliebtheit Versöhnlichkeit Nachgiebigkeit Lenkbarkeit	Schwäche des Gefühls Flachheit des Erlebens Flüchtigkeit des Erlebens Ungleichmäßigkeit des Erlebens Beeinflußbarkeit Bestimmbarkeit Ablenkbarkeit Flatterhaftigkeit Unbeständigkeit Treulosigkeit Strohfeuer	Stärke des Gefühls Tiefe Nachhaltigkeit Gleichmäßigkeit des Erlebens Innerlichkeit Gemüt Empfindsamkeit Tiefsinn Anhänglichkeit Beständigkeit Treue	Geringe Ansprech- barkeit Einzelgänger
Reaktions- und Bewegungsweise	Raschheit und Stärke der Reaktion Antriebs- und Wil- lensleichtigkeit Entschlußkraft Leichtigkeit der Mit- teilung Reichhaltigkeit des Ausdrucks Wortgewandtheit Betriebsamkeit	Übersteigerung des Ausdrucks Vorlautheit Unüberlegtheit Geschwätzigkeit Unbesonnenheit Waghalsigkeit Oberflächlichkeit Vordergrundsenergie Unkonzentriertheit Ungründlichkeit Ungleichmäßigkeit des Verhaltens	Nachhaltigkeit und Gleichmäßigkeit des Verhaltens Fleiß Ausdauer Gründlichkeit Sorgfalt Gewissenhaftigkeit	Langsamkeit, Schwä- che, Spärlichkeit der Bewegungen M. a. Anpassungs- u. Umstellungsfähigkeit

Choleriker		Phlegmatiker		
+	−	+	−	Erlebnisfarbe
	Mißmut Gereiztheit Aggressivität Unzufriedenheit Empfindlichkeit	Gleichmut Ausgeglichenheit Zufriedenheit Seelenruhe	Gleichgültigkeit Fatalismus	
Große Ansprech- barkeit Stärke des Gefühls	Explosive Zorn- mütigkeit Reizbarkeit, Wut, Ärger, Jähzorn Flachheit Flüchtigkeit Ungleichmäßigkeit des Erlebens, Unbeherrschtheit Trotz, Eigensinn Unbotmäßigkeit Herrschsucht Rechthaberei, Härte Unduldsamkeit, Unumgänglichkeit Unverträglichkeit Ungerechtigkeit Parteilichkeit	Unerschütter- lichkeit Kaltblütigkeit Partielle Tiefe und Nachhaltigkeit des Erlebens Gleichmäßigkeit Freundlichkeit Anspruchslosigkeit Gutmütigkeit Verträglichkeit Nachgiebigkeit Ein- und Unterord- nungsunfähigkeit Treue Anhänglichkeit Toleranz	Geringe Ansprech- barkeit Schwäche des Gefühls Trockenheit Nüchternheit Leidenschaftslosigkeit Begeisterungs- unvermögen Interesselosigkeit Stumpfheit Apathie Anpassungs- und Umstellungs- unfähigkeit	Erlebnisform
Raschheit, Stärke, Reichlichkeit der Reaktion Willensstoßkraft Widerstands- freudigkeit	Flüchtigkeit Ungleichmäßigkeit des Verhaltens Ungeduld	Passives Kleben Ruhe Bedächtigkeit Gleichmäßigkeit Geduld Willensspannkraft Beständigkeit Gründlichkeit Ausdauer Verläßlichkeit	Langsamkeit, Schwäche, Spärlichkeit der Reaktion / Unge- wandtheit / Antriebs- und Willensschwere, Entschlußunfähigkeit Einförmigkeit, Stereotypisierung, Automatisierung Pedanterie, Bequem- lichkeit, Trägheit, Faul- heit, Unpünktlichkeit, Unordentlichkeit	Reaktions- und Bewegungsweise

Der Reichtum der Innenwelt mit ihrem Bezug – über die Sinne – zur Welt, die Leiblichkeit in ihrer Gestaltung, das heißt ihrer Morphologie im dreidimensionalen Raum, schließlich in ihrem Wachsen und Werden, ihrem Wandel in der Zeit – was haben sie miteinander zu tun? Und wie steht zu Innenwelt und Leiblichkeit der Geist des Menschen mit seinen Absichten, seinem Bewußtsein, seiner Weltverarbeitung? Dies ist die anthroposophische Fragestellung, nicht die nach der Persönlichkeitsanalyse.

Der *Leib* ist der eine, der *Geist* der andere Pol der menschlichen Wirklichkeit, zwischen beiden vermittelt die *Seele*. Doch wie wird zwischen Leib, Seele und Geist wechselseitig vermittelt? Und welche Rolle spielen in der Vermittlung – möglicherweise – die Temperamente?

Wir erinnern uns: In der Entwicklung werden durch die Leibreifung Kräfte, die zunächst am Leib, diesen zur Funktiontüchtigkeit bringend, die Organe gestaltet haben, frei oder «geboren» und stehen als solche nun der Seele zur Verfügung, werden zu ihrem – vielgestaltigen – Organ. Wenn nun Steiner in der *Erziehung des Kindes* auch auf die Temperamente abhebt, dann deshalb, weil sie innerhalb des Kräftezusammenhanges des Bildekräfteleibes eine besondere Gestaltung aufweisen. Die Temperamente haben offenkundig einen janusköpfigen Doppelcharakter: einen, der dem Leib mit seiner Konstitution und Gestalt und seinen Lebensvorgängen zugewandt ist,[290] und einen, der mit Seelenqualitäten – Reizbarkeit, Empfindungstiefe und -fähigkeit (Astralleib) – zu tun hat. Und in der Tat tauchen diese beiden Richtungen in Steiners Auffassung als Kraft und Erregbarkeit auf (vgl. Seite 109).

Die antike Säftelehre hat sicherlich die Lebensvorgänge im Blick, sie konnte das Seelische davon nur schwer abtrennen, weil sie beides begrifflich noch nicht trennen konnte oder wollte. Dies ist heute möglich. Andererseits richten sich Bemühungen der neuzeitlichen Psychologie auf die Frage, ob es Grundkonstanten seelischer Rezeption und persönlichen Verhaltens gebe, die ihrerseits mit der Konstitution verkoppelt sind.

Wo steht da Steiner? Über die Leibeskonstitution im Sinne einer morphologischen Zuordnung äußert er sich nicht! Das haben indessen Psychologen und Psychiater – sowohl in Typenlehren als auch empirisch die Validität zu Seeleneigenschaften herstellend – vielfältig getan. Die größte Wirkung ging dabei wohl von Kretschmer aus.[291] Er begegnet dem Problem jeder Typenbildung, daß nämlich Eindeutigkeit oft erst über pathologische Erscheinungen gewonnen werden kann, indem erst in der Entartung der Typus, das Gesunde klar wird. Anhand eines großen empirischen Materials untersuchte er den Zusammenhang zwischen Körperbau und bestimmten Erkrankungsformen seelischer Art. Er unterscheidet vier konstitutionelle Grundtypen: den Pykniker, Athletiker, Leptosomen und Dysplastiker, diese sind gestaltmäßig eindeutig erkennbar.[292] – Steiner geht, statt von einer morphologischen Betrachtung, stets von einer Betrachtung bestimmter typischer seelischer Eigenschaften oder von charakterologischen Grundzügen aus und behandelt dann von da aus auch die Konstitution des Menschen, aber nicht als körperlich vermeßbar, sondern als *Verhältnis der unsichtbaren Wesensglieder* in ihren Wirkungen aufeinander (siehe Anhang, XVIII).

Steiners Auffassung der Temperamente

Folgen wir zunächst den Darstellungen Steiners, wie sie sich in seinem Werk allmählich ausgestalten. Die erste Bemerkung findet sich, wie zitiert, in *Die Erziehung des Kindes*. Dort werden die Temperamentskräfte mit dem freigewordenen Ätherleib in Verbindung gebracht; wie die anderen Kräfte – Gewohnheit, Gedächtnis und so weiter – bedürfen auch sie der Anregung und Entwicklung. Denn «die Umbildung und das Wachstum des Ätherleibes bedeutet Umbildung beziehungsweise Entwickelung der Neigungen, Gewohnheiten, des Gewissens, des Charakters, des Gedächtnisses, der Temperamente».[293] Es dürfte verständlich sein, daß dieser Region nicht durch schulmäßige Unterweisung beizukommen ist, weil «der Verstand ... nun einmal das Seeleninstrument für das Begreifen des Materiellen» ist.[294] Dagegen kann der Weg über die Empfindung, das Gefühl gehen, denn man kann ebenso mit dem Gemüte verstehen wie mit dem Verstand.[295] Allerdings wird in dieser frühen Schrift kein spezifisches Beispiel dafür gegeben, wie die Temperamente unterstützt werden könnten. Zwar spricht Steiner von der *Wirkung der Farben* auf aufgeregte beziehungsweise lethargische Kinder und empfiehlt, die Farbe des Zimmers oder der Kleidung so zu wählen, daß die im Kind erzeugte Komplementärfarbe die fehlende Seeleneigenschaft anregt; doch dieses Beispiel bezieht sich auf die Zeit vor dem Zahnwechsel.[296] Es scheinen die allgemeinen Prinzipien der Erziehung auch für die Temperamente zu gelten: die Wirkung einer anerkannten Lehrergestalt auf die Gemütskräfte, ein bildhafter Unterricht, Erschließung des Sinnes in den Erscheinungen. Spezielles wird nicht ausgeführt.

Die Verbindung zwischen Erbstrom und Individualität (1909)

Eine genauere Darstellung der Temperamente findet sich erst einige Jahre später, 1909. Da kommt Steiner in einem eigenen Vortrag auf das *Geheimnis der menschlichen Temperamente* zu sprechen. Er betont zunächst, daß der Mensch das größte Rätsel für den Menschen sei. «Innerhalb der Grundtypen, der Grundfärbungen haben wir eine solche Mannigfaltigkeit und Verschiedenheit unter den Menschen, daß man wohl sagen kann, daß innerhalb der eigentümlichen Grundstimmung des menschlichen Wesens, die man Temperament nennt, das eigentliche Daseinsrätsel sich ausdrückt.»[297] In der menschlichen Begegnung läßt sich etwas von der Grundfärbung des Temperaments erspüren. «Denn wenn man auch zugeben muß, daß die Temperamente aus dem Inneren quellen, so drücken sie sich doch aus in allem, was uns äußerlich am Menschen vor Augen tritt.»[298] Der Mensch steht in der Vererbungslinie darinnen, wobei Merkmalsanlagen weitergegeben werden. Mit diesen Anlagen aus der Vererbung verbindet sich dasjenige, was der Mensch aus der geistigen Welt mitbringt. Steiner beschreibt dies als des Menschen Eigenes, seine Absichten, seine Anlagen zu Fähigkeiten, die er sich selbst in wiederholten Leben erarbeitet hat. Die Frage ist nun, wie das Eigene und das durch Vererbung – im möglichen Variationsbereich – Festgelegte vermittelt und versöhnt werden? «Wie kann sich dasjenige, was aus ganz anderen Welten stammt, was sich Vater und Mutter suchen muß, vereinen mit dem Leiblich-Physischen, wie kann es sich umkleiden mit dem, was die körperlichen Merkmale sind, durch die der Mensch hineingestellt wird in die Vererbungslinie? ... Indem die beiden Strömungen sich vereinigen, färbt die eine Strömung die andere. Sie färben sich gegenseitig. So wie sich die blaue und die gelbe Farbe etwa vereinigen in dem Grün, so vereinigen sich die beiden Strömungen im Menschen zu dem, was man sein Temperament nennt ... Hier strahlt aus das Seelische des Menschen und die natürlichen vererbten Merkmale. In der Mitte drinnen steht, was das Temperament ist, mitten zwischen dem, wodurch der Mensch sich anschließt an seine Ahnenreihe, und dem, was er mitbringt aus seinen früheren Verkörperungen. Das Temperament gleicht das Ewige mit dem Vergänglichen aus.»[299]

Damit wird die Doppelgesichtigkeit des Temperaments aus einer Perspektive betrachtet, wie sie weder in der Antike noch in den Psychologien unseres Jahrhunderts möglich ist. Das ist nicht bloß eine Uminterpretation, sondern eine *originale Deutung*, die zudem mit den zuvor entfalteten Einsichten in das menschliche Wesen im Steinerschen Denken systematisch schlüssig verknüpft ist.

An der gleichen Stelle entwirft Steiner dann auch erstmals seine Darstellung der Konstitution der Temperamente, ohne sie jedoch besonders an äußeren körperlichen Gestaltmerkmalen festzumachen. Die Verbindung der beiden oben genannten Strömungen hat eine *vierfache Mischung der Wesensglieder* zur Folge, «eines erhält sozusagen die Herrschaft über die anderen und drückt ihnen die Färbung auf».[300] (Dieser Prozeß kann sich dann auch vereinseitigen, so daß er pathologische Züge annimmt.)

1. Der Temperamentszug der *Cholerik* zeigt das Ich als dominant. Es wirkt in der Zirkulation des Blutes, dieses Organsystem des Leibes herrscht in den physiologischen Prozessen vor. Es ist die im Blut sich verankernde *Durchsetzungskraft des Ich*, die wirkt, sie gibt dieser Temperamentsfärbung gelegentlich etwas Aggressives. Das Ich behauptet sich in diesem Temperament mit seiner starken Willensnatur. Dies ist mehr die Leibseite. Auf der mehr seelischen Seite bändigt das Ich die auf- und abwogenden Empfindungen und bringt Stetigkeit, Ordnung und Harmonie in sie. Wenn das Ich vorherrscht, will der Mensch sich gegen alle äußeren Widerstände durchsetzen. Das Zurückdrängen der Lebensprozesse führt dann zu einem Stau, so zeigen große Choleriker im «Idealfall» gedrungene Gestalten: Johann Gottlieb Fichte und Napoleon sind Beispiele.[301] Doch gibt es auch andere Leibgestaltungen.

2. In der *Sanguinik* herrscht ein bewegliches Element. Der *Astralleib*, der sich im Nervensystem seinen physischen Ausdruck schafft, ist bei diesem Temperament besonders betont: Es lebt in den auf- und abwogenden Bildern, Empfindungen, Vorstellungen. Die Blutzirkulation ist Bändiger des Nervenlebens. Ist der arterielle Blutstrom geschwächt, dann wird der Mensch bleichsüchtig, und die inneren Bildwelten können überhandnehmen. Ein kleiner Anflug davon läßt sich auch bei diesem Temperament beobachten. Der Sanguiniker kann nicht bei einem Eindruck verweilen, er strebt von Lebenseindruck zu Lebenseindruck. Dementsprechend weist er bewegliche, ausdrucksvolle Gesichtszüge auf, die Beweglichkeit des Astralleibes schafft eher bewegliche, schlanke Glieder und feine Muskeln. Am ehesten ist das Temperament im Gang, im Aufsetzen des Fußes zu sehen: fest beim Choleriker, hüpfend und leicht beim Sanguiniker. Auch in der Augenfarbe kann sich der Gegensatz der beiden zuerst genannten Temperamente abspiegeln: Sie ist eher dunkel beim Choleriker, dagegen hell beim Sanguiniker.

3. Beim *Phlegmatiker* herrscht das *Drüsensystem*, der *physische Ausdruck des Lebensleibes* und seiner Prozesse, vor. Auf die Wachstums- und Lebensvorgänge, die seelisch sich in einer inneren Behaglichkeit abspiegeln, ist das Temperament hinorientiert. Weniger an die äußeren Dinge ist dann die Seele hingegeben als mit den inneren Vorgängen beschäftigt. Physiognomisch zeigt sich ein eher teilnahmsloser, unbeweglicher Ausdruck. Der Phlegmatiker neigt aus den Lebensvorgängen heraus körperlich leichter zum Fettansatz. Im Gehen tritt er nicht ordentlich auf – er setzt sich nicht in Beziehung zu den Dingen –, er hat einen «schlotternden», das heißt wohl ungeführten Gang.

4. Beim *Melancholiker* ist der *physische Leib* selbst tonangebend. Dieses dichteste Wesensglied sollte eigentlich durch die höheren Glieder beherrscht werden, jetzt gewinnt es eine eigene Kraft und wird selber «Herr». «Was man nicht überwinden kann, ist das, was Leid und Schmerz macht; sie verursachen es, daß der Mensch nicht hinausblicken kann unbefangen auf die Mitwelt. Dieses Hingewiesensein bildet einen Quell inneren Grams; das empfindet der Mensch als Schmerz und Unlust, als trübselige Stimmung ... Es ist immer ein Aufsteigen von Schmerzen da. Von nichts anderem rührt diese Stimmung her als davon, daß der physische Leib der inneren Behaglichkeit des Ätherleibes, der Beweglichkeit des Astralleibes und der Zielsicherheit des Ich Widerstände entgegensetzt.»[302] Im Gang hat er etwas Schleppend-Festes. Der Kopf hängt nach vorn.

Nach dieser Darstellung könnte das Verständnis blockiert sein, wenn man sich vor Augen hält, daß das Temperament einerseits auf den Kräften des Ätherleibes gründet, dann aber andererseits für die einzelnen Temperamenttypen die anderen Wesensglieder als dominant geltend gemacht werden. Ist der Widerspruch aufzuheben? Der Blick ist zunächst weniger auf die Verhaltensseite als auf das Leibliche gerichtet; da wirken aber alle Wesensglieder ineinander. Der ätherische Leib ist der Träger und Gestalter der Lebensprozesse, die in den verschiedenen Organsystemen verankert sind, die Organe des Leibes sind das Instrumentarium des Lebensleibes, in ihnen spiegelt sich in unterschiedlicher Weise die Wirksamkeit der anderen Wesensglieder. In den vom Lebensleib gestalteten Lebensprozeß greifen also die anderen Wesensglieder ein:

– über das arterielle Blut, Blutwärme und -druck sowie das Immunsystem[303] das Ich;

– über das zentrale Nervensystem der Empfindungsleib;
– über das lymphatische und Stoffwechsel-System der Lebensleib selbst, es ist der Kernbereich seines Wirkens;
– über das Knochensystem, die Salzprozesse, die Festigkeit des physischen Leibes der physische Leib.

Erst wenn der Gedanke, daß im Lebensprozeß die Leistungen ineinander liegen,[304] daß es sich um Funktionen handelt, vergegenwärtigt wird, löst sich der scheinbare Widerspruch.

Steiner nennt aber auch charakterologische Eigenschaften und Verhaltensweisen, richtet also den Blick auf die Seele. Die Temperamente geben dem Leben Mannigfaltigkeit, Schönheit und Reichtum. «Bei der Erziehung handelt es sich nicht darum, die Temperamente auszugleichen, zu nivellieren, sondern es handelt sich darum, sie in die richtigen Gleise zu bringen.»[305] Denn es gibt Vereinseitigungen, Gefährdungen. So kann das zornwütige Wesen des *Cholerikers* zur Tobsucht ausarten oder, im hartnäckigen Verfolgen eines Zieles, Züge von «Narrheit» annehmen. Das ungezügelte *sanguinische* Temperament kann sich zu Flatterhaftigkeit und, im extremen Fall, bis zum Irrsinn steigern, während beim *Phlegmatiker* die Interessenlosigkeit eine anfängliche, der Stumpfsinn die ausgeprägte Gefahr darstellt. Das *melancholische* Temperament neigt zum Trübsinn, in der Übersteigerung kann Wahnsinn eintreten.

Diese Gefährdungen machen deutlich, wie wichtig es ist, die Temperamente erzieherisch zu lenken – wobei mit dem gerechnet wird, was da ist, und nicht mit dem, was etwa aufgepfropft werden soll. Mit Beobachtungsgabe ist auf das Kind einzugehen. So kann über die Achtung und Schätzung des Lehrers der *Choleriker* einen auftretenden Widerstand, der ihn natürlicherweise in Zorn ausbrechen ließe, als Aufgabe ansehen, ihn zu bewältigen. – Die Liebe des *sanguinischen* Kindes zum Erzieher kann seine Neigung zur Flatterhaftigkeit in tieferes Interesse wandeln. – Das *phlegmatische* Kind sollte nicht einsam, sondern mit Spielkameraden aufwachsen, dadurch lernt es mit den Interessen anderer mitzuleben und gewinnt selber Interesse an den Dingen. – Die Leitung eines *melancholischen* Kindes ist schwierig, denn im Grunde muß der Erzieher selbst vom Leid des Lebens erzogen sein, wenn er wirken will. Wird aber ein Mitfühlen des Schmerzes des anderen erreicht, dann öffnet sich die Seele nach außen und wird vom eigenen Schmerz abgezogen.

Steiner bezeichnet diese vier Grundtypen als solche, die im Leben so nicht vorkommen,[306] es handelt sich bei der Darstellung um *reine oder ideale Typen*: Gedanklich akzentuierend und konturierend treten bestimmte Wesenszüge hervor, die sich im Realtypus vielfältig brechen; so hatte der als cholerisch bezeichnete Napoleon auch viel Phlegmatisches an sich. Die Art, wie das Wesensgefüge beschaffen ist und sich jeweils ausgestaltet, bildet den Erkenntniszugang zum Wesen der Temperamente – als Mittler zwischen dem Seelisch-Geistigen des Menschen und der Vererbungsströmung. Insofern sie in vorherrschenden, überdauernden Grundzügen auftreten, werden sie in der Leiblichkeit zu Organen des Seelischen. Sie sind als Anlage schon früh vorhanden, entfalten aber ihre Eigenschaften erst voll von der Zeit um den Zahnwechsel an. Es handelt sich dabei um eine seelische Grundkonstitution, die sich vornehmlich in Verhaltensweisen, Reaktionen und in der Art der Bewegung, insbesondere im Gang ausdrückt. Über eine physische Gestaltung erfährt man bei Steiner allenfalls etwas hinsichtlich der Augenfärbung (einem sehr eingeschränkten Phänomen) sowie dem möglichen Fettansatz des Phlegmatikers. Also gerade auf das, woran Kretschmer seine Typen festmacht, geht Steiner überhaupt nicht ein. Auch stellt er kein Temperament als besonders wünschenswert dar. Er macht auf mögliche Extremlagen aufmerksam und darauf, wie einem «Ausarten» des Temperaments in pathologische Erscheinungsformen erzieherisch vorgebaut werden soll und kann. Die Arbeit am Temperament kann nur als ein langer Lebens- und Erziehungsprozeß begriffen werden, wo – wie die Selbsterziehung zeigt – der Verstand direkt wenig vermag.[307]

Jeder Mensch ist individuell zu nehmen – als *heiliges Rätsel*,[308] es nützen zu seinem Verständnis letztlich abstrakte Vorstellungen und Begriffe wenig, weil durch sie der individuelle Mensch nicht zu erfassen ist. Deshalb ist dem einzelnen Menschen Interesse entgegenzubringen: aus Liebe zu ihm, zu seinem Wesen. Diese Haltung bezieht selbstverständlich auch Steiners allgemeine Anschauungen über den Menschen ein, insofern sie den Blick auf Typisches richten. Bei dieser Blickrichtung, die keineswegs überflüssig ist, weiß der Blickende doch, daß das Allgemeine nicht das Wesen selbst ausmacht. Es gehört gerade zum geisteswissenschaftlichen Menschenverständnis, daß «wir in einem jeglichen Menschen etwas wie ein ungelöstes Rätsel vor uns haben. Tiefer und immer tiefer möchten wir hinuntersteigen in die Schichten der Menschennatur, weil wir wissen, daß sie so Tiefes bergen.»[309] Die Tiefe rührt aus der noch nicht enthüllten, als Keim veranlagten Zukunft des menschlichen Wesens her, seiner ideellen, entelechischen Natur, beziehungsweise der doppelten Zeitgestalt, nach der die jeweilige gegenwärtige Existenz sich aus dem Gewordenen und Vergangenen einerseits und aus dem Verborgenen, Künftigen andererseits konstituiert. Deshalb bleibt die Gedankenfigur von der Rätselnatur des Menschen auch durch das gesamte Werk Steiners eine Grundkonstante. Sie hat natürlich für die Pädagogik bedeutende Konsequenzen; denn es ist ein Unterschied, ob das Kind als ein auf ein von der Erwachsenenwelt gesetztes Ziel hin zu unterrichtendes Wesen begriffen wird oder ob davon ausgegangen wird, daß die Erziehung zwar helfen muß auf dem Weg der Entwicklung, daß aber der letzte Sinn und das letzte Ziel allein aus dem unverwechselbaren Wesen des Kindes selbst kommt. Letzteres ist Bestandteil von Steiners *Anthropologie der Freiheit.*

Der Blick auf seelische Eigentümlichkeiten (1919)

Abgesehen von durchaus gewichtigen Bemerkungen über die Temperamente in verschiedenen Vorträgen, kommt Steiner erst wieder nach zehn Jahren, anläßlich der Begründung der Waldorfschule, systematisch auf die Temperamente zu sprechen. Nach grundlegenden Ausführungen zur Menschenkunde und zu methodisch-didaktischen Fragen geht er in den Seminarbesprechungen, wo es sich um konkrete unterrichtliche Fragen handelt, auf «die verschiedene Artung der Kinder» ein, auf die Rücksicht genommen werden müsse. Er hält es für wichtig, daß der Lehrer die vier Grundtypen, die man als Temperamente bezeichnet, kennt. «Wir werden immer finden, daß die charakterologische Beschaffenheit eines jeden Kindes in einer dieser Temperamentsklassen unterzubringen ist. Wir müssen uns zuerst die Fähigkeit aneignen, die verschiedenen Typen zu unterscheiden.»[310]

Steiner weist darauf hin, daß die Dominanz eines Wesensgliedes zu den Temperamenten führe, gibt dabei allerdings für das Kindesalter eine andere Zuordnung der Wesensglieder zu den Temperamenten als 1909, wo vom erwachsenen Menschen gesprochen wurde.

Wichtig ist zunächst, daß durch die äußere Erscheinung hindurch auf das Seelische geschaut wird, den inneren Aspekt des Temperaments:

- *Sanguinische Kinder* sind kurzzeitig an allem Möglichen interessiert, doch das Interesse wird rasch wieder zurückgezogen.
- Die Neigung zum inneren Grübeln und Brüten ist den *melancholischen Kindern* eigen; sie sind schwer für die Eindrücke der Außenwelt

zu gewinnen, machen aber nie den Eindruck, innerlich unbeschäftigt zu sein.

– Kinder, die auch innerlich unbeschäftigt und in sich versunken erscheinen, die auch keine Teilnahme nach außen zeigen, sind die *phlegmatischen*.

– *Cholerische Kinder* bringen ihren Willen durch eine Art von Toben zum Ausdruck.

Der Lehrer soll, soweit das möglich ist, in der Klasse die Kinder nach den Temperamenten gruppieren. Geduld ist vonnöten, die Temperamente anzusprechen und das möglicherweise Fehlende zu ergänzen. Die schlechteste Methode ist dabei, wenn man die entgegengesetzten Eigenschaften, also das, was dem Kind fehlt, direkt zu pflegen sucht. Vielmehr ist dem Hang der Kinder entgegenzukommen. So soll das sanguinische Kind, dessen Aufmerksamkeit rasch erlahmt, dadurch beschäftigt werden, daß seine Fähigkeit durch sensitive Inanspruchnahme benützt wird. Das phlegmatische Kind ist dadurch erreichbar, daß sich der Lehrer für jede Lebensregung von ihm interessiert – innerlich, äußerlich kann er gleichgültig scheinen.

Weitere Aspekte der Unterscheidung der Temperamente sind die Aufmerksamkeit – Beharrung und Neigung zum Wechsel – sowie die Erregbarkeit – von außen oder innen – und die Intensität, mit der ein Eindruck aufgenommen wird. Unter diesen Gesichtspunkten werden die Temperamente geordnet:

Der krasseste Gegensatz ist der zwischen phlegmatisch und cholerisch: Beide Temperamente sind unvereinbar. Da jeder Mensch an allen Wesensgliedern und damit auch an ihrer Abspiegelung im Ätherleib teilhat und somit auch alle Temperamentsnuancen in sich vereinigt – bei deutlicher Vorherrschaft eines Wesenszuges –, gibt es in der Lebenswirklichkeit mannigfache Übergänge und Verträglichkeiten. Besonders die beieinander liegenden Temperamente vertragen sich als Mischformen: Phlegmatik mit Sanguinik und/oder Melancholik; Cholerik mit Sanguinik und/oder Melancholik und so weiter.

Steiner rückt dann, wie schon in *Die Erziehung des Kindes*, in den Blick, daß der Zugang zum Temperament zwischen Zahnwechsel und Geschlechtsreife ganz über das Seelische erfolgt, da dieses Alter vor allem gefühlstingiert ist: «Es hat das Innere, das Seelische eben die allergrößte Bedeutung beim Zusammensein mit dem Kinde. Das Kind wird unterrichtet und erzogen von Seele zu Seele. Ungeheuer viel spielt in den unterirdischen Drähten, die von Seele zu Seele gehen.»[311] In weiteren Besprechungen wird dann darauf eingegangen, wie im Unterricht durch das Erzählen, das Rechnen, die Musik an das den Temperamenten nach verschiedene Erleben herangekommen werden kann, um mögliche Verengungen zu erweitern, nicht aber aufzuheben.

Anders als 1909 geht Steiner hier auf äußere *Gestaltmerkmale* ein; die Charakterisierung ist denkbar knapp, wie es sich aus dem Gespräch heraus unmittelbar ergab: «Die melancholischen Kinder sind in der Regel schlank und dünn; die sanguinischen sind die normalsten; die, welche die Schultern mehr heraus haben, sind die phlegmatischen Kinder; die den untersetzten Bau haben, so daß der Kopf beinah untersinkt im Körper, sind die cholerischen Kinder.»[312] Das ist mehr zeichenhaft als ein vollständiges Bild. Dabei fügt Steiner noch den Gedanken ein, daß zwischen der gesamten Lebensentwicklung und den Temperamenten ein Zusammenhang bestehe. So seien Kinder allgemein – unabhängig von ihrem individuellen Temperament – stets Sanguiniker. Das Jugendalter sei hingegen cholerisch, das Mannesalter melancholisch, das Greisenalter phlegmatisch gefärbt. «Manche bleiben ihr ganzes Leben hindurch Jünglinge» – so Napoleon und Nero.[313]

Gegensätzliche Darstellungen

Als Steiner 1909 die Wirksamkeit der Wesensglieder den Temperamenten zuordnet, schildert er, wie ausgeführt,

– das Ich wirksam bei der Cholerik (Blut),
– den Astralleib bei der Sanguinik (Nervensystem),
– den Lebensleib bei der Phlegmatik (Drüsensystem),
– den physischen Leib bei der Melancholie (Knochensystem, Festes).

In den Seminarbesprechungen heißt es dagegen:

> «Waltet das Ich besonders vor, das heißt ist das Ich schon beim Kind sehr stark entwickelt, dann tritt uns das Kind entgegen mit einem melancholischen Temperament [statt der Cholerik] ...
> Waltet der Astralleib vor, dann tritt uns das cholerische Temperament entgegen [statt des melancholischen].
> Waltet der Ätherleib vor, dann tritt uns das sanguinische Temperament entgegen [statt des phlegmatischen].
> Waltet der physische Leib vor, dann tritt uns das phlegmatische Temperament entgegen [statt des melancholischen].»[314]

In der Seminarbesprechung selbst bleibt die Ungereimtheit in bezug auf die Verankerung des Temperaments im wesentlichen unerklärt. Steiner spricht zwar von der Änderung vom Kindes- zum Erwachsenenalter, gibt aber keinen Zeitraum für die Verschiebung an. Der offenkundige Gegensatz beider Darstellungen ist indessen keineswegs so strikt und durchgängig, vielmehr entwickelt Steiner gelegentlich auch die Temperamentsanlagen in bezug auf das kindliche Alter so, daß es scheinen könnte, sie entsprächen denen der Erwachsenen.[315] Freilich nimmt er dabei einen anderen Gesichtspunkt ein, den der Dreigliederung, welcher hier noch nicht besprochen wurde. Es handelt sich offenkundig um eine verschiedene Ausleuchtung der Tatbestände.

Bisher haben sich zwei Autoren mit dem aufgeworfenen Problem beschäftigt: Hiebel[316] und Schad.[317] Hiebel versteht die Temperamente als etwas, was weder allein geistig noch allein sinnlich ist, sondern leibgebunden und geistbewegt. Mit der Verschiebung wird die Seele unabhängiger von der Leiblichkeit. Bezogen auf die körperliche Natur haben es die Temperamente mit dem Sinnes-Nervenpol und dem Stoffwechsel-Gliedmaßenpol zu tun, dazwischen bildet sich die *Urform des Temperaments*, eben der harmonische Ausgleich aller vier Temperamente. Die

Verschiebung ermöglicht es, zwischen Individualität und Vererbung das Gleichgewicht zu finden. – Schad macht darauf aufmerksam, daß beim Kind das *cholerische* Temperament noch nicht dem Ich entspringen kann, da dieses Ich ja erst mit der Mündigkeit voll wirksam wird. Daher geht die cholerische Temperamentsanlage vom Astralleib aus, der aber von der Ichanlage durchwirkt wird, so daß in diesem schon die Zukunft mitwittert. Der kindliche Ätherleib, wirksam im *sanguinischen* Zug, ist noch nicht so stabil und selbständig, was an den viel direkteren Einflüssen des Seelischen auf die somatischen Vorgänge bemerkt werden kann (seelische Störungen führen sofort zu Appetitlosigkeit). Daß die *Phlegmatik* im physischen Leib des Kindes verankert ist, hängt damit zusammen, daß dieser noch weniger verfestigt ist als der des Erwachsenen, er wird noch stark vom Ätherischen durchströmt, ist bildsam. Dadurch ist das phlegmatische Temperament auch so in sich ruhend.

Die Wesensglieder des Kindes sind, sofern sie mit den Temperamenten zu tun haben, schon jeweils von dem nächst höheren Wesensglied durchfärbt, das dann die Temperamentsträgerschaft übernehmen wird.[318] In diesem Sinne wäre – je nach Betrachtungsart – beides möglich: das kommende und schon mitanwesende Wirkenszentrum, das dann lebenslang als Träger des Temperamentsgrundzugs auftritt, ins Auge zu fassen oder umgekehrt sich ausschließlich – gleichsam mehr gegenwarts- oder vergangenheitsorientiert – mit dem kindlichen Temperament zu befassen.[319]

Erwachsener		*Kind*
Cholerik	Ich	Melancholik
Sanguinik	Astralleib	Cholerik
Phlegmatik	Ätherleib	Sanguinik
Melancholik	physischer Leib	Phlegmatik

Es ist damit aber noch ein Problem offen: die wie ein Sprung anmutende Verschiebung der Melancholik vom Ich zum physischen Leib. Schad führt sie auf Wirkungen der Vergangenheit zurück, indem sich seelische Lebenserfahrungen über die Lebensvorgänge schrittweise bis in plastische Organgestaltungen auswirken. Die Begründung übersteigt unseren Rahmen. Immerhin kann deutlich werden, daß das, was wir durch den physischen Leib in der Außenwelt bewirken, dort seine Spuren, als «Tatfolgen», hinterläßt. Während seelische Folgen sich im Lebensgefüge auswirken, treffen uns diese Spiegelbilder unseres Tuns selten unmittelbar. Sie umgeben aber, herüberreichend aus früheren Leben und verbunden mit der Außenwelt, als eine Art erweiterter physischer Leiblichkeit das Kind. Dieses Gefühl des jungen Kindes beschreibt der Dichter Carl Spitteler (1845-1924): «Man kommt nicht jung auf die Welt und wird allmählich älter, sondern umgekehrt: anfänglich fühlt man sich uralt und erst viel später jung.»[320] So ist auch das Schmerzerlebnis des Kindes noch umkreishaft. Das Ich hat noch Außenweltcharakter. Je mehr sich das Bewußtsein zentriert und zu sich selbst erwacht, desto mehr verlagert sich das Wirkenszentrum des melancholischen Temperaments von der Außenwelt in den eigenen physischen Leib.

Unsere Vermutung geht dahin, daß die Verschiebung sich mit Eintritt der Geschlechtsreife vollzieht, im Falle des melancholischen Temperaments vielleicht etwas später.

Der pädagogische Bezug – ein Beispiel (1922)

Mit der Begründung der Waldorfschule gestalten sich die pädagogischen Anschauungen, und damit auch die Temperamentsauffassungen, aus. In zahlreichen Vortragszyklen für Lehrer, für eine interessierte Öffentlichkeit und nicht zuletzt für Anthroposophen werden immer neue Facetten und Perspektiven hinzugefügt. Aus diesem Zusammenhang wählen wir einzig eine Darstellung aus, die etwas vom pädagogischen Anliegen der Temperamentserziehung vermitteln kann.

Steiner schildert in einem Vortrag des Zyklus, den er im August 1922 in Oxford hielt, wie es für den Erziehenden notwendig ist, den Menschen nicht nur im allgemeinen zu erfassen, sondern immer mehr in das Individuelle, das Persönliche «hineingehen» zu können. Als einen Bereich, wo das unerläßlich sei, nennt er die Temperamente.

Das melancholische, in sich zurückgezogene Kind ist nur zu verstehen, wenn man weiß, wie die Melancholie darauf beruht, daß starke Salzablagerungen im Organismus stattfinden, dadurch fühlt sich das Kind schwer, und dieses Gefühl stellt sich den eigenen Intentionen hemmend entgegen; es sind deshalb auch Widerstände gegen die körperliche Bewegung beobachtbar. «Erst wenn wir wissen, wie die Seele, die hinauf will, der Geist, der in die Weite will, beschwert werden ... durch die körperlichen Einlagerungen, die fortwährend aus den Drüsen heraus, den Körper beschwerend, in das übrige Körpergewebe hineinleben, erst wenn wir dieses Schwerwerden und dadurch Gefangennehmen der Aufmerksamkeit von seiten des Körperlichen richtig verstehen, dann erst kommen wir dem melancholischen Kinde bei.»³²¹ Eine direkte Aufmunterung durch allerlei Späße wäre verfehlt. Wenn sich der Lehrer dagegen in die körperliche Schwere einfühlt, kommt er dazu, ernste Vorstellungen über Zusammenhänge, menschliche Verhältnisse, Begebenheiten zu entwickeln, die er dann an das Kind heranbringt und aus denen es seinerseits Nahrung bezieht. Es ist pädagogisch viel von der Art an das Kind heranzutragen, durch das eine Stimmung des Schweren und Belastenden anklingt. Das heilt. Denn es gilt der Grundsatz, daß *Gleiches auf Gleiches wirkt.* Der Melancholiker, der das Leid des anderen erlebt, sieht allmählich von der eigenen Schwere ab oder überwindet sie leichter, als wenn er nach einer vorübergehenden Aufheiterung durch einen Scherz wieder in den eigenen Organismus zurücksinkt. Dieser Weg ist langwierig, führt aber dazu, die allzu vereinseitigte Temperamentslage auszugleichen.

Anders ist es mit den phlegmatischen Kindern. Bei ihnen ist das, was im Stoffwechsel wirkt, das Verdauen und Wachsen, hinderlich, daß genügend Vorstellungen im Kopfe angeregt werden. Durch die Vorgänge des Leibes wird der Kopf untätig. Das Kind geht über die Leibtätigkeit gleichsam ganz in der Welt auf, es lebt zu wenig in den eigenen Vorstellungen, wird gegenüber der schulischen Arbeit gleichgültig. Man könnte nun denken, daß es sinnvoll wäre, über Sinneseindrücke weckend zu wirken; doch gerade sie haben ja ihre Zentrierung im Kopf, dessen Tätigkeit abgelähmt ist. Steiner empfiehlt, über die Bewegung, die mit künstlerischer Gestaltung verbunden ist, einen Zugang zu suchen. Dafür – allerdings auch aus Gründen innerlicher Formgebung und Weckung – hat Steiner das *Formenzeichnen* entwickelt, neben der Eurythmie wohl die einzige bisher unbekannte Disziplin.³²² In allen anderen Fächern greift er auf den vorhandenen Kanon zurück und beschränkt sich auf methodisch veränderte Ansätze. Das Formenzeichnen bereitet in vielseitigen Übungen einerseits darauf vor, das Vorstellungsleben anzuregen, etwa in Symmetrieübungen, wo eine Hälfte der Aufgabe vorgezeichnet wird und die Ergänzung dazu vom Kind selbständig gefunden werden muß; andererseits verknüpft es Tätigkeit und Vorstellung in einer anregenden, die Kinder begeisternden Art. Ferner bereitet es das spätere Sachzeichnen und die konstruktive Geometrie vielfältig vor. – Hier gilt es, bestimmte dem phlegmatischen Kind angenehme, mehr fortlaufende, sich wiederholende Formen zu finden, die dann übergehen – wie in einem Sprung – zu anderen, gebrochenen Formelementen.

Der stark von rhythmischen Vorgängen beeinflußte sanguinische Temperamentszug führt dazu, daß das Kind rasch Eindrücke aufnimmt und ebenso rasch in seinem Interesse erlahmt. Dieser Flüchtigkeit ist nur dadurch beizukommen, daß man die Eindrücke rasch wechseln läßt, wenn es möglich ist, zunehmend beschleunigt, so daß eine Antipathie gegen die zu rasch wechselnden Eindrücke entsteht und das Kind seelisch ins Gleichgewicht kommt.

Das cholerische Kind bietet ein Bild, welches das zappelnde Kleinkind ständig zeigt – in der Unberechenbarkeit der Bewegung. Ermahnungen nützen da wenig, der Erzieher benötigt Humor, aber auch dramatische Fähigkeiten, um diesen Wesenszug anzusprechen. Durch eine enge und herzhafte Lehrer-Schüler-Beziehung wird der mäßigende Einfluß verstärkt.

Wie ist es möglich, innerhalb einer Klasse die Temperamente so zu berücksichtigen und so zwischen ihnen zu differenzieren, daß beabsichtigte Vorgehensweisen und Anliegen den jeweiligen Schüler auch erreichen? Da betont Steiner, es gehe nicht darum, daß der Schüler so zu sein habe, wie er, der Lehrer, wünscht, daß er sei. Das setzt voraus, daß der Lehrer fragend sich die Wahrnehmungen ordnet. Wichtiger als die Zuordnung des Kindes zu einem Typus – ohnehin in der Wirklichkeit zumeist bei einem Drittel der Klasse extrem schwer – ist bei der Temperamentsproblematik das unterrichtliche Angebot. Es sollte alles das enthalten – wie bei einer guten Mahlzeit –, was der Temperamentsorganismus der Klasse und der einzelne Schüler benötigt, um sich selbst vor zu großer Einseitigkeit zu schützen. Damit ist nicht gemeint, daß der einzelne Schüler darüber entscheidet, diese oder jene Übung mitzumachen oder sie zu lassen, sondern daß der Lehrer verschiedene Varianten anbietet, die von allen Schülern gemacht werden. Was daran entwickelt wird, geschieht im Schüler selbst – nicht auf Weisung des Lehrers! Freilich können auch gelegentlich spezifische Aufgaben gezielt mit einzelnen Gruppen geübt werden.

Schließlich müßte auch die Wirkung des Lehrertemperaments auf die Schüler in den Blick genommen werden, soweit es vom Lehrer einseitig ausgebildet ist und wenig beherrscht dargelebt wird. Genau diese Frage untersucht Steiner sehr sorgfältig, und zwar bis in mögliche Gesundheitsschädigungen im späteren Lebensalter hinein. Damit stellt sich für den Lehrer die Selbsterziehungsaufgabe umso dringlicher.[323a]

Überblicken wir die Frage der Temperamente! In *Die Erziehung des Kindes* (1907) maß ihnen Steiner schon Bedeutung bei, ohne jedoch auf die pädagogische Behandlung näher einzugehen. Zwei Jahre später (1909) gibt er in Vorträgen über *Das Geheimnis der menschlichen Temperamente* eine bisher so nicht vorhandene Darstellung der anthropologischen Verankerung des Temperaments, die mit seinem Denken und «Schauen» des Menschen in enger Beziehung steht. Mit Gründung der Waldorfschule gestaltet sich die Temperamentenlehre aus. Während durch Klages, dann durch andere Ansätze der Psychologie wie C. G. Jung, G. Pfahler, E. R. Jaensch, E. Kretschmer nach weiteren Merkmalen zur Erfassung von Persönlichkeitstypen gesucht wird, die teilweise von jedem Bezug zur Temperamentslehre weit abliegen, sieht Steiner in den Temperamenten nur *einen* Zug, einen wichtigen zwar, der Persönlichkeit: Sie sind stets nur Hülle, niemals das Wesen selbst. Dies unterscheidet ihn radikal beispielsweise vom «Interaktionismus, der das Verhalten nach der Formel Lewins als Funktion von Person und Lebensraum aufzufassen versucht».[323]

Auch zum weiblichen und männlichen Charakter nahm Steiner verschiedentlich Stellung, wobei er auf die Wirksamkeit der Bildekräfte, das heißt des Ätherleibes zurückgriff. Dies hier darzustellen übersteigt den Rahmen, es wurde an anderer Stelle ausgeführt.[324]

Zusammenschau

Überblicken wir die *charakterologischen Eigenschaften* – Neigungen, Gewohnheiten, Gewissen, Gedächtnis, Charakter und Temperamente – noch einmal im Zusammenhang, so zeigen sie sich als innerlich zusammengehörig wie verschiedene Organe des einen Organismus Seele. Indem sich mit dem Zahnwechsel, dem ersten Gestaltwandel, «die ganze Seelenkonstitution des Kindes verändert»,[325] treten alle genannten Eigenschaften als Qualitäten des freigewordenen Teils des Ätherleibes auf, und zwar so, daß sie in ihrer Anlage zwar mit der Geburt schon wirksam sind, aber jetzt einer gezielten erzieherischen Förderung bedürfen, wenn nicht gegenteilige, das heißt die Entfaltung der Seele hemmende Kräfte sich ausbreiten sollen: Abneigungen, Haltlosigkeit, Gewissenlosigkeit, Vergeßlichkeit, Charakterlosigkeit und, im letzten Fall, Ausleben im bloß vererbten Temperament, jenem Mittler zwischen der Leiblichkeit und der Individualität.

Wie sieht nun der Zusammenhang der Eigenschaften im einzelnen aus? In den *Neigungen*, etwas zu tun, folgt die Seele gewissermaßen ihrem eigenen Gefälle, der ihr innewohnenden «Schwere», jener Kraft, die vornehmlich den physischen Leib durchsetzt. Dadurch aber, daß das seelische Wesen immer wieder auf etwas Bestimmtes hinstrebt, läßt es sich auch mit dem Interesse verknüpfen und dadurch befreien, indem die Kraft der Schwere in den Dienst der Aufgeschlossenheit für Neues verwandelt wird. – Anders ist es bei den *Gewohnheiten*. Durch wiederholte Abläufe vermag sich die Seele in ihnen zu beheimaten und Sicherheit zu gewinnen, wodurch sich ihr Leben in dem von ihr geschaffenen Rahmen zu entfalten vermag; dies ist gleichsam als Lebensvollzug der Seele der Kernbereich des Ätherischen in dem freien Teil des Lebensleibes. Dagegen ist es beim *Gewissen* so – wir folgen, anders als in unserer Abhandlung, der Aufzählung, wie sie in *Die Erziehung des Kindes* gegeben ist –, daß ein Stimmungs-, Empfindungs- oder Gemüthaftes mitwirkt, wie es der Substanz des Seelenwesens mit seinen Empfindungsqualitäten entspricht, wobei im Sprechen der Stimme ein Höheres, das «Geistselbst», wie es in Zukunft einmal voll entwickelt sein wird, hereintönt. Dabei ist mit diesem Geistselbst wiederum ein höheres Wesen verbunden, das aus den moralischen Tiefenschichten heraus wirkt und in der Anlage in früheren Leben erworben wurde. In der Begegnung mit dem Wertsystem beginnt diese Stimme «aus sich» zu sprechen. – Im *Gedächtnis* hat man es mit den wieder vergegenwärtigten Bildgehalten zu tun, die im Vorstellungsleben der Bearbeitung durch das Denken der Verstandesseele unterliegen, wobei durch die Möglichkeit, in Bildern wieder zu vergegenwärtigen, das Selbsterleben seine Kontinuität erhält. Indem aber dem Gedächtnis die Bildgehalte entfallen und als Ertrag die Substanz der Erfahrung bleibt, hat daran die «Lebensgeistigkeit» teil. – Beim *Charakter* verfestigt sich das, was im mannigfaltigen Erleben, im Wechsel der Erscheinungen ein Einheitliches bewirkt, zur *Prägung*, die von einem unverwechselbaren Wesen, dem Ich, ausgeht. Dabei ist die Prägung des Ich in den Ätherleib eine solche, die mit der «Bewußtseinsseele» verbunden ist. – In den *Temperamenten* – jeder Mensch hat die Anlage zu allen in sich – sind die genannten Wesensglieder unterschiedlich beteiligt, ähnlich wie bei den zuvor genannten Eigenschaften. Das Menschenwesen ist ein einheitliches, wobei das Ganze in den Einzelheiten, der Gesamtorganismus in jedem Organ anwesend ist und umgekehrt.

Für die Geistesforschung Steiners erweist sich der ätherische Leib als «eine Welt für sich». Erschlossenen Geistesorganen zeigt er in seiner Umgebung in den ersten Lebensjahren etwas «Sternenhaftes», gleichsam die weisheitsvolle Ordnung des Kosmos, die bewirkt, daß die Wachstumsvorgänge und die Ausgestaltung der Leiblichkeit stimmig, menschengemäß, verlaufen. Mit dem Zahnwechsel verblaßt das, was sich sternenhaft ausnahm, und bildet sich um zu Strahlen, «die die Tendenz haben, im Innern zusammenzukommen».[326] Damit aber konzentriert sich das seelisch-subjektive Wesen als Selbsterlebnis, wodurch allmählich die völlige Trennung der Einheit von Welt und Subjekt vorbereitet wird. Zunächst aber wird dadurch vom Zahnwechsel an alles Erleben, ob es sich um Vorstellungen oder Tätigkeiten handelt, in eine Gefühlstönung getaucht. Der freigewordene Teil des Ätherleibs ist ganz mit den Kräften der sich erfühlenden Seele durchzogen. Dadurch wird die Voraussetzung dafür geschaffen, daß die Entwicklung nicht mehr nur naturhaft, sondern kulturhaft, das heißt verantwortlich abläuft, also auch ihre Aufgabe und ihr Ziel verfehlen kann – darum auch neben Neigungen Abneigungen, neben dem Gewissen Gewissenlosigkeit und so weiter. Was zuvor als Weisheitsordnung des Ätherleibs sternenhaft gesehen werden konnte, verschwindet während des Wachzustandes und lebt nur im Schlafzustand wieder auf. «Da ist der Ätherleib seiner eigenen Gestaltung überlassen. Und diese eigene Gestaltung, sie drückt sich dadurch aus, daß der Ätherleib in einer ganz großartigen Weise sich während des Schlafes gestaltet als ein Abbild des Universums.»[327] Erst aus dieser Spannung, die dadurch entsteht, daß Lebensleib und Kosmos im Wachen und Schlafen in einem jeweils anderen Verhältnis zueinander sind, wird verständlich, daß Verantwortung und Gewissen allmählich vorbereitet werden können und müssen.

In dieser Zusammenfassung wird deutlich, wo Steiner über die übliche Betrachtung hinausgeht und wie zugleich das von ihm entworfene Bild und Konzept als ein in sich begründetes Beziehungsgefüge erscheint, welches die Phänomene versteh- und nachvollziehbar aufzuschließen vermag.

Die Frage nach der Erziehungsfähigkeit des Menschen

Die Frage, was am Menschen erziehungsfähig sei, wieweit er überhaupt erzogen werden könne, ist grundsätzlicher Art. Steiner hat sie selbst in dieser Weise nicht ausdrücklich thematisiert, eine Antwort muß also aus seinen Aussagen und Anschauungen gewonnen werden, was in knappen Umrissen versucht sei.

Wir haben bereits ausgeführt, daß es Anlagen gibt, die Steiner auf Vererbung zurückführt (vgl. S. 318): «Unmittelbar vererben können sich allerdings nur diejenigen Eigenschaften des Menschen, die seinem physischen Körper und seinem Ätherkörper zukommen ... In geringerem Maße schon ist vererbbar, was an den sogenannten Seelenleib gebunden ist. Darunter ist zu verstehen eine gewisse Disposition in den Empfindungen. Ob man einen lebhaften Gesichtssinn, ein gut entwickeltes Gehör und so weiter hat, das kann davon abhängen, ob sich die Vorfahren solche Eigenschaften erworben und auf uns vererbt haben.»[328]

Man kann hier nun fragen, welche Eigenschaften es denn sind, die dem physischen und Ätherkörper zukommen und als solche gewissermaßen leibgebundene Fähigkeiten darstellen, das heißt auch bestimmte Formen des Verhaltens vererben. Steiner differenziert innerhalb seines Werkes an einer Stelle sehr sorgfältig im Hinblick auf die Natur des Willens.[329] Dieser weist innerhalb seiner komplexen Natur zwei Pole auf: einen mehr antriebshaften, energetischen und einen mehr zielgerichteten, motivischen Pol. Zu dem Antriebsartigen zählen zunächst die *Instinkte*, die ganz aus dem Bau des physischen Körpers hervorgehen und zu Reaktionen, Verhaltensweisen und -abläufen führen, die, von außen betrachtet, in sich stimmig und weisheitsvoll, aber auch starr und unaufbrechbar sind. Das Bewußtsein hat keinen unmittelbaren Zugang zu ihnen. Das Motivische ist hier in den Leib- oder Überlebensfunktionen selbst eingebunden, es kann aus dem Bewußtsein nicht lenkend ergriffen werden. Beim Menschen sind die Instinkte weitgehend reduziert,[330] dafür kann er wie kein anderes Wesen lernen (vgl. S. 210). Dennoch sind Instinkte auch bei ihm vorhanden: so in den *Reflexen*, etwa dem Lidschlag, der die Netzhaut feuchtet, dem Bauchdeckenreflex, wo bei Fremdberührung eine unwillkürliche Reaktion in Form von Zusammenzucken erfolgt, dem Kniereflex und so weiter. Aber auch die inneren Organabläufe – Herzschlag, Atmung, Schlucken, Verdauung, Darmperistaltik – sind instinktgesteuert, also reflektorisch, das heißt unbewußt. Nur durch – nicht unbedingt erstrebenswerte – Trainierung kann in die instinktiven Vorgänge direkt eingegriffen werden. So kann die Atmung neben ihrer instinktiven Anpassung an die Notwendigkeiten auch willkürlich reguliert, das heißt beschleunigt und verlangsamt werden. – Dieser Bereich der Instinkte also wird als «Fähigkeit» vererbt.

Einen weiteren, dem Ätherleib verknüpften Bereich von Willensimpulsen bilden die *Triebe*. Auch von ihnen gehen, den physischen Leib mit seinen Handlungsmöglichkeiten ergreifend, Antriebe aus, die in Verhaltensweisen offenbar werden. Es sind die zwei großen Grundtriebe der Ernährung und Fortpflanzung, der Lebens- und Arterhaltung; vielleicht stellt auch der «Überlebenstrieb» einen solchen dar. Steiner bezeichnet diese Triebe als «einheitlich» in dem Sinne, daß sie nicht ausschließlich dem Menschen zugehören. Da die Menschen sich in ihrem durch das Geschlecht bedingten Verhalten unterscheiden, kann auch dieser Bereich als genetisch weitergegeben betrachtet werden.[331] Im Unterschied zu den Instinkten werden die Triebe schon teilweise bewußt, die «bedingte Appetenz» kann bemerkt werden, darum kann das Motivationale des anderen Willenspols überformend und steuernd eingreifen. Der Eingriff muß allerdings erlernt, das heißt durch das Wesen selbst vollzogen werden, der Triebanteil in seiner Grundfärbung, ob männlich oder weiblich, dürfte durchaus der Vererbung unterliegen (siehe Anhang, XIX). Zu diesem Bereich würde Steiner, wie schon eingehend dargestellt, auch alles das zählen, was mit den Temperamenten zu tun hat, die bei aller Gegebenheit gerade das Wandelbare und Erziehungsfähige darstellen.

Ein dritter Bereich, der der Vererbung unterliegt – im vorstehenden Zitat Steiners als gleichsam organische oder organgebundene Empfindungsfähigkeit kenntlich gemacht – betrifft die Verhaltensweisen oder -dispositionen in bezug auf den Antriebsanteil des Willens, die *Begierden;* sie stellen das an den Empfindungsleib gebundene Willenshafte dar. Dadurch, daß sie erlebt werden, treten sie auf die Bühne des Bewußtseins und können zu unmittelbaren Antrieben des aneignenden Verhaltens werden. Sie sind dem Motivationalen des Willens, also den Zielrichtungen des Ich gegenüber noch offener und damit gestaltbarer als die Triebe, so daß hier in der Individualentwicklung auch die stärksten Abweichungen von den genetischen Vorbildern auftreten.

Bei aller vererbten Grundkonstitution ist hier eine noch größere Bildbarkeit und (Selbst-)Erziehbarkeit gegeben. Es war ein Schüler Steiners, der Niederländer Max Stibbe, der in Korrespondenz zu analytischpsychologischen Typologien versuchte, eine Typologie der vererbten Grundkonstitution zu entwerfen, wobei er, anknüpfend an die Planeten und deren Sphären, sieben Grundformen unterschied.[332] Wir nennen diese Typen kurz:

1. Der *ichbewußte* Typ hat nur einen schlechten Kontakt zu seiner Umwelt; er lebt in der Vergangenheit und verfügt über ein gutes Gedächtnis.

2. Der *beherrschende* Typ ist charakterisiert durch ein weisheitsvolles Denken, ein aktives inneres Leben und wohlgeordnete Beziehungen zur Außenwelt.

3. Der *aggressive* Typus ist tätig, er greift in die Umwelt ein, eckt dort auch oft an, versucht verbal zu überzeugen und stellt das Künftige über das Gegenwärtige und Vergangene.

4. Stand bei den bisher genannten Typen die Aktivität im Vordergrund, so schafft der *strahlende* Typ einen Ausgleich zwischen Aktivität und Passivität, er bringt auch seine eigene Innenwelt in ein ausgeglichenes Verhältnis zur Umwelt.

Bei den nachfolgenden Typen dominiert als Grundzug die Passivität.

5. Der *ästhetische* Typ begegnet der Welt urteilend und fühlend, er verläßt sich dabei auf seine spontanen eigenen Gefühle der Sympathie oder Antipathie, sie bilden den Maßstab für die Urteile.

6. Der *bewegliche* Typ entwickelt ein kombinierendes Denken, ist beweglich im Erfassen der Gegebenheiten, reagiert behend und anpassungsfähig.

7. Dagegen ist der *träumende* Typ so geartet, daß die eigene Innenwelt dominiert; er spiegelt die Außenwelt, träumt den Tag und die Zeit.[333]

Die «geistige Gestalt»

Was die Anlagen zur «geistigen Gestalt» (vgl. S. 196f.) betrifft, die Anlagen zu demjenigen, was als unverwechselbare Biographie erscheint, das führt Steiner auf die geistige Vergangenheit des Menschen, auf die Individualität selbst, zurück. Der Begriff der «geistigen Gestalt»[334] ergibt sich,

– wenn die Art, wie das Erleben beschaffen ist, betrachtet oder
– wenn bemerkt wird, wie verschieden die Eindrücke von den einzelnen Menschen verarbeitet werden, oder

– wenn auf die ganz verschiedenen Handlungs- und Gestaltungsimpulse gesehen wird, die bei Menschen gleicher Herkunft auftreten.

Steiner unterscheidet dementsprechend scharf zwischen dem, was auf die Erbanlagen stofflich und kräftemäßig von außen einwirkt und sie so zur Entfaltung bringt, und dem, was entsprechend seelisch-geistig auf die geistigen Anlagen einwirkt und diese anregt. Denn wie ein stoffliches und kraftmäßiges Umfeld die Erbanlagen sich entsprechend entfalten läßt, so ist es auch bei den geistigen Anlagen. Während es für die Erbanlagen ein stoffliches Substrat in der DNS gibt, ist das geistige Substrat der geistigen Anlagen seiner Natur nach nur in der Wirksamkeit gedanklich zu erfassen. Im Falle genetischer Identität, bei eineiigen *Zwillingen,* müßte sich zeigen lassen, was genetisch vererbte und was geistige Gestalt ist. Nun wachsen diese in aller Regel miteinander auf, so daß das, was anlagebedingt und was Umwelteinfluß ist, nur schwer unterschieden werden kann.[335] Die umfangreichsten Studien über getrennt, also unter verschiedenen Umwelteinflüssen aufgewachsene eineiige Zwillinge wurden vom Minnesota Center for Twins and Adoption Research durchgeführt. Dabei ergaben sich verblüffende Ähnlichkeiten in bezug auf den Geschmack, auf Verhaltensgewohnheiten und auffällige Wesenszüge; zum Beispiel trugen zwei Brüder, einer in den USA, einer in Britannien aufgewachsen, Halskettchen und lederne Flechtbänder am Handgelenk, beide waren bei der Feuerwehr und hatten Frauen mit demselben Vornamen. Freilich sind das Züge, die wenig mit der Individualität zu tun haben, sie gehören dem Gewohnheits-, Temperaments-, kurz, dem Ätherleib oder in Einzelzügen dem Empfindungsleib zu, die der Vererbung unterliegen.[336] «Was den Charakter des wirklich Individuellen hat, findet sich offensichtlich nicht im vererbten Verhaltensrepertoire.»[337] Steiner hebt – ohne diese Fragestellung zu diskutieren – ganz einfach auf einen grundlegenden psychologischen Tatbestand ab: Im *Erleben* sind die einzelnen Menschen jeweils gänzlich voneinander verschieden. Auch in der Wechselwirkung zwischen der Anlage und der Umwelt zeigt sich für eine genaue Beobachtung, «daß die äußeren Umstände auf verschiedene Personen in verschiedener Art durch etwas wirken, das gar nicht *unmittelbar* mit der stofflichen Entwickelung in Wechselbeziehung tritt. Für den wirklich genauen Erforscher auf diesem Gebiete zeigt sich, daß, was aus den stofflichen Anlagen kommt, sich unterscheiden läßt von dem, was zwar durch Wechselwirkung des Menschen mit den Erlebnissen entsteht,

aber nur dadurch sich gestalten kann, daß die *Seele* selbst diese Wechselwirkung eingeht. Die Seele steht da deutlich mit etwas innerhalb der
Außenwelt in Beziehung, das, *seinem Wesen nach*, keinen Bezug zu stofflichen Keimanlagen haben kann.»[338]

Ganz deutlich wird dieser Tatbestand auch bei zwei getrennt aufge-
wachsenen Zwillingsschwestern, von denen die eine Konzertpianistin
wurde, die andere nicht einmal Noten kannte. Die musikalisch unbegabte
von beiden wächst im Hause einer Musiklehrerin auf, die künftige Piani-
stin bei einer unmusikalischen Adoptivmutter.[339] Die geistigen Anlagen
sind offenkundig verschieden.

Die Wechselwirkung zwischen der geistigen Anlage und der Umwelt
geschieht durch das Seelische. Welche ungeahnte Kraft kann von einem
freundlichen Blick, einem ermunternden Wort, einem Strom begleitender
Sympathie in der Fähigkeitsweckung ausgehen! Der Glaube kann Berge
versetzen, das Vertrauen gleichfalls. Die Wirkung, die von diesem seelisch-geistigen Umfeld auf die geistigen Anlagen ausgeht, erfolgt freilich
nicht über Stoffbahnen, sondern über das Erleben;[340] die Wirkungskette
für die geistigen Anlagen und ihre Ausbildung liegt außerhalb der stofflichen Entwicklung. Die geistigen Anlagen sind im Ich oder dem Geistselbst begründet, und zwar als Anlagen zu Fähigkeiten.[341] Es «kann niemand das auf seine Nachkommen übertragen, was mit dem eigentlich
geistigen Wesen des Menschen zusammenhängt, also zum Beispiel die
Schärfe und Genauigkeit seines Vorstellungslebens, die Zuverlässigkeit
seines Gedächtnisses, den moralischen Sinn, die erworbenen Erkenntnis-
und Kunstfähigkeiten und so weiter.»[342] Für Steiner ermöglichen diese
unverkennbar vorhandenen geistigen Anlagen den einzigen gedanklichen
Nachweis – außerhalb der Geistesforschung – für die Realität der Wiederverkörperung des menschlichen Geistes. In der Wechselwirkung
zwischen der geistigen Anlage und den geistig-seelischen Einflüssen entwickelt sich das Kind, wie der Leib sich in seiner Gestalt und mit seinen
Organen zunächst durch die stofflichen und physischen Kräfte entfaltet.
Indem der Geist, vermittelt durch die Seele, den Leib bewohnt, hat er an
der Entwicklung – auch des Leibes – teil; das Wesen des Menschen wird
erziehbar, freilich keineswegs beliebig. Die behavioristische Extrem-
vorstellung Watsons, wonach er aus jedem beliebigen Kind jeden irgendwie geforderten Fachmann erziehen könne, erweist sich als absurd,[343]
ebenso die Steiners Menschenverständnis diametral entgegenstehende
Auffassung, daß der Mensch «eine organisch verbundene gebrauchsferti-

ge Maschine»[344] sei. Denn die geistige Gestalt, die Individualität, tritt mit eigenen Strebungen und Absichten ihren Erdenweg an, ist im Sinne Goethes eine «Entelechie» (vgl. S. 195). Das Milieu mit seiner kulturhaften und damit auch seelischen Tingierung hat durchaus erhebliche erzieherische Wirkung auf die geistigen Anlagen, doch wird diese Wirkung durch den Geist mit seinen Intentionen begrenzt.

Aber auch die umgekehrte Annahme, daß nämlich die Anlagen unbedingt und immer wirkten, widerspricht der evolutionsbiologischen Erfahrung, vollends aber dem Entwicklungsdenken Steiners. Die Richtung, die von der Individualität mit ihren individuellen Anlagen angestrebt wird, ist klar, der Weg indessen vielgestaltig; er kann durch offene Lande, über Geröll und Gebirge führen, auch ein Sturz ist möglich, und wenn die Hindernisse unübersteigbar werden, schaffen sie möglicherweise neue Anlagen, den Weg zu anderer Zeit fortzusetzen. «Ist nicht die ganze Ewigkeit mein?» fragt Lessing.[345] Mit ihm stimmt Steiner in seiner Grundhaltung überein.[346] Gerade sub specie aeternitatis wird der Erzieher mit besonderer Liebe auf die «allerkleinsten Schritte» des Zöglings achten; für die Erziehung Seelenpflege-bedürftiger Menschen sah Steiner darin geradezu die Voraussetzung, um mit Begeisterung tätig zu sein.[347] Auch der für eine rationalistische Ethik[348] «aussichtslose Fall», der «kein Recht hat, seinen Lebensweg anzutreten», ist für Steiner selbstverständlich Mensch und damit erziehbar, auch wenn das Ich den Leib nicht vollgültig zu ergreifen vermag – was freilich auch im «normalen Leben» jederzeit partiell vorkommen kann. Für Steiner ist der Geist ewig, unabhängig von dem, was er gerade über sich weiß. Als er einmal nach dem Sinn der Idiotie gefragt wurde, sagte er: «Ein Mensch war in einem vorhergehenden Leben verurteilt, durch ein unentwickeltes Gehirn ein Dasein der Stumpfheit zu führen. In der Zwischenzeit zwischen seinem Tode und einer neuen Geburt konnte er nun all die bedrückenden Erfahrungen eines solchen Lebens, das Herumgestoßenwerden, die Lieblosigkeit der Menschen in sich verarbeiten, und er wurde als ein wahres Genie der Wohltätigkeit wieder geboren.»[349]

Dem möglichen Einwand, weshalb denn die Anlagen geistiger Art aus früherem Leben erst mühsam zur Entfaltung kommen müssen, begegnet Steiner mit dem Hinweis darauf, daß der Mensch, träte er einfach im früheren Zustande in die Welt ein, in dieser ein «Fremdling» bleiben müßte, weil sich die äußeren Umstände inzwischen verändert haben. «Die Kindheitsepoche ist dazu da, den Einklang hervorzubringen zwischen den alten Verhältnissen und den neuen. Wie würde sich ein noch so kluger Mensch der alten Römerzeit in unserer Welt ausnehmen, wenn er mit seinen erworbenen Kräften einfach in diese Welt hineingeboren würde? Eine Kraft kann erst dann angewendet werden, wenn sie sich mit der Umwelt in Harmonie gesetzt hat.»[350]

Die Steinersche Auffassung im Hinblick auf die Erziehbarkeit des Menschen klingt mit Lessings Gedanken zusammen: «Erziehung gibt dem Menschen nichts, was er nicht auch aus sich selbst haben könnte: sie gibt ihm das, was er aus sich selber haben könnte, nur geschwinder und leichter.»[351] So formuliert Steiner einmal: «Man redet eigentlich nur von Selbsterziehung, wenn man meint die Art, wie der Mensch sich selber erzieht; aber alle Erziehung ist nicht nur in diesem subjektiven Sinne, sondern auch im objektiven Sinne Selbsterziehung, nämlich Erziehung des Selbstes des anderen. Und im Deutschen hängt erziehen zusammen mit ziehen. Was man heranzieht, läßt man aber in seiner Wesenheit ungeschoren. Will man einen Stein aus dem Wasser ziehen, so zerschlägt man ihn nicht. Erziehung fordert nicht, daß man das Menschenwesen, das in die Welt hineintritt, in irgendeiner Weise zerschlägt oder vergewaltigt, sondern es heranzieht zu dem Erleben der Kulturstufe, auf der die Menschheit in dem Zeitpunkte steht, in dem dieses Menschenwesen heruntergestiegen ist aus göttlich-geistigen Welten in die sinnliche Welt.»[352]

Einkörperung des Geistes in den Leib

Steiner kommt es weniger darauf an, in allgemeinen Grundsätzen das Verhältnis von Bildbarkeit und wirkenden Kulturfaktoren einerseits und eigenen Intentionen (Anlagen) andererseits zu bestimmen, als vielmehr den Weg der Einkörperung des Seelisch-Geistigen in den werdenden und sich ausdifferenzierenden Leib zu beschreiben und so wirklichkeitsnah wie möglich zu erfassen, wie die individuellen Kräfte auf diesem Weg durch Erziehung gestärkt und unterstützt werden können.

Ausdruck und Gebärde eines Bildes veranschaulichen, was gemeint ist. In der ersten Lebenszeit arbeitet die menschliche Seelenwesenheit an der Form des Leibes, «wie ein Bildhauer arbeitet an der Gestaltung des Stoffes. Es ist in der Tat ein innerlich unbewußtes plastisches Gestalten. Das kann man nicht auf andere Weise von außen beeinflussen als dadurch, daß man das Kind nachahmen läßt, was man selber tut.»[353] – Mit dem Zahnwechsel ziehen sich die Kräfte, die bisher, vom Kopf ausgehend, den Leib bis in die Gliedmaßen gestalteten, zurück. «Dadurch wird ein ganz anderes inneres Leben im Organismus hervorgerufen … besonders wichtig [wird], wie der Atmungsprozeß mit seinem Rhythmus entgegenkommt der Blutzirkulation.»[354] Da ist es dann das Künstlerische, das über Bild und Gleichnis der Seele hilft, sich in den Leib einzukörpern und ihn zu durchdringen. Verstehendes Erleben ist der Weg und die Möglichkeit der Erziehung. – Nach der Geschlechtsreife kommt, zunächst tumultuarisch, eine neue Qualität zutage: das Erlebnis der Freiheit, verbunden mit dem starken Erleben der Zeit, vor allem des Zukünftigen. Im Grunde zielt alle Erziehung bis zu diesem Zeitpunkt darauf ab, den Boden so zu bereiten, daß «die Geburt des Selbst in seiner Freiheit» sich vollziehen kann. «Ich warte, indem ich alles das im Menschen erziehe, was nicht sein Eigenes ist, bis sein Eigenes ergreift, was ich in ihm erzogen habe.»[355] Wer schon vor diesem Wandlungsvorgang streng abstrakte Begriffe, die dem kindlichen Erleben entzogen sind, an das Kind heranträgt, also «nicht wachsende, lebensprühende Bilder», der vergewaltigt den heranwachsenden Menschen und greift brutal in sein Selbst ein, noch ehe dieses fähig ist, sich seiner selber gewahr zu werden.

Damit wird deutlich: Eine legitime Erziehung kann sich nur auf die «Hüllen», nicht aber auf das Ich des Menschen erstrecken. Selbstverständlich kann in das Ich eingegriffen und Selbstbewußtsein und Selbstwertgefühl manipuliert werden; gerade dies sollte jedoch vom Erzieher vermieden werden. Steiner charakterisiert die pädagogische Grundhaltung so, daß wir «in scheuer Ehrfurcht vor dem, was die göttlichen Mächte als Selbst des Menschen in die Welt gesetzt haben, diesem Selbst als Erzieher zu seiner Entwickelung verhelfen. Und dieses Selbst, es wird nicht in Wahrheit erfaßt, wenn es nicht im Geiste erfaßt wird.»[356] Der Respekt vor der Individualität sollte demnach Grundhaltung des Erziehers sein. Zwar hat das Erziehbare – die organformenden Kräfte der Nachahmung oder jene des Lebensleibes wie Gewohnheiten, Gedächtnis und so weiter – durchaus einen Ich-Bezug, aber er ist mittelbar und nicht direkt. Die zu erziehenden Eigenschaften sind Instrumente oder Organe des Ich, und ihre «Stimmung», das heißt Zubereitung, sollte so sorgfältig erfolgen, daß sie dem Instrumentalisten in späterer Zeit zu möglichst reicher Klangentfaltung dienen können. Daß damit Rückwirkungen auch auf das tätige Ich verbunden sind, ist unvermeidlich. In der Alternative, doch besser erzieherisch gar nichts zu tun, kann keine Lösung liegen.

Doch müßte zum Ideal werden, daß Pädagogen, ob Eltern oder Lehrer, sich «das lieblose Verletzen, den Tadel, der zu schmerzen oder zu betrüben geeignet ist», abgewöhnen.[357] Und doch räumt Steiner ein, daß diese wünschenswerte Regel, das Idealprinzip, in der pädagogischen Praxis nicht immer eingehalten werden kann (Realprinzip). Als Erzieher kann man genötigt sein, Schmerzen zu bereiten, vielleicht sogar durch eine Strafe, um einer Ungezogenheit, einer Frechheit, zu begegnen. «Hat man dann aber den Zögling gebessert, so kommt diese gute Wirkung» als Ausgleich doch wieder der Entwicklung zustatten.[358]

Das Steinersche Denken über den Erziehungsvorgang verlangt also vom Lehrer ethisch hochgesetzte Ziele. Gerade deshalb bleibt er stets aufgefordert, nahe an der menschlichen Natur mit ihrer Entwicklung zu bleiben, das heißt sorgfältig zu beobachten und die von Gedanken durchdrungene Wahrnehmung über jede Theorie und Dogmatik zu stellen.

Pädagogische Grundprinzipien und Unterrichtsinhalte

Wir haben nahezu ausschließlich die erkenntnisleitenden Prinzipien in der menschlichen Entwicklung der ersten beiden Jahrsiebte behandelt. Ein konkretes pädagogisches Konzept entsteht aber erst dann, wenn auch differenzierte Aussagen zu den Unterrichtsinhalten in den einzelnen Klassenstufen gemacht werden und aufgewiesen wird, wie diese auf das menschliche Wesen wirken. Dies wurde von Steiner erst mit dem Aufbau und der Ausgestaltung der Waldorfschule von 1919 bis 1924 geleistet.[359] Dennoch ist auch dabei von den frühesten Darstellungen an der anthropologische Grundgedanke erkennbar, daß die in der menschlichen Natur begründete Doppelheit von allgemeiner und individueller Entwicklung beachtet wird, und zwar so, daß schulisch zunächst der Akzent auf der *allgemeinmenschlichen Entwicklung* liegt. Denn es ist allzu auffällig, daß, bei aller individuellen Verschiedenheit in der Fragehaltung und Intelligenzentwicklung, etwa der Einsicht in formal-logische oder kausale Zusammenhänge, doch gewisse Reifeschritte gemeinsam erfolgen, indem sie an ein bestimmtes Lebensalter gebunden sind. Worauf Steiner in seiner Pädagogik schon früh aufmerksam machte,[360] das hat die genetische Psychologie in vielfältiger Weise erhärtet.[361] Wird also das Gemeinsame der kindlichen Entwicklung zugrunde gelegt, hat das auch Konsequenzen für die Schulgestalt. Die altersgemäße Klasse ist dann der Entwicklungsraum des Kindes, wobei das tatsächliche Alter durchaus um einen Mittelwert nach oben und unten spielen kann, da im Leben Abweichungen im Sinne der Früh- und Spätentwicklung selbstverständlich sind. Eine weitere Konsequenz ist, daß *kein* Ausleseprinzip gelten kann. Das heißt nicht, daß das Leistungsprinzip, das in der Regel mit der Auslese aufs engste verbunden gedacht wird, abgeschafft würde, sondern es wird dahingehend modifiziert, daß jeder Schüler *die ihm mögliche* Leistung zu erbringen hat. Darin dokumentiert sich die Rücksichtnahme auf die individuelle Verschiedenheit, diese aber ist keine abstrakte nach der Gauss'schen Normalverteilungskurve, sondern eben die dem einzelnen mögliche Leistung. Gerade weil die Waldorfschule die allgemeinmenschliche Entwicklung betont, hat sie umgekehrt im Hinblick auf die Leistung besonders zu individualisieren. Das gilt für jeden Unterricht: Die einzelne Unterrichtsstunde muß eine große Vielfalt und Lebendigkeit aufweisen, der Lehrer muß sich der nötigen Differenzierung bewußt sein und sie handhaben lernen. Das ist es denn auch, was der Waldorfschule ihren besonderen pädagogischen Wert gibt, gleichzeitig aber auch besondere Anforderungen an den Lehrer stellt; denn er muß in seinem Unterricht nicht bloß ein allgemeines Mittelfeld im Blick haben, sondern die Abweichungen, die *innere, individuelle Entwicklung* der Kinder mit den beiden Extremen (des Hochbegabten und des Schwerfälligen), kennen und zu gestalten wissen – eine Aufgabe, die nicht einfach zu bewältigen ist. *Binnendifferenzierung* nennen das die Waldorfschulen, wo es notwendig ist, daß die Klasse als eigenständiger Organismus in all ihren durch die einzelnen Schüler anwesenden Begabungen miteingesetzt wird, so daß der besonders Befähigte zu bestimmten Zeiten bei der *Eigenarbeit* im Unterricht dem etwas Schwächeren hilft. Gerade die Spannweite innerhalb einer Klasse kann außerordentlich fruchtbar für die gegenseitige Hilfe und für die Ausbildung *sozialer Fähigkeiten* sein. Das Prinzip der sogenannten *Gruppenarbeit* kann auf diese Weise fruchtbar wirken. In dem rüden Konkurrenzprinzip sind viele soziale Kompetenzen abhanden gekommen, sie werden heute als notwendig angemahnt. Das leistungsheterogene Jahrgangsprinzip in der Klassenbildung an Waldorfschulen bildet eine gute Voraussetzung dafür, in den Kindern soziale Qualitäten auszubilden.

Eine weitere Hilfe, die Spannung zwischen individueller und allgemeiner Entwicklung produktiv auszugleichen, liegt in dem *konzentrierenden*

Prinzip des Hauptunterrichts, das mit dem des Epochenunterrichts verknüpft ist. Jeden Morgen wird durch etwa zwei Zeitstunden hindurch über mehrere Wochen ein und derselbe Unterrichtsgegenstand behandelt, so daß die Inhalte jeweils genügend vertieft werden können. Die sehr lange Zeitdauer dieses Hauptunterrichts macht eine starke Gliederung notwendig: in einen einstimmenden rhythmischen Teil, einen Wiederholungs- und Darstellungsteil und Eigenarbeit sowie eine abschließende Erzählung. Das für den Lehrer dazu erforderliche Element bezeichnete Steiner als *artistische, das heißt künstlerische Fähigkeit.* Sie kann angeboren sein, muß aber in der Regel erst ausgebildet werden – durch Erkenntnis der Zusammenhänge und durch Übung. So haben denn die Waldorfschulen seit 1927 eine eigene Lehrerausbildung eingerichtet.

Teil III:
Das Jugendalter

Die neuen Kräfte

Reifung und abgezogene Vorstellungen

Nachdem Steiner in der pädagogischen Grundschrift *Die Erziehung des Kindes* die von dem «verborgenen Menschen» beziehungsweise den unsichtbaren «Gliedern» bewirkten Leibgestaltungen verfolgt hat – sie beziehen sich bis zum Zahnwechsel vor allem auf den Bereich des Kopfes und anschließend auf den Bereich der Brust (mit Lunge und Herz) –, betrachtet er in der absteigenden Leibdurchgestaltung (kranio-kaudal) die tiefste Region des Leibes: den Stoffwechsel mit dem Unterleib und die Glieder. Dies ist nämlich der Bereich, wo die letzte äußerlich deutlich wahrnehmbare Leibgestaltung geschieht. Die menschlichen Keimdrüsen werden durch die Reifung in diesem Körperbereich zuerst funktionstüchtig. Die sexuelle Reifung wird damit erreicht.

Die räumlich hierzu noch weiter peripher anschließenden Glieder, die Extremitäten, wachsen freilich danach noch weiter (Längenwachstum), auch ihre Muskulatur gewinnt an Umfang. Die Kraft der Glieder erlangt ihren größten Wert am Ende des dritten Jahrsiebts (siehe Anhang, XX).

Sieben-jahres-periode	Fülle = dominierendes Dickenwachstum Streckung = dominierendes Längenwachstum	Lebensjahre ♂	♀	Reifungs-phasen
I.	Fülle	1. –3.	1.–3.	
	Streckung	4. –6.	4.–6.	← Schulreife
II.	Fülle	7.–10.	6.–9.	
	Streckung	11.–14.	9.–13.	← Geschlechts-reife
III.	Fülle	15.–18.	14.–17.	
	Streckung	18.–21.	17.–20.	← Lebensreife

347

Die Ausführungen zum Jugendalter sind in der Grundschrift Steiners über *Die Erziehung des Kindes* außerordentlich knapp gehalten, sie umfassen tatsächlich in diesem ersten Aufriß zur Pädagogik nur ganz wenige Bemerkungen. Dies mag darin begründet liegen, daß Steiner sich nur der Erziehung des Kindes und nicht der des Jugendlichen zuwendet. Freilich ist auch in diesen wenigen Bemerkungen derselbe Gedankenduktus erkennbar, der zuvor für das Kind angewendet wurde. Wir wollen zunächst diese Ausführungen betrachten und dann Ergänzungen aus dem späteren Vortragswerk – nach Begründung der Waldorfschule – zu diesem Lebensalter hinzuziehen.

Blenden wir nochmals zurück! Die Betrachtung des Lebens- oder Ätherleibes führte dazu, die leibbildenden Kräfte vor allem in ihrem Ausgangsort, dem Kopf, zu sehen; nach der Ausgestaltung des zentralen Nervensystems stehen sie nunmehr als Lernkräfte der Intelligenz oder als Kräfte des Charakters, der Neigungen und so weiter dem Wesen des sich entfaltenden und in den Leib einkörpernden Menschen zur Verfügung. In der folgenden Epoche der mittleren Kindheit steht nun die Durchgestaltung des Rumpfes, der Atmung, der Zirkulation, aber teilweise auch des Stoffwechsels im Mittelpunkt; der gesamte Weltzugang des Kindes wird in eine Sphäre des Gefühls und der Stimmung gerückt. Diese Entwicklung währt so lange, bis mit dem Augenblick der höchstmöglichen biologischen Reifung seelisch etwas völlig Neues bewirkt wird. Wenn der Leib soweit herangereift ist, daß er Nachfolgeorganismen der gleichen Art hervorbringen kann, dann werden einerseits jene Kräfte frei, welche an der generativen Reifung vorbereitend mitwirkten, und andererseits verselbständigen sich jene Kräfte, die bisher so etwas wie ein Organ der Weltzuwendung bildeten, die Gefühls- und Empfindungskräfte. Die eigentliche biologische Reifung findet mit der Geschlechtsreife statt, sie hat ihre Erfüllung im Zeugungsvorgang. Wir fragen, um den Vorgang zu begreifen: Sind die durch die Organreifung freiwerdenden Kräfte vielleicht zugleich jene, die der Seele nun zu einem ihr bewußt eignenden zeugenden beziehungsweise schöpferischen Vermögen und damit zu innerer Erfüllung verhelfen? Dieselbe Dynamik zeigte sich bereits bei der Gehirnreife und der Atemreife. Es entspräche einer durchgängigen Logik anzunehmen, daß das, was in der Geschlechtsreife zuerst leiblich wirksam war, nun zu einer seelisch verwendbaren Kraft, das heißt zu einem Organ der seelischen Tätigkeit wird.

Diese Gedankenführung geht von – unausgesprochenen, in platonischer Tradition stehenden – Annahmen aus, die es bewußt zu machen gilt. Es gibt Kräfte, die sich metamorphosieren, und zwar von leiblichen in seelische und schließlich in geistige. Die Kräfte können die Umwandlung deshalb vollziehen, weil in der Weltenarchitektur – dem Stufenbau der Erscheinungen vom äußerlich Sichtbaren der Körperwelt über das Innerweltliche des Seelischen der Empfindungswelt bis hin zum Innewerden im Bewußtsein (dem Geist) – ein innerer Bezug gegeben ist.

Nicht in den pädagogischen Schriften, aber in der *Theosophie* wird der zugrundeliegende Gedanke von Steiner dargestellt. Alle physischen Erscheinungen, und damit auch der physische Leib und die anderen Wesensglieder, haben einen «ideellen Untergrund». «In der wirklichen ‹Welt des Geistes› sind solche Urbilder für alle Dinge vorhanden, und die physischen Dinge und Wesenheiten sind *Nachbilder* dieser Urbilder.»[1] Daraus ergibt sich im konkreten Fall, daß aus den leiblichen Kräften des Kopfes, den Weisheitskräften der Natur, etwas wird, was als individuelles Vermögen der Persönlichkeit zur Verfügung steht, ihr die charakterologische Grundstruktur gibt und die freie Vorstellungs- und Intelligenztätigkeit ermöglicht. Später sind es die der Atmung oder dem Herzschlag beziehungsweise dem Kreislauf zugrundeliegenden Kräfte, die nach deren Reifung dem Gefühl Tiefe und der Empfindung Sensitivität verleihen. Die der Fortpflanzung zugrundeliegende Triebhaftigkeit verstärkt den Antrieb des Willens. Diese geschlechtlichen Kräfte wandeln sich gleichfalls in seelische, nachdem sie zuvor der Leibreifung dienten. Doch sie müssen nach ihrer Ausgliederung aus dem Leib und ihrer Umwandlung zu qualitativ ganz anderen Kräften werden als zu nur charakterologischen.

Für die Wandlungen, welche sich im gesamten Leibraum von der Atemgrundlage bis zur Geschlechtsorganisation vollziehen, muß man sich vergegenwärtigen, wie intensiv und unmittelbar etwa die Atmung in das gesamte Gemüts- und Empfindungsleben hineinwirkt im Vergleich zur ruhigen Betrachtung und Erinnerung der Kopfkräfte. Schon nach kurzem Zuhalten der Atemwege treten Angstzustände des Erstickens auf. Ähnlich intensiv müssen auch die daraus entbundenen Seelenkräfte sein. Und in der Tat: Die im Brustbereich freiwerdenden Kräfte hängen mit Empfindungen und Gefühlsbewegungen zusammen, die im Herzbereich zu verspüren sind. «Man sieht nur mit dem Herzen gut, das Wesentliche ist für die Augen unsichtbar» (Antoine de Saint-Exupéry).

Gleiches gilt für die Fortpflanzungskräfte. Mit der biologischen Reife des sexuellen Systems werden weitere Kräfte – vorher auch schon vorhandene, aber leibgebundene – des Gefühls und der Empfindung frei. Steiner benennt diesen Vorgang in der ihm eigenen Terminologie so: «Mit der Geschlechtsreife wird erst der Astralleib geboren.»[2] Doch um welche Kräfte handelt es sich speziell, die nun der Seele durch diese «dritte Geburt» – nach der physischen und ätherischen – zuwachsen? Ähnlich wie bei der Emanzipation des Ätherleibes wird auch jetzt ein ganzer Organismus von in sich verwandten Kräften oder Kraftgestaltungen frei. – Rekapitulieren wir kurz, was unter Astral- oder Empfindungsleib zu verstehen ist (vgl. S. 81ff.)! Er ist der Träger des Bewußtseins und damit das Gefüge der in die Sinne eingegliederten seelischen Kräfte, welche die Empfindungen aus den auf die Sinne einwirkenden Reizen und Eindrükken hervorlocken. Im Schlaf ist das Vermögen der Reizbarkeit aus den Sinnen ausgegliedert und an den Kosmos hingegeben; mit anderen Worten, die Tageseindrücke, die der Empfindungsleib der Seele vermittelte, werden in der Traum- und Schlafsphäre verarbeitet. Die Kräfte des Empfindungsleibes müssen einerseits mit der Beeindruckbarkeit und Empfänglichkeit der Empfindungseigenschaften (Aufmerksamkeit) verbunden sein, andererseits – weil ja schon beim Neugeborenen Empfindungen vorhanden sind[3] – müssen sie bei ihrem Freiwerden noch etwas anderes darstellen als nur die sinnengebundenen Empfindungen. Es sind reflexive Kräfte, Kräfte, die zwar mit den Empfindungen verbunden sind, die diese aber auch ordnen, gliedern, strukturieren; weiterhin Kräfte, die das Empfundene oder Wahrgenommene auf die eigene Person, das eigene Subjekt beziehen; und schließlich die der Seele eignenden Kräfte des Begehrens, des Subjektiven, des Selbstbezogenen, des Aneignenwollens oder der Vermeidung, der Lust und Unlust. Steiner beschreibt sie wiederum in der Form gewisser seelischer Eigenschaften.

Nehmen wir zunächst die Darstellung in *Die Erziehung des Kindes*. Dort heißt es: «Mit [der] nach außen freien Entwickelung [des Astralleibes] wird auch erst von außen an den Menschen alles das herantreten können, was die abgezogene Vorstellungswelt, die Urteilskraft, den freien Verstand entfaltet»,[4] mit anderen Worten: «das Denken in seiner eigenen Gestalt, als inneres Leben in abgezogenen Begriffen».[5] Es ist der Verstand als Seelenkraft.

Der Empfindungsleib gilt aber auch als «Träger geläuterter Lust- und Unlustgefühle, verfeinerter Wünsche und Begierden», wenn an ihm das Ich gearbeitet hat.[6] Demnach müßten durch seine «Geburt» die freiwerdenden Kräfte auf diesem Gebiet eine neue Stufe der Verinnerlichung erfahren, so daß etwa das mit dem Hunger verbundene Begehren sich wandelt in ein Seelenhaftes, etwa in ein *Sehnen,* zunächst allgemeiner, dann aber auch ganz spezifischer Art: «Wo ich ihn nicht hab', ist mir das Grab», oder: «Zwar weiß ich viel, doch möcht' ich alles wissen», kurz: in ein über das Gegebene Hinausdrängendes.

Kritikfähigkeit

Um den Zusammenhang des gesamten Kräfteorganismus, der nunmehr freigesetzt wird, zu begreifen, ist noch eine weitere existentielle Wirklichkeit zu beachten. Schon lange bevor das Wesen des Menschen selbstverantwortlich, das heißt aus seinem innersten Wesen zu handeln und sein Dasein zu führen vermag, erfaßt es sich selbst, wie wir sahen, indem es sich selbst mit dem Namen «Ich» benennt. Dies geschieht im dritten Lebensjahr, während Mündigkeit und Sozialreife erst im zwanzigsten erreicht werden. Das eigene Wesen, welches spät die Herrschaft übernimmt, ist gleichwohl – einerseits wirkend, andererseits sich selbst wissend – im Hintergrund immer mit anwesend. Durch die in den Reifungsvorgängen freigesetzten Kräfte wirkt jeweils auch das Ich selbst hindurch mit der Polarität seiner Kräfte: der Identifikation und der Distanz. Dies trifft nun auch auf die zentralen Empfindungskräfte der Lust und Unlust zu, wodurch die vielfältigen Erscheinungen erstaunlicher Hingabefähigkeit und ausgeprägter Kritiksucht im Jugendalter verständlich werden. Die nun wirksam werdende Kritikfähigkeit kann als eine besonders herausragende Kraft gesehen werden. In ihr ist das Ich mit tätig, jedoch nach Geschlecht verschieden. Die Art, wie mit der Geburt des Empfindungsleibes das Ich im Hintergrund in anderer Weise als zuvor wirksam wird, schildert Steiner eindringlich. Durch seine Darstellung wird auch die auffällige Verschiedenheit im Verhalten der Geschlechter verständlich.

Das Mädchen entwickelt sich zwischen dem 13./14. und 20./21. Jahr so, «daß sein Ich in einer starken Weise beeinflußt wird von dem, was sich im astralischen Leib gestaltet. Man sieht, wie beim Mädchen das Ich allmählich, man möchte sagen, aufgesogen wird von dem astralischen Leib, so daß dann, wenn das 20./21. Jahr [die Zeit der ‹Ich-Geburt›] eintritt, beim

Mädchen eigentlich ein starker Gegendruck stattfindet, eine starke Anstrengung, zum Ich zu kommen ... Dadurch lebt das Mädchen weniger
nach innen hinein»,[7] sondern es offenbart sich im Verhalten und Tun
stärker nach außen, es tritt sicher auf und erscheint wesentlich älter und
reifer, als es wirklich ist. Das Seelische wird wie überstrahlt vom Ich.

Ganz anders liegen die Verhältnisse beim Knaben. Denn da «saugt der
astralische Leib das Ich viel weniger ein. Es bleibt das Ich zwar verborgen, es ist noch nicht recht wirksam, aber es bleibt doch, ohne daß es stark
beeinflußt wird von dem astralischen Leib, zwischen dem 14./15. und
20./21. Jahr bestehen, so daß der Knabe durch dieses Bestehenbleiben des
Ich, Nichtaufgesogenwerden des Ich und doch wieder Nichtselbstän-
digsein des Ich viel leichter in diesem Lebensalter ein Duckmäuser wird
als das Mädchen.»[8] Diesen Tatbestand drückt Spranger in seiner Weise
aus: «Göttliche Frechheit und unüberwindliche Schüchternheit sind nur
zwei verschiedene Ausdrucksformen für den einen Tatbestand, daß sich
das Wichtigste der Seele in völliger Zurückhaltung und Heimlichkeit
vollzieht.»[9]

Damit wird ein Seelenbereich berührt, der von Steiner sehr differenziert als Gefühl der Scham, und zwar bei beiden Geschlechtern, gekennzeichnet wird. «Das Schamgefühl ist dasjenige, was die ganze Menschennatur durchzieht ... der Mensch fühlt: er muß jetzt etwas in sein individuelles Dasein hineinnehmen, was er der Welt nicht enthüllt; er muß Geheimnisse in sich tragen. Das ist ja das Wesen des Schamgefühls.»[10] Es
rührt daher, daß im Hintergrund des Erlebens etwas wirkt, dessen sich
der Jugendliche selbst noch nicht ganz gewiß und sicher ist und das auch
gegenüber der Fülle der Gefühle recht unzulänglich erscheint: Es ist das
mit dem Freiwerden der astralischen Kräfte verstärkt wirkende Ich, das
allerdings noch nicht die notwendige Selbständigkeit gegenüber dem
Reichtum und der Intensität der Gefühlswelt erlangt. Dieses Wesensglied, das evolutiv am Menschen die jüngste Bildung darstellt,[11] soll erst in
der Zukunft autonom werden.

Der Kräfteorganismus des freiwerdenden Empfindungsleibes ist so beschaffen, daß alle Kräfte der Anlage nach von Anfang an da sind. Seine
Entwicklung besteht in der Umwandlung und Verlagerung der Kräfte
vom Leiblichen zum Seelischen und zum Bewußten. Damit aber hat die
Verwandlung der Kräfte zugleich einen geheimen Zweck: Was zuvor unbewußt wirkte, wird zunehmend in den Dienst des selbstbewußten Geistes gestellt. Diese Entwicklungs-Gebärde in der Lebensgeschichte des

Menschen, wie Steiner sie sieht, entspricht jener, die Hegel für die *Philosophie der Geschichte* formuliert: Die Geschichte hat die Entwicklung der Freiheit zum Ziel.[12] Im Steinerschen Sinne könnte ergänzt werden: Der Mensch hat das ihm eigene Ziel, eine selbstbewußte Persönlichkeit zu werden; was, nach Hegel, die Menschheit als ganze erstrebt, vollzieht sich, nach Steiner, im kleinen in der biographischen Entwicklung in jedem Leben. Die Etappen der kindlichen Entwicklung führen der Seele aus der Leibreifung allmählich immer differenziertere Kräfte zu, die Kräfte der Persönlichkeit werden.

Zur Zeitgestalt in der Entwicklung

Phasenlehren

Was ist mit dem auf den ersten Blick merkwürdigen oder gar widersprüchlichen Ansatz gemeint, eine seelische Kraft sei zwar schon lange regsam, aber es solle auf sie nicht systematisch bildend eingewirkt werden?[13] Entscheidend dürfte zum Verständnis dieser pädagogischen Einstellung die Tatsache sein, daß sich die Verstandeskraft innerhalb der menschlichen Biographie – wie andere Kräfte auch – entwickelt. Schon in den einfachsten Überlegungen, und zu diesen ist das Kind bereits im zweiten, dritten Lebensjahr durchaus befähigt, wird mit Hilfe des Denkens eine Erscheinung mit einer anderen verknüpft. Dies ist also durchaus eine Leistung des Verstandes oder der Intelligenz. Diese sind freilich noch ganz an die konkreten Erscheinungen gebunden, das heißt, sie werden von diesen gelenkt. Nur in unmittelbarer Anschauung eines Tatbestandes leuchten sie auf. Mit dem Freiwerden der Vorstellungskräfte zur Zeit des Zahnwechsels kann sich der Verstand von den Erscheinungen lösen und frei mit ihnen umgehen, er verwandelt sich vom anschaulich-symbolischen Denken in das logisch-konkrete.[14] Doch damit ist die ihm eigene Entwicklung keineswegs abgeschlossen. In der Pubertätszeit, also im Zusammenhang mit den Reifungsvorgängen, zu denen auch die sexuellen gehören, bildet sich die Fähigkeit zu «abstrakt-logischen Operationen» im Kinde aus.[15] In Übereinstimmung mit dieser von der genetischen Psychologie Piagets dargestellten Entwicklung, allerdings durchaus mit eigener Begründung, betont Steiner, daß alles in der menschlichen Entwicklung «seine Zeit» habe. Wird diese Zeit mißachtet, kommt es in der seelischen Reifung zu Deplazierungen und Pathologien. Diese Tatsache ist leicht zu beobachten. Spricht ein kleines Kind in der Art der Erwachsenen, wird es als altklug erlebt; umgekehrt erscheint der Jugendliche, der nicht zureichend zu abstrahieren vermag, als infantil, als kindisch. Die Extreme des Verhaltens oder der Verstandesbetätigung – Altklugheit oder Infantilität – sind sofort offenkundig, allerdings nur, wenn der Betrachter ein inneres Bild dessen hat, was in der Entwicklung zeitlich fällig ist. Untersucht man die Verstandesleistungen genauer, so zeigt sich zumeist eine allmähliche oder stufenweise Entwicklung im Sinne eines mehr oder minder kontinuierlichen Wachstums. Einzelne Vertreter der klassischen Entwicklungspsychologie gingen davon aus, daß die Reifung in Stufen oder Phasen erfolge, so Otto Tumlirz,[16] Charlotte Bühler,[17] Adolf Busemann[18] oder Oswald Kroh.[19] Eine Stufenlehre, die von der Wahrnehmung neuer Verhaltens- und Erlebensweisen beim Kinde ausgeht, vertritt, insbesondere im kognitiven Leistungsbereich, auch Piaget. Ähnliches gilt für die Konzeptionen tiefenanalytischer Richtung. Gehört Steiner dieser Richtung an, auch wenn er früher wirkte?

Gegen die verschiedenen Stufenlehren kann zunächst formal eingewendet werden, daß sie in ihren Abschnitten und Einteilungen untereinander keineswegs übereinstimmen, jeder Forscher einen anderen Schwerpunkt setze und somit der Erklärungswert dieser Phasenbildungen stark beeinträchtigt werde. Dieser Einwand ist indessen nur formal. So gibt es inhaltlich in all diesen Phasenlehren – bei im einzelnen gänzlich verschiedener Terminologie – durchaus herausgehobene Jahre, in denen Wandlungen seelischer oder verhaltensmäßiger Art geschehen und beschrieben werden. Doch da die Phänomene jeweils unter verschiedener Perspektive gesehen werden und dazu eine unterschiedliche – uneinheitliche – Terminologie herrscht, drängt sich die formale Uneinheitlichkeit in den Vordergrund. Bei genauerer inhaltlicher Betrachtung zeigt sich, daß die Zeitabschnitte, in denen auffällige psychische Wandlungen statthaben, durchaus übereinstimmend gesehen werden, nur die Tiefe des Einschnitts wird von den einzelnen Forschern recht verschieden bewertet. Die übereinstimmenden Lebensjahre – das 7., 10., 12. und 14. Jahr – stehen auch für Steiner im Blickfeld. Er sieht die Tatsachen, die – wie die psychologische Forschung zeigt – der Beobachtung durchaus zugänglich sind, im Lichte einer idealtypischen Zeitgestalt des menschlichen Lebens.[20] Das Menschenleben, das «siebzig Jahre währet», ist in sich nach Jahrsiebten

gegliedert.[21] Jeder Idealtypus variiert aber in der Realität.[22] Die Jahrsiebte
untergliedern sich wiederum; am zweiten Jahrsiebt verdeutlicht, heißt
das: Auf eine Epoche, wo die vorangehende Zeit nachwirkt – Zahnwechsel mit ungefähr 7 bis zum Rubikon im 10. Jahr – folgt eine Epoche, wo
das Ureigene der Epoche klar erscheint – die Mitte der Kindheit, vom
Rubikon bis zur Vorpubertät im 12. Lebensjahr –, und danach eine Zeit,
wo das Künftige vorleuchtet – von der Vorpubertät bis zur Erdenreife
mit 14. Es ist dies ein nahezu mathematisches Muster, um gedanklich den
reinen Typus der Zeit zu erfassen.[23] Dem setzt Steiner dann allerdings
ganz realistisch entgegen, daß beispielsweise die Geburt des Empfindungsleibes ein viel zu umfassender Vorgang sei, als daß er an die Geschlechtsreife geknüpft werden dürfe, die ja mit ihrem Beginn nach Kul-
turkreisen und auch in der Zivilisationsentwicklung erheblich schwankt
(Akzeleration). Seine Betrachtung bewegt sich also souverän auf zwei
Ebenen: der Ideal- und der Realebene.[24] Für ihn scheint die Zeitgestalt
der menschlichen Entwicklung etwas Urbildhaftes zu besitzen, wobei
der einzelne Lebensverlauf als Abbild davon abweichen kann. Wenn auch
die Gliederung in Lebenszyklen zu Jahrsiebten, in denen sich jeweils ein
bestimmter qualitativer Zusammenhang biographischer Entwicklung
vollzieht, völlig berechtigt ist, «kann es doch auch einleuchten, daß im
wirklichen Leben des Menschen diese Zyklen ganz genau nicht eingehalten werden und daß durch andere, tief in das Menschenleben eingreifende
Tatsachen diese Zyklen sozusagen durchkreuzt werden.»[25] Wenn pädagogisch eine Orientierung am Urbild erfolgt, geschieht – unabhängig von
der individuellen Streuung in der Reifung – jeweils etwas hilfreich Thera-
peutisches für das Kind. Denn in jeder Biographie besteht ein merkwür-
diger Bruch zwischen dem bereits im dritten Lebensjahr auftretenden
Ich-Bewußtsein, das zur Selbstbenennung führt, und der Tatsache, daß
«der Träger des Ich erst recht lebensfähig wird im zwanzigsten und einundzwanzigsten Jahre».[26] «Von da an, wo er sagt: *Ich* habe das getan, *ich*
habe das gedacht –, rechnet der Mensch seelisch sein Ich. Was vorher war,
verliert sich in Seelendämmerung.» So entsteht eine Spannung aus der
Tatsache, «daß der Mensch im gegenwärtigen Zyklus seiner Entwickelung über sich selbst ein Meinen, ein Gefühl hat, das nicht seiner inneren
Organisation, so wie diese geworden ist, entspricht.»[27] Diese Diskrepanz
zwischen Idealität der Zeitgestalt und Realität wird von Steiner mit
menschheitsgeschichtlichen Tatsachen in Verbindung gebracht, die in der
Theologie als Sündenfall, in der Anthroposophie als luziferische und

ahrimanische Versuchung bezeichnet werden.[28] Dadurch wird eine zeitliche Vielfalt, ja auch Unordnung im Sinne von zu schnell und zu langsam begünstigt. Offenkundig ist indessen, daß für die innere Zeitgliederung Steiner sich von dem Gedanken leiten läßt, daß zwischen dem Menschen als Mikrokosmos und der makrokosmischen Ordnung ein Zusammenhang besteht.[29] Und der Kosmos mit seinen Umlaufverhältnissen (Tag, Jahr und so weiter) hat, anders als das variantenreichere irdisch meteorologische und biologische Geschehen, eine stetigere Ordnungskraft.

Ein formaler Kritiker an der Auffassung, der Mensch entwickele sich in Phasen, ist Oerter. «Die meisten im menschlichen Leben beobachteten Verhaltensänderungen lassen sich besser als allmähliche Verschiebungen beschreiben als in Begriffen sprunghafter Veränderungen.»[30] Doch auch er muß einräumen: «Es lassen sich allerdings auch Verhaltensweisen beobachten, die mehr oder weniger plötzlich auftreten. Solche Erscheinungen finden sich dann vor, wenn eine Funktionsreifung abgeschlossen ist und aufgrund dessen – oft von einem zum anderen Tag – neue Leistungen gelingen.»[31] Diese sprunghaften Veränderungen sieht er allerdings eher in der frühen Kindheit als gelegentlich gegeben, wogegen er sie im späteren Lebensalter kaum noch zu erkennen vermag. Zweifelsfrei hat die Beobachtung der sich sukzessiv entwickelnden Fähigkeiten und Eigenschaften auch ihre Bedeutung: Sie kann vor zu schnellen gedanklichen Konstruktionen bewahren, die nicht ausreichend in der Wirklichkeit verankert sind. Dennoch stecken darin auch grundlegende Implikationen. Denn beide Auffassungen lassen sich auf Grundgesten zurückführen, welche die gesamte Evolution betreffen.

Wenn die einzelmenschliche Entwicklung (Ontogenese) in einem Zusammenhang mit der gesamten Evolution (Phylogenese) steht, so kann das eine Entwicklungsgeschehen das andere beleuchten – und umgekehrt. Die grundsätzliche Frage lautet dann: Vollzieht sich die Evolution der Organismen in Sprüngen oder allmählich, kontinuierlich? Mit dieser Frage beschäftigte sich Steiner in seinen Forschungen zu *Goethes Naturwissenschaftlichen Schriften* und dann in seinen philosophischen Auseinandersetzungen. Sie sind von größter Wichtigkeit auch für sein pädagogisches Denken.

In der Paläobiologie läßt sich anhand von Funden beobachten, daß «die phylogenetische Entwicklung mit einer ‹explosiven Phase› einsetzt und daß sich nur eine begrenzte Anzahl von Zweigen weiterentwickelt, und zwar mit abnehmender Schnelligkeit».[32] Demgegenüber steht für den

Darwinismus die allmähliche Entwicklung außer Frage, weil sonst die Prinzipien des Zufalls und der Auslese in Frage gestellt würden, was die entsprechende Erklärung der Evolution mit dem Schöpfungsgedanken in Kollision brächte. So wird der tatsächliche Sprung von den Prokaryonten zu den Wirbellosen im späten Präkambrium oder von den Sauriern der Kreidezeit zu der neuen Welt der Säuger im Tertiär mit fehlenden Funden (weg)erklärt.[33] Für beide Positionen gibt es neben der Abstützung auf Fakten freilich tiefere Gründe, die mit den Grundannahmen zusammenhängen, von denen aus die Welt interpretiert wird.[34] So hat die gesamtbiologische Entwicklung zu extremen Positionen Anlaß gegeben. Cuvier (1769-1832) war der Auffassung, daß die Lebewelten in wiederholten Katastrophen vernichtet und danach neu geschaffen wurden – wobei er ohne Frage die Kontinuität der Entwicklung übersah -, während Darwin ganz im Gegensatz dazu allein die allmähliche Anpassung und Umwandlung hervorhob – und die Umbrüche negierte. Schaut man auf die Merkmale der sich entwickelnden Organismen hin, so erkennt man, daß sich die Wandlung tatsächlich in der von Darwin angenommenen Langsamkeit vollzieht. Doch es gibt daneben Wandlungen, die alle «Höhen und Tiefen des betreffenden Wesens (und nicht nur einige seiner ‹Merkmale›) erfassen und alle seine Schichten durchgreifen, man könnte auch sagen, durchrütteln; Umwandlungsprozesse also, die wahrhaft umstürzender Natur sind» – dies gilt vor allem für die Menschwerdung.[35] «Die Anschauung, daß biologische Evolution sich sowohl großer Sprünge als auch kleiner Schritte bedient, scheint den beobachteten Fakten am besten zu entsprechen.»[36] Warum sollte es in der seelisch-geistigen Entwicklung anders sein?[37]

In ähnlichen Gegensätzen, zwischen Sprüngen und Kontinuität, vollzog sich das *Verständnis* der menschlichen Entwicklung. Während das Altertum eine ausgeprägte Vorstellung von den Lebensaltern hatte und sie teilweise im Zusammenhang mit den Planeten begriff,[38] wird dann vom Mittelalter an bis in die Neuzeit die Einteilung des Lebens zu einem starren Schematismus, «von derselben Starrheit wie der Zyklus der Natur oder die Organisation der Gesellschaft».[39] Allmählich wird das Kind als kleiner, noch in Abhängigkeit lebender Erwachsener angesehen. «Die mittelalterliche Gesellschaft ... hatte kein Verhältnis zur Kindheit; das bedeutet nicht, daß die Kinder vernachlässigt, verlassen oder verachtet wurden. Das Verständnis für Kindheit ist nicht zu verwechseln mit der Zuneigung zum Kind ... Ein solches bewußtes Verhältnis zum Kind gab es nicht. Deshalb gehörte das Kind auch, sobald es ohne ständige Fürsorge seiner Mutter … leben konnte, der Gesellschaft der Erwachsenen an und unterschied sich nicht länger von ihr.»[40] In der durch rationalistischen Geist geprägten Modernen entfaltet sich dann nach und nach ein Verständnis für das Eigensein der einzelnen Lebensepochen in der menschlichen Entwicklung. Zahlreiche Faktoren trugen dazu bei. Das Bewußtsein des Menschentums nimmt zu: Körperliche Züchtigungen werden als etwas erkannt, was nur verdirbt, aber nicht bessert. An ihre Stelle treten Tadel und formalisierte Prüfungen sowie Auslesevorgänge. «Die Lockerung der alten schulischen Disziplin entspricht einem anderen Phänomen: einer Umorientierung in der Einstellung zur Kindheit, die sich nicht mehr an die Vorstellung der Unzulänglichkeit knüpft und die Notwendigkeit der Erniedrigung oder der Anerkennung nicht mehr anerkennen will. Es handelt sich jetzt darum, im Kind das Verantwortungsgefühl des Erwachsenen zu wecken. Das Kind … wird auf das Erwachsenenalter vorbereitet.»[41] Die Ausbildung des Privaten gegenüber dem Öffentlichen, der Scham, räumlich in der «Erfindung» des eigenen Schlafzimmers zum Ausdruck kommend,[42] wendet die Erfahrung stark auf die eigene Seele. Es war dann die pietistische Grunderfahrung der «Erweckung», der «Wiedergeburt», die erst das Bewußtsein für die Entwicklung als solche – zunächst innerhalb der eigenen Seele – eröffnete. Der «Erweckte» war ein ganz anderer, verfügte über bisher unbekannte Erfahrungen, er war ein Gewandelter, und doch war er unstreitig auch – wenigstens in der Erinnerung – mit seinem vorherigen Menschen, dem alten Adam, verbunden, aber keineswegs identisch. Wie ist dieses Phänomen zu erklären? Nur durch den Begriff der Entwicklung, eine sprachgeschichtliche Schöpfung des Pietismus.[43]

Noch grundsätzlicher wurde in den siebziger Jahren dieses Jahrhunderts gegen die Stufenlehren, die von Sprüngen ausgehen, argumentiert. Dem ist entgegenzuhalten, daß für quantifizierende Verfahren die individuellen Abweichungen hinter dem allgemeinen Durchschnittsbild[44] verschwinden und so ein Entwicklungsgeschehen einheitlicher erscheint, als es in Wirklichkeit ist. Das betrifft das methodische Problem der Mittelwertbildung, in diesem kann es «Wiedergeburtserlebnisse» nicht geben, wenn sie nicht jeder hat. Bei aller Kritik an den allgemeinen Phasenkonzepten wurde eigentümlicherweise die Stufenentwicklung des kognitiven Vermögens weniger in Zweifel gezogen als für andere Entwicklungsbereiche, sondern eher noch stärker präzisiert.[45]

Es unterliegt keiner Frage, daß wir es hier mit unterschiedlichen Betrachtungsarten und methodischen Zugängen zum Problem der Entwicklung auf durchaus verschiedenen Ebenen zu tun haben.[46] Bei Steiner wird, obgleich er dies nicht ausdrücklich thematisiert oder gar methodisch begründet, die allgemeine Entwicklung des Menschen zunächst durch Reifeschritte des Organismus vorgegeben; diese finden jedoch niemals ohne Einflüsse aus der umgebenden Welt und ohne die Mittätigkeit des menschlichen Wesens, seines Ich, statt.[47] Als gründlich in der Welt der Organismen bewanderter Naturwissenschaftler ist ihm die Zeitgestalt, der *Chronotypus*, einerseits etwas, was der jeweiligen Art oder Spezies zugehört, andererseits aber eine Wirklichkeit, die nur im Zusammenhang mit der Umwelt, ja dem ganzen Kosmos begriffen werden kann. Denn Zeit als solche ist abstrakt; konkret entsteht sie aus den Umlaufverhältnissen der Gestirne. Eine einjährige Pflanze gliedert sich in ihrer Entwicklung artspezifisch in den Jahresgang ein, eine mehrjährige wiederum in der ihr eigenen Art. Und dabei verläuft die Entwicklung beschleunigt, gleichmäßig, retardiert, sie hat Stockungen, Verweilzeiten, dann springt an einem Tag oder in einer Nacht die Blüte auf, verströmt ihren Duft, der nicht kontinuierlich und schrittweise allmählich angewachsen ist, sondern einen Qualitätssprung darstellt – wie die Farbtracht der Blüte auch. Dasselbe gilt von den Zeitgestalten der Tiere; jede Art oder Rasse hat ihren Chronotypus, ihre Entfaltungs- und Lebenszeit, ob sie nun tatsächlich ausgelebt wird oder nicht – die immanente Wirksamkeit ist allgegenwärtig. Eine Maus wird keine hundert Jahre alt, ein Hund keine vierzig. Von dieser Zeitgestalt kann die innere seelische Entwicklung nicht abgelöst werden. Würde Steiner mit der gegenwärtigen Theoriediskussion konfrontiert, würde er vielleicht den Psychologen mehr biologisches Grundwissen und den Biologen mehr Seelenkunde, kurz: Interdisziplinarität empfehlen. Doch das erschöpft seinen Ansatz nicht. Man könnte Steiners Position als interaktionistisch verstehen, wäre dieser Begriff nicht schon besetzt. Denn ihm ist das entscheidend Tätige das Ich.

Steiner selbst geht, wie alle genauen Beobachter, von Zeiten sich verdichtender seelischer Eigenschaftsveränderungen aus – im Zusammenhang mit den Körperreifungsvorgängen[48] insbesondere zur Zeit des Zahnwechsels und der Geschlechtsreife. Dabei ist das «Angebot» durch die biologische Reifung[49] ursächlich; ob es indessen angenommen wird, ist von einer Art Aufnahmebereitschaft abhängig. Erst im Ringen bilden sich die nachher bemerkbaren seelischen Eigenschaften, die auch zuvor schon anwesend, aber unselbständig waren; jetzt werden sie teilweise im Verhalten, mehr noch aber in ihrer inneren persönlichen Qualität sichtbar. Das Neue entwindet sich dem Leib, es wird frei.

Für ein Verständnis dieser Verwandlungen zieht Steiner das Gesamt der menschlichen Entwicklung heran. Er betrachtet und interpretiert, gemeinsam und getrennt, die einzelnen Entfaltungsstufen der Leibesgestalt, der seelischen Kräfte, das Verhalten, das kindliche Erleben und die Art des Weltbegreifens. Aus diesem, und keinem anderen Grund, hält Steiner nichts davon, vorzeitig zum Beispiel durch abgezogene logische oder kausalanalytische Übungen schulend von außen auf den Verstand einzuwirken, wenn das Kind diesen noch von sich aus an «konkret-logischen Operationen» erübt. Nicht daß dies nicht möglich wäre, behauptet Steiner, sondern daß es, falls es getan würde, gesamtbiographisch negative, zumindest einseitige Folgen für die Menschwerdung haben müßte.[50] Mit Recht charakterisiert Köhler die anthroposophische Betrachtungsweise so, daß sie den Blick auf die objektiven Begleiterscheinungen der Individuation richte. «Das Ich auf der Suche nach der unter gegebenen Bedingungen bestmöglichen Ausdrucksform seiner ureigenen Wesens- und Fähigkeitenart unterliegt für sich genommen keinem anderen Gesetz als dem seiner Authentizität, seines Selbstentwurfs. Aber es hat sich im Eigenvollzug auseinanderzusetzen ... (hat sich) bewegen zu lernen in einer Vielzahl von gesetzmäßigen Bestimmungen, die es als Rahmen und Boden seiner Existenz vorfindet ... (Das Kind) arbeitet sich schrittweise durch die verschiedenen Schichten des objektiv Gegebenen hindurch, und gewisse diesbezügliche Reifungsphasen sind ungefähr nach Altersstufen unterscheidbar, in denen körperliche Vorgänge mit Veränderungen der seelischen Bedürfnislage und Ausdrucksfähigkeit und Erweiterungen des Auffassungshorizontes korrespondieren.»[51]

Dagegen, daß in der Mitte der Kindheit eine den Dingen innewohnende Sachlogik den Verstand erhellen soll, hätte Steiner zweifellos nichts einzuwenden; er selbst fügte Übungen in Arithmetik und Algebra dem Lehrplan in der Zeit der Vorpubertät ein. Wogegen er sich wendet, das ist das fehlende Gespür für das, was in der inneren psychologischen Entwicklung «an der Reihe» ist. Werden Verstandes- oder Urteilskräfte verfrüht aufgerufen, was durchaus möglich ist, geht dies auf Kosten einer gesunden Entwicklung des Menschen. Und unter Gesundheit wird sowohl diejenige des Leibes als auch diejenige der Seele verstanden. Im späteren Leben auftretende Neigungen zu Psychosen, sei es in der Form von Depressionen oder von Spaltungserscheinungen, Persönlichkeitsschwächen oder Krankheitsanlagen im Lebensgefüge, müßten für diese Art Menschenverständnis daraufhin untersucht werden, inwiefern sie durch entwicklungswidrige Verfrühung im Kindesalter mitbedingt sind. In jedem Falle eröffnet der Steinersche Ansatz eine Perspektive zu Fragen, die allzuleicht übersehen werden, weil sie von der konventionellen Sichtweise abweichen.[52] Nach Gründung der Waldorfschule finden sich im Vortragswerk Steiners zahlreiche Hinweise auf diese Zusammenhänge.

Das Problem der Frühförderung der Urteilskraft

Mit dem Aufbrechen der selbständigen Urteilsfähigkeit zur Zeit der Geschlechtsreife soll der Jugendliche lernen, über dasjenige, was er alles schon gelernt hat, nunmehr auch ein eigenes Urteil zu bilden. Steiner fügt in der knappen Darstellung in *Die Erziehung des Kindes* noch – gleichsam begründend – hinzu: «Alle Einseitigkeit im Leben, alle öden ‹Glaubensbekenntnisse›, die sich auf ein paar Wissensbrocken gründen … rühren von Fehlern der Erziehung» im Sinne einer Verfrühung auf dem Gebiet des Urteilens her.[53] Wird zu früh verstandesmäßig auf ein Kind eingewirkt, so verfestigen sich die keineswegs persönlich erworbenen, sondern lediglich übernommenen oder nicht aus eigener innerer Stellungnahme zu den Erscheinungen gewonnenen Urteile in der Seele zu früh. Man hat es dann im späteren Leben gleichsam mit fundamentalistischen Lehrsätzen im Gewande von Urteilen zu tun, nicht aber mit reifen Urteilen, die aus Abwägungen der Seele des Jugendlichen resultieren, also nicht mit etwas, wo das eigene Subjekt leidend, freudig oder wie immer verbunden war, sondern mit schlichten undurchdrungenen Dogmen. Vor jedem eigenen, das heißt persönlichen und selbständigen Denken und Urteilen sollte, so Steiner, zuvor die Achtung vor demjenigen ausgebildet worden sein, was andere Persönlichkeiten auf den verschiedensten Gebieten gedacht und sich errungen haben. «Es gibt kein gesundes Denken, dem nicht ein auf selbstverständlichen Autoritätsglauben gestütztes gesundes Empfinden für die Wahrheit vorangegangen wäre. Würde dieser Erziehungsgrundsatz befolgt, man müßte es nicht erleben, daß Menschen zu jung sich reif dünken zum Urteilen und sich dadurch die Möglichkeit nehmen, allseitig und unbefangen das Leben auf sich wirken zu lassen. Denn ein jedes Urteil, das nicht auf der gehörigen Grundlage von Seelenschätzen aufgebaut ist, wirft dem Urteiler Steine in seinen Lebensweg. Denn hat man einmal über eine Sache ein Urteil gefällt, so wird man durch dieses immer beeinflußt, man nimmt ein Erlebnis dann nicht mehr so auf, wie man es aufgenommen hätte, wenn man sich nicht ein Urteil gebildet hätte, das mit dieser Sache zusammenhängt. In dem jungen Menschen *muß* der Sinn leben, zuerst zu lernen und dann zu urteilen. Das, was der Verstand über eine Sache zu sagen hat, sollte erst gesagt werden, wenn alle andren Seelenkräfte gesprochen haben; vorher sollte der Verstand nur eine vermittelnde Rolle spielen.»[54] Mit vermittelnd ist wohl gemeint, daß der Verstand keine dominierend festlegende Rolle spielen soll, wie er es in der Urteilsbildung tun muß, sondern sich zunächst darauf richten sollte, erst einmal die Erscheinungen zu begreifen, ohne sofort zu ihnen eine wertende persönliche Position zu beziehen. Staunen und Interesse sind zunächst wichtiger als selbständige Urteile. Steiner wünscht, daß zuvor das eigene Erleben den Sachen gegenüber sprechen sollte und daß nicht vorschnelle Urteile oder vermeintliche Erfahrungen oder Theorien die unmittelbare und elementare Begegnung mit den Erscheinungen verstellen.[55]

Mit dieser Auffassung schwimmt Steiner gegen den mächtigen Strom der herrschenden erziehungswissenschaftlichen Meinungen, denen es gerade auf frühe Veranlagung selbständigen Urteils – als Teil einer demokratischen Erziehung – ankommt. Drückt sich in Steiners Auffassung nicht eine rückwärtsgerichtete, gleichsam vor-emanzipatorische Haltung aus, die es gerade in unserer Zeit endgültig zu überwinden gilt? Wir stoßen damit wiederum auf tiefreichende ganz fundamental verschiedene Begründungszusammenhänge zwischen den gängigen Vorstellungen und Steiners Darlegungen.

Um zunächst eine von Steiner abweichende Position kontrastierend zu vergegenwärtigen, zitieren wir stellvertretend für zahlreiche ähnliche Darstellungen eine repräsentative: «Wir können heute nicht mehr von Bildung sprechen, ohne von Verantwortung zu sprechen, nicht mehr von Gesinnung ohne von Handlung, nicht mehr von Wissen ohne Gewissen, nicht mehr von ‹Schauen und Betrachten› ohne ‹Tun und Handeln›, nicht von Menschen ohne Mitmenschen, nicht mehr von den Oberen ohne nicht auch von den Unteren»[56] – allerdings auch nicht von Vorgängen in der Biographie, ohne die Folgen in einem späteren Leben zu erwägen. Auf einer abstrakten Ebene lassen sich durchaus noch Übereinstimmungen herstellen. Doch entfalten wir den entsprechenden Gedankengang

weiter: Nach abwägender und umfassender Erörterung alles dessen, was
auf Reifungsvorgänge und was auf Lernakte und Sozialisation zurückzuführen sei, sowie nach genauer Prüfung sehr unterschiedlicher erziehungswissenschaftlicher Positionen kommt Roth zu einem heute notwendigen «aufgeklärten» Erziehungsziel von recht grundsätzlicher – und
auch überzeugender – Art: zum Ziel des reifen und mündigen, zugleich
selbstverantwortlich handelnden Menschen.[57] Das schließt Produktivität,
Kritikfähigkeit, verantwortliche Entscheidungsfähigkeit mit ein. Wenn
dann dieses Ziel einmal konzeptionell in methodisch sauberer Art gefunden ist, kann auf jeder Altersstufe für jeden Vorgang und für jede Erzie-
hungsmaßnahme gefragt werden, inwiefern sie diesem Ziel diene oder
nicht.[58]

Diese Grundhaltung und Sicht auf die menschliche Entwicklung liegt
durchaus in der Linie des modernen erziehungswissenschaftlichen Denkens, wie sie von Comenius ihren Ausgangspunkt nahm. Comenius denkt
umfassend, indem für ihn die Schöpfung Gottes als Weltgeschichte der
Mitwirkung des Menschen bedarf.[59] Um an dem künftigen Friedensreich
mitzuwirken, ist nicht nur die Offenbarung nötig, sondern auch eine universale Bildung (formatio) des Menschen. Er knüpft, selbst dem Neuplato-
nismus verbunden, an Raimundus de Sabunda an, wonach sich Gott nicht
nur im Logos, der Heiligen Schrift geoffenbart habe, sondern auch im
Buche der Natur, in seiner Schöpfung, seinem ursprünglichen Werk. Beide
Bücher, das des Evangeliums und das der Natur, sind zu vermitteln, und
zwar – nach der *Pampaedia* (1666) – durch die Schule: Im ersten Lebensalter ist es die Mutterschule, die vor allem die Muttersprache vermittelt, es
folgt dann die Muttersprachenschule vom 6. bis zum 12. Jahr, danach die
Lateinschule (13. bis 18. Jahr), darauf schließt die Akademie (19. bis 24.
Jahr) an, dann oder parallel dazu die Schule des Lebens bis zum Tode,
gefolgt vom Übertritt in die himmlische Akademie, das ewige Leben und
Lernen. Zu lehren sind «verba et res»: Wort und Sachen. Als universaler
Grundsatz gilt: «Omnes, omnia, omnino» – allen, alles, gänzlich.»[60]

Genau hierin unterscheidet sich Steiners Ansatz freilich fundamental.
Doch legen wir zunächst noch die scheinbar «rationale» Begründung von
Comenius bis in die Gegenwart offen und analysieren die ihr zugrundeliegende, aber nicht offengelegte Vorstellung von Entwicklung. Still-
schweigend wird vorausgesetzt, daß diese stetig, also gleichsam linear
verlaufe, daß also wie beim Mauerwerk ein Ziegelverband über den anderen zu liegen komme und es auf diese Weise ununterbrochen aufwärts

gehe. Der vergleichende Naturwissenschaftler, der Steiner auch war, muß dagegen erkennen, daß alles Lebendige, und damit auch die Biographie, anderen Gesetzen folgt: Schon bei der Pflanze weist das Wachstum in der Gestaltung Weiterschreiten, Zusammenziehen und Sprünge auf.[61] Das sei mit Goethes eigenen Worten aus *Die Metamorphose der Pflanzen* verdeutlicht, wo er die Formverwandlung der Blätter einer Pflanze und dann den Übergang vom Laub zur Blüte beschreibt: «Den Übergang zum Blütenstande sehen wir schneller oder langsamer geschehen. In dem letzten Falle bemerken wir gewöhnlich, daß die Stengelblätter von ihrer Peripherie herein sich wieder anfangen zusammenzuziehen, besonders ihre mannigfaltigen äußeren Einteilungen zu verlieren, sich dagegen an ihren unteren Teilen, wo sie mit dem Stengel zusammenhängen, mehr oder weniger auszudehnen.»[62] Den Vorgang der zeitlichen Dehnung und Beschleunigung beschreibt Goethe also sehr anschaulich, doch ist diese Anschaulichkeit, wie A. Suchantke zutreffend bemerkt, eine rein gedanklich-bildhafte, innerlich aus der Phantasie und dem Nachschaffen herrührende. «Niemals wandelt sich ein fertig ausgebildetes Blatt in ein anderes, und niemals zieht sich ein Blatt zusammen und verliert seine äußeren Einteilungen. Was beschreibt Goethe da eigentlich? Doch dasjenige, was der sinnlichen Anschauung nicht zugänglich ist, aber sehr wohl von ihr ausgehend nachvollzogen werden kann, wenn sich das Denken demjenigen anschmiegt, was der realen Blattbildung vorausgeht, sie anstößt und dirigiert und nach der Bildung eines Blattes zur nächsten weiterschreitet und so weiter. Hier wird – indirekt, als handle sich's um einen mit Augen wahrnehmbaren Ablauf – beschrieben, was sich, abgelesen an dem Gestaltunterschied zwischen den verschiedenen Blättern, im zeitlichen Weiterschreiten von einer Bildung zur anderen zwischen den einzelnen Blättern wandelt, sich mal mehr in die Blattbildung hinein ausdehnt, dann wieder stärker zurückzieht und dadurch nur zu verhalteneren, andeutungshaften Formbildungen führt. Die einzelnen Blätter sind nur die Ergebnisse und Auswirkungen, die ‹Fußspuren›, über die zu dem vorgedrungen werden kann, was die Spuren verursacht. Die fertige Gestalt der Pflanze wird sozusagen ‹entstaltet› und ein Schritt zurückgetan, vom Bewirkten hin zum Bewirkenden, dessen zeitliche Bewegungen nachgebildet, nachplasziert werden. Es ist ein Nachschaffen, aber immerhin schon ein tätiges, aktives Denken: exakte Phantasie, ein Denken, das nicht nur das Gewordene registriert, sondern in sich Bildeprozesse in ihrer Zeitgestalt nachvollzieht.»[63]

In diesem Sinne versteht Steiner das Übersinnliche als etwas, was dem Menschen durch ein eigenes Organ zugänglich wird: durch das Denken. Während die Sinne das sinnlich Gegebene erschließen, erschließt das Denken eine andere Welt, freilich hat das Denken dann eine andere Funktion als nur das sinnlich Vermittelte zu organisieren oder abbildhaft nachzuzeichnen. Es ist ein Tätiges, wie auch der im Verhalten und in der Handlung zum Ausdruck kommende Wille ein tätiger ist. Auf der Ebene des Erkennens sprach Goethe von anschauender Urteilskraft. Durch seine Goethestudien[64] im Denken in Metamorphosen geübt, betrachtet Steiner auch im Seelischen die Umschwünge und nicht nur den rationellen Mauerverbund. So entwirft er in der Idee die Zeitgestalt des menschlichen Lebens in seinen Gliederungen, andererseits beobachtet er konkrete Situationen des Lebens der Kinder, um daran seine Gedanken zu entwickeln. Es ist ihm wichtig zu sehen, wie Kinder miteinander spielen und in der Auseinandersetzung sich und den anderen erfahren, wie sie streiten, verzichten müssen. Erst aus der Kenntnis solcher Vorgänge kann der Erzieher anregend, mäßigend, lenkend durch seine Gegenwart und seine Aufmerksamkeit erziehend eingreifen – wobei Haltung, Gesten, Stimmlage bedeutsamer für das soziale Klima sind als Belehrungen. Von großer Wirkung auf die Entwicklung ist die ganze Erziehungsstimmung. Bewußt inszenierte Lernschritte, an denen etwa Verzicht, Durchhalten, Selbständigkeit und so weiter geschult werden sollen, erscheinen ihm weniger wichtig als die Imponderabilien, das Unwägbare, das zwischen Erzieher und Kind wirkt. Werden die vom Leben selbst herbeigeführten Situationen immer auch vom Erwachsenen durchdrungen, gelegentlich auch durch aufhellende und richtunggebende Aussagen begleitet oder durch sinnige Geschichten in größere Zusammenhänge eingebettet, bereitet sich seelisch das Feld vor, aus dem Eigenständigkeit des Urteils erwächst.

Ich, Schlaf und Tod

Bei der Frage nach dem Ich haben wir es mit einer noch tieferen Grundentscheidung zu tun. Kurz gesagt, geht es darum, welche Bedeutung dem menschlichen Wesen in den Wechselprozessen von Anlage, Umwelt und biologischer wie seelischer Reifung zukommt. Hier unterscheiden sich die verschiedenen pädagogischen Ansätze beträchtlich. So heißt es bei Roth: «Der mündige Mensch verfügt über ein Ich als Bewußtsein seiner Identität (Selbstbewußtsein) und als Führungs- und Kontrollinstanz für sein Denken und Handeln.»[65] Das steht außer Frage. Doch: «Besitzt der Säugling ein solches Ich? ... Gibt es so etwas wie einen Ich-Keim, der sich von selbst zu einem reifen ‹Ich› entwickelt? Oder ist an dieser Entwicklung auch die Erziehung beteiligt?»[66] Daß Erziehung an diesem Vorgang beteiligt ist, unterliegt wohl auch keiner Frage, entscheidend ist vielmehr, ob das Ich sich erst als Ergebnis von Reifung, Umwelt und Erziehung einstellt oder ob es als Substanz und Wirklichkeit schon im Säugling anwesend und tätig ist. Für Roth wäre «schon die Annahme verhängnisvoll, der Neugeborene brächte sein Ich mit auf die Welt».[67] Er räumt allenfalls ein, daß man die mit dem Ich verbundene Bewußtseins- und Sprachfähigkeit als dem Organismus mitgegeben betrachten könne, beim Säugling jedoch dürfe höchstens von einem «Ich-Keim» gesprochen werden.[68] Diese Setzungen unterscheiden sich in der Tat grundlegend von denen Steiners. Es ist damit die Frage nach dem menschlichen Geist und seinem Wesen gestellt. Erschöpft sich dieser in dem, was Bewußtsein ist, oder umschließt er auch die Tätigkeit des Wesens? Freilich, wenn das Ich im Selbstkonzept des Menschen gesehen wird, dann ist es Ergebnis eines ausschließlich nachgeburtlichen Prozesses. «Jede Person nimmt fortlaufend wahr, empfindet und macht Erfahrungen. Ein Teil dieser Wahrnehmungen und Erfahrungen betrifft die eigene Person, ihre Fähigkeiten und Eigenschaften. So erfährt sich eine Person als leicht ermüdbar, als unternehmungslustig, als zu oft mutlos, als gut kontaktfähig zu anderen. Die fortlaufenden Erfahrungen mit und über die eigene Person verdichten sich zum ‹Ich›, zum ‹Selbst›, zum Konzept oder Schema der eigenen Person, zum Selbstkonzept ... Das Konzept ‹Ich selbst› ist also ein erworbenes, gelerntes Konzept, aus den Erfahrungen und Wahrnehmungen eines Menschen über und mit sich.»[69] Was ist der Unterschied zu höheren Tieren? Sie haben Wahrnehmungen, Empfindungen, machen Erfahrungen. Sie haben aber nicht den personalen Charakter, können das Genannte nicht zum «so sehe ich mich» zusammenfassen. Damit dies gelingt, dazu muß das, was dann dieses Selbstkonzept tatsächlich bewerkstelligt – als Kraft, als Teil eines Wesens –, schon dasein. Das Selbstbild gestaltet sich aus der nachgeburtlichen Erfahrung, die Kraft oder Substanz dazu ist eine eigene Entität, sie ist schon vorgeburtlich existent.[70] In der Genesis wird zuerst das Wirken angesprochen: «Und Gott sprach: es werde ... und es ward»; erst danach erfolgt die Reflexion: «Und er sah ...»

Auch was die Ich-Wesenheit des Menschen betrifft, weicht also Steiners Grundposition von den anderen Auffassungen radikal ab. Im einen Fall entsteht das Wesen als Ergebnis der Interaktion, im andern Fall, bei Steiner, ist es immer schon an den Vorgängen beteiligt. Da ist das Ich vornehmlich im *Wirken*, in der Tätigkeit, zu suchen: im Aufrichten, im Sprechen, im Denken, also mehr im Vollzug als in den bewußten Inhalten. Schelling sagt: «Mein Ich enthält ein Sein, das allem Denken und Vorstellen vorangeht.»[71] Erst zuletzt tritt das Ich auch im Selbstbewußtsein in Erscheinung. Wäre es anders, so ließe sich die eigentümliche «exzentrische Positionalität», auf welche die philosophische Anthropologie Plessners als dem eigentlich Menschlichen aufmerksam macht, nicht begreifen. «Exzentrizität ist die für den Menschen charakteristische Form seiner frontalen Gestelltheit gegen das Umfeld. Als Ich, das die volle Rückwendung des lebendigen Systems zu sich ermöglicht, steht der Mensch nicht mehr im Hier-Jetzt, sondern ‹hinter› ihm, hinter sich selbst, ortlos, im Nichts, geht er im Nichts auf, im raumzeithaften Nirgendwo-Irgendwann. Ortlos-zeitlos ermöglicht er das Erlebnis seiner selbst und zugleich das Erlebnis seiner Ort- und Zeitlosigkeit als des außerhalb seiner selbst Stehens ... Als Ich ... das sich in voller Rückwendung erfaßt, sich fühlt, seiner inne wird, seinem Wollen, Denken, Treiben, Empfinden zusieht (und auch seinem Zusehen zusieht), bleibt der Mensch im Hier-Jetzt gebunden, im Zentrum totaler Konvergenz des Umfeldes und des eigenen Leibes. So lebt er unmittelbar, ungebrochen im Vollzug dessen, was er kraft seiner unobjektivierbaren Ichnatur als seelisches Leben im Innenfeld faßt. Ihm ist der Umschlag vom Sein innerhalb des eigenen Leibes zum Sein außerhalb des Leibes ein unaufhebbarer Doppelaspekt der Existenz, ein wirklicher Bruch seiner Natur. Er lebt diesseits und jenseits des Bruches, als Seele und Körper und als psychophysische neutrale Einheit dieser Sphären.»[72] In verwandter Weise formuliert Scheler die Tätigkeit des Geistes, des Ich – unabhängig von Steiner und Plessner – so: «Der Geist ist das einzige Sein, das gegenstandsunfähig ist – er ist reine, pure Aktualität, hat sein Sein nur im freien Vollzug seiner Akte. Das Zentrum des Geistes, die ‹Person›, ist also weder gegenständliches noch dingliches Sein, sondern nur ein stetig selbst sich vollziehendes (wesenhaft bestimmtes) Ordnungsgefüge von Akten. Die Person ist nur in ihren Akten und nicht durch sie. Seelisches vollzieht ‹sich selbst› nicht: es ist eine Ereignisreihe ‹in› der Zeit, der wir eben aus dem Zentrum unseres Geistes heraus noch prinzipiell zuzuschauen vermögen, die wir in der inneren Wahrnehmung und Beobachtung noch gegenständlich machen können. Alles Seelische ist gegenstandsfähig – nicht aber der Geistesakt, die Intention, das die seelischen Vorgänge selbst noch Schauende.»[73] Wir sehen, es handelt sich um eine Grundentscheidung, die zur einen oder anderen Vorstellungskette führt. Steiner befindet sich da durchaus in einer philosophisch guten Gesellschaft. Gleichwohl gibt es die gegenteilige Strömung, und sie ist die «herrschende».

Setzen wir die Betrachtung des Wandels zur Zeit der Geschlechtsreife, der «Geburt des Empfindungsleibes» fort, so wird daran Steiners Verständnis des Ich besonders deutlich; denn er bleibt nicht bei einem philosophischen Begriff stehen, sondern verfolgt die Wirksamkeit bis in konkrete Wandlungen des Lebens. Der *Empfindungsleib* ist, wie schon ausgeführt, der Träger des Bewußtseins, damit *von Wachen und Schlafen.* Welche Bedeutung hat die Pubertät, so läßt sich fragen, für den Rhythmus von Wachen und Schlafen? Verändert sich in diesem Rhythmus tatsächlich etwas? Die Selbsterfahrung zeigt, daß wir im Schlaf die Erlebnisse des Tages verarbeiten; denn nach gutem Schlaf sehen wir alle Erlebnisse des Vortages verändert: in milderem Licht, mit Abstand, abgeklärter. So liegt die Vermutung nahe, daß sich die Art der Verarbeitung während des Schlafes grundlegend verändert, wenn der Astralleib geboren wird. «Man kann auch beobachten, wie das Kind in einer gewissen Weise noch anders schläft als der Mensch, der dann aus dem Kinde wird nach dem Zahnwechsel ... Das Kind kann nämlich bis zu seinem siebenten Jahr in seinen Schlafzustand ... noch nicht mit derselben Kraft dasjenige hineinsenden, was es später als seelische Kräfte hineinsendet; denn diese Kräfte haben noch zu tun mit Körperlichem, eben mit dem leiblichen Organismus. Daher sendet das Kind noch nicht die scharf konturierten Begriffe in den Schlafzustand hinein.»[74] Entsprechend kann gefragt werden, was von der Pubertätszeit an, mit der Emanzipation des Astralleibes, in den Schlaf hineingetragen wird. Solange der Astralleib völlig im Leib eingebunden ist und sich noch nicht zur Urteilsfähigkeit emanzipiert hat, fehlt dem kindlichen Menschen eine selbständige Beurteilung des eigenen Tuns. Erst dann aber, wenn die *Urteilskraft* sich nicht nur in der Urteilsbildung den Welterscheinungen und den menschlichen Handlungen anderer gegenüber betätigt, sondern auch die eigene Tätigkeit in den Blick gerät, kann es zur Selbstverantwortung kommen. Erst jetzt vermag «moralische Verschuldung» aufzutreten. Ein Kind, das aus Nachahmung oder auf

Weisung handelt, ist in diesem Sinne unschuldig. Wer aber urteilsfähig ist, kann sich vertun, kann zu Fehlurteilen kommen, kann irren. Die *moralischen Urteile* sich selbst gegenüber hängen nun stark mit den «Nachterfahrungen» zusammen, mit der *Traum- und Schlafarbeit*, wenn das so genannt werden darf. Es scheint so, als ob der Mensch in der Nacht eine Art Zwiesprache hielte mit seinem eigenen Genius, wie I. H. Fichte das höhere Wesen nennt. In der Pubertät beginnt sich das Tageswesen des Kindes mit seinen vielfältigen Erlebnissen, Vorstellungen, Handlungen, Urteilen, seinen sprachlichen Äußerungen, die im Schlafe nachklingen und erneut unbewußt durchlebt werden, in ein Gespräch zu bringen mit dem höheren Selbst, dem Geistselbst (vgl. S. 190ff). Es beginnt – bildhaft gesprochen – sich darüber auszutauschen, inwieweit das Taggeschehen mit den eigenen (unbewußten) Lebenszielen übereinstimmt. Die *Selbstkonzeption* entsteht nicht erst an den Erfahrungen, sondern liegt bereits im Vorentwurf des Lebens, in den vorgeburtlichen Intentionen; daran mißt und beurteilt das eigene Wesen sich selbst. Das Geistselbst ist der Maßstab, das Alltags-Ich das real handelnde. Diese Gedankenfigur hat schon I. H. Fichte vertreten und auf das Denken sowie das Bewußtsein angewandt, wenn er sagt: «Denken ist ursprüngliche Tätigkeit des Geistes … ohne davon zu wissen … Wir lernen nicht denken, sondern bloß mit Bewußtsein tun, was wir in den unmittelbaren Zuständen schon mit sicherer Bewußtlosigkeit taten.»[75] Oder: «Das Bewußtsein kann nur dasjenige erkennen, mit dem es gewisse Daseinsbedingungen gemein hat; es kann nur begehren und lieben, was es in dunklem Vorgefühle schon besitzt.»[76] Generell gilt: «Die Seele ist in uns ein instinktbegabtes Triebwesen, weil sie in unbewußter Antizipation und idealer Vorausnahme schon *besitzen* muß, was sie *werden* soll und was zu werden sie eben damit *durch sich selbst* getrieben ist; – ebenso wessen sie durch fremde Ergänzung bedarf, dessen Bild ihr daher gleichfalls durch ideale *Urbeziehung* eingegeben sein muß.»[77] In der allnächtlichen Begegnung mit dem eigenen Genius[78] von der Pubertätszeit an kommt es zu einer zarten und leisen Um- oder Neubewertung des eigenen Tagesseins, wodurch sich das Subjekt näher kommt.

Die Außenseite dieses subtilen Innenvorgangs der Selbstbegegnung ist das erstaunlich kritische Vermögen, das sich auf alles und jedes zu richten vermag und das den anderen danach beurteilt, wie er zu sein hätte – nach dem Maßstab des Urteilenden. Die andere Seite dieser Kritikfähigkeit hängt mit dem angelegten Maßstab selbst zusammen; er weist unver-

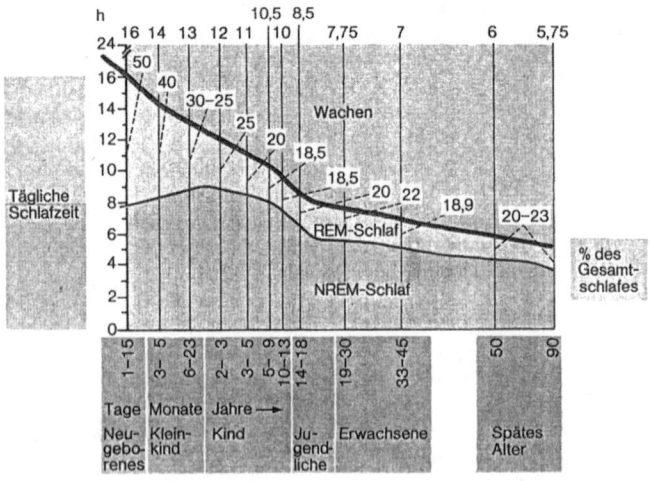

Abb. 15: Wach- und Schlafzeiten und der Anteil von NREM- und REM-Schlaf im Verlauf des menschlichen Lebens. Neben dem Rückgang der Gesamtschlafzeit ist u. a. die starke Abnahme der REM-Schlafdauer nach den frühen Lebensjahren bemerkenswert (aus: Roffwarg et al., 1966).

kennbar idealistische, zukunftsorientierte Züge auf, indem er das Mögliche, das noch nicht ist, in den Blick faßt. Alle Zielsetzungen weisen, ebenso wie das eigene Streben, über das Gegebene hinaus. Derselbe Vorgang läßt sich auch so begreifen, daß der Pubertierende aufgrund der freiwerdenden Kräfte nunmehr eine andere Verarbeitung der Tagerlebnisse erlangt und damit in der Nacht anderes zu verarbeiten hat. In diesem Sinne ist dann auch ein früher Tod in der Kindheit «schuldlos»; Goethe läßt den «Chor seliger Knaben», die Mitternachtsgeborenen, in Fausts Himmelfahrt als jene erscheinen, die ohne Erdenverstrickung sind.[79] So wird auch erst verständlich, daß der menschliche Tod in der Zeit, die der Geschlechtsreife unmittelbar vorausgeht, allmählich anders erlebt wird. «Die Unausweichlichkeit und Endgültigkeit des Todes wird erst präpubertär erfahren und nähert sich dann der Auffassung der Erwachsenen. Die Einstellungen des Kleinkindes sind meist noch ohne affektive Reaktion. Sie orientieren sich an der Meinung, daß ein ‹Toter sich nicht bewege› ... Tod und Schlaf werden in früher Lebenszeit nicht immer und endgültig differenziert.»[80]

Auch die äußerlich nachweisbare Schlafstruktur verändert sich mit der Pubertätszeit: Nicht nur nähert sich die Gesamtschlafdauer der des Erwachsenen an, auch die innere Gestalt des Schlafes entwickelt sich im gleichen Sinne. Der «paradoxe Schlaf» (wegen der dabei auftretenden schnellen Augenbewegungen auch R[apid] E[yes] M[ovement], REM-Schlaf genannt), der in der Kindheit mit ihren ausgeprägten Wachstums- und Leibgestaltungsvorgängen besonders ausgedehnt ist, sinkt auf Werte, die mit denen im Erwachsenenalter vergleichbar sind.

Mit der Gründung der Waldorfschule erweitert Steiner seine Darstellungen der Situation des Jugendlichen zur Zeit der Geschlechtsreife und in der nachfolgenden Zeit. Um etwas von dieser erweiterten Perspektive in unserer Darstellung mit aufzugreifen, ist es notwendig, den inzwischen von Steiner vollzogenen neuen methodischen Schritt einzubeziehen, der sich abgekürzt so beschreiben läßt: von der Viergliederung – Physischer Leib, Lebensleib, Empfindungsleib, Ich – zur Dreigliederung, das heißt zu einem *funktionalen* Verständnis desselben Zusammenhanges.

Von der Viergliederung des Menschen zur Dreigliederung

Der Konzeption, daß die menschliche Entwicklung mit einer Folge leiblicher Reifungsschritte einhergeht und dementsprechend eine Dominanz des Körpers für die Ausreifung besteht, korrespondiert der Gedanke, daß damit jeweils zur Persönlichkeit gehörende Kräfte frei werden. Diese bilden ein wachsendes Instrumentarium für Seele und Geist, um sich immer selbständiger und verantwortlicher in der irdischen Welt zu beheimaten und Erfahrungen aus ihr zu ziehen. Nach der Geburt gestaltet sich durch sieben Jahre hindurch zunächst vor allem das Nervensystem aus, das in gewisser Hinsicht gleichgesetzt wird mit dem physischen Leib. Dann folgt eine Phase der Ausgestaltung der Lebensvorgänge (Ätherleib), insbesondere in den Rhythmen von Atem und Puls, schließlich erfolgt die Reifung von Stoffwechsel und generativer Organisation, was seelisch zu einer Vertiefung der Empfindungs- und Urteilsfähigkeit (Astralleib) führt. Ehe der Persönlichkeit die Mündigkeit und Selbstverantwortung (das Ich) voll zukommt, reift der Leib in den Gliedern. Diese Form der Betrachtung geht auf ein differenziertes Verständnis des *Zeitwesens* zurück. Das Ringen um ein Verständnis der Zeit und ihres Wesens – denn Entwicklung geschieht allein in der Zeit – ist auch in der Biographie Steiners nachweisbar.

Der Doppelstrom der Zeit

Die Frage nach dem Wesen der Zeit, dem merkwürdigen Medium, in dem jede irdische Entwicklung geschieht – im Unterschied zur Erfülltheit des Raumes mit dem Anwesenden oder Abwesenden, dem Sein oder Nichts –, beschäftigt Steiner bereits zwischen dem achtzehnten und einundzwanzigsten Jahr seines Lebens aufs intensivste, und er kam auch innerhalb dieser wenigen Jahre für sich bis zu einem ersten, vorläufigen Erkenntnisabschluß. Ihm wird zunächst zur tiefen Frage, *wie* sich der Geist als etwas Außerzeitliches und Außerräumliches, als Ewiges und Absolutes, im Endlichen von Raum und Zeit offenbaren könne. Die Tatsache des Sich-Offenbarens erweist das Selbsterleben, und ohne die Teilhabe an der Wahrheit und damit an der Welt des Geistes könnte weder gefragt noch geantwortet werden. Doch dieser Vorgang geschieht nicht im Ewigen, sondern im Endlichen, in der Leiblichkeit. Der auf dieses Ringen zurückblickende Steiner formuliert die Frage so: Wie können Geist (Absolutes) und Stoff (Begrenztes) zusammen- und ineinanderwirken? In einer Abhandlung *Einzig mögliche Kritik der atomistischen Begriffe* (1881/82), die wieder aufgefunden werden konnte, heißt es zum Ende: «Was ist aber Raum? ... Wie der Raum nur etwas an den Gegenständen, so ist nun die Zeit nur aus und mit den Prozessen der Sinnenwelt gegeben. Sie ist denselben immanent. An sich sind beide bloße Abstraktionen.»[81]

Was Steiner hier in philosophischer Reflexion aufging und was er dann in der kurz darauf erfolgenden Beschäftigung mit Goethes Naturanschauung weiter ausgestaltete, ist, daß in allen zeitlich sich entwickelnden Prozessen *Zeit als ein Doppelstrom* anwesend ist: ein Strom, der alles, was war, das Gewordene mit in die Gegenwart führt, und ein gegenläufiger Strom, durch den die Zukunft, das sich Gestaltende, Werdende, das noch nicht ist, bereits sich der Gegenwart mitteilt. Für das Lebendige bedeutet dies, daß es nicht aus mechanischer Taktzeit, aus einer «absoluten Zeit, das heißt [in] einem unveränderlichen Maßstab des Nacheinander»[82] zu erfassen ist, da sich in ihm ständig ein *aufsteigender*, sich entfaltender Strom (Evolution) und ein *abwärtsgehender, rückbildender* Strom (Devolution) durchdringen. In der Gegenwart als dem Durchdringungs-«ort» entfaltet sich die Gestaltumbildung: die Metamorphose.[83] Diese evolutiven und devolutiven Qualitäten lassen sich sehr konkret in organischen Bildungen bei Pflanze und Tier, aber auch am Menschen erfassen (vgl. S. 357).

Betrachtet man die Entwicklung des Knochen-Schädels des Orang-Utan von seiner infanten (kindlichen) zur adulten Form, so fällt auf, daß die Kinnpartie zunächst gehalten erscheint, dann allmählich gewaltig anwächst, während sich der Gehirnschädel proportional dazu zurückzubilden scheint: eine erstaunliche Entwicklung von ausgewogenen Verhältnissen in die Vereinseitigung. Vergleicht man diese Entwicklung mit der

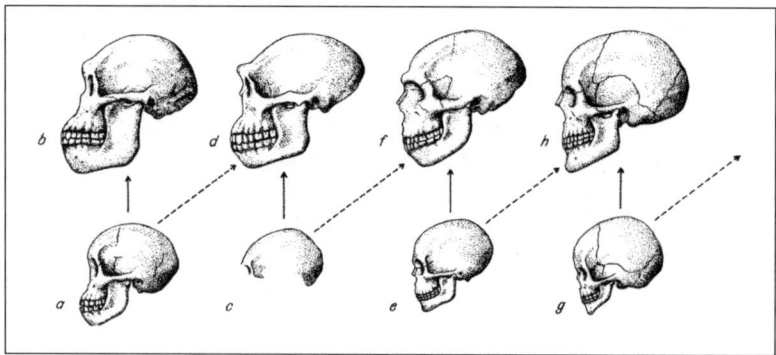

Abb 16: Die Schädelformen der zahlreich aufgetretenen urgeschichtlichen Menschenformen und ihrer Kinder: Africanus-Stufe (a, b), Erectus-Stufe (c, d), Neanderthalensis-Stufe (e, f) und Sapiens-Stufe (g, h). Die Kinderformen nehmen die phylogenetischen Folgeformen vorweg (aus: O. H. Schindewolf, Phylogenie und Anthropologie aus paläontologischer Sicht. In Gadamer/ Vogler (Hrsg.): Neue Anthropologie Bd. 1).

eines Halbaffenschädels, so sieht man, daß die gegebenen Proportionen sich lediglich in etwa vergrößern. Die Übersicht der Schädel der Hominiden, die der Paläontologe O. H. Schindewolf phylogenetisch und ontogenetisch zusammengestellt hat,[84] zeigt, wie in der Phylogenese eine spätere Entwicklungsstufe evolutiv, gleichsam Zukunft vorentwerfend, wirkt, während ontogenetisch die Ausgestaltung – am juvenilen Stadium gemessen – eher devolutiv abläuft.[85]

Zeit im seelischen Erleben: Urteilsfähigkeit

Das seelische Erleben, die Innenwelt, kann als ein Feld betrachtet werden, welches sich nach verschiedenen Seiten differenziert; zunächst in zwei Richtungen, nämlich in das *bildhafte Erleben der Vorstellungen* und in das *Drängen der Begehrungen*. Damit fassen wir von Steiner sehr sorgfältig ausdifferenzierte und an zahlreichen Phänomenen entwickelte Gedanken kurz zusammen.[86] Wie in den Vorstellungsbildern immer ein Bezug zum Vergangenen enthalten ist – denn sie sind dem Inhalt nach in ihren Elementen immer aus etwas früher Vorgefundenem aufgebaut –, so zielt das Begehren immer auf ein Künftiges, das noch nicht ist, worauf sich aber das Sehnen oder Streben richtet.

Auch in das seelische Erleben wirken also zwei Zeitströme hinein. Der Strom der Vergangenheit ist dadurch charakterisiert, daß alle einmal in der Seele vorhandenen Wahrnehmungen beziehungsweise Empfindungen zwar nicht verlorengehen, gleichwohl aber ins Unbewußte absinken; dort stehen sie als Erfahrung der Seele im Bildvorrat des Vorstellens zur Verfügung. Ganz anders wirkt das dumpf Drängende, das Über-sich-hinaus auf etwas Unbekanntes, das Noch-nicht zu.

Die Einsicht, daß auch das Seelische eine polare Zeitstruktur aufweist – als Vorstellen und Wollen – formuliert Steiner 1910, fast dreißig Jahre, nachdem er den Doppelstrom der Zeit als in jeder lebendigen Entwicklung wirkend durchsichtig gemacht hat. Wie hängen nun diese in Vergangenheit und Zukunft gerichteten Kräfte mit den «Wesensgliedern» zusammen?[87] Wir machten bereits darauf aufmerksam, daß die Vorstellungen stets Elemente der Vergangenheit zum Inhalt haben, ob man davon im einzelnen weiß oder nicht. Steiner bezeichnet «den Strom, der die für den Moment unbewußten Vorstellungen birgt, der aus der Vergangenheit kommt und in die Zukunft fließt, als den Ätherleib». (Es sei erinnert, daß der Lebensleib der Träger der Gewohnheiten und Erinnerungen ist.) Den anderen seelischen Strom, der mit dem, was auf Entfaltung, auf Zukunft drängt, zu tun hat und der «von der Zukunft in die Vergangenheit geht», bezeichnet er als Astralleib. Dessen innere Natur ist durch seine Begehrungen dem auf die Zukunft gerichteten Willen verwandt, weil sie wie dieser auf Zukunft, auf das Werdende drängt. Durch die Seelensubstanz

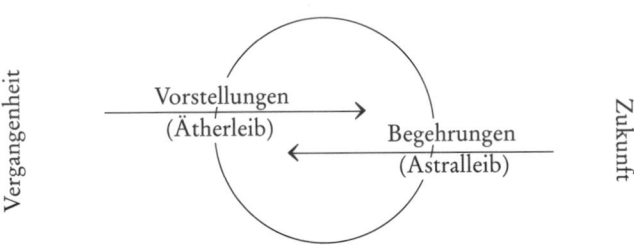

Kreis des Erlebens

des Astralleibes wird das Wesen über die Gegenwart hinausgeführt. Werden die zunächst im Leib tätigen Kräfte mit der Erdenreife freigesetzt, dann wird nicht mehr nur das den Leib Erhaltende begehrt, sondern auch ganz Unbestimmtes ersehnt, Ideales erstrebt. Alles Sehnen und Wünschen verlangt nach Künftigem, es drängt und rumort in der Seele. Impulsiert wird es durch die freigewordenen Kräfte des Astralleibes. Man kann den Astralleib also auch so begreifen, daß man in ihm den aus der Zukunft kommenden Zeitstrom wirkend sieht.

Wenn die beiden Zeitströme sich in der Seele begegnen, dann stauen und durchdringen sie sich; dadurch entsteht Bewußtsein. «Was ist das Bewußtsein? Das sich gegenseitige Treffen des Astralleibes und des Ätherleibes.»[88] Indem also die beiden polaren Seelentätigkeiten – das bildschaffende Vorstellen und das auf Entfaltung drängende Wollen oder wenigstens das Sehnen und Wünschen – übereinanderschlagen, entfaltet sich das Bewußtsein, das heißt, es kommt zu sich selbst. Dieser Vorgang erfährt mit der Erdenreife eine gewaltige Steigerung.

Nun gibt es eine Seelentätigkeit, die gerade ein waches, klares Bewußtsein voraussetzt: das Urteilen. Steiner verdeutlicht sein Wesen an einer Situation, wo es gerade nicht gelingt, die Verhältnisse in ihren Beziehungen zueinander zu ordnen, nämlich an Überraschung oder Erstaunen. «Da tritt unser Gefühl, unser Interesse in Kraft, aber unser Urteil kann nicht sogleich heran»,[89] da uns unsere Vorstellungen nicht voll zur Verfügung stehen. Es zeigt sich, daß mit dem «fortfließenden Strom des Seelenlebens [aus der Vergangenheit] unser Urteilen nicht zusammenfallen [kann]. Es kann aber auch nicht zusammenfallen mit dem von der Zu-

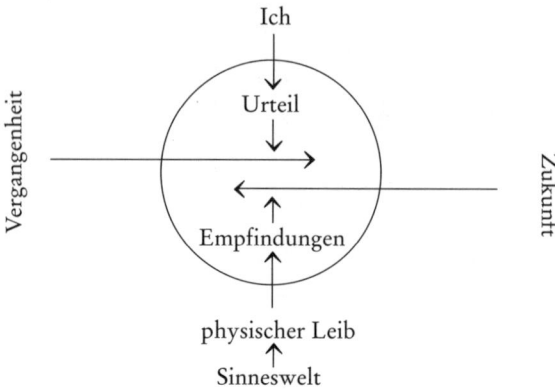

kunft in die Vergangenheit gehenden Strom, weil sonst solche Gefühle wie Furcht, Überraschung, Staunen nicht möglich sein würden. Daraus folgt, daß mit keiner dieser Richtungen zusammenfällt, was wir Urteilen nennen.»[90] So zeigt sich, wie das Zusammentreffen der beiden Zeitenströme Gegenwart erzeugt, die nun ihrerseits wieder Bewußtsein und die Tätigkeit des Urteilens aus sich entläßt. Mit dem Urteilen ist aber immer Ich-Tätigkeit verbunden. «Mit dem Ich schlägt die Urteilsfähigkeit herein.»[91] – Damit wird die Urteilskraft von Steiner sowohl aus der Zeitlichkeit und ihren inhärenten Qualitäten interpretiert als auch aus den Eigenschaften der Wesensglieder.

An dieser Stelle sei noch erwähnt, daß zu den verschiedenen Dimensionen des zeitlichen Erlebens – dem auf Realisierung in der Zukunft drängenden Begehren, dem Vorstellen des Vergangenen und dem Urteilen in der Gegenwart – in herausragenden Momenten dem Menschen eine «geistige» Dimension der Zeit zugänglich sein kann: die Erfahrung des Überzeitlich-Ewigen. Dieses Erlebnis wird, wo es erfahren wurde, stets als Licht, Überschau, Einsicht in Zusammenhänge und unaussprechlich glanzvoll, als Erfüllung, Vereinigung, Aufhebung des Eigenseins – als unio mystica – beschrieben (vgl. auch S. 166).

Aus der knappen Skizze mag verständlich werden, daß Steiner in seinem Lebensgang 1924/25 rückblickend schreiben konnte, wie ihm seine Gedanken im Hinblick auf die Zeit über die psychologischen Tatbestände hinaus noch weitere Erkenntnisregionen aufschlossen, nämlich die Bedeutung des Schicksals. «Das Schicksal setzt sich zusammen aus zwei Tatsachengestalten, die im Menschenleben zu einer Einheit zusammenwachsen. Die eine entströmt dem Drang der Seele von innen heraus; die andere tritt von der Außenwelt her an den Menschen heran.»[92] Der Schicksalsgedanke als der des Karma führte ihn mithin auch – aus dem Problem der Zeit – zur Einsicht in die *Wiederverkörperung*.

Die verschiedenen Zeitqualitäten liegen auch der in *Die Erziehung des Kindes* dargestellten menschlichen Entwicklungsabfolge zugrunde. Vergangenes und Künftiges spielen in den Lebensaltern des Menschen verschieden ineinander. Das Kind ist voller Erwartung, Hoffnung, Zukunft, Spontaneität; im Alter herrschen Rückblick, Erfüllung, Segnung, Trauer.[93] Der Chronotypus in seiner Stufigkeit nach Jahrsiebten führt zur konkreten Anschauung. Die Ausgangsfrage, wie sich der Geist als etwas Außerzeitliches und Außerräumliches, als Ewiges und Absolutes, mit dem Endlichen, mit einem Leib verbinden könne, war mit dem Gedanken eines *Doppelstroms* der Zeit einer Antwort nähergebracht, und Steiner hat in weiteren Ansätzen das Feld weiter ausgeleuchtet. Doch eine andere Frage blieb offen: Wie hängen die seelischen Tätigkeiten des Vorstellens, Fühlens und Wollens mit der Leiblichkeit und deren Organsystemen zusammen? Wie sind die physischen und geistigen Abhängigkeiten der Menschenwesenheit beschaffen? Wie ergreifen Seele und Geist den Körper und durchdringen ihn? Läßt sich der Abgrund zwischen physikalisch-chemischen Prozessen einerseits und Seele und Geist andererseits überbrücken? Diese Fragestellung drängt sich auf, da das seelische Erleben des Menschen, wie es sich im Denken, Fühlen und Wollen offenbart, doch eindeutig an die leiblichen Werkzeuge gebunden ist. «Und es gestaltet sich so, wie es durch diese Werkzeuge bedingt ist. Wer aber meint, er sehe das *wirkliche* Seelenleben, wenn er die Äußerungen der Seele durch den Leib beobachtet, der ist in demselben Fehler befangen, wie einer, der glaubt, *seine Gestalt* werde von dem Spiegel hervorgebracht, vor dem er steht, weil der Spiegel die notwendigen Bedingungen enthalte, durch die sein *Bild* erscheint ... Das menschliche Seelenleben muß, um innerhalb der Sinneswelt sein Wesen voll zu erfüllen, ein *Bild* seines Wesens haben. Dieses Bild muß es im *Bewußtsein* haben; sonst würde es zwar ein Dasein haben, aber von diesem Dasein keine Vorstellung, kein Wissen. Dieses *Bild*, das im gewöhnlichen Bewußtsein der Seele lebt, ist nun völlig bedingt durch die leiblichen Werkzeuge.»[94]

Die Dreigliederungsidee: ein «monistisches» Verständnis gegen den Leib-Seele-Dualismus

Wie ist nun das Verhältnis des Leiblichen zum Seelisch-Geistigen konkret zu fassen? Damit wird die grundlegende Frage, die bereits im ersten Teil berührt wurde, bis auf die Leibebene neu gestellt, ob nämlich der Mensch *monistisch*, das heißt einheitlich, zu verstehen sei oder *dualistisch,* indem der Leib einerseits, Seele und Geist andererseits einen Gegensatz oder zumindest einen undurchschaubaren Zusammenhang bilden (siehe S. 18). Bei Steiner bindet die Seele als zeitliches Wesen das Ewige, den Geist, an den vergänglichen Leib. Darum ist der Leib Instrument der Seele und Organ des Ich, er ist «mein Leib», kein fremder. Denn das Ich wächst durch die

Verkörperung im Leib und die durch ihn vermittelten Erfahrungen, wobei ihm die Seele mit ihren Eigenschaften des Begehrens, der Sympathie und Antipathie und den Vorstellungs- und Urteilskräften ihrerseits als wichtigstes Instrument oder Medium innerhalb des Leibes und gegenüber den Welterfahrungen dient. Dadurch macht das Ich in Leib *und* Seele Erfahrungen und Bereicherungen, die ohne die Bindung an den Leib nicht möglich wären, wie umgekehrt der Leib eben durch das Ich selbst mitgestaltet wurde und wird. Denn diesem Leib ist aus der schon vorgeburtlichen Wirksamkeit des Ich – die Individualität als Kraft steht über den Geschehnissen, hat als solche am Ewigen Anteil –, neben dem genetischen Code und neben dem Stoffwechselfeld die ihm eigene – zunächst auf Erden unbewußte – Wesenheit einverwoben.[95] Nur dadurch kann es zur völligen Identifikation mit dem Leib kommen: «Leib bin ich ganz und gar», oder zur «großen Vernunft des Leibes» (Nietzsche).

Das *Zeitliche* erscheint einer formalen Betrachtung im *Nacheinander*. Steiner ordnet ihm, wie ausgeführt, im Seelischen drei Eigenschaften zu:

– das *vorstellende Denken*, das, indem es sich auf etwas schon Gewordenes bezieht, vor allem die Vergangenheit reflektiert (richtet es sich auf die Zukunft, ist es Phantasie und benötigt den Willen);
– das *Drängen*, *Begehren* und *Wollen* mit seinen Intentionen auf das Zukünftige, das erst noch zu Vollziehende, das zu Gestaltende hin;
– das *Fühlen* mit seinen Regungen, seinem Auf und Ab der Stimmungen, seinen Stellungnahmen zu etwas, spontan, unmittelbar, intensiv im Hier und Jetzt der Gegenwart; es ist stetig im Vollzug, hat keinen langen Atem, aber den kurzen, entschiedenen.

Der *Geist* wirkt *als Überzeitliches* hinter dieser Differenzierung des Seelischen im Zeitlichen, alle Zeitlichkeit umgreifend und zur einheitlichen Geste verbindend. Die Einkörperung in das Zeitliche und damit auch in das Endliche und Vergängliche des Leibesgeschehens kann in diesem Sinne nur durch die Seele erfolgen, während der Geist – mit seinen Organen – in der Seele lebt. Der Leib ist einerseits, als lebendiger, zeitlich, aber als Gestalt ist er im Raum. – Wie geschieht die Verbindung des Seelischen mit dem Leib? Der zeitlichen und räumlichen Komponente entsprechend, gibt es zwei Zugänge, diese Einkörperung zu begreifen: über die *physiologischen Prozesse* und über die *Gestaltbetrachtung*. Der morphologische Zugang, also über die Gestalt, dürfte methodisch und faktisch leichter gelingen, weil die Beziehungen im Raum nebeneinander vor Augen liegen, während die zeitlichen nie als solche, sondern nur im Festhalten eines früheren Zustandes im späteren erfahrbar sind, dabei bleibt einer immer der unmittelbaren Anschauung entrückt. Aus diesem Grunde wählen wir als Ausgangspunkt unserer Betrachtung die Gestaltanschauung.

Leibformen und Leibprozesse

Am Leib oder Körper unterscheiden wir aufgrund eindeutiger Gestaltmerkmale zweckmäßigerweise

1. den *«Rumpf* (Truncus) mit den Körperhöhlen, in denen die großen Organsysteme untergebracht sind;
2. die am Rumpf hängenden *Gliedmaßen*;
3. den *Kopf (Caput)*, der auf dem Rumpf «thront», mit dem er durch den Hals (Collum oder Cervis) verbunden ist.

Der nahezu kugelförmige Kopf enthält die Schädelhöhle (Cavum crani) mit dem Gehirn. In der Brusthöhle (Cavum thoracis) liegen die Atmungs- und Zirkulationsorgane, in der Bauchhöhle (Cavum peritoneale), an die sich nach unten die Beckenhöhle anschließt, die Verdauungs- und Ausscheidungsorgane. Die Fortpflanzungs- und Geschlechtsorgane schließen sich noch weiter unten an den Beckenraum (Pelvis) an.[96] Im Unterschied zur *Beweglichkeit* der verschieden strukturierten Arm- und Bein-Organisation wird der Kopf meist in Ruhe gehalten. «Zwischen den oberen und den unteren Körperregionen ergeben sich polare Gegensätze.»

Der andere, der zeitliche oder *physiologische* Zugang, hat die elementaren Lebens*prozesse* zu berücksichtigen:

1. die *Stoffaustauschvorgänge* (Stoffwechsel, Metabolismus), die «mit der Substanzaufnahme (Digestion) beginnen und mit der Ausscheidung (Exkretion) enden; es handelt sich um die energieliefernde beziehungsweise energieverbrauchende Seite der Lebensabläufe; gebunden sind die Vorgänge hauptsächlich an den Digestions- und Urogenitalapparat;
2. die *rhythmischen Transport- und Verteilungsvorgänge,* die sich in einem regelmäßigen Wechsel vollziehen; hierher gehören vor allem die Aufnahme der Atemgase (Respiration) und der durch das Gefäßsystem vollzogene Stoff- und Flüssigkeitstransport (Zirkulation); ge-

bunden sind diese Vorgänge vor allem an den Respirations (Lunge)-
und Zirkulationsapparat (Herz-Kreislaufsystem);

3. die *Informationsprozesse (Erregungsübermittlung)*, und zwar sowohl
innerhalb des Organismus als auch mit der Umwelt; gebunden sind
diese Prozesse an die Sinnesorgane, das Nervensystem und endokrine
Organe.

Organsysteme und physiologische Prozesse stehen offenkundig in einer
sehr engen inneren Beziehung zueinander: Das *räumlich* deutlich in Erscheinung tretende Organsystem ist jeweils Zentrum eines sich als Funktion über den ganzen Leib erstreckenden physiologischen Prozesses, also
eines *zeitlichen* Vorganges. Nun gilt es zu untersuchen, ob von diesem
Räumlich-Zeitlichen, das dem Leib eignet, auch eine Verbindung zum
Seelischen besteht beziehungsweise sich aufweisen läßt. Gelingt es, einen
Zusammenhang zwischen Seelenvorgängen und Leibprozessen herzustellen, dann ist eine monistische Auffassung des Menschen sichergestellt.
Diesen Auf- und Nachweis erbracht zu haben, stellt die herausragende
Leistung Steiners dar. Sie ist in ihrer Bedeutung für die Menschenerkennt-
nis kaum auszuloten und wird ihre Wirksamkeit erst noch entfalten.

Seelenvorgänge: die monistische Betrachtung konkret

«Skizzenhaft möchte ich nun auch darstellen, was sich mir ergeben hat
über die Beziehungen des Seelischen zu dem Physisch-Leiblichen. Ich
darf wohl sagen, daß ich damit die Ergebnisse einer dreißig Jahre währen-
den geisteswissenschaftlichen Forschung verzeichne.»[97] Mit diesen Worten leitet Steiner 1917 seine Darstellung des Leib-Seele-Zusammenhanges
ein. Wir wollen unseren Ausführungen diese Darstellung zugrunde legen
und weitere, darauf aufbauende Forschungen hinzuziehen.

«Die körperlichen Gegenstücke zum Seelischen des *Vorstellens* hat
man in den Vorgängen des *Nervensystems* mit ihrem Auslaufen in die
Sinnesorgane einerseits und in die leibliche Innenorganisation andrerseits
zu sehen ... Das *Fühlen* [muß] man in Beziehung bringen ... zu demjenigen *Lebensrhythmus*, der in der *Atmung*stätigkeit seine Mitte hat und
mit ihr zusammenhängt ... Und bezüglich des *Wollens* findet man, daß
dieses sich in ähnlicher Art stützt auf *Stoffwechselvorgänge.*»[98]
Stets geht ein physiologischer Vorgang im Stoffwechsel vonstatten,
wenn etwas gewollt wird, ein rhythmischer, wenn etwas gefühlt, ein

nervöser, wenn etwas vorgestellt wird. Dabei sind die zugehörigen Bewußtseinsstufen oder -helligkeiten verschieden: eher dunkel und unbewußt beim Willensvollzug, träumend, also halbwach – wenn auch intensiv – beim Fühlen, klar und überschaubar, wach, allein beim Vorstellen. Steiner anerkennt nicht, daß die *Seele* ihren «*Sitz*» nur im Nervensystem habe, nein, sie wohnt im gesamten Leib, in diesem ist sie unmittelbar tätig und damit in dessen Gesamtheit, bis in jede Zelle hinein, verankert, wobei freilich die Verbindung nicht von der einzelnen Zelle, sondern von den übergeordneten Leibstrukturen getragen wird. Die Verankerung der Seele im Leib geschieht in dreifacher Weise: mit dem Stoffwechsel – mit den rhythmischen Vorgängen – mit den nervlichen Prozessen und Strukturen. Und der Leib als ganzer in seiner dreifachen Differenzierung ist Sitz der Seele (und nicht nur das Gehirn). Von Wichtigkeit sind die übergeordneten Organ- und Funktionseinheiten des Leibes, in die sich die Zellen einordnen, um ihre organisch-physiologische Aufgabe zu erfüllen. Im einzelnen läßt sich eine *hierarchische Stufung* nachweisen: von Zellverbänden zum Gewebe, zu Organen und Organzusammenhängen; diese höchste Stufe wird von Steiner «*System*» genannt, worunter sich jeweils die hervorgehobenen Funktionszusammenhänge ergeben. Alle Nerven, die funktionell stark in sich gegliedert sind – Neokortex, Glia, Faserbahnen, myelinisierte, nichtmyelinisierte Bahnen und so weiter – werden als ein System zusammengefaßt; alle die inneren und äußeren Atmungs- und Kreislaufprozesse betreffenden Organsysteme als ein zweites, und alle Stoffwechselorgane und -funktionen als ein drittes System. Die Funktionen sind in diesem Fall der Anatomie und Morphologie übergeordnet; letztere können dann in ihrer Räumlichkeit von den Funktionen her betrachtet werden.[99]

«*Der Leib als Ganzes, nicht bloß die in ihm eingeschlossene Nerventätigkeit, ist physische Grundlage des Seelenlebens.*»[100] Damit befreit sich Steiner von der Cartesianischen Denktradition und öffnet den Durchblick darauf, wie die verschiedenen Tätigkeiten der Seele mit verschiedenen Leibgestaltungen und -prozessen korrespondieren. Dadurch werden Seele und Leib in einem bedeutenden und zuvor nirgendwo derart einheitlich verstandenen Sinnzusammenhang gesehen. Dieser Ansatz ist letzlich durch und durch *funktionell*, weil Steiner nun keineswegs die Prozesse auf einzelne Organe oder Gewebe allein zentriert sieht, sondern verfolgt, wie sich etwa der Nervenvorgang im ganzen Organismus ausbreitet; das gleiche gilt für die rhythmischen und die Stoffwechselvorgänge: Alle drei durchsetzen gleichzeitig dasselbe Organ, nur mit jeweils verschiedener Gewichtung. Die physiologischen wie auch die seelischen «Tätigkeitsformen liegen nicht neben-, sondern *ineinander*, durchdringen sich, gehen ineinander über».[101] Damit wird das Einheitliche des gesamten Organismus zugleich in seiner mannigfaltigen Differenzierung in den einzelnen Organen erfaßt. Der methodische Griff, die Aufmerksamkeit auf die Funktion, den Leistungszusammenhang zu richten – sei dieser nun physiologisch oder seelisch –, macht es möglich zu begreifen, wie das Zeitliche des Seelischen sich mit der Räumlichkeit des Leibes verbindet. Ging es bei der *Viergliederung* um ein Verständnis des *Nacheinander* in der Entwicklung, so ermöglicht die *Dreigliederung* die Erfassung des *Gleichzeitigen*, insofern dieses unterschiedlichen Leistungszusammenhängen zugehört. Denn es ist ein anderes, ob ich vorstelle, Bilder entwerfe oder tatsächlich durch Wollen Tätigkeit ausübe und die Welt verändere. Im menschlichen Sein spielt all dies unentwegt ineinander, bezieht sich das eine auf das andere.

Das Problem der Sinnesempfindung

Wir führen für ein Problem, nämlich die Sinnesempfindung, das Steinersche Denken beispielhaft durch. Wenn ein Eindruck von außen an das entsprechende Sinnesorgan herankommt und dieses reizt, dann läßt sich über die zugehörigen afferenten Nervenbahnen ein elektrischer Impuls feststellen (und auch nach außen ableiten, wodurch sein Vorhandensein bestätigt wird). Da im Unterschied zu elektrischen Leitungen kein Nerv vom Sinnesorgan zum entsprechenden Bereich des Gehirns ohne Unterbrechung zieht, müssen die Unterbruchstellen – Ranviersche Schnürringe und vor allem Synapsen – vom Nervensystem überwunden werden. Dies geschieht dadurch, daß die elektrische Erregung, die es zu übertragen gilt, nun in einen chemischen Vorgang umgesetzt wird: Vom vorhergehenden Ende, dem Axon, wird eine chemisch nachweisbare Substanz (Transmitter) ausgeschieden, die im nachfolgenden, empfangenden Nervenabschnitt, dem Neuriten, dann wieder zu einem am Nervenstrang entlanglaufenden Impuls wird, bis die nächste Unterbrechung kommt und sich derselbe Vorgang wiederholt. Dies kann mehrfach geschehen, bis der Impuls im zugehörigen Areal des Gehirns ankommt, wo beispielsweise für das Auge ein ungefähr räumliches Abbild der gesehenen

Strukturen im Hinblick auf die Aktivitäten der Neuronen (Gehirnzellen) des Sehzentrums im Hinterhauptlappen nachgewiesen werden kann, allerdings für das rechte Auge im linken und für das linke im rechten Teil des Hinterhauptlappens.[102]

Auffällig kann bei diesem Vorgang sein, daß, wie im Auge nachgewiesen werden konnte, schon unmittelbar im Anschluß an die Sinneszellen Synapsen sitzen, die Impulse mehrerer Sinneszellen empfangen und wie Knoten gleichsam den Erregungsimpuls gebündelt weiterleiten. Daher kommt es, daß wir durchweg mehr Reize empfangen als tatsächliche Empfindungen haben.[103] Die Empfindung ist aber Voraussetzung dafür, daß uns ein Eindruck überhaupt bewußt werden kann.

Bis dahin sind die physiologischen Vorgänge eindeutig. Doch wie hängen sie nun mit Seele und Geist zusammen? Laufen die beiden Prozesse irgendwie parallel oder lassen sie sich einheitlich verstehen? Auf die dualistische Sicht gehen wir nicht weiter ein, da der leibliche Vorgang und das Erleben für das Verständnis unverbunden nebeneinanderstehen. Wir wenden uns also nur dem monistischen Verständnis zu und bringen zunächst eine Deutung, die sich ausdrücklich als solche versteht, um dann daran Steiners Position zu verdeutlichen.

«Unbewußt, dem Bewußtsein prinzipiell unzugänglich ist die *Signalebene* unseres Bewußtseins. Alle Sinneseindrücke, alle Selbstwahrnehmungen übersetzt sich das Nervensystem in seinen eigenen Code. *In unserm Kopf ist die Welt in Gestalt elektrischer Impulse repräsentiert*, die von Nervenzelle zu Nervenzelle weitergegeben werden. Der ganze Reichtum der Welt, ihre Formen, Farben, Gerüche, ihre Laute und unsere Gedanken und Gefühle dazu, unser Kopf bewegt ihn in Gestalt einer einzigen Art elektrischer Signale, unterschieden nur nach ihrem Ort, ihrer Bahn, ihrer Frequenz. *In diese Schicht der zuckenden Potentiale greift das Bewußtsein nie hinab*. Es erreicht auch die Strategien nicht, die das Gehirn zur Analyse der Außenwelt anwendet, die ja nicht so, wie sie ist ‹an sich›, in den Kopf gelangt, sondern in einer artspezifischen Deutung.»[104]

Auf die Frage, die sich hier stellt – wo und wie greift denn nun das Seelische in diesen Vorgang ein? – wird eine völlig dualistische Antwort gegeben. Denn da bleibt im Gehirn, unerkennbar, eine Fülle elektrischer Potentiale, die offenbar als Kantsches «Ding an sich» für sich bestehen, dann daneben, wiederum für sich bestehend, das Erleben des Reichtums der Welt als seelische Wirklichkeit, denn die Seele, also *ich,* erlebe doch keine Potentiale, fühle keine Signale, sondern rieche Rosen- oder Veilchenduft, sehe den Himmel blau, das Wasser bewegt und so weiter. Wo soll hier denn eine Einheit sein? Etwa darin, daß neben dem Seelenvorgang auch der Leibprozeß betrachtet wird? Das macht noch keinen Monismus aus, auch nicht, wenn betont wird, daß die Leibvorgänge im Grunde, wenn auch von der Seele nicht bemerkt, wichtiger seien als die beobachteten seelischen Vorgänge, die der Mensch Empfindungen nennt.

Sehen wir aber noch etwas genauer hin. Zweifellos richtig ist die Aussage: «Unzugänglich ist die Signalebene», das heißt alles, was unmittelbar an die Stoffwechselprozesse des Nervensystems gebunden ist. Die ganze Reizebene, die Übermittlung, die neuronalen Vorgänge gehören hier ebenso dazu wie die aufgrund seelischer Erlebnisse nachweisbaren Stoffabsonderungen innerhalb des Gehirns, die Endomorphine- und Hormonausschüttungen (der Hirnanhangdrüse) und anderes mehr. Es ist wahrscheinlich, daß auch in Zukunft die Physiologie mit ihren immer feineren Methoden noch weitere Stoffgruppen im Nervensystem nachweisen wird. Doch wo ist da das Seelische? Im Stoff? Oder unabhängig von ihm? Nach Steiner ist es mitten in diesen Vorgängen anwesend und tätig, allerdings, soweit es um die Stoff- oder Signalebene geht, sich seiner nicht bewußt. Aber diese Vorgänge sind nicht unabhängig von ihm, das Ich ist unmittelbar darin und gestaltet sie mit, wie auch umgekehrt durch Psychopharmaka das Erleben beeinflußt werden kann.

Bewußtsein hebt allerdings erst, wenn auch noch in fast träumender Form, mit den *Empfindungen* selbst an, also dort, wo Reize nicht mehr nur Reize sind, sondern ihr Vorhandensein bemerkt wird. Woran knüpfen die Empfindungen sich innerhalb des Nervensystems? Offenbar nur an jenen Teil des Nervensystems, der sich nicht nur in Potentialen, Stoffumsetzungen oder in energetischen Prozessen betätigt – unter Mitwirkung der Intentionen des Ich –, also nicht dort, wo das Seelische zwar *wirkt,* aber *nicht erlebt,* sondern in einem durchaus genauer zu bestimmenden Teil des Nervensystems, wo das Gegenteil der Potentiale und der «Feuerung» der Neuronen herrscht, also verhältnismäßige Ruhe. Um diesen Bereich genauer zu bestimmen, muß also das Nervensystem selbst noch genauer betrachtet werden. So gilt – dies ist zunächst eine nur negative Bestimmung – für das Nerven*system*: «Wo nicht vorgestellt wird, da kann nie Nerventätigkeit gefunden werden, sondern nur Stoffwechseltätigkeit im Nerven und andeutungsweise rhythmisches Geschehen.»[105] Im Nerv ist Stoffwechsel vorhanden, «insofern ihn das Wollen durchdringt».[106] Steiner schließt mithin alle Vorgänge vom Bewußtseinsprozeß am Nerven aus, die dem Stoffwechsel und dem rhythmischen Geschehen angehören; denn da ist kein Bewußtsein, auch keine vorstellende Tätigkeit. Diese Stoffwechseltätigkeiten und Austauschvorgänge des Rhythmus stellen sich bei genauer Betrachtung einer Nervenzelle allerdings gerade als die Hauptsache an ihr heraus: Das ganze Zellplasma,[107] der Kern, die Zellorganellen, die Mitochondrien, alles dient dem Stoffwechsel, wird von ihm durchdrungen; in diesem «leiblichen Apparat» finden auch die rhythmischen Austauschvorgänge statt. Genau betrachtet, fallen all diese Prozesse für die Vorstellungstätigkeit, für Bewußtseinsvorgänge ebenso weg wie die «Zellhaut», Plasmalemma, über welche die Austauschvorgänge zwischen dem Zellkörper und der intrazellulären Umgebung stattfinden. Was bleibt dann noch positiv übrig, wenn mit der «Methode der Ausschließung»,[108] wie sie Steiner nennt, das Bewußte am Nervensystem gesucht wird?

Betrachten wir noch genauer die Stoffseite des Nerven! Steiner spricht davon, daß es im Nervensystem eine Stofflichkeit gebe, die mit dem Toten verwandt und, obgleich im Leib, bereits den Lebensprozessen weitgehend entfallen sei, etwas, was «sich fortwährend aus dem Leben herausdrückt».[109] Alle lebendige Stofflichkeit wandelt sich aber im Tode durch Verwesung um in eine solche auf niedrigerem Energieniveau. Es ist ein «Organsystem, das ... fortwährend die Tendenz hat zu verwesen, mineralisch zu werden».[110] Nun gibt es tatsächlich Stoffe im Nervensystem, die «fortwährend im Absterben, im Materiellwerden begriffen sind. Was längs der Nervenbahnen liegt, das ist eigentlich ausgeschiedene Materie.»[111] Es ist gerade die Zellwand, durch die sich die Zelle aus dem Flüssigen heraussondert. Diese Zellhüllen erlangen im Nervensystem eine besondere Ausbildung. Es sind die *Myelinschichten*, die *Markscheiden* der Nerven, also die vielschichtigen isolierenden Hüllen der Axone, die morphologisch auffallen.[112] In diese für die Erregungsvorgänge wichtigen Hüllschichten, das Neurolemma, sind Lipoide eingelagert; bei den hier zu betrachtenden markhaltigen Fasern, die sich in den Spinalnerven und dem Gehirn finden – im Unterschied zu den dünnen marklosen Fasern des Vegetativums –, sind es Sphingomyeline, Kephaline, Phosphatide (Lezithine), Zerebroside und ähnliche Stoffe, allesamt sehr langkettige, hochgesättigte Fettsäuren. In die Zwischenräume, die Eiweißlamellen, lagern sie sich in kleinen Schüppchen «in kristallähnlicher Form ab».[113] Die *fettige Substanz* – es handelt sich bei den extrem langkettigen

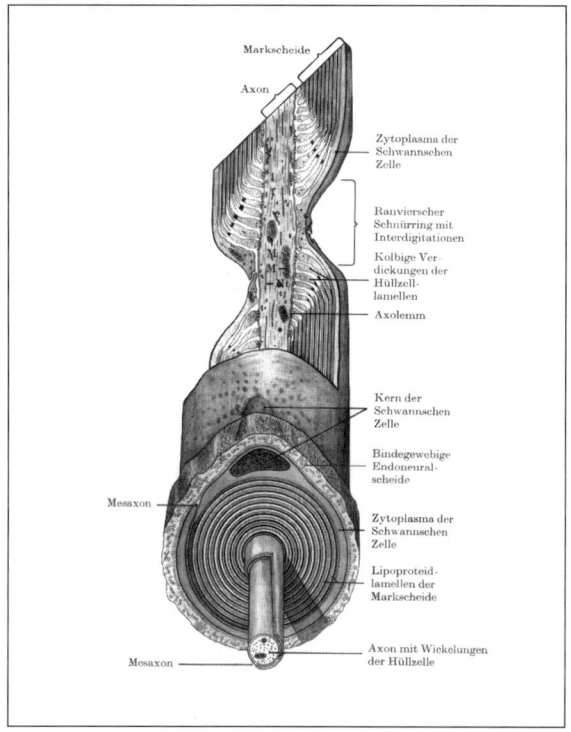

Abb. 18: Strukturschema einer markhaltigen Nervenfaser
nach elektronenmikroskopischen Befunden
(aus: J. W. Rohen: Funktionelle Anatomie des Nervensystems).

Fettsäuren um solche mit den höchsten Schmelzpunkten – läßt sich ma-
kroskopisch tasten; aber erst im elektronenmikroskopischen Bild wird
die *Erstarrung* nachweisbar, so daß wohl berechtigt gesagt werden kann,
daß «die wahrhaftige Nerventätigkeit überhaupt nicht Gegenstand der
physiologischen Sinnesbeobachtung sein kann».[114] «In diesen Bereich der
Erstarrung und der Todeskräfte in der Nervensubstanz ist auch das Cholesterin eingeschaltet ... Das Cholesterin aber gibt dem Astralleib die
Möglichkeit, sowohl in das eine [die aufbauende Stoffwechseltätigkeit
über die Nebenniere] wie in das andere System [Nervenleben mit seiner
abbauenden Tätigkeit] einzutauchen.»[115] Physiologisch läßt sich das Zusammenwirken von Astralleib und Ätherleib über die Grenzsubstanzen
der *Steroide* nachweisen.[116]

Das Myelin ist es, das gewissermaßen keine eigenen Lebensprozesse mehr entfaltet, es stellt dem geistigen Wesen des Menschen keine *eigene* Lebensgestaltungskraft entgegen, darum können sich Seele und Geist, die sonst stets in der Organik des Leibes tätig sind, innerhalb bestimmter Räume des Nervensystems *spiegeln, reflektieren*. So kommt es zur *Selbstwahrnehmung des Geistigen,* das aber ist das *Bewußtsein*. Solange die Myelinisierung noch unentwickelt ist, wie beim Neugeborenen,[117] solange ist auch das Bewußtsein noch schwach; mit jener wächst dieses an – bis zum *Selbstbewußtsein*. Wird umgekehrt das Myelin, beispielsweise durch erhöhten Alkoholgehalt im Blut, angegriffen – Alkohol wirkt fettlösend und baut die Markhaltigkeit partiell ab –, wird das Bewußtsein trübe oder schwindet völlig.[118]

Konkret beschreibt Steiner, wie sich überall in dem, was er «*Hohlräume*» für das Geistig-Seelische nennt,[119] das Individualgeistige des Menschen spiegelt, solange es im Wachbewußtsein über den Empfindungsleib und das Ich in die Sinnesprozesse eingeschaltet ist. Das Geistige des Menschen kann sich an der toten Nervensubstanz seiner selbst bewußt werden. Andererseits wird nun durch die Sinnesorgane und ihre Tätigkeit diesem Geistigen, gleichfalls durch das Nervensystem, etwas zugeleitet, nämlich die Sinneseindrücke – über die Augen die Welt der Farben und des Lichts, über die Ohren das Tönende, Klingende und so weiter. Jeder Sinn vermittelt dem Weltgeistigen einen Zugang zum Individualgeistigen: Das Gewahrte in seinen Eigenschaften dringt über die Nervenbahnen in den Leib, zum Gehirn; auf der Gesamtheit seines Weges begegnet es nicht als irgendein kodiertes «Signal», sondern als Wirklichkeit in seinem So-sein dem sich reflektierenden Geist. Dort, wo sich der Geist des Menschen spiegelt und Bewußtsein erlangt, genau dort hinein, entlang der Nervenbahnen, setzt sich die Wirklichkeit der Sinneswelt fort, als reale Natur des Lichts, des Tones, des Duftes und so weiter. Es handelt sich nicht um erst zu dekodierende Signale, um zu errechnende Qualitäten der Sinne, sondern um die *Sache selbst*, das heißt tatsächlich um das, was empfunden wird. Die Empfindungen sind nichts, was irgendwie subjektiv aus den Reizen zusammengezimmert würde und dessen Wahrheit elektrische Potentiale oder irgendein «Ding an sich» wäre, sie sind die Sache selbst. Die Begegnung des Geistes im Menschen mit dem Geist der Sinne erfolgt unmittelbar, Ergebnis ist die Empfindung (siehe Anhang, XXI).

Mit dieser Problemlösung ist das Ignorabimus, die Erkenntnisgrenze, von der Du Bois-Reymond sprach (vgl. S. 34), tatsächlich aufgehoben, es ist auch die Spaltung von res extensa und res cogitans des Cartesius in einem Ansatz vermittelt. Die Empfindung ist eine *Realität*, aber keine volle, vor allem ist sie noch ohne Einsicht, diese nämlich verlangt mehr: Erst das *Erkennen* stellt die volle Wirklichkeit her, schafft die Lebenszusammenhänge, in welchen die in der Empfindung auftauchenden Eindrücke Bedeutung, Sinn und Platz erhalten. Deshalb ist es nötig, daß der Geist seine Aufmerksamkeit verstärkt auf diese Begegnung zwischen Subjekt und Weltgeistigkeit in der Empfindung richtet, um nun seinerseits dem noch Unfertigen ein weiteres hinzuzufügen: den *Begriff*. Denn erst aus der Durchdringung des Gewahrten mit Gedanken, Erfahrungen, Begriffen und so weiter entsteht die volle Wirklichkeit. Es ist nicht das unerkannte «Ding an sich»,[120] über das sich der Mensch Gedanken macht, sondern die Wirklichkeit selbst, die er im Denken gestaltet. Steiner gelang somit schlüssig der Nachweis, daß der Mensch Mitschöpfer der Wirklichkeit ist, ein Gedanke, den er schon in seiner früheren Schrift *Wahrheit und Wissenschaft* darstellte.[121]

Damit berühren wir den schon oben behandelten Vorgang der Ablähmung nochmals (vgl. S. 202ff.). Das monistische Verständnis wirft auch ein Licht darauf, weshalb der ringende Geist im Erlebnis des eigenen Leibes – durch die Seele – von diesem eine ungeahnte Fülle an «Eingebungen» zu erfahren vermag, umgekehrt aber auch Leidenschaft, Angst, innere Qual, Schrecken und Verzweiflung, also seelische Vorgänge, die tief in die Leibesprozesse eingreifen und den Leib zur Mitgestaltung aufrufen. «Ausdruckskraft und Inhalt künstlerischer Darstellung wird dann der sich durch Leib und Seele seinen Weg suchende schöpferische Geist: als Schrei, als Empfindung, als Vision, als Gesicht erlebt.»[122] – Diese dem Leib innewohnende Vernunft kann gerade für den künstlerischen Schaffensprozeß außerordentliche Bedeutung erlangen, worauf Steiner im Hinblick auf die expressive Kunstrichtung hinwies. «Befriedigung zu schaffen für das, was eigentlich Vision werden will, aber in der gesunden Menschennatur nicht Vision werden darf, das wird immer mehr oder weniger zur expressionistischen Kunstform werden.»[123] «Statt daß das Seelenleben den Leib durchdringt und gestaltet, wird es – im Krankheitsfall – nun vom Leib her durchdrungen und gestaltet.»[124] Bis in die Pathologie kann die schöpferische Potenz mancher Grenzgänger gehen. Wir denken dabei an das Schicksal Hölderlins. In seiner Biographie bildet – wie in verwandten Fällen – eine unmittelbare Grundlage für das psychotische Geschehen die «Schwäche im Eiweiß der Organe. Diese ...

konstitutionelle Schwäche führt in Verbindung mit ... Umwelteinwirkungen dazu, daß tiefergehende, erschöpfende oder erschütternde Erlebnisse im späteren Leben feine Defekte im Eiweiß der Organe entstehen oder zum Durchbruch kommen lassen. Die Spaltprodukte des zu stark abgebauten Eiweißes können dabei zu einer Selbstvergiftung des Organismus» führen.[125] Eine ganz neu begründete psychosomatische Medizin kann aus diesem monistischen Verständnis erwachsen.

Auch was die Impulsierung der Bewegung anlangt, kommt Steiner zu anderen Anschauungen als den gängigen.[126] Für ihn unterscheiden sich Efferenzen (motorische) und Afferenzen (sensitive Nerven) nur durch die Art der Wahrnehmung: im einen Falle die Bewegungswahrnehmung, im anderen Falle die Weltwahrnehmung. Es sei irrig, so führt Steiner aus, anzunehmen, der Bewegungsimpuls werde vom Gehirn aus über die Efferenzen gesteuert, vielmehr wirke der Wille zur Bewegung *unmittelbar im Stoffwechselprozeß* des Bewegungsorgans, er brauche keinen Auslöser oder steuernden Vermittler, sondern nur die Wahrnehmung der Bewegung des Leibes. Die damit aufgeworfenen Fragen wurden von Fachleuten vielseitig diskutiert[127] (siehe Anhang, XXII).

Die Dreigliederung und die Wesensglieder

Die Idee der Dreigliederung des leiblichen und des seelischen Organismus, wie sie seit 1917 von Steiner wieder und wieder vorgestellt wird, bildet keinen Gegensatz zur Darstellungsart, wie sie von 1904 an bei ihm vorherrschte, wo auf die zeitliche Abfolge der Entwicklung von physischem, ätherischem und astralischem Leib und Ich abgehoben wurde. Vielmehr ermöglicht die Dreigliederung bedeutende Einsichten in die leibliche Natur des Menschen, in die Lebensprozesse, in die Natur von Gesundheit und Krankheit, in die Psychosomatik und in pathologische Prozesse sowie in die Wechselwirkung des Seelischen mit den Leibprozessen, aber eben auch in die Pädagogik. Wir haben es mit einer komplementären Betrachtungsweise zu tun: Die eine verfolgt das *Nacheinander*, die andere das *Ineinander* der Vorgänge und Abläufe. Die selbstgestellte Aufgabe, einen «Durchblick» für das Ineinander des Seelischen und des Leiblichen zu gewinnen, beschäftigte Steiner 35 Jahre, das heißt von 1882 bis 1917; erst dann konnte er das Unternehmen zu einer Art «vorläufigen Abschlusses bringen».[128]

	Elementare Lebensprozesse	Teilprozesse				Organ-systeme
A	Stoffwechsel (Metabolismus)	Stoffaufnahme	Stoffumsatz	Stoffaus-scheidung	⎧ Exkretion ⎩ Reproduktion	Digestions- u. Urogenital-apparat
B	Atmung (Respiration)	Sauerstoff-aufnahme	Gaswechsel	Kohlensäureausscheidung		Respirations-apparat
	Kreislauf (Zirkulation)	Substanz-einstrom	Transport und Verteilung	Substanzabstrom		Zirkulations-apparat
C	Informations-wechsel- und Steuerung	Reizaufnahme	Erregungs-verarbeitung	Reizbeantwortung		Sinnesorgane, Nervensystem u. endokrine Organe

Die Verschiedenheit der Sichtweisen und ihren komplementären Charakter wollen wir uns für das Jugendalter weiter unten vor Augen führen. Vergegenwärtigen wir uns zunächst noch einmal den dreigliedrigen Menschen.

Im *Kopfmenschen* mit seinem ruhenden Haupte sind die wichtigsten Fernsinne zentriert. Die diesen von außen zukommenden Wahrnehmungen (Informationen) erhalten ihre Bewertung und Einordnung durch die an das zentrale Nervensystem gebundene Denktätigkeit. Steiner erfaßt die dem Kopf eignenden polaren Funktionen nach außen und innen mit dem Doppelbegriff des *Sinnes-Nerven-Systems*.

Das *rhythmische System* als Grundlage des Fühlens, der Emotionen, öffnet sich in der Atmung der Umwelt, während die Zirkulation völlig auf den Leib hin orientiert, also auf den Stoffwechsel bezogen ist. Nach oben ist zwischen Kopf und Brust, zwischen Gedanke und Gefühl der *Sprachorganismus* eingebettet, nach unten zwischen Stoffwechsel- und Gliedmaßenorganisation der *Sexualapparat*, und zwar bei der Frau stärker zum Stoffwechsel, zur Leibeshöhle hin ausgerichtet, beim Manne mehr gliedmaßenhaft gebildet.

Der *untere Leibbereich*, der die energetischen Vorgänge unterhält, ist ganz leib- oder selbstbezogen, während aktive Weltzuwendung und Weltgestaltung durch die Bewegung der Glieder erfolgt – auch dies tatkräftig, energisch. Es ist der *Willenspol* des Menschen. Steiner spricht auch hier von einem Doppelsystem, dem *Stoffwechsel-Gliedmaßen-System*.

Wir untersuchen nachfolgend nun den dreigliedrigen Menschen aus der Perspektive der zeitlichen Entwicklung, das heißt, wir fragen: Was geschieht im Nerven-Sinnes-System, was im Stoffwechsel-Gliedmaßen-System und im rhythmischen System, wenn der Astralleib geboren wird? Durch diese Methode können, so steht zu hoffen, die eintretenden Wandlungen in der Entwicklung in einer neuen und vertieften Weise beleuchtet und erklärt werden.

Das Gliedmaßen-Stoffwechsel-System

Physiologische Veränderungen

Arme und Beine

Schauen wir zunächst auf das Stoffwechsel-Gliedmaßen-System! Das *Längenwachstum der Glieder* ist ja biologisch das auffälligste im Jugendalter. Die Glieder sind es, die uns mit der Welt verbinden. Die Beine tragen uns in die Raumeswelt, wodurch wir Begegnungen mit diesem und jenem, mit Gegenständen, Menschen, Naturerscheinungen und so weiter haben; mit Armen und Händen drücken wir uns aus – in der Gebärdensprache, mit den Händen umgreifen und gestalten wir die Gegenstände, vollbringen unsere Arbeit, schreiben, kleiden uns an und so fort. Wir erfahren uns als mit und durch die Glieder Handelnde, sie lassen uns die Welt aneignen, mit ihnen bewegen wir uns. Jede Änderung in der stofflichen Erscheinungswelt beruht auf Tätigkeiten der menschlichen Glieder, selbst wenn die Bewegung heute von Maschinen übernommen wird – sie imitieren dann menschliche Bewegungsabläufe. Diese Grundlage für jede menschliche Arbeit, das Gliedmaßensystem, ändert sich im Jugendalter auffällig, wächst, reift aus, gelangt schließlich gegen das 18., 20. Jahr zur größten Kraftentfaltung.

Morphologisch unterscheiden sich Beine und Arme ganz erheblich. Die Beine sind funktionell mit dem stützenden Skelett auf das Tragen der ganzen Körperlast ausgelegt; gleich den Säulen eines Bauwerks fangen sie die darüberlagernde Last des Körpers auf und leiten das Gewicht auf den Untergrund ab. In dem Maße, wie das Körpervolumen des Heranwachsenden zunimmt, muß auch die *Stützfunktion der Beine und Füße* zunehmen. Doch die Stützfunktion, wesentlich repräsentiert durch das radial gestaltete innenliegende Knochengerüst – in der Architektur finden wir dieses Prinzip als Lasten und Tragen –, bildet beim Menschen nur einen

Teil: denn ihm fehlt noch die so bedeutsame Fortbewegung. Diese *Bewegungsfunktion* geht physiologisch vom *Muskelsystem* aus. Dieses (Skelett-) Muskelsystem ist offen für den willkürlichen Zugriff, das heißt für seelische Absichten und Zielsetzungen.

Arme und Hände sind dagegen frei von Stütz- und Fortbewegungsfunktionen; dadurch werden sie zu *Ausdrucks- und Gestaltungsorganen.* Die *Gestik* ist ebenso charakteristisch und persongebunden wie der *Gang*, beide sind unverwechselbarer Ausdruck der Individualität. Da Arme, Hände und Finger in ihrem Bewegungsraum nicht festgelegt, sondern offen und gestaltbar sind, werden sie zu Organen, die ganz vom Menschen selbst geformt werden. Selbst wenn ich nur mit einem Schraubenzieher eine kleine Schraube festziehe, erstrecken sich die Auswirkungen durch die veränderte Spannung bis in jede Muskelfaser, indem deren Tonus sich durch die Tätigkeit verändert. Menschliche Fähigkeit drückt sich in der Arbeit, in der Bewegungsbeherrschung aus.

Bewegungs- und Handlungsfähigkeit sind zwar vornehmlich an die Glieder gebunden, erstrecken sich aber funktionell über den ganzen Menschen, denn bei der kleinsten Bewegung ist die gesamte Muskulatur mit beteiligt. Was in der Bewegung der Glieder äußerlich als Erscheinung sichtbar wird, das wird auch im Inneren, gewissermaßen im Seelenraum, erlebt, und zwar als Anstrengung, als Überwindung von Widerständen. Denn in jeder Bewegung muß die Last des Leibes gegenüber der niederziehenden Schwere überwunden werden. Wer die Schwere allzu stark erlebt, scheut leicht davor zurück, sich zu bewegen, weil er dann vor allem den naturgegebenen Widerstand empfindet; wer allerdings vornehmlich die Tätigkeit selbst erlebt sowie die Erzeugung des Willens, wer die eigenen Vollzüge wahrnimmt, dem drängt sich das Gefühl des Angenehmen, Sympathischen auf, bei Vollendung der Sache sogar Genuß.

Der *Wille* ist es, seelisch gesehen, der die Bewegung initiiert, verursacht und steuert. Was morphologisch an die Glieder gebunden erscheint und sich äußerlich physiologisch in der Beweglichkeit offenbart, hat seelisch den Willen als seine Grundlage. Bei dieser im Innenraum der Seele erlebbaren Willenstätigkeit wird man nun zugleich aufmerksam auf eine mehr innerliche, mit dem Willen zusammenhängende, verborgene zweite Bewegungsgestalt, die sich ebenfalls bis in physiologische und morphologische Vorgänge hinein erstreckt. Wo gehobelt wird, fallen nicht nur Späne, sondern da tropft auch der Schweiß. *Wille erwärmt, Tätigkeit befeuert.* Diese Tatsache läßt erkennen, daß der äußeren Bewegung eine innere

Dynamik der «Verbrennung», des Stoffwechsels, parallel läuft. Anders als die Bewegung, die ich mit Hilfe der Nerven (Afferenzen) jederzeit wahrnehmen kann, vollziehen sich diese Stoffwechselprozesse völlig unter der Bewußtseinsschwelle, begleitet allein von den kaum als bewußt zu bezeichnenden Wahrnehmungen des autonomen (vegetativen) Nervensystems. Was die Gliedmaßen an Bewegung nach außen erzeugen, hat seine Fortsetzung und Organgrundlage nach innen im Stoffwechselsystem. Beides steht in einem funktionalen Zusammenhang. In diesem Bereich lebt die Seele unmittelbar, aber unbewußt.

Erdenreife des Knochensystems

Von der embryonalen Entwicklung an bis zur Mitte der Kindheit verlaufen alle Wachstumsvorgänge sowie sensorischen und motorischen Entwicklungen vom Kopf aus und erfassen zuletzt die Füße, die Wachstumsrichtung ist kephalo- oder kranio-kaudal. So kann der Kopf schon in den ersten Lebensmonaten gehoben werden, wenn Hände und Arme noch ganz ungeschickt greifen und die Beine völlig unkoordiniert zappeln, ja beide in der gleichzeitigen Bewegung aneinander gekoppelt zu sein scheinen, also zum Gehen und gezielten Greifen unfähig sind. In derselben Bewegungsrichtung, von oben nach unten, schreiten die «motorischen Reaktionen» von den zentralen zu den peripheren Körperabschnitten voran, vom Kopf zu den Füßen, es werden also beim «Greifen» zuerst Schultern und Ellbogen, später dann erst Handgelenk und Finger benutzt werden (proximodistal). Mit dem Beginn des sogenannten zweiten Gestaltwandels, jenes so eindrücklichen Längenwachstumsschubs in der Pubertät, scheint sich diese ganze bisherige kindliche Entwicklungsrichtung der Wachstumsvorgänge nunmehr gänzlich umzukehren; denn da verlagert sich das Wachstumszentrum vom Kopf zu den Gliedmaßen (distal): Die Füße wachsen zuerst, dann ergreift das Wachstum Unter- und Oberschenkel, schließlich den ganzen Organismus, wenn auch das Steuerungszentrum weiterhin im Haupt liegen mag. Dieser *puberale Wachstumsschub* ist einzigartig, er ist ein «typisches menschliches Entwicklungsmerkmal».[129] Während im ersten Lebensjahr eine etwa fötale Verlaufsform der Körperentwicklung, entsprechend den anderen Lebewesen, auch vom Menschen beibehalten wird, verzögert der Mensch nun seine Entwicklung, so daß eine unverhältnismäßige Retardation der Reife die Folge ist. Mit der Mitte der Kindheit,

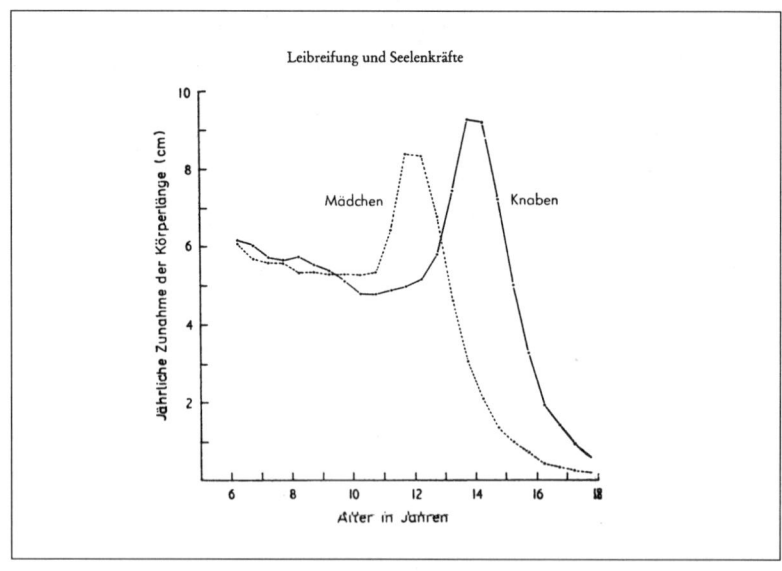

bei Mädchen im Alter von elf, bei Jungen etwa zwei Jahre später (mit dem maximalen Wachstum bei Mädchen um 12;6, bei Jungen um 14;8), setzt dann der Impuls beschleunigten Wachstums ein. Konkret sieht das so aus: Die Füße erhalten zuerst ihre Endgestalt, bei Mädchen im 14., bei Knaben im 15./16. Lebensjahr, während das Längenwachstum noch weiter, wenn auch vermindert, anhält.[130]

Bei der Geburt ist das, was später zum Knochen wird, noch vorwiegend hyaliner Knorpel, von leicht bläulich milchigem Aussehen, der dann zunehmend verknöchert (ossifiziert), das heißt von mineralischen und kristallinen Kalkeinlagerungen durchsetzt wird. Ein Teil der Röhrenknochen – gegen das jeweilige Schaftende zu – weist die Epiphysenfugen auf, jene Wachstumszentren, in denen das kindlich knorpelige lebenskräftige Stadium noch bis ins Jugendalter beibehalten wird. Von dieser Zone knorpeliger Zellsäulen geht – in der Kindheit und auch noch in

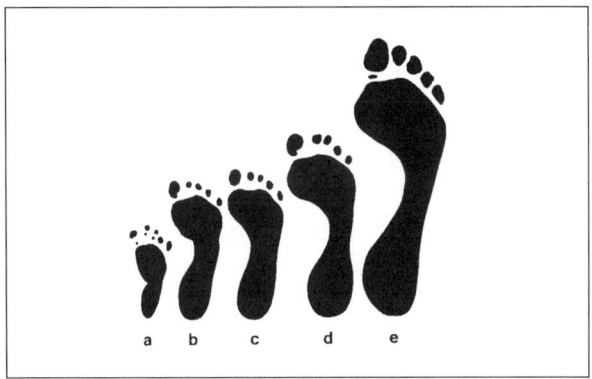

Abb. 21: Fußabdrücke vom Säugling bis zum Erwachsenen.
a) 3 Monate, b) 2 Jahre, c) 3 Jahre, d) 7 Jahre, e) Erwachsener
(aus Lockhardt/Hamilton/Fyfe: 1959).

der Jugendzeit – das Längenwachstum der Röhrenknochen aus, indem sich die Zellteilungen hier am regsten vollziehen.

Ausgehend vom Fuß, wo das Längenwachstum am stärksten einsetzt und auch am frühesten endet, indem die Epiphysenfugen sich durch Einlagerung von Kalksalzen am frühesten verschließen, setzt sich dieser Vorgang über die unteren Extremitäten zur Hüftregion fort und ergreift schließlich über den Rumpf die Schultern und die Arme. Dabei formt sich die charakteristische *männliche Gestalt* mit ihrer größeren Schulterbreite und den längeren Unterarmen, während für die *weibliche Gestalt* mit ihrer größeren Hüftbreite der Schub stärker die Beckenpartie zu ergreifen und weniger Gesamtlängenwachstum auszulösen scheint – bei erheblichen individuellen Variationen. Der Wachstumsschub benötigt rund ein Jahr, bis er von den Füßen den Rumpf und schließlich den Kehlkopf und die Unterkieferregion erfaßt. Dieses Wachstum von unten nach oben macht verständlich, daß die weibliche Gestalt mit ihrer Betonung der Hüftregion früher ausreift als die männliche, in der die höher gelegene Schulterpartie sich geschlechtsspezifisch hervorhebt.

Vergegenwärtigt man sich diese Wachstumsgebärde, bei der die Fußfläche ihre größte Ausdehnung erreicht und damit zur ausgedehntesten Berührung mit dem Erdboden, die ihr möglich ist, kommt, dann läßt sich in der Tat von *Erdenreife* sprechen, wie das Steiner vielfach tat. Nur sind damit umfassendere Reifungsvorgänge gemeint als nur die Berührung des Fußes mit der Erde.

Was zeigt sich durch die Veränderungen im Knochenbau des Gliedmaßensystems? Von unten, gleichsam von der Erde her, erhält der Mensch
seine körperliche Endgestalt, es ist, als ob die irdischen Kräfte, die der
Schwere, nun in die menschliche Körperlichkeit einstrahlten und den
gesamten Organismus durchsetzten, indem sie das Knochensystem verstärkt mineralisieren. Die Schwere als Kraft setzt stets radial, das heißt
vom Erdmittelpunkt ausstrahlend, am Körper an. Beim aufrechten Menschen strahlt sie von unten in die Leiblichkeit ein, und zwar ungebroche-
ner beim Mann, dessen Beine eher parallel gestellt erscheinen und damit
auch irdischer, während die Oberschenkel der Frau, nach oben aufgrund
der größeren Hüftweite sich verbreiternd, sich dem Schwerefeld etwas
entziehen, so daß dieser Organismus gerundeter, weniger irdisch, «kosmischer» als der «eckigere» des Mannes erscheint. Aber die Schwere
wirkt auch unmittelbar in der Stofflichkeit, die der Mensch mit den Füßen berührt, im Feld, im Gestein, im Boden; diese mineralische Stofflichkeit wird nun verstärkt in Form von phosphor- und kohlensauren
Calciumsalzen in das Skelett eingelagert, so daß sich das Leibesgewicht
im Jugendalter deutlich erhöht. Das macht das Skelett des Menschen
verwandt mit den Kräften und Stoffen der Erde, macht den Menschen
irdisch. Indem der Leib das «Salz der Erde» in sich einlagert, gibt ihm
dieses Stabilität, Stütze und «Haltung»; es gliedert ihm gesteigert die
Schwere ein und verbindet ihn zugleich mit dem Leblosen und Toten.

Während die Längen- und Massenzunahme der Knochen ins Auge
fällt, sind die Härte und Widerstandsfähigkeit der Knochen gegenüber
mechanischen Einwirkungen weniger offensichtlich. Sie beruhen vor allem auf der Einlagerung von Kalkkristallen in deren Interzellularsub-
stanz. Die chemische Analyse des Knochens ergibt folgende Werte: 20 %
Wasser, 25 % Kollagen, 2-4 % Proteine und 60-70 % anorganische Stoffe,
davon sind 85 % Calciumphosphat, 10 % Calciumcarbonat, 1,5 % Ma-
gnesiumphosphat, 0,3 % Calciumfluorid, 0,2 % Calciumchlorid, 2 %
Alkalisalze, wobei der größere Teil in Kristallform vorliegt, zumeist als
Hydroxylapatit. Die langgestreckten schmalen Kristallplättchen verlaufen parallel zu den Fibrillen; organische und anorganische Bestandteile
wirken weisheitsvoll zusammen.[131]

Der *Verschluß der Epiphysenfugen*, das heißt ihre Verkalkung, beendet
das Skelettwachstum. Lediglich ein innerer Umbau, eine Anpassung an
veränderte Belastungen ist noch möglich, nicht aber der «Lebensprozeß
des Wachsens». Die *Knochenreife* tritt an den Gliedmaßen gegen 16/17

bei Mädchen, bei Knaben gegen 18/19 Jahren ein; als letzte verknöchern zwischen dém 19. und 24. Lebensjahr die Epiphysen im Knie- und Ober- und Unterschenkelbereich, während die anderen Endigungen, insbesondere im Armbereich, zwischen dem 16. und 21. Jahr ausgereift sind.[132] Physiologisch ist die Mineralisierung des Leibes als ein Prozeß zu verstehen, der zur «Verkalkung», zur Sklerose, letztlich zum Tode führt. Jedoch darf dieser Verknöcherungsvorgang nicht schematisch starr verstanden werden, sondern muß eher als ein sich abschwächender, ja verwandelter Lebensprozeß aufgefaßt werden. Die Verkalkung, die sehr schnell umgebaut und bei Calciummangel auch abgebaut werden kann, nähert sich dem Unlebendigen an, ohne je im Leben «tot» zu sein; der Vorgang bleibt stets vom Organismus beherrscht. Das drückt sich im Knochen selbst aus; enthält er doch in seinem Mark die lebensvollsten Zentren der Blutbildung. Er ist in seinem Aufbau dreifach gegliedert: in die gefäßreiche Knochenhaut (Periost), die Substantia compacta mit ihrer festen Bauform und die aus Knochenbälkchen bestehende und vom Mark durchsetzte schwammartige, lebenskräftige Innenzone (Substantia spongiosa). Vor allem mit der Substantia compacta hängen die hier beschriebenen Wandlungen zusammen.

Durch Glühen des Knochens lassen sich die organischen Bestandteile, durch Säureeinwirkung die mineralischen entfernen; im ersten Fall gewinnt man den spröden Kalk, im zweiten den biegsamen Knorpelknochen. Der Kalkknochen ist letztlich unverweslich, mineralisch, er durchsetzt nunmehr den Leib, indem während der Adoleszenz sich das «geschlossene» Skelett – ohne jegliche Wachstumsöffnung – in seiner Längenform vollständig ausbildet. Später kann der Leib an Gewicht zunehmen, aber dies geht dann auf Rechnung der Fettschichten, nicht der Knochen. Zur Überwindung und Beherrschung der dem Leib nun verstärkt eignenden Schwere bedarf es jetzt eines verstärkten Willens.

Die Kraft des Todes – sein Bild ist der Knochenmann – nistet sich im sich verknöchernden Skelett in die eigene Leiblichkeit ein. Nicht von ungefähr tritt nun die Endgültigkeit des Todes unvermeidbar ins menschliche Erleben. Aus dieser Welt scheiden zu können und zu müssen berührt ahnungsweise, vielleicht auch mit überwältigender Kraft die Seele. Wird nicht jetzt erstmals erlebt, daß in einem selbst eine Instanz ist, die dem Leib das Leben nehmen kann? Im Märchen vom *Gevatter Tod* hilft der Tod seinem Paten beim ärztlichen Beruf dadurch, daß er bei Überlebenschancen des Kranken an dessen Kopf, beim nahen Ableben an dessen Füßen – nur dem Arzt sichtbar – erscheint. Steht er also dort, wo ein Höchstmaß an Verknöcherung «rechtens» ist, beim dichten Gehirn-schädel, so ist er selbst an seinem rechten Platz; erscheint er dagegen dort, wo Bewegung sein soll, ist das Leben unmittelbar bedroht. – Entwick-lungsgeschichtlich weist Steiner auf folgende Zusammenhänge hin: «Je selbständiger (in der Stammesentwicklung) der Mensch wurde, desto mehr verhärtete sich auch sein Knochensystem, desto mehr wuchs aber auch die Gewalt des Todes» über ihn.[133] In der Individualentwicklung wächst mit der zunehmenden Verhärtung im Knochenbau während des Jugendalters auch die seelische Selbständigkeit. Dabei verbindet sich mit der Geschlechtsreife wohl mehr die Längen- und Massenzunahme, mit der Ich-Reife und Mündigkeit um das 21. Lebensjahr dann die «Schlie-ßung» der Gliedmaßenknochen. Steiner formuliert es so: Nach dem Zahnwechsel «arbeitet der Mensch noch innerlich. Er arbeitet sich durch das Atmungs-, durch das Zirkulationssystem bis zum Knochenansatz der Muskeln durch. Er arbeitet sich ganz an seine menschliche Peripherie heran und bricht mit der Geschlechtsreife in die Außenwelt hinein. Er steht erst dann voll in der Außenwelt darinnen.»[134]

Wandlungen des Seinsgefühls

Indem der Pubertierende die Knochenschwere in sich erlebt und die «Erde» selbst verstärkt in ihm wirkt, verändert sich in ihm sein Verhältnis zum Irdischen. Wenn das Irdische als das Räumliche, das Schwere, das Gegebene, Objektive begriffen wird, dann hat sich der Jugendliche jetzt vermehrt mit diesem ihm bisher Fremden auseinanderzusetzen. Dieselbe Stofflichkeit, die außerhalb des eigenen Leibes ganze Gebirgszüge auf-ragen läßt, ist nun auch ihm als festes Mineralisches in deutlichen Spuren eingelagert und «lastet» in ihm. Dadurch «bricht» der jugendliche Mensch – wie nie zuvor – in die objektive Welt durch und schafft sich durch die Leibveränderung einen neuen Zusammenhang mit ihr. «Was bringt sich denn der Mensch mit, wenn er da gewissermaßen auf dem Umwege durch das Knochensystem durchbricht in die Welt? Er bringt sich das mit, was vorher in seinem Inneren war, was er aus seinem präexi-stenten Leben in sein Inneres hereingebracht hat. Er wird gewissermaßen mit der Geschlechtsreife tatsächlich aus der geistig-seelischen Welt herausgeworfen ... und hineingeworfen in die äußerliche Welt, die er nur mit seinem physischen Leib, mit seinem ätherischen Leib wahrnehmen kann ... Im Unterbewußtsein spielt es eine solche Rolle, daß nun der Mensch ... die Welt, die er betritt, vergleicht mit der Welt, die er früher in sich gehabt hat. Er hat sie früher in sich nicht vollbewußt wahrgenommen, aber er fand die Möglichkeit in sich, mit ihr zu arbeiten ... Die äußere Welt gibt das nicht. Da gibt es alle möglichen Hemmungen, da gibt es die Wünsche, diese Hemmungen zu überwinden. Da gibt es den ganzen Tumult, der in dem Verkehre zwischen Mensch und Welt zwischen dem vierzehnten und fünfzehnten Jahre und dem Beginn der zwanziger Jahre eintritt.»[135] Damit weist Steiner auf den seelischen Aspekt der Körperreifung zur Zeit der Pubertät hin: Indem der Mensch sich in seinem Knochenbau der Welt ähnlich macht, verliert er die Geborgenheit einer «Überwelt», mit der er in seiner Innerlichkeit bisher verbunden war. Er wird heraus*geworfen*, sein Existenzgefühl wandelt sich. Was fortbesteht, sich sogar noch verstärkt, das ist jenes Gefühl der eigenen Innerlichkeit, der Subjektivität, die aber keine natürliche Verbindung mehr zu einem wie von oben Bergenden und Schützenden hat. Die Realität der nüchternen Außenwelt steht der Subjektivität ohne Vermittlung gegenüber, so daß diese sich an jener stößt. Verlassenheit, Einsamkeit, Überdruß einerseits, Sehnsucht andererseits sind die Pole dieser reinen Subjektivität. Ein Mädchen, Zofia, äußert sich in einer Befragung so: «Das Leben ist überhaupt nichts wert. Zum Glück ist immerhin der Tod noch etwas wert, eine letzte Hoffnung, ein letzter Ausweg. Wenn der Tod nicht wäre, wovon sollte ich dann in manchen Stunden meine Kraft holen, die ich brauche, um zu leben.»[136] Dies ist einer der Gründe der nun gehäuft auftretenden Schülerselbstmorde. Es ist die Spannung zwischen dem bisherigen Leben in seiner Geborgenheit und Stimmigkeit und dem Drängen auf eine unbestimmte Zukunft, von der aber doch entschieden gefühlt wird: Es muß Neues kommen. «Der Jugendliche, der Hand an sich legt, hat noch ahnenden Erlebniszugang zu der Tatsache, daß das Ich im Erdendasein umkleidet ist von Hüllen aus fremder Substanz, von Zufügungen der Natur, des Erbes, der mitmenschlichen Umwelt. Seine Selbstmordabsicht ist ‹Häutungsabsicht›: Ein zum Scheitern verurteilter Versuch, sich zu enthüllen.»[137]

Zur Vergangenheit, zum Gewordenen gehört alles, was das Kind erfahren hat an elterlichen Wunschvorstellungen, an Erwartungen und Werthaltungen, alles, «was determiniert in der Lebenssituation»,[138] dies alles wird nun umgestaltet, aufgebrochen, verändert. Das erzeugt eine Dissonanz, durch die der Pubertierende oftmals bestrebt ist, die eigene Vergangenheit, alles Bisherige auszulöschen. Mit Recht bringt Köhler den Aufruhr gegen die eigenen Eltern und die pauschale Zurückweisung der elterlichen Fürsorge damit in Zusammenhang; er bezeichnet dies als Versuch, «die eigene Vergangenheit abzuspalten. Was die nächsten Bezugspersonen durch ihre Wünsche und Erwartungen, Vorlieben und Abneigungen, ihre Signale von lobender Anerkennung und Gekränktsein der kindlichen Bildekräfteorganisation eingeprägt haben, ist von diesem Versuch mitbetroffen. So kommt es einerseits zur Diskriminierung der im Ätherleib beheimateten Erinnerungswelt, andererseits dazu, daß die aktuelle Eltern-Kind-Beziehung von den vergangenheitsgerichteten Vorgängen ‹stellvertretend› erschüttert wird. Der Jugendliche behandelt im Umgang mit seinen Eltern die Gegenwart wie die Vergangenheit ... ‹Ewig dieselbe Leier›. ‹Ihr habt schon immer ...› – ‹Hättet ihr damals ...›»[139] Es ist die «Umwendung des Seelenblickes nach innen, zum eigenen Herzen, zur eigenen Traurigkeit, Einsamkeit, Abgründigkeit und Todesfurcht.»[140]

Das Bild ist differenziert: «Seine [des Pubertierenden] *Einsamkeit,* sein *Suchen,* sein *Getriebensein* und seine *Unlust* an der Gegenwart, die geben sich dem Jugendlichen als seine *Sehnsucht,* Sehnsucht fort aus der Gegenwart, Sehnsucht nach einem Wesen, das hilft und versteht, das es gut meint und Liebe gibt.»[141]

Darin wird erkennbar, was Steiner als «Reifwerden zur Liebe»[142] bezeichnet. Da die Liebe das ganze Wesen durchzieht – das Erkennen, das Fühlen, das Wollen -, sei schon hier auf ihre existentielle Bedeutung für das Jugendalter aufmerksam gemacht. Sie hat nicht allein mit der Geschlechtssphäre zu tun. Dieses Gefühl der Liebe ist die Sehnsucht nach «Vereinigung mit einem anderen Menschen oder Ding außerhalb seiner selbst unter der Bedingung, daß die Gesondertheit und Integrität des eigenen Selbstes dabei bewahrt bleibt. Liebe ist die Erfahrung des Teilens, der Gemeinschaft, die volle Entfaltung des eigenen inneren Tätigseins erlaubt.»[143] In der Liebe ist aber auch ein ganz menschheitliches Element anwesend, auf das Fromm entschieden hinweist: «Einen Menschen produktiv lieben heißt, mit seinem menschlichen Kern, mit ihm, sofern er die Menschheit repräsentiert, in Beziehung zu stehen. Die Liebe zum einzelnen muß zufällig oder oberflächlich bleiben, wenn sie die Liebe zur Menschheit ausschließt ... Ein menschliches Zusammengehörigkeitsgefühl ist die notwendige Voraussetzung für die Entfaltung der Individualität.»[144]

Verfolgen wir den Wandel in diesem Alter an Äußerungen in Tagebüchern von Jugendlichen noch weiter. Zuerst das Gedicht eines Mädchens:

> Ich habe keinen Menschen, keinen Gott,
> um mich einmal an ihn zu wenden,
> wenn ich bin in Not.
> Bin immer nur allein,
> und keiner kommt mit zarten, lieben Händen,
> um meine Qual zu lösen,
> abzuwenden,
> von vielem, ach so vielem Bösen.[145]

Im Tagebuch eines anderen Mädchens heißt es: «Nur wer die Sehnsucht kennt, weiß, was ich leide. Ja, wonach denn Sehnsucht? Nach ... ich weiß nicht was ... Nach ... wenn ichs nur wüßte.»[146] Ein Junge schreibt:

> Jetzt wandl' ich einsam an dem Gestade hin.
> Ach, keine Seele, keine für dieses Herz.
> Ihr frohen Reigen? Aber weh dir
> sehnender Jüngling, sie gehen vorüber!
>
> Zurück denn in die Zelle, Verachteter,
> Zurück zur Kummerstätte, wo schlaflos du
> so manche Mitternächte weiltest, weintest
> in Durst nach Lied und Lorbeer.

Oder ein Fünfzehnjähriger: «Ich habe jetzt oft, wenn ich allein bin, ein merkwürdiges Gefühl, ich sehne mich nach etwas, ich weiß aber nicht, nach was.»[147]

Die Vertreibung aus der Geborgenheit einer Überwelt und die daraus resultierende Unruhe ist deutlich; zum Ursprünglichen sehnt sich die Seele zurück. Doch gibt es auch eine Hinwendung zur äußeren Wirklichkeit, mit der der Jugendliche in einer Hinsicht nunmehr stärker verbunden ist? Auch sie ist ablesbar, und zwar am veränderten Verhältnis zur eigenen Leiblichkeit. Zunächst erscheint sie in der Unbeholfenheit und Ungeschicklichkeit der Bewegungen, insbesondere der Knaben. Sie kommt dadurch zustande, daß infolge der Einlagerung eines Objektiven in die Leiblichkeit sich das Innerliche, das Subjektive, das Seelische auch dieser Leiblichkeit *entfremdet,* das heißt, der Jugendliche wird ihrer zunächst nicht Herr. Charakteristisch für solche Entfremdungsvorgänge und das damit verbundene Ringen sind innere *Schmerzerlebnisse,* die mit in die Sehnsuchtsgefühle einmünden. Aber Schmerz heißt zugleich auch gesteigertes *Bewußtsein* – in diesem Fall gegenüber dem eigenen Seelischen. Durch den psychologischen Umbau wird das *Subjektive* des Menschen zu einer neuen Seinsqualität aufgerufen. Das Subjektive, Innerliche, muß sich zunächst in ein verändertes Verhältnis zur Objektivität der eigenen Leiblichkeit bringen,[148] sodann in ein persönliches Verhältnis zu den übrigen Welterscheinungen. Dies alles ist ein Vorgang schmerzlicher Dynamik, der Einsamkeit, des Rückzugs auf sich selbst, wo allenfalls noch derjenige Hilfe zu versprechen scheint, der sich in der gleichen Lage befindet. «Wir sehen, wie dasjenige auftritt, was wir bei Knaben – in anderer Form ist es bei Mädchen vorhanden – die Lümmeljahre und die Flegeljahre nennen. Diese Lümmel- und Flegeljahre haben durchaus ihren *Ursprung in diesem zum besonderen inneren Erfühlen kommenden astralischen Leib,* der das Ich in sich schließt, das aber noch nicht zur vollen Entfaltung gekommen ist, und in dem Ringen, um in das richtige Verhältnis zum Erleben des Systems des Physischen und dadurch zur ganzen Umgebung zu kommen … Und dieses Ringen drückt sich dadurch aus, daß der Mensch in diesem Lebensalter gewissermaßen das verleugnet, was er bisher entwickelt hat.»[149]

Es kommt noch ein weiteres hinzu: Wenn das Gliedmaßenwachstum die Schwere verstärkt in die Leiblichkeit einziehen läßt und wenn Arme und Beine länger werden, entsteht ein grundlegender Zwiespalt, ja ein Bruch in der bisherigen Körperbeherrschung dadurch, daß dem gewachsenen Knochen mit seinem erhöhten Gewicht und der anderen Hebelwirkung quantitativ dieselbe, wenn auch gedehnte, *Muskulatur* gegenübersteht. Denn die Muskulatur weist eine Massenzunahme erst mit einem Jahr Verzögerung auf, so daß die den gewachsenen Gliedmaßen entsprechende Muskelkraft erst ein volles Jahr später zur Verfügung steht. Deshalb sind in dieser Zeit die großen Bewegungen von so erstaunlicher Ungeschicklichkeit (flegel-haft), während die Feinmotorik ungebrochen bestehen bleibt. Ein Geigenspieler kann, falls nicht andere Störfaktoren dies hindern, sehr wohl gleich gut spielen, während sein Gang schlaksig wird. Dieser Zwiespalt von voranlaufendem Knochen- und retardiertem Muskelwachstum hat Bedeutung für die halbbewußte Lebensgrundstimmung, für die *Befindlichkeit.*

Das Ringen, die eigene Subjektivität in ein Verhältnis zur Objektivität (des Leibes) zu bekommen, kennzeichnet vor allem die erste Zeit der Adoleszenz, die Pubertät im engeren Sinn, also bis zum 16. Lebensjahr hin. Der Jugendliche wird sich seiner selbst bewußter, leidet zugleich auch an dem Gegensatz seines Erlebens zur Außenwelt, den er tief erfährt, und zieht sich leicht verletzt in sich selbst zurück. Das *Erlebnis der Trennung* – Vorstufen dieses Gefühls gab es schon im 3. und 10. Jahr –, wie es die Erdenreife mit sich bringt, muß sich freilich wandeln, will der Mensch als Mündiger in sich ruhen und ichvoll handeln, also zur Selbstverantwortung kommen. Wenn es durchlitten wurde, kann jene Verbindung zur Überwelt – gewissermaßen durch das eigene Wesen – wieder hergestellt werden. Es ist dies eine ganz persönliche Leistung, in den Zwanzigerjahren wieder aufgenommen zu werden «in die Welt, aus der man bei der Geschlechtsreife herausgeworfen worden ist. Man muß wieder aufgenommen werden; man muß wieder einen Anschluß finden, denn ohne diesen Anschluß geht es im Leben nicht. Diesen Anschluß muß man selbständig finden. Wird er einem durch Autorität aufgezwungen, dann gilt er nichts für den Menschen im Leben.»[150] So wird die häufig zu beobachtende Diesseitigkeit, ja Geistverlassenheit verständlich, mit welcher der Blick des Jugendlichen rein auf die Stoffseite der Welt hinzielt. Zugleich aber ist das Erlebnis der Verlassenheit ein seelisches Organ, mit dem das Streben nach der Überwelt eigenständig beginnt. Der Adoleszente steht in der faust-ähnlichen Entscheidung, ob er dumpf oder halbbewußt, von seinem Urquell abgezogen, den Weg nach unten gehen oder im Vertrauen auf die helfende Kraft seines «dunklen Dranges» den rechten Weg suchen will.

Der Erzieher kann hier nicht mehr durch Autorität, sondern nur noch dadurch wirken, daß er dem jungen Menschen Sinnangebote macht und vor allem das, was er sagt und tut, begründet. Auch wird für eine Brücke zum Jugendlichen wichtig, ob er Verständnis für dessen Lage aufbringt und ob er als Vorbild und möglicher Helfer akzeptiert wird. Diese Voraussetzungen stellen sich nicht mehr wie von selbst ein, wie das noch überwiegend in der Kindheit der Fall war, sondern verlangen vom Erzieher Anstrengungen. Gelingt es, diese Brücke zu bauen, dann wird auch erfahrbar, wie leicht sich der Jugendliche den *Idealen* öffnet, die er im Innersten sucht.

Auswirkungen im Erkennen

Immer wieder regt Steiner an, den Zusammenhang von leiblichen und seelischen Vorgängen zu beobachten. So schildert er konkret, wie in der Mitte der Kindheit die Atmung und damit auch der Rhythmus des Menschen sich verwandeln, diese physiologische Veränderung auf das kindliche Gedankenleben zurückwirkt und sich in der nun auftretenden anderen Art der Begriffsbildung unmittelbar zeigt. Es ist die Wandlung vom logisch-konkreten Denken zu den abstrakt-logischen Operationen im Sinne Piagets, die mit der Vorpubertät einsetzt (siehe S. 353). Gibt es nun eine ebensolche Rückwirkung auf das Gedankenleben, sobald sich die beschriebenen Wandlungen im Knochen- und Muskelsystem einstellen? «Wenn Sie Kinder beobachten nach dem zwölften Jahre, Sie werden beobachten, daß sie auf ihre Füße so treten, daß sie immer versuchen, das Gleichgewicht zu finden, daß sie das Hebel-Gleichgewicht, das Maschinelle des Skelettsystems innerlich fühlen … Jetzt wird der Mensch eigentlich erst ein richtiges Weltkind. Jetzt muß er erst mit der Mechanik, mit der Dynamik der Welt rechnen. Jetzt erlebt er erst innerlich dasjenige, was man im Leben die Kausalität nennt.»[151] Ist in der Art, wie sich der jugendliche Mensch nun im Raum bewegt, etwas zu finden, was einen Reflex davon möglicherweise ins Vorstellungs- und Gedankenleben entsendet? Kann in der Art, wie Gedanken verknüpft werden, sich ein möglicher Zusammenhang bekunden?

Man vergegenwärtige sich, daß mit dem ersten Gestaltwandel und dem Zahnwechsel das Gehirn weitgehend ausgebildet ist, also seine «Reife» bereits um das siebte Jahr erlangt hat. Seine makroskopische Gestalt – die Windungen und Furchen – und seine mikroskopische – die Vernetzung der Nervenzellen untereinander, die Zytoarchitektonik – sind dann weitgehend vollendet, wenn auch noch bis zur Pubertät und danach eine «Vergrößerung» stattfinden kann. Im Knochen- und Muskelsystem ist die Situation polar umgekehrt: Da tritt Reifung ein, wenn das Längenwachstum zum Abschluß kommt, während der innere *strukturelle Umbau* – je nach Belastung der Glieder – fast lebenslang, freilich mit höherem Alter an Dynamik abnehmend, erhalten bleibt.

Wenn nun das Gehirn als solches reif ist und sich strukturell nicht mehr verändert, dann gehen Veränderungen in Erkenntnisvorgängen, die an das Gehirn gebunden sind, nicht auf das Gehirn selbst zurück, sondern

entweder auf die durch die Gehirnreife freigesetzten Kräfte selbst und/
oder auf veränderte Leibkräfte und Erfahrungen. «Es ist deshalb formal
die bewußte Erkenntnistätigkeit des kleinen Kindes vom Haupt her bestimmt, die des Schulkindes im zwölften Lebensjahr dagegen vom Knochensystem aus … Das Denken von oben, vom Kopf her, die primären
Prozesse der Begriffsbildung, die ihre Urteile an der Sinneswahrnehmung gewinnen, sind in einer vollständigen Metamorphose in das Denken ‹von unten› übergegangen, das seine Sicherheit jetzt von innen, dem
Knochensystem, her erfährt.»[152] So wird durch diese Art der Betrachtung
auf einen Zusammenhang geschaut, der zwischen der Beinbewegung einerseits und dem *Wesen der Kausalität* andererseits besteht. Um dies zu
verstehen, ist daran zu erinnern, daß alles menschliche Lernen und die
Aneignung menschlicher Fähigkeiten nach einer einheitlichen Grund-
geste oder -gebärde erfolgen: Das Tun oder Erleben geht dem Erkennen
voraus. Zuerst wird die Welt erfaßt, ge-schmeckt, be-rochen, be-rührt,
be-tastet, be-sehen, be-*griffen*, ehe eine Benennung erfolgt. Es ist ein
Vorrecht des intellektuellen, vielleicht auch des mündigen Menschen, aus
dieser gegebenen Gebärde auszubrechen und von etwas Begriffe zu haben und darüber zu sprechen, das er nie be-griffen oder be-rührt hat, dem
also keine eigene primäre Erfahrung entspricht. Für den sich entwickelnden Menschen gilt nun, daß er niemals ein Gefühl für Kausalität bekommen könnte, hätte er deren Wirklichkeit nicht zuvor in sich durchlebt. So
ist beispielsweise ein Gefühl für die Senkrechte nur dadurch zu bekommen, daß sie im Bewegungsvorgang der Aufrichtung durchlebt wird.
«Niemals würde der Mensch zu einem Gefühl für eine Senkrechte gekommen sein, wenn er nicht selbst im Laufe seines Lebens ein Aufrecht-
gehender geworden wäre, so daß er das, was eine Senkrechte ist, in seinem
Bewegungsvorgange fühlt. Und was so der ganze Mensch erlebt, das
erlebt sein Kopf mit und macht es zur Senkrechten [als Begriff]. Auf
dieselbe Weise wird das, was der Mensch erlebt im Ausbreiten seiner
Arme, zum Erleben der Waagerechten. Der Mensch, der ursprünglich in
seinem Seelenleben als ganzer Mensch tätig war, hat sich allmählich beschränkt auf den Kopf, der alles nur bildlich darstellen kann.»[153] Infolge
seiner äußeren Unbeweglichkeit vermag gerade der Kopf alles, was ursprünglich Erleben ist, zum Bild und damit auch zum von der Wirklichkeit abgezogenen Begriff abzulähmen. Daher wird im Menschen während seiner Entwicklung zunächst «alles bildlich, abstrakt». Derselbe
Vorgang, dieselbe Gebärde spielt sich ab, wenn der ausgeprägte physiolo-

gische Gestaltwandel, wie er sich als Knochenwachstum der Glieder zeigt, seelisch – weitgehend unbewußt – durchlebt und dann vom Kopf reflektiert wird. Es erscheint der Vorgang reduziert zu einem das Denken und seine Inhalte strukturierenden Prinzip: dem Prinzip der Kausalität, das als solches und in den Erscheinungen wirkend begriffen wird. Das kann noch verdeutlicht werden.

War die Fortbewegungsart des Kindes zunächst springend, hüpfend, tänzelnd, rennend, stürmend, tobend, selbst über Hindernisse hinweg weiterdrängend, dann wieder besinnlich stehend, so verwandelt sich nun der Schritt, von der Ferse ausgehend, zum *Gang.* Es bildet sich das gleichmäßig fortschreitende Gehen, mit dem Auftreten auf der Ferse und dem anschließenden Abrollen der Bewegung und des Gewichtes über den Ballen zu den Zehen. «Das Gehen ist ein fortwährendes Auffangen des Fallens. Beim Kind ist nahezu jeder Schritt leicht anders als der vorhergehende: einmal Ferse, einmal eher gesamte Fläche, dann wieder Betonung der Ballen und Zehenpartie. Die Art dieser Bewegung ist genau wie das Sprechen, der Gebrauch der Hand und die Handschrift ein charakteristischer Ausdruck der Gesamtpersönlichkeit, nur ist der Gang in diesem Sinne nicht so gut analysiert.»[154] Analysiert man aber die Bewegungsabfolge des Ganges, wenn er mit der Pubertät ausreift – zur vollen «charakterlichen» Entfaltung kommt er freilich erst mit dem 21. Jahr –, dann ist der Wechsel vom Standbein zum Schwingbein und die Beugung des Knies – unter Überwindung, wenn auch unter Mitwirkung der Schwerkraft, bis der Fuß wieder den Boden berührt – eine Bewegung, deren Abfolge in sich, einmal begonnen, nicht abgebrochen werden kann, ohne daß das Gesamtgleichgewicht verlorenginge. Jeder Abschwung hat zur Folge das Auffangen mit dem anderen Bein.

Der Bewegungsbeginn schließt konsequent eine weitere Bewegungsabfolge ein, er ist *Ursache* für die nachfolgende *Wirkung.* Wer einen Schritt intendiert, gerät aus dem Gleichgewicht und hat die Wirkung dieser Veränderung in seinen Gliedmaßen aufzufangen, er setzt ständig Ursachen, deren Folgen es bewußt zu beherrschen und zu lenken gilt. Indem dieser Ablauf in der neu zu erwerbenden Gliedmaßenbeherrschung von innen her halbbewußt erlebt wird, strahlt die innere Notwendigkeit, welche dieser Bewegungsabfolge des Ganges innewohnt, als solche in das Bewußtsein hinein, aber nicht als Inhalt, sondern als «Eigenschaft». Das Bewußtsein wird jetzt fähig, Kausalitäten und Bedingungen zu denken: *wenn – dann.* Stoße ich mich ab, dann muß ich mich notwendigerweise

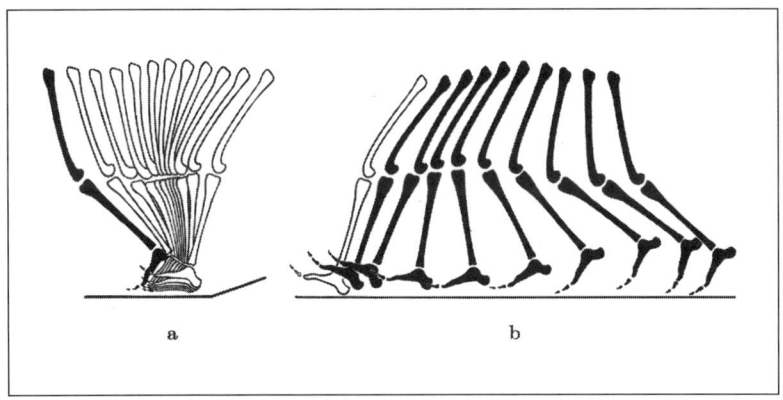

Abb. 22: Die Bewegung des Beins bei einem Schritt (nach O. Fischer).
a) Phasen des Standbeins (hell) und 1. Phase des Spielbeins (dunkel),
b) Phasen des Spielbeins und erste Phase des Standbeins
(aus: Benninghoff-Goerttler, Bd. 1, S. 379).

mit dem anderen Bein wieder auffangen, soll ich nicht stürzen. Bedingende Faktoren werden in einem Zusammenhang erlebt. Gerade weil der Bewegungsablauf nicht mit eigenen Inhalten besetzt wird, die sich auf das Gliedmaßensystem beziehen, kann er nunmehr im Bewußtsein als die das Sein durchdringende Struktur von *Ursache* und *Wirkung*, Bedingung und Konsequenz gedacht werden. Die Verknüpfung selbst ist beim Kind zwar auch zu früheren Zeiten schon möglich, denn es verfügt auch über konditionale Verknüpfungen, doch die begründende Einsicht, die abstrahierende Verknüpfung fehlt ihm noch. So gibt ein Junge mit elf Jahren als Grund dafür, daß ein Motor den Wagen antreibe, noch an: weil der Propeller (welcher der Kühlung dient) ihn bewegt. Es ist die spätere Reifung des Gliedmaßenbereiches, die in das bereits gereifte Zentralnervensystem – dieses nicht physiologisch, sondern geistig strukturierend – hineinstrahlt.

Auch noch andere logische Funktionen werden von den tieferen Leibveränderungen angeregt; die des Urteils soll später noch angesprochen werden. *Wie* indessen die durch die Leibwandlung entstehenden seelischen Dispositionen zum kausalen und finalen Denken und zur Urteilsfähigkeit genutzt werden, das ist *die* pädagogische Frage. Denn diese

Dispositionen sind zu allen Zeiten geschaffen worden, wenn vielleicht auch nicht im heutigen Maße, weil das Körperwachstum nicht die Größe wie in der Gegenwart erreichte. Aber nicht alle Kulturen waren und sind vom kausal-rationalen Denken bestimmt. Es kommt also darauf an, was mit den veranlagten Kräften geschieht, ob sie tatsächlich auf die Ebene der Begrifflichkeit gehoben werden.

Bedenken wir an dieser Stelle, die weitere Darstellung unterbrechend, methodisch, was die Betrachtungsart der Dreigliederungsidee erbringt, wenn somatische Vorgänge im Zusammenhang mit seelischen Erlebnissen zusammengeschaut werden. Es wird vor diesem Hintergrund gleichgültig, ob die Betrachtung an Leibesveränderungen ansetzt oder an Wandlungen des Seelischen – beides durchdringt sich, ist ein ineinander wirkendes Geschehen, das sich wechselweise zu beleuchten vermag. Der Cartesianische Dualismus von res extensa, der die Körperlichkeit zugehört, und res cogitans, dem Erkennen oder Geist, wird aufgehoben, und aufgehoben wird auch die Dominanz der Seele über die Körperlichkeit mit all ihrem Rohen, Dunklen und Triebhaften – was dann wieder dazu aufruft, gegen die Leib- und Sinnenfeindlichkeit Front zu machen.[155] Aber auch jene im 18. und 19. Jahrhundert durchgängige Auffassung, die den Körper als entseelte Maschine vorstellt und technizistisch deutet und den Geist als Unterlegenes interpretiert, hat keinen Platz.[156] Für Steiner ist es ein Unfug zu glauben, als «ob man besonders geistig, spirituell würde, wenn man nur ja nicht vom Körperlich-Leiblichen spricht und nur immer von etwas abstrakt Geistig-Seelischem. Man wird im Gegenteil recht geistig, recht spirituell, wenn man die Zuordnung des Leiblich-Körperlichen zu dem Seelisch-Geistigen in der richtigen Weise zu durchschauen vermag.»[157] Für ihn gibt es einen durchgängigen Geist: im Menschen, in der Welt, in den Dingen, im Körper. «Den Geist, der in der Welt waltet, kennt das gewöhnliche Bewußtsein eigentlich nur durch eine Schlußfolgerung ... Unsere Gedanken beschäftigen sich damit, zu schließen, daß dem Körperlichen ein Seelisches, ein Geistiges zugrunde liegt.»[158] Anthroposophische Erkenntnis möchte den Geist im lebendigen Denken selbst erleben, so daß der Mensch im heranwachsenden Kinde schauen kann, wie der Geist in ihm wirkt. Er sieht dann «das Kind nicht nur ... durch die Sinne von außen an, sondern er sieht, wie sich in den sinnlichen Offenbarungen das Seelische äußert ... Er geht davon aus, wie der Geist im Kinde wirkt, weil er erkennt, weil ihm diese Erkenntnis eine Wissenschaft liefert, die in lebendigem Denken den Geist selber erfaßt ... Im Kinde ... ist der Geist in nicht geringerem Maße vorhanden als im Erwachsenen; aber dieser Geist ist tief im Inneren des Kindes verschlossen ... nicht gesagt werden darf: die physische Natur des Menschen ist das eine, das Geistige ist das andere. Im Kinde schaut man die physische Natur so, daß unmittelbar, viel mehr als das beim Erwachsenen jemals der Fall sein kann, das Geistige innerlich an dem Physischen arbeitet, das Geistige ganz das Physische durchtränkt. Als Erwachsene haben wir Geist, indem wir den Geist brauchen, um über die Welt zu denken. Das Kind hat Geist, indem es den Geist braucht, um selber erst wie der geistige Bildhauer den eigenen Organismus zu gestalten.»[159]

Damit haben wir skizziert, wie Steiner selbst seine mit der Dreigliederungsidee und der Gründung der Waldorfschule entfaltete Methode versteht. Immer wieder finden sich, über seine rund zweihundert pädagogischen Vorträge verstreut, einzelne Bemerkungen dazu; zu einer schriftlichen und systematischen Darstellung fehlte ihm die Zeit.

Stoffwechselvorgänge und Geschlechtsreife

Zum System der Gliedmaßen, das wir zunächst vom Skelett her beschrieben haben, gehören auch die Muskeln; ferner sind eng damit verknüpft die Stoffwechselprozesse sowie das Geschlechtssystem mit dem damit verbundenen Hormonhaushalt. In dieser Reihenfolge wollen wir das System weiter durchdringen und auf die damit verbundenen Wandlungen im Seelischen befragen.

Muskelwachstum

Wir erwähnten schon, daß das Wachstum der Muskeln dem Längen- und Massenwachstum der Knochen zeitlich versetzt folgt. Die Muskeln strahlen mit ihren Sehnen in den Knochen ein; verlängert sich dieser, dann haben die Muskeln dem Knochen zu folgen, sie tun dies zunächst über eine Sehnenverlängerung, erst dann nehmen sie selbst an Umfang und Länge zu, ein Vorgang, der bis in die äußere Plastik der Waden-, Oberschenkel- und Armmuskulatur sichtbar wird. Doch dieser Vorgang braucht Zeit, und so tritt zunächst eine Disharmonie auf. Das jeweils schwere und verlängerte Gliedmaßensegment muß mit der bisherigen Muskelkraft «bedient» werden. Dadurch entsteht physiologisch – nach der Zeit der ausdauernden Bewegung und des Spiels – eine auffällige *schnelle Ermüdung* und ein ausgedehntes *Ruhebedürfnis*. Ein Junge, soeben 14 Jahre alt geworden, nach seinen Interessen befragt, antwortet einsilbig: lesen. Auf die Frage, was denn: Bücher. Der anwesende Vater, dem die überbordende Auskunftswilligkeit des Sohnes etwas peinlich ist, ergänzt: Er lese im Liegen, wobei er ein Problem habe, wenn er nämlich auf der Seite rechts unten angekommen sei, müsse er ja umblättern; das störe die eingenommene Lage erheblich, und so entwerfe er eine «Umblättermaschine», die immer, wenn die Augen in der letzten Zeile angekommen seien, die Seite umschlüge, diese sei allerdings noch im Entwurfstadium. – Die Bewegung des bis dahin dynamischen und bewegungsfreudigen Knaben war, wo es anging, bis auf die Bewegung der Augen reduziert – im Liegen, der schönsten Lage. Das gilt allgemein: Das Interesse an körperlicher Betätigung und vor allem diese selbst nehmen sehr stark ab.[160] Wichtig wird, wie schon in der Mitte der Kindheit, die Gruppe der Gleichaltrigen, in die man verstehend und verstanden werdend eintaucht. Sie hat Führungsqualität, die den Erwachsenen häufig abgesprochen wird (Peer group). Auch sie wird in ihrer wichtigen, gleichsam kraftspendenden Funktion ansichtig: Durch mehrere Jahre konnten allmorgendlich Jungen einer achten Klasse beobachtet werden, wie sie lange vor Schulbeginn an der Straßenbahnhaltestelle zusammenstanden, einen Ring des Zusammenhalts bildend, fast bewegungslos, nur gelegentlich puffend, wenig sprechend.

Die andere Seite in der oben genannten Begegnung wurde darin offenbar, daß dem Knaben das Gespräch, das um ihn kreiste, sehr unangenehm war und er sich rasch verzog, während er zuvor der Unterhaltung der Erwachsenen mit wachem Interesse gelauscht hatte. Die Empfindlichkeit für den eigenen, disharmonischen Zustand ist unverkennbar. Zugleich aber lebt in der Seele ein projektives, entwerfendes Vermögen, das noch genauer zu behandeln sein wird.

Wenn auch verzögert, so folgt dann doch ein Schub an Muskelkraft – etwa ein Jahr später, so daß sich auf einer höheren Ebene ein neues Gleichgewicht zu bilden vermag, allerdings nicht ganz. Denn durch das weitere Muskelwachstum steigert sich die *physische Kraft* weit über das im Kindesalter je vorhandene Maß hinaus. Sie dokumentiert sich vor allem in einer Zunahme der motorischen Fähigkeiten wie Greif-, Druck-

und Zugkraft; weniger dagegen verändern sich die feinmotorischen und manuellen Fähigkeiten, welche gerade durch die begrenzten, raschen und genauen Bewegungen der Hand vermittelt werden. Sie sind an schon zuvor gebildete kleinere Muskelgruppen gebunden und weniger an der charakteristischen pubertären Veränderung der großen Muskelstränge (Pakete) beteiligt. Die Muskeln für die Feinmotorik durchlaufen ihre eigene Entwicklung, während die Grobmotorik allerdings einem auffälligen und grundlegenden Umbau unterzogen wird: Nach außen wird im Gang und der Körperhaltung der *Ausdruck der Persönlichkeit* sichtbar. Gerade durch die Überwindung der Schwere in der Bewegung wird sich der Mensch seiner selbst bewußt und vermag dann sein Innerstes der Bewegung aufzuprägen, zumindest mitzuteilen. Physiologisch ist die Persönlichkeitsbildung auch an die Schwerekräfte und ihre aktive Überwindung durch den Willen gebunden. Wenn dann gegen das achtzehnte Lebensjahr ohne jedes Training die physische Kraft am stärksten geworden ist, also eine Höhe erlangt wie zu keiner Zeit des Lebens – der weibliche Organismus reift darin früher, aber nicht so ausgeprägt wie der männliche –, dann durchzieht dieses Kraftgefühl auch die Seele und verleiht dem jungen Menschen innere Sicherheit, Überlegenheit und Machtgefühl:

> ... Hört auf, ihr dummen, ihr elenden Menschen!
> Sucht das Unerreichbare,
> wünscht euch die Unendlichkeit,
> sehnt euch nach den Sternen![161]

Freilich, das ist nur eine Seite des vielgestaltigen Menschenwesens.

Auf diese Reifungsschritte hat nun die Pädagogik zu antworten, indem sie die Kräfte des Muskelsystems aufgreift, mit Zielsetzungen, mit Gedanken imprägniert und gleichzeitig den jungen Menschen ins praktische Leben einführt. Hier sei eine Darstellung Steiners zu dieser Thematik angeführt. «Und so ergibt es einfach das Lesen in der Menschenwesenheit, daß zum Beispiel in einer bestimmten Schulklasse die Kinder – nein! die jungen Herren und jungen Damen – herangeführt werden an das Weben, daß sie den Webstuhl beherrschen lernen; daß sie herangeführt werden an das Spinnen, daß sie lernen auch einen Begriff sich anzueignen, wie Papier gemacht wird zum Beispiel; daß sie lernen wenigstens die einfachen Verrichtungen ... der *mechanisch-chemischen Technologie zu begreifen* und auch im Kleinen zu handhaben.»[162] Der Unterricht muß also übergehen in praktische Lebenskunde. Selbstverständlich spielt hierbei auch die notwendige *Theorie über die Praxis* herein, entscheidend ist aber, daß der Pubertierende zur Arbeit, zum Tun kommt, sei es nun im Schreinern oder Schmieden, in der Landwirtschaft oder der technischen Mechanik, dem Feldmessen oder der Kartonagearbeit. Dieser Ansatz wurde in der Pädagogik der Waldorfschulen vielfältig verwirklicht.[163] In der Zuwendung zur Werkwelt kann aber auch eine besondere Tugend, die Steiner *Werkliebe* nennt,[164] ausgebildet werden. In ihr wird die Beziehung zu einem Objektiven von der Kraft der Liebe durchdrungen. Erich Fromm ging diesem Zusammenhang vom Denken her nach: «Im produktiven Denken ist das Subjekt dem Objekt gegenüber [anders als im geläufigen unproduktiven] nicht gleichgültig. Das Objekt wird nicht als etwas Totes verstanden … Im Vollzug produktiven Denkens wird der Nachdenkende durch sein Interesse für sein Objekt angeregt. Er ist von ihm betroffen und reagiert darauf; er nimmt teil und antwortet … der Respekt des Denkenden für sein Objekt und die Fähigkeit, das Objekt so zu sehen, wie es ist, und nicht so, wie es nach seinem Wunschbilde sein sollte …»[165] Die polare Struktur der Produktivität gilt für jede zielgerichtete Arbeit. Sie hat Wissen, Sachkenntnis, Verantwortungsgefühl zur Voraussetzung, und dort, wo sie arbeitsteilig auftritt, hat sie außerdem einen sozialen Bezug: Sie erfolgt für andere. Diese Voraussetzungen ermöglichen es, Arbeitstugend und Werkliebe auszubilden. Um diese Ziele zu verwirklichen, braucht allerdings die Schule eine andere Gestalt als die überlieferte: Sie hat in ihren Raum die Arbeit als konstitutives Element aufzunehmen. Die strenge Grenze zwischen Volksschule und höherer Schule wurde mit der Waldorfschule als einheitliche Volks- und höhere Schule 1919 erstmals durchbrochen. Während bisher die größere Gruppe mit der Geschlechtsreife die Schule verließ, mit den Anforderungen des Arbeitslebens konfrontiert und durch diese fürderhin erzogen wurde, blieb die andere, kleinere Gruppe getrennt von der Arbeitswelt und hatte sich mit theoretischen Stoffen und Lernerfahrungen auseinanderzusetzen – ohne die Wirklichkeitserfahrung der Arbeit. Steiner will in seiner Pädagogik beide Erfahrungswelten verbinden.

Eiweißprozesse

Wenden wir uns dem Stoffwechsel zu, dessen zentrale Aufgabe es ist, das Energiegefüge zu erhalten und im Lebensprozeß das körpereigene Eiweiß zu bilden. Das Gesamtfeld von Verdauung, Ausscheidung, Verbrennung ist von der Geburt an entfaltet. Was bringt nun die Lebenszeit der Pubertät Neues? Es fällt auf, daß sich die Eiweißbildung qualitativ verändert. Ein Blick in den Spiegel zeigt dem jugendlichen Betrachter, daß seine Haut immer wieder, einmal stärker, einmal schwächer, von Pickeln durchsetzt ist, kleinen, zum Eitrigen neigenden Erhebungen, Ausdruck entzündlicher Prozesse. Er erkennt sich nicht wieder, die zuvor feinporige Haut zeigt ein tendenziell gröberes Muster. Im Extremfall kann *Akne* das ganze Gesicht überziehen und Narben hinterlassen. Mit den Reifungsvorgängen der Geschlechtsorganisation sind grundlegende Umstellungen in den Eiweißprozessen verbunden. So ist der Bereich, wo das Innere nach außen dringt und zugleich die Umwelt von außen herankommt, die *Haut*, besonders für die Entzündung offen. Das rechte Gleichgewicht zwischen innen und außen, das jetzt biologisch gefordert wird, ist noch nicht hergestellt. Im Eiter zeigt sich lebendiges, aber ungeformtes Eiweiß, das, wenn die äußeren Bedingungen gegeben sind, einen Nährboden für Bakterien, also ein Fremdes im Eigenen, abgibt. In dem Maße, wie das freigewordene Seelische, von dem weiter unten gesprochen wird, beherrscht werden kann, verschwindet dann auch die Akne. Auch hier erweist sich die Veränderung in der physischen Leiblichkeit als ein hochwirksamer Faktor für das subjektive Erleben. Er wird von Psychologen als schwerste somatische Komplikation in der Entwicklungszeit betrachtet und als «psychisches Trauma» gewertet.[166]

Seelisch löst das eigene Aussehen erhebliche Fragen und Unsicherheiten, ja gelegentlich Selbstzweifel aus. So ist es nicht verwunderlich, daß der junge Mensch entweder ausgiebige Zeit vor dem Spiegel zubringt, um das schwindende Bild durch make up zu erhalten oder in eine bestimmte Richtung zu stylen, oder dem Spiegel ebenso wie dem Wasser einfach ausweicht. Die Geschlechtsunterschiede zwischen Mädchen und Knaben machen sich dabei deutlich bemerkbar.

Aus der Unsicherheit und dem immer wieder neben der vermeintlichen Selbstsicherheit aufbrechenden Erlebnis, sich letztlich gar nicht zu kennen, entsteht die Suche nach einem Halt. Diesen können aber die alten Autoritäten nicht mehr selbstverständlich vermitteln, sind sie doch ebenso frag-würdig geworden wie die bisherige eigene Identität. Wenn es gut-geht, hält man zu ihnen gemessenen, distanzierten Kontakt. Viel stärker ist eine vermeintliche Sicherheit dadurch zu erhalten, daß man sich an jene anlehnt, die Ähnliches in der Seele zu durchleiden haben wie man selbst. Zu ihnen besteht eine Art unausgesprochener Verständnisbrücke. Pocht doch ein verwandtes Erleben in dieser wie jener Brust. So entsteht unter den Gleichaltrigen eine dichte Vertrauensgemeinschaft, die mehr auf einem stillen Einverständnis in der Ablehnung der Weisungen und Direktiven der «alten Mächte» und auf dem unklaren Wissen des eigenen, erlebnismäßig vorausgreifenden Selbständigkeitsdranges besteht. Früh zu Bett zu gehen, Schuhe zu putzen, sich zu kämmen, abzuwaschen, Hausaufgaben zu machen – all diesen lästigen Anweisungen zu entkom-men ist schon vom 13. Lebensjahr an das Ziel des einzelnen und seiner Kameraden in der Peer group.[166a] Das Sehnen geht darauf, nun endgültig dem alten Trott zu entrinnen und endgültig das frei zu tun, was doch wohl die Erwachsenen auch tun, nämlich das, was sie selbst wollen. So stellen es sich die Heranwachsenden wenigstens vor, und dieses unausge-sprochene Verlangen, zu werden wie jene mit ihren Freiheiten, schafft unter ihnen ein trautes Einverständnis. Es wächst in dem Maße und fügt *Gruppen* zusammen, in dem jeder einzelne Elemente der Zukunft in die kleine Gemeinschaft einbringt, seien es Zigaretten, Alkohol oder – ver-botenerweise – geächtete Drogen. Doch es können auch Kleidungsstücke sein, wenn sie nur der erforderlichen Aufgabe gerecht werden: Sie müs-sen entweder verkleiden, verbergen oder entkleiden, herausfordern oder entstellen, in jedem Fall auf Protest oder Einwände stoßen. So konnte Mitte der sechziger Jahre in einer neunten Klasse beobachtet werden, wie ein Schüler den ganzen Unterricht über in einer khaki-farbenen Militär-jacke in einem gut geheizten Klassenzimmer saß. Nach weniger als vier-zehn Tagen trugen zwei Drittel der Schüler Kleidungsstücke der gleichen Machart. Auf die interessierte Lehrerfrage, was dies denn für Geräte sei-en, wurde stolz, aber auch mitleidig, da der andere noch nicht im Bilde darüber war, der Name «Parka» ausgesprochen; die Vorzüge wurden erläutert und schließlich erklärt, man trüge ihn, weil man gegen den Modezwang und gegen Konsumterror sei. Wer Zugang zu dieser Emp-findungswelt hat, kann einen erstaunlichen Einfluß in die Welt labiler Gefühle gewinnen, zumal wenn der Gestus, gegen das Überlieferte anzu-treten und Künftiges schon jetzt zu verwirklichen, dabei mitschwingt.

Doch kehren wir zum physiologischen Prozeß zurück. Steiner macht darauf aufmerksam, wie das *Eisen des Blutes* in seiner Strahlkraft in einem polarischen Gegensatz zum *Eiweiß der Zelle* stehe. Das im Blut gelöste Eisen (Hämoglobin) durchstrahlt die ganze Leiblichkeit bis an die Körperoberfläche; es strömt auf den arteriellen Wellen des Blutplasmas vom Zentrum des Herzens zur Peripherie, wo es dann gestaut und zurückgeworfen wird und im venösen Strom ins Zentrum zurückkehrt. Das Eiweiß, die Proteine, ist an Stickstoff, Kohlenstoff, Wasserstoff und Schwefel gebunden. Anders als das strömende Blut sind die Gewebe mit ihrer Eiweiß-Zellstruktur gewissermaßen an den Ort ihrer Entstehung gefesselt, sie sind der ruhende Pol. Wo Bewegtes und Ruhendes, Blut und Zellgewebe, sich begegnen, da staut sich das Blut. Das Metallische im Blute trägt das strahlend Bewegte durch den Organismus. In der frühen Kindheit scheidet es das feste Gerüst des Organismus in Skelett und Zähnen aus, vollzieht die Konzentration vom Flüssigen zum Festen, wobei die Kräfte des Fluor und des Magnesiums entscheidend sind. Die Kräfte des Fluors übernehmen die Rolle, «im Menschen wie ein plastischer Künstler zu wirken, abzurunden, das Strahlende aufzuhalten», während die Magnesiumkräfte strahlend wirken, «die Faserbündel und dergleichen organisieren».[167] Die verschiedenen Lebensepochen sind mit «intimen Vorgängen im menschlichen Organismus verbunden». In der Lebensepoche, die mit der Geschlechtsreife anhebt, treten das Eisen im Blut und das Eiweiß in eine besondere Wechselwirkung! Wenn da das Gleichgewicht zwischen den beiden Prozessen gestört ist, «dann kommen alle die Erscheinungen, die äußerlich in Bleichsucht zum Ausdruck kommen», zustande.[168] Das Eisen übernimmt die Vermittlerrolle zwischen dem, was «vom Menschen innerhalb seiner Haut liegt, und dem, was außerhalb seiner Haut liegt».[169] Das Verhältnis zwischen dem Inneren und Äußeren, dem Subjektiven und Objektiven, entspricht jenem zwischen Eisen und Eiweiß, zwischen Haut und Umkreis. In der Akne deutet sich das Ringen um ein rechtes Gleichgewichtsverhältnis beim Knaben ebenso an wie in der Anämie beim Mädchen, beide sind verbreitete Erscheinungformen der Pubertät.[170] Das Seelische drückt sich mit seinem Ringen eben auch physiologisch aus, und dieses Ringen ist geschlechtsspezifisch verschieden.

Aber noch eine weitere, subtilere Veränderung im Stoffwechsel ist zur Zeit der Pubertät beobachtbar. Der menschliche Embryo besteht in seiner Leiblichkeit zu 90 Volumen-Prozent aus Wasser, der Mensch in der Kindheit dann noch immer zu 75-80 %, während nach der *Adoleszenz* der Anteil sich auf unter 60 % verringert, wobei der Rest, der nicht «wäßrig» ist, auf den chemischen Substanzanteil (Proteine, Fette, Salze) entfällt. Der irdische, «feste» Bestandteil des Menschen nimmt also mit dem Jugendalter bedeutend zu, das heißt aber, daß das lymphatische Gewebe zugunsten der Knochen- und Muskelbildung abgebaut wird. Insbesondere bei Mädchen wird außerdem noch die subkutane Fettbildung dem «festen» Menschen eingefügt. Der Adoleszente wird physiologisch insgesamt «unlebendiger», «verfestigter» – psychisch entspricht dem ein größeres Maß an Selbstbezogenheit, Bewußtheit und «Persönlichkeit». Diese seelische Qualität des Persönlichen ist zunächst noch unsicher, unstet und ungleichgewichtig, nicht in sich ruhend. – Der Inkarnationsweg hat zwei Gesichter. Wo in einem Organismus in einem solchen Umfang das Lebendige mit seinen Kräften zurückgebildet wird, erscheint an einer anderen Stelle im Organismus eine neue Kräftegruppierung: in der Region des Physiologischen zunächst Muskelkraft zur Überwindung der Schwere, ein veränderter Stoffwechsel und die Fähigkeit zur Fortpflanzung, auf der Ebene des Seelischen veränderte Erlebnisweisen.

Die Geschlechtsreife

Das Jugendalter beginnt mit dem Eintritt der Geschlechtsreife.[171] Sie ist so auffällig, daß oft dieser ganze Entwicklungsabschnitt nach ihr benannt wird. Die Vergrößerung der inneren und äußeren Geschlechtsorgane, der Eintritt der Funktionsfähigkeit der Geschlechtsdrüsen sowie die Herausbildung der sekundären Geschlechtsmerkmale – Stimmbruch, Bartwuchs, Wachsen der Scham- und Achselhaare, Pigmentierung und Vergrößerung der Brustwarzen, subkutane Fettpolster der Frau und so weiter – scheinen die Hauptkennzeichen dieser Epoche zu sein. Das ist allerdings nur sehr bedingt zutreffend. «Daß man als Kriterium die Fortpflanzungsfähigkeit als entschiedenste und repräsentativste aller vorkommenden physischen Veränderungen wählt, ist ganz willkürlich und läßt sich kaum rechtfertigen, weder biologisch noch im Hinblick auf das Verhalten. Zweitens vollzieht sich jede der körperlichen Teilveränderungen im Verlauf einer längeren Zeit und nicht auf einmal. Wenn also die körperlichen Phänomene der Pubertät als Ganzes betrachtet werden, ist die Vorstellung von einem bestimmten Pubertätsalter sinnlos. Es ist vernünftiger, sich einen *Zeitraum* von mehreren

Jahren vorzustellen.»[172] Dieser Zeitraum stellt indessen einen tiefgreifenden Umbruch dar.

Der Eintritt der Geschlechtsreife selbst unterliegt einer großen Variabilität. So schwankt der Eintritt der Regelblutung (Menarche) zwischen 10 und 18 Jahren, der erste Samenerguß zwischen 12 und 18 Jahren. Im Mittelwert tritt die sexuelle Reife bei Mädchen etwa zwei Jahre früher ein als bei Knaben. «In den Jahren 1964 und 1965 betrug das Durchschnittsalter für die Menarche 12,5 Jahre (in den USA), und die ‹normale› Schwankung (mit einer Standardabweichung um das Mittel bei etwa 2/3 der Versuchspersonen) lag zwischen 10 und 15 Jahren. Das immer frühere Auftreten der Pubertät (Akzeleration) wurde auf bessere Ernährung und Gesundheit zurückgeführt. Andererseits scheint das Leben in Höhenlagen eine verzögernde Wirkung zu haben ... Frisch und Revelle bringen die Menarche mit einem kritischen Körpergewicht von 48 kg in Zusammenhang, wodurch das Zurückbleiben je nach Höhe über dem Meer erklärbar wäre, da die Kinder in großen Höhenlagen schon bei der Geburt leichter sind ... [Allerdings gibt es erhebliche rassische Unterschiede.] Viele asiatische Frauen zum Beispiel erreichen niemals auch nur annähernd ein Gewicht von 48 kg.»[173] In den letzten 150 Jahren ist das Menarche-Alter von über 16 Jahren im Mittel auf etwa 13 Jahre[174] abgesunken.

Mit den Stoffwechselvorgängen hängen auch die Vorgänge des hormonellen Haushalts sowie der Absonderung und der endokrinen Drüsenausscheidungen zusammen, insbesondere aber die der Keimdrüsen. Eine Eigenschaft der reifen Geschlechtszellen ist es, daß sie sich bewegen, sie wandern, «die Eizelle innerhalb des Organismus, die Samenzelle sogar aus dem Organismus heraus. Im seelischen Bereich entspricht diesem Bewegungsgeschehen die elementare Seelenbewegung der Emotion, die ja auch sprachlich das Element der Bewegung in sich trägt. Von ihr aus ist der seelische Bewegungsdrang, der Wandertrieb des Jugendlichen zu verstehen, Regungen ... die physiologische Begleiterscheinungen seelischer Geburtsvorgänge darstellen ... Allen solchen Bewegungen liegt das Begehren des Astralleibes zugrunde ... : das Dürsten nach Sauerstoff, das Hungern nach Nahrungsstoffen führt im Stoffwechsel zu den Bewegungen der Stoffe und der Säfte.»[175]

Mit der körperlichen Reife «blüht» die Körperlichkeit auf. «Dieses mit Recht so bezeichnete Aufblühen weist auf die Wirkung des Astralischen in der Blütenbildung der Pflanzenwelt hin. Dieser Impuls bewirkt in der

Pflanze eine Umkehr beziehungsweise Metamorphose der rein vegetativen, aufbauenden und assimilierenden Kräfte. Deshalb finden wir in der Blüte einen gewissen Abbau, eine Umwandlung aufgebauter Substanzen in duftende, leichtere, flüchtige Substanzen.»[176] Der junge Mensch bekommt nun seine persönliche «Duftnote». Sie geht auf die Ausreifung bisher nur veranlagter Duftdrüsen zurück, die zu den anderen schon lange funktionstüchtigen Schweißdrüsen – reichlich verbreitet an der Stirn, im Handteller und an den Fußsohlen, über den Körper werden 2 Millionen gezählt – hinzutreten. Die letzteren sind von der Geburt an funktionstüchtig; sie sondern ein stark saures Sekret (pH 4,5) ab und bilden auf der Haut einen Säureschutzmantel, der das Bakterienwachstum hemmt; die Sekretion von Wasser und Kochsalz sowie Säure geht ohne Substanzverlust der Zelle vor sich. Diese ekrinen Drüsen sind entwicklungsgeschichtlich jung und finden sich nur beim Menschen, im höheren Tierreich kaum. Mit der geschlechtlichen Reifung aber treten gegenüber diesen Drüsen die *apokrinen Drüsen*, die Duftdrüsen, in Funktion, die in der Tierwelt von Geburt an arbeiten, vor allem in der Region der Achseln, der Brust und der Genitalien, aber auch in der Leistenbeuge, um den After, an Nasenflügeln und Lippen und den Brustdrüsen. Sie geben mit dem Sekret zugleich ihr eigenes Zell-Zytoplasma ab. Diese Drüsen, die entwicklungsgeschichtlich alt sind, entstehen zwar fötal zusammen mit der Haaranlage, werden aber erst mit der Pubertät reif. Ihr Sekret ist alkalisch und hebt die Säureschutzschicht auf, so daß es dann zu Entzündungen (Schweißdrüsenabszeß) kommen kann. – Desgleichen nehmen in der Reifezeit die *holokrinen Talgdrüsen* – eine dritte Drüsen-Sorte – an Umfang und Funktion zu, ihre Zellen gehen bei der Sekretbildung zugrunde, sie geben ein öliges Sekret ab, das Haare und Haut einfettet. Auch sie finden sich vermehrt an erotisch herausgehobenen Stellen.[177]

Die Ausbildung der eigenen Duftnote läßt sich in ihrer Bedeutung vergegenwärtigen, wenn vom Geruchssinn ausgegangen wird. Unter den Sinnen gibt es nur wenige, die den Wahrnehmenden in das Wesen einer Sache eindringen lassen, nämlich Geruch, Geschmack und Gehör; alle übrigen Sinne vermitteln andere Qualitäten. Gerade der Geruchssinn erschließt uns den «Charakter» eines Stoffes und teilt ihn unmittelbar der Seele mit, so daß sich diese beim Duft blühender Rosen öffnet oder bei Buttersäure bis zum Brechreiz und Ekel in sich verkrampft. Dieser Sinn reagiert so fein, daß kaum nachweisbare Stofflichkeit wahrgenommen wird, gleichzeitig ermüdet er aber auch rasch, was als Gewöhnung – etwa an schlechte Gerüche – bemerkbar wird. Die Duftnoten sind zu vielgestaltig, als daß sie sich wie beim Geschmack oder in der Welt der Farben ordnen ließen. Die Duftdrüsen lassen die eigene, ganz individuelle Note entstehen, in der sich etwas vom biologisch eigenen Charakter – auf der Ebene der Stofflichkeit – dem anderen Wesen mitteilt: anziehend oder abstoßend. Selbst ist man in die eigene Duftaura eingehüllt, die man nicht riecht – sehr wohl dafür der andere. «Ich kann ihn nicht riechen» verneint den anderen, und zwar seelisch. Mit der Duftproduktion gelangt der Pubertierende in das Reich sozialer Wirkungen, die ins Seelische getaucht werden.

Die physiologischen Veränderungen, wie sie die Geschlechtsreife mit sich bringt, machen dem Erleben zu schaffen. Da tritt einerseits die monatliche Blutung auf. Wenn ein Ei aus den etwa 6000 schon pränatal veranlagten Keimen heranreift, dann wird es bei fehlender Befruchtung nach etwa 14 Tagen durch die Blutung ausgespült, und wiederum 14 Tage später ist das nächste in dem Zyklus, der der Umlaufzeit des Mondes entspricht, herangereift. Gegen 400 Eier kommen in der gebärfähigen Zeit des weiblichen Lebens zur Reife. Ganz anders die Spermatogenese, sie produziert ganz andere Mengen an Samenzellen, millionenfach im Ejakulat, angeblich lebenslang ohne altersmäßige Begrenzung. Verbunden damit ist schon vor dem Einsetzen der Reife beim Knaben nicht nur eine Vergrößerung der äußeren Geschlechtsorgane, sondern auch der phallische Drang, dem allmählich auch gelegentliche Samenergüsse folgen. Wie ist mit all diesen körperlichen und physiologischen Veränderungen umzugehen, zumal auch Phantasien des anderen Geschlechts sich immer wieder ins Vorstellungsleben, mehr oder weniger deutlich, hereindrängen? Das ist eine zunächst sinnverwirrende, neue, abenteuerliche Welt, die sich auftut, bedrängend, anziehend, abstoßend, befremdend, alles zugleich. Die menschliche Triebhaftigkeit der Sexualität zeichnet sich durch einen Überschuß aus, der biologisch – im Unterschied zu allen anderen Wesen – nicht instinktgesteuert ist. Es ist keinesfalls so, daß, wenn diese Reife auftritt, sie auch schon beherrscht würde, ja, daß der Jugendliche wüßte, wie damit umzugehen sei.[178] Daher hat es zu allen Zeiten – gleichsam als Steuerungsinstanz – ein gesellschaftlich überliefertes und sanktioniertes Normgefüge gegeben, welches das «richtige» Verhalten vorgab. Heute ist das alles sehr ins Wanken gekommen. Werden nur abstrakte Sätze verkündet, die Kinder aber letztlich allein gelassen, dann übernimmt es die Subkultur der Altersgruppe, das Rätselhafte, was mit der Reifung geschieht, auszudeuten, mit kraftvollen Ausdrücken zu benennen, das vulgäre Vokabular bereitzustellen, desgleichen Heldengeschichten zu verbreiten. Es sind da erzieherisch wichtige Aufgaben gestellt, die allerdings bereits vor dem Eintritt der Reifezeit absolviert sein sollten. Für die Erwachsenen sind inzwischen die überlieferten Normen relativiert worden. In diesem Jahrhundert wurde durch die vergleichende Kulturanthropologie aufgedeckt,[179] in welchem Umfang die Normen verschiedener Gesellschaftsordnungen tatsächlich voneinander abzuweichen vermögen, wie variabel, ja wie gegensätzlich die Werte sein können, so daß überlieferte Wertsetzungen keinen sicheren Halt mehr zu bieten vermögen. Die Welt der Erwachsenen ist verunsichert, die Werte sind fragwürdig, Freizügigkeit und mindestens Stimulation der sexuellen Reize über Bilder sind allgegenwärtig.[180] Doch ein bloßes Ausleben der Triebe, also die biologische Abfuhr und der Lustgewinn, der als modische Attitude aufgeklärten Verhaltens galt und gilt, wird dem mit der Reifung einsetzenden Geschehen allenfalls auf der physiologischen Ebene gerecht. Dominant ist demgegenüber aber ein anderes: das seelische Erleben.[180a] So stellt Charlotte Bühler, ähnlich wie wir, zwei Entwicklungsreihen einander gegenüber: die seelische und die physiologische, die sie einerseits als Schwärmerei und enge Beziehungen ohne sexuelles Akterlebnis und andererseits als Flirt und sexuelle Erlebnisse beschreibt. Die «Vollreife aber ist erst erreicht, wenn beide Reihen zusammenstoßen und so Erlebnisformen neuer Art schaffen, die durchaus verschieden sind von allen vorhergehenden und im wesentlichen auf der Fähigkeit des Individuums zu völliger und verantwortungsbewußter seelischer und körperlicher Bindung an einen Menschen des anderen Geschlechtes bestehen.»[181]

Es ist schon so, daß mit den Reifungsvorgängen sehr tiefe Erlebnisschichten aufbrechen. «Wenn andere Menschen traurig sind, so wissen sie warum. Ich weiß nicht, warum ich mich so quälen muß.»[182] Steiner beschreibt die Gegebenheit noch allgemeiner: «Nun ist dasjenige, was sich gerade in dem Lebensalter zwischen dem 15., 16. und 20., 21. Jahre im jungen Menschen entwickelt, nicht ganz unähnlich dem Schmerz. Dieses Sich-Hineinarbeiten in die Wirksamkeit des freiwerdenden astralischen Leibes im physischen Leib ist eigentlich ein fortwährendes Durchmachen von leisen Schmerzen. Das, was man da spürt, das regt einen sofort an, sich mit sich selbst zu beschäftigen, wenn man nicht genügend nach der Außenwelt abgelenkt ist.»[183] Ein Jugendlicher schreibt: «Ich werde immer einsamer, muß mir eine eigene Welt aufbauen und der Einsamkeit mit einem starken kräftigen Herzen entgegentreten, sonst gehe ich vor die Hunde oder ins Wasser.»[184] Ein anderer: «Die Einsamkeit überkommt mich oft ganz beklemmend und erstickend.»[185] Dies alles ist Ausdruck einer verzweifelten Sinnsuche, wo das Alte nicht mehr trägt und das Neue noch nicht gefunden wurde. Und es läßt sich nicht leicht finden, ohne Ringen kein Ziel – oder nur Spießigkeit. «Denn die Jugendlichen ringen nun einmal (wenn man ihnen die Voraussetzungen dafür nicht schon … ausgetrieben hat) mit diesen Fragen … Sie tun es nicht auf abgeklärte Weise, nicht mit asketischem Abstand von Genuß, Fleischeslust und billiger Zerstreuung (und wenn doch, so ist das hoch alarmierend), sondern ‹das Blut gärt und wallt›, wie es J. J. Rousseau ausgedrückt hat; die Sinnsuche hat grüblerische Züge, aber auch solche einer dionysischen Feierstimmung; sie schillert zwischen erotischem Abenteurertum und nächtelangem Abfassen lyrischer Texte, zwischen Cowboygehabe auf knatternden Mopeds und dem würgenden Gefühl in der Kehle bei einem traurigen Lied; zwischen eitler Selbstdarstellung in der Diskothek und einsamen Wanderungen bei Sonnenuntergang; zwischen grobschlächtigem Materialismus und der wilden Hoffnung, an der Sache mit dem Bermuda-Dreieck möge etwas dran sein. Der jugendliche Gralsucher ist alles andere als eine hehre Lichtgestalt, was für den Ur-Gralsucher der Literatur bekanntlich auch gilt.»[186]

Die freiwerdenden Seelenkräfte

In der Sexualorganisation, die morphologisch zwischen Stoffwechsel- und Gliedmaßenfunktion liegt, deren Ausdruck sich aber in den «sekundären Geschlechtsmerkmalen» über den ganzen Leib verteilt, differenziert sich nun das in seinem äußeren Erscheinungsbild doch recht einheitliche menschliche Wesen in die Einseitigkeiten von entweder männlicher oder weiblicher Ausprägung. Was sich äußerlich geschlechtlich trennt, bildet als Männlich-Weibliches im tieferen Wesen doch eine Einheit: den Menschen. Die Geschlechter ziehen sich auch deshalb an, weil sie den Zusammenhang mit der menschlichen Ganzheit suchen, zumindest die Ergänzung zur Einheit. Mit der Vorpubertät wird der Drang aufeinander zu, zum anderen Geschlecht, auffällig. Wurden vorher die Spielkameraden «von der anderen Seite», wo es anging, gemieden, so gewinnen sie nun Interesse aneinander. Sei es zunächst der Blick auf den oder die andere(n) aus der Ferne oder das in Gruppen aneinander Vorbeidefilieren und gelegentliche Anrempeln, das Gruppengespräch, wo der einzelne noch in der Gruppe der Geschlechtsgenossen geborgen ist, der Adressat aber dem anderen Lager zugehört – das Ziel bleibt das persönliche Tête-à-tête. Dabei tritt sehr bald immer weniger das andere Geschlecht als solches ins Blickfeld, sondern ein einzelner, Fritz oder Hans, Carmen oder Inge. Doch dem oder der Auserwählten gegenüberzutreten gibt es manche inneren Hemmnisse, Unsicherheiten, auch Scham. Wem dies fehlt, und auch solche gibt es in jeder Gruppe, braucht keineswegs der seelisch Begünstigte zu sein. Denn das Neue tritt in der Einzelseele als ein sehr zartes, unbestimmtes, aber intensives Gefühl auf: als *Sehnsucht*. Sie ist auf den anderen bezogen, aber zugleich viel umfassender und größer angelegt. «Das Kind lebt [noch] mit den Dingen so, daß es sich dabei seiner selbst als eines sie Beseelenden nicht bewußt wird. Der Jugendliche [allerdings] schöpft alles von innen, er gießt gleichsam *sich* über die Dinge aus. Deshalb kann auch ihm allein das Schicksal begegnen, in Augenblicken, in denen seine innere Produktionskraft versagt, sich vor der Nacktheit und Seelenlosigkeit und Häßlichkeit der Gegenstände zu finden. Seine Phantasie trägt nicht den naiven Charakter des Einsseins, sondern immer den des *sehnsüchtigen Suchens* und der *Wiedergewinnung*. Ich kenne kein Kind, das ‹Sehnsucht› fühlte. Aber einen Jugendlichen ohne Sehnsucht kann ich mir nicht vorstellen: er hätte kein inneres Leben.»[187]

Wir verfolgen nun weniger das Gefühl der Sehnsucht bis in die Phantasie hinein, wie das möglich und berechtigt wäre, sondern in seiner Ausprägung auf das Mit-Menschliche. Denn erst, wo das Erlebnis der Trennung sich ausbreitet, kann das Sehnen, aber auch das intensivere und forderndere Begehren sich einstellen. Zwischen dem die Phantasie beflügelnden Sehnen, das die Erkenntnissphäre berührt (Nerven-Sinnes-System) und dem derberen, stärker leibhaftigen Begehren (Stoffwechsel-Gliedmaßen-System) keimt die *Liebe*, die Hingabefähigkeit als keuschestes und umspannendstes aller Gefühle auf.

Aus dem *Gefühl der Verlassenheit* entspringt mit der Reife die Hinwendung zum anderen Menschen. Sie verlangt nach Zartheit, Verständnis, Liebe. Diese Kultivierung des Gefühls im Verständnis des anderen und der Bindung an ihn stellt einen personalen Bezug dar, eine beträchtliche menschliche Leistung, die nun reifen muß.

Die Differenzierung in das Geschlecht vereinseitigt, was den vollen Umfang menschlichen Daseins ausmacht. Daß dem Wesen von Mann und Frau jeweils etwas ganz Besonderes an seelischer und nicht nur leiblicher Ausformung eignet, begründet den Spannungs- und Anziehungszustand zwischen den Geschlechtern. Das spiegelt sich im Gefühlsleben rein seelisch als Sehnen, in den die Leibvorgänge begleitenden Gefühlen als Begehrung ab.[188] Die grundlegende Polarisierung des Menschseins, die Sonderung des Einheitlichen, führt einerseits zum Streben nach Zusammengehörigkeit, andererseits aber individualisiert sie auch den einzelnen stärker. Die Begabungen werden sichtbar, es beginnt die Differenzierung auf die spätere Berufs- und Lebensaufgabe hin. «Indem der Mensch ... in die Differenzierung nach Mann und Frau eintritt, wird er auch reif, in die anderen Differenzierungen des Lebens einzutreten, und er muß eben in das wirkliche Leben eingeführt werden.»[189] Diese *Spezialisierung* bildet den einen Pol der seelischen Kräfte, die sich dem freiwerdenden Empfindungsleib entbinden. Die andere Richtung ist gerade entgegengesetzt: das *Streben nach Totalität*. Denn im Seelischen wie im Leben hängt alles miteinander zusammen. Darum ist es in der Pädagogik Steiners ein Anliegen, die «Erkenntnisimpulse» so auszubilden, «daß der Mensch wenigstens eine Einsicht hat, und zwar eine anschauliche Einsicht, in Gebiete des praktischen Lebens».[190] Daraus leitet sich denn auch der Gedanke der einheitlichen Volks- und Höheren Schule her, wie er in der Waldorfschule verwirklicht wurde, indem aller Unterricht zur Lebenskunde werden soll, wo neben Erkenntnisfächern gleichrangig solche stehen, die die Eigentätigkeit des Schülers anregen.[191]

Es ist das Vermögen der Begehrung, das tiefer in ein Verständnis dieses Lebensalters hineinzuführen vermag. Das Begehren ist etwas, was der gleichen Quelle entstammt wie die Bewegung, nämlich einer Welt innerer, seelischer Impulse. «Der Mensch bewegt seinen Leib nicht nur auf diejenigen Antriebe hin, welche auf Grund der Lebensvorgänge [zum Beispiel Hunger] sich abspielen. Die Impulse zur Bewegung sind in dem Innenleben gelegen, sofern dieses unabhängig ist von den Lebensvorgängen.»[192] Dieses Innenleben kann ein bewußtes sein, etwa dann, wenn klare Zielvorstellungen oder Motive zu Handlungen vorliegen, aber auch halbbewußt, dann treten eben «instinktive Begehrungen» auf. Dabei werden diese Antriebe zu etwas, das als «selbständiges Erlebnis»[193] bestimmten auslösenden Momenten wie etwa dem Hungergefühl oder einer Sinneswahrnehmung hinzugefügt wird, dadurch der dumpfen Empfindung eine gewisse Richtung gibt und zugleich den Antrieb verstärkt. Wo hat dieses impulsierende Begehren seinen Sitz? Welcher Natur ist es?

Das Begehren hängt offenkundig mit zwei Bereichen zusammen: dem Stoffwechsel und dem Geschlecht, insofern diese vom «astralischen Menschen» durchsetzt werden. Indem der Lebenssinn die Zuständlichkeit der inneren Organe, den Gewebedruck, das innere Milieu und anderes, vermittelt, entsteht in der Seele eine Empfindung, die Vorstellungen wie Hunger und Durst auslösen kann. Dies ist schon unmittelbar nach der Geburt so; mit der Pubertät erhalten die Empfindungen nun allerdings eine andere Qualität, sie werden mit den Kräften der Begierde durchsetzt.

Im platonischen Gleichnis der beiden Rosse (vgl. S. 194 und 577) jagen diese, ähnlich den Trieben, ihrem Ursprung entgegen, wenn sie sich selbst überlassen bleiben; werden sie indessen gelenkt, ziehen sie das Gespann nach oben. Doch wer ist der Wagenlenker, ihr Bändiger? Eine höhere Instanz: doch wohl das Ich, dessen der Jugendliche erst noch voll innewerden muß. Ihm allein vermögen sich die Kräfte zu fügen, nicht verdrängt oder unterjocht, aber eben gelenkt: Dadurch erhöht sich der Mensch. Das schafft zwischen Begehren und Sehnen einen tiefen Zwiespalt; der Erwachsene kennt ihn, aber eben auch schon der Pubertierende:

> Zwei Seelen wohnen, ach! in meiner Brust,
> Die eine will sich von der andern trennen;
> Die eine hält, in derber Liebeslust,
> Sich an die Welt mit klammernden Organen;
> Die andre hebt gewaltsam sich vom Dust
> Zu den Gefilden hoher Ahnen.[194]

Im Begehren erlebt sich das Seelische verstärkt in bezug auf das Begehrte. Dadurch wächst einerseits das Selbstgefühl des eigenen Subjekts, andererseits lodert im eigenen Subjektiven fortan aber auch etwas Zehrendes, das sich mit Heftigkeit auf das Begehrenswerte richtet. Was so für den Stoffwechsel gilt – erinnert sei noch einmal an die Bedürfnisse des Leibes –, gilt entsprechend auch für die reifungsbedingten Lebensprozesse von Spermatogenese oder Menstruation. Auch sie spiegeln sich in der Seele ab, und was als Empfindungen auf diesem Gebiet ausgelöst wird, enthält gleichfalls eine begierdenhafte Färbung. Die Subjektivität des Menschen tritt sowohl in Spannung zum Leib als auch in den Dienst des Leibes mit seinen Lebensprozessen. Schmiegt sich das Begehren den leiblichen

Bedürfnissen an, so steigert es diese. Was zuvor einfaches *Bedürfnis* war, läßt sich jetzt innerlich durchseelen und über das Begehren zur *Begierde* steigern. Wünschen, Verlangen, Begehrlichkeit können indessen auch unabhängig von dem leiblichen Anlaß gefühlhaft in der Seele wohnen. Das Begehren und die ihm verwandten Seelenregungen vermögen sich aus den Lebensvorgängen des Leiblichen völlig herauszuziehen und für sich selbst als reine Gefühle zu leben. Das Begehren kann sich dann auch an höheren, das heißt moralischen, sittlichen Zielen orientieren, wodurch es zum Handlungsmotiv wird.

Die *Spannung von Sehnen und Begehren* bildet fortan eine besondere Triebkraft, die erst jene abgründige Dialektik eröffnet, von der der reife Faust spricht: «So tauml' ich von Begierde zu Genuß / Und im Genuß verschmacht' ich nach Begierde.»[195] Es steht diese Kraft zwischen der «tierischen Natur des Menschen und seiner geistigen» (Schiller), sie bindet diese beiden Welten aneinander. Indem nun die Kraft sich dem Leib durch dessen Reifung teilweise entbinden kann, wird sie *frei* in beide Richtungen: *Schwung zum Idealen und Fesselung an den Trieb.*

Das Nerven-Sinnes-System

Richten wir nunmehr die Aufmerksamkeit auf das Nerven-Sinnes-System. Es hat sein Zentrum im Gehirn, durchsetzt aber funktionell den gesamten Organismus. Während das System der Gliedmaßen äußerlich durch seine außerordentliche Beweglichkeit gekennzeichnet ist und auch der Stoffwechsel allergrößte Dynamik aufweist, ist das Gehirn in seiner Zytoarchitektur ganz zur Ruhe gekommen. Was noch an Dynamik auftritt, ist rhythmischer oder Stoffwechselvorgang des Nervenlebens. Die großen Sinnesorgane des Kopfes sind mit ihrer optimalen Hinwendung zur Wahrnehmungswelt so ausgerichtet, daß ihre «Beweglichkeit», etwa die der Augen oder die der Ohren beim Lauschen, die Aufmerksamkeit steigert. Doch diese Beweglichkeit ist mehr eine innere, seelische Hinwendung an die Sinnesreize. Auch dort, wo sich das seelische Innenleben als Abglanz nach außen spiegelt, im Mienenspiel, tritt eine «gestaltete Beweglichkeit» – allerdings ohne jede Kraftentfaltung – nach außen auf. In der Funktion ist also das Nerven-Sinnes-System polar zu der der Glieder.

Morphologisch gliedert sich das Haupt in den *Gehirnschädel*, in dem das hochvernetzte, feinstrukturierte *Gehirn* (ZNS) innerhalb der verknöcherten Schädelkapsel unbeweglich, allenfalls schwach in der Rhythmik des Gehirnwassers und dessen Auftrieb «schwimmend» und pulsierend, ruht, dann in den *Gesichtsschädel*, jenen Bereich, der dem Betrachter durch die Augen, das Riechorgan und die Wangen nach außen ein- und ausdrucksvoll gegenübertritt. Zwischen Gesichts- und Gehirnschädel vermittelt der *Nasen- und Stirnraum* als pneumatisierter und für den Klang der Sprache wichtiger, weil klingender Resonanzraum. Abwärts davon findet sich der Mund mit den Zähnen, dem Gaumen, der Zunge und dem beweglichen Unterkiefer als ein gesonderter Bereich des Kopfes, der einerseits der Nahrungsaufnahme dient, andererseits mit dem Nasenraum der Atmung, vor allem aber dem menschlichsten Vermögen, der Artikulation der Sprache, die ihrerseits wiederum mit dem tieferliegenden *Kehlkopf* innigst zusammenhängt.

Schon für den äußeren Blick vollziehen sich innerhalb der kindlichen Entwicklung tiefgreifende Veränderungen im Kopfbereich. Während sich der *Gehirnschädel* schon innerhalb der ersten Lebensjahre wandelt und etwa mit Eintritt der Schulreife seine Endform annimmt – wobei allerdings der Umfang durch die Massenzunahme der Myelinschichten in der tieferliegenden Faserbahn (weiße Masse, Album) noch bis gegen die Erdenreife zunimmt –, erfährt der *Gesichtsschädel* in der Mitte der Kindheit noch mannigfache Veränderungen. Mit Beginn der Geschlechtsreife formt sich die Nase allmählich zu ihrer endgültigen Gestalt aus. Sie längt sich, ihr Rücken bildet sich stärker aus, das charakteristische Profil entsteht. Der angrenzende Bereich der Wangen, beim Säugling ungemein wechselnd im Mienenspiel, vergrößert sich hin zu harmonischen ausdrucksstarken Flächen, die zunehmend, vor allem nach der Geschlechtsreife, zum Spiegel der Seele werden: Das innere Erleben leuchtet im «sprechenden Mienenspiel» als einer Gebärdensprache eigener Art auf. Proportional tritt mit der Geschlechtsreife gleichwohl die Wangenregion gegenüber der sich nun stärker ausformenden Kinnregion zurück. Im Zusammenhang damit verändert sich der gesamte Sprachorganismus; auf ihn wird später noch genauer einzugehen sein (vgl. S. 480).

Was zunächst morphologisch beschrieben wurde, hat auch einen *funktionellen* Aspekt. Das nach außen gerichtete Sinnessystem ist von dem abgeschlossenen Nervensystem deutlich zu unterscheiden. Die Sinnesorgane des Hauptes – Augen, Ohren mit dem eng verbundenen Gleichgewichtsorgan, Geruch, Geschmack – lassen uns die Welt um uns erfahren und stellen uns in den Raum selbst hinein. Sie sind zwar nicht die einzigen Sinnesorgane, aber sie dominieren zumindest im Kopfbereich. Nach innen lagert das Gehirn. Es ist jener Bereich, mit dessen Hilfe das Aufgenommene innerlich verarbeitet, geordnet und gegliedert wird und der den Organismus zielgerichtet und damit auch zum Teil bewußt in die Welt zu stellen vermag. Der dritte Bereich, der sich zwischen Wahrnehmen und Denken einschiebt, der des *Sprachorganismus*, ist ein urmenschlicher. Er ermöglicht dem Menschen nicht nur, sich dem anderen gegenüber zu äußern und sich ihm mitzuteilen, sondern auch diesen zu verstehen. Dieser Bereich wird zusammen mit dem Sinnesorganismus behandelt werden.

Wandlungen im Sinnes- und Wahrnehmungsfeld

Die *Kopfsinnesorgane* sind physiologisch schon mit der Geburt oder bald danach (Gleichgewichtssinn) voll funktionsfähig, während die Glieder noch unreif sind. Dies veranlaßte Portmann, den Menschen als «paradox» oder widersprüchlich gereift anzusehen, insofern er in der Sinnesorganisation die Züge eines Nestflüchters, im Gliedmaßensystem die eines Nesthockers trage; er sei eine Frühgeburt, die erst nach einem «extrauterin verbrachten Frühjahr» – einem ersten Jahr außerhalb der Gebärmutter – im Gliedmaßensystem auf dem Reifestand sei, wie ihn der Kopf schon bei der Geburt aufweise.[196]

In der Tat vermögen Kinder schon wenige Tage nach der Geburt sehr komplizierte Muster und auch Farben zu unterscheiden, selbst Kreise werden mit den Augen von der dritten Woche an durch die Augenbewegung «abgetastet».[197] Der Geschmackssinn, eng an die Nahrungsaufnahme gekoppelt, wird vom ersten Schluck an getätigt, wobei die Qualitäten süß, sauer, salzig von der ersten Woche (!) an unterschieden werden.[198] Nur der Geruchssinn ist so früh nicht eindeutig in seiner Funktion nachzuweisen. Anders wiederum das Gehör: Man weiß, daß Neugeborene schon Tonhöhenschwankungen von 200 bis 250 Hertz wahrnehmen. Wenige Tage nach der Geburt kann das Kind zwischen «pah» und «bah» unterscheiden. Vier Monate alte Kinder können bereits jene Laute voneinander abheben, die die Grundphoneme ihrer Muttersprache ergeben.[199]

Von überall – aus der eigenen Leiblichkeit und aus der Umwelt – kommen Reize an die Seele heran, die dann zu Sinnesempfindungen werden, wenn die Seele auf die Eindrücke antwortet und sich zu ihnen in Beziehung setzt. Dazu bedarf es jener inneren Tätigkeit, die als aktive Hinwendung zum Wahrgenommenen bezeichnet werden kann. Es versteht sich, daß die «intentionale Beziehung» (siehe S. 110ff.), die seelische Richtung auf das Wahrgenommene zu, sich innerhalb der Biographie entwickelt. Im Sinnesprozeß haben wir es mit äußeren *Reizen* zu tun, die indessen für das Subjekt nur Bedeutung erlangen, wenn eine von innen nach außen verlaufende (seelische) Gegenbewegung einsetzt, die im Bemerken des Reizes und der Aufmerksamkeit auf ihn besteht; erst dann wird aus der Fülle unbeachteter Reize der seelische Eindruck, die *Empfindung*. Als Ergebnis der beiden Prozesse bildet sich – wenn es sich nicht lediglich um einen isolierten Eindruck handelt und wenn dem Gesamt *etwas Ordnendes, Begriffliches* hinzugefügt wird – die *Vorstellung*, die auch erinnert zu werden vermag. Wenn diese Hinzufügung so geschieht, daß eine Einsicht in das Gewahrte damit verbunden ist, dann vermittelt die Verknüpfung des Wahrgenommenen mit dem von innen durch das Subjekt hinzugefügten Begriff *Erkenntnis*. Der Vorgang, durch den dies geschieht, wird gemeinhin *Urteil* genannt.

Der (innere) Teil des Sinnesprozesses, durch den dem nur physiologischen Ablauf etwas hinzugefügt wird, wodurch erst der «Sinn» sich ergibt – im Sinne einer Bedeutung –, geschieht durch die Seele; es ist also eine subjektive, ganz persönliche Leistung. Die dem von außen kommenden Reiz beigelegte Bedeutung aus dem Innern ist aber keineswegs willkürlich, sondern ist, genau genommen, an die Sinnesqualität selbst gebunden, nämlich die nicht weiter zurückführbare (seelische) *Empfindungseigenschaft*, die dem Sinnesvorgang anhaftet.

Es kann nun keiner Frage unterliegen, daß sowohl die Empfindung als auch, in noch größerem Umfang, der «Sinn» (nicht das Organ) durch die Erfahrung verändert werden. In der Empfindung hat man es mit Qualitäten zu tun, die jeweils an einen Sinn und seine Leistung geknüpft sind. Man kann einzelne Farben, bestimmte Gerüche empfinden, dies ist ein Innerliches. Empfindungen sind die durch die Sinne vermittelte Widerspiegelung der Objektwelt innerhalb der Seele. Ausgelöst werden sie durch außerhalb der Leiblichkeit und der Seele liegende Dinge oder Eigenschaften, die ein Sein für sich haben. Durch die Lebenserfahrungen verändern sich die Empfindungen, sie werden reicher, tiefer und gesättigter. *Wahrnehmungen* haben zwar mit Empfindungen zu tun, insofern sie diese auslösen, sie bilden gewissermaßen als Farben, Töne und so weiter die «Empfindungsobjekte»; doch sie lösen – seelisch gesehen – zumeist schon sehr differenzierte *Empfindungskomplexe* aus. Streng betrachtet sind Wahrnehmungen das außen Vorfindliche. Als Wahrnehmungen bezeichnet Steiner «die unmittelbaren Empfindungsobjekte ... insoferne das bewußte Subjekt von ihnen durch Beobachtung Kenntnis nimmt ... Also nicht der Vorgang der Beobachtung, sondern das Objekt dieser Beobachtung»[200] hat als Wahrnehmung zu gelten. Erst wenn einer Wahrnehmung ein Begriff hinzugefügt wird, *weiß* der Betrachter, was er betrachtet. Diese Verknüpfung geschieht innerhalb des Erkenntnisprozesses durch die Urteilsbildung. – Wir untersuchen nun zuerst den Sinnesprozeß in der menschlichen Entwicklung, dann den Gedankenprozeß[201] und schließlich die Urteilsbildung.

Die Sinnesentwicklung bis zur Pubertät

Die Sinne zusammen bilden eine organische Einheit, als einzelne haben sie für uns jedoch verschiedene Wertigkeit. Auch ist unverkennbar, daß zu bestimmten Lebenszeiten im Gesamt der Sinne einzelne Gruppen stärker als andere getätigt und damit entwickelt werden, wobei die dominanten Sinne des Sehens und Hörens ihre herausgehobene Stellung im Leben durchgängig bewahren. Da wir nicht jeden einzelnen Sinn in seiner Veränderung durchzugehen vermögen, konzentrieren wir uns auf die drei Gruppen der Sinne: die leiborientierten, die weltorientierten und die geistigen Sinne. So sind es vor allem die Leibsinne – Tast-, Lebens-, Eigenbewegungs- und Gleichgewichtssinn –, denen in der ersten Kindheitszeit die größte Entwicklungsdynamik zukommt. Das Neugeborene empfindet den Hautkontakt (Tastsinn) in einer viel umfassenderen Weise als der Erwachsene, von hier strahlt Geborgenheit, Wärme, Lebensgefühl, existentielle Sicherheit aus und gibt dem Kind Vertrauen. Unverkennbar ist, daß eine Berührung bis in das Mienenspiel wirkt, indem der Tastsinn das Angenehme oder Unangenehme der Wahrnehmung beziehungsweise der Empfindung in der Seele abspiegelt. Bei diesem Vorgang wirkt bereits der Lebenssinn mit, der die eigene Befindlichkeit des Leibes wahrnimmt. Das gesamte Seelische, das empfindende Wesen in seiner Totalität, ragt mit seinen Fühlorganen in die Organisation der Leibsinne hinein und antwortet auf die Eindrücke. «Es zeigt sich, daß der Gesichtsausdruck des Angenehmen immer dann auftritt, wenn ein Gefühl der Lust in uns entsteht. Er ist also nicht an die Empfindung des Süßen geknüpft, sondern ganz allgemein mit der Entstehung angenehmer Gefühle in uns verbunden.»[202] Diese Tatsache zeigt, wie sich intime seelische Regungen an jede Empfindung anschließen und wie besonders der Lebenssinn (von der unteren Sinnesgruppe) an allen Wahrnehmungen unmittelbar mit teilhat und mitspricht. Beim Kleinkind verschmilzt der Sinnesprozeß stärker zu einem einheitlichen Vorgang, was beim reiferen Menschen erst durch die Vorstellungsbildung geschieht, die ja als ursächliche Veranlassung des Einheitlichen in der frühen Kindheit fehlt. Dies gilt selbstverständlich auch von der Leistung des hochentwickelten Gesichtssinns.

Auch die obere Sinnesgruppe, vom Gehör angefangen, entwickelt sich frühzeitig. Nach dem ersten Jahr bildet sich ganz offenkundig der Sprachsinn aus. Das Kind kann verstehen, ohne selbst schon zu sprechen.

Erlangt es die aktive Sprachfähigkeit, lassen sich auch schon eigene Denk-bewegungen beobachten; so wird «heiß» als Erfahrung des Verbrennens auf alles Unangenehme, beispielsweise einen eingeklemmten Finger, übertragen. Damit wird das Kind auch, im dritten Jahr, für die Wahrneh-mung der Gedanken anderer wach. Die Wahrnehmung des anderen Ich erwacht hingegen schon viel früher: zwischen dem 8. und 18. Monat; wenn das «Fremdeln» auftritt, wird sie offenkundig. In dieser sensiblen Phase lernt das Kind wahrnehmend das zu ihm gehörige Ich empfinden. Wechselt die Persönlichkeit, die sich mit dem Kind beschäftigt, ständig, fehlt also der *eine* Mensch, der sich ihm hingibt, so wird es in seiner leiblichen und seelischen Entwicklung tief gestört, es hospitalisiert.²⁰³

Alle Sinne haben einen direkten Bezug zur Befindlichkeit. Und die Befindlichkeit ist immer eine auch des Leibes; Seelisches und Leibliches sind untrennbar. In der fortdauernden Bewegung zunächst des Zappelns und Strampelns, dann im Spiel wird die Dynamik als etwas tief Befriedi-gendes empfunden, sie trägt zur wachsenden Leibbeherrschung bei. Bei der übergroßen Motorik der zunächst unwillkürlichen Bewegungen ent-wickelt sich der Bewegungssinn in demselben Maße, wie das Nervensy-stem, das heißt in diesem Falle die Pyramidenbahn, ausreift. Mit der zunehmenden Willkür der Bewegung, die im Erwerb der aufrechten Hal-tung eine erste Gipfelleistung erreicht, bildet sich der Gleichgewichtssinn aus. Im Vorgang des Aufrichtens und dem Erwerb des Gehens ist der Gleichgewichtssinn zentral gefordert; später wird er – ähnlich den ande-ren genannten Sinnen – nur noch in Grenzsituationen, bei Sturz, extre-mer Beschleunigung und ähnlichem als überhaupt vorhanden bemerkt. Unbestritten sind aber auch die mittleren Sinne von Geburt an stark empfindend tätig, vielleicht am undifferenziertesten der Wärme- und der Geruchssinn, sehr vollkommen dagegen der Geschmackssinn.²⁰⁴

Betrachtet man die drei am Erkenntnisprozeß beteiligten Faktoren – Wahrnehmung, Begriff und Zusammenschluß zur Vorstellung –, dann erkennt man, daß gerade die leibbezogenen Sinne in der frühen Kindheit besondere Bedeutung erlangen, indem sie sich vornehmlich auf den eige-nen Leib als den entscheidenden Ort der Entwicklung richten. Die Wahr-nehmungen selbst werden dabei weitgehend verschlafen, bleiben also auch innerhalb des Tageslebens unter der Schwelle des wachen Bewußt-seins. Dies gilt auch weitgehend für die vorstellende Tätigkeit im Hin-blick auf die unteren Sinne. «Nur der *Begriff*, der zu einer solchen Wahr-nehmung und Vorstellung gehört, erscheint im Bereich des Bewußtseins.

Tatsächlich hat ja auch das, was wir aus den Erlebnissen der unteren Sinne heraus an den Gegenständen unserer Umwelt feststellen: die ‹primären Qualitäten›, Größe, Gestalt, Gewicht, räumliche Lage, durchaus begriffsartigen Charakter. Indem uns aber von der Wirklichkeitssphäre, der diese Sinne zugeordnet sind, nur die Begriffsseite bewußt ist, kennen wir hier also nur diejenige Komponente der Erkenntnis, die wir von innen zur Wahrnehmung als dem von außen Gegebenen tätig hinzufügen. Das bedeutet, daß wir hier immer schon einen Erkenntnisakt vollzogen haben, wenn uns aus dieser Sphäre etwas bewußt wird. Und wir leben mit unserem Bewußtsein nur in dem, was wir dabei denkend selbst produziert haben. Es ist also hier immer ein Tätigsein die Grundlage unseres Erlebens. Ein Empfangen von außen, ein Wahrnehmen kennen wir gar nicht. Wir sind als Seele mit unserem Leib durch die unteren Sinne so verbunden, daß die innere Wahrnehmung derselben, die sie uns vermitteln, uns zwar als solche ganz unbewußt bleibt, uns aber gleichwohl zu den entsprechenden Begriffsbildungen anregt. Zu solchen Begriffen gehören neben dem des Raumes, der Bewegung auch diejenigen der Materie, der Kraft und andere … Anders liegen die Verhältnisse bei den mittleren Sinnen. Auch hier verbleibt die Wahrnehmung als solche noch außer- und unterhalb des vollen Bewußtseins. Erst zur Vorstellung umgebildet, tritt ihr Inhalt in den Bereich desselben ein, die Begriffe hingegen liegen hier bereits jenseits beziehungsweise oberhalb dieses Bereichs. Wir haben im gewöhnlichen Bewußtsein von Gerüchen, Geschmäcken, Farben, Wärmeverhältnissen zwar Vorstellungen, können aber das ‹Wesen› derselben nicht in reinen sinnlichkeitsfreien Begriffen fassen. – Gehen wir endlich zu den oberen Sinnen … Hier liegt schon die Wahrnehmung im Feld unseres *Bewußtseins*, aber nur sie allein. Schon die ihr entsprechende Vorstellung erfassen wir nicht mehr mit dem gewöhnlichen Bewußtsein, geschweige denn den zu ihr gehörigen Begriff. Wir leben hier mit unserem Bewußtsein ausschließlich in derjenigen Komponente des Erkenntnisproduktes, die von außen gegeben wird im Wahrnehmungselement.»[205]

Nicht nur innerhalb der einzelnen Sinnesbezirke sind die einzelnen Faktoren des Erkenntnisprozesses in unterschiedlicher Gewichtung beteiligt, auch innerhalb der menschlichen Entwicklung von der frühen Kindheit zum Erwachsenenalter sind, bei voller Reife der Sinnesorgane, die Sinne, das heißt aber die Empfindungen, jeweils unterschiedlich stark vorherrschend. So bildet sich zum Beispiel die subjektive Repräsentation der vollen Wirklichkeit, die Vorstellung, ebenso erst allmählich heraus wie das ganze Begriffsleben. Für die Vorstellung kann dies an der Entwicklung des Gedächtnisses abgelesen werden. So bemerkte ein spielendes Kind (knapp zwei Jahre alt), von seiner Tätigkeit aufblickend, auf dem Bauch des neben ihm im Mittagsschlaf eingenickten Großvaters ein aufgeschlagenes Buch; es hebt und senkt sich im Rhythmus der Atemzüge. Eine Vorstellung eines Buches, des Umblätterns und so weiter war irgendwie schon vorhanden, ein vollständiger Begriff vielleicht noch nicht. Überraschend war indes das Auf und Ab. Das Kleine stutzt, hebt das Buch an, legt es zurück und sagt zur anwesenden Großmutter erstaunt: «Opa Bauch», dann lacht es und wendet sich seiner Beschäftigung zu. Das Wahrgenommene wird offenbar begrifflich eingeordnet, und dies sachgerecht, aber wie nebenbei. Natürlich wird die Erscheinung nicht schon auf die letzte Ursache, die Atmung, zurückgeführt, gleichwohl werden die Wahrnehmungselemente schon in das vorhandene Vorstellungsleben eingegliedert. Danach werden weitere Erfahrungen hinzukommen, die stets in den nachfolgenden weiteren Wahrnehmungsprozeß konstituierend mit eingehen – ein fortdauernder Wachstums- und Lernprozeß.

Dies alles kann verdeutlichen, wie das Kind als Sinnes- und Wahrnehmungswesen noch ein radikal anderes Verhältnis zum Sinnesprozeß hat als der Jugendliche und Erwachsene. Beim Kind stehen die eigene Tätigkeit, das Spiel, und die Hingabe an alle Sinnesfelder im Vordergrund, während bei den Älteren der Erkenntnisprozeß, die begriffliche Einordnung und Durchdringung des Wahrgenommenen das Hauptinteresse beanspruchen. Das Wahrgenommene wird nicht mehr spielerisch, sondern nach dem daraus zu ziehenden Gewinn und Nutzen betrachtet oder auf die Bedeutung und den tragenden Sinn hin untersucht. Beim Kind tritt das Denken ebenso zurück wie die Vorstellungs- und Urteilsbildung und damit auch, das sei nebenbei bemerkt, eine daraus resultierende Bereicherung für das innere Wesen durch das Gedächtnis. Zwar gibt es auch beim Kleinkind ein Gedächtnis, nur ist dies mehr dinglich-konkret, orts- und erscheinungsgebunden, nicht zeitlich frei handhabbar. Erst mit dem ersten Gestaltwandel gegen das siebente Jahr können Elemente der Vergangenheit willkürlich vergegenwärtigt werden (vgl. S. 249). Die dann auftretende freie Vorstellungsfähigkeit bedeutet zugleich ein freies, nun fortlaufend wachsendes Erinnerungsvermögen. Zunächst sind Erinnerungsbilder ortsgebunden. Daher sind vorstellungsverwandte

Erinnerungsbilder in der frühen Kindheit «außerordentlich labil und wenig dauerhaft».[206] Zunächst bildet sich die Fähigkeit des Wiedererkennens aus. In der Schulzeit dagegen wächst vor allem die Reproduktionsleistung stark an, und «zwar sowohl für das Kurzzeitgedächtnis als auch für längeres Behalten und ebenso für bildhaftes wie sprachliches Material».[207] Ebenso nimmt die Behaltensleistung für visuelles Material von der ersten bis zur siebten Klasse sehr deutlich zu, während sie für gehörte (auditive) Inhalte absinkt.[208]

Das Kind lebt ganz im Gegenwärtigen, und aus der Gegenwart und ihrem Wert erhalten die Wahrnehmungen ihre Bedeutung. Es wird durch das Wahrgenommene, durch die Empfindungsobjekte so stark beeindruckt, daß kaum einer der mittleren und oberen Sinne losgelöst von den unteren in Erscheinung tritt. Stets bleibt der einheitliche Bezug zu den eigenen Lebensvorgängen bestimmend: Jede Wahrnehmung wirkt unmittelbar auf die Lebensprozesse ein. Das Kind «achtet nicht auf die Außenwelt, sondern merkt auf dasjenige, was es als Wahrnehmungen in seinem eigenen Innern hat … Die Kinder sind vorzüglich an dem eigenen Leib interessiert, achten nicht der Außenwelt, sondern haben eben ein traumhaftes Bewußtsein, so daß sie da eingeschlossen sind wie in einer Sphäre, die wirklich die Wirkungen der Außenwelt wie Bilder da hereinbringt. Das Kind fühlt wirklich die Haut als eine Art Umhüllung und achtet auf dasjenige, was als Gemälde und Töne dadrinnen stattfindet.»[209] Darum erscheint das Kind trotz seiner so frühen Sinnesoffenheit eigentümlicherweise als *egozentrisch*, eben weil alle Eindrücke sich mit den unteren Sinnen zur Einheit verbinden. Während die Einheit der Wahrnehmung beim Kind durch die Natur des ganzen Sinnesorganismus hergestellt wird, geschieht dies bei den Erwachsenen allein durch die Vorstellungen.

Ein sehr deutlicher Einschnitt in der Sinnesentwicklung erfolgt um das siebte Jahr mit dem Zahnwechsel, der Schulreife: Es entwickelt sich nun verstärkt die Tätigkeit der Weltsinne. Sie vermögen ihrerseits eine anregende Verbindung zu den unteren und auch oberen Sinnen herzustellen. Durch die nunmehr verstärkte Entfaltung der Einzelsinne – im Zusammenhang mit der Dominanz der mittleren – wandeln sich rückwirkend auch die unteren Sinne. So ist es bezeichnend, daß gerade in der Mitte der Kindheit etwa die mathematischen Fähigkeiten hervortreten, die einerseits sehr stark an Gleichgewichts- (Geometrie) und Bewegungssinn (Arithmetik) gebunden sind. Die ihnen zugrunde liegenden Kräfte dienen in diesem Fall nicht der Wahrnehmung des eigenen Leibes, sondern zur Erfassung der Strukturen und Relationen der Außenwelt.[210] Wir «erfassen die Außenwelt mit demjenigen, was bis zum Zahnwechsel in uns gearbeitet hat».[211] In der Mitte der Kindheit erhalten die Begriffselemente innerhalb des Wahrnehmungsvorgangs ein eigenes Gewicht, wodurch erst die Bildung freier und eigener Vorstellungen ermöglicht wird. Das Denken wird «reversibel».[212]

Daß gerade die mittleren Sinne in diesem ganzen Gefüge während des zweiten Jahrsiebts zu einer Dominanz gelangen, zeigt sich vor allem darin, daß die «taktil-motorischen Wahrnehmungen» durch die Fernsinne Auge und Ohr zurückgedrängt werden, die zugleich ihrerseits (neben der besprochenen wachsenden Vorstellungsfähigkeit) an Leistungsvermögen zunehmen. So verdoppelt sich die *Helligkeitsunterscheidung* zwischen dem 7. und 14. Lebensjahr, die Feinheit der *Farbunterscheidung* wächst gleichzeitig um nicht weniger als 90%, und die Unterscheidungsfähigkeit für *Tonhöhen* ist beim Zehnjährigen fünfmal besser als beim Sechsjährigen, ohne daß hierfür eine Nerven- oder Gehirnreifung verantwortlich wäre.[213]

Die Sinnesentwicklung im Jugendalter

Die Sinne lassen das innere, seelische Wesen des Menschen unmittelbar – ohne direktes Nachdenken – verschiedene Eigenschaften der Welt erfahren, das heißt die Seele wird bestimmter Qualitäten inne, die ihr als solche gegeben sind und sie bereichern, anregen, zur Auseinandersetzung aufrufen, ihre Stellungnahme herausfordern, weil sie in die Befindlichkeit eindringen oder Fragen aufwerfen oder Befriedigung vermitteln. Gegenüber der kurz angedeuteten Entwicklung von einem mehr einheitlichen, insbesondere auf den Leib bezogenen Sinnesvorgang in der frühen Kindheit tritt die größere Welthaltigkeit der mittleren Sinnesgruppe in der Mitte der Kindheit hervor. Mit Eintritt der Reifezeit verändert sich das Verhältnis im Sinnesorganismus nochmals: Die Gruppe der geistigen oder oberen Sinne – Gehör-, Sprach-, Gedanken- und Ich-Sinn, letzterer als Wahrnehmen des anderen Menschen, des Du – tritt kräftig hervor.

Gehen wir die einzelnen Sinne etwas genauer durch. – Das Interesse des Reifenden richtet sich elementar auf die Musik. Innerhalb des *Gehörs* wächst die Empfindlichkeit für Tonhöhenunterschiede zwischen 14 und 17 Jahren noch weiter an, wobei die Beschäftigung mit der Musik, also die innerlich-seelische Hinwendung, diese Empfindlichkeit erheblich zu steigern vermag.[214]

Die ganze Welt der *Musikalität* tut sich in ihrem breiten Spektrum auf. So mag vielleicht die Entwicklung des kompositorischen Schaffens innerhalb der Menschheit einen Hinweis geben auf die Entwicklung des Hörsinns im einzelmenschlichen Leben. Man hat innerhalb der Menschheit eine «fortschreitende Ausfüllung der Tonreihe und eine wachsende Verdichtung der Klänge, [im] Fortschritt von der Fünftonleiter des Orients über die Siebentonleiter der Griechen bis zur modernen zwölfstufigen chromatischen Skala, oder in anderer Art in den Übergang von der homophonen Musik älterer Epochen zu dem polyphon-harmonischen Stil der neueren Zeit.»[215] Eine ähnliche Entwicklung durchläuft der Mensch gleichsam ontogenetisch von der Kindheit zur Jugend.[216] Die Ausfüllung der Tonreihe ist ein «Phänomen wirklicher Inkarnation des musikalischen Erlebens. Diese Inkarnation offenbart sich darin, daß die Menschheit immer kleinere Intervalle im Sinnlichen zu unterscheiden und als solche zu erleben ... fähig wird. Und zwar stellen die größeren Intervalle verschiedene Grade ihres Außer-sich-Seins und Hingegebenseins an eine geistige Welt, die kleineren dagegen verschiedene Stufen des In-sich-selbst-Seins und Verbundenseins mit dem Leib dar.»[217]

Das wirkliche musikalische Erleben liegt zwischen den Tönen in den Intervallen, das heißt im Nicht-Sinnlichen. Die volle Palette dieses Erlebens wird im Verlauf des dritten Jahrsiebts erreicht, wobei die Durchseelung in dem Maße abnimmt, wie durch Geräusche das im Übersinnlichen liegende Wesen der Musik zum bloß sinnlichen Erscheinen verdichtet wird.

Wir erwähnten bereits die enge Verbindung des Atemprozesses mit der Empfindungsfähigkeit. Der astralische Mensch, der im luftförmigen Menschen wirkt, läßt sich nicht wie der ätherische Mensch in Bildern erfassen, sondern nur dadurch, «daß der Atem in Ihnen etwas fühlbar Musikalisches wird. Als innere Musik erleben Sie den Atem. Sie erleben sich als von innerer Musik durchwebt und durchwellt. Den dritten Menschen, der physisch der Luftmensch ist, geistig der astralische Mensch ist, den erleben Sie als ein inneres Musikalisches.»[218]

Die Welt der *Sprache* erlangt eine vielfältige Umwandlung. Es wird im Jugendalter, von der Vorpubertät an, viel gelesen, gesprochen – aber auch geschwiegen – und rezitiert; die Poesie wird entdeckt und Lyrik nicht nur genossen, sondern – wie nie wieder im Leben – häufig selbst produziert, auch oder gerade wenn es im Innern verquält zugeht; Dramatik wird durch Theater oder Lektüre ebenso aufgenommen wie Epik in Form saftiger Novellen oder langer Romane verschiedenen Niveaus – abhängig vom Bildungsumfeld. Die Disposition ist da, und sie entwickelt sich von der Pubertät an durchs ganze Jugendalter hindurch.

Dasselbe gilt von den anhebenden Diskussionen, wo eine Tätigkeit des *Gedankensinns* sichtbar wird: Es werden, vielleicht nicht in der Pubertät selbst, aber in der Adoleszenz, Gedankensysteme entworfen und ganze Weltanschauungen – materialistisch, idealistisch, lebensweltlich, systemtheoretisch, entwicklungsgeschichtlich, holistisch, subjektivistisch und so weiter – ausgebildet. Der Partner, vielleicht ein Vorbild, das wenige Jahre oder Monate weiter ist, vielleicht seinen Nietzsche, Marx, Luhmann, Darwin, Fromm, Castaneda, «rolling thunder» oder wen immer – das ist zeit- und umgebungsgebunden – schon gelesen hat, er wirkt auf Gleichaltrige oder etwas Jüngere als Heros, vorbildhaft, maßstabsetzend. Im Nachvollzug wird das eigene Denken geübt, das Ringen um Erkenntnis, das eigene Urteil.

Das gleiche Ringen zeigt sich um das Du. Nicht abstrakte Anschauungen, Philosopheme, Werthaltungen, Ethiken sind bedeutsam, sondern Menschen, die sie verkörpern; es ist deren Ich, das wirkt. Ob Gandhi oder Thoreau, Bakunin oder ein Guru, Peter oder Franz oder Frau X., lebensvolle, anschaubare Wesen oder solche, von denen berichtet wird, deren Biographie sprechende und bedeutungsvolle Szenen vermittelt, durch die ihr inneres Wesen hindurchscheint – sie werden wichtig und erlangen Bedeutung, weil sich der Ich-Sinn, die Wahrnehmung des anderen, betätigen will. Die gewählten jugendlichen Helden, selbst die Idole in Rock, Jazz und Sport, sind letzlich auch von daher zu verstehen.

Die oberen Sinne erhalten also mit der Pubertätszeit durch den sich lösenden Astral- oder Empfindungsleib eine verstärkte Eigenständigkeit. Es ist also jene Sinnesgruppe, deren Wahrnehmungsinhalt sich wach und ohne Vermittlung von Begriff und Vorstellung dem Bewußtsein unmittelbar mitteilt. Diese Aufhellung von seiten der *Erkenntnissinne* her erfaßt selbstverständlich – rückwirkend – auch die anderen Sinne mit. So gewinnt zum Beispiel der *Sehsinn* eine wiederum neue Eigenschaft hinzu: Er vermag vom 12. Lebensjahr an Farbnuancen so aufzufassen, daß das Laub der Bäume jetzt in verschiedenen Tönungen erscheint. «Erst in der fortgeschrittenen Pubertät kommt es zu subtilerer Farbauffassung. Der Jugendliche erkennt, daß die Farben nicht nur eine verschiedene Sättigung, sondern auch einen Schwarz-Gehalt haben und daß es mit Hilfe von letzterem möglich ist, die räumliche Lage der Gegenstände kenntlich zu machen.»[219] Dabei geht ihm innerlich die Wirkung des Lichtes – die Wirkung der Helligkeit im Dunkel und im Farbfeld – auf; ein Verständnis für die Rembrandtsche Malerei entsteht.[220] «Die Einwirkung der Beleuchtung, die Induktion des Umfeldes, die gebrochene Farbe treten immer mehr in das Bewußtsein und lassen den Jugendlichen immer differenzierter die Farbigkeit der Dinge erkennen.»[221]

Für das Sehen deutet sich das Neue im Wahrnehmungsfeld als etwas an, was mit dem Begriff der *ästhetischen Dimension* umschrieben werden kann. Doch dies gilt nicht nur für das Sehen, sondern ganz allgemein. Es geht nicht darum, daß die Sinne jetzt etwa ein «Mehr und Besser» leisteten, sondern daß die Wahrnehmungen anders in ihrer inneren *Qualität* werden. Blicken wir vom Empfindungsobjekt der *Wahrnehmung* selbst mehr hin auf das, was sie in der Seele auslöst, so läßt sich der Vorgang als eine durchgängige *Beseelung der Empfindung* oder Wahrnehmung beschreiben. Während in der frühen Kindheit die Welt über die Sinne in Seele und Leiblichkeit ungetrennt eindrang, wird in der Mitte der Kindheit dieser Einfluß zurückgedrängt, indem stärker das Bemerkte in der Seele zu wohnen vermag, das andere aber abgewiesen wird oder im Unbewußten verbleibt. Im Jugendalter, wo das Seelische nun Einzug in den Leib hält und das Incarnatus, das Im-Fleische-Sein, Wirklichkeit wird, erfährt nun auch der Sinnesprozeß eine Durchseelung. Damit erhält auch die Welt der Empfindungen einen eigenen Rang und Wert. Der Sinnesprozeß kann das ganze Seelische aufsaugen in der Sinnlichkeit, wobei vornehmlich die Leibsinne, insbesondere der Tastsinn, eine Verbindung mit der Lustempfindung eingehen. Er kann aber auch die einzelnen Sinnesfelder stärker differenzieren und verinnerlichen; oder er wird vom Vorstellungsleben so überblendet, daß er jegliche Eigenständigkeit verliert. Ferner können einzelne Sinne und die zugehörigen Empfindungen sich verselbständigen und eigene Kraft erlangen, so daß sie in das Gesamt der Persönlichkeit nur schwer integrierbar sind – mit der Folge psychopathologischer Fehlentwicklung.

Da der Sinnesprozeß im Erkenntnisvorgang nur eines der Elemente darstellt, wollen wir zunächst die beiden anderen – Vorstellungs- und Urteilsbildung – betrachten und dann von daher erneut auf Musik, Sprache, Erkenntnisleben und Ichbegegnung als das Jugendalter konstituierende Faktoren schauen.

Wandlungen im Nervensystem

Beginnen wir damit, daß wir – wie wir es für das Sinnessystem taten – das Nervensystem als physiologische Grundlage für den Erkenntnisprozeß in seinen möglichen Wandlungen untersuchen. Für das innere Erleben ist es wohl evident, daß das Haupt irgendwie mit den Erkenntnisvorgängen zu tun hat. So erleben wir, wenn wir Gedanken miteinander verknüpfen, wie wir uns auf den Bereich des vorderen Kopfes konzentrieren. Dort erfahren wir uns als wach – wenn auch vielleicht nicht so stark wie in den Sinnesvorgängen –, als Verstehende, als Erkennende, die eine Sache durchschauen, so daß sie uns klar wird. Die äußere empirische Forschung kann außerdem nachweisen, daß bei Schädigung bestimmter Gehirnbereiche gewisse Funktionen leiblicher oder auch geistiger Art, zum Beispiel im Gedächtnis, «ausfallen». Gehirnstrommessungen (Elektro-Enzephalogramm) vermögen über die Wachheitsgrade Auskunft zu geben und Störungen anzuzeigen. Die im Bewußtsein erlebten Inhalte entziehen sich freilich dieser Art von Forschung. Der Zusammenhang zwischen dem Bewußtsein einerseits und dem Gehirn und seiner Feinstruktur andererseits wird zwar erlebt, und es gibt für ihn auch äußerlich genügend Hinweise, doch es kann nicht gesagt werden, daß er wirklich durchschaut würde. Er kann sich aufhellen, wenn wir die Gehirnentwicklung innerhalb des menschlichen Lebens und die Wandlungen, wie sie innerhalb des Jugendalters in einem geringen, aber bedeutungsvollen Umfang noch stattfinden, betrachten.

Schauen wir zunächst auf das in sich unbewegliche Gehirn in seiner Feinstruktur etwas genauer hin. Zwar ist das ganze Nervensystem «durch und durch zellulär gegliedert», doch ein «größerer extrazellulärer Raum», wie er im Muskelsystem überall besteht, fehlt ihm. Dieser extrazelluläre Raum enthält Flüssigkeit, die Grundsubstanz des Stoffwechsels. «Alle zellulären Elemente des Nerven-Sinnes-Systems liegen vom Beginn der Embryonalentwicklung an dicht gepackt nebeneinander und lassen nur elektronenmikroskopisch sichtbare Spalträume von 150 bis 200 Å [Ångström] Breite zwischen sich frei.»[222] Die bei den übrigen Organen außerhalb der Zelle ablaufende Flüssigkeitsbewegung fehlt völlig, denn sie würde die «für den Informationsstoffwechsel notwendigen Erregungsvorgänge, auf die sich die Nervenzelle spezialisiert hat», stören. Diese spielen sich nämlich allein an der Zellmembran ab, die elektrisch aufgeladen ist.[223] Die Erhaltung dieser Membran-Potentiale ist für die Funktion des Nervensystems entscheidend. «Es verfügt darum über ein Maximum an zellulärer Membran und ein Minimum an zellulären Zwischenräumen.»[224] Alle unkontrollierten Substanz- und Flüssigkeitsbewegungen, also alle Lebensprozesse, würden gerade die Erregungsabläufe – das sind jene das Bewußtsein vermittelnden Prozesse – stören. So werden die Substanz- und Flüssigkeitsbewegungen einerseits reduziert und andererseits durch eigens auf die Ernährungsaufgabe hochspezialisierte Zellen (Gliagewebe) geregelt.[225] Diese besitzen einen ausgesprochen hohen Kaliumgehalt und sorgen durch ihren hohen Salzgehalt dafür, daß das Gehirn stets «entwässert», also – bildlich gesprochen – vom «Wasser des Lebens» getrennt bleibt. Dadurch bildet sich die Blut-Hirn-Schranke, die sichert, daß das Gehirn von den zeitweisen Veränderungen des Blutes «abgeschottet» bleibt und einen eigenen, vom übrigen Leben des Organismus fast unabhängigen Bereich bildet. Der einzigartige Bau der Kapillaren stellt eine Wand dar, die nahezu keine Schlupflöcher läßt.[226]

Wir können also physiologisch wie anatomisch beobachten, daß im zentralen Nervensystem, seiner Aufgabe entsprechend, alle Lebensvorgänge gebremst oder abgelähmt sind, das heißt keine Nervenzelle selbst imstande ist, den nötigen Stoffwechsel für sich zu besorgen; auch zu ihrer Regeneration (bei Schädigung) ist sie nur eingeschränkt oder gar nicht fähig. Ferner wird der stets an die Flüssigkeit gebundene Stoffumsatz in Richtung der «Salzbildung», also der Mineralisierung, gedrängt. Die verhältnismäßig starke Wasserarmut bedeutet zugleich eine Zunahme innerer Festigkeit und Stabilität des Nervengewebes. Sachgerecht sagte Steiner deshalb, man werde «das Gehirn des Menschen nur begreifen, wenn man in ihm die knochenbildende Tendenz sehen kann, die im allerersten Entstehen unterbrochen wird».[227] Dieser Abbau des Lebens wird vor allem in den die eigentlichen Zellausläufer umgebenden *Markscheiden* sichtbar (vgl. S. 386). Zwischen dem Zahnwechsel und der Geschlechtsreife nimmt die Myelinisierung der tieferen Schichten des Gehirns, der Faserbahnen, noch erheblich zu.

Gerade auf der Rückbildung der Vitalität, auf dem Abbau der Regenerationsfähigkeit und der Tendenz zur Salzbildung und zur Mineralisierung beruht nun die Möglichkeit, daß sich das Seelisch-Geistige des Menschen an diesem – relativ – leblos Gewordenen, fast «Toten», «Abgestorbenen», spiegeln kann; denn so stellt sich darin dem Seelisch-Geistigen keine Eigengesetzmäßigkeit der lebenden, vitalen, regenerativen Substanz in den

Weg.[228] Dadurch vermag sich an der Nervensubstanz das von ihr ontisch unabhängige, ihr gleichwohl verbundene Geistig-Seelische des Menschen seiner selbst bewußt zu werden; es tritt im *Spiegelungsvorgang* gewissermaßen sich selbst gegenüber. Diese physiologische Tatsache ist Grundlage für die Bildung eines tagwachen Bewußtseins,[229] das sich mit sich selbst zu verständigen vermag. Dies wird mit der Erdenreife optimal möglich.

Anders ist es um jene Bereiche des Körpers bestellt, wo – im Unterschied zum Nervensystem – Vitalität, Stoffwechsel, Regenerationsfähigkeit und Aufbauvorgänge sowie lebenslange Fähigkeit zur Zellteilung vorherrschen. Da ist das Seelisch-Geistige in Organprozesse eingebunden und unfähig, sich seiner selbst bewußt zu werden. Es «schläft» gewissermaßen auch im Wachzustand. Anders gewendet: Der Wachzustand bezieht sich einzig und allein auf das Nervensystem. Nur in pathologischen Zuständen, in Koliken, Krämpfen, Spasmen und dergleichen kann ein Erwachen anderer Organe oder Körperpartien erfolgen: Schmerz oder Beeinträchtigung des Lebensgefühls ist dann die Folge. – Dazwischen bilden physiologischanatomisch Atmung und Kreislauf einen Übergangsbereich; auf der Ebene des Bewußtseins vermittelt zwischen Wachen und tiefem Schlaf der Traum. Verschiedene Seins- und Bewußtseinszustände stecken also real im Menschen ineinander. Die wachen Bewußtseinskräfte im Menschen sind physiologisch an die Kräfte des Todes, des Abbaus, der Kristallisation, der Erstarrung, der Mineralisierung gebunden.

Schritte der Gehirnreifung in Kindheit und Jugend

Physiologisch reift das Gehirn in verschiedenen Phasen und Bereichen differenziert aus. Teile des Stammhirns sind schon mit der Geburt funktionsfähig. Andere Teile dagegen, insbesondere die entwicklungsgeschichtlich jüngeren der Gehirnrinde und des Großhirns (Neokortex), gehen von einem lebendigeren undifferenzierteren Zustand erst während der frühen Kindheit in eine stärkere Formgestalt über. Dies läßt sich an der großartigen inneren Vernetzung zwischen den Zellen und ihren Ausläufern (Dendriten), die zahllose Verbindungen mit anderen Endigungen eingehen, und an der zunehmenden Markscheidenbildung ablesen. Parallel dazu wacht das kindliche Bewußtsein zu hellerer, höherer Wachheit auf, wie auch die Zeiten der Wachheit allmählich im Verhältnis zur Schlafdauer deutlich anwachsen.

Nun ist auffällig, daß das Gehirn des Kleinkindes gegenüber allen übrigen Organen schon sehr früh den *Proportionen* der Endgestalt nahekommt. «Das Hirngewicht beträgt um den 12. Lebensmonat 930 Gramm, das gesamte Gehirn hat bis auf die relative Kleinheit des Frontalhirns völlig die Erwachsenenproportionen.»[230] Auch die allgemeine Konsistenz – wieder den Frontallappen ausgenommen – ist biochemisch dieselbe wie beim reifen Gehirn.

Schon früh wird im Bereich des Gehirns das Leben «weggeschafft», damit sich ein entsprechendes waches menschliches Bewußtsein bilden kann. Die frühe Kindheit ist vor allem durch die innere Strukturierung des Gehirns gekennzeichnet, während die Markscheidenbildung lange Zeit auf der erreichten Stufe verharrt und dann erst in der Mitte der Kindheit erneut an Masse zunimmt.

| | *Gewicht in g* | |
Alter	Männlich	Weiblich
Geburt	371	361
2. Lebensjahr	1011	896
3. Lebensjahr	1080	1099
4.–6. Lebensjahr	1305	1140
7.–14. Lebensjahr	1353	1230
15.–19. Lebensjahr	1405	1275

Abb. 23: Durchschnittliches Gehirngewicht beim Menschen in Gramm (aus M. Tramer: Lehrbuch der allgemeinen Kinderpsychiatrie, einschließlich der allgemeinen Psychiatrie der Pubertät und Adoleszenz).

Die Massenzunahme wird mit Eintritt der Schulzeit schwächer; die Masse steigt danach noch geringfügig an, wobei die innere Struktur weitgehend erhalten bleibt. Demnach ist das Gehirn schon zur Zeit des Zahnwechsels strukturell weitgehend ausgereift. Nur wenige Zentren am Schläfenlappen und insbesondere am Frontallappen verändern sich später noch. Vor allem aber nehmen die tieferliegenden Schichten der weißen Masse mit ihrem hohen Lipid-Gehalt während der Mitte der Kindheit zu. Nach der Geschlechtsreife scheint einzig der Bereich des Frontallappens

– es ist dies der hinter der Stirn liegende Teil des Endhirns (Hirnrinde oder Neocortex) – weiter auszureifen. Das heißt, die Zellen vernetzen sich und schaffen sich eine hohe Zahl von Berührungspunkten (bis zu 10.000) mit anderen Zellen. Vor allem kommt es in diesem Bereich aber zu einer Reifung der am tiefsten gelegenen Schichten. Dies sind die entwicklungsgeschichtlich jüngsten Abschnitte des Gehirns. Diese basale Rinde sowohl der frontalen als auch der temporalen (Schläfen-)Anteile hat «hohe Bedeutung für die Menschwerdung».[231] Werden die frontalen Anteile doppelseitig geschädigt (Picksche Krankheit), dann kommt es zu «Wesensveränderungen bei erhaltener formaler Intelligenz. Man könnte auch von einer ‹Entmenschlichung› sprechen».[232]

Die basale Rinde spiegelt offenbar für das Seelisch-Geistige den charakterologischen Grundzug der Persönlichkeit ab, so daß sie sich hier ihrer inneren Qualitäten bewußt werden kann. Sie ist eng benachbart – und von diesem Lebensalter an auch verknüpft – mit jenem Gehirnabschnitt, der sich sehr früh in der Embryonalzeit entwickelt und dann auch früh ausgereift stehen bleibt: dem Zwischenhirn. Entwicklungsgeschichtlich ist das Zwischenhirn, der Hypothalamus, viel älter und hängt eng mit den viel weniger bewußten (traumhaften), also mehr instinktiven, «affektiven» Lebensäußerungen zusammen. Man kann in den jüngeren Teilen mehr den Intellekt und Verstand, in den älteren (Zwischenhirn) mehr den Trieb und Affekt sehen und in dieser Doppelheit das schwarze und weiße Roß aus Platons Gleichnis vom Wagenlenker wiedererkennen (vgl. S. 577). Um Mensch zu sein, bedarf es aber mehr. So «müssen Trieb und Verstand zusammenwirken, damit Vernunft werde» – dafür ist die Verbindung von basaler Rinde und Zwischenhirn ein morphologisches Bild, das zu sprechen vermag.[233]

Nun fällt auf, daß mit Eintritt der puberalen Entwicklung bei Hirnstrommessungen Stromkurven auftauchen (Zeta-Wellen), die an Kleinkind- und Vorschulzeit erinnern. Dies wird als «puberale Regression» bezeichnet. Die Zeta-Wellen verschwinden dann gegen das 16. Jahr zugunsten der mit kognitiven Funktionen verbunden gedachten Alpha-Wellen.[234]

Die Gehirnzellen wachsen embryonal nahe der Ventrikel durch Teilung, es ist dies gleichsam ihr *Geburtsort;* an ihm bilden sie eine Schicht ursprünglich im undifferenzierten Zustand verbleibender Zellen. Von dieser Matrix aus wandern sie nachembryonal in jene Endposition, wo sie sich spezialisieren, also funktionstüchtig werden. Die Zellteilung selbst hört schon vor der Geburt auf,[235] doch können aus dieser gleichsam embryonalen Matrix-Zone auch noch später, nach der Geburt, Zellen in die zu ihnen gehörigen Gehirnabschnitte einwandern. Die Matrix des Zwischengehirns ist bereits im 3., 4. Embryonalmonat aufgebraucht, während sie im Endhirn noch bis etwa 6 Monate nach der Geburt produktiv bleibt. So wie die Volumenzunahme des Endhirns zunächst mehr seine älteren Teile erfaßt und die jüngsten zuletzt, so geschieht auch die endgültige Vernetzung in den jüngsten Teilen der «basalen Rinde» zuletzt. Im Stirnhirn, dem Frontallappen, soll der Matrix-Aufbrauch erst zwischen 18 und 21 Jahren vollzogen sein.[236]

Aufgrund dieser Befunde kann für das Jugendalter ein doppelter Vorgang innerhalb der Gehirnreifung deutlich werden. Das Stirnhirn, in dem wir uns selbst im Denken wach und konzentriert erleben, reift zuletzt im Jugendalter aus. Es vermittelt Leistungen der Intelligenz. Außerdem eignen ihm verschiedene motorische Funktionen, darunter vor allem die Kehlkopf-Motorik: das Satzsprechen, die Melodie- und Wortbildung sowie spontane Lautäußerungen;[237] ferner besondere Funktionen, die mit Antrieb, Ausdauer, Charakter, Bewegungsintentionalität, motorischen Handlungsfolgen, Kraftgefühl und «tätigen Gedanken»[238] zu tun haben. Einerseits vermittelt seine völlige Ausreifung offenbar Leistungen der Intelligenz, der Gescheitheit, andererseits – dies dürfte eine Funktion der im Jugendalter erfolgenden Verknüpfung mit anderen, tieferliegenden Gehirnteilen sein – die der Verantwortung für das eigene Tun. Dies schildert Steiner so: «Der Mensch ist eigentlich furchtbar stolz auf sein Gehirn, besonders auf die vorderen Partien. Aber vor einer wirklichen Wissenschaft sind die vorderen Partien dieses Gehirns viel weniger wert als die weiter zurückliegenden Partien. Denn diese vorderen Partien des Gehirns sind im wesentlichen eigentlich doch nur das umgewandelte Geruchsorgan ... [Es sind die vorderen Partien] Werkzeuge ... für das Kombinieren der sinnlichen Vorstellungen. Gescheit sein im Sinne des materialistischen Gescheitseins heißt eigentlich, denjenigen Teil seines Gehirns gut umgebildet zu haben, der bei den niederen Wesen, den Tieren, der Nase angehört. Es heißt eigentlich nur, einen kombinierenden guten Spürsinn zu haben.»[239]

Damit haben wir die zytoarchitektonischen Befunde zusammengetragen, die im Nervensystem bis zur Pubertätszeit auffindbar sind. Wir müssen nun danach fragen, welche Prozesse in der Erkenntnisbildung dadurch möglich werden, daß diese Reifungsschritte erfolgten.

Wandlungen im Vorstellungsleben

Wenn als letztes das Stirnhirn ausgereift ist, dann sind im zentralen Nervenbereich die physiologischen Grundlagen dafür gelegt, daß der Mensch in vollem Umfang das Gehirn verfügbar hat. Schon mit dem ersten Gestaltwandel waren ja Leibbildungskräfte zu solchen der frei gebrauchbaren Intelligenz geworden; jetzt wird durch die Vernetzung des Stirnlappens eine weitere Qualität dem Intelligenzgebrauch zugänglich: die Befähigung, abstrakt, das heißt losgelöst von der Wahrnehmung, denken zu können. Psychologisch wird das in der Art sichtbar, wie nun Begriffe gebildet und Probleme gelöst werden. Während das Kleinkind zunächst ein anschauungsgebundenes Denken entwickelt, vermag das Schulkind sich von den Anschauungen so weit zu lösen, daß es mehrere anschauliche Gegebenheiten bereits in eine Beziehung zueinander zu bringen vermag. Dieses Vermögen verändert sich mit Eintritt der Vorpubertät erneut, so daß das Denkvermögen auch komplexeren formallogischen Problemen gewachsen scheint.

Dieser Tatbestand wird aus den Untersuchungen von Piaget sehr anschaulich. Er gab Jugendlichen bestimmte physikalische Gerätschaften zum Experimentieren in die Hand, in einem Falle Pendel verschiedener Länge und mit verschiedenen Gewichten. Sie sollten herausfinden, welcher der vier möglichen physikalischen Faktoren – Länge des gewählten Pendels oder verschiedenes Gewicht, Höhe beziehungsweise Weite der Auslenkung oder aufgewandte Kraft für den Schwung – allein oder gemeinsam mit anderen die Pendelfrequenz (Schwingungsgeschwindigkeit) beeinflußt. Die sachgerechte Antwort lautet: Je kürzer die Schnur, desto größer die Frequenz; der bestimmende Faktor ist also einzig die Pendellänge. Die Beobachtung des Experiments, das mit Kindern verschiedener Lebensalter durchgeführt wurde, ergab folgendes. Bis zur Schulreife vertrauen die Kinder bei solchen Experimenten dem Zufall. Sie lassen keinen übergeordneten Plan erkennen, der ihr Vorgehen leiten würde. Außerdem vermögen sie nicht, die Experimente selbst genau zu beobachten, also festzuhalten, was sie sehen. Die durchaus getroffenen Schlußfolgerungen stehen in keiner Beziehung zur tatsächlichen Wahrnehmung: Sie können nicht beobachten. Das Schulkind zeigt schon bedeutende intellektuelle Fortschritte: Es untersucht durchaus eine Anzahl wirkender Faktoren, doch bleibt sein Vorgehen weithin unsystematisch, das heißt, es wird von keinem inneren Ziel oder Plan gelenkt. Erst nach der Vorpubertät, vollends dann in der Adoleszenz, ändert sich das grundlegend: Der Jugendliche organisiert sein Vorgehen im Experimentieren, er bestimmt die einzelnen Faktoren, stellt sich eine Reihe rein hypothetischer, also möglicher Ergebnisse vor. «Bevor er handelt, versucht er alle Möglichkeiten zu bedenken. Der Beleg für unsere Behauptung ist die Tatsache, daß der Jugendliche später, wenn er das Experiment durchführt, alle Ursachen der Pendelfrequenz untersucht, die *möglich* sind.»[240] Das heißt, die Vorstellungen sind in der Lage, sich von der Wahrnehmung zu lösen und in einer eigenen Bewegung auf die erst noch im einzelnen zu tätigende Beobachtung lenkend und strukturierend Einfluß zu nehmen. Das ist bereits eine Eigenschaft der sich veranlagenden Verstandesseele, die sich – anders als die Empfindungsseele – von der Wahrnehmung lösen kann und eigenmächtig ihren rationalen Überlegungen und Einsichten folgt.

Die im Vorstellungsleben durchgespielten Möglichkeiten sind *Abstraktionen*, das heißt, sie stützen sich zunächst nicht auf konkrete Beobachtungen. Denn wenn der Pubertierende beispielsweise die Länge des Pendels als einen bestimmenden Faktor ansieht, dann isoliert er ihn als solchen aus dem Gesamt der Wirklichkeit. Umgekehrt gilt dann aber auch, daß er bei der Beobachtung die empirischen Resultate unverzerrt wahrzunehmen in der Lage ist. Schließlich kommt als weitere Fähigkeit hinzu, daß er aus dem Wahrgenommenen etwas Allgemeingültiges zu folgern vermag: daß ein Pendel immer, wenn es kurz ist, schnell, und wenn es lang ist, langsam schwingt.

Verschiedene andere Experimente, zu denen Kinder und Jugendliche aufgefordert wurden, führten stets zu ähnlichen Ergebnissen: Mit der Pubertät tritt die Fähigkeit zu Abstraktionen und zu systematisch-hypothetischen Überlegungen auf. Der Jugendliche ist imstande, ein zugrundeliegendes «ideales Prinzip» zu entdecken, das im Experiment vielleicht gar nicht äußerlich zu beobachten ist. Das nennt Piaget die Möglichkeit zur «formalen Operation».[241] Das *logische Schließen* ist eine Eigenschaft, die auf der Urteilsfähigkeit aufbaut.

Werfen wir noch einen Blick auf das mit dem Vorstellungsleben verbundene *Erinnerungsvermögen*. Daß mit der Reifezeit die Vorstellungsbildung eine neue Qualität erhält, ist unverkennbar. So verlagert sich von der Einschulung bis zur Reifezeit die Erinnerungsvorstellung stark vom Anschaulichen zur Einprägung formal-abstrakter Inhalte. Die Einprägung von Lernstoffen geschieht «redundanter», das bedeutet, daß Jugendliche beim Einprägen und Behalten derselben Texte weniger Einzelinformationen aufnehmen und speichern müssen als jüngere Kinder. Das dürfte unter anderem auch dadurch wesentlich unterstützt werden, daß ältere Kinder und Jugendliche bei der Einprägung und Reproduktion von Lerninhalten diese in stärkerem Maße gruppieren und entsprechend ordnend auffassen beziehungsweise rekonstruieren.[242] Das bedeutet, daß die *Erinnerungsvorstellung* stärker verallgemeinert, wobei eine deutlich geprägte «sinngemäße Auswahl» zu beobachten ist. «In Wirklichkeit ist sie aber nicht weniger vollständig, sondern gedrängter, namentlich infolge ihrer Verallgemeinerung. Das, was sich bei formal quantitativem Herangehen als Verschlechterung des Gedächtnisses darstellt, ist in Wirklichkeit ein Beweis dafür, daß es eine qualitativ neue Ebene erreicht hat.»[243] Wir können diese neue Qualität auch als «Verpersönlichung» bezeichnen, indem sie mehr mit dem inneren Wesen, weniger mit äußeren Abläufen allein verbunden ist.

Wir können zusammenfassend sagen, daß der Jugendliche nunmehr fähig ist, bei einem sich stellenden Problem verschiedene *Hypothesen* für eine mögliche Lösung zu bilden und sie systematisch zu überprüfen. Das Denken in Möglichkeiten – «was wäre wenn» –, also abgezogen vom konkret Gegebenen, dürfte der besondere Gewinn und auch die Gefahr des Reifungsvorgangs im Erkenntnisprozeß, soweit er mit dem Nervensystem zusammenhängt, sein. Mehr noch: Der Jugendliche kann hypothetische – also vorweggenommene – Problemstellungen angehen und für sich zum Teil sehr phantasiereiche Lösungen deduzieren. Er vermag weiterhin, logische Operationen als abstrakte Prozesse unabhängig vom jeweiligen Inhalt anzuwenden. Dies wird schon darin sichtbar, daß der Reifende nun Begriffszuordnungen vornimmt, die von Oberbegriffen ausgehen. Er sucht jeweils eine gemeinsame übergeordnete Kategorie auf und schreitet zu Unterordnungen fort. Die einzelnen *Denkoperationen* werden nach Regeln und Kategorien geordnet, also systematisch, zum Beispiel durch Bildung von Paaren und Permutationen, durchgeführt.[244] Damit wird erkennbar, daß dem Denken eine jetzt nicht mehr nur von den Dingen oder dem eigenen Befinden bestimmte Bewegung innewohnt, sondern eine Folgerichtigkeit, ein planvolles, ja ideales Prinzip. Diese Gerichtetheit des Denkens gründet im *Willen;* er strukturiert den Denkablauf konsequent auf ein Ziel hin: die Erkenntnis. Es ist der Wille, der über das Gegebene, das mit dem Undurchschauten zusammenfällt, hinausführt und auf Einsicht und Urteil zustrebt. Mit der Pubertät werden die Kräfte des Seelenleibes frei, das heißt dem seelischen Vollzug verfügbar. Die Substanz des Seelenleibes ist aber das Begehren, das auf ein Ziel hin Gerichtete, das an der Zukunft Orientierte. Genau das ist aber auch die Eigenschaft des Willens, daß er uns auf das Zukünftige, das «Noch nicht» hindrängt. So sind Begehren und Wille innig verwandt – es sind die freien Kräfte des Seelenleibes. Insofern sie in den Erkenntnisprozeß Einzug halten, verlieren sie ihre ursprünglich ganz selbstbezogene Natur: Sie werden selbstlos und stellen sich ganz in den Dienst des Erkenntnisprozesses selbst.[245]

Der Jugendliche fängt jetzt auch an, selbst *über das Denken nachzudenken*. «Ich bemerkte, wie ich über meine Zukunft nachdachte, dann begann ich darüber nachzudenken, warum ich über meine Zukunft nachgedacht hatte; schließlich dachte ich darüber nach, weshalb ich nachgedacht hatte, warum ich über meine Zukunft nachgedacht hatte.»[246]

Der Jugendliche entwickelt die Neigung, «sich mit abstrakten und theoretischen Dingen zu beschäftigen. Er entwickelt ausführliche Theorien oder erfindet schwierige philosophische Doktrinen. Er entwickelt Pläne für die vollständige Reform der Organisation der Gesellschaft oder überläßt sich metaphysischen Spekulationen. Kaum hat er die Fähigkeit des abstrakten Denkens entdeckt, macht er rückhaltlos von ihr Gebrauch. Tatsächlich verliert der Jugendliche, während er seine neuen Fähigkeiten erprobt, manchmal den Kontakt mit der Realität und glaubt, er könne alles nur durch das Denken verrichten.»[247] Damit deutet sich nicht nur ein wachsendes intellektuelles Vermögen an – dies wäre gewissermaßen nur eine lineare Fortsetzung dessen, was das Kind schon von früh an ausgebildet hat -; sondern mit der Geburt des Seelenleibes beherrscht der Jugendliche in großzügiger Freiheit und Souveränität das Element der Begriffsbildung, und zwar so weitgehend, daß er diese von jeder Anbindung an eine äußere Wahrnehmung abziehen kann. Er ist so sehr im Bereich der Begriffsbildung verankert, daß er nunmehr dem Gedachten, der Möglichkeit, einen Vorrang gegenüber der Wirklichkeit einräumt.[248]

Der Gefahr, sich nur noch im eigenen Geflecht der Gedanken, abgezogen von der Realität, zu bewegen, muß pädagogisch begegnet werden. Die eine Form, Gedanken zu «erden», besteht darin, daß der Schüler im handwerklichen Unterricht eigene Entwürfe selbst realisiert. Ein zu kurz gesägtes Brett ist eben zu kurz, langes Argumentieren hilft da nicht weiter. Das Dingliche ist ein hartes, sprachloses, aber nicht widerlegbares Korrektiv. Im anderen Fall, im Erkenntnisprozeß, sind mathematische und geometrische Gesetzmäßigkeiten eine Hilfe. Aber es gibt auch das «Auflaufenlassen», wie es Steiner humorvoll nannte. «Die schlechteste Behandlung ist die, wenn der Erzieher in dieser Zeit gegenüber dem Lümmel- und Flegelwesen keinen Humor hat.»[249] Ein Sechzehnjähriger, außerhalb des Elternhauses lebend, rundum bei Klassenkameraden verschuldet, gesteht ein, daß er einen etwas zu ausgedehnten Kino- und Theaterbesuch betreibe (nahezu täglich), so daß seine schulischen Leistungen absackten. Er argumentierte, daß sein Vater auch gerne dem gleichen «Laster» obliege, und da er, der Sohn, ja nichts anderes sei als das Ergebnis – sowohl genetisch als auch durch Sozialisation – dieses Vaters, käme er auch zu keiner Änderung des Verhaltens. Da der Vater im Unterschied zum Sohn nicht rauchte, wurde ihm dies als etwas Eigenes vorgehalten. Doch gefehlt, das komme von der Mutter, sie rauche. Wo denn dann noch Eigenes sei? Nirgendwo. Auf den Einwand, wer denn Zigarette und Performance genieße, kam zutage, nicht er, sondern im Grunde die Eltern. Damit aber lief er auf: In Zukunft genüge es ja dann, daß die Mutter rauche und der Vater ins Theater gehe …

An diesem abstrakt abgehobenen Argumentieren läßt sich aber auch als etwas Positives erkennen, wie das Begriffselement weit über den Wahrnehmungsgehalt hinausgeht und sich nicht mehr an ihn bindet. Das aber ist nichts anderes als die Kraft der Phantasie, die *Einbildungskraft*. Wir wollen sie später gesondert betrachten.

Das menschliche Urteil

Am Erkenntnisprozeß hat neben der Wahrnehmung die auf dem Denken gründende Begriffsbildung zentralen Anteil. Wir haben untersucht, wie sich beide in Kindheit und Jugendalter verwandeln, und so wenden wir uns jetzt der Verknüpfung beider Bereiche im Urteilen zu. Steiner setzt, wie schon erwähnt (vgl. S. 215), die Erdenreife mit der Reifung der Urteilsfähigkeit gleich, das heißt der Fähigkeit, eigenständig Begriffe mit Wahrnehmungen zu verbinden. Mit dem Reifealter beginnt «der Drang der Menschenseele, dasjenige, was an sie herankommt, in der Urteilsform zu verarbeiten».[250] Bis dahin geschah die Urteilsbildung entweder elementar dadurch, daß die Erfahrung oder die Wahrnehmung die zugehörigen Begriffe herbeirief oder daß ein Erwachsener sein Urteil sprach oder daß eine in der Umwelt vorhandene Verknüpfung, ein Kollektivurteil, vom Kind als Urteilsfigur einfach übernommen wurde. Das wird mit der Pubertät anders.

Vorstellung und Begriff

Im Urteilen wird der Begriff mit dem Wahrgenommenen verknüpft.[251] In diesem Sinn wird das Wort erst seit dem 17. Jahrhundert üblich, zuvor war Urteil und Urteilen an die Rechtssphäre gebunden.[252] In dem Präfix *ur-* steckt noch der Ur-sprung, aus dem etwas erwächst, der Anfang, das Erste, so in Ur-kunde oder Ur-laub, was *er*-laubt wurde. Doch worauf wird das Urteil bezogen? In der Bibelübersetzung Ulfilas heißen die Gedanken noch mitônins, was dann im Ahd. bereits zu mezzôn führt, eng verwandt mit mezzan, messen. Das äußere Messen ist mit der inneren Tätigkeit, dem seelischen Messen verwandt. Es steckt wiederum in lat. meditor oder in griech. medomai, dem Meditieren.[253] Damit wird man darauf aufmerksam, daß im Urteilen ein Beziehen des einen (Wahrnehmung) auf ein anderes (Begriff) durch das Subjekt gegeben ist.

Vergegenwärtigen wir uns zunächst, was Vorstellungen und Begriffe sind. Dem kleinen Kinde stellen sich die Wahrnehmungen am Lebensbeginn – für kurze Zeit – als ein völlig zusammenhangloses Aggregat dar. Doch das ändert sich. «Ich sehe nicht bloß einen Baum, sondern ich weiß auch, daß *ich es bin*, der ihn sieht … Wenn der Baum aus meinem Gesichtskreise verschwindet, bleibt für mein Bewußtsein ein Rückstand von diesem Vorgange: ein Bild des Baumes. Dieses Bild hat sich während meiner Beobachtung mit meinem Selbst verbunden. Mein Selbst hat sich bereichert … Dieses Element nenne ich meine *Vorstellung* von dem Baume. Ich käme nie in die Lage, von *Vorstellungen* zu sprechen, wenn ich diese nicht in der Wahrnehmung meines Selbst erlebte.»[254] – «Diese Fähigkeit der Hervorbringung eines Bildes bleibt mit mir verbunden. Die Psychologie bezeichnet dieses Bild als Erinnerungsvorstellung. Es ist aber dasjenige, was allein mit Recht *Vorstellung* … genannt werden kann.»[255] So stellt sich die Gegebenheit für den Erwachsenen dar.

In der Vorstellung ordnen wir die erfahrene Wahrnehmung, das Empfindungsobjekt in einen Zusammenhang mit den übrigen Erscheinungen ein, wir weisen ihm einen Platz zu, sei es nun, daß wir das Objekt benennen, sei es, daß wir uns vergegenwärtigen, wo es seine Stelle innerhalb unserer bisherigen Erfahrung hat. Vorstellungen sind, anders als Empfindungen, vom unmittelbaren Eindruck unabhängig, letztere sind jeweils an das Objekt gebunden, die Vorstellungen sind bildhaft und als solche erinnerbar. In den Vorstellungen vermag ich mich – infolge des mit ihnen verbundenen Erfahrungs- und/oder Begriffsgehaltes – vom Wahrgenommenen abzulösen. Ich kann dann die erworbenen Kenntnisse bewahren und auch auf andere Gegebenheiten übertragen. Das ermöglicht es, Vorstellungen wieder wachzurufen, also zu erinnern. Gerade dadurch aber werden sie frei und zu aus der Wahrnehmung ausgegliederten, rein innerlich wieder aufgerufenen Bildern der Erinnerung, zu Gedächtnisvorstellungen. Das aber beinhaltet, daß nicht nur eine ganz konkrete Situation erinnert wird, sondern zugleich der verallgemeinerte sinnerfüllte Inhalt unter Einschluß des damit verbundenen Gedanken- und Gefühlsumkreises. Das Erinnerungsbild selbst ist eine unauflösbare Einheit von Wahrnehmungsgehalt und Sinn- beziehungsweise Gedankengehalt. In der Vorstellungsbildung, das heißt in der Individualisierung eines Begriffs auf eine konkrete Erscheinung hin, wirkt der innerste Bereich des Menschen, sein Ich mit. Aus diesen Erfahrungen heraus entwickelt das Ich mit Hilfe des Denkens Begriffe, indem, während der Bildgehalt verblaßt, der Gedankengehalt aus übereinstimmenden Merkmalen der Erscheinungen hervorgeholt wird (*Abstrahierungsvorgang*). Hiervon ist das Erfassen von Ideen streng zu unterscheiden, aus denen ebenfalls Begriffe hervorzugehen vermögen. Da ist das Denken als mitschaffende und mitgestaltende Kraft in den Weltenvorgängen anwesend; was es von diesen Vorgängen erfaßt, ist als Schatten der Begriff. Das steht hier allerdings nicht zur Betrachtung an.

Das Vorstellen unterscheidet sich stets von Wahrnehmungen. Vorstellungen sind weniger scharf, weniger prägnant, oft fragmentarisch-schemenhaft und bruchstückhaft; durch ihren Gedankengehalt vermögen sie das Allgemeine gegenüber dem Konkreten in sich zu schließen. Das Vorstellen kann auch unabhängig von einer konkreten Erinnerungsvorstellung als Teil der Denktätigkeit überhaupt verstanden werden, denn der Übergang vom deutlichen Bild zu den *akzentuierenden Wesensmerkmalen*, die dem Begriff eignen, spielt sich im selben Medium ab. Unser Geist «ist gerade so Organ des Auffassens wie Auge und Ohr. Der Gedanke verhält sich zu unserem Geiste nicht anders wie das Licht zum Auge, der

Ton zum Ohr ... Der Geist nimmt also den Gedankengehalt der Welt wahr ... Unser Bewußtsein ist nicht die Fähigkeit, Gedanken zu erzeugen und aufzubewahren ... sondern die Gedanken (Ideen) wahrzunehmen.»[256] Dieses Organ, das Denken, womit die Welt der Gedanken intentional in das Bewußtsein genommen, das heißt gewahrt wird, nennt Steiner Intuition.[257] Wenn die Wahrnehmung selbst verschwindet, was bleibt dann in der Seele zurück? «Meine Intuition mit der Beziehung auf die bestimmte Wahrnehmung, die sich im Momente des Wahrnehmens gebildet hat ... Die *Vorstellung* ist nichts anderes als eine auf eine bestimmte Wahrnehmung bezogene Intuition, ein Begriff, der einmal mit einer Wahrnehmung verknüpft war ... Die Vorstellung ist also ein individualisierter Begriff.»[258] Sie konstituiert sich demnach von zwei Seiten: von dem *Empfindungsgehalt* einerseits und von dem hinzugefügten *Begriffsgehalt* andererseits; beide verschmelzen im *Erinnerungsbild* so, daß einmal mehr der Bildgehalt, ein andermal mehr der Begriffsgehalt vorherrscht.

Urteilsbildung

Wenden wir uns jetzt der Urteilsbildung zu, die in einer ersten Stufe in der Kindheit mit der Vorstellungsbildung zusammenzufallen schien. Gerade mit der Bildung der Vorstellung tauchen auch das Subjektive und der gedankliche Inhalt auf. Eine Wahrnehmung ist eine Wahrnehmung, wie die Empfindung eine Empfindung ist, sie können nicht falsch sein, allenfalls sind sie nicht umfänglich genug, das heißt, sie umfassen dann zu wenig Sinn(es)bereiche. Dasselbe gilt für den Begriff: Er ist wahr, die individualisierte Anwendung kann falsch sein, nämlich unpassend auf eine konkrete Wahrnehmung, oder er kann unzureichend für den Zusammenhang sein. Der Vorgang innerhalb des Erkenntnisprozesses, in dem Wahrnehmung und Begriff zur Vorstellung zusammengebracht werden, kann durchaus auch ein abwägendes Ertasten sein, wenn aus meinem Gedankengefüge kein Begriff zur Wahrnehmung paßt, weil er von dieser zurückgewiesen wird. Dieser Vorgang, wo der Begriff an die Wahrnehmung herangetragen wird und gleichsam ein Hinlauschen stattfindet, ob er auch angenommen wird, das ist Urteilsbildung. Es ist unverkennbar, daß in diesem Vorgange unmittelbar eine *Gefühlstätigkeit* mitschwingt. Daher läßt sich das Urteilen auch als «die andere, nach außen gerichtete Seite des Fühlens» bezeichnen.[259]

Die Urteilsbildung hat mannigfache Stufen. Die Aussage: Dies ist ein Baum, verlangt, daß ihr ein richtiges Urteil und eine wirklichkeitsgemäße Vorstellung zugrunde liegt: also keine Tulpe und kein Strauch und keine Hecke. «Bei aller wissenschaftlichen Bearbeitung der Wirklichkeit ist der Vorgang dieser: Wir treten der konkreten Wahrnehmung gegenüber. Sie steht wie ein Rätsel vor uns. In uns macht sich der Drang geltend, ihr eigentliches *Was*, ihr *Wesen*, das sie nicht selbst ausspricht, zu erforschen. Dieser Drang ist nichts anderes als das Emporarbeiten eines Begriffes aus dem Dunkel unseres Bewußtseins.[260] Diesen Begriff halten wir dann fest, während die sinnenfällige Wahrnehmung mit diesem Denkprozeß parallel geht. Die stumme Wahrnehmung spricht plötzlich eine uns verständliche Sprache; wir erkennen, daß der Begriff, den wir gefaßt haben, jenes gesuchte Wesen der Wahrnehmung ist. Was sich da vollzogen hat, ist ein Urteil. Es ist verschieden von jener Gestalt des Urteils, die zwei Begriffe verbindet, ohne auf die Wahrnehmung Rücksicht zu nehmen ... Das Urteil, welches hier in Betracht kommt, hat zum Subjekte eine Wahrnehmung, zum Prädikate einen Begriff ... In einem solchen Urteile wird eine Wahrnehmung in mein Gedankensystem an einem bestimmten Orte eingefügt ... Nennen wir ein solches Urteil ein *Wahrnehmungsurteil*. *Durch das Wahrnehmungsurteil wird erkannt, daß ein bestimmter sinnenfälliger Gegenstand seiner Wesenheit nach mit einem bestimmten Begriffe zusammenfällt.*»[261]

Das Urteilsvermögen kommt alleine dem Menschen zu. Ihm sagt weder seine Natur, also sein Instinkt, noch ein Gott, was richtig sei. Er muß sein Urteil selbst suchen und finden, was der Sache, den Verhältnissen, den Zusammenhängen – auch auf ihn bezogen – richtig ist; dabei kann er auch irren. Urteilen ist eine ur-menschliche Eigenschaft. Nur dem Menschen ist sie gegeben: als Aufgabe, Vermögen, Qual und Beglückung. Das Urteilen ist ein vielfältiges Geschehen.[262] In ihm sucht der Mensch das, was er als geistige Formen in sich und in der Welt erfährt, seelisch in eine Form zu gießen. Im Urteil wird das Unveränderliche im Veränderlichen zu fassen gesucht, das Dauernde im Augenblick.

In diese Tätigkeit tritt der Reifende nun ein; er übt sich darin, geht irre, und er wird sicher. Über Vorstellungen und Begriffe verfügt der Pubertierende ebenso wie über ihm entgegenkommende Wahrnehmungen. Doch mit der Reifezeit nimmt er sie nicht mehr nur als Gegebenheit hin, sondern sucht sich als erlebendes Subjekt in ein ganz persönliches Verhältnis zu einem Vorgegebenen zu setzen. Da ist es nun besonders wichtig, daß

während der «langen Vorgeschichte, der Wahrnehmungs- und Erkennt-
nisbiographie»[263] die Schule an der Sättigung der Begriffe mitarbeitet.
Denn es setzen sich auf den meisten Gebieten die überlieferten und einmal angeeigneten Urteile in den ausgebildeten Formen zunächst fort, bis
sie allmählich mit Hilfe der neuen Fähigkeiten zu eigenen umgeschmol-
zen werden. «Ist dies nicht der Fall, ist das Ergebnis ein Vorurteil oder
eine Meinung. Diese Art der Urteilsbildung, die wir gewiß auch bei Erwachsenen finden (Stammtisch), ist typisch für den Jugendlichen ... [Der
Schüler soll dahin geführt werden], die Fähigkeit [auszubilden], das, was
bloße übernommene Meinung ist, aufzulösen und zu einer wirklich eigenständigen Anschauung zu kommen.»[264]

Verhältnis zwischen Subjekt und Objekt

Vielfältig wurde über dieses einzigartige Vermögen nachgedacht, das mit
der Erdenreife kraftvoll auftritt und zur Selbständigkeit zu reifen beginnt. Einige Gedanken hierzu seien hervorgehoben. Im Urteil bezieht
der Mensch das Wahrgenommene oder die Erscheinung auf sich und
bestimmt so sein Verhältnis zu ihm. In diesem Vorgang tritt nicht nur das
Subjekt in ein Verhältnis zum Objekt – dieses könnte sich auch rein
gefühlsmäßig herstellen, so wenn uns etwas gefällt oder mißfällt –,
sondern wir kennen die Gründe und vermögen sie anzugeben. Damit
wird selbstverständlich die ganze Verstandestätigkeit mit aufgerufen,
denn die Urteilskraft macht nach Kant «in der Ordnung unserer Erkenntnisvermögen zwischen dem Verstande und der Vernunft ein Mit-
telglied aus».[265] Darüber hinaus muß sie nicht nur mit der «Familie der
oberen Erkenntniskräfte» (Verstand, Urteilskraft, Vernunft) in Verbindung gebracht werden, sondern alle Seelenvermögen oder Fähigkeiten
können auf «die drei zurückgeführt werden, welche sich nicht ferner aus
einem gemeinschaftlichen Grunde ableiten lassen: das (1) Erkenntnisvermögen, das (2) Gefühl der Lust und Unlust, und das (3) Begehrungsver-
mögen.»[266] «Urteilskraft ist überhaupt das Vermögen, das Besondere als
enthalten unter dem Allgemeinen zu denken. Ist das Allgemeine (die
Regel, das Prinzip, das Gesetz) gegeben, so ist die Urteilskraft, welche das
Besondere darunter subsumiert, (auch, wenn sie als transzendentale Urteilskraft a priori die Bedingungen angibt, denen gemäß allein unter jenem Allgemeinen subsumiert werden kann) bestimmend. Ist aber nur das

Besondere gegeben, wozu sie das Allgemeine finden soll, so ist die Urteilskraft bloß reflektierend.»²⁶⁷ Gegenüber dieser wohl gründlichsten philosophischen Verankerung der Urteilskraft ist Steiner elementarer und konkreter: «Mit dem Übergang durch das sexuelle Reifwerden hat man es mit etwas zu tun, worin der Mensch sein ganzes Subjektives, sein Ich und seinen astralischen Leib, in ein Verhältnis bringt zu einem Objektiven, zu seinem Ätherleib und zu seinem physischen Leib.»²⁶⁸ Urteilen heißt also, die Verbindung des Subjektiven zum Objektiven zu schaffen. Dem Vorgang liegt freilich zugrunde, daß – ähnlich dem Urteil in der Satzstruktur – das Objektive, das im Begriff erfaßt wurde, an das Objektive der Erscheinung, durch den Urteilenden vermittelt, herangetragen wird. Der Erlebende oder Urteilende hat dann zu entscheiden, ob die Erscheinung das begrifflich Herangetragene annimmt oder zurückweist, dazu bedarf es auf seiten des Urteilenden eines Abwägens oder Abspürens, also durchaus einer sehr subjektiv-persönlichen Kraft, sowie innerer Entschiedenheit.

Vorstellung und Urteil

Zunächst scheint das Urteil sich nicht sehr von der Vorstellung zu unterscheiden, wo Abbildliches, Empfindungshaftes und Ordnendes zusammenströmen. Gleichwohl lenken die Begriffe Urteil und Vorstellung den Blick in verschiedene Richtungen. Im Vorstellen verknüpfen sich Wahrnehmungs- und Gedankeninhalt *bildhaft;* im Urteilen dagegen stellen wir das Verhältnis des Begriffes zur Wahrnehmung eindeutig und überzeugend fest. Im einen Fall, dem Vorstellen, bleiben wir innerlich frei, veränderlich, wachstümlich; im anderen, dem Urteilen, binden wir uns, legen uns fest, konstatieren. Dies gilt selbstverständlich in noch stärkerem Maße als für Wahrnehmungsurteile für die höhere Stufe der *Begriffsurteile.* Denn hier sind die Glieder des Urteils Begriffe; und auf solchen Urteilen beruht die innere Einheitlichkeit unseres Denkens. Während eine Vorstellung uns freiläßt und uns durch ihren Bildgehalt schon Befriedigung gewährt, nötigt das Urteil dazu, eine Wahrnehmung unserem Gedankensystem an einem bestimmten Orte einzufügen. «Urteile bringen mich in ein engeres Verhältnis zur Mitwelt als bloße Begriffe ... Urteile, die ich fälle, werden für mich oft schicksalsbildend. Leicht mache ich mich durch sie schuldig ... Jedes Urteil hat ein Verbindliches an sich und bringt meistens einen Erkenntnisprozeß zum Abschluß ... Ein Urteil abgeben bedeutet in der Regel so viel wie in dieser Sache sich nicht mehr erkennend mühen zu wollen.»[269]

Vorstellung und Urteil deuten auf verwandte – und doch verschiedene – Kräfte innerhalb des Menschenwesens, die zu polaren Ausformungen drängen. An den Vorstellungen kann ich erleben, wie sie in ihrem Bildcharakter locker und beweglich dem Wandel, der Veränderung, der Bereicherung zugänglich bleiben. Neues kann sich unschwer an das Vorangegangene anschließen und die bisherigen Vorstellungen ohne Bruch verwandeln. Der Prozeß ist unabgeschlossen wie das Denken selbst, letztlich unendlich erweiterbar. Anders das Urteil. Es drängt zum Abschluß, zur Fixierung durch den Denkenden, zielt einerseits auf Entscheidung, andererseits auf Lösung eines Problems. Der Begriff, der noch das Universelle, Allgemeine in sich schließt, wird in der Vorstellung zum anschaulichen Bild des Einmaligen. Das Einmalige aber stellt sich nur dann ein, wenn es als solches festgehalten wird. Deshalb drückt sich der Denkprozeß, der sich mit der Wahrnehmung verbindet, im Urteil aus, das ein vorläufiges Ende für den Erkenntnisakt darstellt. Die bildschaffenden Kräfte des Vorstellens hängen mit dem Ätherleib, die des Urteilens mit dem zielgerichteten Streben des Astralleibes – beide innerhalb des Erkenntnisfeldes wirksam – zusammen.

Urteil als Tätigkeit des Astralleibes

Das Urteil verlangt die Stellungnahme des Subjektes. Zu dieser Stellungnahme muß sich das Subjekt erst einmal befähigen. Die Urteilskraft ist eine höhere Fähigkeit als die Vorstellungskraft, über die das Kind bereits verfügt. Mit anderen Worten: Zu den bildschaffenden Kräften des Ätherleibes treten im Erkenntnisvorgang die höheren Kräfte des Astralleibes hinzu. Der Astralleib ist der Träger der Begehrungen, der Leidenschaften und Affekte, sofern er dem Stoffwechsel-Gliedmaßen-System dient. Er ist aber zugleich Träger der Empfindungen und des Urteilsvermögens, sofern er sich in den Dienst des Nerven-Sinnes-Systems stellt. Wie in den Begehrungen, so haftet ihm auch im Urteilen sein Grundcharakter des Gefühlhaft-Subjektiven, wenn auch deutlich gewandelt, an. Während der Inhalt des Urteils objektiv außerhalb des Subjektes vorhanden ist – etwa die Farbe grün und die Bäume in der

Wahrnehmungswelt und die Begriffe «grün» und «Baum» in der geistigen Welt als Ideen -, kann die Verknüpfung in dem Urteil «Der Baum ist grün» nur durch mich zustande kommen. «Bewußt bekommen wir kein Urteil in unsere Seele herein, ohne daß die Gefühlstätigkeit mitwirkt ... Der objektive Inhalt des Urteils steht außerhalb der Gefühlstätigkeit fest. Damit aber in der subjektiven Menschenseele die *Überzeugung von der Richtigkeit des Urteils* zustandekomme, muß die Gefühlstätigkeit sich entwickeln.»[270]

Der Inhalt des Urteils ist stets ein objektiver; der Prozeß dagegen, durch den der Begriff auf einen Weltinhalt bezogen wird, ist ein subjektiver. Obgleich die Seelentätigkeiten ineinanderfließen, ist doch eine deutliche Unterscheidung zu treffen zwischen dem feststehenden Urteilsinhalt und der Tätigkeit, bei welcher das Gefühl des Abwägens, des Hinlauschens, des Abtastens unverkennbar ist. Dieses geht aber vom astralischen Leib aus. «Vorstellen tun wir mit dem Ätherleib, und der hat seinen Rückhalt an der Hauptesorganisation, aber urteilen tun wir – in ursprünglicher, elementarischer Weise – mit dem astralischen Leib, und der hat seinen Rückhalt an Armen und Händen für das Urteilen ... Schließen tun wir mit dem Ich, das hat dabei den Rückhalt an den Beinen und Füßen.»[271] Indem Steiner auf die Verbindung der übersinnlichen Wirksamkeiten innerhalb des Leibesgefüges achtet, kann er die getroffenen Differenzierungen vornehmen. Die bildschaffenden Kräfte haben im zentralen Nervensystem ihr Widerlager; innerhalb des Erkenntnisvorgangs sind das Vorstellungsleben und die Begrifflichkeit an die Hauptesorganisation gebunden. Dagegen ist das Abwägen und Fragen, ob das Gewahrte die von mir gebildete Begrifflichkeit annimmt, also beide übereinstimmen, eine Tätigkeit des empfindenden, geistig der Wirklichkeit nachlauschenden, ja des atmenden Menschen (Astralleib). Mit diesem Hinweis verdeutlicht Steiner, wie dadurch, daß der Mensch bewegliche Arme und Hände hat, er auch im Seelisch-Geistigen zum Berühren, Abtasten, Abwägen fähig wird, jenem Vorgang, der unphysisch, unleiblich dem Urteil zugrunde liegt. Die Verallgemeinerung eines Urteils, die Schlußfolgerung, hat hingegen mit der entschiedenen Qualität des Gehens, eben des *Folgerns*, wie wir dies im Gehen unentwegt vollziehen, zu tun. Im Gehen halten wir unser Gleichgewicht gegen die niederziehenden Kräfte der Schwere, die wir in der Muskelkontraktion zwar auch benutzen, aber nur, um damit die uns durchdringende Schwere zu überwinden. Dieses Sich-selbst-Setzen und die Verallgemeinerung eines Eingesehenen sieht Steiner als Ichfunktion.

Gerade für die Ausbildung der Urteilsfähigkeit, die in der Tätigkeit der Finger, Hände und Arme ihre äußere Grundlage hat, ist es von außerordentlicher Bedeutung, daß vorbereitend reale Erfahrungen mit diesen Organen gewonnen werden – etwa beim Stricken oder bei sonstigen die Handgeschicklichkeit fördernden Arbeiten. Vielfältig zieht sich dieses Motiv durch alle Unterrichte und Klassenstufen an der Waldorfschule, ob in der künstlerischen Betätigung oder im handwerklichen Unterricht, nicht der geleisteten Arbeit wegen, sondern als Vorbereitung und Stärkung der Urteilsfähigkeit. Wenn nun aber diese Fähigkeit erwacht und über alles und jedes willkürlich und freudig geurteilt wird, dann besteht eine neue erzieherische Aufgabe darin, diese Fähigkeit zu vertiefen und systematisch zu üben. Dies geschieht dadurch, daß das, was so leicht geht, schwer gemacht wird, indem der *Prozeß* der Urteilsfindung in den Mittelpunkt rückt. Es gilt, vor allem bei schwierigeren Zusammenhängen etwa der Geschichtsbetrachtung, alle Seiten abzuschreiten, sich in die Positionen der verschiedenen Beteiligten zu versetzen, deren Überlegungen nachzuvollziehen und erst dann zu einem – nun abgewogenen – Urteil zu kommen. Aus diesem Grunde schlägt Steiner für jeden Unterricht vor, am ersten Tag den Sachverhalt zur Kenntnis zu bringen, ein Experiment durchzuführen, genau zu beobachten und das Wahrgenommene nochmals durchzugehen. Am nächsten Tag wird erinnert und das Behandelte bearbeitet und befragt, indem auf Akzentuierung der Fragen und Wesentliches geachtet wird, erst dann kann das Ganze in eine Wertung und ein Urteil einmünden, das dann am darauffolgenden Tag nochmals überprüft und bewegt werden soll.[272]

Urteilserweiterungen ins Ästhetische und Moralische

Nicht auf Erkenntnisse allein erstreckt sich die Fähigkeit des Urteilens, sondern sie ergreift jetzt auch das Gebiet des Moralischen und Ästhetischen, also den Bereich der Werte. «Der Wendung nach innen entspricht nämlich auf der Gegenstandsseite die Erschließung neuer Sinngebiete. Objektiv genommen, waren sie schon längst als Umgebungsbestandteile da ... Der Jugendliche erlebt all diese Beziehungen mit einer anderen Färbung, viel subjektiver, viel weniger hingegeben an das Objekt, dafür aber mit dem charakteristischen Akzent, es nun ‹selbst› zu erleben, auf eigene Weise mit ganz persönlicher Beteiligung, sei es bejahend oder widerstrebend. Die objektiven Sinngebilde werden nicht mehr bloß hingenommen als selbstverständliche Gegebenheiten, sondern sie werden jetzt – das ist das Entscheidende – *mit eigenem Erlebnis ausgefüllt;* sie werden überhaupt erst beachtet, bewertet, *erlebt* … Jetzt aber beginnt eigenes Werten, weil eigenes Sinnerleben und eigenes Urteilen eingesetzt hat … Es beginnt eigenes Kunstschaffen, eigenes Nachdenken, eigene Gesellschaftsbildung, *eigenes* religiöses Welterleben. Und wäre es jeweils auch nur ein Körnchen, das der junge Mensch zu den vorgefundenen Kulturgütern hinzutut: Er fängt an, auch in diesem geistigen Sinne zeugungsfähig zu werden.»[273]

Mit der Urteilsfähigkeit ist die Fähigkeit der *Kritik* eng verbunden. Überlieferte Gegebenheiten werden in Frage gestellt. Was bisher aufgrund der Beurteilung durch Autoritäten akzeptiert worden ist, wird in Zweifel gezogen, wobei anfänglich noch ein Bedürfnis besteht, sich an selbstgewählte Vorbilder anzulehnen. «Mit der Geschlechtsreife wächst das Kind hinein in die Empfindung, daß es nun selbst schon etwas beurteilen kann; aber es hat das Bedürfnis, sich anzulehnen, die selbstverständliche Autorität, die selbstgewählte Autorität zu finden, sich zu sagen: Der ist so, die ist so, daß man darauf etwas geben kann, wenn man sich ein Urteil zu bilden hat.»[274] Die Urteilsfähigkeit muß sich also erst erkraften; dies geschieht, mehr oder minder geführt, an der Hand von Vorbildern.

Das persönliche Urteil, das Wahrnehmungen einordnet, Vorstellungen festmacht, schließt zugleich die eigene Stellungnahme gegenüber dem so Festgemachten ein. Da kann es nicht verwundern, daß damit alles, was bisher hingenommen wurde, sei es sachlich oder menschlich, nunmehr in Frage gestellt und der Kritik unterzogen wird. So werden die Urteilsmaßstäbe, die von Erwachsenen gelegentlich an das Kind angelegt wurden, nun etwa auf die Eltern angewendet, vereinseitigt und reduziert; die so «Gemessenen» können dann nur schwer bestehen. Aber auch im großen macht der Jugendliche die Beobachtung, «daß ein großer Unterschied ist zwischen dem, was die Gesellschaft fordert, und dem, was sie durchschnittlich ist und tut. Das Auseinanderfallen von moralischen Normen und von moralischer Substanz» wird entdeckt, ebenso «das Doppelwesen von Scheinen-Wollen und Sein, von Pharisäertum und abgründiger Verlogenheit».[275]

Kritikfähigkeit des Jugendalters

Mit der *Kritik* an allem, was bisher galt, kündigt sich die beginnende Reifezeit am auffälligsten an. Die beliebtesten Gegenstände der Kritik sind Lehrer und Eltern, von einer verehrten Autorität ist sehr schnell keine Spur mehr erkennbar. Die ersten Themen, an denen die Kritik unmißverständlich auftritt, bilden im häuslichen Kreis zunächst Kleidung, Haarschnitt, Eßgewohnheiten und die Speisekarte sowie die Aufforderung, mitzuhelfen und Ordnung zu halten. Die Anlässe, über die es zu Auseinandersetzungen kommt, sind meist nichtig. Das Überlieferte und bisher Akzeptierte wird plötzlich anders gesehen und bewertet. Eigene Vorlieben sowie aus dem Kreis der gleichaltrigen Kameraden mitgebrachte Einstellungen und Wertungen der Peer group treffen in ihrer Andersartigkeit auf die bisher wie selbstverständlich gültigen; diese werden zuerst verglichen, dann aufgebrochen und in Frage gestellt oder abgelehnt. Ein Beispiel: «Heute abend sagte mein Vati, ich dürfte erst dann ins Kino gehen, wenn ich eine 2 in Latein heimbrächte. Das ist ja auch eine komische Einstellung» (Knabe 14;4). Das bisher akzeptierte väterliche Verhalten wird befragt. Wenige Monate später heißt es im selben Tagebuch: «Heute wollte mir der Alte sogar eine runterhauen, wegen frecher Antworten [...] Aber dank meiner turnerischen Fähigkeiten warf ich mich schnell zur Seite, und der böse Stoß verpuffte an der frischen (jetzt freilich gespannten) Luft.»[276] – Daran wird ein Doppeltes sichtbar: die Emanzipation von der bisher vorgegebenen Welt, von Vati, der zum Alten heranreift, und die innere Sicherheit, in der sich der Reflektierende über seine Weltbeziehungen ergeht. Ein anderer Knabe (15) schreibt: «Oh, für wie dumm hält mich der Alte bloß wieder [...] In mir kocht es. Dieses Rindvieh.»[277] Die alten Verhältnisse sind in wenigen Monaten zerbrochen. Im Brodeln der Empfindungswelt verbreitet sich der Boden der Kritik. Eine eigene Position wird bezogen, von der aus die Fehler, Mängel, Ungereimtheiten der anderen unnachsichtig analysiert und beurteilt werden. Und Urteile werden zu allem abgegeben, gefragt oder nicht. – Das Phänomen ist zwiespältig, widersprüchlich. Einerseits basiert das Urteil auf «Weite und Uneingeschränktheit» sowie auf einem hohen «Maß an Einfühlung und Verständnis»,[278] andererseits aber tritt in deutlichen Widerspruch dazu das eigene Verhalten, das mit der Verstandesleistung des Jugendlichen «wenig oder gar nichts zu tun hat. Eine Einfühlung in fremdes Seelenleben hält ihn von den gröbsten Rücksichtslosigkeiten ... nicht ab ... [Die] Liebesbeziehungen sind während ihrer Dauer oft stürmisch und ausschließlich, aber in ihrer Dauer kurz. Die einmal gewählten Objekte werden ohne Rücksicht auf die Gefühle des Partners wieder verlassen und gegen andere eingetauscht. Die verlassenen Objekte werden schnell und völlig vergessen.»[279]

Die Führung des Ich und die Möglichkeiten des Astralleibes klaffen auseinander. Der Jugendliche «‹spaltet› sich gleichsam in ein ‹höheres› Ich, das die Maßstäbe repräsentiert, und in ein ‹tatsächliches› Ich, das diesen Maßstäben im täglichen Auseinandersetzen hätte genügen müssen».[280] Diesem Zwiespalt liegt die Tatsache zugrunde, daß mit dem Freiwerden der Empfindungs- und Urteilskräfte noch keineswegs auch die Mündigkeit erreicht ist – das heißt, eine Tat auf die andere zu beziehen und das Tun auch selbst zu verantworten –, daß zwar ein Selbstbewußtsein, ein Empfinden der eigenen Subjekthaftigkeit vorliegt, daß aber das Ich als voll verfügbare Kraft nicht verfügbar, nicht «geboren» ist. Die Ich-Qualität, die selbstverständlich im Urteilen anwesend ist, rührt davon her, daß das Ich vom Astralleib «aufgesogen» wird, also noch nicht selbständig wirkt (siehe S. 351f.).

In der Kritik wird, seelisch gesehen, die Antipathie wirksam. Mit ihrer Hilfe zentriert sich das Wesen auf sich selbst, es wird dadurch wacher, gewinnt Abstand von den Gegenständen und Erscheinungen, das Selbstbewußtsein verstärkt sich. Im Urteil und in der Kritik tritt die Welt vor den «Thron des Königs»,[281] der souveräne Akte der Wertung vollzieht. «Das Urteilen selbst bringt keine Begriffe hervor. Es bestätigt aber deren Existenzberechtigung. Es tut dies ... ‹einsichtig› ... Bezeichnend ist, daß der König sein Reich, nämlich den Horizont des Selbstbewußtseins, erst dann betritt, wenn dieses Reich [der Begriffe] bereits erschaffen worden ist» – in der vorangehenden Kindheit.[282] Steiner nannte den Empfindungs- oder Astralleib sogar einmal den «Kritikleib».[283]

Kritikfähigkeit, Phantasie und Ideale

Die Phantasiekraft im Jugendalter

Es lebt in aller Kritik etwas, was mit dem Urteil zwar eng verbunden ist, zugleich aber eine ganz andere Eigenschaft als Abwertung oder Distanzierung – wie sie häufig den Inhalt der Kritik bildet – aufweist, nämlich ein inneres Bild davon, wie etwas «eigentlich sein sollte» – und nicht ist. Der Kritik des Jugendlichen liegt ein innerer Maßstab zugrunde, ja ein höchstes Ideal, dessen er sich keineswegs bewußt sein muß. Dieser *Fähigkeit zum Idealen* ist es schließlich auch zu verdanken, daß einmal gefällte Urteile mit ihrer Tendenz zum Endgültigen, Abschließenden doch auch wieder in Frage gestellt und aufgebrochen werden können. Heute noch wird ganz entschieden Rauchen für «die schwachsinnigste Sache der Welt» erklärt, morgen kann man denselben jungen Menschen mit einer Zigarette im Mund antreffen, wobei er auf Rückfrage erklärt, er sehe nun eben die Sache anders. Diese Beweglichkeit kann bis ins Unverbindliche gehen; aber sie kann auch von tiefstem Ernst durchzogen sein und zeigt dann ein inneres erkenntnismäßiges Reifen und Wachsen an.

Die Kraft, sich zu verwandeln und immer wieder neu zu öffnen, ist der Urteilskraft innigst verwandt, ist gleichsam die Rückseite derselben Münze; es ist die Einbildungs- oder Phantasiekraft. Wie das Urteil Ergebnis vergangener Vorgänge ist, so drängt die Phantasie in die Zukunft.

Vergegenwärtigen wir uns einige Gedanken Steiners zur *Phantasie*. «Bei der Geschlechtsreife kommt etwas zu freier seelischer Tätigkeit, das vorher in den Rhythmus der Atmung hineingegangen ist … Dieses Rhythmische wird nun frei, und das wird frei als Empfänglichkeit des Jünglings oder der Jungfrau für ideale Gebilde, für das Phantasiemäßige. Die eigentliche Phantasie wird im Grunde mit der Geschlechtsreife erst aus dem Menschen herausgeboren, denn die eigentliche Phantasie kann erst dann geboren werden, wenn der von Zeit und Raum freie astralische Leib geboren wird, der ebenso wie die Träume Vergangenheit, Gegenwart und Zukunft nach inneren Gesichtspunkten durcheinander gruppieren kann.»[284] – Am Ende der Volksschulzeit kündigt sich an, wie die Seele nun all das entwickelt, was von innerer Wärme durchzogen ist. «Da tritt ganz besonders hervor alles dasjenige, was an seelischen Fähigkeiten dar-

464

auf angewiesen ist, von innerer seelischer Liebe durchströmt zu werden, das heißt also dasjenige, was als Phantasiekraft sich zum Ausdruck bringt.»[285] – In die vom 12. Lebensjahr an sich herausarbeitende Urteilskraft ist Phantasie hineinzubringen. «Schwung muß der Lehrer entgegenbringen den Kindern zwischen dem 14. und 15. und dem 20., 21. Jahre; Schwung, der vor allen Dingen auf die Phantasie geht; denn trotzdem die Kinder die Neigung zu urteilen aus sich heraus entwickeln, wird gerade das Urteil für uns aus der Phantasiekraft geboren.»[286] Steiner leitet daraus ab, daß mit diesem Alter ein ganz neuer Stil in die Pädagogik einzuziehen habe. Bildhaft und schwungvoll verdeutlicht er dies den Lehrern: «Wenn Sie die Kinder von der 9. in die 10. Klasse hinüberführen, dann müssen Sie sie eben in eine andere Lebenslage versetzen, dann muß das Kind merken: Donnerwetter, was ist denn mit dem Lehrer geschehen? Bisher haben wir ihn für ein außerordentliches Glanzlicht gehalten, für einen Menschen, der viel zu sagen hat, aber jetzt beginnt viel mehr als ein Mensch zu reden: die ganze Welt beginnt aus ihm zu reden. Und wenn man in sich empfindet das intensivste Interesse an den einzelnen Weltfragen und dann in die glückliche Lage versetzt ist, sie anderen jungen Menschen mitzuteilen, dann redet die Welt aus einem; dann ist es tatsächlich so, als ob Geister aus einem redeten. Und aus so etwas muß Schwung kommen.»[287]

Es mag überraschen, daß Steiner erst dem Jugendlichen Phantasie zuspricht, ist doch schon das frühkindliche Spiel in seiner Beweglichkeit von einem ungeahnten, dem älteren Menschen ganz abgehenden Einfallsreichtum durchsetzt. Keine Frage! Doch ist es Phantasie? Innerhalb der menschlichen Entwicklung verwandelt sich die Einbildungskraft ebenso wie der Mensch selbst. So eignet selbstverständlich schon dem kleinen Kind, und erst recht dem Schulkind, eine *bildschaffende Kraft,* die in ihrer Wandelbarkeit als Phantasie bezeichnet werden kann. «Die weitverbreitete Vorstellung, daß die Einbildungskraft bei Kindern stärker entwickelt sei als bei Erwachsenen, kann nur damit begründet werden, daß sich die Einbildungskraft früher entwickelt als das abstrakte Denken und daß ihr relatives Gewicht im Leben des Individuums in der Kindheit größer ist als später. Trotzdem aber ist die Einbildungskraft der Kinder schwächer als die der Erwachsenen. Das ‹Überflügeln der Wirklichkeit› beim kindlichen Phantasieren besteht hauptsächlich darin, daß das Kind die objektive Wirklichkeit, die es nicht kennt, nicht berücksichtigen kann.»[288] Zu einem Wirklichkeitsbezug, der zugleich ein Eingehen auf die innere Gesetzmäßigkeit des durch die Phantasie zu bearbeitenden Gebietes beinhaltet, ist erst der Jugendliche imstande. «Die Wahrnehmungsfähigkeit erscheint um das siebte Jahr herum als ‹imaginatives Denken› oder kindliche Phantasie ... (Es ist) einerseits eine innere Anschauung, andererseits ein junges, lebendiges Denken.»[289] Indessen wurzelt sie – anders als die hier beschriebene Phantasiekraft – nicht im ahnenden Gefühl der Zukunft, die mit dem eigenen Werden zusammenhängt, sondern in der bildschaffenden Kraft des kindlichen Vorstellungslebens, die Imaginationen hervorbringt. Die *Phantasie* des Jugendlichen trägt dagegen nicht nur die Beweglichkeit des Bildhaften, den Variantenreichtum, die Verbildlichung und Symbolisierung von erlebten Vorgängen in sich, sondern sie hat die Richtung auf Zukünftiges, noch nicht Durchlebtes, auf ein Ersehntes hin. In ihr ist nicht nur das Vorstellen tätig, sondern auch das Sehnen, Begehren, der Wille zur Gestaltung, zur Zukunft. Die Phantasie geht über die bloße Reproduktion eines Gegebenen hinaus, sie ist auch mehr als die Umbildung des Gegebenen; sie ist Produktion neuer Bilder, etwas, was die Zukunft vorwegnimmt.

Die Funktion der Phantasie

Im Urteil holen wir das Wirkliche ins Bild. Wenn nun aber das so Gegebene verwandelt, verändert, umgebildet, umgeschaffen wird und neue Bilder entstehen, dann wirkt in diesem Aufbrechen und Umschmelzen eine in die Zukunft drängende Kraft. Gedächtnisbilder stammen aus der Vergangenheit, sie sind Erfahrungsinhalt. Es lohnt, sie möglichst treu zu bewahren, aber sie lassen sich auch spielerisch handhaben und ineinander überführen, und das fällt dem Kind leicht. Die Phantasie dagegen verwandelt sie zielgerichtet, sie macht sich unabhängig von dem Gegebenen, wird projektiv, nicht reproduktiv. Dieser freie Umgang mit den Bildern befreit auch die Persönlichkeit aus den Festlegungen und Bindungen durch das Vergangene. Die Phantasie nimmt Zukunft vorweg, holt das Mögliche in das Wirkliche. (Löst sie sich von jedem Wirklichen los, dann wird sie zur Phantastik.) – Der Jugendliche selbst ist Werdender, er träumt sein eigenes Werden. Wer aber in die Zukunft handeln will, benötigt Ziele und Motive. Diese nehmen vorweg, was noch nicht vorhanden ist, was erst geschaffen werden muß. «Die Phantasie ruft die Zukunft in die Gegenwart herein und löst den Menschen aus der Bestimmung von

Gegenwart und Vergangenheit. Alle planende Tätigkeit und damit alle bewußt herbeigeführte Veränderung bedarf ihrer. Phantasie arbeitet in aller Selbstverwirklichung, in allen Sozialgestaltungen.»[290]

Gleichwohl ist auch diese Phantasie noch «keine produktive im Sinne des Erwachsenen»,[291] diese wird erst dann sichtbar, wenn die Phantasie die Handlung leitet: in einem schöpferischen Akt künstlerischen Tuns oder im sozialen Feld. Zu solchen Handlungen kommt es in der Regel im Jugendalter noch selten. «Vom *objektiven* Formgesetz der Gegenstände geht noch wenig in die jugendliche Kunst ein. Ja, auch das *subjektive* Formgesetz der Seele ist noch nicht reif. Umso stärker ist der Trieb, die subjektiv seelische Bewegtheit zu objektivieren. Mit einem Wort: Die Funktion des jugendlichen Kunstschaffens ist, Ausdruck zu sein für die wogende Innenwelt des Selbst.»[292]

Werte und Ideale

Die Ideale, die aus der Phantasiekraft des Jugendalters geboren werden, geben als Leuchtfeuer innere Kraft und innere Haltung. «Ich möchte Leuchtturm sein / in Nacht und Wind – / für Dorsch und Stint, / für jedes Boot – / und bin doch selbst / ein Schiff in Not.»[293] Ideale, also geistige Zielsetzungen, benötigen eine Anspannung des Willens. Daher geben sie dem Astralleib so etwas wie ein Knochengerüst, an dem er sich aufrichten und Stabilität, Halt und Richtung finden kann. Die Orientierung, die im Erwerb der Aufrechten durch den Gleichgewichtssinn im Raum gewonnen wurde, muß mit der Geburt der Empfindungskräfte nunmehr auf sittlichem Gebiet errungen werden. Es ist eine zweite Aufrichtung, eine sittliche, die zu vollziehen ist: Der Gleichgewichtssinn muß in seiner geistigen Substanz ergriffen werden. Die sprachliche Verwandtschaft von Aufrichtung und Aufrichtigkeit, Richtung und Richtigkeit, Gerechtigkeit und Richtbarkeit zeigt unmißverständlich die Verwandlung, die sich in dieser Sinnessphäre vollzieht. «Die Raumesrichtungen werden nicht nur als übertragene Bedeutungen gebraucht, sondern qualitativ real.»[294] In diesem Sinne wird nicht nur metaphorisch vom «aufrechten Gang» gesprochen.[295] – «Geradeso wie der menschliche Leib sein gesundes Knochensystem braucht, wenn er nicht einherwackeln soll, so braucht der astralische Leib mit dem eingeschlossenen Ich, wenn er sich richtig entwickeln soll, in diesem Lebensalter Ideale ... Ideale, diejenigen Begriffe, die einen Willenscharakter haben, Ideale mit Willenscharakter, das ist dasjenige, was wir jetzt als ein festes Gerüst dem astralischen Leib einfügen müssen.»[296]

Im vierten Brief *Über die ästhetische Erziehung des Menschen* sagt Schiller: «Jeder individuelle Mensch, kann man sagen, trägt, der Anlage und Bestimmung nach, einen reinen idealischen Menschen in sich, mit dessen unveränderlicher Einheit in allen seinen Abwechselungen übereinzustimmen die große Aufgabe seines Daseins ist.»[297] Das Dauernde im Wechsel, das Beharrende im Veränderlichen, das Ewige im Augenblicke zu finden ist demnach Bestimmung des individuellen Menschen, dieser Akt wird in jedem vollgültigen Urteilsprozeß vollzogen.

Daher kommt der Vermittlung von Idealen im Jugendalter allergrößte Bedeutung zu, entscheidet sich doch an ihnen, ob der junge Mensch innerhalb des Lebens, das vor ihm liegt, Sinn und Aufgabe sieht oder nicht. Die Erziehung muß hier freilich nach den Geschlechtern differenzieren. Das Mädchen verlangt danach, mit dem Sittlichen zugleich einen ästhetischen Genuß zu verbinden; «es soll besonders reichlich versehen werden in seiner Phantasie mit Bildern, welche das Durchgöttlichtsein der Welt ausdrücken.» Der Knabe dagegen will etwas von der Kraft erfahren, die von ethischen Gedanken auszugehen vermag.[298]

Wie kommen Ideale zustande? «Jeder von uns kennt die *schwärmerische Idealbildung* des Jugendlichen, mit der das faktische Wollen und Handeln so gar nicht in Einklang steht. Teils intellektuell, teils gefühlsmäßig wird Ideales, zunächst besonders jedes heroische Ideal, begeistert erfaßt, und das eigentliche Wollen und Tun geht trotzdem meist andere Wege.»[299]

Es lassen sich *Ideale ethischer und ästhetischer Art* unterscheiden. Im einen Fall ist Grundlage die Bewunderung der «Vollkommenheit, Kraft und Schönheit eines anderen». Dieses Ideal wird stets persönlich gebunden sein. «Niemals wird ein Jugendlicher abstrakte Ziele um der Tugend willen erstreben.»[300] So sagt in einem Interview eine Schülerin, Jessica: «Im Schwedischunterricht hatten wir eine Lehrerin, die viel für uns bedeutete. Da stand eine Lehrerin, die nicht von alltäglichen Problemen sprach, sondern vom Leben selbst. Es war wie ein Tieftauchen in uns. Sie holte das hervor, was wir selbst wie Gold empfanden ... Sie ließ es nie zu, wenn wir verurteilten, sondern gab uns eine andere Ansicht der Sache ... daß wir nicht solche Scheuklappen bekämen, die wir ja so verabscheuten ... Sie sagte nie, daß es die *eine* Wahrheit gäbe. Was ein Mensch versuchen sollte, ist, der Wahrheit so nahe wie möglich zu kommen ... Manchmal fühle ich, daß ich es in die Welt hinausschreien möchte ... daß wir solche Menschen brauchen, die uns retten und damit unseren Glauben an uns selbst und an unsere Gedanken vom Leben überhaupt ... – Es sollte ein Lehrer sein, der wirklich etwas will.»[301] Das ethische Ideal erprobt sich in der Handlung, die Werte in den Zielsetzungen. In ähnlicher Weise formuliert Spranger: «Was ist entscheidend für die sittliche Entwicklung des Jugendlichen? Die Antwort lautet: der *eine* Mensch, dem sich der Jugendliche mit seinem ganzen Lebenslauf anschließt. Nach einem solchen Menschen geht daher seine höchste Sehnsucht ... Weshalb aber nun diese Bindung an eine Person? Genügt zur ethischen Reifung nicht eine Idee oder der kategorische Imperativ oder der ständige Blick auf das Gute selber? – Philosophen-Verirrung! Nur an dem persönlich Geformten kann die Person zur Formung gelangen ... Er [der Jugendliche] muß erst einmal abhängig werden von fremder Persönlichkeit, um selbst zur Person zu werden. Nicht gerade von einem Geiste, der in sich schon absolut fertig ist; der versteht zu wenig die Kämpfe des Anfangenden; von einem Menschen, dem nichts Menschliches fremd ist und der schon einige siegreiche Schlachten hinter sich hat. Durch zeitweiliges Aufgehen in einer solchen Natur gewinnt man selbst Maß und Form ... *Ein* Vorbild braucht er ... Der Gereifte kann dem anderen helfen, das Chaos in sich zu überwinden. Er kann Geburtshelfer sein, aber er kann nicht für den anderen gebären.»[302]

Es versteht sich, daß der Sehnsucht nach Idealen, der Suche nach Höherem, nach Lebensausrichtung eines völlig zuwider läuft: die Skepsis. «Skepsis darf man ihnen gar nicht entgegenbringen in diesem Lebensalter, namentlich nicht in der ersten Hälfte dieses Lebensalters. Das schädlichste Urteil, das man fällen kann für das Lebensalter zwischen dem 14. und 15. und etwa dem 18. Lebensjahr, ist dasjenige, wo in einer erkenntnis-pessimistischen Weise Dinge auftreten wie: Das kann man nicht wissen. Das ist etwas, was die Seele ... des jungen Menschen ... am allermeisten zermürbt. Mit dem 18. Jahre geht es dann schon eher, daß man übergeht zu demjenigen, was mehr oder weniger zweifelhaft sein kann.»[303]

Es ist eine in der Entwicklungspsychologie wohlbekannte Tatsache, daß sich Werthaltungen in der Reifezeit umbauen. Dabei meint Wert einerseits das, was vom Objekt für den Urteilenden ausgeht, wobei dann Objekte mit «positiver Valenz eine anziehende Kraft ausüben», andererseits eine mehr oder minder abstrakte Kontinuität, die sich im Verlauf der Lernentwicklung ergeben hat, als Urteil und Stellungnahme zu Vorgängen und Sachen.[304] Im Hinblick auf die Ausbildung moralischer Einstellungen lassen sich zwei Auffassungen kennzeichnen. Die eine geht davon aus, daß sich die moralische Haltung des Menschen von der Kindheit an kontinuierlich aufbaut. Wie dies geschieht, ist nach Lehrauffassung verschieden (wir haben darüber schon bei der Behandlung des Gewissens gehandelt, vgl. S. 297f.). So gibt es die Auffassung, daß Lohn und Strafe, nach dem klassischen System der Konditionierung, zu positiven oder negativen Verstärkungen führen. Schmerz und Angst, die sich mit einer Strafe verbinden und sich in einer spezifischen Erregtheit des Nervensystems niederschlagen, sollen nach dieser Auffassung jedesmal als unangenehmer Spannungszustand wiederauftauchen, wenn eine der ersten ähnliche Handlung sich Bahn brechen will – selbst dann, wenn die Handlung ursprünglich neutral oder lustbetont war. «Immer wenn dann das Kind die gleiche Handlungsweise ausführen will, die einst bestraft wurde, wenn es also in ‹Versuchung› gerät, entsteht zugleich automatisch Angst. Die Unterdrückung der antisozialen Handlungsweise führt zur Genugtuung, der Angst entgangen zu sein, die bei einem offenen antisozialen Verhalten aufgetreten wäre. Die konditionierte Angstreaktion tritt auch auf, wenn die Handlungsweise oder die Situation nicht identisch, sondern ähnlich ist.»[305] Diese Theorie stammt von Eysenck. – Die andere Auffassung geht von gewissen Umbrüchen aus, die zu bestimmten Zeiten altersspezifisch stattfinden. Dabei werden überlieferte, das heißt schon angeeignete kindliche Werthaltungen revidiert, zum Teil aufgegeben und durch neue ersetzt. So unterscheidet Piaget drei Phasen: die Phase des moralischen Realismus (heteronomes Stadium), die Phase der Wechselseitigkeit bis gegen das 12. Jahr und die der Billigkeit, wo sich eine starre Auffassung von Gerechtigkeit zugunsten einer kooperativen verstehenden Moral umbildet. Remplein führt eine Stufenfolge auf, wo die Entwicklung von Annehmlichkeits- und Nützlichkeitswerten zu Wissens- und Erkenntniswerten vorschreitet.[306] Dann folgt eine Wertkrisis. Ähnlich Spranger und Bühler. «Die überwiegende Mehrheit der empirischen Untersuchungen über entwicklungspsychologische Fragen läßt erkennen, daß man die menschliche Entwicklung vorwiegend als Lernprozeß ansehen kann ... So scheint die Entwicklung von Werthaltungen auf weite Strecken eine Internalisierung von Wertkonzepten zu sein, die als Lernprozeß aufgefaßt werden kann. Freilich ist die Wertentwicklung andererseits auch durch

zunehmend größere Selbständigkeit und persönliche Autonomie gekennzeichnet.»[307] Zugleich ist ein Wandel von Starrheit zu Flexibilität,
von Rigorosität zu Liberalität, von absolut zu relativ und von wirklich-
keitsfremd zu wirklichkeitsnah beobachtbar.[308]

Der Widerspruch zwischen empirischer (Oerter) und verstehender
(Spranger) Psychologie fordert dazu auf, die Frage noch weiter zu vertiefen.[309] Zweifellos vermag die Empirie mit ihren Befragungen, die sittlich-
moralische Einstellungen bloßlegen sollen – Soll ein richtiger Junge ehrlich sein, wenn er damit anderen schadet? – und die dann die Antwort
abfordert – immer, oft, manchmal, selten, nie –, damit eine gewisse Ober-
flächenstruktur zu Tage zu fördern, die sich statistisch auch recht gut
quantifizieren läßt. Auf diese Weise können der Lernfortschritt auf sittlichem Gebiet und die Werthaltungsänderungen fixiert werden. Doch wird
damit nur erfaßt, was in der Fragestellung schon vorgegeben ist, und die
Auswertung ergibt nur statistische Durchschnittswerte, die leicht genera-
lisiert werden können; individuelle Verschiedenheiten werden beseitigt.
Demgegenüber bevorzugen verstehende Psychologen Tagebücher oder
andere Selbstzeugnisse. «Fragebogen in statistischer Absicht ... haben
noch größere Mängel (als Selbstzeugnisse), die kaum besonderer Hervorhebungen bedürfen. Sie kanalisieren von vornherein in den Strom der
Selbstbeobachtung und machen daher in bestimmten Richtungen über-
sichtig. Sie setzen eine Klarheit über sich selbst voraus, die nicht da sein
kann, also nur durch die Fragestellung künstlich gemacht wird. Sie igno-
rieren die höchst individuellen Umstände, die man immer mitwissen
muß, um dann zu verstehen.»[310]
   Die mit Umbau und Umschwüngen rechnende Psychologie sieht mit
der Pubertätszeit ein verändertes Selbst- und Welterleben und damit auch
ein verändertes Wertbewußtsein auftauchen. Die aufbrechenden Fragen
weisen «ins Metaphysische hinab: Geborensein und Sterben, Liebe und
Geschlechtsunterschied, Neigung und äußere Verpflichtung, zuletzt die
eigene Bestimmung und *der* Sinn des Lebens».[311] Uns geht es um eine
weitere Erscheinung: um eine zartere, individuellere, verdecktere, geisti-
gere. Moralität hat nur der Mensch, nur er vermag Handlungen selbst zu
verantworten, da sie bei ihm nicht allein triebbestimmt sind. Kommt
diese Moralität aus der Umwelt und wird sie lediglich nach und nach
verinnerlicht? Zweifellos gibt es moralische Kategorien, die historisch
kulturell geformt sind. Sie waren zur Steinzeit andere als im alten Ägyp-

ten mit seinen Weisheitslehren oder im Mittelalter oder in der Gegenwart. Und da wieder anders im Osten Europas oder der Bundesrepublik oder den Vereinigten Staaten. Ebenso unzweifelhaft wird der Mensch durch die moralischen Vorgaben seiner Umwelt, in der er aufwächst, geformt. Er wächst jeweils in ein Wertsystem hinein und verinnerlicht dieses – eine beträchtliche Lernleistung. Das Entscheidende ist jedoch nicht diese Leistung der Verinnerlichung selbst, sondern die Art, wie sie vom einzelnen gehandhabt wird. Schon da ist augenfällig, daß neue «Sozialisationsinstanzen» auftreten, so die Gruppe der Gleichaltrigen mit eigenem, abweichendem Wertsystem. Worauf es aber ankommt, das läßt sich an der reifen moralischen Leistung zeigen, wie sie dem Gewissen entspringt. Auch dieses kann einem einlinigen Denken so erscheinen, als ob äußere Gebote so weit verinnerlicht seien, daß bei Abweichungen ein Mechanismus in Gestalt der «inneren Stimme» warne. Doch da werden Phänomene nach der Theorie und nicht aus sich selbst gedeutet. An einer reifen Leistung mag das belegt werden. Solschenizyn schildert, wie er als Hauptmann der Roten Armee im Krieg wegen brieflicher Äußerungen verhaftet wurde. Tags darauf, nach der Festnahme, ist Abmarsch von sieben Arrestanten. Da steht noch sein Offizierskoffer am Boden. Der Sergeant, ein Tatare, fordert ihn auf, diesen hochzunehmen. «Ich bin Offizier. Der Deutsche soll ihn tragen.» So geschah es. Unterwegs wandert der Koffer ohne Befehl abwechselnd unter den sechs Kriegsgefangenen. «Und ich machte mir darob keine Spur von Gewissen ... Denn ich bin doch Offizier.» Nach Tagen dämmert es Solschenizyn langsam, daß er bisher nur das lebte, was er beigebracht bekam an Werten. Da regt sich sein Gewissen, er erwacht zu sich, wodurch er allmählich das in sich aufruft, was ihn zur moralischen «Weltmacht» werden läßt.[312]

Es bricht ein nicht dieser Welt Angehöriges, Jenseitiges, Geistiges in die Gegenwart herein, wandelt sie um, stellt sie in Frage, trägt zu bisher nicht dagewesenen *freien* Handlungen bei, Handlungen der Menschlichkeit. Diese reifen Leistungen setzen ein voll anwesendes Ich, das Geistige im Leiblichen, die moralisch-verantwortliche Instanz hier und jetzt voraus. Gleichwohl treten Vorerlebnisse, aufkeimende Gestaltungen gleicher Qualität schon im Jugendalter auf, es sind dies sehr zarte, schwach aufglimmende Erlebnisse, nach denen, sei es in literarischen Zeugnissen oder im Miterleben von Biographien, wie sie jeder Fachunterricht bieten kann, geradezu ein Hunger besteht.

Die Moralität im Zusammenhang mit den Schlaferlebnissen

Das Erlebnis des innerlichen Umbaues, von außen kaum wahrnehmbar, die Hinwendung zum Idealischen oder zum Ethisch-Moralischen, wie immer das genannt werden mag, bricht deshalb auf, weil mit seiner Geburt der Astralleib tief unbewußt während der Nacht geistige Erlebnisse durchläuft, die ihm dann bewußt werden können, wenn sie am reifen, vorgelebten Beispiel erwachen können. «Das Überlieferte, das von der Umgebung Gewertete, von ihr Vorgeschriebene, Gelernte, Gesollte – all das wird verneint, abgelehnt, abgestoßen, und sehnsüchtige Aufgeschlossenheit gegenüber neuen Einflüssen ist erwacht. Kaum erlangt, ist die Freiheit dem jungen Menschen lästig, er sucht alsbald nach neuem Ziel, neuem Vorbild, neuer Autorität, und der Unterschied gegenüber früher besteht nur darin, daß die neue Autorität ihm eine *freigewählte* ist. Das Ideal ist persönlich gebunden, das Ideal ist Vollkommenheit, an einer Persönlichkeit erlebt ... So geht der Weg zum Willen des Jugendlichen nur über die Liebe, nur über das Gefühlsleben, das dieser Zeit den charakteristischen Zug verleiht: und diese Liebe will so frei und ohne Zwang, so pietätlos und autoritätsfrei wählen wie nur je die Liebesleidenschaft des erwachsenen Menschen. Des Jugendlichen Liebe ist Werbung und freie Gabe, nicht Dank und Gegengabe. Werbende Hingabe; aber bescheidene Werbung, ein Wort, ein Händedruck genügen oft zu völliger Beglückung.»[313] Es sind unmittelbar moralische Erfahrungen, die den Jugendlichen veranlassen, auf seinem Weg zum Olymp seinen eigenen Helden zu wählen und ihm nachzufolgen. An ihm wird ihm nämlich bewußt, was er selbst unbewußt durchmacht. Doch dieser Held wird selbst gewählt. Will er den Jugendlichen aus seinem Erfahrungsvorsprung belehren oder lenken, verfehlt er das, was notwendig ist: die ganz persönliche Suche nach der Wahrheit. «Wir haben nicht die Aufgabe, unserer heranwachsenden Generation Überzeugungen zu überliefern. Wir sollen sie dazu bringen, ihre eigene Urteilskraft, ihr eigenes *Auffassungsvermögen* zu gebrauchen. Sie soll lernen, mit offenen Augen in die Welt zu sehen. Ob wir an der Wahrheit dessen, was wir der Jugend überliefern, zweifeln oder nicht: darauf kommt es nicht an. Unsere Überzeugungen gelten nur für uns. Wir bringen sie der Jugend bei, um ihr zu sagen: so sehen wir die Welt an; seht zu, wie sie sich euch darstellt. *Fähigkeiten* sollen wir wecken, nicht *Überzeugungen* überliefern. Nicht an unsere ‹Wahrheiten› soll die Jugend glauben, sondern an unsere Persönlichkeit. Daß wir *Suchende* sind, sollen die Heranwachsenden bemerken. Und auf die *Wege der Suchenden* sollen wir sie bringen.»[314]

Was ist es, was der Jugendliche durchmacht, was ihn zum Suchenden macht? Mit der Geburt des astralischen Leibes löst sich dieser während des Schlafes aus der Lebensorganisation und dem physischen Leib heraus (zusammen mit dem Ich). Das ist beim Kind in diesem Umfang nicht der Fall. Da sind Seele und Ich viel lockerer mit dem Leib verbunden, weniger darin «inkarniert». Daher ist auch die Gestalt seines Schlafes eine andere (vgl. S. 368). Was geschieht im Schlaf? Der Empfindungsleib, sonst den Wahrnehmungen der äußeren Welt hingegeben, ist für kosmische Einwirkungen offen. Diese aber sind «nicht von dieser Welt», sondern moralisch-geistiger Natur. Sie sind so gewaltig, daß sie nur mit stark herabgedämpftem, eben dem Schlafbewußtsein ausgehalten werden können. Die Geistesforschung[315] zeigt, wie der Mensch mit höheren Mächten und dem eigenen Genius zunächst seine Tagerlebnisse rückwärts durchgeht und auf die Übereinstimmung mit den eigenen Lebensintentionen prüft. In der «moralischen Wertung» erfährt der Mensch seine Impulse, etwas neu zu sehen. Ein Nachklang dieser Erlebnisse läßt sich tatsächlich in dem flüchtigen Phänomen noch fassen, daß wir anderntags verändert, gelassener, milder den erregenden Situationen des Vortags gegenüberstehen, aber auch darin, daß wir jeden Tag mit neuen Vorsätzen beginnen.

Wir hatten bereits erwähnt, daß der paradoxe oder REM-Schlaf dadurch charakterisiert ist, daß das seelisch-geistige Wesen des Menschen an die eigenen Lebensprozesse (Ätherleib) hingegeben ist. Die Schlafstadien, von denen wir hier sprechen, haben es weniger mit Aufbau, Regeneration, Erfrischung zu tun als mit der geistigen Verarbeitung der Tageserlebnisse, das heißt mit dem Aufbau der inneren Wesenheit, ihrem Reifen und Wachsen. Der Mensch gestaltet mit der Geburt des Astralleibes zunehmend selbst sein eigenes Leben. Von ihm gehen Wirkungen aus, die er nun auch zu verantworten hat. Aber erst wenn eine handlungsmächtige und urteilsfähige Seele auf eine andere einwirkt, kann die von ihr ausgehende Wirkung eine zu verantwortende sein. Was so am Tag geschieht, erfährt jeweils nächtlich seine Bearbeitung und durch die Begegnung mit dem Genius des Menschen auch seine Beurteilung.

Die Summe all der allnächtlich stattfindenden Selbstbeurteilungen, des Zwiegesprächs mit dem höheren ewigen Wesen, die nur großer Aufmerksamkeit sich erschließt, dürfte nach dem Tode für Seele und Geist des Menschen in ihrer vollen Wirklichkeit ansichtig werden.[316] Es handelt sich hier um einen Zeitabschnitt in der nachtodlichen Existenz, der als «brennende Entbehrung» bezeichnet wird,[317] in der christlichen Tradition als Fegefeuer. Wird dieser umfassende Rückblick auf das verflossene Leben als Perspektive eingenommen, wie das Steiner wiederholt tut, dann ergibt sich eigentümlicherweise ein signifikanter Unterschied zwischen den Schlaferlebnissen in der Kindheit und denen in der Pubertätszeit. «Nehmen wir an ... wir verfolgen die Seele eines elf-, zwölf-, dreizehnjährigen Mädchens oder Knaben ... durch die Pforte des Todes ... Wenn wir eine solche Seele verfolgen, so finden wir sie in der geistigen Welt in einer bestimmten Zeit zwischen dem Tod und einer neuen Geburt verhältnismäßig sehr bald in einer, ich möchte sagen, höchst bemerkenswerten Gesellschaft: Wir finden sie mitten unter denjenigen Seelen, die sich vorbereiten für ein nächstes Leben so, daß sie schon bald auf diese Erde herunterkommen müssen, also unter Seelen, die sich bald verkörpern.»[318] Daraus läßt sich ablesen, daß eine Schicksalsbildung, die zu unverarbeiteten und ungeklärten Verhältnissen mit anderen Menschen geführt hätte, nur in sehr geringem Umfang stattfand. Das jüngere Kind ist noch von der Umwelt sehr wenig geschieden, so daß es sehr einheitlich mit dieser Welt lebt, sich von ihr wenig abhebt. Dies verändert sich im 9. / 10. Jahr, so daß dann beginnt, «das Ich wie ein selbständiges Wesen aufzuleuchten, wenn eben (im Schlaf) Ich und astralischer Leib nicht an den Funktionen des Ätherleibes und des physischen Leibes teilnehmen. Daher ist es auch so, daß Kinder, die vor diesem Zeitpunkte sterben, im Grunde genommen in dem Leben, das sie da bis zum 5., 6., 7., selbst noch bis zum 8., 9. Lebensjahre durchmachen, etwas haben, was sie noch wenig getrennt hat von jener geistig-seelischen Welt, die zwischen dem Tod und einer neuen Geburt durchgemacht wird, so daß die Kinder verhältnismäßig leicht wiederum zurückgerissen werden in diese geistig-seelische Welt, daß sie gewissermaßen nur etwas anstückeln an das Leben, das sie vollendet haben mit der Empfängnis oder mit der Geburt, daß ein eigentliches Abschnüren eines neuen Lebens, wenn wir dieses Sterben in Betracht ziehen, eigentlich erst da ist, wenn die Kinder nach diesem Zeitpunkte sterben ... Von diesem Zeitpunkt ab bekümmert sich das Geistig-Seelische im Menschen weniger um das Leibliche, als es sich vorher bekümmert hat.»[319] Damit wird auf die innersten Gründe hingewiesen, die in das Wert- und Urteilssystem mit eingehen: die eigene Schicksalsbildung, für welche der Jugendliche zunehmend – und dann sogar als Erwachsener ausschließlich – verantwortlich wird. Es sind die eigenen

Taten, für die man verantwortlich ist, nicht im rechtlichen, sondern im moralischen Sinne. Eine Erfahrung davon macht der Mensch nun im Schlaf und dessen «geheimer Verarbeitung», die allnächtlich erfolgt, meist unbewußt, aber sehr real. Das Urteilen geschieht im Medium der Sprache, damit aber gehört auch die Sprache zu dem, was der eigenen Verarbeitung unterliegt, wie sie im Schlaf allen Handlungen gegenüber erfolgt. Daher ist der Wandel im Sprachgebrauch von der Kindheit zur Jugend von besonderem Interesse.

Die Sprache

Phänomene

Die menschliche Sprache gehört zu den intimsten Äußerungen, deren der Mensch fähig ist. Sprache kann schmeicheln, liebkosen, aber auch verletzen. Sie vermag ebenso zu vernebeln oder einzulullen wie Aufmerksamkeit zu wecken und damit Wachheit zu erzeugen; sie kann Klarheit schaffen. Wenn wir ein Gespräch in einer uns fremden Sprache hören, können wir sehr wohl einzelne Lautgruppierungen, das heißt Wörter, voneinander unterscheiden und sehr rasch auch ausmachen, ob Konsonanten wie etwa bei den kehlig klingenden semitischen Sprachen oder Vokale wie im Finnischen und Indischen vorherrschen. Obgleich sich Töne in Höhe, Stärke und Klangfarbe voneinander unterscheiden (Hörsinn), vermögen wir darüber hinaus den jeweils sehr individuell ausgesprochenen Tonwert als Laut zu erfassen (Sprachsinn). Der Sprachsinn läßt das Wort als Lautgestalt sinnhaft erfahren, ohne daß hierzu eine Vorstellung notwendig wäre. Zwar haftet jedem Wort eine Bedeutung an, deren sich der Gedankensinn zu bemächtigen vermag, «aber bei Wörtern wie ‹und›, ‹oder›, ‹sehr› ist nichts vorhanden, was uns aus der Vorstellungswelt zu Hilfe kommen könnte, und doch verstehen wir ohne weiteres die Bedeutung dieser Worte einer Sprache.»[320] Der Sprachsinn vermag ein Wort, durch verschiedene Münder verschieden ausgesprochen und durch den Dialekt eingefärbt, als dasselbe zu empfinden. Unverkennbar ist dabei die aktive Teilhabe des Hörenden, denn wenn wir jemanden sprechen hören, der etwas heiser – mit einem «Frosch im Hals» – spricht, sind wir ständig gedrängt, uns zu räuspern. Dadurch werden wir aufmerksam, daß innerhalb des Kehlkopfes stets feine Vibrationen ausgelöst werden, wenn wir hören: eine Art Echo-Wirkung, eine Resonanz.[321] Diese Echo-Wirkung ist es wohl auch, die der aktiven Sprechfähigkeit vorangeht, das heißt, der Sprachsinn setzt eine sprechende Welt voraus. Dies gilt für jeden Sinn. Er ist von und durch das in der Welt Waltende gebildet. Wie sich der Sprachsinn des Kindes an der Sprache des Erwachsenen entzündet, so hat sich die Sprache der Menschen, das Menschenwort, gebildet am Weltenwort, am Logos.[322] Die Entwicklung beim Kind verbleibt zunächst lange im Bereich der reinen Wahrnehmung. Diese läßt die Lautung entstehen. Erst viel später teilt sich dann eine eigene Vorstellungswelt der Sprache im Sprechen mit.

Mit dem Sprachsinn dringen wir in die Innerlichkeit anderer sprechender Wesen ein. Allerdings ist er nicht die einzige Form dieser Offenbarung. «Auch die Geste, Mimik, das Physiognomische führt zuletzt auf ein Einfaches, Unmittelbares, das ebenso in das Gebiet des Sprachsinnes gerechnet werden muß wie der Inhalt des hörbaren Lautes.»[323] Der Sprachsinn ist aus dem gesamten Wahrnehmungsspektrum sicherlich nicht einfach als solcher zu isolieren, deshalb hängen mit seiner Erkenntnis auch die unterschiedlichsten Konsequenzen zusammen. Für die Griechen bestand noch die Auffassung – so bei Platon ausgeführt[324] –, daß das jeweilige Wort zugleich das Wesen des Dinges treffe, daß es also einerlei sei, ob mit dem Sprachsinn oder anderen Sinnen dieselbe Sache wahrgenommen werde, weil die Wahrnehmung stets zur gleichen Erkenntnis führen müsse. – Demgegenüber ist seit dem Nominalismus bis zur Linguistik de Saussures ein grundlegender Wandel eingetreten: Sprache gilt nun als ein System von Zeichen, die stellvertretend für die Sache stehen. Die Laute und Worte haben nichts mit dem Ding selbst zu tun, wie das früher von der Menschheit und auch heute noch gelegentlich vom Kind erlebt wird; sie stehen mit dem Bewußtseinsinhalt in keiner inneren Beziehung. Für das Zeichensystem kommt es auf die soziale Vereinbarung an, die es mit Bedeutungsgehalten füllt, die aber freilich jeder für sich in denkender Auseinandersetzung erwerben muß.

Dennoch kann auch heute noch erlebt werden, daß schon in Klang und Laut eines Wortes Sinn und Bedeutung steckt. Zunächst ist der Mensch nicht eigentlich der Sprechende, «sondern der, durch den hindurch die Sprache erklingt und sich selber ausspricht. Dazu benötigt sie ihre eigenen Werkzeuge, und es ist die Sprache selbst, die sich im Menschen diese Werkzeuge schafft. Der Mensch ist für die Sprache eine naturhafte Existenz, an welcher sie sich so betätigt, daß sie sich darin offenbaren kann.»[325] Der Mensch scheint Werkzeug der Sprache zu sein, die durch ihn hindurchtönt (per-sonare). Der Sprachforscher Jespersen zitiert ein Kind: «Laß mich doch sprechen, damit ich weiß, was ich denke.» Im Sprechen offenbart sich das Ich nicht nur so, wie es dies im wachbewußten Denken tut, sondern halbbewußt. «‹Es spricht› und ‹ich spreche›; beides ist wahr. Denn die Sprache ist eine von mir unabhängige Entität, die ihren eigenen Modalitäten und Gesetzen folgt. Sie hat ihre eigene Vernunft, sie betätigt sich selbst; sie spricht sich aus und wohnt in mir, wie der Atemstrom, der kommt und geht.»[326]

Die Sprache hat eine eigentümliche Mittelstellung. Physiologisch sind die Sprachorgane zwischen Kopf und Brustraum angesiedelt, und auch am Sprechen haben beide Anteil: an den sich in der Sprache äußernden Gedanken der Kopf, am Ertönenden der Atemstrom des Lungenbereichs.[327] Der Atemvorgang bildet einen realen Prozeß, da geschieht wirklich etwas, während die vorstellende Tätigkeit des Kopfes lediglich Bilder von etwas produziert.[328] Diese zum Bild abgeschwächte Realität ist es, die die Sprache als Zeichensystem verstehen läßt. Was dagegen mit dem Atem an der Sprache zu tun hat, mit der Lautbildung, das hat eine größere Kraft: In der Stimmführung kann Magie liegen, sie kann bannende Wirkung entfalten oder einschläfern, während im Gesprochenen wie im Atem ein «fortwährender Rhythmus von Sympathie- und Antipathiewirkungen»[329] sich entfaltet. An der Sprache haben Erkenntnis- und Gefühlsinhalt Anteil. «Verstehen wird man die Sprache aber nur dann, wenn man sie zunächst wirklich auffaßt als verankert im menschlichen Gefühl.»[330]

Die Sprache ist eine Erscheinung des Tages und des wachen Bewußtseins; aus dem Munde Schlafender befremdet sie und mutet merkwürdig an. Ihr eignen Helligkeit und Logik. Und doch ist der Zusammenhang der Gedankenwelt mit der Sprache geheimnisvoll. Wer kennt nicht den Vorgang, daß er etwas, das ihm klar zu sein scheint, nur schwer oder kaum angemessen ins Wort zu bringen vermag; und umgekehrt, daß erst durch das Gespräch das dumpf Gefühlte zur Einsicht kommt. Ein inneres Drängen geht dem Wort voran: Man spricht, und «allmählich verfertigen sich die Gedanken beim Reden».[331] Es hat den Anschein, daß der mehr dumpfe, aber für intensive Gefühle offene Bereich auch offen ist für Inspiration, für Bewegung, Dynamik, Drängendes, das dann der Ruhe der Reflexion, der Überlegung und Klärung bedarf, wie sie dem Reich des Gedankens entstammen. So stellt sich die Frage, ob denn das bewußte Denken dem Handeln vorangehen oder nachfolgen sollte. In seiner kleinen Prosaschrift *Von der Überlegung – Eine Paradoxe* rühmt Kleist zunächst den Gedanken *vor* der Tat, um dann ein Lied auf die Überlegung erst *nach* der Tat zu singen. «Das Leben selbst ist ein Kampf mit dem Schicksal; und es verhält sich auch mit dem Handeln wie mit dem Ringen. Der Athlet kann, in dem Augenblick, da er seinen Gegner umfaßt hält, schlechthin nach keiner anderen Rücksicht als nach bloßen augenblicklichen Eingebungen verfahren; und derjenige, der berechnen wollte, welche Muskeln er anstrengen und welche Glieder er in Bewegung setzen soll, um zu überwinden, würde unfehlbar den kürzeren ziehen und unterliegen.» Dieselbe paradoxe Situation haben wir in der Sprache, wo Bewußtes und Unbewußtes, Vorangehendes und Nachfolgendes in eigentümlicher Weise miteinander verschränkt sind. In dieser Spannung lebt sich das Menschsein mit seinen Entwicklungsmöglichkeiten aus.

Die Sprache, der Logos, bildet ein so umfassendes Phänomen – auch im Werk Steiners –, daß hier allein die auf das Jugendalter bezogenen Aspekte ein wenig akzentuiert werden können. Steiner selbst spricht einmal vom *Objekt der Sprache*: In der Natur hat man das Objekt vor sich oder kann es doch zumeist reinlich vor sich hinstellen. Dies ist bei der Sprache anders. Da hat man eine Stufe tiefer hinunterzudringen, als es dem Bewußtsein üblicherweise möglich ist, um «aus den unterbewußten Tiefen der Seele ins Bewußtsein hereinzunehmen» das «sprachliche Objekt».[332] «Betrachtet man die Sprache, so ist es notwendig, daß man zuerst den Bewußtseinsprozeß durchmacht, um darauf zu kommen, was eigentlich das wirkliche Objekt ist, das man zu betrachten hat. So kann man nicht bloß das betrachten, was im menschlichen Bewußtsein ist ... sondern man muß das ganz Lebendige, das sich eben ... in dem Sprechen und in der Sprache auslebt, bei der Betrachtung im Auge haben ... [Sprache ist so zu betrachten], daß er [der Betrachter] die innerliche Metamorphose des Sprachorganisierens erlebt ... was eigentlich der Sprachprozeß ist.»[333]

Sprachorganismus

Wenden wir uns den Wandlungen im Sprachbereich, wie sie sich im Jugendalter vollziehen, zu. Auffällig hörbar ist der *Stimmbruch*: Die Stimme wird tiefer. Von der Geburt an wanderte der Kehlkopf aus der angeborenen Stellung langsam abwärts, wodurch sich erst der für die Sprachbildung notwendige Schall- und Resonanzraum in der Mundhöhle bildete, so daß sich die sprachliche Artikulation vom ersten Jahr an entfalten konnte. Dieses Abwärtswandern des Kehlkopfes erfährt mit der Erdenreife einen weiteren Schub nach unten. Bei der Geburt liegt der Kehlkopf unmittelbar unter dem Zungenbein auf der Höhe des zweiten Halswirbels; in der Pubertätszeit ist er etwa auf der Höhe des fünften Halswirbels angekommen, und der untere Rand des Ringknorpels hat die Höhe des oberen Randes des siebten Halswirbels erreicht. Der Stimmumfang, beim Neugeborenen gerade drei Töne betragend, erweitert sich schon im zweiten Jahr auf $1\,^1/_2$ Oktaven.[334] Mit dem Stimmbruch wird die Stimmlage tiefer. Sie springt bei Knaben um etwa eine Oktave, bei Mädchen etwa um eine große Terz, was dadurch erreicht wird, daß sich die Stimmritze durch einen relativ rasch ablaufenden Wachstumsschub verlängt: Bei Knaben verdoppelt sie sich auf etwa 2,5 cm, bei Mädchen vergrößert sie sich etwa um das $1\,^1/_2$-fache auf 1,5 cm.[335] Dieser Vorgang ist Ausdruck dafür, wie sich das innerseelische Wesen, das sich in der Sprache offenbart, mit der eigenen Leiblichkeit verbindet, und zwar beim Knaben mit grßerer Wucht als beim Mädchen, welches sich etwas zurückhält, den Leib weniger tief und von innen ergreift. – Physiologisch wird der Vorgang durch das Testosteron ausgelöst, das als androgenes Hormon mit den Reifevorgängen verbunden ist. Gleichzeitig baut sich aber auch der Atmungstyp, auf den wir in der Darstellung des rhythmischen Systems näher eingehen, bei Knaben und Mädchen um. «Bei den Mädchen bildet sich der kostale Atemtyp heraus, während die Knaben die für den Mann charakteristische Proportion von zwei Drittel Brustkorb- und einem Drittel Zwerchfellatmung annehmen. In diesem relativen Überwiegen der Zwerchfellatmung beim Manne kommt sein tieferer Abstieg in den Organismus und damit in die Erdenschwere ebenso zum Ausdruck wie andererseits in dem Heruntersteigen der Stimme um eine ganze Oktave beim Knaben, während die Stimme der Mädchen um nur etwa einen Ton tiefer wird.»[336]

Das gesamte Knochensystem schwingt beim Sprechen als Resonanzboden mit, und zwar beim Mann stärker als bei der Frau. Nun kann auffallen, daß mit der endgültigen Organreifung des Kehlkopfes – er kann sich in der weiteren Lebensentwicklung nur noch im Sinne der Alterung zurückbilden – etwas ähnliches verbunden ist wie mit der Geschlechtsreife: die soziale Reifung.

Widersprüche: wachsendes Sprachvermögen und Verstummen

Die mit der Sprachentwicklung in der Reifezeit verbundenen inneren Vorgänge sind widersprüchlich: Dem wachsenden Sprachvermögen steht die Neigung zum Verstummen gegenüber. Daneben gibt es weitere Phänomene: die von Ungeduld und Skepsis geprägte und die exzentrische, um Intensität ringende Sprache.[337] Diesen Phänomenen wollen wir uns zuwenden.

Im siebten Lebensjahr besitzt ein Kind einen Wortschatz (im Sinne des passiven, das heißt, es kennt diese Worte, gebraucht sie aber keineswegs alle) von über 4.000 Wörtern, ein Vierzehnjähriger einen solchen von 9.000, ein Einundzwanzigjähriger dagegen einen von 15.000, wir haben also quantitativ eine fortschreitende Kumulation.[338] Der an sich beachtliche Zuwachs ist aber auch abhängig von der schulischen Anregung und dem Milieu, in dem das Kind heranwächst.[339] Im Jugendalter nehmen im Redefluß schwierigere Satzkonstruktionen und Einschiebsel zu, das schlägt sich natürlich auch in der Schreibfähigkeit nieder. Auch *abstrakte Begriffe* werden vom zwölften Lebensjahr an häufiger. Vom vierzehnten Jahr an ist die wachsende Beherrschung der *Nebensatzformen* auffällig, während einzelne Synonyme das ursprünglich allein vorherrschende ersetzen; gegen das 17. bis 20. Jahr werden Synonyme sogar mit einer deutlichen Vorliebe verwandt, ein Zeichen für die Souveränität, mit der ein und dieselbe Sache von verschiedenen Seiten aus betrachtet wird – aber auch für die gewonnene sprachliche Fähigkeit.[340] Der reine Zuwachs an Worten sagt noch nicht viel, sind doch gegenüber den indo-europäischen Sprachen die sogenannten primitiven Sprachen an Wörtern weit reicher. So gibt es im Arabischen 5.744 Bezeichnungen für das Kamel, aber keinen Oberbegriff. Das an Tiefe kaum auslotbare Alte Testament benutzt 5.642 Wörter, das Neue Testament 4.800. Ein Kind kann allerdings beide nicht verstehen, denn eine Wortbereicherung ist keineswegs gleichzusetzen mit der Erweiterung des geistigen

Blickfeldes.[341] Um zu verstehen, was sich da auf dem Gebiet des Wortschatzes offenbart, ist es wichtiger, den Gebrauch der einzelnen Wortarten innerhalb der Entwicklung des Menschen zu verfolgen. Ein für uns bedeutsames Symptom ist der sprunghaft wachsende Gebrauch der Adjektive im Reifealter, die ihrem Wesen nach ja wie Abstrakta erscheinen. In ihnen spiegelt sich die Wahrnehmungsfähigkeit des Sprachsinns, die zur Vertiefung des erlebten Empfindungsgehalts führt, besonders deutlich. So verstehen Zehnjährige Qualitätsbezeichnungen wie «glatt» und «rauh» schon zu 50 %, sofern sie gebräuchlich sind. Mit 15 Jahren springt die Verständnisquote auf 65 %. Hier vermag, insbesondere gegenüber adjektivischen Formalbezeichnungen, durch den Schulunterricht ein Wachstum veranlagt zu werden. Für «soziale» Adjektive wie «ehrlich», «freundlich», «friedlich», «zänkisch», «frei» bildet sich aber ein Gewohnheitsverständnis erst nach dem zwölften Lebensjahr aus. Das ist ein Symptom dafür, daß das Angebot an Adjektiven aus dem Sprachkosmos deshalb nicht aufgegriffen wird, weil im Innern das Organ fehlt, das sie zur Empfindung und zum Erleben bringen könnte. Die Empfindungsfähigkeit ist noch nicht so weit herangereift, daß bereits eine selbständige Einsicht in diesem Sinne möglich wäre. Ähnlich ist es bei «moralisch-sittlichen» Adjektiven, die dem Verständnis außerordentlich schwerfallen, weil das Sensorium des Hörenden hierfür erst langsam erwacht. So haben Zehnjährige es schwer, zu «berechnend», «stetig», «verschlossen», «hinterhältig», «kaltherzig» und so weiter die Gegenbegriffe zu bilden. Nur in 10 % der Aufgabenstellungen gelingt dies. Bei Fünfzehnjährigen beträgt der Anteil schon 23 %. Diese Zunahme läßt erkennen, daß dies der zentrale Bereich sprachlichen Wachstums im Jugendalter werden wird. Dies gilt gleichermaßen für «ästhetische» Adjektive wie «lieblich», «wuchtig», «plump», die erst nach der Geschlechtsreife tatsächlich innerlich verstanden werden. Allerdings wächst das sprachliche Verständnis für Gefühlsbeziehungen bereits nach dem zwölften Jahr sehr deutlich an. So werden zunehmend Bezeichnungen wie hungrig, heiter, zornig, mitleidig, erschütternd, echt, stark gebraucht.

Die mit der Reifezeit einsetzende zunehmende Verwendung von Nebensätzen – Attributiv-, Kausal- und Finalsätzen – ist Zeichen für eine wachsende geistige Differenzierung. Desgleichen nehmen unterordnende hypotaktische Satzverbindungen zu. Der Gebrauch des Präsens, in der Kindheit vorherrschend (bei Siebenjährigen zu 38 %), sinkt auf 9 % bei Fünfzehnjährigen; im gleichen Maß steigt dagegen der Gebrauch des

Imperfekts von 45 auf 72 %. Gleichzeitig kommt das Futurum verstärkt in Gebrauch. Der Jugendliche beheimatet sich als Wesen bewußt in der Zeit und deren Abbild in der Sprache.[342]

Im Gegensatz, ja Widerspruch zu dem sich differenzierenden Sprachvermögen scheint die wie selbstverständlich übernommene Sprache mit der Reifung des Kehlkopfes zunächst einer Art von Auflösung zu unterliegen. Es scheint eher ein *Sprachverlust* denn ein Gewinn einzutreten. Nicht nur geht mit dem Eintritt in die Pubertät das differenzierende Vermögen, seelische Gegebenheiten auszudrücken, zurück oder ganz verloren, sondern auch die grammatikalischen und syntaktischen Strukturen zerfallen zunächst, nachdem sie schon recht gewandt beherrscht worden waren. So finden wir die schlichte Reihung von Hauptsätzen, die jeweils mit «Und dann ... » eingeleitet werden, eine Eigentümlichkeit der ersten selbstverfaßten Aufsätze zwischen der 3. und 5. Klasse. Auch in der Wortwahl reduziert sich das Vermögen oft recht erstaunlich. Desgleichen fällt ein Verlust des Könnens insbesondere in der Grammatik der fremden Sprachen auf, der, wenn ein Lehrerwechsel eintritt, zunächst die Vermutung nahelegt, die Schüler hätten bei dem vorhergehenden Kollegen zu wenig gelernt. Doch alle diese Erscheinungen beruhen auf ein und demselben Vorgang, der auch organisch manifest wird, indem auch die Beherrschung des Sprachorgans selbst durch den Stimmbruch verunsichert wird. Mit der Emanzipation des Empfindungsleibes wird dieser keineswegs auch schon beherrscht; diese Beherrschung zu erlernen ist ja gerade Aufgabe des Jugendalters und gehört zur Sozialreifung. Wo soll die Unsicherheit eines neuen Vermögens der Empfindungswelt, das aber noch nicht beherrscht wird, stärker sich darstellen als gerade in der Sprache? Bisher war die Sprache als urmenschlichste Leistung dadurch bestimmt, daß sie, durch Nachahmung erworben, völlig das aufnahm, was an das Ohr des Kindes kam; unter ihrem Einfluß hatte sich sogar die Muskulatur des Kehlkopfes und der Sprechwerkzeuge erst herangebildet. Während des Lernens in der Schulzeit wurde dann weiterhin aus der Umgebung das zu Lernende herangebracht. Der Sprachlaut «wird zur Geste, zur Gebärde, in der sich etwas ausdrücken möchte, was selbst nicht physischer Natur ist; Sprache wird zur Seelengeste und damit zu einer Kraft, die das sich entwickelnde Seelische im Kinde anregt und gestaltet ... Das Leben in der Musikalität der Sprache ist ... [in der Mitte der Kindheit] wichtiger als der gedankliche Inhalt», es ist die Welt, in der das Kind lebt.[343] In der Schule sind es die grammatikalischen Strukturen, die das noch Unbewußte aufhellen und gewissermaßen skelettartig durchsetzen, der Sprache Orientierung und Struktur geben.

Während Kinder noch an die seelengestaltende Kraft der Sprache hingegeben sind, «sucht der Jugendliche das genaue Gegenteil: Er distanziert sich von der Sprache, begegnet ihr mit Antipathie und demonstriert ... bei jeder Gelegenheit, wie wenig sie noch bedeutet. Soll er sich schriftlich äußern, so macht er sich geradezu einen Sport daraus, nur noch das Allernotwendigste sparsam anzudeuten, um, wenn der Lehrer daran Anstoß nimmt, selbstbewußt darauf hinzuweisen, daß doch alles Wesentliche drinstehe. Soll er mündlich etwas äußern, pflegt er trotzig die Lakonismen, also eine möglichst wortkarge Ausdrucksweise ... So wird Sprache zur äußersten Reduktion getrieben, bis sie nur noch aus Fragmenten besteht – *Wortreste kurz vor dem Verstummen.*»[344] Doch es kann auch anders sein, daß nämlich aus den gleichen Gründen, gewissermaßen um sich zu verstecken, die Sprache bewußt gepflegt wird. Darauf macht ein Dichter, der erst mit neun Jahren, aus dem polnischen Sprachraum kommend, Deutsch gelernt hatte, aufmerksam. Er behauptet, die späte Aneignung der fremden Sprache habe ihn zu einem besonders bewußten Verhältnis zur Sprache geführt. «Heute weiß ich, daß ich Unsinn redete. Heute halte ich einen anderen Aspekt für erheblicher: daß es mir ... das größte Sprachglück bedeutete, Fehler zu vermeiden. Ich wollte ständig unter Beweis stellen, wie gut ich meine Lektion gelernt hatte ... Daß die Norm auch ein Vorhang sein, daß die Abweichung von der Norm auch etwas sichtbar machen kann, kam mir nicht in den Sinn.»[345]

Die eigene Jugendsprache

Nichts von dem Erworbenen geht verloren: Es bleibt bestehen, wenn auch latent, untergründig, ungenutzt. Stattdessen wird eine eigene «Sprachkultur» gepflegt, die mit einem einzigen Ausdruck beim so Angesprochenen einen ganzen Kosmos des Erlebens zum Mitschwingen bringt. «Sch ...», das meistverwendete Wort der Vierzehn-, Fünfzehnjährigen (aber nicht nur bei ihnen), kann ein Urteil über eine Situation sein, aber auch die Stimmungslage bezeichnen, in der der Sprecher sich befindet: ungemütlich, weich, stinkend, unappetitlich. Wörter wie «stressig», «nervig», «ätzend» benennen, was nahe, zu nahe geht und wie es sich –

oder: man sich – dabei fühlt, während «geil», «tierisch», «stark» oder die Steigerungsformen «affengeil», «saustark»; «echtstark» oder «cool» das eigene Befinden – oder wie ein anderer gesehen wird – widerspiegeln. Was soll jemand, dem «öd» oder «geil» zumute ist, den alles «ätzt» oder «anstinkt», noch viel hinzusetzen, höchstens für den, der's nicht «schnallt»? Ein Wort, ein Kosmos. Die Wendungen, die sich durchsetzen, dann einige Jahre halten, schließlich durch neue ersetzt werden, sind meist humorvoll, gefühlsstark, setzen auch Wissen der sozialen Umstände voraus. Geld heißt einmal Kohle, dann Eier, dann Knete. Es werden aber auch Zeitgenossen beschrieben: «Jesus-Freak», das ist einer, der auf «Jesus abgefahren» ist. «Öko-Typ», «Softi», «Schleimi», «Schniegel-Poppi» erklären sich selbst; «Oldi», «Grufti» oder gar «Mumien» sind jene, die über die Dreißig sind und so fort.[346] – Diese Wendungen sind freilich nicht den Vierzehnjährigen, sondern eher dem Alter nach zwanzig zu verdanken, was Thomas Mann schon 1925 in *Unordnung und frühes Leid* beschreibt: «Und die ‹Großen› [seine studierenden Kinder] verhandeln im Jargon des Kreises, einem Rotwelsch voller Redensüberheblichkeiten und Übermut, von dem die ‹Greise› [die Eltern] selten ein Wort verstehen.»[347] Die griffigsten Wendungen sickern nach unten und werden damit auch den Pubertierenden verfügbar. Entscheidend ist im Verhältnis zur Sprache, daß ein Wort mit Kraft, mit Power kommen muß. Auf die Frage: «Warum erzählst du die Sache nicht auf hochjermanisch?» wird geantwortet: «Det kommt nich mit Kraft. Det jeht steil nach hinten los. Du mußt die Macht von de Wörters richtig erkenn'!»[348]

Daran wird die Ursache für Verstummen und Neugewinn sichtbar: Die freiwerdenden Kräfte der Empfindung suchen sich der Sprache zu bemächtigen. Die Empfindung wird aber zu allen Zeiten in der menschlichen Biographie erst im Jugendalter frei, so daß nicht verwundert, daß sie stets sprachlich herausgehoben wird. Der Typus des Ausdrucks wechselt, nicht aber die Inhalte, über die sich die Äußerungen ergießen: die Eltern, Lehrer, die soziale Umwelt und insbesondere das Verhalten der Gleichaltrigen. So schreibt ein Sechzehnjähriger von seinem Aufenthalt an einer Auslandsschule an seinen zurückgebliebene Freund über seine Erlebnisse: «Inzwischen war ich schon ein paarmal mehr oder weniger besoffen (ohne nächtliches Kotzen) und ein paarmal etwas überfröhlich … [Mit einem etwas Älteren] war ich auf einer Party, die von 11 bis 4 ging. Er war total besoffen … Als die meisten gegangen waren, hingen 4 Heroin- und LSD-Nippel rum. Einer hatte einen total verstochenen Arm, und er wälzte sich auf dem Boden stöhnend herum. So erlebe ich also, wie Du hörst, auch ein wenig die andere Seite der Jugend ... Aber ehrlich gesagt, merke ich, das ist nichts, was einen froh macht. Ich weiß nicht. Wenn ich dann am Morgen aufwachte, war irgend eine Leere in mir. Das klingt zwar bescheuert, aber es stimmt.»[349]

Es besteht also durchaus eine Spannung zwischen Erlebnishunger- und -durst einerseits und tatsächlich verspürter Leere andererseits, die sich aus den Befriedigungen, wie sie die «Szene» bietet, dann einstellt – zumindest in dieser Beschreibung –, wenn der Mensch durch den Schlaf hindurchgegangen ist. Dies kann erneut Anlaß sein, den Schlafzustand zu untersuchen.

Sprache und Schlaf

Solange das Kind in der Einheit von Seelischem und Leiblichem lebt, vibriert bis in den Schlafzustand hinein das aus der Umwelt Empfangene nach. Wenn nun mit der Geschlechtsreife die Empfindungswelt zu eigener Autonomie heranreift, wird der Jugendliche auch für seine eigene Sprache verantwortlich. Im Sprechen klingen stets die Lebensvorgänge aus der Organik des Kehlkopfes, der Atmung und so weiter zusammen mit dem, was die Seele innerlich bewegt. Wenn sich nun diese Seelenleiblichkeit mit ihren Empfindungen in der Nacht in einem anderen Daseinsgebiet aufhält, klingt auch das am Tag in der Sprache Vorhandene und empfindungsgemäß Lebende nach. Die Seele hat gleichsam ein inneres Bestreben, durch ihre eigene Wesenheit eine Beziehung herzustellen mit der Sprachgeistigkeit der Welt, mit dem Logos. Darauf wendet Steiner den Blick: «Aber nach dem 14. Lebensjahre, nach dem Einsetzen des Geschlechtslebens, tritt für die schlafende Seele des Menschen die Notwendigkeit ein, sich in dem, was da als Nachklang der Sprache im Schlafen weiterlebt, mit Wesen der geistigen Welt zu verständigen,» zu verständigen mit dem Sprachgenius.[350]

Nun tut sich dabei für die schlafende Seele eine innere Frage auf: Wieweit stimmt das, was in der eigenen Seele nachvibriert, mit dem zusammen, was aus der Region des Sprachgenius hertönt? Einem Verständnis dieses Sprachgeistes kann man sich nähern, wenn man bedenkt, daß zwar der einzelne seine Sprache ganz individuell spricht, dieses Sprechen aber doch nur dadurch einen Sinn hat, daß andere derselben Sprache mächtig sind. Unabhängig vom einzelnen existiert eine gemeinsame Sprachlichkeit, die sich durch und mit den Gliedern, die sie gebrauchen, entwickelt. Diese Sprachgeistigkeit stellt ein eigenes, selbst in Entwicklung begriffenes Wesen dar, das größer ist als das Vermögen eines einzelnen: Der Sprachgeist der betreffenden Sprache ist in seiner Wirksamkeit mächtiger als der Individualgeist. Wenn sich nun in der Begegnung mit diesem Sprachgeist während des Schlafes eine Übereinstimmung herausbildet, klingt Harmonie durch die Seele. Ist das Gegenteil der Fall, entstehen Diskrepanz und Disharmonie; «ein quälender Zustand des Mißverstehens, des Sich-gar-nicht-Verstehens ist für den schlafenden Zustand zwischen Menschenseelen und Geisteswesen» eingetreten.[351] Dieser Stimmungsuntergrund wird dann in das Tageserleben hereingetragen, wie wir es in dem Brief des Sechzehnjährigen beschrieben fanden. Wenn indessen in der Sprache etwas Idealisches lebt und sie sich nicht nur auf derbmateriell Konkretes bezieht, findet in der Nacht eine Begegnung nicht nur mit dem persönlichen Genius, sondern auch mit dem Sprachgenius statt.

Diesen inneren Sprachbezug zu gewinnen ist durchaus ein Streben, das dem freigewordenen selbständigen Empfindungsleib entstammt, auch wenn es durch mannigfache andere Bezüge überlagert wird. Dennoch sollte die Pädagogik darauf antworten. So wird im deutschkundlichen Unterricht der 9. Klasse, also jener Zeit, die mit dem Eintritt der Geschlechtsreife zusammenfällt, neben der Biographie Goethes, Schillers und anderer die Satzlehre erneut durchgenommen, und zwar vor allem im Hinblick auf die verschiedenen Nebensatzformen und deren besondere logische Struktur: kausal, konditional, final und so weiter.[352] Dies aber weniger als abstraktes Schema, sondern so, daß das eigene Empfinden sich damit verbinden kann. Gleichzeitig tritt die Lehre von den rhetorischen Figuren und sprachlichen Bildern auf, deren Eigentümlichkeit gerade darin besteht, daß sie nicht bloß Chiffre oder abstraktes Zeichen sind, sondern durchsichtig werden für einen verborgenen Realitätsgehalt, so daß Unsagbares sagbar wird. Die Lyrik wird hier als meisterliche Handhabung Hilfe sein können.[353] «Trinke, was die Wimper hält, von dem gold'nen Überfluß der Welt.» Durch die Bilderlehre, die bereits in der siebten Klasse einsetzt, erhält die Sprachlehre jene Wendung zum Idealischen, die für das Jugendalter so bedeutsam ist; sie wird deshalb besonders in der 9. Klasse verstärkt, wo das Hineinsinken des Organismus in die Schwere am stärksten ist.[354] Durch die Behandlung der Lyrik wird eine reiche Welt der Innerlichkeit in poetischer Sprache zugänglich gemacht und gegenwärtig, in großartigen Bildern, die Weltsein und persönliches Erleben sprachlich differenziert erschließen. Der Bogen spannt sich von *Mahomets Gesang* (Goethe), wo der Flußlauf als Bild für den kraftvoll anwachsenden Lebenslauf steht, bis hin zu Nelly Sachs' bildkräftiger Sprache vom «nesselverwachsenen Ohr der Menschheit».

Es ist Aufgabe der Pädagogik, dem Jugendlichen zu seiner eigenen Sprache zu verhelfen.[355] Während zuvor die Umwelt die Sprache *prägte*, wird sie jetzt eher *Anregung* sein, aus der sich der Jugendliche das herausholt, was seiner inneren Empfindungswelt entspricht. Zunächst geht er durch die Einsamkeit des Sprachverlusts hindurch. Doch in der subtilen geistigen Beurteilung durch das innere idealische und moralische Wesen bildet sich auch eine intensive Suche nach Leitbildern, nach idealen sprachlichen Wendungen ab. Da trägt die Literatur viel dazu bei, Maßstäbe, Leitgedanken und Ziele zu vermitteln, so daß wie im bewußten Abbild etwas von dem erlebt zu werden vermag, was unbewußt allnächtlich in höchster geistiger und moralischer Vollkommenheit in der Hingabe an höhere Wesen erfahren wird: die Beurteilung und damit Impulsierung, Hinwendung zum Besseren, zum ethisch Verantworteten. Es versteht sich, daß sich dieser Prozeß niemals gesund vollziehen kann, wenn bestimmte Texte oder Werke tendenziös ausgewählt werden. Nicht auf Fertiges oder Vollkommenes kommt es an, sondern darauf, daß Vorbildhaftes anregend, steigernd, erhöhend, wachstümlich wirkt. Überall, wo ein Lichtstrahl des Transzendenten, eines Jenseitigen im Diesseitigen aufleuchtet, erfährt der Jugendliche Hilfe in einer Zeit, die dunkel ist, zugleich aber Hoffnungskeime der Zukunft in sich trägt.

Wir sahen, wie die Sprache mit Adjektiven durchsetzt wird, wie ihre Struktur stärker den logischen Gliederungen der Nebensätze folgt. Wir haben verfolgt, wie Kraftausdrücke der Erwachsenenwelt – im Vorgriff auf das eigene Sein? – in den Sprachgebrauch aufgenommen werden. Alle Urteile bedienen sich des Mediums der Sprache. Wenn Werthaltungen zugleich Verhaltensrichtlinien umschließen, über die sich der Mensch Rechenschaft ablegen kann, so sind sie «nicht mehr ohne die Fähigkeit der Sprache möglich».[356] – Für den Fremdsprachenunterricht sah Steiner eine wichtige Aufgabe: «Man wird nach dem Kriege aufhören müssen, die fremden Sprachen zu perhorreszieren [verabscheuen].»[357] Einem in vielen Sprachen gewandten Gesprächspartner gegenüber äußert er vor Gründung der Waldorfschule, daß es darum gehe, einen neuartigen

Sprachunterricht aufzubauen, so daß dadurch eine wechselseitige Schätzung der Eigenarten der Völker entstehe. Es gehe darum, «sprachliche Valeurs» zu vermitteln. Damit ist eine Aufschließung der intimen, sich von Sprache zu Sprache abwandelnden Bilder im Wort und hinter dem Wort gemeint, die über das bloß Begriffliche hinausgeht.[358] Auf dieses Ziel hin wird seit Entstehung der Waldorfschule gearbeitet.

Das rhythmische System

Physiologische Grundlagen

Was in unserer Betrachtung, die vom Stoffwechsel-Gliedmaßen-System zum Sinnes-Nerven-System aufstieg, noch fehlt, ist die Mitte: das rhythmische System mit Atmung und Zirkulation. Ihm und seinen Verwandlungen wollen wir uns nun zuwenden. In seiner Physiologie sind das Kreislaufsystem und die Atmung ein feines Reagens seelisch-gefühlhafter Vorgänge. Angst, Schrecken, Freude, Enthusiasmus verändern nicht nur die Atmung und beschleunigen oder verlangsamen den Puls, sondern werden auch als Kräfte erlebt, die «zu Herzen gehen». Welche Wandlungen lassen sich mit der Erdenreife in diesem System erkennen?

Herz und Kreislauf

Wenden wir uns zunächst der Physiologie zu, um von dort zu den subtileren Kräften des Seelischen zu gelangen. Zunächst ist zu beobachten, daß sich das Herz, dem gewachsenen Leib entsprechend, vergrößert, um somit die Versorgung des wachsenden Muskelsystems zu sichern. Die sich kräftigende Muskulatur ist Ausdruck zunehmender Bewegung, das heißt einer Zielrichtung, die vom Seelischen ausgeht. Der Muskel «ist Organ gewordene Bewegung, und das *Herz als spezifischer Muskel* aus der Bewegung für deren Weiterführung und Erhöhung [der Blutbewegung] geschaffen. Ohne diese astralischen Organe – die freilich vom Ätherleib gebildet werden – ist die von ihnen vermittelte Funktion nicht möglich, das heißt ohne Nerven kein Bewußtsein und ohne Muskel keine vom Astralleib ausgehende Bewegung ... Die Tätigkeit des Muskels ist die Verkürzung, Kontraktion. Dadurch wirkt er auf einen anderen

Gegenstand, den er von außen bewegt, zum Beispiel den Knochen oder den Darminhalt.»[359] Die Muskelwände des Herzens verstärken sich mit der Geschlechtsreife erheblich. – Das Herz ist als ein Wahrnehmungsorgan zu sehen; denn alles Seelische hat seinen Ausdruck im Leiblichen und umgekehrt. Das heißt konkret: «In erweitertem Sinne nimmt aber das Herz nicht nur alle die Impulse wahr, die mit dem Blut aus der Peripherie ankommen, sondern auch deren Eintauchen in die irdischen Gesetzmäßigkeiten … Es ist das Verhältnis vom Geist zum Erdenleben, das Bewahren oder Verleugnen des geistigen Wesenkerns des Menschen in seinen irdischen Taten; dieses erlebt der Mensch als unbewußtes Abwägen, als *Gewissen*, das ebenso ‹schlägt› wie das Herz. Dies geschieht auf der Gefühlsebene, aus dem Unterbewußtsein kommend, doch bedarf es eines Wahrnehmungsorganes, das die Taten gegenüber dem geistigen Urbild des Menschen abwägen kann, das ist das Herz … Durch die besondere Art der Einschaltung als rhythmisches System werden die Wahrnehmungsinhalte, die Stimme des Gewissens, nicht zwingend wie die Logik des Nervensystems, sondern ‹sprechend› im Unterbewußtsein, den Freiheitsraum wahrend.»[360] – «Die Gewissensbisse, die in unser Bewußtsein hereinstrahlen, sie sind dasjenige, was von unseren Erlebnissen durch das Herz reflektiert wird.»[361] Indem sich im Herzen das Blut staut, verdichtet es sich auch; es nimmt damit die Erdenkräfte der Verdichtung und Schwere wahr und ermöglicht so das Erdenbewußtsein.[362]

Das Herz galt von je als Sitz der Gefühle. So kann es nicht wundern, daß es in der Reifezeit verstärkte Bedeutung erlangt. Für die alten Ägypter war es das Organ, das den Menschen mit Gott verbindet, der «*Ort Gottes*».

Die Pulsfrequenz sinkt in der Reifezeit auffälligerweise, der Jugendliche wird also «ruhiger», doch die Durchblutung des Herzmuskels selbst steigt nicht unerheblich an! Gleichfalls erhöht sich der systolische Blutdruck. Sehr deutlich verändert sich das Herz selbst, so daß Steiner sogar davon spricht, daß «das vererbte Ätherherz, das wir bis zur Geschlechtsreife haben, ausgestoßen [wird], und wir bekommen unser eigenes Ätherherz»[363] – ein Vorgang, der sich vergleichen läßt mit dem Ausstoßen der vererbten Zähne und ihrem Ersetzen durch selbstgebildete neue. Hier geschieht die Umwandlung so, daß die ererbten Bildekräfte durch solche ersetzt werden, in denen wie im Abbild lebt, «was er [der junge Mensch] erlebt hat zwischen dem letzten Tode und dieser Geburt».[364] Es lebt darin viel an geistigen, das heißt inneren, persönlichen Impulsen. So hängen sowohl depressive Verstimmungen als auch das Vernichtungsgefühl bei Angina pectoris mit dem Herzen und seiner Wahrnehmung zusammen. «Es ist das Schicksalsorgan des Menschen, von dem die Frage der Wandlung gestellt wird. Auch aus diesem Aspekt wird die typische Todesangst des Herzkranken verständlich. Letztlich ist es die Kraft der Liebe, die der Mensch entwickeln kann, weil er ein Herz besitzt.»[365]

Aber auch das Blut verändert sich: Sein *Eisengehalt*, in Form des Hämoglobins, steigt an. Das Hämoglobin vermittelt die Atmung innerhalb des Leibes, die innere Gewebsatmung, indem dieser aus dreiwertigem Eisen bestehende Blutfarbstoff in den Lungenalveolen den Sauerstoff aufnimmt und innerhalb des Leibes an die Zellen abgibt und seinerseits dann Kohlendioxid aufnimmt, das dann wieder zur Lunge gebracht wird. Das Eisen ist also mit dem Atmungsvorgang aufs innigste verbunden, es ist *das* Inkarnationsmetall.[366] Aber auch die Beziehung des Menschen zum Licht ist abhängig vom Hämoglobin. Sinkt sein Gehalt unter einen Mittelwert, wird der Mensch bleichsüchtig, das heißt, er entzieht sich «seiner Erdenaufgabe» durch die damit verbundene Schwäche des Leibes. Der Hämoglobingehalt steigt mit der Geschlechtsreife deutlich an, und zwar geschlechtsspezifisch: Beim Mann beträgt er auf 100 ml Blut 16 Gramm, bei der Frau 14.[367]

Verständlich werden diese Unterschiede erst aus dem Wesen des Eisens und dessen höherer Funktion. Die Serumeisen-Differenz beträgt 10 bis 30 % zwischen den Geschlechtern. Das Eisen ist physiologisch der Gegenspieler der Eiweiß-Prozesse. Im Hinblick auf das Eisen stellt die Pubertät eine Krisenzeit dar, weil die Umstellung des Organismus auf den höheren Hämoglobingehalt nicht ohne weiteres gelingt, sondern oft Erkrankungen nach sich zieht. Während das Eiweiß stärker die Beziehung zu den Lebensprozessen unterhält, ist für das Eisen, das Hämoglobin, die Beziehung zum Licht, zum Strahlenden betont. Das Hämoglobin mit seinen Porphyrin-Ringen zeigt eine ausgesprochene Licht-Beziehung, die sich in krankhaften Zuständen in der Form gesteigerter Lichtempfindlichkeit äußern kann. «Erst durch das Eisen wird die richtige Aufnahme, also die Lichtverwertung, ermöglicht. Auch Eisen selbst zeigt eine starke Lichtbeziehung: Nahezu als einziges Metall (von den seltenen Erden abgesehen) bildet es beim Versprühen Funken, das heißt, beim Verbrennen tritt das in der Substanz eingeschlossene Licht frei zutage. Diese Fähigkeit, Licht in sich speichern zu können, ist die Voraussetzung für die Rolle, die Eisen im Hämoglobin spielt ... Das Licht ist aber das Element, das die ‹Substanz› des Gedankens

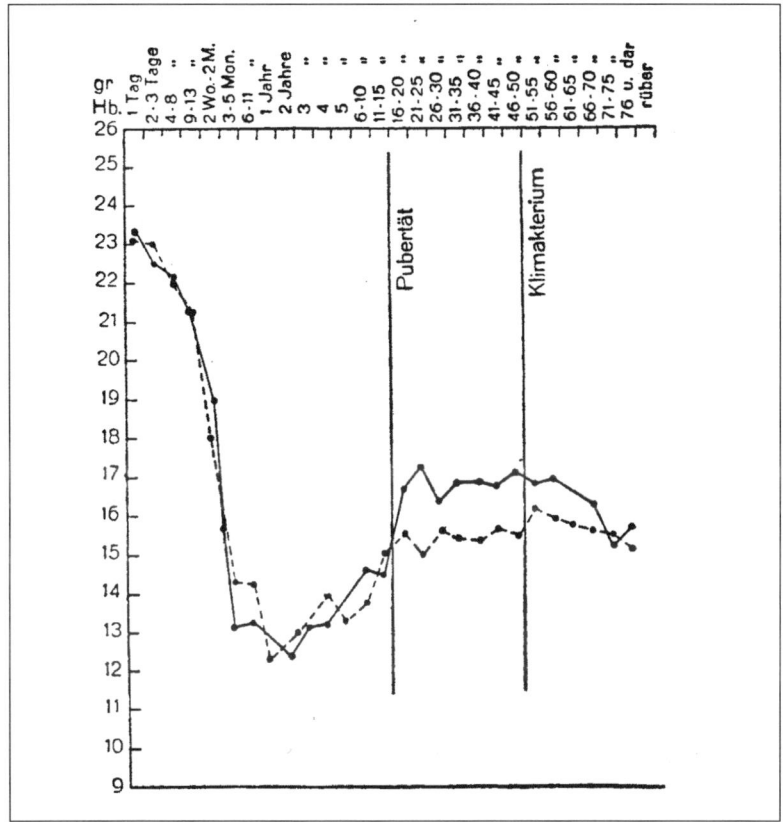

Abb. 24: Der mittlere Hämoglobingehalt des Blutes bei gesunden Männern und Frauen in Abhängigkeit vom Lebensalter (nach Williamson). Untersucht an 464 Männern und 455 Frauen (aus L. Heilmeyer: Die Eisentherapie und ihre Grundlagen).

bildet. Licht freizusetzen, in dem das Ich frei tätig sein kann, vermag nur eine Substanz, die selbst durchlichtet ist. Darum ist für den Menschen nur Eisen in der Lage, diese Funktion zu erfüllen.»[368]

Wenn nun mit der Pubertät der Eisengehalt zunimmt, und zwar geschlechtsverschieden sowohl im Blut als auch beim Serum- oder Lebereisen, dann wirken die seelischen Impulse auch stärker in das Herz-Kreislauf-System hinein.

Lunge und Atmung

Schauen wir auf den anderen Bereich des rhythmischen Systems, die Atmung mit ihrer Grundlage in der Lunge, so sehen wir, wie diese schon aufgrund der Massenzunahme des ganzen Leibes ebenfalls an Umfang zunimmt, vor allem aber an Vitalkapazität. Auch hier formt sich eine geschlechtsspezifische Atem-Gestalt aus: beim Jüngling die deutlich betonte Zwerchfell- und Flanken-Atmung, während das Mädchen weiterhin den Typus der Brustatmung (kostaler Typ) beibehält. Dieser Typus ragt weniger tief in die Leiblichkeit hinein als der des Mannes. – Über die Atmung hat der Mensch an der ihn umgebenden Atmosphäre, und damit an der ganzen Erdensphäre, Anteil. Er holt beim Einatmen einen Teil der Welt in sich herein, verinnerlicht ihn und bringt ihn in Verbindung mit dem Blut, wobei im Austausch das in der inneren Atmung anfallende kohlensäurehaltige Gemisch der Lunge mitgeteilt und danach der Umwelt übergeben wird. Im ausgeatmeten Kohlenstoff wird, vermittelt durch die Kohlenhydrate der Nahrung, das überschüssige gerüstbildende Element des physischen Leibes an die Welt abgegeben – es findet sich nicht nur in den Knochen, sondern auch in den Zellmembranen und dem Kollagen –, wodurch er seine Beweglichkeit erhält. Bei fortdauernder Einlagerung müßte der Leib wie der der Pflanze ortsfest werden. So besteht über die Atmung auch eine direkte Beziehung zur umgebenden Pflanzenwelt, die ihrerseits das ausgeatmete Kohlendioxid im Holz, der Zellulose, bindet.

Der erste Atemzug gilt mit Recht als der Beginn des beseelten Lebens. Mit ihm setzt die oxidative Atmung ein, aber Oxidation bedeutet Abbau. So sinkt nach der Geburt das Körpergewicht zunächst, der Herzmuskel nimmt von 7 auf 4 g ab. Durch die Verbrennung wird abgebaut, zugleich aber auch Raum geschaffen für den Aufbau körpereigener Substanz. Ein Inneres und Äußeres stehen über Atem- und Blutstrom in steter Wechselwirkung und in einem rhythmisch ausgeglichenen Verhältnis. «Die Lunge als Organ beherrscht also im großen Umfang das Geschehen der Stoffauflösung und -verdichtung, das heißt die Beziehung des Menschen als eines geistig-seelischen Wesens zu seiner physischen Leiblichkeit. Über die Atmung spielt sich der Inkarnationsvorgang des Menschen ab. Auf diesem Wege ziehen die höheren Wesensglieder in den Körper ein ... Die oxidative Atmung ermöglicht erst ein höheres Leben, das eben an die höheren Wesensglieder, Ich und Astralleib, gebunden ist, die auf diese Weise im Organismus zur Wirksamkeit kommen.»[369] Ein Inneres, Lebendiges und Sub-

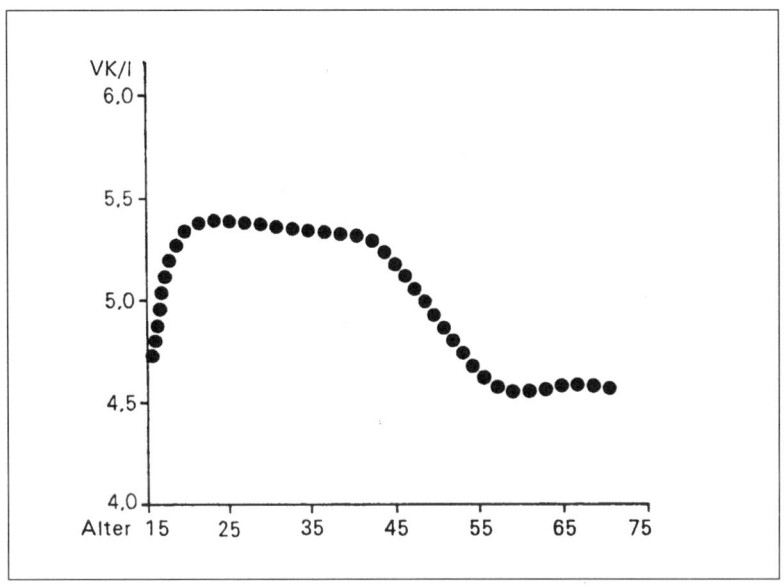

Abb. 25: Altersabhängigkeit der Vitalkapazität
(nach R. Amrein et al.: Neue Normalwerte für die Lungenfunktionsprüfung
mit Ganzkörperplethysmographie. In Dt. med. Wschr. 94, 1785. 1969).

jektives trifft auf ein Äußeres, Objektives und Unlebendiges. Indem in der
Reifezeit sich der gesamte Atemstrom intensiviert, zieht einerseits die
Kraft des Erlebens tiefer in den Leib (Astralleib), andererseits steigert sich
damit auch die Begegnung des Äußeren mit dem Inneren während der
Jugendzeit auf ein Maximum, um dann allmählich wieder abzunehmen.

Zu keiner Zeit steht der Mensch in einer engeren und tieferen Beziehung des inneren Subjektiven mit dem äußeren Objektiven wie in der
Pubertät, wobei sich die im ureigensten Sinne seelische Beziehung des
Innen zum Außen auch in der Umformung der Atem-Gestalt ausdrückt.
Während das Kind in der Umwelt, der Greis in der Innenwelt lebt, stellt
die Geschlechtsreife den Übergang zur Sozialreife dar – auch physiologisch. Im Alter muß die Verminderung des Atemvolumens durch rasche-
res Atmen ausgeglichen werden. Die atmende Lungenfläche nimmt ab,
das wird durch verstärkte Dynamik ausgeglichen.

Das Verhältnis eines Inneren zu einem Äußeren, des Subjektiven zum
Objektiven, des Eigenraumes zum Umraum bestimmt nicht nur den

Atemprozeß, sondern auch das Verhältnis des Herzens zur Körperperipherie. Dabei ist auffällig, daß Organe, in denen die Vermittlung geschieht, sich durch größtmögliche Oberflächenbildung auszeichnen. Während die Hautoberfläche des Erwachsenen – je nach Größe – zwischen 1,6 bis 2 m² beträgt, vergrößert die Lunge ihre Begegnung mit der Luft dadurch, daß sie ihr Epithel in kleinste Alveolen einstülpt und so zu einer atmenden Oberfläche von über 150 m² gelangt. Was so für die Luftströmungen im Menschen gilt, hat auch (mit den entsprechenden Veränderungen) Bedeutung für das strömende Blut, das eher Gewebe ist als Oberfläche. Die Blutkörperchen sind zwar winzig klein, erreichen aber durch ihre gewaltige Zahl eine beträchtliche Oberflächenausdehnung. Die roten Blutkörperchen bilden rund 3.000 bis 3.500 m² «Fläche», das heißt, sie ermöglichen ständige Begegnung und Austausch der zahlreichen Prozesse, die in den Geweben des Gesamtkörpers stattfinden.[370] Begegnung und Austausch zwischen Prozessen im Zentrum und solchen in der Peripherie kennzeichnen das rhythmische System. Dabei unterscheidet sich das Blutsystem vom Lungensystem durch unterschiedliche Rhythmik und Intensität.

Herz und Lunge sind die Organe der physiologischen und zirkulatorischen Vermittlung, aber auch die zwischen Körperprozessen und seelischen Vorgängen: Sie sind Grundlage der Empfindungen und des Gefühlslebens. So haben Freude und Schmerz ihr Zentrum im Herzen, und der Wechsel der Stimmungen zwischen Hochgefühl und Depression schlägt sich nieder in der Beschleunigung und Verlangsamung seines Schlagens.

Es ist vor allem der Sauerstoff, der durch die im Körper stattfindenden Oxidationsprozesse zwischen dem in Kohlehydrat- und Eiweißbildung verlaufenden Aufbauprozeß den notwendigen Abbau schafft und uns dadurch erst eine Teilhabe am Leib ermöglicht. «Bewußtsein kann immer nur dadurch entstehen, daß ein Subjekt sich eines Objektes bewußt wird. Ein Selbstbewußtsein muß also sein Objekt in sich haben. Indem im menschlichen Organismus sich das arterielle und venöse Blutsystem gegenüberstehen, bietet er die Möglichkeit zur Entstehung eines Selbstbewußtseins. Dazu kommt aber, daß die Zufuhr des Sauerstoffes nur durch *eine* Tätigkeit des Organismus, die Atembewegung, möglich ist ... Man muß sich, wenn man den menschlichen Organismus verstehen will, ganz klar machen, daß eine *physiologische* Notwendigkeit zur Ausbildung der Lunge nicht besteht; es wäre durchaus denkbar, daß auch der höhere Organismus eine mit dem Stoffwechselsystem verbundene Sauerstoffversorgung hätte oder daß die Haut in stärkerem Maße, als sie es tut, dieser Funktion dienen würde, wie dies bei Fröschen der Fall ist. Alle derartigen Atmungsorgane könnten den Bedarf an Sauerstoff decken, aber ein menschliches *Bewußtsein* könnte sich an ihnen nicht entfalten. Erst durch die Differenzierung von Nahrungs- und Luftaufnahme, dann durch die Ausbildung der *rhythmischen*, vom Menschen modifizierbaren Atemfunktion wird die menschliche Organisation zum Träger des Selbstbewußtseins herangebildet. *Die Entwicklung der Lunge hat, mit anderen Worten, ihren Sinn nicht in der biologischen, sondern in der psychischen Funktion.*

Das Bewußtsein beruht aber außerdem auf der Funktion der Sinnesorgane und des Nervensystems ... Ihre Bedeutung als Bewußtseinsorgane ist aber völlig verschieden von der Lungenatmung: Gehirn und Sinne vermitteln dem Ich Bilder von der *Außenwelt;* die Atmung läßt das Ich im Organismus sich *selbst* erleben. Beide Prozesse gehören aber zusammen; sie bilden gemeinsam den Gegenprozeß gegen die bloß vitalen Prozesse des unteren Organismus.»[371]

Entsprechend der Reifung in Kreislauf- und Lungensystem nimmt die Zahl der *Erkrankungen von Herz und Lunge* deutlich zu. Lungenentzündungen und in früheren Zeiten auch Tuberkulose gehörten zu den häufigsten Todesursachen. In der Pubertätszeit schnellt die Sterblichkeitsquote allgemein in die Höhe. Während sie bei Säuglingen am höchsten ist und dann zum dritten Jahr absinkt, steigt sie in der Altersgruppe von 14 bis 19 wieder an – zwischen 10 und 14 auf 113 je 100.000 männliche Einwohner, während bei Mädchen der Wert bei 7,3 liegt.[372] «Die Gefährdung ist in der Adoleszenz also doppelt so groß wie in der Vorpubertät und bei Jungen doppelt so groß wie bei Mädchen. Häufigste Todesursache sind Unfälle, die in der Adoleszenz auffallend zunehmen. Weitere häufige Todesursachen in dieser Altersgruppe sind Tuberkulose, Herzkrankheiten, Lungenentzündungen, aber diese Krankheiten sind nur für etwas mehr als halb so viel Todesfälle verantwortlich wie Unfälle ... Dieses Ansteigen der Unfallhäufigkeit läßt sich zurückführen auf die größere Bewegungsfreiheit außerhalb des Elternhauses, auf gewaltsamere körperliche Betätigung, mangelnde Urteilsfähigkeit, Verantwortungslosigkeit und Leichtsinn, der auf aggressiven Trotz gegenüber den Regeln und Vorschriften der Erwachsenen beruht. Die häufigsten Ursachen des Unfalltodes sind Autounfälle, Ertrinken, Stürze, Verletzungen durch Feuerwaffen.»[373] Die Todesnähe hängt mit den Kräften des Astralleibes zusammen: Als Bewußtseinsträger baut er leiblich ab, weitet aber zugleich das Bewußtsein, macht empfindlich. Dieser Vorgang macht noch von einer anderen Seite verständlich, wie das nunmehr völlig veränderte Erleben, das Herausgeworfensein aus einer «Überwelt», die eigene verstärkte Subjektwahrnehmung neben dem Empfinden, Todeskräfte in sich zu haben, zu tiefsten Erschütterungen bis hin zum Selbstmord führen kann. Wenn schon in der frühkindlichen Entwicklung Verkrampfungen zu überwinden waren oder dem Kind ungerechtfertigt Bestrafungen zugefügt wurden, dann kann in der pubertären Seelenstimmung das Vergangenheitserlebnis bei neuerlicher Veranlassung überwältigend wirken. Nehmen wir als Beispiel, ein Kind sei im siebten Jahr falsch beschuldigt worden. «Kinder haben ein ganz besonders reges Empfinden dafür, wenn ihnen in dieser Weise eine Ungerechtigkeit zugefügt wird. Aber, wie das Leben nun ist, nachdem sich dieses Erlebnis tief eingefressen hat in das kindliche Leben, legt das spätere Leben die anderen Schichten des Seelendaseins darüber, und das Kind hat für alles, was das Alltagsleben betrifft, die Sache vergessen. Es könnte nun auch sein, daß eine solche Sache niemals wieder auftauchen würde. Aber nehmen wir jetzt an: Im 15., 16. Jahr erfährt das Kind, sagen wir in der Schule, eine neue Ungerechtigkeit … Und aus dem, was sonst vielleicht ein Weinen, ein Klagen oder ein Schimpfen geworden wäre, wird nun ein Schülerselbstmord. So spielen die verborgenen Tiefen des Seelenlebens herauf aus den Untergründen.»[374]

Geburt des Astralleibes – seine Bedeutung für das Gefühlsleben

Die rhythmische Organisation als Grundlage des Fühlens

Die Mitte des Organismus ist der Sitz des Gefühlslebens. Keine Regung von Sympathie oder Antipathie, von Zuneigung oder Abneigung, von Verehrung oder Abscheu, die sich nicht unmittelbar in Atem und Kreislauf niederschlüge – in veränderten Rhythmen, in Intensität, Tiefe oder Flachheit des Atems. «Die Forschung hat nämlich gelehrt, daß alle seelischen Regungen von Veränderungen der Blutzirkulation und der Atmung begleitet sind.»[375] Und wenn nun mit dem zweiten Gestaltwandel die Lungen- und Herzkapazität kräftig zunehmen, heißt dies nichts anderes, als daß einerseits sich das Individuell- Seelische tiefer der eigenen Leiblichkeit verbindet, andererseits aber auch, daß es zum verstärkten Selbsterleben kommt, das heißt, in den intensiv ablaufenden Gefühlen zunächst auch sich selbst – in seiner Eigenständigkeit, Selbstbezogenheit, ja Verlassenheit und Einsamkeit – erfährt: «Niemand versteht mich.»

Wenn Steiner die Geburt des Empfindungsleibes gleichsetzt mit dem Erleben des *«Subjektiven»*,[376] dann ist dieser Aspekt der Reflexion auf sich selbst erfaßt. Betrachten wir zunächst die beiden Grundgefühle von Hingabe und Distanz, Sympathie und Antipathie, die in allem leben, im Urteilen, in den freien Gefühlen, dann zeigt sich, daß in ihnen zugleich etwas vom innersten Kern der menschlichen Wesenheit vorhanden ist. Es ist das Erfühlen der Einheit und der Isoliertheit, der Identität und der Entzweiung, die durch ein Übergeordnetes, das eigene Wesen, das Ich, verbunden sind. Die Gewahrung dieses Verbindenden setzt schon früh ein, wie wir wissen, im Verlauf des dritten Lebensjahres. Weitere Einschnitte im Hinblick auf das Selbstbewußtsein finden dann im 9. und 12. Lebensjahr und in der Reifezeit statt.[377] Im Erleben seiner selbst, sei es in Ehre oder Scham, wird das in den Gefühlen sich offenbarende Selbstbewußte sichtbar.

Eine Verstärkung dieses Selbst-Erlebens im Verlauf des 12. Jahres, also mit dem Beginn der Vorpubertät, spricht eindringlich aus folgendem Zeugnis, das repräsentativ für die gesamte Zeit der Reife stehen könnte: «Ich will erzählen, wie das Ich-Erlebnis bei mir persönlich begann. Es war im Hochsommer, ich war etwa 12 Jahre alt, ich erwachte sehr früh. Eine kleine Kammer, die mit nur einem Fenster auf den Garten hinaussah. Ein Bett stand in der hintersten Ecke des Zimmers mit dem Kopfende nach dem Fenster zu. Ich richtete mich auf, drehte mich um und sah kniend hinaus in das Laub der Bäume. In diesem Moment hatte ich das Ich-Erlebnis. Es war, als löste sich alles von mir ab, und ich wurde plötzlich isoliert. Ein merkwürdig schwebendes Gefühl. Und zugleich die verwunderte Frage an mich selbst: Bist du der Rudi Delius? Bist du derselbe, den seine Freunde so nennen, der in der Schule einen bestimmten Namen trägt und bestimmte Zensuren bekommt. Bist du derselbe? Ein zweites Ich in mir stellte sich diesem anderen Ich, das hier ganz objektiv als Name wirkte, gegenüber. Es war wie ein fast physisches Losreißen von meiner Umgebung, mit der ich bisher in unbewußter Einheit gelebt hatte. Ich empfand mich plötzlich als einzelnen, als herausgehoben. Und empfand diese Losreißung als etwas Seltsames, Merkwürdiges. Ich ahnte dunkel, daß da etwas für immer Bedeutsames in mir vorgegangen sei. Daher blieb mir auch dieser Augenblick, das Zimmer, die kniende Stellung im Bett, das Herumdrehen scharf im Gedächtnis. Es war mir, als hätte irgendein geistiger Blitz plötzlich in mich eingeschlagen ... Auf einmal hatte die alte Natur mit ihren Blutsbeziehungen: der Begriff Vater, Bruder gar keinen Sinn mehr ... Das Ich war frei, losgelöst, schwebend in sich ruhend. Und darum unverantwortlich, einzigartig, wertvoll, für die Welt unerreichbar und unzerstörbar. Das Ich-Erlebnis ist wie eine zweite Geburt. Die geistige Nabelschnur reißt. Wir werden nicht mehr dumpf dämmernd vom Blut des Mutterorganismus, der Umwelt genährt. Das Blut muß nun allein in sich selber kreisen, das selbständig klopfende Herz entsteht.»[378] Der rückschauende Dichter beschreibt sogar den eigenständigen Herzschlag sowie die Abnabelung von der Welt: das Herausgeworfensein aus der bisher bergenden Welt.

Unterschiede zwischen den Geschlechtern

Das sich selbst erlebende Ich, oder allgemeiner gefaßt: das Subjektive, ist es nun, das sich auf den Wogen des Gefühls, das heißt aber in den sich verselbständigenden Kräften des astralischen Leibes allmählich zu beheimaten versucht. Es ist das Ich, das die Eigenständigkeit, die Loslösung von der Umwelt, ja von der Vererbung, herbeiführt, das Eigenerleben letztgültig versichert und damit zugleich das Wissen der eigenen Identität vermittelt. Ich kenne fortan «meine Vergangenheit», ich weiß, daß die verschiedenen Etappen meines Lebens zu mir gehören, weiß zugleich aber auch, daß ich darin nicht aufgehe, sondern auf frühere Erlebnisse so hinschauen kann, als ob sie mir innerlich fremd wären. – Dabei ergeben sich nun charakteristische Unterschiede zwischen den Geschlechtern (vgl. S. 350). Diejenige Kraft, die später Identität und Selbständigkeit ebenso wie Kontinuität in den Handlungen sichert, ist bei den Mädchen schon in den Gefühlsregungen voll anwesend und verleiht ihnen ein gewisses Flair des Selbständigen, Frühreifen. Dieses Aufgehen des Ichlichen in allen Seelenregungen, die im Extrem bis zur Eitelkeit und Koketterie führen können, bewirkt auch jene oft beobachtbaren Gefühle zum Schwärmerischen hin. Charlotte Bühler war die erste, welche bei der Auswertung von 76 Tagebüchern Jugendlicher[379] die sehr charakteristischen Unterschiede zwischen Knaben und

Mädchen feststellte. Nicht nur beginnen Mädchen früher mit ihren Aufzeichnungen, sondern sie halten dieses Unternehmen auch länger durch. Auch die Anlässe für die Tagebuchaufzeichnungen bei beiden Geschlechtern sind völlig verschieden. Mädchentagebücher werden begonnen «mitten aus einer Liebe heraus, aus einer eben hochbrennenden Flamme, das heißt, die Gefühle, die stürmischen Affekte müssen sich entladen. Hier fesselt die Gegenwart und das sich in ihr entwickelnde Gefühl zum Gedankenleben.»[380]

Ganz anders die Tagebücher der Knaben. Sie sind geprägt vor allem von der «rückwärtigen Beschäftigung mit der eigenen Kindheit». «Rückschauende Erinnerung ist es in vielen Fällen, die den Anfang des Tagebuchs bildet, und das Interesse, erinnerte Tatsachen aus dem eigenen Leben festzuhalten, ist sogar häufig der erste Anlaß zum Tagebuchschreiben.»[381] Hierin bekundet sich das neuartige Interesse, welches das «Ich» an seiner Geschichte gewinnt. «Von heute an will ich alles sammeln, was mir begegnet und was ich erlebe», das ist eine besonders bei Knaben typische Einstellung, mit der Tagebücher begonnen werden.[382] Vom zunächst noch kindlichen Sammeln der Tatsachen wendet sich das Interesse allmählich den eigenen Innenerlebnissen zu, «und zwar bei Knaben erst allmählich von äußeren auf innere Tatsachen des Ich-Erlebens».[383] So überstrahlt hier das Erleben, ein Ich zu sein, eine eigene Identität zu haben, die sich im Zeitverlauf entwickelt und in der Biographie darlebt, das reichere und gegenwartsbezogenere Erleben der Mädchen. Aber auch «das Mädchen bekommt in der Pubertät dem eigenen Ich gegenüber die historische Einstellung, die für dieses Alter so charakteristisch ist, sobald einmal das Innenleben erwacht ist. Man will die eigene Entwicklung beobachten, leiten, festhalten. Daher die günstige Ansatzstelle für die Selbsterziehung.»[384]

Für diese charakteristischen Unterschiede zwischen Knaben und Mädchen wählen wir Beispiele. Ein vierzehnjähriger Knabe notiert: «Verschwunden ist die Kindeszeit, / der ersten Jugend Traum./ Er liegt in der Vergangenheit / und floh, ich merkt es kaum./ Doch eines blieb mir doch zurück / aus jener Zeit so schön,/ ich kann wie auf ein stilles Glück / zurück auf jene sehen./ Ich tu es oft und tu es gern,/ denn 's war die schönste Zeit,/ und weckt in mir, ist sie auch fern,/ noch immer Seligkeit.»[385] Ein anderer Gleichaltriger schreibt: «Dort unten rast und tobt die Welt;/ leis schwindet Jahr um Jahr,/ ich aber träume von der Zeit,/ da ich ein Kind noch war.»[386] Es ist, als ob ein Alter nostalgisch auf die eigene

Vergangenheit – diese verklärend – zurückschaue. Darin sucht er die eigene «Geschichte», die eigene Kontinuität und Identität. – Ganz anders zwei etwas ältere Mädchen, Beruhigung im Sturm des Werdens suchend: «Ich knie vor Dir hin / und lege / mir deine beiden Hände an die Stirn / und ruhe. / Und alles Wilde, Werdende/ streichst du mit deinen beiden Händen von der Stirn / und läßt mich ruhn.»[387] Bei der zweiten heißt es: «Ich kann gar nicht sagen / wie ich dir danke. / Ich kann nur stammelnd / danken und danken./ Ich beuge mich dir / in jubelnder Ehrfurcht,/ denn Ehrfurcht ist Freude / und Kraft meines Lebens,/ und Ehrfurcht ist / meine heißeste Sehnsucht.»[388] Dabei erlebt sich der Jugendliche wie ein gänzlich neuer Mensch. «Mit der Geschlechtsreife tritt etwas ganz Neues ein, und im Grunde genommen ist der Mensch nach der Geschlechtsreife ein anderes Wesen als vorher.»[389] Dieser «Wandlungsvorgang erhält bei Mädchen einen charakteristischen Ausdruck durch Selbstumbenennungen: Aus einer Helene wird jetzt eine Hella, aus einer Anna eine Anita, aus einer Liese mindestens eine Lisa. Täglich wird eine neue Haartracht versucht. Man steht in diesen Jahren, bildlich gesprochen, ständig vor einem Spiegel: man greift hastig nach allem, was sich zum Seelenspiegel eignet. Alle diese Erscheinungen können auftreten ohne die mindeste Beschäftigung mit dem Sexuellen.»[390]

Hat man bei den Knaben eher eine Form der rückblickenden Wehmut, die um die eigene Vergangenheit, das eigene Werden kreist, so bei den Mädchen oft gefühlsstarke Tiefe im augenblicklichen Erleben: Gefühle der Beruhigung, der Ehrfurcht, der Hingabe. Das hängt damit zusammen, daß «der astralische Leib durch das ganze Leben hindurch beim weiblichen Geschlecht eine größere Bedeutung [hat] als beim männlichen … Der astralische Leib der weiblichen Natur ist in sich differenzierter, wesentlich reicher gegliedert.»[391] Empfindungsfähigkeit und Gefühlstiefe sind in aller Regel leichter ansprechbar und verfügen zumeist über ein breiteres Spektrum. Um diese Qualität anzusprechen, empfiehlt Steiner, die «moralischen, ethischen Empfindungen beim Mädchen so zu gestalten, daß sie in einem gewissen Sinn auf das Ästhetische hinzielen … Das Mädchen soll Gefallen haben an der übersinnlichen Durchsetzheit der Welt, und es soll besonders reichlich versehen werden in seiner Phantasie mit Bildern, welche das Durchgöttlichtsein der Welt ausdrücken … Beim Knaben ist es notwendig, daß wir in ihm Vorstellungen erwecken, welche mehr nach der Kraft hintendieren, die im religiösen Leben und im Ethischen wirkt.»[392]

Reifwerden für die Liebe

Erst dort, wo im Seelischen die Umwandlung, die Trennung vom Früheren und doch die Erfahrung der Kontinuität und die des Neuen, auftritt, wo Verlassenheit und Sehnsucht Platz greifen, kann eine seelische Qualität geboren werden: die Hingabe, die Überwindung der Distanz – wahrhafte Liebe, Liebe, von der die Sehnsucht nach dem anderen eine Spielart ist. «Ich sehnte mich nach etwas ... Es war auch nicht direkt eine Sehnsucht nach Mädchen. Ich suchte ein verwandtes Wesen, vielmehr suchte nicht, sehnte mich nach ihr ... Weinen möchte ich über meine Einsamkeit, bitter weinen.»[394] «Das *Reifwerden zur Liebe* ... überhaupt die Entwickelung der Liebekraft, der Kraft zur Neigung für den Nebenmenschen» tritt jetzt in die menschliche Entwicklung ein.[395] Indem der reifende Mensch die Grenze zwischen Subjekt und Welt erfährt, erlebt er sich wie durch einen Abgrund von der Welt geschieden – das aber ist Voraussetzung dafür, daß wirkliche Liebe auftreten kann. Wirkliche Liebe erfordert, «daß der Mensch um sich herum das Leere kennenlernen kann. Denn würde er alles um sich herum erfüllen, er würde ja niemals mit seinem Wesen hinüberfließen können in das andere. Das ist aber dasjenige, was sich im Wesen der Liebe entwickelt.»[396] Aus Trennung und Einsamkeit erwächst also jene Kraft, welche die Distanz auch wieder überwindet und als Liebe den Menschen mit dem Menschen und den Erscheinungen der Welt neu verbindet. Zugleich tritt fortan noch eine andere Erfahrung auf. Wenn ich tätig bin, etwas erlebe, dann kann ich voll in der Tätigkeit und dem Erleben aufgehen. Zugleich gibt es aber nun eine Instanz, die mir wie über die Schulter zuschaut. Es ist dies das Ich, jenes Wesen, jene Kraft, jene Entität, die den Menschen ein immer offenes, über sich hinausstrebendes, transzendierendes Wesen sein läßt. Es ist jene Kraft, die einerseits weitertreibt, andererseits uns zurückhält, wenn wir unüberlegt handeln wollen, weitertreibt im Sinne neuer Initiativen, neuer Anfänge, zurückhält vor hemmungslosem, unkritischem Aufgehen in einer Sache oder einem Tun.

Dieses neue Ichgefühl breitet sich schon in der Vorpubertät aus, also noch ehe die Erdenreife eintritt. Es ist das «Bewußtsein, daß sich eine tiefe Kluft zwischen dem Ich und allem Nicht-Ich aufgetan hat, daß man mit sich im tiefsten allein ist. Damit ist jener geistige Sündenfall vollzogen, durch den sich Subjekt und Objekt getrennt haben. Die Subjektivität wird nun zu einer Welt für sich ... das Sich-selbst-Erleben beginnt. Die natürliche Folge ist die Selbstreflexion in allen möglichen Formen ... Warum bin ich, worin liegt mein Wert?»[397] Das Ich ist es auch, das sich der Erkenntnis, des Wollens, der Gefühle bedient, um uns als Eigenwesen von anderen zu unterscheiden. Mitten hindurch hat der Jugendliche seinen Weg zu nehmen – jeder einzeln. Im *Parzival* – der Name bedeutet: recht inmitten durch –, dem großen Epos Wolframs von Eschenbach, wird eine solche Suche nach dem Höchsten beschrieben, mit allen Kämpfen, allen Fährnissen. Dort ist es die Lanze, die die Wunde schlug und zur Wirrnis führte, aber es ist auch die Lanze, die allein die Wunde heilen kann. Eine vielgestaltige Bildsprache schildert die Wege des Jugendalters. – Das Epos des Parzival taucht im Deutschunterricht der 11. Klasse auf, wenn die ersten Kämpfe absolviert sind, eine Festigung im Innern auftritt und die Suche nach der großen Lebensorientierung, nach den eigenen Aufgaben erfolgt.

Die in der Reifezeit auftretenden Empfindungen sind nur teilweise leib-induziert, viel häufiger beziehen sie sich auf das eigene Erleben, kreisen um das eigene Subjekt, dessen Herkunft und Wert. Insofern sie leib-haft, leib-gebunden sind, haben sie mit den Leibveränderungen zu tun, von denen wir sprachen; insofern sie sich als Qualität des Empfindens davon lösen, erweisen sie sich als Bereicherung der Innerlichkeit. Dort erscheinen die Empfindungen als Gefühle wie im Schwebezustand, sie sind als Kräfte des Begehrens, der Einsamkeit, der Hingabe von ihrem leiblichen Ursprung gelöst. Als *verinnerlichte Gefühle* vermögen sie fern des ursprünglich leiblichen Anlasses in ganz neuen Situationen aufzuleben und so zu gänzlich neuen Erlebnissen zu führen. Die diffuse Hinneigung zum anderen Geschlecht ist am Beginn der Pubertät noch ambivalent; die Neigung gilt zunächst noch Altersgenossen des gleichen Geschlechtes – in der Kameradschaft wird Sicherheit vermittelt. Dann kann sich das Sehnen auf das andere Geschlecht, etwa auf ein bestimmtes Mädchen richten, das aber häufig aus Scheu nur von Ferne betrachtet und gar nicht angesprochen wird. Die Gefühlsspannweite reicht von der Madonna zur Hure. Mit zunehmenden Alter erwächst aus der Hinneigung zum anderen die Hingabe an die Natur, an religiöse Inhalte, an hehre Ziele, sie kann sich letztlich zur Liebe steigern oder vertiefen, so daß sie nicht mehr einem biologischen oder Gattungszweck folgt, sondern als Gefühl einen selbständigen Weg geht: zur All-Liebe oder Menschenliebe schlechthin. Alle diese Gefühlsformen kommen in der Jugendzeit – gleichzeitig oder getrennt – vor. Der

504

Erzieher sollte sie kennen und in sich selbst immer wieder die Erinnerung an sein eigenes Jugendlichsein wachrufen.

Im beschriebenen Vorgang dringt in die körperfrei gewordene Empfindung ein tieferer Klang herein, wie gespeist aus der Tiefe des Moralischen, des Idealen. Ist dies der Fall, so haftet den Gefühlen nichts mehr von ihrer Entstehung an, sie sind «frei» geworden, damit aber auch offen für die «Einfälle» des Weiten, Kosmischen, des Moralisch-Geistigen. Es ist die *Geburt* einer diesem einen Menschen zugehörenden *Innerlichkeits- oder Gefühlsgestalt*, welcher der Pubertierende ganz von innen beiwohnt. Die Geburt und das Werden dieser Gestalt, die gerade das subjektiv recht Verschiedene der einzelnen Menschen zum Vorschein bringt, wird im Verhalten nach außen daran sichtbar, «daß der Mensch in diesem Lebensalter gewissermaßen das verleugnet, was er bisher entwickelt hat».[398] Diese Gefühlsgestalt ist innerlicher, geistig-übersinnlicher Art, keineswegs leibabhängig, aber als ein in sich gegliederter, beweglicher Erlebenszusammenhang an das Subjekt gebunden und ihm zugehörig, in diesem Sinne dessen «seelischer Leib», der zugleich der «Tiefe», dem Moralischen und seinen Werten, den höheren Gesetzen des Idealischen gegenüber offen ist und dadurch seine Ordnung empfängt.

Gefahren

Das Gefüge des *Seelenleibes* rückt in den Mittelpunkt des Subjektiven und umgreift selbstverständlich die Empfindungs- und Gefühlswelt des Subjektes. Seine Grundkraft ist die Begehrung, das Streben nach Verbindung, nach Vereinigung. Die höchste Form dieses Strebens bildet die Liebe. Doch kein Gefühl ist ohne den anderen Pol denkbar, die Liebe nicht ohne Verneinung, Trennung, Antipathie, Rückwendung auf sich selbst. Und dies bildet nun eine besondere Gefahr: Wo das Erleben nur in sich kreist und, anders als im Gefühl der Liebe, keinen Weltbezug eingeht, entsteht Selbstgenuß oder brütende Verdrossenheit. Wird nun aus solchem Mißmut heraus eine Anregung gesucht, um das eigene Erleben erneut zu stimulieren, dann kann dies entweder über Suchtmittel,[399] also über den Leib geschehen oder über die Reizung einzelner Sinne, vor allem über das Gehör. Für beide Irrwege bietet unsere Zeit genügend Beispiele: Der Genußmittelkonsum in Form von Nikotin und Alkohol hebt in diesem Alter an; die psychedelischen Drogen treten als Versucher heran. Sie vermitteln ungeahnte innere Erlebnisse, heben jede Schwere hinweg, höhlen jedoch in Wirklichkeit das leibliche wie seelische Wesen aus. Um dieser Gefährdung und Versuchung gewachsen zu sein, ist es notwendig, «daß in diesem Lebensalter übergegangen wird zu einer äußeren Erfassung des Lebens ... Wir müssen auch im Unterricht das einführen, was dazu führt, daß das Subjektive den Anschluß an das Objektive findet.»[400] Dies kann von drei Seiten aus geschehen:

- vom Erkennen aus, indem auf die Zweck- oder Zielidee der Gegenwartsaufgaben oder in der eigenen Entwicklung aufmerksam gemacht wird,
- durch das Empfinden, indem über die Begegnung mit dem Schönen, sei es in der Architektur, der Plastik, der Malerei oder der Musik und Poesie, ein Vollkommenes vermittelt wird,
- schließlich durch Handlung, durch Tun: durch das Ergreifen des Praktischen, «was die innere Regsamkeit der Hand in Anspruch nimmt», wobei der Kommunikation, dem Sozialen in richtiger Weise Rechnung zu tragen ist.[401]

Damit ist in knappsten Umrissen das Lehrplankonzept gekennzeichnet, dem die Waldorfschule im frühen Jugendalter zu folgen versucht. Es reicht von der Gesundheitslehre bis zur Technologie, vom Spinnen und Weben bis zur Technik der Antriebssysteme und der Kommunikationstechnik einschließlich der Datenverarbeitung, von naheliegenden Betriebssystemen bis zur chemischen Verfahrenstechnik und Ökologie.

Von der Natur des Astralleibes

Vom Seelenleib lassen sich die oft so unvereinbaren Erscheinungen der Pubertätszeit als ein in sich begründeter Zusammenhang verstehen, aber nur, wenn nicht formale, widerspruchsfreie Kriterien zugrundegelegt werden, sondern gleichsam musikalische. In der Musik können verschiedene Töne gleichzeitig erklingen – sowohl dissonant als auch konsonant. Das Seelische klingt tatsächlich musikalisch. Gier und Wunsch, reine Hingabe in der Liebe, opfernder Verzicht, Ruhe, Andacht, Trauer, stechender Schmerz – all diese Töne, und viele andere, bilden das seelische Orchester. Die Töne können aufeinanderfolgen, gewissermaßen Intervalle bildend, oder sich zur Melodie vereinen, schrill dissonieren oder harmonieren oder vielstimmig zugleich sein. Die dem Gefühls- und Empfindungsleben innewohnende Dynamik ist eine takt-rhythmisch-musikalische. Dieses Musikalische bildet sich nun während des Jugendalters bis in die Proportionalität des Leibes ab, indem dieser zur Harmonie kommt.[402] Musikalität ist die Substanz des Seelenleibes. Sie hängt mit dem Willen zusammen, dem Drängenden, das auf Ziele zustrebt, auf das Noch-Nicht, das Künftige, Werdende, den eigenen – bewußtseinsmäßig zumeist noch unklaren – Lebensentwurf.

Durch die Geschlechtsreife wird die Welt des Subjektes autonom, insofern sie sich als eigener Innenbereich von den Lebensvorgängen trennt und durchaus in Spannung zu diesen tritt. Diese Polarisierung bedeutet aber zunächst die Aufgabe, menschliche Einheitlichkeit selbst herzustellen. Die Polarisierung von seelischer Subjektivität und objektiver Leib- und Welthaftigkeit wird als Spannungszustand Quell real-menschlicher Entwicklung. Die konstitutionelle Vereinseitigung bedeutet gleichzeitig einen herben, schmerzlichen Verlust. Vor allem der Pubertierende selbst erlebt diese Polarisierung in sich und auch in seinem Verhältnis zum anderen Geschlecht schmerzlich. Trauer und Tragik überschatten die Zeit, die fürs erste nur in ihrer Zerstörung des Einheitlichen gefühlt wird. Die neue Qualität, sich als Subjekt von der Umwelt absetzen zu können, ja scheinbar auch von sich selbst, ist zwar da, die zugleich mit ihr gegebene Möglichkeit, sich in eigener Souveränität neu zu verbinden, wird jedoch noch kaum erlebt, geschweige denn beherrscht. Sie gestalten zu lernen, ist die Aufgabe des Jugendalters – auch pädagogisch. Insoweit das Erleben in sich kreist und keine Beziehung zu anderem in sein Eigensein aufnimmt, muß man sich, «wie man da ist in seinem astralischen Leib, als einen absoluten Egoisten erkennen, als ein Wesen, das nichts anderes kennt als nur sich selber».[403] Gerade deshalb ist es so wichtig, daß der Astralleib – denn auch das Beziehung-stiftende liegt in seinem Wesen – «immer mehr die ganz allgemeinen Menschheits- und Weltinteressen zu den seinigen machen kann».[404] Vor diesem Hintergrund kann dann auch wieder gesagt werden, daß Liebe der Inhalt des Astralleibes sei. Je mehr sich die Kräfte des astralischen Leibes von den Organen lösen und zu Kräften des freien seelischen Gebrauches werden, «muß das Interesse unseres Astralleibes über die ganze Erde und Erdenmenschheit gehen».[405] Mit der Geburt des Astralleibes differenzieren sich die Geschlechter auch insofern, als das Verhältnis des Ich zum astralischen Leib ein anderes wird. Indem ein persönliches Verhältnis zur Umwelt, ein eigenes

Urteil erwacht, «kommt im Astralen der Fond heraus, den der Mensch sich mitgebracht hat», gleichsam ein himmlisches Erbe, wodurch der Jugendliche bei seinem Weg ins Irdische sich zwar frei entwickeln kann, aber doch noch ein Streben nach der «Überwelt» bewahrt, aus der er vertrieben wurde, die er als Heimat aber gleichsam in der unbewußten Erinnerung behält. «Alle hohen Ideale, alle schönen Lebenshoffnungen und Lebenserwartungen, die nichts anderes sind als das, was im Astralleib als astraler Fond mitgebracht wird», rufen im Innern zum Streben auf. Dieses Geistige trägt einige Zeit. «Ideale sind nicht da, sondern wir haben sie, weil die Kraft in uns rege ist, die in dieser Zeit jenes Hinausstreben» des Jugendlichen ausmacht. «Je mehr wir von dem ... Fond des Inneren herauszubringen imstande sind, desto besser fördern wir den sich entwickelnden Menschen.»⁴⁰⁶ Bis zum 23. Lebensjahr kann der Mensch das alles aus sich herausbringen, dann wird sein Ich geboren und kann sich dessen bemächtigen, was aus dem astralischen Leib sich entwickelt hat.

Nehmen wir noch einige weitere Ergebnisse der Geistesforschung hinzu, so zeigt sich, daß sich der Mensch aus den Kräften des astralischen Gebietes der Elementarwelt einen neuen Astralleib erschafft, und zwar entsprechend der durch sein vorangegangenes Schicksal gebildeten Kräfte. Der Mensch formt danach aus dieser Astralsubstanz seinen astralischen Leib, wie ein Magnet die Eisenfeilspäne ordnet.⁴⁰⁷ Der Geistesforscher schaut den Astralleib jeweils in einer bestimmten Gestalt, als ein in sich zusammenhängendes geistiges Wirkensgefüge. Zugleich erstrahlt er in bestimmten «Farben», das heißt, er löst seelisch ähnliche Empfindungen aus, die wir bei der sinnlichen Wahrnehmung einzelner Farben haben können. «Es ist so, daß, wenn man den physischen Leib und den Ätherleib absuggeriert, alles ausgefüllt ist von einer feinen Lichtwolke mit innerer Beweglichkeit. In dieser Wolke, in dieser Aura sieht der Eingeweihte jede Begierde, jeden Trieb und so weiter als Farbe und Gestalt des Astralleibs.»⁴⁰⁸ Je nachdem, was der Mensch innerlich durchlebt, leuchten verschiedene Farben innerhalb dieser Lichtwolke auf. Edle Gesinnung und moralische Haltung zeigen sich in der Klarheit und Reinheit der Farben, triebhafte niedere Gesinnungen sind durch entsprechend unschöne Farben gekennzeichnet. Innerhalb des ständig in Bewegung befindlichen, dabei in verschiedenen Farben aufleuchtenden astralischen Leibes ist eine «in die Länge gezogene eiförmige bläuliche Kugel» etwas hinter der Stirn bei der Nasenwurzel sichtbar, die sich nur beim

Menschen findet. Sie bildet im Grunde einen leeren Raum, der aber von außen wie durch einen Lichtkranz bläulich beschienen wird. Es ist dies der Ort, an dem der Mensch sich in seinem Wesen zentriert erleben kann – als Ich. An der Art dieser Gestalt wird ablesbar, wieweit der Mensch sich am Zügel beziehungsweise im Griff hat, wieweit er Selbsterziehung übt.[409] Dadurch gliedert sich der astralische Leib in einen gereinigten höheren und einen ungereinigt-naturhaften Teil.[410]

Mit solchen Darstellungen, die sich besonders am Anfang von Steiners anthroposophischem Wirken finden, wird das allgemeine Gegenwartsverständnis aufs äußerste strapaziert. Es sind Versuche Steiners, «Eindrücke seines ‹übersinnlichen› Wahrnehmens in die Sprache der sinnlichen Welt einzuprägen, indem er sich auf Gestalt- und Farbwahrnehmungen bezieht».[411] Diese Versuche haben Kandinsky besonders angesprochen und zu Farbexperimenten angeregt.[412] Um das Paradoxon von übersinnlichen Farbwahrnehmungen aufzulösen, unterscheidet Steiner später «1. Seelenvorgänge, welche zu geistigen Wahrnehmungen führen; 2. geistige Wahrnehmungen selbst; 3. in Begriffe des gewöhnlichen Bewußtseins umgesetzte geistige Wahrnehmungen».[413] Um letzteres handelt es sich bei den «Farben» der menschlichen Aura. «Wenn der Mensch die Farbe *Gelb* wahrnimmt, so hat er in seiner Seele nicht bloß das Augenerlebnis, sondern ein gefühlsartiges Mit-Erlebnis der Seele ... Goethe hat in dem schönen Kapitel seiner Farbenlehre über ‹sinnlich-sittliche Wirkung der Farben› die Gefühls-Nebenwirkungen für Rot, Gelb, Grün und so weiter sehr eindringlich beschrieben. Nimmt nun die Seele aus einem gewissen Gebiete des Geistes etwas wahr, so kann der Fall eintreten, daß diese geistige Wahrnehmung in ihr dasselbe gefühlsmäßige Neben-Erlebnis hat, das bei der sinnlichen Wahrnehmung des Gelb auftritt. Man weiß dann, daß man dieses oder jenes geistige Erlebnis hat. Man hat dabei natürlich nicht in der Vorstellung dasselbe vor sich, was man in der sinnlichen Wahrnehmung der gelben Farbe vor sich hat. Aber man hat dasselbe Innenerlebnis als gefühlsmäßige Nebenwirkung, das man hat, wenn die gelbe Farbe vor dem Auge ist. Man sagt dann: man nehme das Geist-Erlebnis als ‹gelb› wahr. Vielleicht könnte man, um sich genauer auszudrücken, immer sagen: man nimmt etwas wahr, was wie ‹gelb› für die Seele ist.»[414] Dies wäre indessen eine umständliche Ausdrucksweise.

Die Betrachtung des Übersinnlichen an der menschlichen Wesenheit führt dazu, die verschiedenen Ebenen des Menschseins – die sinnlichmorphologische, die physiologisch-funktionelle, die des Erlebens und die geistige der Bewußtseinszustände – als ein Einheitliches zu erfassen. Es wird damit auch die Aufgabe deutlich, die Erkenntnisse der verschiedenen Fachdisziplinen so miteinander in Beziehung zu setzen, daß sie sich gegeneitig erhellen und dazu bcitragen, das Gesamtwesen des Menschen in seiner Rätselhaftigkeit besser zu verstehen.[415]

Jugendzeit als Entwicklung – ein Überblick

Mit der Reifezeit beginnend, stellt sich als Aufgabe und Anforderung der Jugendzeit, die aus den neu aufkeimenden seelischen Kräften veränderte Innenwelt des rein Persönlichen in eine neue Beziehung zur Außenwelt zu bringen und umgekehrt. Diese Beziehung ruft fortwährend die eigene Urteilskraft auf. Sie ist indessen keine bloß intellektuelle Aufgabe, sondern auch eine, bei der eigene Ziele, ja der «eigene Lebensplan» mit eingebracht werden müssen. Diesen sich selbst in seiner Zukunftsaufgabe dumpf erlebenden Menschen nannte Steiner gelegentlich den «Wolkenmenschen»: Er sucht nach Idealen, nach Werten, Zielen, nach der eigenen Identität. Die Adoleszenz, ja das ganze Jugendalter mit seinen Gefühlsgewittern wird von diesem Künftigen, den eigenen Zielen, die als Ahnung und Möglichkeit aufleuchten, überstrahlt – und umdüstert. Und zwar lassen sich in diesem Alter wiederum drei verschiedene Abschnitte finden: die Reifezeit um 14, die Adoleszenz beginnend mit 16 und die Welt des Heranwachsenden nach 18.[416]

Die Funktionsfähigkeit der Fortpflanzung bringt in der Reifezeit gewissermaßen den Leib zur Blüte, während die neu auftretenden Kräfte des Urteils und der Liebe als Subjektives mit den objektiven Leibkräften erst noch in ein angemessenes Verhältnis kommen müssen.[417] Dabei tritt schon elementar eine Erfahrung auf, die sich aus der pubertären Spannung von Leib und Seele ergibt: die Vereinseitigung des Menschseins, so daß sich daraus Kräfte des Begehrens speisen und die Suche nach dem anderen Menschen bewirken. Der Pubertierende – und dieses Gefühl hält an – erlebt, daß er der Ergänzung bedarf. Zunächst wird sie möglicherweise ganz allgemein im anderen Geschlecht, später dann aber personhaft in einem bestimmten Menschen erlebt.

Was während der Pubertätszeit vom Jugendlichen am stärksten erlebt und dementsprechend auch betätigt wird, ist die *Intelligenz*, die sich mit

Vorliebe kurz hingeworfener Einwände und scharfer Argumente bedient. Das ist für den Erzieher ein Hinweis darauf, wie sich in dem Gewoge der Gefühle und all den Spannungen das schon viel früher gereifte Organ, der Kopf, frei und fruchtbar betätigen kann, wenn auch in der Gedankenstruktur zur Formalisierung und Verallgemeinerung neigend. Der Unterschied an Reife, der zwischen Vorstellungsleben und sachgebundener Erdenerfahrung besteht, wie sie über die Realitäten der dinglich-gegenständlichen Welt durch die Glieder «handfest» vermittelt wird, zeigt sich darin, daß insbesondere das Vorstellungsleben von der Wirklichkeit «abhebt», sich eine Scheinwelt aufbaut. Darin liegt Gefährdung und Hoffnung zugleich: Die Gefährdung läßt sich in der Dominanz des Möglichen über das Wirkliche sehen, die, bliebe sie ohne Korrektur, den Jugendlichen auf die Dauer dem Leben entfremden müßte; die Hoffnung zeigt sich darin, daß diese Seelenkraft ein Idealisches, weil Künftiges, in das Gewordene hereinzurufen vermag. Gegen ein vorschnelles Festmachen im Urteil, dem die Reife noch fehlt, gab Steiner in einer Konferenz mit Lehrern den Rat, den Schülern Gelegenheit zu geben, auf Grund zu laufen, «sich selbst aufzusitzen, sich selbst ad absurdum zu führen», weil ihre Seele nach dieser Erfahrung und dann von selbst nach Korrektur verlange.[418] Eine andere Hilfe, um zu gesättigten Erfahrungen und Urteilen zu kommen, ist der reale Umgang mit konkreten Sachgegebenheiten in der Arbeit, im Werkunterricht, im Feldmessen und so weiter.

Die Mitte des Jugendalters, die Adoleszenz im engeren Sinne, zeichnet sich dadurch aus, daß die pubertäre Spannung zwischen Subjekt und Außenwelt nunmehr schon recht gut in ein Gleichgewicht gebracht werden kann und daß die Urteilskraft soweit verfügbar wird, daß sie dem Jugendlichen sowohl ein gewandeltes Welt- als auch ein sichereres Selbstbewußtsein vermittelt. Damit wird er zunehmend freier, die verfügbaren Kräfte zielgerichtet zu gebrauchen, so daß sich sein ganzes Innenleben deutlich verfeinern und differenzieren kann. Denn auch im Jugendalter durchschreitet die Entwicklung in einzelnen Etappen nochmals – nun aber sehr verinnerlicht, ganz seelisch – die Organgrundlagen, vom Haupt über die rhythmische Organisation absteigend zu den Gliedern. In der Adoleszenz herrschen somit einerseits die Erkraftung der Glieder und andererseits das Begehren vor, während zuvor die Gefühlskräfte des Herzens, Affekte, Stimmungen, Emotionen noch undifferenziert überwogen. Es ist eine Zeit der «Romantik», der Suche nach Gleichgewicht und Innigkeit des Fühlens. Nach der Gewitterepoche der Emotionen in der

Pubertät lichtet sich das Gefühlsleben und erhält Tiefe. Diese mittlere Zeit, die Zeit der Adoleszenz, dürfte in gewisser Weise mit der Epoche korrespondieren, die Piaget als Epoche des «Egozentrismus» (für die frühe Kindheit) kennzeichnet. «Der Jugendliche schreibt sich in aller Bescheidenheit eine wesentliche Rolle für das Heil der Menschheit zu und gestaltet seinen Lebensplan gemäß dieser Vorstellung.»[419] Das Zukünftige offenbart sich in einer stark nach innen gekehrten Suchbewegung nach dem eigenen Werden, wo die Seele viele Abenteuer erlebt und Herausforderungen bestehen muß. Diese inneren Fährnisse werden in dichterischer Bildersprache an *dem* Epos des Jugendalters, dem *Parzival* Wolframs, ablesbar. Da gibt es ein Land, das «heute traurig, morgen froh» heißt; eine Lehre des Gurnemanz lautet: «Achtet, daß Ihr das rechte Maß ... haltet ... , daß Ihr im Kampf Tapferkeit mit Erbarmen übt.»[420]

Der letzte Abschnitt des Jugendalters, die Zeit des Heranwachsenden, wird wesentlich davon mitbestimmt, daß der Achtzehnjährige die höchste Kraftentfaltung der Glieder durchlebt, daß also zu dem mehr inneren Pol des Erlebens im Gefühl das Empfinden, welches der Körper-Peripherie entstammt, wieder verstärkt im Seelischen mitschwingt. Die Kräfte des Innern zielen darauf ab, jetzt auch gestaltend die Welt zu ergreifen. Es ist die Zeit, in der die Schule als gesonderter Sozialraum verlassen und der «Strom des Lebens» erfahren werden will, sei es nun in der Berufsausbildung oder im Studium. Die überlieferten Bindungen der Familie, des Blutes, die schon in der Pubertät ihre Erschütterungen und Zweifel zu bestehen hatten, treten zurück, werden oft nun auch tatsächlich abgestreift. Der Jugendliche will auf eigenen Füßen stehen, sich selbst behausen. Diesem Drang ist die bürgerliche Rechtsmündigkeit denn auch gefolgt, mit guten Gründen aber nicht die Strafmündigkeit. Obgleich vor dem Gesetz schon mündig, bleibt ein Rest an Unreife. «Nichts verschwindet im Psychischen, wie auch alles von Anbeginn an dem Ich zugehört. Aber während der seelischen Entwicklung stehen die Funktionen der Aktivität nicht gleichrangig nebeneinander.»[421] Aus Selbstzeugnissen geht hervor, daß alles, was selbstverständlich war, «heute leer geworden» ist und der «Füllung» bedarf, «die aus dem Stoff des Unvergänglichen sein muß». Das Ich «stößt sich an seiner Endlichkeit, an seinem Schwanken».[422] Der Jugendliche sucht nach dem Sinn des Lebens, es ist seine «metaphysische Phase». Wer in dieser Phase nicht zu seiner Sinngebung, zu seiner Bindung an das «Wahre und Gute» kommt, gelangt «nicht zu einer Gründung seiner Existenz in dem, was seinem Dasein

Bestand und Richtung sub specie aeternitatis gibt. Er bleibt leer; haltlos steht er im Strom der Zeit.»[423]

Steiner weist darauf hin, daß im 19. Lebensjahr häufig ein bestimmtes Erlebnis eintritt. Es besteht darin, daß dem Jugendlichen sein eigenes Lebensziel so dicht und klar wie nie zuvor vor Augen steht. Doch das Phänomen kann auch zart auftreten und dem Bewußtsein leicht wieder entschwinden. Der Jugendliche erfährt also innerlich, was sein eigenes gesuchtes Lebensziel ist, Berufsrichtungen können ihm klar werden; andererseits verbindet er sich freundschaftlich mit anderen Menschen. Diese Geschehnisse rühren davon her, daß er den eigenen Schicksalsmächten nahekommt, wenn nach ungefähr 18 2/3 Jahren der Mondknoten wieder an denselben Himmelsort kommt, an dem er zum Geburtszeitpunkt stand – es öffnet sich dann «ein Fenster gegenüber einer ganz anderen Welt».[424] Wie man sieht, spielt in das anthroposophische Verstehen der biographischen Entwicklung die Rhythmik auch kosmischer Zusammenhänge herein. – Mit dieser Ahnung des eigenen Schicksalsauftrags können durchaus Mißachtung des Seienden, Lösung aus Bindungen und eine Überheblichkeit, die das eigene Wesen allzusehr in den Mittelpunkt rückt, parallel gehen.

Die Übereinstimmung zwischen Ziel und Handlung herzustellen wird nun zur Aufgabe. Aber erst mit der wahren Mündigkeit, wo das Leben aus der Zielerfassung in eigenverantwortlichen Handlungen geführt wird, erweist sich die Sozial- und Lebensreife. Sie hat zur Grundlage, daß mit der «Ich-Geburt» das autonome Zentrum des Menschen ganz individuell und unverwechselbar wirksam wird, so daß die beiden großen seelischen Gebärden der Hingabe und der distanzierenden Antipathie genutzt werden können, um im Tun sich mit diesem vollständig und frei zu identifizieren und gegen Widerstände durchzuhalten, dann aber auch wieder zurücktreten zu können und zu sehen, daß noch mehr und anderes aus den eigenen Kräften möglich wird, kurz: dasjenige, was nun erfahren wird, zu verarbeiten, aber auch der bürgerlichen Ruhe zu entreißen.

Jugend und soziale Umwelt

Die Zeit der Pubertät und das nachfolgende Jugendalter sind belastet, problematisch und spannend zugleich. Die Kindheit klingt zwar noch nach, geistige Übersicht, Verantwortung, Ausdauer und häufig auch körperliche Kraft reichen aber noch nicht ganz zur vollen Selbständigkeit aus; nur das Drängen und Sehnen gehen auf die Unabhängigkeit und Eigenveranwortung, es dominiert das auf die Zukunft gerichtete Streben. Alle Hoffnung richtet sich auf das Erwachsenenalter mit seinen Freiheiten, wo all das Verbotene verschwunden sein wird und das «eigentliche Leben» beginnt, wo man tun und lassen kann, was man will, keiner um Erlaubnis gefragt werden muß, kein Verbot den eigenen Drang hemmt. Die dem Erwachsen-Sein mit seinen «Freiheiten» komplementär einverwobene Realität der Arbeitswelt mit ihren Zwängen, Bedrückungen, Unfreiheiten, Nöten und Nötigungen erfährt allenfalls der berufstätige Jugendliche, nicht aber der Schüler, weil Schule und Arbeitswelt (streng) getrennt sind – zum Nachteil für beide. So bleibt der Traum, uneingeschränkt über grenzenlose Zeit zu verfügen, ohne allzu deutliche Korrektur. Man kann sich immerhin das gönnen, was versagt ist, sei es der harte Drink, die Zigarette oder anderes; man wird über Geld verfügen. Man kann genüßlich das tun, wovor gewarnt wird. Kurz: man ist groß. Der «Ernst des Lebens», der so vielfältig beschworen wurde, wird vom Jugendlichen vor allem von seiner befreienden Seite erstrebt: frei werden von Zwängen. Die Zukunft ist hoffnungsvoll.[424a]

Während in der frühen Kindheit die Eltern oder Personen, «die über Macht verfügen», den «Erziehungs- und Sozialisationsprozeß für andere gestalten»,[425] wird dies allmählich anders. Zwar läuft dieser Prozeß nie nur in eine Richtung, denn Kinder «erziehen» auch ihre Eltern, doch balanciert sich die «Asymmetrie der Beeinflussungsmacht immer mehr aus, was mit dem Anwachsen autonomen und selbstkontrollierten Verhaltens auf der Kinderseite einhergeht. Am Endpunkt der Entwicklung steht idealerweise die Fähigkeit zur Selbstkontrolle.»[426] Ehe die Sozial- oder Ichreife, die Mündigkeit, erreicht wird, geht es allerdings durch eine Phase des Aufruhrs, auch der Absage an die bisher «Mächtigen», der Suche, der Bedrückung, wechselnder Außenorientierungen – Zustände, die alles andere als autonom gestaltet sind, nichtsdestoweniger aber die Autonomie vorbereiten. – Darunter gibt es weitere Schichten: die Pläne für das eigene Leben, mit alle dem, was man im Grunde gerne tun würde, und das ist niemals klein oder eng, sondern stets etwas Großes, Idealisches, etwa: der «Menschheit» oder doch wenigstens anderen helfen. Dann ist da noch die stille Sehnsucht, den Menschen zu finden, mit dem man sich wirklich versteht, die vollkommene Ergänzung, der all das vielleicht hat, was einem fehlt.

Doch dieses Sehnen trifft auf Gegebenheiten der Erwachsenenwelt, die nichts mit dem Erstrebten zu tun haben. Daran bricht sich das Streben, ja daran kann der einzelne zerbrechen, sofern er nicht aufbegehrt. Und für das Aufbegehren gibt es die subtilsten und gröbsten Formen. Für die Auseinandersetzung mit der vorgefundenen Welt stellten die Jugendbewegungen in diesem Jahrhundert gewisse Formen oder Muster bereit, die dem einzelnen helfen konnten, sich in die Auseinandersetzung mit seiner individuellen Umwelt zu begeben und sich doch zugleich in die Gemeinschaft all der anderen gleichen Alters und gleicher Lage eingebettet zu wissen. Da war zunächst der 1898 gegründete Wandervogel, er verließ das Babel der Städte, ging in die Natur, langhaarig, kurzbehost, der Schrecken des Bürgertums, singend, tanzend, den Zupfgeigenhansel im Ränzel, abends am Lagerfeuer rück- und vorwärtsgewandt Stimmung vermittelnd, zugleich ein Bewußtsein von der Andersartigkeit der eigenen Generation entwickelnd: *Mit uns zieht die neue Zeit*[427] – so gibt er einer Elite, die von Selbstbestimmung und Einigkeit redet, Halt beim Aufbruch ins Ungewisse.

Steiner gebraucht drei Begriffe: Jugend*sehnsucht*, Jugend*erlebnis*, Jugend*weisheit*,[428] um das offenzulegen, was in den tieferen Strebungen der *ersten* Jugendbewegung in diesem Jahrhundert, dem Wandervogel, den er Gelegenheit hatte gründlich zu beobachten, wirkte. Mit Jugend*sehnsucht* wird das Streben nach Erfüllung, nach Vereinigung mit dem erahnten Bild von der eigenen Aufgabe gekennzeichnet. In ihr schwingt das Zukünftige, das gleichsam eine Erinnerung an vorgeburtliche Entschlüsse darstellt, in die Gegenwart des so ganz anders gearteten Daseins und der äußeren Wirklichkeit herein. Daraus resultiert das Drängen nach Bewährung, nach Aufopferung, die Suche nach dem idealen Menschen. In den glückhaften, seltenen Momenten, wo sich eine Übereinstimmung einstellt zwischen Traum und Wirklichkeit, Ersehntem und Tatsächlichem, kann von Jugend*erlebnis* gesprochen werden. In den Initiationsriten alter Völker ebenso wie in Konfirmation und Firmung sind formelle Einrichtungen geschaffen worden, die das Besondere des Jugendseins im

Bewußtsein zu verankern suchen. Im hier gemeinten Jugenderlebnis handelt es sich indessen um etwas, das sich wiederholt und immer aufs neue einzustellen vermag. «Frühsexualisierung, Rockmusik sind bewußt eingesetzte Mittel, das [an sich zarte, verletzliche] Jugenderlebnis zu verhindern oder zu verfälschen, ein scheinbares Erlebnis, eine Jugendinitiation vorzutäuschen. Die notwendige Einheit zwischen Tat und Erleben wird auseinandergerissen.»[429] Der Wandervogel entdeckte, um dieses Erleben zu sichern, eine bestimmte Veranstaltungsform: die *Fahrt*. Diese ist weder Reise noch Abenteuer, sondern durch Wanderung und Gemeinschaftserlebnis stellt sie ein Kunstwerk dar, das die Einheit von Erleben und Tat, von Ich und Du schafft.[430]

Die Jugend*weisheit* als einem Spezifikum der Jugendbewegung zu Beginn des Jahrhunderts stellt für das normale Sprachverständnis eine Contradictio in adjecto dar, weil Weisheit ja erst aus umgewandeltem Wissen heraus reift und durchempfunden werden muß, Vorgänge, die an das spätere Lebensalter gebunden sind. Weisheit also soll schon die Jugend besitzen? Damit kennzeichnet Steiner jenes wohlbekannte Phänomen, daß im Jugendalter Fähigkeiten auftreten – sowohl im Gebrauch der Intelligenz als auch im Erleben der Freiheit und sittlichen Verantwortlichkeit –, die kurz aufleuchten, dann aber erst inhaltlich erobert werden müssen, um als wirklicher Besitz gelten zu können. Es ist, als ob etwas erst künftig zu Erringendes schon gegenwärtig sei.

Was sich darin für den einzelnen ausspricht, mag auch für die gesamte Sozialentwicklung gelten: Im Erleben der Jugend einer speziellen Generation leuchtet vor, was die Menschheit oder eine bestimmte Gesellschaft als ganze erst erringen wird. In diesem Sinne spricht Steiner einmal davon, wie bei den Geburten des Lebens- und Empfindungsleibes nicht nur die überschüssigen Kräfte aus der Leibbindung frei werden, sondern daß im Unbewußten noch ein weiterer Rest verfügbar bleibt.[431] «Der Mensch behält gleichsam eine Reserve für eine weitere seelisch-geistige Entwicklung zurück. Die Metamorphose dieser unbewußten Seelenkräfte wird nicht mehr durch einen gleichsam natürlichen Prozeß veranlaßt. Sie kann einzig und allein vom bewußten und tätigen Ich vollzogen werden. Dann gewinnen diese ‹brachliegenden› Kräfte eine neue Gestalt in den seelischen Organen der übersinnlichen Erkenntnis.»[432] Es bleiben bei den Umwandlungen infolge der Leibreifung nicht nur Kräfte übrig, die der Seele zuwachsen, sondern auch solche, die zu einer Ausweitung der Seelenkräfte im Sinne einer Erkenntniserweiterung dienen. Die Stufen der

Bewußtseinssteigerung und -ausweitung nennt Steiner *Imagination*, *Inspiration* und *Intuition*.

Die Erkenntnis- und Bewußtseinsausweitung ist qualitativer Art. So könnte aus dem Vorstellungsvermögen ein bildhaftes, imaginatives Bewußtsein erwachsen: Durch Bilder wird Wahrheit gegenwärtig. Wie durch die mythologisch überlieferten Bilder Wirklichkeiten aufleuchten, so kann es auch in Zukunft zu Formen neuer *Wahrbilder* kommen, wenn die Erkenntniskräfte geschult werden und nicht an den Gegenständen und Gesetzen der natürlichen Welt hängenbleiben, sondern Ganzheiten, Wechselwirkungen nicht bloß begrifflich-mathematisch, sondern bildhaft zu erfassen suchen. In ähnlicher Art vermag aus den Gefühlskräften der Atemreife das Vermögen zur Inspiration zu entstehen. Inspiration stellt ein gesteigertes Hören dar, ein geistiges Hören, wo die Erscheinungen in der *Wesensberührung* zu sprechen beginnen. Unter Intuition ist eine weitere Steigerung zu verstehen, eine *Wesenseinung* oder Durchdringung, wie sie in einfacher Form bei jeder Begriffserfassung vorliegt. Dieses Vermögen kann aus den Willenskräften der frühen Kindheit hervorgehen, die ja gerade dadurch ausgezeichnet ist, daß das Kind mit den Dingen und Wesen seiner Umgebung eins ist.

Insgesamt handelt es sich bei diesen Kräften um solche, die weder für den Erhalt des Leibes arbeiten noch sich mit der Ausreifung der Organe zu seelischen Kräften befreit und gewandelt haben, sondern im Unbewußten ihrer Entwicklung harren.[433] Dadurch kann sich das Gegenstandsbewußtsein der Gegenwart in Zukunft zu neuen Formen vertiefter Einsichten sowohl zwischen Menschen wie auch gegenüber anderen Wesen und der Natur entwickeln. Die Anlagen dazu werden bereits in Kindheit und Jugend gebildet, indem gewisse Kräfte als latente aus den Umwandlungsvorgängen erhalten bleiben.

Aus diesen brachliegenden Kräften heraus vermag es dann dazu zu kommen, daß der Jugendliche mit seiner zukunfterfüllten Erwartung eine besondere Affinität zu allem entwickelt, was eine dieser Qualitäten des Zukünftigen an sich trägt, sei es des Imaginativen, des Inspirativen oder Intuitiven. – Wo ist das imaginative Element zu finden? Gibt es imaginative Erfahrungen als übersinnliche Einsicht? Wenn ja, dann müßten sie, sofern sie dem einzelnen verfügbar werden, von außen betrachtet, ihm etwas wie ein Weisheitselement verleihen. Und dies ist tatsächlich immer wieder bei frühgenialen Künstlern zu beobachten. Umgekehrt ist zu vermuten, daß aus diesen Zukunftskräften heraus ein tiefer *Hunger nach Imaginationen* auftritt, ein Hunger nach Bildern, gerade in einer Zeit, deren gesamte Denkformen von bildlos-begrifflichen Strukturen beherrscht werden.[433a] Das bildet die tatsächlich widersprüchliche Struktur unserer Gesellschaft: Sie wird einerseits von den formalen – bildlosen – Strukturen der Naturwissenschaft beherrscht, andererseits in Reklame und Fernsehen von Bildern überflutet. Nur aufgrund der anthropologischen Tatsache, daß im Untergrund ein imaginatives Verlangen vorhanden ist, dürfte verständlich sein, daß ein so ausgesprochen visuelles Bedürfnis sich in der Gesellschaft ausbreiten konnte und noch keineswegs gestillt zu sein scheint. Möglicherweise gilt auch hier die aristotelische Einsicht, daß uns das Abbild eine größere Freude bereitet als das Vorbild: «Was wir nämlich in der Wirklichkeit mit Unbehagen anschauen, das betrachten wir mit Vergnügen, wenn wir möglichst genaue Abbilder vor uns haben, wie etwa die Gestalten von abstoßenden Tieren oder Leichnamen.»[434]

Das Verlangen nach Bildern – von Comics über die Leinwand bis zum Fernsehen –, in der Kindheit schon unverkennbar, steigert sich in der Jugend, insbesondere dem gegenüber, was in der Wirklichkeit abstoßen würde. Hat dieses Bildverlangen, das gleichsam den Schattenwurf eines Sehnens nach Imaginationen darstellt, also nach einer Bewußtseinsausweitung, auf der Inspirationsseite eine Entsprechung?

Die zum Ohr sprechende Tonwelt, worin sich ein Inneres dem Hörenden kundgibt, hat sich gleichfalls derart ausgebreitet, daß Stille zur – für viele unerträglichen – Ausnahme geworden ist. Die Bedeutung der Klangwelt wird sichtbar, wenn mit Kopfhörern ausgestattete Spaziergänger oder sitzende Jugendliche zu sehen sind, hingegeben an die Klänge, die der Kassettenrecorder ihnen übermittelt. Freilich führt das Angebot an vielfältigen Formen von Musik offenbar doch nicht zur inneren Erfüllung, wie dies bei der echten Bewußtseinserweiterung der Fall ist, sondern eher zu einer Leere, so daß die Hörenden unersättlich zu sein scheinen und immer intensiverer Stimulation bedürfen. Die jugendliche Altersgruppe bildet den Hauptabnehmer auf dem Kassettenmarkt. – Auch das Verlangen nach Begegnung, nach intuitivem Einswerden mit dem anderen Wesen durchzieht als kräftiges Motiv die Entwicklung in unserem Jahrhundert. Es tritt zunächst in der Sehnsucht nach dem andersgeschlechtlichen Partner auf. Eine Zerrform dürfte die allgemeine Sexualisierung der gesamten Zivilisation darstellen, womit die Bewußtseinsindustrie auf das tiefste Verlangen mit der größtmöglichen Flachheit antwortet. In Bildern mit entsprechenden Reizauslösern, aber auch in derben

Darstellungen des Vereinigungsaktes wird auf dieses Verlangen in der Seele abgehoben. Da all dies freilich nur Surrogate darstellt, wird das ganze Gebiet mit zahlreichen Begleiterscheinungen flankiert, so mit psychedelischen Drogen, um die Erlebnisse zu intensivieren.

Für all diese Veränderungen ist zwar nicht ausschließlich das Jugendalter maßgeblich, aber eben doch in hohem Maße, weil zu keiner anderen Zeit des Lebens die verborgenen Schichten derart virulent sind: die Sehnsucht, alles bisher Überlieferte zu übersteigen, noch nicht vorhandene Erfahrungen zu machen, das noch nie Betretene, niemals zu Betretende, den Gang zu den Müttern anzutreten. Und sind nicht *alle* in diesem Alter irgendwie Sucher, manche auch schon Könner, die von Erstaunlichem zu künden wissen? Gerade deshalb hat die Gruppe einen so großen Einfluß und sind ihre Stile so wechselnd und wandlungsfähig.

Auch wenn niemals alle, sondern nur kleine Gruppen unter den Gleichaltrigen diesen Gesellungsformen angehörten, strahlten sie doch stimmungsmäßig auf das ganze Klima dieses Alter aus. Der allmählich ausgebildete Formenschatz – den Weg suchen (Pfadfinder), Lagerfeuer, Wandern, Singen, Zelten – wird nach dem Ersten Weltkrieg rasch von den heraufkommenden politischen reaktionären Bewegungen vereinnahmt, und von 1933 an erfolgt die Gleichschaltung in den Formationen der Hitlerjugend, wie analog im Osten im Komsomolz.

Nach dem Zweiten Weltkrieg brachte die andere Welt der Besatzungsmächte neue Lebensformen: Demokratie, Freiheit, Umerziehung, vor allem aber attraktive Lebensgüter: Coke, Kaugummi, Jeans und Jazz: erschreckender Amerikanismus in den Augen der Älteren, für die Jugendlichen Beglückung, eine neue Welt. Diese Jugend wandert nicht mehr in die Natur, singt keine Heimatlieder mehr am Lagerfeuer, sondern geht in die Keller, trinkt, hört New Orleans, Gospel songs, wiegt sich in den harten Rhythmen des Jazz, saugt den Sound des Soul ein, lernt eine faszinierende Welt kennen, wo ständiger Wechsel das unglaubliche Angebot beherrscht.[435] Das Phänomen ist an die neu heraufgekommenen Medien gebunden: Radio, Platten, Tonband, Kassetten, Walkman. Berieselung von morgens bis abends – Hitlisten, Schlagerparaden, Stars, Poster, Bands.

In den sechziger Jahren, von den Universitäten ausgehend, erhält die vorhandene jugendliche Lebensform der Nachkriegszeit erneut – im Westen – einen politischen Inhalt, diesmal nicht aufgedrängt, sondern «aus sich selbst». Im Widerspruch zum Vietnamkrieg und zur ausgebreiteten politischen Immobilität wird Repression entlarvt, Triebunterdrückung ausgemacht, Emanzipation erstrebt. Und alles das strahlt – einschließlich des psychoanalytischen und sozialistischen Vokabulars – aus bis in die Schule, wo die Zwölf- bis Dreizehnjährigen nicht weniger eloquent als die Studenten von Frustrationstoleranz, Streß, Repression, Machtverhältnissen, antiautoritären Strukturen, schülerzentriertem Unterricht, workshops, Projektunterricht und so weiter reden.

Seither hat sich erneut ein tiefgreifender Wandel in den Lebensbedingungen des Jugendalters vollzogen. So wird deutlich, daß Schüler immer weniger Bereitschaft zeigen, alltägliche Anforderungen und Pflichten auch nur halbwegs zuverlässig zu erfüllen, das heißt, daß sich die Schule und die Jugendlichen mit ihren Interessen immer mehr auseinander bewegen. Was sind die Gründe? Die gesellschaftlichen Veränderungen, die von der in Wirtschaft und Technik herrschenden okzidentalen Rationalität[436] ausgehen, durchdringen alle Lebensbereiche.[437] So ist die Schule selbst leistungs- und selektionsorientiert, eine Entwicklung, die der Erwartung des Jugendlichen völlig zuwiderläuft. Er kennt bereits die durch diese Rationalität und Wissenschaftlichkeit geschaffene Zerstörung der Natur; und so herrschen ein deutlicher Zukunfts-Pessimismus und Aversion gegen die Wissenschaft vor.[438] – Gleichwohl haben die Jugendlichen an der durch Technik gestalteten Lebenswelt vielfältig Anteil: als Medienkonsumenten,[439] als Besitzer technischer Geräte,[440] als Genießer der durch Technik möglichen Mobilität.[441]

Die technische Entwicklung hat aber auch zu immer längerer Ausbildungsdauer für die Jugendlichen geführt, wodurch sich der «Status der Vorbereitung auf Späteres» immer mehr ausdehnt.[442] Auch das sexuelle Verhalten hat sich verändert, vor allem im Zusammenhang mit den Emanzipationsbestrebungen der sechziger Jahre.[443] Indessen wird heute das «Maulheldentum der Systemveränderer» abgelehnt.[444]

Im Hinblick auf das Verhältnis von Jugendalter und Arbeitswelt kann man sagen, daß gegenüber dem früher vorherrschenden Übertritt in die Arbeitswelt mit vierzehn Jahren inzwischen immer mehr Jugendliche in den «Genuß» der ausgedehnten Jugendphase kommen.[445] Ging man bisher von einer Entsprechung von Schulabschlüssen und Berufslaufbahnen aus, so hat sich dieser Zusammenhang durch eine verbreitete Jugendarbeitslosigkeit, aber auch durch immer höhere Qualifizierung und anspruchsvollere Ausbildungsgänge – die eben auf die technische Welt zugeschnitten sind – aufgelöst. Das «Konzept von Schule als Vorbereitung, Bedürfnis-Aufschiebung und Gegenwarts-Verzicht zugunsten einer einigermaßen sicheren beruflichen Zukunft [ist] fragwürdig geworden».[446]

Hinzu kommen Veränderungen mehr innerer Art. So hat sich die Einstellung zur Institution der Familie tiefgehend gewandelt. Die Ehe als Institution wurde immer brüchiger, zumindest erhielt sie einen veränderten Stellenwert, indem die eheähnliche Partnerschaft als neue Lebensform hinzutrat und von der nachwachsenden Generation mit Interesse aufgegriffen wird. Gleichzeitig wird das Verhältnis zur Elternfamilie oder zum erziehenden Elternteil von fast der Hälfte der Jugendlichen (in Befragungen) als gut bezeichnet, was nicht ausschließt, daß eine große Zahl gerne frühzeitig von Zuhause ausziehen möchte.[447] Die Jugendlichen haben eine «postmoderne» Haltung, nicht nur, daß die Gruppe der Gleichaltrigen einen größeren Einfluß ausübt als die Erzieher, sondern auch in der Form, wie Beziehungen eingegangen werden, man bindet sich weniger, «testet» viel eher mal an, untersucht, ob eine Beziehung etwas bringt. Vor allem im Stil des Zusammenlebens zwischen älterer und jüngerer Generation haben sich markante Wandlungen ergeben: Ein partnerschaftlicher Umgang trat an die Stelle der mehr traditionell autoritären Beziehungen. Es wird davon gesprochen, daß sich Eltern und Jugendliche gemeinsam auf Lebensstil-Suche befinden, wobei es weniger um Ablösung der Jugendlichen als um Umerziehung der Elterngeneration gehe.[448] Gleichzeitig ist der Wegfall oder die Erosion bisheriger Werte unverkennbar; Autorität, Selbstdisziplin und Bildung haben ebenso abgenommen wie die Bedeutung der «Aura» in der Erziehung – die Motivationsproblematik für die Pädagogik wird damit deutlich.[449]

Eine starke Individualisierung ist beobachtbar, allerdings oft mit einer erstaunlichen Offenheit für Gruppeneinflüsse und, ganz im Widerspruch dazu, gelegentlich verbunden mit Vereinzelung und Isolation.[450] Orientierten sich früher Jugendliche oft an der Erwachsenenwelt, so haben sie inzwischen eine eigene Lebensform geschaffen, mit der sie insbesondere in Freizeit, Sport, Mode, Medien vielfach Vorbildfunktion für Erwachsene übernehmen. – Auch die Abwägung zwischen Arbeit und Freizeit erhielt eine besondere Bewertung.[451]

So wandeln sich die Szenen immer aufs neue: Was früher verstohlen dem Tagebuch anvertraut wurde, wird – wieder nicht von allen, aber häufig genug – nach außen gekehrt und in Kleidung, Frisur, Anstecker, Sticker,

Bottons, Aufschriften, Posters, in Graffiti-Sprays der Welt bekundet. Was sich darin «symbolisch» ausdrückt, muß aus der den Jugendlichen eigenen Sprache und Geste und ihrer Suche heraus verstanden werden, sonst wirkt es eher abstoßend. Ein junger Mann von 19 Jahren plant, sich einen Ohrring zuzulegen. «Warum ausgerechnet einen Ohrring?» wird er gefragt. «Weil er eine bestimmte Richtung anzeigt; daß man machen kann, was man will.» – «Zeigen Ohrringe das an?» «Ja, Ohrringe. Die drücken was anderes aus. Alternative, sagen wir mal. Daß man dagegen ist.»[452] In einer als anonym empfundenen Welt kann man sich so als Subjekt behaupten und seine Eigenständigkeit empfinden. Anstecker und dergleichen sind der ästhetische Versuch, die noch ungesicherten Lebensentwürfe auszuprobieren und die Reaktion der anderen «anzutesten». Aufschriften dienen als Gesprächsangebot an Gleichgesinnte. Aber Kleidung und Leib können auch zum Ausdruck der Verletzungen, der Hoffnungen und Leidenschaften werden. In dem Empfindungstumult von Unverstandensein, Überflüssigsein, Doch-nichts-machen-können können symbolische Aussagen eine Hilfe werden. Wenn auch eine neu gefundene Ausdrucksform über die Medien sofort vermarktet wird, so daß sich – inzwischen weltübergreifend – rasch verwandte Modewellen herausbilden, bleibt doch der anthropologische Ursprung derselbe: das Aufbrechen neuer Empfindungsqualitäten, die als Subjektivität erst der Ausgestaltung und Führung des Ich harren, wobei das gesellschaftliche Normgefüge als Ersatz-Ich aus den Zeitumständen notwendig versagen muß. So hat der einzelne seinen Weg zu finden, und das ist in einem Leben, das Kulturen zusammenschiebt, Traditionen zum Einsturz gebracht hat, Wertsysteme mehrfach in kurzer Zeit wegfegte und mit dem Wachstumsglauben zugleich ökologische Katastrophen produziert, schwerer denn je. Aber die Kraft der Phantasie, diese Aufgabe zu bewältigen, scheint ungebrochen.

Damit sind wir alle drei großen Systeme des menschlichen Leibes mit den zu ihnen gehörigen physiologischen, seelischen und geistigen Leistungen abgeschritten: vom Stoffwechsel-Gliedmaßen- über das Nerven-Sinnes- zum rhythmischen System, und wir haben die leiblichen Veränderungen, die im Jugendalter auftreten, zu erfassen und für die Bedeutung des seelischen Erlebens aufzuweisen gesucht. Damit sind die wesentlichen Stationen vergegenwärtigt, wodurch die Leiblichkeit des Menschen – unter Mitwirkung der Anlagen im Leiblichen wie Geistigen, der Erziehung und der Kultur sowie des inneren Wesens des Menschen – so zubereitet wurde, daß sie authentischer Ausdruck von Seele und Geist des Menschen werden kann. Stufenweise wurden im Wandlungsprozeß der Leibgestaltung frei:

- bei der Geburt des Ätherleibes charakterologische Anlagen, Intelligenz- und Lernkräfte,
- bei der Geburt des Astralleibes Urteilskraft, Begehren, Liebe und Phantasie, die sich unmittelbar und dann vollgültig allesamt mit der
- Ichgeburt in den Dienst der moralisch verantwortlichen Wesenheit des Ich mit seinen Absichten, Zielen und seinem Willen stellen. (Diesen Vorgang darzustellen, sprengt den selbstgezogenen Rahmen.)

Damit konnten die beiden großen methodischen Ansätze Steiners, der zeitliche und der funktionelle, in ihrer Bezogenheit konkret aufgewiesen werden.

Schluß

Die Betrachtung hat uns von der Gesamtwesenheit des Menschen zur Entwicklung des Kindes und Jugendlichen geführt. Wir sind vom Grundgedanken des Menschenverständnisses Rudolf Steiners ausgegangen, daß sich ein geistiges Wesen im Leib des Menschen sinnlich so zur Erscheinung bringt, daß dieser Leib zum Instrument dieses Wesens wird. Dieser Grundgedanke hat mehrere Implikationen:

1. Wenn ein Dauerndes, also das geistige Wesen, das Ich, sich im Vergänglichen, dem Leib, offenbart, dann führt das zunächst zur Frage, wie denn dieses Geistige wahrzunehmen und dann auch zu erkennen sei.

2. Unvermeidlich wird mithin eine Begegnung mit der Erkenntniswissenschaft Steiners, in der vor allem das Denken als ein erster Zugang zum Übersinnlichen verstanden wird, und zwar jenes Denken, das sich in seiner Entstehung oder seinem Quell erfaßt.

3. Vor diesem Hintergrund entsteht in Umrissen eine Anthropologie der Freiheit.

4. Doch dieser mangelt noch das eigentliche anthropologische Fundament: der Aufweis der Bedeutung der Leiblichkeit. Hier folgt Steiner der Einsicht I. H. Fichtes, daß das ganze Universum ein System von Einwohnungen des Höheren im Niederen sei. Er vermag aber noch differenzierter als dieser die Grundprinzipien des Leibesbaues (mineralisch, pflanzlich, tierisch und rein menschlich) aufzuweisen und dadurch eine Verknüpfung zur umgebenden Welt herzustellen.

5. Von der Leibesarchitektur führt der Weg zur Einsicht in die Seele und den Geist, zwei völlig andersgeartete Welten. Uns war es auch darum zu tun, diese Gedankenführung zu kontrastieren und zu ergänzen mit jenen Leistungen, die der Sprachgeist hervorgebracht hat, und dem Denken, das in den wichtigsten Disziplinen der Menschenwissen-

schaft – philosophische Anthropologie, Psychologie und Geisteswissenschaft – bewegt wurde und wird, um so die Besonderheit des Steinerschen Erkennens zu beleuchten. Das hat freilich seine Probleme, weil einem einzelnen ein Gesamtüberblick kaum möglich ist. Dennoch hoffe ich einige repräsentative Positionen eingefangen zu haben.

6. Ein verwandtes Problem stellt sich auch gegenüber Steiners Erkenntnissen: Sie sind derart vielschichtig und dazu miteinander verwoben, daß keineswegs sicher ist, die wichtigsten Fäden für das Muster des Gewebes überhaupt gegriffen zu haben, so daß die Darstellung im Gleichgewicht ist. Steiner stützt sich auf eine erweiterte Erkenntnis, die freilich dem Denken zugänglich bleibt. Wir haben auf dieses methodische Problem im ersten Teil aufmerksam gemacht, später dann aber auch Steiners Darstellungen einfach selbst – ohne vermittelnden Brückenbau, der zuvor versucht wurde – sprechen lassen.

7. Von der Darstellung des Menschen kamen wir zum Gedanken der Entwicklung. Erst durch sie wird Pädagogik zur notwendigen Aufgabe. Hier ging es uns um Vergegenwärtigung der Grundgedanken, die zahlreichen Einzelangaben Steiners kamen nur gelegentlich in Hinweisen vor. Für die Darstellung des Jugendalters wählten wir einen bedeutenden methodischen Schritt: Nicht das zeitliche Nacheinander, sondern das Ineinander, das Gleichzeitige, sollte Entwicklung, ein Zeitliches, vergegenwärtigen.

Das Unterfangen war leider – von mir – nicht kurz, knapp und leicht verständlich, wie es vielleicht dem Zeitgeschmack entsprechen mag, zu verwirklichen. Möglicherweise liegt es in dieser Schwierigkeit begründet, daß es bisher zwar eine beachtliche Praxis, auch eingängige und selbständig begründende kurze Beschreibungen der Gedanken zu einzelnen Themen gab, aber keine Bündelung der menschenkundlichen Überlegungen Steiners. Dies wurde hier versucht. So unzulänglich und auch vielleicht ungleichgewichtig die einzelnen Teile ausgefallen sein mögen, vielleicht können sie doch für den einzelnen eine Hilfe sein, Zugang zu dem umfangreichen, vor allem anregenden und fruchtbaren Werk Steiners im Hinblick auf das Menschenverständnis zu finden.

Anhang

I. *(zu S. 21)*

Auch Scheler geht – wie Steiner, wenn auch in anderer Terminologie – von «vier Wesensstufen» aus, in denen das Seiende in bezug auf sein *Innen- und Selbstsein* erscheint, so in *Die Stellung des Menschen im Kosmos* (1928). Dadurch lassen sich anorganische Gebilde (ohne Innesein) von Lebewesen mit ontischem Zentrum abtrennen. Während die Tiere über Empfindung und Bewußtsein verfügen, kennzeichnet den Menschen der Geist. Dieser ist ein Prinzip außerhalb des Lebens, er ist ein «jedem Leben überhaupt, auch dem Leben im Menschen entgegengesetztes Prinzip: eine neue echte Wesenstatsache, die als solche überhaupt nicht auf die ‹natürliche Lebensevolution› zurückgeführt werden kann» (S. 38 f.). Die häufige und falsche Trennung von Leib und Leben oder Leben und Seele wird von Scheler durch eine einheitliche Auffassung abgelöst: «*Ein und dasselbe Leben* ist es, das in seinem Innesein *psychische*, in seinem Sein für andere *leibliche* Formgestaltung besitzt ... Der physiologische und der psychische Lebensprozeß sind ontologisch streng identisch ... sind nur phänomenal verschieden ... Das psychophysische Leben ist eins» (S. 73 ff.). Der Gegensatz ist der von Leben und Geist. Geist heißt für Scheler Entbundenheit vom Organischen, heißt Sachlichkeit, Bestimmbarkeit durch das Sosein von den Sachen selbst. Geist betätigt sich im Widerstand, dadurch auch in der Reflexion. Er ist existentiell vom Organischen entbunden, ist frei vom Bann des Daseinszentrums, nicht triebgebunden, daher umweltfrei oder weltoffen; er hat «Welt» (S. 38). Er vermag Akte der Ideierung zu schaffen, wodurch Wesen und Dasein voneinander getrennt werden (S. 52). Scheler betrachtet den Geist – darin unterscheidet sich die Spannweite seines Geistbegriffs von dem Steiners – als etwas Zartes, Verletzliches, Geringmächtiges gegenüber dem Niederen, dem Leben: «Das Mächtigste, was die Welt gibt, sind die ideen-, formen- und gestalt‹blinden› *Kraftzentren* der anorganischen Welt als untersten Wirkpunkte ... des

Dranges» (S. 67). Steiners Geistbegriff umschließt diese Gegensätze, darum muß er in sich auch differenzierter sein. Freilich gesteht Scheler dem Geist die Fähigkeit zu, in der Form als reiner Wille das Gefühlszentrum zu inaktualisieren, zu hemmen. Dadurch entspringen dem Geist Askese, Verdrängung und Sublimierung. Er hat «zwar eigenes Wesen und Gesetzlichkeit, aber keinerlei Eigenenergie» (S. 57). Geist vergegenständlicht nicht nur, sondern ist auch «Schau von Ideen und Wesenheiten auf Grund von Entwicklung», weil dem Geist keine ursprüngliche Tätigkeitsenergie zukommt» (S. 85 f.). Das hat philosophische Konsequenzen, die Scheler in mancher Formulierung mit dem jungen Steiner vierzig Jahre früher – wenn auch aus anderer Begründung – zusammenklingen lassen.

II. (zu S. 34)

Dieses Problem wird gegenwärtig so formuliert: «Gegenüber dem Bedürfnis nach einer eindeutigen Klärung der Beziehungen zwischen Gehirn und Geist in der einen oder anderen Weise muß betont werden, daß es sich im Prinzip um verschiedene Betrachtungsweisen, um verschiedene Weisen der Erkenntnis und des Selbstverständnisses des Menschen handelt. Gehirnmechanismen sind naturwissenschaftlicher Analyse zugänglich und mögen – im Prinzip – verstehbar sein. Sie bleiben aber Hirnmechanismen. Vernunft, Geist und Selbstbewußtsein können sich nur selbst verstehen und entziehen sich ihrem Wesen nach der naturwissenschaftlichen Methode. Die der menschlichen Vernunft zwar legitime und in ihrer Natur liegende Frage nach den Beziehungen von Gehirn und Geist ist daher keine naturwissenschaftliche und vielleicht nicht einmal eine sinnvolle Frage ... [Zwar wird das Gehirn benötigt ...] aber die Funktionen der Hirnrinde bieten keine hinreichende Erklärung für Vernunft und Wahrnehmung» (Creutzfeldt: 1983, S. 426). – Im Nachfolgewerk des weitverbreiteten *Lehrbuchs der Physiologie* von Rein-Schneider, in Schmidt/Thews (Hg.) 1987, heißt es: «Für diesen nur introspektiv erlebbaren Zustand *Bewußtsein* mit all seinen Schattierungen gibt es von physiologischer wie psychologischer Seite zahlreiche, z.T. sehr widersprüchliche ... Deutungsversuche», wobei die Randbedingungen, unter denen Bewußtsein möglich wird, z. B. das Nervensystem, angegeben werden können – mehr nicht (S. 156).

III. (zu S. 34)

Für das naturwissenschaftliche Erkennen ist die Körperwelt nichts anderes als «Zurückführen der Veränderungen in der Körperwelt auf Bewegungen von Atomen» (Du Bois-Reymond: 1884, S. 12). Mit der Empfindung tritt Bewußtsein auf, «das Bewußtsein [ist] aus seinen materiellen Bedingungen *nicht* erklärbar» (S. 28). – «Gegenüber dem Rätsel aber, was Materie und Kraft seien und wie sie zu denken vermögen, muß er [der Naturforscher] ein für allemal zu dem … Wahrspruch sich entschließen: ‹Ignorabimus›» (S. 46). – Später hat Du Bois-Reymond die unübersteigbaren Erkenntnisgrenzen in seinem Werk *Sieben Welträtsel* zur Leibniz-Feier der Akademie der Wissenschaften zu Berlin [1880] formuliert (Leipzig ²1884), zugleich als Antwort auf den Fortschrittsoptimismus von Haeckels Monismus, der das vermessene Ignorabimus als Diktum der «schwarzen Internationalen» in seiner *Anthropogenie oder Entwicklungsgeschichte des Menschen* einfach abtat (Leipzig 1874, S. XII). Nach Du Bois-Reymond wird demnach auf Dauer unerklärlich bleiben die Einsicht in (und die Gründe von): 1. das Wesen von Kraft und Materie, 2. die Entstehung der Empfindung, 3. den Ursprung der Bewegung, 4. die Willensfreiheit, 5. die Zweckmäßigkeit der Natur, 6. die Entstehung des Lebens, 7. den Ursprung von Denken und Sprache. Diese sieben unlösbaren Rätsel lassen sich auch zu einem «einzigen Problem, dem Weltproblem, zusammenfassen» (S. 104).

In jüngster Zeit wurde dieselbe Frage so formuliert: «Bewußtsein im Sinne von Erleben ist ausschlaggebend dafür, daß ich mich als Subjekt meines Tuns erfahre. Dazu genügt es nicht, daß irgend etwas in mir meine Bewegungen steuert und dadurch ein integriertes Verhalten zustande kommt. Das würde auch auf den Schlafwandler zutreffen. Damit ein Stück meines Verhaltens eine Handlung im vollen Sinn des Wortes ist, muß ich es erfahren als von mir vollzogen. Damit ist die Erfahrung gemeint, daß ich als Subjekt meinen Körper gleichsam von innen kontrolliere … Es ist fraglich, ob ein Wesen, das sein Verhalten nicht in dieser Weise vollzieht, weil es keine Innenperspektive in dem genannten Sinne besitzt, überhaupt einen echten Willen, echte Motive und echte Ziele haben kann» (Bieri: 1992, S. 50). Durch Neufassung der Frage versucht Bieri das Problem aufzubrechen. «Bewußtsein ist eine Systemeigenschaft, Gravitation dagegen eine grundlegende Eigenschaft aller Komponenten. Systemeigenschaften sind sowohl erklärungsbedürftiger als auch

erklärungsfähiger als andere ... Auch die Gesetzmäßigkeit, die ein Geschehen im Gehirn mit einem Erlebnisgeschehen verbindet, ist – wie
genau sie auch aufgeschlüsselt werden mag – letztlich eine Gesetzmäßigkeit, die man sich ... vielleicht auch anders hätte denken können ... Erleben ist in der Tat gegenüber allen anderen Systemeigenschaften noch
etwas anderes, Neues» (S. 52). Doch insgesamt bleibt es bei aller Umfor-
mulierung der Frage dabei: «Wir haben keine Vorstellung davon, was als
Lösung, als Verstehen zählen würde» (S. 56).

Ein weiterer gegenwärtiger Versuch, der nicht weit zu tragen scheint,
will mit Hilfe neuer Fragestellungen das Problem, «wo und wie im
menschlichen Gehirn Geist beziehungsweise Bewußtsein entstehen könne», lösen – oder zu umgehen suchen. Er besteht darin, einmal Geist und
Bewußtsein als identisch anzusehen – ganz anders als im hier vertretenen
Ansatz – und nachzuweisen, daß komplexe Systeme [wie das Gehirn] nicht
einfach aus Bestandteilen *bestehen* mit deren elementaren Eigenschaften,
sondern aus Eigenschaften *entstehen*, die sich als Neues aus der Wechselwirkung der einfachen Komponenten untereinander bilden. Damit wird
dann «Geist» zu «einem mit physikalischen Methoden faßbaren Zustand
... der in sehr großen, interagierenden Neuronenverbänden auftritt». –
«Geist und Bewußtsein müssen heute als besondere Zustände in unserem
Gehirn als einem physikalischen System verstanden werden ... (Die) Tatsache, daß diese Zustände erlebt werden, erklärt sich dadurch, daß *wir* [also
nicht: ich] diese Zustände sind. Wären diese Zustände nicht erlebbar, dann
gäbe es *uns* nicht» (Roth/Schwegler: 1992, S. 3 f.). Die Logik ist bestechend:
Wenn wir traumlos schlafen, gibt es uns nicht, der Geist ist weg, das physikalische System geblieben. Was geschieht, wenn im Tod das physikalische
System wegfällt, gibt es mich dann?

IV. (zu S. 60)

Wir geben als ein Beispiel das Ur-Erlebnis, das Johann Gottlieb Fichte
eines Tages nach langer Meditation hatte, wovon Henrik Steffens, dem
Fichte es berichtet hatte, erzählt: «Da überraschte ihn plötzlich der Gedanke, daß die Tat, mit welcher das Selbstbewußtsein sich selber ergreift und
festhält, doch offenbar ein Erkennen sei. Das Ich erkennt sich als erzeugt
durch sich selber, das denkende und das gedachte Ich, Erkennen und Gegenstand des Erkennens, sind eins, und von diesem Punkte der Einheit,

nicht von einer zerstreuenden Betrachtung, die Zeit und Raum und Kategorien sich geben läßt, geht alles Erkennen aus. Wenn du nun, fragte er sich,
diesen ersten Akt des Selbsterkennens, der in allem Denken und Tun der
Menschen vorausgesetzt wird, der in den zersplitterten Meinungen und
Handlungen verborgen liegt, rein für sich herauslöst, und in seiner reinen
Konsequenz verfolgtest, müßte nicht in ihm, als lebendig tätig und erzeu-
gend, dieselbe Gewißheit sich entdecken und darstellen lassen, die wir in
der Mathematik besitzen» (zit. n. Wilhelm G. Jacobs: J. G. Fichte – in
Selbstzeugnissen und Bilddokumenten, Reinbek 1984, S. 43).

V. (zu S. 76)

H(elena) P(etrowna) Blavatsky (1831-1891): *Die Geheimlehre – Die Vereinigung von Wissenschaft, Religion und Philosophie*, Bd. II.: *Anthropogenesis, Zwölf Strophen aus dem Buche des Dzyan*, Den Haag o. J.,
S. 631: Es werden dort als «menschliche Aspekte oder Prinzipien» aufge-
zählt: 1. Atma – universaler Geist; 2. Buddhi – geistige Seele; 3. Manas –
menschliche Seele; 4. Kama Rupa – tierische Seele; 5. Linga Sharira –
Astralkörper; 6. Prana – Lebensessenz; 7. Sthula Sharira – Körper. Im
Vedanta, der alten Esoterik des Hinduismus, bedeutet atman (m.) Atem,
Seele, auch Seele des Universums, Buddhi (f.) kommt von budh – auslo-
ten, ergründen und bedeutet tieferes Verstehen, Nachdenken. Manas (n.)
Sinn, Verstand; Kama (m.) Wunsch, Begierde; rupa (n.) Form, Erscheinung; linga (n.) Merkmal, insbes. Geschlechtsmerkmal (Penis); sharira
(n.) Leib, aber auch rupa sharira Ur-Leib (primary body); prana (m.)
Atem, Wind, supreme spirit; sthula ist Adjektiv: massig, sperrig, plump,
schwerfällig. – Die Wortbedeutung hat mit dem Verstehensgrad wachsende Tiefe und zunehmenden Gehalt. – Blavatsky übernimmt die über
den Hinduismus kommenden Bezeichnungen, und genau diese Wendungen fügt Steiner in den ersten Auflagen der *Theosophie* seiner Darstellung
in Klammern bei. In die Zeit der Abfassung dieser Schrift fällt auch eine
eingehende Beschäftigung mit Blavatsky; sie schlägt sich in einer eigens
ihr gewidmeten Vortragsveranstaltung nieder: Am 17.11.1903 spricht
Steiner in Berlin über sie und den Theosophen Sinnett (eine Nachschrift
liegt nicht vor). Der größere Teil von Steiners Publikum bestand damals
aus Mitgliedern der Theosophischen Gesellschaft und deren Umkreis,
die an die hinduistischen Benennungen gebunden waren, so war es für

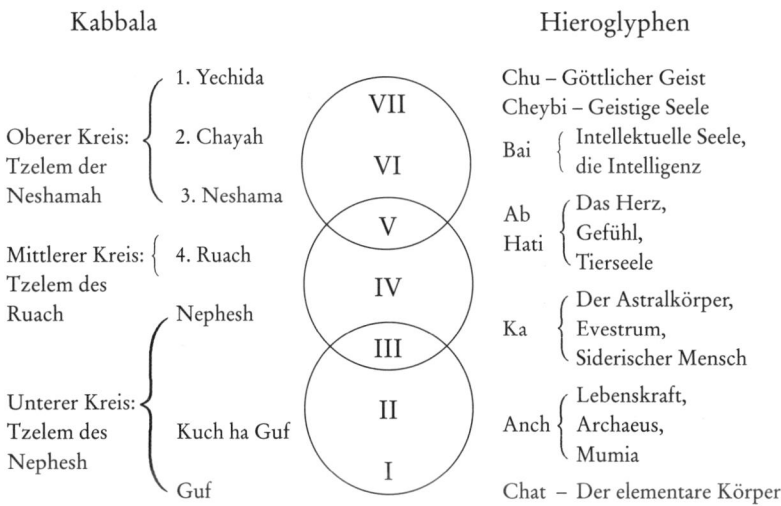

Kabbala		Hieroglyphen

Aus Blavatsky: Die Geheimlehre, Bd. II, S. 670.

Steiner unvermeidlich, dieselbe Terminologie zu benutzen, um mit der Benennung eine Verständnisbrücke zwischen den Hörern und der eigenen, freilich ganz anders gearteten Gedankenführung zu schaffen. Steiner begründet seine eigenen Einsichten, Erfahrungen und Auffassungen aus einer philosophiegeschichtlichen Linie, die im 19. Jahrhundert mit Namen wie J. G. und I. H. Fichte, C. G. Carus, Fortlage, Lotze, Herbart, Brentano u.a. verknüpft ist, Philosophen und Forscher, die in seinem Werk vielfältig zitiert werden. Demgegenüber knüpft Blavatsky an den im 19. Jahrhundert weitverbreiteten Mediumismus an, bei dem das Medium in einen Trancezustand versetzt wird und selbst nicht weiß, was es erlebt, die eigenen Erlebnisse bleiben ihm selbst vielmehr unbewußt und werden durch ein anderes Ich, den Hypnotiseur oder Kommunikator vermittelt. Was so im Unbewußten wirkt und durch den Mittler bewußt gemacht wird, gilt als Einwirkung oder Einsprache eines Spirit. Steiner ist dieses Vorgehen tief suspekt, er sieht allerdings Blavatsky in einer Sonderstellung im Bereich des Mediumismus und betont, «daß sie nicht bloß ein passives Medium war, sondern eine ungeheuer starke Erinnerung hatte für alles, was sich ihr aus höheren Welten kundgab» (Steiner: GA 254,

Vortrag v. 11.10.1915). Steiner zeichnet das schwankende Wesen der Aussagen kritisch nach, bemerkt aber, daß im Unterschied zum Mediumismus, wo der Geist durch Klopfgeräusche sehr materiell vorgeführt wird, die Theosophische Gesellschaft das Medium nicht vor die Welt gestellt habe, sondern im Inneren beließ und nur die Ergebnisse der Welt vorstellte. Diese innerlich kritische Distanz schließt freilich nicht aus, die durch die Beschäftigung mit dem inneren Erlebensraum, insbesondere im Denken, gewonnenen eigenen Erfahrungsbestände durch die dort zu findende Tradition in eine entsprechende oder neue Beleuchtung zu rücken. Denn Blavatsky knüpft neben der hinduistischen auch an andere esoterische Traditionen und Geheimlehren an, etwa die jüdische der Kabbala, und parallelisiert die dortige Nomenklatur mit der hinduistischen, wofür sich in den beigezogenen Schriften Steiners keine Anknüpfung findet.

VI. (zu S. 76)

Demgegenüber hebt Harrison: 1897, A. Besant hervor: «Frau Besant (1847-1933) z. B., welche bei weit geringerem Wissen als ihre Lehrerin vor ihr die bedeutende Fähigkeit voraus hat, ihre Gedanken zu ordnen ...» (S. 35). Sehen wir, was sie von Steiner unterscheidet. Besant war eine sehr produktive Schriftstellerin, eine Bibliographie ihrer Werke weist schon neun Jahre vor ihrem Tode über 400 Titel nach, der überwiegende Teil sind Broschüren und Bücher (A Bibliography of Annie Besant, by Theodore Bestermann, London 1924). Von Interesse für unseren Zusammenhang sind dabei wohl: *Karma* (London 1895); *Reinkarnation oder Wiederverkörperungslehre* (Leipzig 1895); *Man and his Body* (London 1896), *Individuality* (London 1898); *Dharma* (Benares 1898). Deutsche Übersetzungen sind unter folgenden Titeln erschienen: *Der Mensch und sein Körper, Reinkarnation, Karma, Dharma (Die Lehre des Wachstums*, Bd. 2), München 1981, ohne weiteren bibliographischen Nachweis. – Besant beschreibt zunächst in alter hinduistischer Tradition, darin Blavatsky folgend, allerdings sehr systematisch, den Aufbau des Menschen. Sie geht – anders als Steiner – beim physischen Leib auf Läuterungsmaßnahmen von der Ernährung her u. a. ein, bei dem «Doppelkörper» ausführlich auf paranormale Zustände, beim «Astralkörper» wiederum auf Möglichkeiten des Austritts und der «Erscheinung» unter bestimmten genauer beschriebenen Umständen, ferner, wie sich derselbe nachtodlich, seinen sieben Schalen und Substanzen entsprechend, im Kamaloka reinigt und stufenweise auflöst – dies sind Blickrichtungen, die bei Steiner entweder nur gestreift werden oder überwiegend gar nicht vorkommen. Vollends trennt sich die Darstellungsart – und auch der Inhalt, wenn auch noch ein gemeinsamer Gegenstand erkennbar bleibt –, wo es um den Mental- und Kausalkörper geht, die bei Steiner in dieser Charakterisierung nicht vorkommen.

VII. (zu S. 78)

Die Beschäftigung Steiners mit I. H. Fichte sei hier, soweit sie uns überschaubar wurde, kurz aufgezeigt. Dessen wichtigste Schriften finden sich in Steiners Bibliothek, teilweise gründlich durchgearbeitet. Wir nennen nur: *Anthropologie* (1856) sowie die 2. Aufl. von 1860; *Fragen und Bedenken*; *Grundzüge zum System der Philosophie*: 1. Abt. Erkennen als Selbsterkennen, 1833 (wohl mit den frühesten Anmerkungen), *Ontologie*, 1836 (mit Anmerkungen); *Fortdauer der Seele*. – Wir danken Dr. W. Kugler von der Rudolf-Steiner-Nachlaßverwaltung für Unterstützung und Einsichtnahme.

Die Beschäftigung zeigt, wie für schaffende Geister üblich, Entwicklungsstufen: Im Frühwerk (1884-1901), das Steiners literarische Beschäftigungen deutlich abspiegelt, taucht I. H. Fichte namentlich – im Gegensatz zu J. G. Fichte, seinem Vater – nur in der Form des Herausgebers, nicht speziell als Autor selbständiger Schriften auf. Das schließt die Kenntnisnahme einiger Aufsätze aus I. H. Fichtes Feder natürlich nicht aus. Die von Steiner abgefaßte Philosophiegeschichte *Welt- und Lebensanschauungen im 19. Jahrhundert* (Bd. I., 1900, Bd. 2., 1901), die später (1914, GA 18) erweitert als *Rätsel der Philosophie in ihrer Geschichte als Umriß dargestellt* erscheint, handelt I. H. Fichte unter dem Titel «Reaktionäre Weltanschauungen» sehr kurz ab. Dabei erwähnt Steiner frühe Werke I. H. Fichtes: *Sätze zur Vorschule der Theologie*, 1826; *Beiträge zur Charakteristik der neueren Philosophie*, 1829. Zitiert wird aus den folgenden Werken: *Grundzüge zum Systeme der Philosophie*, und zwar aus der 2. Abt. *Die Ontologie*, 1836, ferner aus der 3. Abt. *Die spekulative Theologie oder allgemeine Religionslehre*, 1846. Hervorgehoben wird die scharfe Ablehnung des Hegelianismus – Steiner selbst mißt Hegel einen außerordentlichen Rang bei – durch den Kreis um I. H. Fichte,

C. H. Weiße, F. Hoffmann, Ulrici, Wirth u.a. mit ihrer «Zeitschrift für Philosophie und spekulative Theologie». Diese Hegelkritik der «reaktionären» Weltanschauung begründet sich nach Steiner darauf, daß deren Ansicht zufolge Hegel nicht von der Sphäre des reinen Begriffs fortgeschritten sei zur Erfassung des persönlichen Gottes. Diese Auffassung hält Steiner allerdings für irrig, und er argumentiert dagegen von Hegel her, der erwidert hätte: Laßt die Finger von der Begründung der Religion, wenn ihr Philosophen bleiben wollt.

Die ablehnende Haltung I. H. Fichte gegenüber verändert sich offenbar durch ein genaueres Studium und Etappen in der eigenen inneren Entwicklung, die hier nicht im einzelnen darzulegen ist. Es ist nämlich im sich entfaltenden Erkenntnisprozeß unabdingbar, daß der produktiv Denkende, der durch seinen Geist das zu Bemerkende, den Denkinhalt selbst hervorbringt, wenn er sich mit seiner Aufmerksamkeit dem Hervorbringen, der Tätigkeit, dem Denkakt selbst zuwendet, bemerkt, daß einerseits er selbst es ist, der tätig ist, andererseits darin ein Umfassenderes lebt: «Jeder Mensch umspannt mit seinem Denken nur einen Teil der gesamten Ideenwelt, und insofern unterscheiden sich die Individuen auch durch den tatsächlichen Inhalt ihres Denkens. Aber diese Inhalte sind in einem in sich geschlossenen Ganzen, das die Denkinhalte aller Menschen umfaßt. Das gemeinsame Urwesen, das alle Menschen durchdringt, ergreift somit der Mensch in seinem Denken. Das mit dem Gedankeninhalt erfüllte Leben in der Wirklichkeit ist zugleich ein Leben in Gott» (Steiner: GA 4, S. 250). Mit diesen «Letzten Fragen» deutet sich an, wie das Denken Steiners nicht nur offen ist für eine äußere, sinnliche, sondern auch für die geistige Wirklichkeit, den Weg von der Philosophie (der Weisheitsliebe) zur Theosophie (der Gottesweisheit). Auf diesem Weg scheint I. H. Fichte, der sich als Naturwissenschaftler des Geistes versteht, ein Geistesverwandter Steiners zu sein. Das eingehendere Studium seines Werks konnte auch für Steiner insoweit zu einer Hilfe werden, als es die eigene Position und das eigene Ringen zu klären vermochte. Ist es doch so, daß derjenige, der mit den gleichen Problemen ringt und seine Einsichten schon geklärt hat, einem anderen, der auf anderen Wegen in eine verwandte Situation kommt, eine bedeutende Hilfe sein kann. Eben diese Verwandtschaft liegt vor, als Steiner «seelische Beobachtungsresultate nach naturwissenschaftlicher Methode» darstellt (GA 4).

Als Steiner im Herbst 1902/1903 27 Vorträge im Kreise der «Kommenden» hält mit dem Titel *Von Zarathustra bis Nietzsche – Entwicklungs-*

*geschichte der Menschheit an der Hand der Weltanschauungen von den
ältesten orientalischen Zeiten bis zur Gegenwart* – oder *Anthroposophie*
und am 8.10.1902 im Giordano Bruno-Bund über *Monismus und Theosophie – Positives und Kritisches* spricht, geht er auf seinem bisherigen
Weg einen Schritt weiter. Er stellt seine neuen Gedanken der geistigen
Avantgarde Berlins vor, allesamt Sucher, Grenzgänger, Experimentierer,
teilweise Atheisten, Monisten, Expressionisten, Bohemiens. Für Steiner
ist es ein wichtiges Unterfangen, in dem er untersucht, wie weit nun, da er
als Mitglied der durch Blavatsky und Olcott begründeten Theosophischen Gesellschaft spricht, die Akzeptanz geht bei all jenen Intellektuellen, mit denen er bisher verkehrte. Ist es ein Bruch mit seinen bisherigen
Ansätzen und Auseinandersetzungen – Hegel, Goethe, Schelling, J. G.
Fichte, aber auch Kant, Stirner, Nietzsche und Haeckel – oder eine
Weiterentwicklung, gar eine Metamorphose? Bei seinen Ausführungen,
die die Anthroposophie begründen sollen, knüpft er nunmehr zentral an
I. H. Fichte an. Im Bewußtsein von der Bedeutung dieses Vorhabens
berichtet er W. Hübbe-Schleiden, einem Theosophen, mit dem er, so
scheint es, eine bestimmte Richtung der Theosophie ablehnt. Steiner
schildert das unerwartete Interesse der über 300 Teilnehmer am Thema
«Monismus und Theosophie», referiert dann den Inhalt seiner Ausführungen und erwähnt, daß er den mittleren Teil mit der Interpretation
eines Satzes von I. H. Fichte zugebracht habe, um seine eigene künftige
Tätigkeit – anders als die indische theosophische, die aus alter Weisheits-
tradition stammt – aus sich und dem philosophischen Gedankenstrom
der Moderne zu fundieren. Es ist der Satz I. H. Fichtes: «Hat sich das
Ewige selbst als der unendlich sich offenbarende Geist gezeigt, so ist
darin zugleich die höchste Vermittlung aller Erkenntnisstufen und entgegengesetztesten Standpunkte des Bewußtseins gewonnen. Philosophie ist
Theosophie geworden.» (Steiner weist in seinem Brief das Zitat als aus
Selbsterkenntnis stammend aus [genau: *Erkennen als Selbsterkennen*,
1833]; zit. nach Beiträge zur Rudolf Steiner Gesamtausgabe, Nr. 79/80,
1983, S. 33 f.). Seine eigene Absicht formuliert er seinem Briefpartner
gegenüber so: «Es wird jetzt eben alles davon abhängen, ob wir imstande
sind, daß man uns durch den Anschluß an die theosophische Bewegung
nicht kompromittiert findet. Ich wußte, was ich an diesem Abend ris-
kierte.» (Ein Referat des Vortrags v. 8.10.1902 findet sich in: *Über Philosophie, Geschichte und Literatur*, GA 51, S. 311 ff.)

Die gründlichere Beschäftigung Steiners mit Fichte nach der Jahrhundertwende schlägt sich indirekt in der *Theosophie* und direkt in der *Geheimwissenschaft* nieder, wo Steiner I. H. Fichtes *Anthropologie* zitiert (1909, GA 13, S. 134). Er stimmt Fichtes Ausführungen über Vererbung und geistige Eigenständigkeit zu, kritisiert aber scharf, daß er nicht weit genug greife, indem ihm die Einsicht in den Gedanken der Reinkarnation nicht zugänglich wurde. Fichtes «Gedanken greifen nur so weit, daß sie in die physische Leiblichkeit eintreten lassen eine geistige Wesenheit. Da deren gestaltende Kräfte aber nicht aus Ursachen früherer Leben hergeleitet werden, so müßte jedesmal, wenn eine Persönlichkeit ersteht, eine solche geistige Wesenheit aus einem göttlichen Urgrunde hervorgehen» (S. 135). Immer wieder kann in der Selbst- und Fremdbeobachtung wahrgenommen werden, daß es nicht allein ein kontinuierliches Anwachsen bestimmter Fertigkeiten gibt, sondern auch noch Fähigkeiten, die ruckartig, also plötzlich aufbrechen, ebenso wie Blüten, die über Nacht aufgehen. Für Steiner sind die aufbrechenden Fähigkeiten kein Wunder, sondern vorausliegender Übung zu verdanken. So geht Steiners eigener Gedankengang in dieser Frage. Im übrigen ist das von einer Grundzustimmung zu Fichte getragene Verhältnis auf Steiners Seite keineswegs unkritisch, allerdings irrt hier Steiner, denn Fichte kennt und vertritt den Wiederverkörperungsgedanken unter dem Namen der Seelenfortdauer und den Karmagedanken unter dem Namen individuelle Vorsehung tatsächlich (in: *Zur Seelenfrage*, S. 208), wenn auch nicht in der *Anthropologie*.

Bis dahin kennt Steiner wahrscheinlich nur einen Teil von Fichtes Werk. Eine weitere, eingehendere Beschäftigung damit scheint in der Zeit des Ersten Weltkrieges zu erfolgen. Wir können vermuten, daß schon um 1909/10 die intensivere Erforschung der Sinne durch Steiner ihn auf Forscher wie Fechner, Lotze, Fortlage, Carus u.a. geführt hat. Sie finden sich öfter zitiert. Die damit verbundene vertiefte Beschäftigung mit der Leib-Seele-Problematik und dem Wesen der Empfindung ist in der Zeit des Ersten Weltkrieges nachweisbar; Steiner sucht bei den entsprechenden Forschern den Stand der Wissenschaft zu erfassen. Zwei Interessenrichtungen sind aufweisbar: durch den Krieg selbst eine Besinnung auf verborgene Erneuerungskräfte unter dem Stichwort «verschüttetes Schrifttum» und die Vertiefung der Menschenerkenntnis im Hinblick auf die leiblich-seelisch-geistige Abhängigkeit. Dem einen Thema widmet sich die Darstellung *Vom Menschenrätsel, Ausgesprochenes und Unausgesprochenes im Denken Schauen, Sinnen einer Reihe deutscher und österreichischer Persönlichkeiten* (1916, GA 20). Darin kennzeichnet Steiner

I. H. Fichte als einen Denker, «der in das Geistige tiefer einzudringen versuchte als sein Vater und als Schelling und Hegel» (S. 58). – Der zweite Strang bezieht sich auf die Ausarbeitung der Dreigliederung des Menschen, wobei verstärkt Namen wie Brentano, Carus, Fortlage, I. H. Fichte, Oken, Steffens, Feuchtersleben u.a. auftauchen. Diese philosophische Beschäftigung mit I. H. Fichte findet ihren Niederschlag in folgenden Vorträgen:

Aufgaben der Geisteswissenschaft und deren Bau in Dornach, in: *Philosophie und Anthroposophie*, GA 35, 11.1.1916, S. 217f., wo auf den oben erwähnten Vortrag von 1902 und Fichtes *Anthropologie* verwiesen wird; ferner 4.3.1911 in Beiträge 54; 25.2.1916, GA 168; 17.3.1916, GA 65; 15.4.1916; 6.10.1916; 14.5.1917; 21.5.1917; 11.6.1917; 13.6.1917; 16.6.1917 (Vorträge ohne GA-Nummer: unveröffentlicht).

Zur Biographie Fichtes vgl. Hermann Ehret: Immanuel Hermann Fichte. Ein Denker gegen seine Zeit. Stuttgart 1987.

VIII. (zu S. 81)

«Wenn solch ein organisiertes System aufhört zu existieren – etwa wenn ein Atom sich spaltet, eine Schneeflocke schmilzt, ein Tier stirbt –, so verschwindet das organisierende Feld von dem Ort, an dem es sich befand. In einem anderen Sinne jedoch verschwinden morphische Felder nicht: Sie sind potentielle Organisationsmuster und können sich zu einer anderen Zeit und an einem anderen Ort wieder konkretisieren ... Wenn sie sich erneut physisch manifestieren, beinhalten sie eine Erinnerung an ihre frühere physische Existenz. Den Prozeß, durch den Vergangenheit innerhalb eines morphischen Feldes zur Gegenwart wird, nenne ich morphische Resonanz» (Sheldrake: 1990, S. 11).

IX. (zu S. 84)

«Jeder sinnliche Empfindungsinhalt bezeichnet eine einfache und zugleich eigentümliche Qualität, deren Unterschied von anderen sich nicht in allgemeinen Begriffen bezeichnen (‹definieren›), sondern nur durch den Akt der Empfindung selber auffassen läßt. (Was kalt, bitter, helltönend, rot sei, kann durch keinerlei vorläufige Beschreibung, sondern nur

durch wirkliches sinnliches Erleben erfahren werden.) Dies heißt psychologisch ausgedrückt: das äußere Empfinden ist mit dem unwillkürlichen Bewußtsein gebundener Freiheit behaftet; die Selbsttätigkeit des
Geistes steht in ihm noch auf niederster Stufe: er verhält sich lediglich
rezeptiv ... Sodann ist der sinnliche Empfindungsinhalt durch die Klarheit und Bestimmtheit seiner qualitativen Unterschiede, ebenso durch
die Festigkeit, mit welcher er, solange die Affektation dauert, vor dem
Bewußtsein stehen bleibt, verschieden von allem durch freie Tätigkeit des
Bewußtseins Produzierten ... Die Empfindungen sind lebhaft, eindringlich, scharf gesondert ... Endlich sind es nicht bloß einfache Sinnesempfindungen, sondern feste Verbindungen und Gruppen derselben, welche
sich dem Bewußtsein bieten ... Parallel mit dem äußeren Empfinden geht
eine Reihe innerer Lebensempfindungen, durch die sich ebenso willkürlich einzelne oder Gesamtzustände unseres Organismus widerspiegeln»
(I. H. Fichte: 1864, S. 268 ff.).

X. (zu S. 108)

«Nach langem Zögern und Schwanken haben wir uns entschlossen, nur
zwei Grundtriebe anzunehmen, den Eros und den Destruktionstrieb.
Das Ziel des ersten ist, immer größere Einheiten herzustellen und zu
erhalten, also Bindung, das Ziel des anderen im Gegenteil, Zusammenhänge aufzulösen und zu zerstören.» Das Mischungsverhältnis der Trieb-
kräfte ist im Einzelfall verschieden. Freud stellt alles in den Dienst seiner
Sexualitätslehre, so beinhaltet dann «der Sexualakt eine Aggression mit
der Absicht der innigsten Vereinigung ... Veränderungen im Mischungsverhältnis haben die greifbarsten Folgen. Ein starker Zusatz zur sexuellen
Aggression führt vom Liebhaber zum Lustmörder, eine starke Herabset-
zung des aggressiven Faktors macht ihn scheu oder impotent» (S. Freud:
1938, S. 70 f.).

XI. (zu S. 122)

Cicero gliedert die Gefühle in die weiträumige Polarität von Lust und
Unlust ein. Damit sind zwei Ordnungszentren gegeben, durch die sich,
der Sinnesempfindung des Angenehmen oder Unangenehmen entspre-

chend, Beziehungen zum menschlichen Streben herstellen lassen: Harmonie – Disharmonie. Doch die Offenheit der Begriffe drängte nach weiteren Bestimmungen. So fügten die Stoiker den Aspekt des Zeitlichen im menschlichen Streben hinzu. Das Streben der Gegenwart zielt entweder darauf, die gegenwärtige Erfahrung zu erhalten, dann nämlich, wenn sie durch Freude (laetitia) und Lust bestimmt ist, oder sie zu fliehen, wenn sie Ärger (aegritudo) bringt. Auf die Zukunft gerichtet herrschen Begierde (libido) oder Unlust angesichts der bevorstehenden Erfahrung, im extremsten Falle Furcht (metus). Diesem Muster wurden dann weitere Gefühle – teilweise zwanghaft – zugeordnet: der Furcht die Feigheit, Scham, Schrecken, Angst, Bestürzung, Entsetzen, Verwirrung, Verzagtheit und so weiter. – Wundt ersetzte diese Einteilung durch eine mehrdimensionale Klassifikation, indem er Lust / Unlust durch das Erleben von Erregung und Beruhigung, Spannung und Lösung erweiterte. – Die phänomenologische Schule Franz Brentanos differenziert nach der spezifischen Form des Innewerdens und ihrer Beziehung zur Erfahrung. – Scheler geht von den Schichten des Erlebens aus und unterscheidet vier Ebenen: 1. die sinnliche, von der auch wir handeln, mit Hunger, Durst und so weiter, also sinnlichen Gefühlen und Körperempfindungen; 2. Leib- und Lebensgefühle wie Behaglichkeit, Müdigkeit, Gesundheits- und Krankheitsgefühl; 3. rein seelische Gefühle wie Trauer, Freude, Mitleid; 4. geistige Gefühle wie Seligkeit und Verzweiflung. – Die differenzierteste Gliederung – eine siebenstufige Einteilung mit der Untergliederung von es-haft und ich-haft – stammt von A. Welleck: *Die Polarität im Aufbau des Charakters.* (Vgl. N. Wolfhart Henckmann: Gefühle, in: *Handbuch philosophischer Grundbegriffe,* hg. H. Krings, H. M. Baumgartner, Ch. Wild, München 1973, S. 520 ff.)

XII. (zu S. 135)

«Es bedarf nur eines kurzen wissenschaftlichen Studiums präliterarischer Sprachen, insbesondere der amerikanischen, um zu sehen, daß viele dieser Sprachen präzisere und feiner ausgearbeitete Systeme von Zusammenhängen enthalten als die unseren. Im Vergleich mit manchen amerikanischen Sprachen erscheint die formale Systematisierung von Vorstellungen im Englischen, Deutschen, Französischen oder Italienischen ärmlich und fade. Warum zum Beispiel drücken wir nicht – wie die

Hopisprache – das Verhältnis von Sinneskanal (sehen) zu Resultat im Bewußtsein in dem Fall ‹Ich sehe, daß es rot ist› anders aus als in dem Fall ‹Ich sehe, daß es neu ist›? Wir vermengen diese zwei recht verschiedenen Beziehungen zu einer unbestimmten Art von Verbindung, die wir durch ‹daß› ausdrücken. Die Hopisprache zeigt dagegen an, daß uns im ersten Falle das Sehen eine bestimmte Gesichtsempfindung ‹Rot› gibt, während wir im zweiten Fall durch das Sehen nur unspezifizierte Daten erhalten, aus denen wir auf dem Wege eines Schlusses zu dem Resultat ‹neu› kommen. Gehen wir zu den Formen ‹Ich höre, daß es rot ist› und ‹Ich höre, daß es neu ist› über, so halten wir Europäer uns immer noch an unser lahmes ‹daß›. Die Hopis verwenden dagegen wiederum einen anderen Beziehungsausdruck, und zwar nun ohne Unterschied für ‹rot› und ‹neu›, denn in beiden Fällen kommt die Nachricht dem Bewußtsein als verbaler Bericht zu. Zeigt die Hopisprache hier nicht ein höheres Niveau des Denkens und eine rationalere Analyse der Situation als unser gepriesenes Deutsch oder Englisch? Auf diesem wie auf verschiedenen anderen Gebieten verhält sich [die indoeuropäische Sprachgruppe] zur Hopisprache wie ein Knüppel zu einem Degen» (Benjamin Lee Whorf: *Sprache, Denken, Wirklichkeit – Beiträge zur Metalinguistik und Sprachphilosophie,* Reinbek 1963, S. 132).

XIII. (zu S. 169)

Sacks: 1987, beschreibt folgenden Fall: Durch eine schwere Neurodermitis wurde die Eigenwahrnehmung (Propriozeption) einer Frau so stark beeinträchtigt, daß die Gewißheit des eigenen Leibes als Gewißheit der Existenz unterhöhlt war. Sie konnte ihren «Körper nicht ‹sehen›, weil er seine Augen verloren hatte» (S. 75). «Es ist, als sei mein Körper sich selbst gegenüber blind und taub … Er hat kein Gefühl für sich selber» (S. 79). Finsternis, Aushöhlung, gespenstisches Erleben sind die Folge. «Sie [die Patientin] hat mit ihrer Eigenwahrnehmung auch die grundlegende organische Verankerung der Identität verloren – jedenfalls der körperlichen Identität, des ‹Körper-Ichs› … Eine De-Personalisation oder De-Realisation tritt immer auf, wenn die Körperwahrnehmung oder das Körperbild tiefgreifend gestört ist» (S. 79). In einer eingefügten fiktiven persönlichen Aussage eines Arztes, die zitiert wird, lautet das so: «Dieses Gefühl war so ungewohnt, daß ich zunächst bestürzt war. Ich hätte am liebsten andauernd jemand gefragt, ob ich wirklich G. D. war oder nicht ... Zuzeiten war die Überzeugung, ich sei nicht ich selbst, überwältigend und äußerst schmerzhaft. Es war – besser kann ich es nicht beschreiben – ein Fehlen der egoistischen Empfindung von Individualität» (S. 81). Das Gefühl der Körperlosigkeit wird gemildert, wenn starker Wind die Haut der Patientin berührt: «Ich spüre den Wind auf der Haut, auf den Armen und im Gesicht, und dann merke ich undeutlich, daß ich tatsächlich Arme und ein Gesicht habe. Es ist nicht das echte Gefühl, aber es ist immerhin etwas – es nimmt eine Zeitlang diesen schrecklichen Todesschleier von mir» (S. 81). Dennoch wird auch hier das Ich nie als völlig identisch mit dem Leib erachtet.

XIV. (zu S. 169)

W. Stern: 1923 b, beschreibt den Begriff der Persönlichkeit inhaltsvoll, wobei er zwischen Person und Persönlichkeit unterscheidet: Person ist ein solches «Existierendes, das trotz der Vielheit der Teile eine reale eigenartige und eigenwertige Einheit bildet und als solche, trotz der Vielheit der Teilfunktionen, eine einheitliche, zielstrebige Selbständigkeit vollbringt» (S. 4f.). Selbsterhaltung und Selbstentfaltung sind zwei entscheidende Ziele. Die Person zielt auf Daseinserhaltung, Inhaltsbeharrung, Anpassung. Die Persönlichkeit als ideelle Person drängt auf Selbstentfaltung. «Wenn innerhalb der Person der ideelle Anteil besonders betont werden soll ... [heißt sie] ‹Persönlichkeit›. Unter Persönlichkeit verstehen wir also die Person, soweit durch ihre reale Gestaltung die in ihr waltende innere Bestimmung hindurchleuchtet. Die Person ist, als Kompromiß, immer wirklich, die Persönlichkeit, als Ideal, nie vollendet» (S. 20 f.).

XV. (zu S. 184)

Denselben Vergleich gebraucht Steiner in der *Geheimwissenschaft* (GA 13, S. 140), für das Weltwerden: «Wie man hier aus dem, was vorher durchaus Wasser war, das Eis sich heraus verdichten sieht, so kann man durch geistige Beobachtung verfolgen, wie sich aus einem vorangehenden durchaus Geistigen die stofflichen Dinge, Vorgänge und Wesenheiten gleichsam verdichten.» – In dem Vortrag vom 17.10.1907, GA 56, heißt es im Anschluß an Balfour, daß nicht Projektionen, was hinter den Erscheinungen sei, wichtig sind, sondern daß die Wirklichkeit genau diejenige sei, die man sieht, hört, erlebt. Man «wird erkennen, daß das Atom nichts anderes sein kann als gefrorene Elektrizität, gefrorene Wärme, gefrorenes Licht. Und dann wird man noch weitergehen müssen, daß man in *allem* verdichteten und gebildeten Geist zu sehen hat ... Was Materie ist, verhält sich zum Geist wie Eis zum Wasser» (S. 59). – Wir geben diesen Gedanken, ohne ihn weiter auszuführen, wieder, weil er sich aus der Systematik aufdrängt, wenn von der Priorität des Geistes über den Stoff ausgegangen wird – entgegengesetzt zur herrschenden Naturwissenschaft.

XVI. (zu S. 186 und S. 210)

Es besteht ein Wechselverhältnis vom Geist des Menschen zum Leibe und von diesem zum Geist: «Die Individualisierungskraft wirkt von der menschlichen Ich-Organisation aus über den Ätherleib umwandelnd auf die Vererbungskräfte des physischen Leibes. Der physische Leib als Träger der Vererbung wirkt als Modelleib und Kraftsystem über den Ätherleib determinierend auf die höheren Wesensglieder und ihren Zusammenhang zurück ... Bei den genetischen Substanzen des Zellkerns (DNS) handelt es sich um biochemische Produkte, die im Bereich des ‹Halblebens› existieren. Ihre Wirkung innerhalb der Zelle ist zunächst eine chemisch-physikalische, die möglich macht, daß Proteine durch *reine Spiegelungsvorgänge* an der DNS-Struktur (unter Zwischenschaltung spiegelbildlich aufgebauter RNS als Matrix für die Eiweißsynthese) gebildet werden. Diese Proteine (Enzyme, Hormone) sind einerseits materielle Träger der Lebensvorgänge (Stoffwechsel, Wachstum, Vermehrung), andererseits aber auch Werkzeuge für das Eingreifen von Astralleib und Ich-Organisation in den Ätherleib und über diesen auch in die physische Organisation ... DNS und Proteine [können] nur als Bedingungen und als Werkzeuge lebendiger, zellulärer Vorgänge angeschaut werden, nicht aber als deren Schöpfer» (Grünewald: 1992, S.22 ff.).

XVII. (zu S. 307)

«Die mittleren Kindheitsjahre sind der Zeitraum, in dem … viele mehr oder weniger wichtige motorische Fertigkeiten erlernt werden … radfahren, schwimmen und tauchen, Rollschuh laufen, Schlittschuh laufen, in den Kniekehlen an der Teppichstange hängen, Schlagball und Fußball spielen … schielen, kreiseln, seilspringen … mit den Fingern schnalzen, mit einem Auge zwinkern und pfeifen» (Stone/Church: 1978, Bd. 2, S. 128). – «Die Kinder haben eine besondere, getrennte Subkultur mit ihren eigenen Traditionen, Spielen, Werturteilen, Loyalitäten und Regeln. Die Kultur der Kindheit hat vieles mit der Kultur der Primitiven gemein. Sie wird durch mündliche Überlieferung weitergereicht und beinhaltet viele rituelle und magische Formeln … Sie ist eng begrenzt und fremden Einflüssen und Veränderungen nicht zugänglich» (ebd., S. 130).

XVIII. (zu S. 317)

Das Hauptproblem der Konstitutionslehre stellen die Mischtypen dar, Kretschmer ordnete sie nicht weiter seelischen Merkmalsgruppen zu. In freier Weise gruppierte dagegen der Psychiater W. H. Sheldon die Körpertypen des Pyknikers, Athletikers und Leptosomen, indem er sie auf das Überwiegen eines Keimblattes beim menschlichen Keim zurückführte. Damit könnten dann auch konstitutionelle Mischformen besser erfaßt werden (Sheldon/Stevens/Tucker: *The Varieties of Human Physique*, New York/London 1942, zit. n. Roth: 1971, Bd. 1, S. 201 ff.). – Einen nochmals anderen Ansatz wählt Pfahler. Ihm geht es darum, die Vererbung seelischer Anlagen, und zwar im «Kerngefüge», nachzuweisen. Zu diesem Kerngefüge gehören die Grundfunktionen:

1. die Aufmerksamkeit: eng – weit, fixierend – fluktuierend, analytisch – synthetisch und so weiter;
2. die Perseveration, das Nachwirkung seelischer Erlebnisse, und Eindrücke, Denk- oder Wort-Wiederholungszwang: stark – schwach;
3. die Ansprechbarkeit des Gefühls,
   a) stark oder schwach,
   b) Vorwiegen der Lust- oder Unlustseite (des Heiteren oder Melancholischen):
4. die vitale Energie: stark – schwach.

Der Typus der festen Gehalte verfügt über eine enge Aufmerksamkeit und starke Perseveration, der Typus der fließenden Gehalte weist dagegen weite, fluktuierende Interessen und schwache Perseveration auf. Diese Grundfunktionen kombiniert Pfahler in bezug auf
– starke Gefühlsansprechbarkeit mit überwiegender Heiterkeit,
– starke Gefühlsansprechbarkeit mit überwiegender Schwerblütigkeit,
– schwache Gefühlsansprechbarkeit mit Kühle und Kälte.
Dadurch wird eine Fülle von Zwischentypen erfaßbar, teils handelt es sich um seelische Eigenschaften, teils um leibliche. (G. Pfahler: *Warum Erziehung trotz Vererbung?* ⁴Leipzig 1943. – Ders.: *Der Mensch und sein Lebenswerkzeug*, Stuttgart 1954, zit. n. Roth: 1971, Bd. 1, S. 205-216). Vgl. auch die kritische Sichtung mit zugehöriger Literatur bei Schneewind: 1982, S. 113-147.

XIX. (zu S. 335)

Die eine Position besagt: Die Rollen der Geschlechter sind mehr oder weniger erlernt, das heißt durch Sozialisation vermittelt. M. Mead weist an drei Kulturen – den Arapesh, den Mundugumor und den Tschambuli – völlig gegensätzliche Auffassungen des Männlichen und Weiblichen nach (Mead: 1970). Die andere Position vertritt die Auffassung, die Unterschiede seien weitgehend genetisch determiniert (wir entnehmen die Beispiele aus Zimmer: 1987, S. 203f.). «Dafür steht der biologische Nachweis. Denn in Extremfällen, bei Erkrankung des ‹Adrenogenitalen Syndroms›, geben schon in der Embryonalentwicklung die Nebennieren zuwenig Kortisol ab, statt dessen zuviel Androgene, das führt bei Mädchen zu vermännlichten Verhaltens- und Erlebensweisen. So stellen von 14 Mädchen 13 den Beruf in der Phantasie über die Ehe, bei der gesunden Kontrollgruppe von 15 waren es dagegen nur 5. Wird das Symptom erkannt, kann durch Kortisongaben das ‹typisch Weibliche› geweckt werden» (Melissa Hines: *Prenatal Gonadal Hormones and Sex Differences in Human Behavior.* In Psychological Bulletin, 92 (1)/1982, S. 1335 ff. – Anke A. Erhardt: *Prinzipien der psychosexuellen Differenzierungen*, in: Norbert Bischof und Holger Preuschoft [Hg.]: *Geschlechtsunterschiede – Entstehung und Entwicklung*, S. 99 ff.) – Eine ähnliche, aber seltenere Erkrankung, der «Männliche Hermaphroditismus», wurde durch Inzucht auf Santo Domingo untersucht. In der Embryonalentwicklung erfolgt zwar ein Testosteronschub, doch er wird an dem Ort, wo er zur Bildung des männlichen Organs führen soll, nicht ausreichend angenommen, so daß sich ein männlicher Körper mit weiblichen Organen entwickelt. Scheinbar ein Mädchen – bis zur Pubertät, dann setzt Stimmbruch ein, Hoden und Penis wachsen infolge der Androgenproduktion. Der Geschlechtstrieb richtet sich auf Frauen. Wo die medizinische Behandlung zur Kastration führt, bleibt das Verhalten weiblich. Auf Santo Domingo, wo diese Behandlung nicht erfolgt, legen die Schein-Mädchen innerhalb kurzer Zeit ihr Weibliches ab und übernehmen die ungelernte Männerrolle (Juliana Imperato McGinley/ Ralph E. Peterson/Teofilo Gautier/Erasmo Sturla: *Male pseudohermaphroditism due steroid 5 alpha-reductase deficiency*, in: American Journal of Medicin, 62, 2, 1977, S. 170 ff).

XX. (zu S. 347)

«Wachstum ist nicht einfach Massenzunahme des Körpers, sondern ein rhythmisch ablaufender biologischer Prozeß, der sich aus vielen Einzelfaktoren zusammensetzt und mit einer für den Menschen charakteristischen seelischen und körperlichen Reifung einhergeht. Die Entwicklung von Nervensystem und Sinnesorganen eilt voraus, diejenige von Gliedmaßen und Rumpf hinkt nach. So verschieben sich auch die Körperproportionen während des Wachstums. Form und Größe der Körperhöhle ändern sich. Beim Neugeborenen ist der Neuralraum noch sehr groß; Brust und Bauchraum sind relativ klein. Beim Erwachsenen liegen die Verhältnisse umgekehrt. Beim Neugeborenen (durchschnittliches Körpergewicht 3250 g, Länge 50 cm) mißt der Kopf noch 1/4 der gesamten Standhöhe, beim Erwachsenen (durchschnittlich 70 kg schwer und 165 cm groß) nur noch 1/8. Das Geburtsgewicht verdoppelt sich im Laufe des ersten halben Jahres, verdreifacht sich bis zum 18. Monat, verfünffacht sich bis zum 5. Lebensjahr. Der Erwachsene hat schließlich das 20fache Geburtsgewicht erreicht. Gewichts- und Größenzunahme erfolgen aber nicht kontinuierlich. Das Größenwachstum ist ein rhythmischer Prozeß aus zwei Teilkomponenten, dem Längen- und Dickenwachstum (Streckung und Fülle), die periodisch miteinander abwechseln. In bestimmten Lebensabschnitten überwiegt das Längenwachstum, in anderen das Dickenwachstum ... So ‹schießen› beispielsweise die Kinder in der Pubertät (12.-14. Lebensjahr) in die Höhe, während sie vorher mehr rundliche, füllige Körperformen entwickeln. Nach der Pubertät verlangsamt sich das in zunehmendem Maße und sistiert nach dem 24. Lebensjahr ... Im allgemeinen werden Wachstumsperioden von 6-7 Jahren unterschieden, die sich in zwei Unterabschnitte von 3-4 Jahren untergliedern lassen» (Rohen: 1978, S. 7 ff.).

XXI. (zu S. 388)

«In der Umgebung des Menschen, wo die Sinnessphäre ist, geschehen reale Vorgänge, die sich immerfort hineinstellen in das Weltgeschehen. Nehmen Sie an, Licht wirke auf den Menschen durch das Auge. Im Auge, das heißt in der Sinnessphäre, geschieht ein realer Vorgang, es geschieht etwas, ein physisch chemischer Vorgang. Der setzt sich fort in das Innere des menschlichen Leibes, und er kommt dann auch bis in jenes Innere hinein, wo wiederum physisch-chemische Vorgänge vor sich gehen. Jetzt denken Sie sich, Sie stehen einer beleuchteten Fläche gegenüber, und Lichtstrahlen fallen von dieser beleuchteten Fläche aus in Ihr Auge. Dort entstehen wieder physisch-chemische Vorgänge, die sich fortsetzen in die Muskel-Blutnatur im Inneren des Menschen. Dazwischen bleibt eine leere Zone. In dieser leeren Zone, die durch das nervöse Organ leer gelassen ist, entwickeln sich keine solchen Vorgänge wie im Auge oder im Inneren des Menschen, die selbständige Vorgänge sind, sondern da hinein setzt sich fort, was draußen ist: die Natur des Lichtes, die Natur der Farben selber und so weiter ... Dort aber, wo Sie Nerven haben, wo Sie hohl sind in bezug auf das Leben, da verändern sich Licht und Farbe nicht, da leben Sie Licht und Farbe mit» (Steiner: GA 293, Vortrag v. 28.8.1919, S. 116 f.).

XXII. (zu S. 390)

Jeder Bewegung geht im Gehirn der Aufbau eines Bereitschaftspotentials voran, das sich in elektrischer Aktivität niederschlägt, diese ist im EEG nachweisbar. Daran kann abgelesen werden, wann das Gehirn mit der Bewegungsvorbereitung beginnt (Hans Helmut Kornhuber: *Wahrnehmung und Informationsverarbeitung*. In: Herbert Wendt/Norbert Loacker [Hg.]: Kindlers Enzyklopädie Der Mensch, Bd. III, Der Körper des Menschen, S. 597-620).

Aufgrund dieser Erkenntnisse ließ Libet Versuchspersonen ein uhr-
ähnliches Zifferblatt mit schnell drehendem Zeiger beobachten und
forderte sie auf, eine von ihnen in Art und Zeitpunkt selbst bestimmte
Bewegung zu machen. Es wurde die Vorbereitung in Form der Gehirn-
aktivitäten über das EEG gemessen, der «Täter» sollte dann die Bewegung ausführen und zugleich feststellen, bei welchem Zeigerstand er sich
bewußt zur Bewegung entschlossen habe. Die Messung ergab eine Differenz zwischen Bewegungsentschluß nach dem EEG und der Bewußtwerdung; denn die Entscheidung, sich zu bewegen, fiel immer erst dann,
wenn die Bewegung bereits eingeleitet war, der vermeintliche «Entschluß», wie er sich im Bewußtsein spiegelte, lief der Bewegung – gemessen an der Gehirnaktivität – selbst hinterher, und zwar 350 Millisekunden
(1/3 sec.) nach Beginn des Bereitschaftspotentials. Etwa 550 Millisekunden vor der willkürlichen Bewegung setzt bereits das Bereitschaftspoten-
tial ein, bewußt wird es aber der Person 200 Millisekunden vorher, ehe sie
weiß, was sie tun wird; dies liegt allerdings noch immer 150 bis 200
Millisekunden vor der Muskelaktivierung (Benjamin Libet, et al.: *Time
of conscious intention to act in relation to onset of cerebral activity* [readi-
ness potential]. In: Brain, 106/1983, S. 623-642. Ders.: *Unconscious cerebral initiative and the role of conscious will in voluntary action*. In: The
Behavioral and Brain Sciences, 8,4, 1985, S. 529-266. Zit. n. Zimmer: 1987,
S. 286 f.).

Anmerkungen

Zur Einleitung:

1 Die sprachlich fremde Formulierung kann auch benutzt werden, ähnlich dem kindlichen Spiel, um bei Kritikern dieser Betrachtungsart Ausgrenzungen gegenüber den «Sonderlingen» vorzunehmen und zwischen den Ausgrenzern sogar eine sonst kaum bestehende Gemeinsamkeit im Hinblick auf die – nicht weiter begründete – Ablehnung zu schaffen, die sich nicht auf Inhalt oder Einsicht, sondern auf die ungewohnte Art des Sprachgebrauchs, der etwa mit Worten wie Äther- oder Astralleib gegeben ist, stützt. Als schlechte Beispiele dafür können einige Schriften aus dem kirchlichen Raum, aber auch von sogenannten «wissenschaftlichen Kritikern», die sich unzulänglich mit dem Gegenstand auseinandersetzen, angeführt werden (vgl. Altehage [Hg.]: 1992).

2 Dieses Schicksal ist auch anderen widerfahren. So ist das gehaltvolle personalistische Konzept von Stern: 1923 b, wegen seiner «dezidiert metaphysischen Position ... vergleichsweise zurückhaltend aufgenommen ... [worden und hat] keine unmittelbar erkennbaren Nachwirkungen» gehabt (Schneewind: 1984, S. 9).

2a Vgl. Vogel: 1992, und Husemann: 1989.

3 Auf Carus bezieht sich Steiner beispielsweise in der *Theosophie* (GA 9). Vgl. für weitere Bezüge Meffert: 1986, S. 223.

4 Man vergegenwärtige sich, daß schon vor 150 Jahren ein gründlicher Sachkenner von der «fast unübersehbaren Menge psychologischer Theorien», spiritualistisch, materialistisch, parallelistisch usw. sprach, die sich seither um Potenzen vergrößert haben (I. H. Fichte: 1876, S. 19). – Hier sei angemerkt, daß I. H. Fichte, auf den sich Steiner gelegentlich bezieht, sich entschieden gegen eine «Dreiheit von Leib, Seele und Geist» ausspricht, weil für ihn der Leib keine Selbständigkeit aufweist, er ist ihm nur beseelter Geist (S. 458).

5 Willmann: 1894 ff., der alle Erkenntnisformen darauf zurückführt, daß sie entweder monistisch, dualistisch oder triadisch – dieses wiederum eine ausgefaltete Form des Monismus – seien.

6 Einen Einblick in die Werdestufen des Begriffes und die Erkenntnis des Geistes geben die Forschungsarbeiten des Friedrich von Hardenberg-Instituts, Heidelberg:

Dietz: 1989 a; 1989 b; 1990.

Klünker: 1990. Ferner dessen Übersetzungen aus dem Werk des Thomas von Aquin: *Der Prolog des Johannes-Evangeliums; Über die Einheit des Geistes; Über die Trinität.* Stuttgart 1986-1990.

7 Beste Gelehrtentradition hat den Reichtum der Wort- und Bedeutungsgeschichte durch über ein Jahrhundert zusammengetragen. Wir benutzen dazu das monumentale *Deutsche Wörterbuch von Jakob und Wilhelm Grimm.* Die 33 umfangreichen Bände erschienen zwischen 1854 und 1971, Nachdruck München 1984. Die einzelnen Begriffe sind freilich von unterschiedlichem Wert, weisen aber gerade für Leib, Seele und Geist doch einen ungeahnten Reichtum auf. Der Begriff Geist umfaßt allein rund 120 eng bedruckte Spalten; er stellt, erarbeitet von Rudolf Hildebrand, qualitativ eine herausragende Ausnahme dar und erschien auch als selbständige Veröffentlichung, Halle 1929.

8 Plessner: 1981, S. 37.

9 «Niemals dürfen wir uns vermessen zu glauben, daß ein Gedankenabschluß möglich sei» (Steiner: GA 52, Vortrag v. 7.11.03, S. 47).

10 Meinberg: 1988, S. 101 ff., 140 ff. u. passim.

11 Zeltner: 1966, verwendet diese Wendung als Leitbegriff, um sich so von ideologischen Reduktionen abzusetzen.

12 Zu nennen sind hier neben Plessner vor allem: Scheler: 1988 [1928]. – Gehlen: 1971 [1940], kommt durch den Vergleich der menschlichen Handlungen mit dem Verhalten von Tieren zu einem bereits bei Herder (*Ideen zur Philosophie der Geschichte der Menschheit,* 1784) thematisierten Gedanken: der *Instinktreduktion des Menschen,* die ihn frei macht, aber auch gefährdet (Mängelwesen) sein läßt, weshalb er kultureller Einrichtung und gesellschaftlicher Institutionen bedarf. Gehlen selbst lehnt den metaphysischen Ansatz Schelers ab; dessen ontologisches oder wesensmäßiges Zentrum des Menschen bleibt innerhalb der raumzeitlichen Existenz gleichsam außerhalb. Diese Erzählungen haben für ihn nur dichterische Evidenz, aber keinen zwingenden wissenschaftlichen Charakter. So wählt Gehlen die Handlung als menschliches Schlüsselphänomen, darin den amerikanischen Pragmatisten, insbesondere John Dewey, folgend, um eine philosophische Anthropologie mit empirischer Methode zu begründen (Gehlen:1961, S. 141f.).
N. Hartmann: 1964 [1940], entwickelt gleichfalls eine vierfach geschichtete Seinsstruktur in Welt und Mensch.
Fromm: 1980, Bd. 7 (*Aggressionstheorie*), ist einer der wenigen Psychologen mit einer ausgeprägt anthropologischen Begründung. Aus der Phylogenie leitet er einerseits die auffällige Instinktreduktion und andererseits die Massenzunahme des Gehirns als biologisch-psychologische Tatsache ab und folgert: «Der Mensch ist das einzige Lebewesen, das nicht nur Objekte

kennt, sondern auch weiß, daß es sie kennt. Der Mensch ist das einzige Lebewesen, das nicht nur eine instrumentale Intelligenz, sondern Vernunft besitzt, die Fähigkeit, seinen Verstand dazu zu benutzen, objektiv zu verstehen – das heißt das Wesen der Dinge, wie sie an und für sich sind, und nicht nur das Mittel zu seiner Befriedigung zu erkennen. Mit diesem Bewußtsein seiner selbst und mit dieser Vernunft begabt, ist sich der Mensch seiner Getrenntheit von der Natur und von anderen Menschen bewußt ... erkennt er seine Ohnmacht und die Begrenztheit seiner Existenz. Er ist nie frei von der Dichotomie seiner Existenz» (S. 202f.).

Alle diese Philosophen bemühen sich aus einer umgreifenden Sicht, teils philosophiegeschichtlich, teils biologisch bestimmt, das Wesen des Menschen in seiner Eigentümlichkeit zu bestimmen, darin, nämlich in der Weite des Blickes, aber eben nur darin, nicht in den Inhalten, der Anthroposophie verwandt.

13 Vgl. dazu die gründliche, teilweise kämpferische Auseinandersetzung und Klärung des anstehenden Methodenproblems bei Kranich und Ravagli: 1990.

14 Jaspers: 1985, S. 1 f. Vgl. zum Weltanschauungsbegriff Leber: 1989.

15 So jüngst die entschiedene Kernaussage von Klingler: 1989, S. 41, der sie indessen als Fragment geblieben ansieht, und Lindenberg: 1992. Ferner die weitergreifende Einordnung Steinerschen Denkens bei Ravagli: 1990.

16 Lindenberg: 1992, S. 48.

17 So in allen drei einschlägigen Werken, Steiner: GA 2, 3 und 4.

18 Steiner: GA 2, 13. Kap.

19 Steiner: GA 4, S. 46.

20 Ebd., S. 94.

21 Ebd., S. 91.

22 Ebd., S. 245.

23 Zimmer: 1987, S. 102 f.: «Jegliches Phänomen ... [hat] eine rationale Erklärung ..., weil die menschliche Rationalität der inneren Beschaffenheit dieser Natur entspricht.» Ob es allein die Ratio ist oder auch höhere Stufen der Vernunft umfaßt, sei dahingestellt.

24 Steiner: GA 2, S. 52.

25 Steiner: GA 18, S. 594.

26 Ebd., S. 598.

27 Steiner: GA 21, S. 141.

28 Steiner: GA 18, S. 598.

29 Ebd., S. 604 f.

30 Steiner in: GA 30, S. 238.

31 Steiner: GA 39, S. 232.

32 In GA 6.

33 In GA 7.

34 Klingler: 1989, S. 99.

35 Steiner: GA 39, 226 f.

36 Ebd.

37 Klingler: 1992, S. 105.

38 Ebd.

39 Steiner: GA 5, S. 90.

40 Steiner: GA 6, S. 66.

41 Ebd., S. 67.

42 Ebd., S. 66.

43 Steiner: GA 30, S. 141.

44 Steiner: GA 9. Das Wort Theosophie verwendet Steiner im gleichen Sinne wie Willmann. Siehe Anm. 1 zu S. 39.

45 Kiersch: 1992, S. 550: Man hat sich bei dieser schmalen Schrift bewußt zu sein, «welche zwar wichtige, aber doch auch eingeschränkte Perspektive … dadurch [auf die Pädagogik Steiners] eröffnet wird.»

46 So etwa *Der Lebenslauf des Menschen vom geisteswissenschaftlichen Standpunkt*, GA 56, Vortrag v. 28.2.1907. – Weitere Vorträge finden sich in Steiner: *Vom Lebenslauf des Menschen*, Vorträge, ausgewählt und herausgegeben von Fucke, Themen aus dem Gesamtwerk 4, Stuttgart 1980.

47 Der Rassenbegriff wird von Steiner zunächst wie bei Blavatsky so gebraucht, daß er Leibesbau und Kultur zusammenfaßt, also etwas Räumliches (Körperbau) und Zeitliches (Kulturabschnitt) einheitlich bezeichnet, so daß das übliche Wortverständnis irregeleitet wird. Diese Begrifflichkeit wird von Steiner später aufgespalten, und er benennt dann die Kulturepochen unabhängig von den Schöpfern und deren Leiberscheinung.

48 So in GA 11, S.26 ff. Vgl. Endres/Schad: 1994. Endres gibt eine vorzügliche Phänomenologie leiblicher Erscheinungstypen und beschreibt von der Haut und ihren Anhangorganen aus eine dreigliedrige Typologie der vorherrschenden Leibbildungen; er reflektiert auch die Entstehung dieser Formen aus der Gebundenheit an bestimmte Räume der Erde, zeigt dazu die weitere Aufgliederung durch Wanderbewegung und bezieht den Sprachbau ebenso ein wie die paläontologische Fundgeschichte.

49 Steiner: GA 117, Vortrag v. 4.12.1909: «Was wir heute Rasse nennen, das sind nur noch Überbleibsel jener bedeutsamen Unterschiede der Menschen» aus der Vergangenheit; unsere Zeit ist dadurch gekennzeichnet, «daß der Rassencharakter abgestreift wird. Das ist das Wesentliche» (S.151f.). Steiner sieht es als Aufgabe der Anthroposophie an, daß sie zum «Abstreifen des Rassencharakters» beiträgt, weil dieser aus physischen Unterschieden herrührt, eine geistige Auffassung indessen auf das Spirituelle sieht.

50 So GA 11; GA 349, Vortrag v. 3.3.1923.

51 Steiner: GA 293, Vortrag v. 21.8.1919, S. 23.

52 Steiner: GA 54, Vortrag v. 9.11.1905, S. 132.

53 Endres/Schad: 1994. Das reflektiert Schad in methodologisch sauberer Analyse, wodurch er der unterschiedlichen Betrachtungsweise bei Steiner gerecht wird.

54 Steiner: GA 54, Vortrag v. 9.11.1905, S. 133.

55 Steiner: GA 54, Vortrag v. 23.11.1905, *Bruderschaft und Daseinskampf*, S. 197.

56 Steiner: GA 24; Leber: 1982; Brüll: 1984.

57 Steiner: GA 54, Vortrag v. 17.11.1906, S. 113. Steiner entwirft anhand von Zitaten in diesem Vortrag ein reiches Spektrum höchst widersprüchlicher Auffassungen damals führender Zeitgenossen, um seine Auffassung von der Indiviualität zu begründen.

58 Vgl. die vielfältigen Studien von Lauer: 1964, und Hahn: 1990.

59 Du Bois-Reymond: 1884 [1872]. Steiner bemerkt einmal, mit welcher Lockerheit Du Bois-Reymond das Problem formuliert habe, an dem andere zu zerbrechen drohten. «Das Reden in solcher Art war Nietzsche unsäglich weltenfremd, denn für ihn war Weltennähe dasjenige, was unmittelbar im Intimen der menschlichen Seele lebt, was sich erleben läßt, wenn man gerade in sein tiefstes Inneres hinuntersteigt. Deshalb konnte es für Nietzsche die Stimmung nicht geben, die aalglatt sich von Begriff zu Begriff elegant hinschlängelt in Ignorabimus-Reden» (GA 78, Vortrag v. 31.8.1921, S. 59 f.).

60 Eindrucksvoll öffentlich dargestellt in Steiner: GA 66, Vortrag v. 15.2.1917.

61 Kiersch: 1992, S. 553, nennt es gar das «wissenschaftstheoretische Hauptwerk» Steiners.

62 Die ersten Vortragsdarstellungen finden sich 1917 am 21.1. (GA 174), dann am 6. 3. (GA 175), 15./17.3. (GA 66), wobei Steiner am 22.3. (GA 174a) diese Gedanken auch biographisch einordnet, und dann wieder am 20./22.11. (GA 73). Die schriftliche Darstellung in: *Von Seelenrätseln. Anthropologie und Anthroposophie. Max Dessoir über Anthroposophie. Franz Brentano (Ein Nachruf). Skizzenhafte Erweiterung*, GA 21, bringt im 6. Anhang, *Die physischen und die geistigen Abhängigkeiten der Menschenwesenheit*, die Darstellung des Dreigliederungsgedankens auf etwa zwanzig Druckseiten.

63 Diese ist in ersten Stufen durchgeführt bei Husemann: 1991; 1993. Einen funktionellen Ansatz verfolgt in der Anatomie Rohen: 1977; 1978.

Anmerkungen zu Teil I: Die Wesenheit des Menschen

1 «Verborgen» meint *okkult* im Sinne eines dem Markt entzogenen Wissens der Mysterien, die zu allen Zeiten bestanden haben und ihr Wissen nur *«in den Mauern»* (esoterisch) – also in dem heiligen Bezirk, der durch die Mauer, temenos, abgegrenzt wurde – an die zuvor Vorbereiteten und der Verschwiegenheit Verpflichteten weitergaben. «Der *Name der Mysterien* deutet nicht nur auf das Verschweigen geheimer Lehren hin, sondern auch auf das schweigende Vertiefen in erhabene, von der Gottheit selbst ausgehende Weisheit und auf die verborgene Andacht, die der verborgenen, unsichtbaren Gottheit gilt» (Willmann: Bd. 8, S. 30.). Genau diese Versenkung in die Weisheit Gottes heißt *Theosophie*, die Versenkung in die dem Menschen zugängliche Weisheit dagegen *Anthroposophie*, wobei die Begriffe nahezu synonym sind. – «Das Wort *mysterion*, ‹Weihehandlung› kommt von *myein*, ‹den Mund schließen›, daher *myein*, eingeweiht werden, was heißt Schweigen bewahren … Die Römer übersetzten *myein* mit *initiare*, ‹in etwas einführen› [von *initium*, der Anfang] … Das Schweigegebot wurde von den Eingeweihten aller Kulte und zu allen Zeiten so streng eingehalten, daß wir bis heute kein vollständiges Wissen über Lehre und Rituale der einzelnen Mysterienkulte besitzen. Das gilt besonders für jene Stufe, da sich der Eingeweihte seinem Gotte gegenübersieht.» (Giebel: 1990, S. 14f.).

2 Die Substanz meint jenes Substituierende, dem nichts weiteres substituiert werden kann, also das letzte Subjekt. Anders gewendet: Die Substanz ist an und für sich selbst seiend und lebt nicht von abgeleiteten Eigenschaften (Akzidentien).

3 So die Beschreibung durch den von Steiner geschätzten F. Brentano: 1973, S. 8.

4 J. W. Goethe: *Der Versuch als Vermittler von Objekt und Subjekt.*

5 In seinen Betrachtungen zur Anthropologie sah Marcuse: 1970, die Transzendenz als das entscheidende Kriterium, das den Menschen auszeichnet und das ihm in der Gegenwart, zum eigenen Schaden, zunehmend verlorengeht.

6 Steiner: GA 9, S. 332.

7 Steiner: GA 9, S. 61, 63 ff.

8 Es gab im Anschluß an Ausführungen Steiners verschiedene Bemühungen, dem Generativen der Sprache nachzuspüren. Die früheste stammt von dem Indologen Beckh: 1954; es folgen: Moll: 1968, ferner Wadler: 1988.

9 Moll: 1968, S. 1.

10 Steiner: GA 9, S. 28. Steiner hat 1910 erstmals eine differenzierte Sinneslehre entwickelt (*Anthroposophie – Ein Fragment*, GA 45), wo er die klassischen Sinne um einige inzwischen auch der heutigen Sinnesphysiologie

geläufigen Sinne erweitert (vgl. Scheurle: 1984). Dabei ordnet er die Wahrnehmung des Geistigen eines anderen Menschen einem eigenen Sinnesvorgang zu. Diese erweiterte Sinnesauffassung steht im vorliegenden Zitat indessen nicht an, vielmehr sind zunächst die klassischen Sinne gemeint, sofern sie für die Leibeswahrnehmung anderer Körper in Frage kommen.

11 Bubner: 1984.

12 Kirn: 1989, S. 49 f.

13 Steiner: GA 9, S. 33.

14 In der *Theosophie* ist Steiner zunächst der Bau des Gehirns besonders wichtig, später tritt dann die Emanzipation der oberen Gliedmaßen in den Vordergrund, so u.a. in GA 293, 294; vgl. Schad: Stauphänomene am menschlichen Knochenbau, in Schad: 1985, S. 19 ff.

15 So heißt es in Steiner: GA 13, Kap.: Wesen der Menschheit, S. 52.

16 Insofern ist dieser Leib mit der mineralisch-physikalischen Welt eng verwandt, es ist die ihm angemessene, seine ihm verwandte Umgebung.

17 Steiner: GA 13, S. 159.

18 Steiner: GA 9, S. 34 f.

19 Pflug: 1984, S. 127ff. «Die ältesten sicher datierten Sedimentgesteine – die Isua-Gesteine von Südwestgrönland – haben ein radiometrisches Alter von 3,8 Mrd. Jahren [das Alter der Erde wird mit 4,6 Mrd. angenommen] … sie unterscheiden sich in ihren Wesensmerkmalen von Ablagerungen jüngerer Zeit kaum … Beträchtlich hoch sind stellenweise die Gehalte an Kohlenstoff organischen Ursprungs … 3 %. Dieser Wert kommt den vergleichbaren Ablagerungen aus heutiger Zeit gleich … die biologische Produktion zur Isua-Zeit [war] … nicht geringer als im vergleichbaren Meeresmilieu heutzutage … Es muß also bereits vor 3,8 Mrd. Jahren ein florierendes Leben auf der Erde gegegeben haben … Nichts spricht dafür, daß zur Isua-Zeit eine präbiotische Evolution stattgefunden hat, sondern es ist eher anzunehmen, daß damals *bereits eine perfekte Lebewelt entwickelt war.*»

20 In der Erstauflage der *Theosophie*, GA 9, Leipzig 1904, S. 20, fügt Steiner in einer Klammer hinzu, daß diese in der theosophischen Literatur «prana» heißt.

21 Mit diesen Fragen beschäftigte sich Steiner schon bei der Herausgabe der *Naturwissenschaftlichen Schriften Goethes* (GA 1, 2). Damit ist das Problem aber nicht abgeschlossen, es wird vertieft, indem das Geistige einbezogen wird.

22 Sheldrake: 1990. – Vgl. ders. auch 1985.

23 Steiner: GA 10, 1. Kap.

24 Vgl. etwa Steiner: GA 10; GA 12; GA 17.

25 Kuhn: 1978.

26 Carus: 1964, S.14.

27 Steiner: GA 72, Vortrag v. 19. 11.1917, S. 79.

28 I. H. Fichte: 1859, S. 79.

29 In diesem Sinne ist Fichte das Denken Offenbarung des menschlichen Geistes, und die Reflexion auf das Denken ist der höchste Zustand des Geistes. In der Reflexion des Denkens auf sich wird erst jener menschliche Zustand erreicht, «wodurch es sich zum Denken seiner selbst vollendet.» «Der höchste zu erringende Standpunkt: die Selbsterkenntnis des Bewußtseins» (I. H. Fichte: 1859, S. 82).

30 Ebd., S. 83.

31 Ebd., S. 82.

32 Ebd., S. 89.

33 Ebd., S. 90.

34 Ebd., S. 92.

35 Ebd., S. 98.

36 I. H. Fichte: 1876, S. 623.

37 Steiner: GA 72, Vortrag v. 23.11.1917, S. 118.

38 Steiner: GA 13, Kap.: Die Erkenntnis der höheren Welten, S. 209 f.

39 Spicker: Am Wendepunkt der christlichen Weltperiode [1910], zit. n. Steiner: GA 72, Vortrag v. 18.10.1917, S. 33 f.

40 Steiner: GA 28, Kap. I, S. 13.

41 Steiner schreibt schon als Zwanzigjähriger an einen Freund: «Ich verfolge ein ganz bestimmtes Ziel, ein ideales Ziel, die Erkenntnis der Wahrheit. Nun kann man diese aber keineswegs im Sprunge erhaschen …» (GA 38, S. 17).

42 Steiner: GA 52, Vortrag v. 6.3.1904, S. 129 f.

43 Diese Wendung gebraucht Kühlewind: 1982, S. 17: «Der Evidenz folgt das Denken von selbst, aus dem Gefühl des Denkenden, das das Denken leitet. Es ist kein sich selbst empfindendes Gefühl, es ‹fühlt› die Logizität. Die Logik ist keine normgebende, sondern eine aposteriori beschreibende Wissenschaft … [Was das Denken denkt], sofern es Neues denkt, ist immer improvisiert: man weiß nicht im voraus, was man denkt, sonst hätte man bereits gedacht.»

44 Steiner: GA 4, S. 250. – Vom Gesichtspunkt der Steinerschen Erkenntnistheorie begründet Schneider: 1985, den pädagogischen Ansatz Steiners.

45 Steiner: GA 13, S. 341 f.

46 Ebd., S. 342 f.

47 Steiner: GA 72, Vortrag v. 23.11.1917, S. 120.

48 Diesem Umsetzungsvorgang gehen in jüngster Zeit die Untersuchungen von Kühlewind: 1976, 1978, 1986, 1984, und Barfield: 1991, subtil, differenziert und kritisch nach. «Wenn die Menschen früher ‹geschnitzte Bildnisse› verehrten, so verwechselten sie in Wirklichkeit eine Repräsentation der schöpferischen Energie und Intelligenz, die sie für den Ursprung des sichtbaren Universums hielten, mit einer unmittelbaren Präsentation dieser

Energie und Intelligenz in der Wahrnehmung ... Im normalen Sprachgebrauch tun wir auf subtilere Weise etwas ähnliches ... Solcher Götzendienst
entstand, weil es im Verlauf der Entwicklung von Zivilisation eine immer
wachsende Tendenz gab, unsere Sprache wörtlich zu verstehen» (so Bohm
in Barfield: 1991, S. 7).

49 Fortlage (1810-1881): Acht psychologische Vorträge, Jena 1869, S. 34, zit.
bei Steiner, GA 72, Vortrag v. 18.11.1917, S. 19.

50 Dieselbe Wendung gebraucht Jahre später Scheler: 1991, S. 79 f.: «Das Gehirn scheint ... das eigentliche Todesorgan zu sein», denn großhirnlose
Pferde und Hunde können noch Leistungen vollbringen.

51 Dieses Gewebe hat, wie man inzwischen weiß, viele weitere Aufgaben. Vgl.
Kimelberg/Norenberg: 1986.

52 Fortlage, zit. n. Steiner: GA 72, Vortrag v. 18.11.1917, S. 19.

53 Zahlreiche Ausführungen der Geisteswissenschaft sind dieser Thematik gewidmet. Vgl. Steiner: *Das Leben nach dem Tod und sein Zusammenhang
mit der Welt der Lebenden,* 10 Vorträge ausg. u. hg. v. Teichmann, Stuttgart
1988.

54 Steiner: GA 72, Vortrag v. 23.11.1917, S. 112. Dies ist bei ihm ein durchgängiges Anliegen. Schon die Erstauflage seiner *Philosophie der Freiheit* trägt
als Motto: *Beobachtungs-Resultate nach naturwissenschaftlicher Methode*
(1894), in der Zweitauflage 1918 wurde vor «Beobachtungsresultate» die
Kennzeichnung «*Seelische*» gesetzt.

55 Kuhn: 1978, S. 176.

56 Rittelmeyer: 1990 c, S. 64 ff.

57 Paschen, in: Bohnsack/Kranich: 1990, S. 53.

58 Steiner: GA 13, S. 54.

58a Demgegenüber meint Steiner selbst: «Geisteswissenschaft kann in manchen
Einzelfragen irren» (Vortrag vom 17.6.1920 in: Beiträge zur Gesamtausgabe, Michaeli 1991, Nr. 107, S. 45).

59 Ebd., S. 341.

60 Ebd., S. 54.

61 Sprachlich bedeutet *Äther* die reine höhere Luft, der himmlische Luftraum;
chemisch bezeichnet es einen sehr flüchtigen, «geistigen», Stoff. In den auf
die *Theosophie* folgenden Darstellungen setzt sich Steiner von einem
möglichen Bezug zum hypothetischen Äther der Physik, wie er Ende des
18. und Anfang des 19. Jahrhunderts noch gedacht wurde, ab, um die von
ihm gemeinte Gestaltungskraft zu kennzeichnen (GA 34, S. 312, Abs. 13 ff.,
GA 13, S. 55). Die eingehendste Begründung des physikalischen Äthers
geht wohl auf Faraday (1791-1867) zurück, indem er mit ihm die Feldlinien
des Magnetismus begründen wollte: Sie sind entweder Zustände eines
materiellen Mediums, «das wir Äther nennen können», oder Zustände des
«bloßen Raumes». Der Äther hatte etwas von der Natur der Fluide

(Flüssigkeiten und Gase) an sich. Lorentz verwarf am Ende des 19. Jahrhunderts den Gedanken, daß der Äther eine physikalische Substanz sei, und meinte, er sei Feld. Nunmehr wird Materie vom Feld her begriffen. Für Einstein wird Äther überflüssig (vgl. Sheldrake: 1990, S. 153f.). – Steiner verwendet später, 1917, als Wort für den bezeichneten Begriff «Bilde-Kräfte-Leib». In der Erstauflage der *Theosophie* wird deshalb von einem Doppelkörper oder Ätherdoppelkörper gesprochen, dieser Ausdruck wird später getilgt. Steiner gibt den Hinweis (GA 9, 1904, S. 21), daß der Name in der theosophischen Literatur «Linga sharia» sei.

62 Steiner: GA 9, S. 37.

63 Poppelbaum: 1961, S. 10.

64 Kirn: 1989, S. 52.

65 Ebd. S. 52 f. Kirn führt auf die unzureichende Differenzierung von Bildekräfteleib und Bildekräftsphäre das Scheitern Hegels zurück, auf diesem Gebiet zur klaren Einsicht zu kommen, obschon er darüber systematisch nachgedacht hat.

66 Steiner: GA 34, S. 315.

67 Der erste, der die Konzeption der zielgerichteten Selbstentwicklung der Lebenswelt umfassend darstellte, war *Bergson*.

68 Neben *Darwin* und unabhängig von ihm entdeckte *Wallace* die natürliche Auslese für die Entwicklung. Er postuliert am Lebensende, daß «höhere Intelligenzen», die er auch «organisierende Geister» nennt, die Hauptlinien der Evolution festgelegt haben. «Ihnen obliegt die Pflicht, die Myriaden Zell-Seelen so zu beeinflussen, daß sie ihren Teil des gesamten Werkes genau und zielsicher ausführen können ... Auf höheren Entwicklungsstufen der lebendigen Welt mögen mehr und vielleicht auch höhere Intelligenzen erforderlich sein, um den Hauptlinien der Variation in Übereinstimmung mit den zu verwirklichenden Grund-Plänen ihre definitive Richtung zu geben ... Eine Vorstellung dieser Art – von Macht nämlich, die an Wesen eines sehr hohen und an andere Wesen eines sehr niedrigen Grades von Leben und Intelligenz delegiert wird –, erscheint mir weniger weit hergeholt und unwahrscheinlich als der Gedanke, daß die unendliche Gottheit nicht nur den gesamten Kosmos ersonnen habe, sondern daß sie selbst allein die bewußt wirkende Kraft sei in allen Zellen aller Lebewesen, die jetzt sind oder jemals waren» (The World of Life: A Manifestation of Creative Power, Directive Mind und Ultimate Purpose, London 1911, S. 394f., zit. n. Sheldrake, 1990, S. 78).

69 Vgl. dazu Poppelbaum: 1961.

70 Steiner: GA 2, Kap. 16, S. 109.

71 Kranich: 1989 b.

72 Steiner: GA 2, Kap. 16, S. 103.

73 Poppelbaum: 1961, S. 13.

74 Ebd., S. 14.

75 Damals war der Evolutionsgedanke wie der Darwinismus noch heftig in der Zunft umstritten. Steiner selbst stand auf seiten des Monismus und verteidigte Haeckel, der den Darwinismus kämpferisch in Deutschland heimisch zu machen suchte, ganz entschieden (vgl. Steiner: GA 30, S. 152-200). Steiner bewunderte Haeckel, weil er nicht bei Einzelheiten stehen blieb, «sondern aus seinen naturwissenschaftlichen Einsichten ein Gebäude moderner Weltansicht aufbaute», wobei er die kämpferische, kantige, eifernde und abstoßende Seite Haeckels gegenüber dieser hervorgehobenen Leistung bewußt übersah (ebd., S. 547). In diesem systembildenden Sinne fühlt Steiner sich ihm sehr verwandt, obgleich sich Haeckel, der zunächst Steiner sehr zugetan war, in dem Momente von ihm abwandte, als er seine theosophischen Bemühungen begann. Steiner kennzeichnet sein eigenes Werk vor diesem Hintergrund so: «Die Haeckelschen Forschungsresultate bilden sozusagen das erste Kapitel der Theosophie oder Geisteswissenschaft» (zit. n. Hemleben: 1965, S. 15).

76 Steiner: GA 13, S. 174 ff.

77 Steiner: GA 52, Vortrag v. 7.3.1904, S. 255.

78 Ebd.

79 Poppelbaum: 1961, S. 19.

80 Steiner: GA 13, S. 57 f.

81 I. H. Fichte: 1876, S. 323. Demnach gibt es, betrachtet man den Tod im wörtlichen Sinne, einen doppelten Rhythmus, den «des periodischen Umlaufs von Aneignung und Ausscheidung, der allerdings relative Verjüngung ist, und [den] innerhalb des ganzen Lebens allmählich anschwellende[n] und ablassende[n] Gang vom Lebensanfang bis zum Tode.»

82 «Dies Beharrliche im wechselnden Stoffleibe haben wir den ‹innern Leib› genannt. Er ist das Gestaltende, das ‹Formprinzip› im äußern Leib, zugleich das Abbild der Seeleneigentümlichkeit dem letzteren einprägend ... Von einem Ätherleibe dagegen ... habe ich in eigenem Namen nie gesprochen» (I. H. Fichte: 1864, S. 64 ff.). Steiner kannte vermutlich zur Zeit der Abfassung seiner *Theosophie* diese Ausführungen nicht.

83 Poppelbaum: 1961, S. 51.

84 Steiner: GA 9, S. 38.

85 Steiner: GA 13, S. 95 f.

86 Mit der Darstellung Steiners stimmen die Berichte Reanimierter (s. weiter unten), die als «Near-Dead-Experience» heute vielfältig gesammelt vorliegen (Ritchie: 1988; Moody: 1977, Zaleski: 1993) gut überein. Zeugnisse dieser Art hat schon früher der wissenschaftliche Parapsychologe Mattiesen: 1936-1939, gesammelt. Er gibt als Beispiel folgenden Bericht. Dr. Wiltse kam nach schwerer Bewußtlosigkeit wieder zu sich und notierte seine Erlebnisse: «Ich beobachtete den merkwürdigen Vorgang der Trennung

von Geist und Körper (infolge einer schweren Typhus-Erkrankung) ... sah ich meinen eigenen ‹Leichnam› ... [Er versucht, sich den Anwesenden bemerklich zu machen, aber ohne Erfolg, die Trauernden] ‹sehen ihn nur mit den Augen des Leibes› ... Sie betrachten, was sie für ‹mich› halten. Aber sie irren. Das bin ich nicht. *Dies* bin ich nicht, und ich bin so *lebendig wie nur je*» (Bd. 2, S. 323). Er bemerkt, wie der feingeistige Leib größer als sein Körper ist. Dann sieht er Bilder seines ganzen Lebens.

87 Die diffuse Begrifflichkeit und mangelnde Folgerichtigkeit bei stupendem Wissen wurde schon früh festgestellt: «Sie besaß einen starken Intellekt, wenn auch keinen *hohen*, da ihr die logische Befähigung mangelte. Aber ihre Fähigkeit, sich Kenntnisse anzueignen, war eine ungewöhnliche», ihr Wissen war wahrsaft enzyklopädisch (Harrison: 1990, S. 34).

88 Neben dem Leib kannte der alte Ägypter noch als zweites Wesen im Menschen den Ka, ferner den Ba, die Seele, häufig als menschengesichtiger Vogel mit großen Schwingen abgebildet, damit die Regsamkeit des Sinnenlebens symbolisierend, auch als ib, das Herz, vergegenwärtigt, als das innere Wesen, das nach dem Tod vor dem Totengericht gewogen wird und nach dem Durchgang durch den Feuersee der Reinigung aufsteigen kann zum Ach, dem Hauch oder Geist. «Mögest du meinen Ba zu einem Ach machen.» Dann gibt es noch den Namen und den Schatten (Khaibit). – Vgl. Ägyptisches Totenbuch, 1955. S. 49 ff. – Zum Ka vgl. Teichmann: 1975, S. 360-370. Ähnlich dem deutschen «Leib» kann der Ka stark, trefflich, vollkommen, mächtig, lebendig, ewig dauernd, edel, göttlich glänzend, stark sein. «Mein Ka wiederholt sich, mein Ka ist mein Leben, mein Ka ist mein Schöpfer, mein Leben ist in der Hand meines Ka» – so lauten Wendungen. Er ist dem Ka des Vaters gleich, er bringt sich durch Zeugung immerfort neu hervor. Die Gleichheit beruht nicht darauf, daß der Ka bei der Zeugung den Vater verliere, sondern er ist wie eine Matrix, die ihren Ursprung im Ka-Gefilde hat. Ihn benötigen alle Lebewesen. Allerdings wird nur der Ka des Königs abgebildet, er erscheint menschengestaltet mit dem Ka-Symbol über dem Kopf oder symbolisch zusammen mit dem Symbol der Ma'at (Ordnung).

89 Brunner: 1964.

90 Vgl. Teichmann: 1975, S. 367 ff.

91 Aristoteles: 1959, II. Buch, 412 a.

92 Steiner hat in dem Vortrag vom 21.9.1909 (GA 114) ausführlich die aristotelischen Seeleneigenschaften der von ihm in der *Theosophie* entwickelten Stufung zugeordnet. Ein erster Hinweis findet sich schon in GA 52, Vortrag v. 3.10.1902, S. 33 ff. – Steiner hält die aristotelische Auffassung für grundlegend: «Wenn jemand das Wesen der Seele wissenschaftlich verstehen will, dann gibt es keinen anderen Zugang als den der sorgfältigen inneren Arbeit, sich die Vorstellungen wissenschaftlich anzueignen.» Freilich hält er Aristoteles an der Stelle für unbefriedigend, wo er die Seelen-

entwicklung allzu eng mit der Körperlichkeit verknüpft und dadurch das «große Verhängnis aller wissenschaftlichen Seelenlehren» einleitet, obgleich er selbst durchaus auf die Andersartigkeit der menschlichen gegenüber der tierischen Seele hinweist – in der Fähigkeit zur Mathematik, zum Denken (GA 52, Vortrag v. 16.3.1904, S. 148 ff.).

93 Darauf machte mich dankenswerterweise Frank Teichmann aufmerksam.

94 I. H. Fichte: 1876, § 116.

95 Ebd., § 119.

96 Ebd., S. 282-285, desgl. §§ 123 f.

97 Fichte untersucht sehr ausführlich, welche Bezeichnungen hierfür in der Vergangenheit gebräuchlich waren und welche Gedanken über den inneren Leib in seiner näheren Gegenwart bestehen. Da kann er auch heute noch klangvolle Namen hochrangiger Forscher nennen, die ähnlich wie er denken. Als Zeugen eines substantiellen Bandes zwischen Körper und Leben, der *Lebenskraft*, nennt er Herbart, Stahl, Sprengel, v. Baer, Burdach, Carus, Müller, Purkinje und Volkmann. Dann aber spezieller sind Forscher zu nennen, die konkreter zwischen einem verweslichen, wechselnden Stoffleib und dem ihm innewohnenden unverweslichen Leib, der der eigentlich Gestaltende ist, unterscheiden, so Groos: *Die geistige Natur des Menschen*, Heidelberg 1837; dann neben Carus, der den Leib als Abbild eines präexistierenden Formprinzips sieht (in: *Psyche – zur Entwicklungsgeschichte der Seele*, 1851), Krause und sein Schüler Lindemann, der von einem *«Urleibe oder Ätherleibe»* ausgeht, der dem sichtbaren Leibe Ausdruck gibt, indem ein Höheres ein Niederes durchwirkt. Ferner erwähnt Fichte Petry: *Die Anthropologie als die Wissenschaft von dem körperlichen und geistigen Wesen des Menschen*, 2 Bd. Leipzig/Heidelberg 1873, und vor allem Fortlage: *System der Psychologie als empirischer Wissenschaft*, 2 Bd. Leipzig 1855, als für die anstehende Thematik bedeutsam.

98 Sheldrake: 1990, S. 156.

99 Ebd., S. 11.

100 Ebd., S. 158.

101 So in GA 45, S. 115.

102 Steiner: GA 4, S. 258 f.

103 Ebd., S. 260.

104 Ebd.

105 Ebd.

106 Ebd., S. 260 f.

107 Ebd., S. 261.

108 Ebd.

109 Steiner, GA 9, S. 39.

110 Seifert: 1989, S. 13.

111 Ebd., S. 6.

112 I. H. Fichte: 1833, § 24.

113 Steiner: GA 9, S. 39. Damit ist das Wirkensprinzip angesprochen, nicht schon die genaue Art der Verbindung des Seelischen mit dem Leiblichen im Nervensystem, diese wird erst 1917 in GA 21, *Von Seelenrätseln*, genauer aufgewiesen.

114 Steiner: GA 34, S. 315.

115 Dieses und ähnliche Beispiele gibt Bilz: 1977, S. 26f. et passim.

116 Von dem bestehenden Band, dem Faden oder der Schnur zwischen Leib und Empfindungssphäre und von dem, was bewußt wird, berichtet Mattiesen: 1938, Bd. 2., vielfach, so: S. 262, 360 f., 275 ff.

117 Deshalb nennt Steiner diesen Träger des Bewußtseins gelegentlich auch *Bewußtseinsleib*, so in GA 59, Vortrag v. 21.10.1909.

118 Steiner, GA 13, S. 59.

119 Steiner, GA 9, S. 40.

120 Steiner, GA 9, S. 41.

121 Steiner, GA 13, S. 84.

122 Der Ausdruck «Bilder» läßt sich so verstehen, daß es sich um Gestaltungskräfte, geformte, gebärdenhafte Kräfte handelt, denn Kräfte sind immer konkrete Wirksamkeiten; in ihrer Konkretheit aufgefaßt, haben sie bildhaften Charakter. Dies wird aus dem Fortgang des Zitats deutlich.

123 Das Wort «Weltall» kann auch durch Kosmos ersetzt werden: eine Welt der Ordnung, der Intelligenz oder Weisheit, der Gestaltungskräfte. Theologisch wird von den Himmeln oder auch von Gott gesprochen.

124 Im einzelnen wird von Steiner verschiedentlich der Zusammenhang der Leibesgestalt etwa mit den Kräften des Tierkreises untersucht, so in *Der Mensch im Lichte von Okkultismus, Theosophie und Philosophie*, GA 137. – Vgl. auch Julius: 1981, 1991.

125 Steiner, GA 13, S. 87 f.

126 Steiner, GA 9, S. 58. Diese sprachliche wie begriffliche Trennung hält Steiner in der *Theosophie* sorgfältig durch, in Vortragszusammenhängen indessen keineswegs so streng. – In der Erstauflage der *Theosophie* wird für Empfindungsseele der Ausdruck Kama, Begierde (S. 23), für Astralleib der Ausdruck Kama rupa (rupa = Körper) hinzugefügt (S. 24).

127 Vgl. Leber: 1990 b.

128 So etwa Albertus Magnus «Über das Himmelgebäude», vgl. Balss: 1947, S. 69. Vgl. ferner Crombie: 1977: «Jede dieser [Planeten-]Sphären hatte ihre eigene Intelligenz oder ‹Seele›, die Quelle ihrer Bewegungen» (S. 33). Denn alles, was bewegt wird, muß durch ein Etwas bewegt werden, und «jede Himmelskugel wird also von einer ‹Seele› bewegt, bei späteren Schriftstellern von einer ‹Intelligenz›» (S. 283).

129 Vgl. Steiner: GA 302, Vorträge 2-4, ferner: GA 218.

130 I. H. Fichte: 1876, S. 299.

131 Ebd., S. 307.

132 König: 1989, S. 49.

133 Ebd.

134 Plessner: 1941, S. 225. Es sind – neben den sonst vorgestellten Monopolen menschlicher Existenz: Sprechen, planmäßiges Handeln und variables Gestalten – «Ausdrucks-, ja Ausdrucksweisen von elementarem, nicht entwicklungsfähigem Charakter (S. 207).

135 Ebd., S. 225.

136 König: 1989, S. 49.

137 König nennt sie «die treuen Diener unseres höheren Selbst; sie bieten ihre Hilfe, solange das niedere Selbst diese braucht» (ebd., S. 60).

138 Steiner, GA 34, S. 315.

139 Paulus sagt (Römer 7, 18): «Denn ich weiß, daß in mir, das ist in meinem Fleische, nichts Gutes wohnt.» Körper des Verlangens (kama-rupa) nennt ihn Harrison: 1997, S. 97, denn «der Mensch hat eine höhere und eine niedere Natur, wobei die niedere dem Ich widerstreitet. Gott ist jedoch Schöpfer sowohl des höheren als auch des tieferen Ich ... ‹Ohne Gesetz ist die Sünde tot.› Das Gesetz aber wurde gegeben, damit die Sünde als Sünde erscheinen könne» (Römer 7, 8 f.).

140 So etwa im Vortrag v. 18.10.1917, GA 72. – Vgl. Fortlage: 1855.

141 Fortlage, in: Blätter für literarische Unterhaltung, 1861, Nr. 46, zit. nach I. H. Fichte: 1864, S. 14 f.

142 I. H. Fichte: 1864, S. 20 f.

143 Auch Steiner sieht als Substanz des Empfindungsleibes die Triebe, Begierden, Leidenschaften, Instinkte an, zur Beschreibung verwendet er durchgängig dasselbe Epitheton.

144 Fortlage in: Blätter für literarische Unterhaltung, a.a.O. – Für Fortlage und Fichte scheint der ätherische Leib mit dem Empfindungsleib schließlich doch weitgehend identisch zu sein, nicht so bei Steiner, der genauer differenziert, sehr wohl aber dann auch den Zusammenhang zwischen beiden aufweist: Der auf das Ich hingeordnete Bau des Leibes ist von Lebenskraft durchdrungen und «wird dadurch zum Ätherleib oder Lebensleib. Als solcher schließt er sich in den Sinnesorganen nach außen auf und wird zum Seelenleib. Diesen durchdringt die Empfindungsseele», die nicht nur den Sinnesempfindungen hingegeben ist, sondern ein eigenes Innenleben führt (GA 9, S. 56). – Im übrigen hat sich Steiner in späterer Zeit eingehend mit Fortlage beschäftigt, insbesondere griff er dessen Gedanken, daß jeder Bewußtseinsakt ein partieller Tod sei (Acht psychologische Vorträge, 1869), für seine Überlegung der dreifachen Eingliederung des Seelisch-Geistigen in Körper und Leib auf (vgl. z. B. Vortrag v. 18.10.1917, GA 72).

145 Steiner, GA 9, S. 42.

146 I. H. Fichte: 1876, S. 299.

147 Steiner: GA 34, S. 316. Steiner gibt auch Beschreibungen von der geschau-
ten Gestalt des Empfindungsleibes, ja des ganzen seelischen Wesens, so GA
9, S. 42 et passim. Die Darstellung erinnert an das, was im Mittelalter als
Aura oder Aureole bezeichnet und in besonderer Weise bei Heiligen dargestellt wurde, ein letzter Rest erscheint im Heiligenschein um das Haupt.

148 Steiner: GA 13, S. 105 ff.

149 Bühler: 1974, der den Gedanken des Instrumentes sehr sorgfältig differenziert durchspielt.

150 Wir folgen Grimms Wörterbuch.

151 Nach Luther: «So fürchtet euch denn nicht vor denen, die den Leib töten
und die Seele nicht können töten. Fürchtet euch aber vielmehr vor dem, der
Leib und Seele verderben kann in der Hölle.»

152 Nach Grimms Wörterbuch.

153 Herakleitos: 84 Fragment 45; n. Übersetzung v. Capelle: 1958, 85 Fragment
101, S. 148. An weiterer Stelle heißt es bei Heraklit: «Ich erforschte mich
selbst» (ebd.); es enthüllte sich ihm die Natur der Welt, als er in die Tiefen
der eigenen Natur hinabstieg.

154 Steiner: GA 56, Vortrag v. 21.10.1909.

155 Steiner: GA 52, Vortrag v. 23.3.1904, S. 165 f.; es handelt sich um einen
Vortrag, den Steiner – zusammen mit weiteren – zur Zeit der Arbeit an der
Theosophie hielt.

156 Ebd., S. 183.

157 Scheler: 1928, S. 12.

158 Steiner: GA 9, S. 92.

159 Steiner: GA 52, Vortrag v. 23.3.1904, S. 166 f.

160 Nach Brentano, dessen Darstellungen Steiner zumindest in den späteren
Jahren eingehend würdigte, verfügt jeder über *unmittelbare (innere) Wahrnehmung des Seelischen*, ist aber zur direkten *Beobachtung* im Sinne des
Experimentierens nicht fähig, sondern kann Seelisches nur erinnern, also
nachträglich beobachten (1874, S. 53). Steiner versichert, wie schon früher
ausgeführt, mit dem erschlossenen Wahrnehmungsorgan des Seelischen
den Seelenraum direkt beobachten zu können. «In seine eigene Empfindungswelt hineinschauen kann natürlich jeder Mensch; die Empfindungswelt eines anderen Wesens *schauen* kann nur der Seher.» Freilich erlebt er
nicht die Empfindungen, sondern er nimmt eine Offenbarung oder Äußerung dieser wahr (GA 9, S. 40 f.). Es handelt sich im nachfolgenden um den
Versuch, Seelisches, das freilich, sofern es im Leiblichen wirkt, die Qualitäten seiner Herkunft weiterhin an sich trägt, gleichsam ohne Leiblichkeit zu
beschreiben.

161 Kirn: 1989, S. 55.

162 Steiner: GA 9, S. 97.

163 Ebd., S. 98.

164 Sympathie ist ein seit dem 16. Jahrhundert bezeugtes Lehnwort aus dem lat. sympathia, dies wieder aus griech. sympatheia: Mitempfinden, gleiche Empfindung, Teilhaben an einer Beschaffenheit, natürliche Übereinstimmung von Dingen, Zusammenhängen, Wechselbeziehung. Seit dem 18. Jahrhundert bezeichnet das Wort vornehmlich die seelische Beziehung zwischen Menschen, während zuvor auch eine physische oder physiologische Verbindung anorganischer und organischer Körper gemeint war: das, was übereinstimmte. Dann tritt die Bedeutung «gegenseitiger Beeinflussung aufgrund einer gewissen Wesensverwandtschaft, des geheimnisvollen Zusammenklanges der Seelen» hervor. Im Bereich der seelisch-geistigen Kräfte ist es das unerklärbare Gefühl des inneren Zusammenhangs, seelischer Gemeinsamkeit oder Harmonie der Empfindungen, die innige Teilnahme am Gefühl des anderen, mit inniger Zuneigung und Wohlgefallen verbunden, aber auch freundliche Gesinnung, Vorliebe. – Die Antipathie ist das genaue Gegenteil (nach Grimms Wörterbuch).

165 Steiner: GA 9, S. 100.

166 Ebd., S. 101.

167 Ebd., S. 103.

168 Ebd., S. 99.

169 Freud: 1938, S. 70 f.

170 Steiner: GA 53, Vortrag v. 10.11.1904, S. 135.

171 Vgl. Marcuse: 1970.

172 In der indischen Tempelarchitektur wird dieser Vorgang als Vereinigungsakt der Seele (Frau) mit dem Geist (Mann) abgebildet.

173 Steiner: GA 53, Vortrag v. 10.11.1904, S. 136.

174 Eine ausführliche Diskussion, ob nicht durch den gegenwärtigen Stand der industriellen Entwicklung diese Verkoppelung von Triebentsagung und Kulturleistung prinzipiell – anders als von Freud angenommen – aufzuheben sei, fand in den ausgehenden sechziger Jahren mit hochgespannten Erwartungen statt, wir nennen nur Marcuse: 1968. – Plack: 1968.

175 Steiner: GA 9, S. 97.

176 Steiner: GA 59, Vortrag v. 21.10.1909, (irrtümlich statt 5.12.1909), S. 10.

177 Brentano: 1874: «Jedes psychische Phänomen ist durch das charakterisiert, was die Scholastiker ... die *intentionale (auch wohl mentale) Inexistenz* eines Gegenstandes genannt haben, und was wir, obwohl mit nicht ganz unzweideutigen Ausdrücken, die Beziehung auf einen Inhalt, die Richtung auf ein Objekt ... oder die immanente Gegenständlichkeit nennen würden ... In der Vorstellung ist etwas vorgestellt, in dem Urteile ist etwas anerkannt oder verworfen, in der Liebe geliebt, in dem Hasse gehaßt, in dem Begehren begehrt usw. ... Psychische Phänomene ... sind solche, welche intentional einen Gegenstand in sich enthalten» (S. 124 f.).

178 Steiner: GA 17, Kap. Über die wirklichen Grundlagen der intentionalen Beziehungen.

179 Es läßt sich auch so verdeutlichen: Der Blick aus dem Fenster kann den erwarteten Besuch, dem Wetter oder dem eben aufgetretenen Lärm gelten. Entsprechend dem Wahrnehmungssinn ist das Wahrgenommene jeweils anders, gewissermaßen thematisch figurhaft: das vorfahrende Auto, düstre Wolken oder der Unfall ziehen das Interesse auf sich, alles andere, obgleich auch da, tritt zurück, eine Perspektive überwiegt.

180 Brentano: 1874: Anmerkung zu S. 124.

181 Ebd., S. 137.

182 Vgl. König: 1989, S. 26 ff.

183 Ebd., S. 82 ff.

184 Ebd., S. 86.

185 Der Titel der Zeitschrift: Lucifer-Gnosis (soviel wie Lichtbringer oder -träger und Erkenntnis), und zwar erschienen die Aufsätze in Nr. 13-28.

186 Erstmals 1907/08, heute GA 10.

187 Steiner: GA 10, Kap.: Die Spaltung der Persönlichkeit … , S. 138.

188 Ebd., Kap. Der Hüter der Schwelle, S. 155.

189 Steiner: GA 147, Vortrag v. 31.8.1913, S. 138.

190 Ebd., Vortrag v. 30.8.1913, S. 119.

191 So nennt Steiner den Doppelgänger mit seinem vergangenheitsbezogenen Aspekt aus dem Unbewußten auch den «kleinen Hüter der Schwelle» und stellt ihm den «großen Hüter» als das auf die Zukunft in der eigenen Biographie gerichtete Unbewußte unterscheidend gegenüber (vgl. GA 10, Kap. Der Hüter der Schwelle, S. 155 ff.). Eine bildhafte Darstellung findet sich in seinen Mysteriendramen, insbesondere in *Der Hüter der Schwelle*. Die Frage lautet, ob hier nicht vom Unterbewußten ein Überbewußtes als ein Vorherwissen, das aber unbewußt bleibt und erst im Sinne des platonischen Wiedererinnerns bewußt wird, zu unterscheiden sei. Dies tut Steiner nicht. – Stufen der Bewußtwerdung in dieser Richtung beschreibt Kühlewind: 1982. Kriterium ist ihm für das Überbewußte die Fähigkeit, das nicht Fertige im Unterschied zu fertigen Seeleninhalten wie den Gewohnheiten als Qualität zu erfassen.

192 Steiner: GA 9, S. 61.

193 In ähnlicher Weise differenziert I. H. Fichte: «Der Empfindungsinhalt als solcher ist ein vorübergehender, durchaus vergänglicher. Ebenso bietet er sich nur einmal in dieser genau bestimmten Weise für das Bewußtsein … Wie vermag nun ein solcher Gehalt, an sich selbst nur von flüchtiger Dauer für den vorstellenden Geist, diese Beschaffenheit [des Vergänglichen] abzulegen und in ihm in idealer Existenz bleibend fortzudauern, nachdem er in empirischer Wirklichkeit schon längst verschwunden ist?» Unter Bezug auf Herbart beantwortet er dies so: «Jede einfache Vorstellung … enthält eine

innere Veränderung für die Seele, deren Wirkung nicht ungeschehen gemacht werden kann, weil sie in den Gesamtkontext ihrer Gesamtexistenz
bedingend eingetreten ist. Die Seele» – bei Steiner ist es der Geist – «ist aber
zugleich ein beharrendes Wesen; mit ihrem Beharren dauert zugleich daher
auch die ganze Reihe jener Wirkungen fort, welche die Seele betroffen
haben. Sie sind unaustilgbarer Bestandteil ihrer eigenen Dauer geworden»
(1864, Teil I, S. 392 f.).

194 Steiner: GA 9, S. 106.

195 Ebd., S. 106.

196 In ähnlicher Weise heißt es bei I. H. Fichte, daß durch eine wirksame Um-
stimmung des Bewußtseins dem Geiste eine Nachwirkung als unvertilgbare
Spur bleibt. «Der Geist selbst ist das Gedächtnis, nicht bloß hat er ein
Gedächtnis … Was dem Gedächtnis angeeignet sein soll, muß vorher in
voller Wahrnehmung gestanden haben» (1864, Teil I, S. 404 f.).

197 Die volle Komplexität stellen wir, weil sie über den gesteckten Rahmen
hinausweist, hier nicht weiter dar, sondern verweisen auf die Literatur:
Wiesberger: 1975. – Ferner: Leber 1990 c.

198 Zeylmans van Emmichoven: 1979, der sich insbesondere von der Darstellung Steiners 1910, in GA 15, anregen läßt und sie produktiv ausfaltet, wie
das in anderer Weise König: 1989, tat.

199 Ein Ansatz findet sich, worauf später hingewiesen wird, bei I. H. Fichte:
1833, § 161.

200 Kant: 1799, § 3: «Das Wohlgefallen am Angenehmen ist mit Interesse verbunden.»

201 Vgl. Brentano: 1876, S. 123 ff. Siehe auch Seite 112.

202 Diesen Ausdruck verwendet Lersch: 1970, S. 351, 407.

203 So Remplein: 1975, S. 66.

204 Steiner: GA 9, S. 42.

205 Steiner: GA 59, Vortrag v. 21.10.1909 (irrtümlich statt 5.12.1909), S. 20f.

206 Ebd., S. 20.

207 I. H. Fichte: 1833, § 161.

208 Weisheitsbücher: 1991, S. 23.

209 Ebd. Die Ägypter lokalisieren im Herzen aber auch «die kühle Überlegung, den Verstand, die Vernunft».

210 Nach Grimms Wörterbuch.

211 Carus: 1860.

212 Remplein: 1975, S. 68.

213 Wir folgen hier Scheurle: 1984, S. 80.

214 v. Weizsäcker: 1973, S. 43 ff. et passim.

215 Hensel: 1966, S. 23.

216 Steiner: GA 45. – Ders. GA 115. – Ders.: *Zur Sinneslehre*, Vorträge, ausgew. u. hg. v. Lindenberg (Themen aus dem Gesamtwerk), Stuttgart 1980.

217 Lersch: 1970, S.131.

218 Darauf baut denn auch Lersch in seiner Psychologie die ganze Schichtung der Person höchst eindrücklich und vielfältig differenziert auf.

219 Scheurle: 1984, S. 100.

220 Straus: 1960.

221 König: 1981; 1986.

222 Jeder dieser genannten Sinne arbeitet anders; da dies allerdings nicht unser Thema ist, sei verwiesen auf Lauer: 1977, S.136 ff. et passim. – Lehrs: 1982. – Aeppli: 1967.

223 Hensel: 1966.

224 Entwurf einer Farbenlehre Nr. 762, 764, 777, in: J. W. Goethe, Naturwissenschaftl. Schriften, hg. R. Steiner, Bd. 3, Dornach 1982, S. 290 ff.

225 Diese Auffassung erwog schon Aristoteles, *Über die Seele*, 1959, III. Buch, 427 b, wenn er sich auch auf fünf Sinne festlegt, 424 b.

226 Scheurle: 1984, S. 164.

227 Schelling: 1794, S. 57. – Vgl. Leber 1990 c, S. 140-184.

228 I. H. Fichte: 1876, S. 23.

229 Scheler: Über den Grund zur Annahme der Existenz des fremden Ich. In: *Zur Phänomenologie und Theorie der Sympathiegefühle*, Leipzig 1913, zit. n. Scheurle: 1984, S. 175.

230 In neuerer Zeit hat Schmitz: 1981, eine neue Einteilung vorgelegt, wo er vom Begriff des Ergossenseins sowie der Sprachmetapher des Atmosphärisch-Meteorologischen ausgeht, die im Zusammenhang mit Gefühlen häufig auftritt, um eine erste Ordnung zu gewinnen, was für Freude, Trauer, Wonne und so weiter Sinn macht. In einem weiteren Angang stellt er dann die Räumlichkeit der Gefühle dar: Musik, Stille, Weite des Herzens, Leere, Verzweiflung, erfüllte Gefühle und periphere Erregungen (Bangnis, Fragen) und so weiter.

231 Steiner: GA 59, Vortrag vom 21.10.1909 (irrtümlich statt 5.12.1909), S. 28 f.

232 Kirn: 1989, S. 59.

233 Teichmann: 1990.

234 Lehre des Ptahhotep um 2350 v.Chr. (übers. E. Hornung), zit. n. ebd., S. 43 ff.

235 Ebd., S. 50 f.

236 Teichmann: 1990, S. 64 f.

237 Hornung: Pharao ludens, in: Eranos 1982, Frankfurt 1983, S. 516, zit. n. Teichmann, S. 168.

238 Vgl. S. 77 und Anm. 88, S. 559.

239 Müller: 1981, S. 17.

240 Ebd.

241 Ebd.

242 «Viele dieser Sprachen enthalten präzisere und feiner ausgearbeitete Systeme von Zusammenhängen als die unseren» (Whorf: 1962, S. 132).

243 Steiner: GA 9, S. 42.

244 Steiner: GA 13, S. 65.

245 Kirn: 1989, S. 59. Dieser interpretiert dies als einen Teil des Entzweiungs-
vorgangs im Sinne der Hegelschen Dialektik (S. 86), wodurch die Empfindungsseelentätigkeit ins Unbewußte gedrängt wird, ohne daß die «konstruktive Kraft des eigenen Denkens» erlebt würde, allenfalls die Rationalität des gedachten Gedankens und entsprechend das *rationale* Ego als Be-
wußtseins-Objekt (S. 59).

246 Steiner: GA 9, S. 43.

247 «Seit jeher gilt das Denken als Kernstück der menschlichen Geistestätigkeit
und als eines der Hauptunterscheidungsmerkmale vom Tier. Es befähigt
den Menschen einerseits zur Erkenntnis der Wirklichkeit, indem es ihn von
einzelnen Wahrnehmungen zu allgemeinen Gesetzen und Zusammenhängen fortschreiten läßt. Das Denken aber bewährt sich auch im Handeln,
indem es den Menschen instand setzt, sich selbst dann zweckentsprechend
zu verhalten, wenn ihm zur Bewältigung einer Situation weder ein Instinkt
noch eine Gewohnheit zu Gebote steht ... Das Denken ist eine wesentliche
Voraussetzung der menschlichen Intelligenz» (Remplein: 1975, S. 344).

248 Steiner: GA 9, S. 69 ff. – I. H. Fichte: 1876, bemerkt, der menschliche
Genius, der unsterbliche Geist «bildet Geschichte von immer neuem Gehalte; und selbst die verworfenste, ideenwidrigste Tat desselben ist ein
specifisch Höheres, als die Natur vorzubringen vermöchte», während für
das einzelne Tierindividuum gelte, «daß nicht Neues geschieht unter der
Sonne» (S. 33).

249 Den Unterschied zwischen Tierseele und Menschenseele stellt Steiner in
dieser Weise mündlich dar zu der Zeit, als er an der Erstveröffentlichung
der *Theosophie* arbeitete. Er verweist darauf, daß die Seelenbeobachtung
und damit die Seelenlehre durch Aristoteles, der sonst eine «Schatzkammer
auf das Wissen der alten Zeit» und ein «Riesengeist seiner Zeit» darstelle,
beeinträchtigt wurde, weil er einerseits eine stufenweise Entwicklung der
Seele darstelle, dann aber plötzlich in die natürliche Entwicklung «von
außen» durch Schöpfung den Geist (Nus) in die Seele hineinlegen läßt. So
kann denn in seiner Nachfolge nicht der Geist naturgemäß begriffen werden (GA 52, Vortrag v. 16.3.1904).

250 In der Erstauflage der *Theosophie* (GA 9) fügt Steiner die Bezeichnung
Kama manas hinzu, S. 26.

251 Steiner: GA 9, S. 43.

252 Nach Grimms Wörterbuch.

253 Gehlen: 1940, S. 394: «Wollen ist das Urphänomen Mensch.»

254 Steiner: GA 4, Kap. VIII, S. 138.

255 Beim Begriff der Triebfeder stützt sich Steiner auf die Untersuchungen des
Wollens von Kreyenbühl (Philosophische Monatshefte, Bd. XVIII, H. 3).

Dies ist deshalb verzeichnenswert, weil Steiner in seiner *Philosophie der Freiheit* nur wenige Autoren zitiert – im Unterschied zu den *Rätseln der Philosophie.*

256 Diese polare Struktur findet sich auch in der wohl noch immer gewichtigsten Untersuchung des Willensproblems, der von Keller: 1968. Dort wird das Dasein so betrachtet, daß es sich als Getriebensein zu ... , als Gespanntsein auf ..., als Begegnung mit Entgegenstehendem erweist. Aber in alle dem ist ein Ziel erkennbar. Drang und Ziel sind die beiden Komponenten, die sich entfalten.

257 Steiner: GA 4, Kap. IX, S. 150; dabei übernimmt Steiner den Begriff der *charakterologischen Anlage* den Untersuchungen von v. Hartmann: *Phänomenologie des sittlichen Bewußtseins.*

258 Gebser: 1978. Aufgrund seiner ausgedehnten, vor allem künstlerische und sprachliche Erscheinungen einbeziehenden Methode gelangt Gebser zu fünf verschiedenen Bewußtseinsstufen, von archaisch, magisch zu mythisch, mental und, gegenwärtig anhebend, integral, der aperspektivischen Zeit.

259 Otto: 1962.

260 Steiner: GA 18, Kap. «Zur Orientierung ...», S. 27.

261 Kirn: 1989, S. 58.

262 Willmann: Werke Bd. 9, S. 85 ff.

263 Darauf macht Steiner wiederholt aufmerksam, indem er verknappt sagt, dadurch sei der «Geist abgeschafft» worden, so in GA 293, Vortrag v. 23.8.1919.

264 Zit. nach Schöffler: 1986, S. 83. – Vgl. zum Konzilsverlauf und seiner Bewertung aus abwägender Sicht: Stiernon: 1975.

265 Steiner: GA 59, Vortrag v. 22.10.1909, S. 45.

266 Ebd., S. 46.

267 Ebd., S. 53 f.

268 Steiner: GA 9, S. 44.

269 Das heißt nicht, daß nicht bestimmte Aspekte des Wahren nur vorübergehenden Wert haben.

270 Steiner: GA 2, S. 124.

271 Korczak: 1983.

272 Mortkowicz-Olczakowa: 1967.

273 Riesman: 1958, unterscheidet drei Verhaltenstypen: den innengeleiteten Menschen, der Verhaltensnormen so verinnerlicht, daß sie zum inneren Kompaß, zum inneren Pflichtgebot werden, so der vorherrschende Typus im 19. Jahrhundert; den außengeleiteten Menschen, der so sein möchte wie die anderen, wie alle, der Konformist und Vertreter der öffentlichen Meinung, wer immer sie formuliert; dann den autonomen, der aus sich handelt und «zwischen Konformität und Nonkonformität frei entscheiden» kann

(S. 254). Diese Freiheit meint Steiner mit Bewußtseinsseele – auf das Handeln bezogen.

274 Steiner: GA 9, S. 46.

275 In der *Geheimwissenschaft* sind die Darstellung der Bewußtseinsseele und die des Ich unauflöslich miteinander verbunden.

276 Steiner: GA 127, Vortrag v. 8.1.1911: *Einiges über das Innere der menschlichen Seele und ihr Verhältnis zur Welt.*

277 Steiner: GA 59, Vortrag v. 22.10.1909.

278 Weber: 1972, Bd. 1, S. 17-206; ferner: 1974, S.1035 ff., 735 ff., 55 u.a.

279 Nelson: 1986, S. 27.

280 Bacon: 1620, I, 3, «weil Wissen Macht ist ... »

281 So einer der ersten und vielgehörten Kritiker: E. F. Schumacher: 1977. Er zeigt, daß die Brutalisierung in der Welt mit dadurch bewirkt wird, daß die Wissenschaft falsche und minderwertige Definitionen über den Menschen in die Welt setzt (S. 36).

282 Anders: 1980. – Leber: 1983, S. 209 ff.

283 Leber: 1988, S. 201 ff.

284 Steiner: GA 2, Kap. 11, 12.

285 Steiner: GA 2, Kap. 12, S. 70 f.

286 Kirn: 1989, S. 60.

287 Dies wird heute vielfältig bemerkt. Die vielgestaltige philosophische wie künstlerische Richtung der Postmodernen wehrt sich gegen jegliche Art der Besitzergreifung, anerkennt die Eigentümlichkeit jedes anderen Menschen und jeder anderen Kultur, hat einen tiefen Widerwillen gegen einen simplen Fortschrittsglauben, spricht sich für die Entmachtung des Verstandes aus und fordert eine Nomadisierung des Denkens und der Geschichtsbetrachtung. Wenn getrennte Stile, Nichtzusammengehöriges überraschend zusammengefügt werden, dann zielt das darauf, etwas im Betrachter in Bewegung zu bringen, ihn aufzuwecken, ihm neue Erfahrungen zu vermitteln, aber auch ihn zu verunsichern, so daß er der «großen Erzählung» weniger als der bunten anregenden Vielfalt Glauben schenkt. «‹Postmoderne› wäre aus dieser Sicht vielleicht nur der undeutliche Name einer Entwicklung, die der Bewußtseinsseele eigentümlich ist» (Rittelmeyer: 1990 a, S. 20. – Vgl. auch Rittelmeyer: 1990 b, S. 408-425).

288 «Unsere physischen Verstandeskräfte haben ihre höchsten Triumphe in der Formkultur unserer Zeit erlangt. Der Verstand ist eingedrungen in die Naturgesetze der Form und hat in der Beherrschung der Naturgesetze der Form es bis zum höchsten gebracht, in den großen und gewaltigen Fortschritten der Technik ... Nun stehen wir am Ausgangspunkte derjenigen Epoche, in welcher sich in diesen Verstand etwas hineinergießen muß, etwas, das von innen heraus den Menschen ergreifen und ihn gestalten muß» (Steiner: GA 53, Vortrag v. 3.11.1904, S. 126).

289 Steiner: GA 39, Brief v. 2.10.1902, S. 421f., dabei bezieht sich die Wendung «aufgehobene Momente» auf eine Hegelsche Denkfigur: die Erhebung der Gegensätze zu einer neuen Einheit, Synthesis.

290 Diesen Ausdruck prägte Kuhn: 1978.

291 An Josef Köck, in Steiner : GA 38, S. 16 f. Hervorhebung von mir. In einem anderen Brief des gleichen Tages heißt es: «Die Philosophie ist bei mir ein inneres Bedürfnis, ohne die mir das Leben ein leeres Nichts ist» (S. 18).

292 Brief v. 15.11.1893 an Vincenz Knauer; GA 39, S. 188. Hervorhebungen von mir.

293 Steiner. GA 59, Vortrag v. 28.10.1909, S. 89.

294 Steiner: GA 127, Vortrag v. 8.1.1991, S. 43.

295 Weber: 1964.

296 Dieses Sichlösen aus Vorgängen, in die man zuvor verflochten war, erscheint manchem Betrachter so, daß die menschliche Existenz am leichtesten mit der eines Schauspielers vergleichbar sei. Und in der Tat, tritt nicht der einzelne in verschiedenen Rollen oder Masken auf? Dahrendorf: 1967, beschrieb den homo sociologicus mit seinen verschiedenen Rollen als Bühnenspieler, was er gelegentlich durchaus ist.

297 Strunk: 1976, S. 415.

298 Steiner: GA 191, Vortrag v. 19.10.1919, S. 168.

299 Diesen ganz grundlegenden existentiellen Gegensatz macht Steiner zum Ausgangspunkt seiner Erkenntniswissenschaft, nach der der einheitliche Weltvorgang durch die menschliche Natur in zwei Vorgänge zerlegt wird: in die sinnliche Wahrnehmung *und* das Denken. Bei der näheren Untersuchung des Denkens ergibt sich, «daß der Denkende das Denken vergißt, während er es beobachtet. Die erste Beobachtung, die wir über das Denken machen, ist also die, daß es das unbeobachtete Element unseres gewöhnlichen Geisteslebens ist ... Zwei Dinge vertragen sich nicht: tätiges Hervorbringen und beschauliches Gegenüberstellen» (Steiner: GA 4, S. 40, 44). Bei einer sorgfältigen Betrachtung der Sinneswahrnehmung ergibt sich auch ein Doppeltes. Durch eine Vielfalt der Sinne erhält der Mensch differenzierte Kunde von der Welt; zugleich vermag das Ich dem so Gewahrten sich gegenüberzustellen und ein Bewußtsein seiner selbst zu erlangen: Ich trete als Beobachter den Erscheinungen gegenüber (ebd., S. 61).

300 Es kann dies der Anlaß sein, wenn der Vorgang bewußt wird, das Bewußtsein als Relation von jeweils einzelnen Inhalten oder «Daten zu sich selbst zu deuten» (Henrich: 1970, S. 261) oder mehr auf die Tätigkeit, die darin verborgen ist, Wert zu legen, wie dies Schwab (1979, S. 35-75) tut.

301 Steiner: GA 9, S. 50.

302 I. H. Fichte: 1876, S. 599.

303 Der Begriff des Ich war durch den absoluten Ich-Begriff von J. G. Fichte so besetzt, daß ihn der Sohn nicht verwenden wollte.

304 I. H. Fichte: 1833, S. 43.

305 Steiner: GA 9, S. 47 f.

306 Steiner: GA 115, Vortrag v. 4.11.1910, S. 197.

307 Ebd., S. 195 f.

308 Dagegen wurden wiederholt Einwendungen gemacht, so von Ed. v. Hartmann (*Grundriß der Psychologie*, S. 55 f.), der feststellt, daß das Selbstbewußtsein älter als das Wort «ich» sei und nur als Ersatz des Eigennamens
des Sprechers stehe. Steiner wendet dagegen ein, daß entscheidend ist, ob
eine wirkliche Wesenheit mit dem Selbstbewußtsein verbunden sei – dann
sei diese älter als das Wort (GA 13, S. 68 f.). Wittgenstein erörtert im Blauen
Buch «die eigenartige Grammatik» des Wortes «Ich», wobei letztlich der
ganz naive Tatbestand, daß sich der das Wort «Ich» Verwendende als selbständig und unverwechselbar erlebt, fortbesteht. Gleichzeitig ist aber 1. die
metasprachliche Reflexion davon ablösbar; 2. wird ein reversibles Rollen-
verständnis sichtbar, und 3. liegt darin die Möglichkeit, mit dem funktionalen Sprechakt zugleich als Vollzugsobjekt dieses Sprechaktes, sich als Subjekt mit der gemachten Aussage zu bezeichnen (vgl. Leber: 1990 c, S. 179).

309 Steiner: GA 13, S. 98.

310 Steiner: GA 9, S. 48.

311 Steiner: GA 143, Vortrag v. 16.4.1912, S. 120. Daran ließen sich weitere
Betrachtungen über den «Sündenfall» anschließen, eine Spur, die wir nicht
weiter verfolgen.

312 Ebd., S. 120 f.

313 Steiner interpretiert das Geschehen qualitativ polar zur Selbsterfahrung im
dritten Lebensjahr in: GA 150, Vortrag v. 14.3.1913, S. 17. – Vgl. auch GA
133, Vortrag v. 23.4.1912, S. 75 ff.

314 Vgl. die zahlreichen Zeugnisse und die einfühlsame Darstellung bei Müller-
Wiedemann: 1989.

315 Steiner: GA 194, Vortrag v. 6.12.1919, S. 129.

316 Steiner, GA 13, S. 67.

317 Ebd.

318 Mit der Unterscheidung von Ich und Selbst wird auf die Tatsache verwiesen, daß das Wesen des Menschen weit umfassender ist als das Bewußtsein,
das sein Ich von sich selbst hat.

319 Steiner: GA 4, S. 141.

320 Steiner: GA 12, S. 16.

321 Vgl. das über den Sprachsinn Gesagte S. 129 f.

322 Steiner: GA 12, S. 22 f.

323 Ebd., S. 23.

324 Jean Paul Richter: *Selberlebensbeschreibung*, Zweite Vorlesung. Hanser-
Ausgabe Bd. 6, S. 1060.

325 Gegenwärtig bemüht sich die sogenannte Psychosynthese, die humanisti-

sche oder transpersonale Psychologie, darum, durch die Methoden eine Verbindung zwischen Alltagsich und dem höheren (transpersonalen) Selbst herzustellen (Assagioli: 1993, S. 25 ff.).

326 Dieses geistige Wesen «macht unsere Erdenwanderung nicht mit» (Steiner: GA 165, Vortrag v. 19.12.1915, S. 16).

327 Steiner: GA 59, Vortrag v. 28.10.1909.

328 Steiner: GA 7, S. 21.

329 Vgl. Steiner: GA 202, Vortrag v. 17.12.1921.

330 Steiner: GA 182, Vortrag v. 9.10.1918, S. 136.

331 Schelling: 1794, §§ 3, 7.

332 «Die Wirkung des Ich auf die Aura kann der ‹Sehende› schauen. Das ‹Ich› selbst ist auch ihm unsichtbar» (Steiner: GA 9, S. 50).

333 Steiner: GA 59, Vortrag v. 21.10.1909, (irrtümlich statt 5.12.1909), S. 17 f. Ähnlich GA 9, S. 50 und GA 13, S. 65-71.

334 Steiner: GA 10.

335 Smit u.a.: 1989.

336 Steiner: GA 59, Vortrag v. 29.10.1909, S. 135. – Entgegen der Annahme des Lamarckismus, daß erworbene, das heißt erlernte Fähigkeiten durch Erbgang weitergegeben werden, gilt es als erwiesen, daß der Weg von der Erbsubstanz DNS zur Proteinsynthese und damit zum Organismus führt, aber kein Weg zurück von der Seele zum Organismus und damit zur Erbsubstanz, es gibt keine Vererbung von Schuldgefühlen, von Erinnerungen und Fähigkeiten (Zimmer: 1987, S. 172).

337 Steiner: GA 9, S. 49.

338 Steiner: GA 13, S. 69.

339 So in der «Ersten Einleitung zur Wissenschaftslehre» und in der 1. Vorlesung «Über die Bestimmung des Gelehrten».

340 In Indien wird die erblühte Lotosblume als solches Bild genommen.

341 Steiner: GA 13, S. 70. Weiter heißt es: «Doch zeigt es sich da eben nur wie ein Tropfen aus dem Meere der alles durchdringenden Geistigkeit» (ebd).

342 So schildert Ibsen in seinem *Peer Gynt* jene moderne Gestalt, die, der materiellen Welt hingegeben, stets nur sie selbst – und Herr der Lage – sein will. Als sie sich auf sich besinnen will, beim Schälen einer Zwiebel, stellt sie fest: «Nein, so eine Vielzahl! Schicht liegt auf Schicht. / Kommt denn nicht *einmal* ein Kern ans Licht? (Zerrupft die Zwiebel). / Wahrhaftig nein! Bis ins innerste Innre / Nichts als Schichten, / immer dünnre und dünnre» (V/3). Peer Gynt kann den Kern, den er ahnt, nicht finden, er ist immateriell.

343 Steiner: GA 9, S. 50.

344 Es gibt Störungen des Leiberlebens, die zu tiefen existentiellen Beeinträchtigungen führen. Vgl. Sacks: 1987, S. 80 ff.

345 So in GA 4, Kap. VIII.

346 Steiner: GA 53, Vortrag v. 30.3.1905, S. 310.

347 Steiner zitiert Tolstoi, der sagt: «Das Wohl der Persönlichkeit erblicken sie [die Gegenwartsmenschen] nur in der Befriedigung ihrer Bedürfnisse»; stattdessen gelte es, die von Liebe erfüllte Individualität auszubilden, wo «der Mensch aus der höheren, inneren, göttlichen Natur heraus handelt» (Steiner: GA 53, Vortrag v. 3.11.1904, S. 127).

348 Steiner: GA 53, Vortrag v. 30.3.1905, S. 311.

349 Allport: 1959.

350 Ebd., S. 49: «Persönlichkeit ist die dynamische Ordnung derjenigen psychophysischen Systeme im Individuum, die seine einzigartigen Anpassungen (adjustments) an seine Umgebung bestimmen.»

351 Herrmann: 1976, S. 29.

352 Steiner: GA 9, S. 48.

353 I. H. Fichte spricht in seiner Anthropologie von «Erdgesicht».

354 Steiner: GA 34, S. 350 f.

355 Ja, es tritt als solches gar nicht voll in die Verkörperung ein. Vgl. Steiner: GA 157 a, Vortrag v. 19.12.1915; ferner GA 179, 15.12.1917; GA 234, 3.2.1924.

356 Steiner: GA 52, Vortrag v. 6.9.1903, S. 20.

357 Steiner: GA 52, Vortrag v. 3.10.1903, S. 39.

358 Ähnliche Gedanken finden sich bei Assagioli: 1991.

359 Wir folgen Grimms Wörterbuch.

360 Steiner: GA 72, Vortrag v. 24.11.1917, S.162.– In diesem Sinne sieht Steiner die moderne Naturwissenschaft als eine Wegbereiterin für eine Spiritualisierung der Auffassung des Seelenlebens.

361 Barfield: 1990, S. 120 f.

362 Hildebrand in: Grimms Wörterbuch.

363 Ebd.

364 Diese Vielfalt kann Anlaß sein, wie Gutzkow es in seinen *Rittern vom Geiste* tat, den Geist als Chamäleon zu bezeichnen oder als einen «jener Fische des Altertums, der, gekniffen und gemartert, in hundert Farben spielte. Über den Magen, das Herz ist man sich einig, man weiß, daß speisen und lieben oder, um mich anständiger auszudrücken, geliebt werden, die befriedigendsten Seligkeiten gewähren, aber über den Geist, dessen Nahrung, dessen Befriedigung, darüber rennen sich die Behälter des Geistes die Köpfe blutig aneinander ... Was Geist ist ... darüber herrscht mehr Anarchie als in der Gesetzgebung» (1. Bd., 3. Buch).

365 Dionysios Areopagita gilt als Pseudo-Dionysios, der im Unterschied zum gleichnamigen ersten Athener Bischof erst im 6. Jahrhundert veröffentlichte; seine Schriften hatten im Mittelalter apostolischen Rang, Erasmus und andere kritisieren sie hingegen.

366 Steiner: GA 110.

367 So gebraucht sie die Aufklärung, so Fichte, wenn er der «Zurückforderung der Denk- und Redefreiheit von den Fürsten Europas, die sie bisher unterdrückten» hinzufügt: *Heliopolis im letzten Jahr der Finsternis.* Der Vorgang wiederholt sich. Vgl. Brederlow: 1976.

368 Steiner: GA 9, S. 106.

369 Steiner: GA 9, S. 120.

370 Platon: Bd. 3, Politeia, S. 224 ff. (Stephanus Nr. 514 ff.).

371 Steiner: GA 9, S. 120. In der Erstauflage wird diese Welt durch eine Anmerkung auch als *mentale Welt* (Kap. III.) bezeichnet. Wenn der menschliche Geist nach dem Tode in diese Welt eintritt, wird diese Welt auch *Devachan* (Deva – Gott) genannt (Kap. IV.).

372 Steiner gebraucht in der *Theosophie* (GA 9) für den Gedanken oder Begriff im Verhältnis zum Urbild oder zum wirklichen geistigen Wesen den Ausdruck Schattenbild oder Schemen (auch schattenhafter Abglanz, S. 148), für die den Urbildern entsprechenden physischen oder seelischen Dinge oder Wesen den Terminus *Nachbilder* (S. 120 f., 124, 132, 140, 152 f.), den Terminus *Abbild*, wie er für das Denken häufig verwendet wird, gebraucht er nicht, schließt ihn sogar aus: «Es sollte nicht gesagt zu werden brauchen, daß solche Beschreibungen nicht als *Abbilder* der ihnen zugrundeliegenden Wirklichkeit gelten können» (S. 156). Dies widerspräche auch seiner frühen Einsicht, wonach der Mensch selber Produzent der Gedanken ist. – Vgl. zur «Abbildtheorie» auch Strawe: 1986.

373 Steiner: GA 9, S. 121.

374 «Geist ist die Realität des Denkens ... Als Realität des Denkens ist Geist also das Wesen, die Kraft, der Sinngehalt und der Quellgrund, der das Denken veranlassende und freigebende Wesensspielraum des Denkens» (Buchner: 1977, Bd. 2, S. 539). Die Rechenschaft des Denkens über sich ist Platons logon didonai.

375 «Die Simultaneität und Komplexität des Wissens wird durch das Denken in mannigfaltiger Weise differenziert ... Die erste Differenz, die der ‹Skepsis›, besteht darin, den angeschauten Gehalt vorzustellen und zwar darauf hin, ob es sich mit ihm auch wirklich so verhält, wie er angeschaut ist. Damit wird eine Distanz zum real anschauenden Wissen gewonnen» (Krings: 1973, Bd. 1, S. 275).

376 Steiner: GA 9, S. 122.

377 Ebd., S. 132.

378 Ebd., S. 122 f.

379 Ebd., S. 129.

380 Ebd., S. 146.

381 Ebd., S. 146 f.

382 Ebd., S. 147.

383 Ebd., S. 147 f.

384 Steiner: GA 13, S. 112.

385 Sie geht auf Ansätze von Gauß, Bolyai und Lobatschewski zurück.

386 Adams/Whicher: 1979. – Locher-Ernst: 1980; 1973.

387 Wie dies konkret geschieht, wird nicht im einzelnen ausgeführt. In der *Geheimwissenschaft* entfaltet Steiner ganz große Zusammenhänge zwischen der Weltentwicklung und der des Menschen, deren Darstellung die gesamte Evolutionsbiologie umfaßt und damit die hier gewählte Thematik übersteigt. – Steiner anerkennt schon in der *Theosophie*, daß die Leiblichkeit des Menschen – neben dem physischen und ätherischen auch der Empfindungsleib – dem Erbstrom entstammt, daß aber aus der Vererbung nicht das Ich zu erklären sei. Wie das Ich auf die Leibbildung, also den Erbstrom, und während des Lebens auf die Leibgestaltung einwirkt, hat er zunächst nicht dargestellt. Dazu brauchte es offenkundig weiterer Untersuchungen, die sich dann auch zwischen 1907 und 1924 verstreut in seinem Vortragswerk – teilweise in bildhafter Gestaltung – finden. (Eine systematische Sammlung der Äußerungen findet sich bei Hoffmeister: 1990.)

388 Steiner: GA 9, S. 109.

389 Ebd., S. 108.

390 Ebd., S. 131. – Vgl. ferner Steiner: *Das Leben nach dem Tod und sein Zusammenhang mit der Welt der Lebenden.* 10 Vorträge. Hg. Teichmann, Stuttgart 1987.

391 Benninghoff/Goerttler: 3. Bd., 1975, S. 445.

392 Ebd., S. 449.

393 Steiner: GA 9, S. 54. – Der Geistmensch wird in der Erstauflage der *Theosophie* auch *Atma* genannt, ein Sanskrit-Ausdruck, der unserem Wort Atem verwandt ist.

394 Ebd., S. 54.

395 Ebd.

396 In der geistigen Welt sind die Dinge und Wesen, die in der physischen Welt verkörpert werden, als «Hohlräume» oder Kcrafträume vorhanden (Steiner: GA 9, S. 125).

397 Freilich gibt Steiner früh Übungen, die die verschiedenen Dimensionen und ihre Transformation zum Inhalt haben (GA 264); er entwickelt weitere in: GA 321, Vortrag v. 3.3.1920.

398 Steiner: GA 9, S. 54 f. – Der Lebensgeist wird in der Erstauflage auch *Budhi* genannt.

399 Ebd., S. 55.

400 Ebd., S. 67 f.

401 Ebd., S. 51. – Das Geistselbst wird in der Erstauflage auch *Manas* genannt.

402 Ebd., S. 52.

403 Steiner: GA 4, Kap. IX, S. 149 f.

404 Steiner: GA 2, Kap. 16.

405 Steiner: GA 4, Kap. IX, S. 150.

406 Dies ist deshalb der Fall, weil selbst in der Biologie, die sich mit dem Übergang von der tierischen zur menschlichen Entwicklung befaßt, nur der letzte Evolutionsschritt thematisiert wird, während Steiner das Wesen des Menschen schon in den allerersten Anfängen als veranlagt und mit wirksam ansieht (Schad: 1985, S. 57-157; Kipp: 1985, S. 9-29; vgl. ferner Suchantke: 1985, S. 240-274).

407 Steiner: GA 13, S. 70.

408 Ebd., S. 116.

409 Ebd., S. 71.

410 Steiner, GA 34, S. 317.

411 Ebd., S. 316.

412 «Indem nun der Führer sie erblickt, wird seine Erinnerung hingetragen zum Wesen der Schönheit, und wiederum sieht er sie mit der Besonnenheit auf heiligem Boden stehen. Dieses erblickend fürchtet er sich, und von Ehrfurcht durchdrungen beugt er sich zurück und kann sogleich nicht anders, als so gewaltig die Zügel rückwärts ziehen, daß beide Rosse sich auf die Hüften setzen, das eine gutwillig, weil es nie widerstrebt, das wilde aber höchst ungern» (Platon: Phaidros, 254 b-c).

413 Nicht von ungefähr kann deshalb die Ethologie, die Verhaltensforschung, im menschlichen Verhalten immer wieder Züge aufdecken, die sich nur geringfügig von denen bei Tieren unterscheiden.

414 Steiner: GA 13, S. 71 f.

415 Ebd., S. 76.

416 So ist einer kurzen Bemerkung in GA 34, S. 320, zu entnehmen.

417 Auf die damit verbundenen theologischen Fragen gehen wir nicht ein, sie sind von berufener Seite thematisiert. Vgl. Binder: 1989.

418 Steiner: GA 9, S. 79 f.

419 Ebd., S. 80.

420 Steiner: GA 52, Vortrag v. 3.10.1903, S. 30.

421 Moody: 1978, S. 50: «Alles Gute und Böse sei plötzlich ins Bild gekommen … eigentlich sei ihm die Frage gestellt worden, ob er in seinem Leben so gehandelt habe *aus Liebe* zu anderen Menschen, ob also die Liebe sein Handeln *motiviert* habe.»

422 Steiner: GA 9, S. 140.

423 Ebd., S. 142.

424 Steiner: GA 34, S. 350 f.

425 Steiner: GA 9, S. 143 f.

426 I. H. Fichte: 1876, S. 551.

427 Wir verweisen auf Kallert: 1960, und Witzenmann: 1977/78. – 1980. – 1983.

428 Gehlen: 1961, S. 60 ff.

429 Steiner: GA 18, S. 594.

430 Ebd., S. 598.

431 Ebd., S. 604 f.

432 Ebd., S. 605.

433 Ebd., S. 607.

434 Ebd., S. 608.

435 Steiner: GA 21, S. 15 und 18.

436 Im einzelnen führt das Steiner in der 1. Skizzenhaften Erweiterung des Buches *Von Seelenrätseln* (GA 21, insbes. S. 129 ff.) aus.

437 Diese Darstellung stammt von Knauer: *Die Hauptprobleme der Philosophie*, Wien 1892, S. 137, sie wird von Steiner zitiert in der 3. Skizzenhaften Erweiterung des Buches *Von Seelenrätseln* (GA 21, S. 139 f.), um daran seine Auffassung zu entwickeln.

438 Steiner: GA 21, S. 140 f.

439 Steiner: GA 1, Bd. II, S. IV.

440 Den Schulungsweg stellt Steiner dar in *Wie erlangt man Erkenntnisse der höheren Welten?* (GA 10), aber auch in den Grundschriften *Theosophie* (GA 9) und *Geheimwissenschaft* (GA 13).

441 So in einer Darstellung der Isis-Legende in Steiner: GA 202, Vortrag v. 24.12.1920.

442 Wehr: 1986. – Vgl. die Darstellung über das Geistselbst, S. 190 ff.

Anmerkungen zu Teil II: Die Entwicklung und Erziehung des Kindes

1 Heute in Steiner: GA 34, S. 309-348. Wir haben die Absätze zur leichteren Auffindbarkeit in den verschiedenen (Einzel-)Ausgaben im nachfolgenden durchnummeriert und geben bei Zitaten die Absätze an.

2 Steiner: GA 9, S. 78.

3 Steiner: GA 9, Kap. Wiederverkörperung des Geistes und Schicksal.

4 Goethe: Maximen und Reflexionen (Hamburger Ausgabe, Bd. XII, S. 443).

5 Es handelt sich um einen der letzten Briefe, vom 17.3.1832.

6 Heusser: 1990, S. 141. Beispiele sind DNS-Polymerase, Topoisomerasen usw. Es ist zwischen Information und Informationsträger zu unterscheiden, weil Information etwas Ideelles darstellt, das sehr wohl «draußen in der Natur eine objektive, konkret wirkende Realität sein muß, obwohl es innerhalb des denkenden Bewußtseins nur als Abstraktum (als bloßer Gedanke) erlebt wird» (ebd.).

7 So heißt es in der Persönlichkeitstheorie von Roger, zit. n. Schneewind: 1984, S. 70.

8 Da gilt als der Gipfel gegenwärtiger Einsicht die dynamisch-interaktionale beziehungsweise transaktionale Position, nach der die Person «als aktive

Einheit gesehen [wird], die mit ihrer Umwelt in einem ständigen Austausch steht und dabei grundsätzlich als Agent der Selbst- beziehungsweise Umweltveränderung zu begreifen ist» (Schneewind: 1984, S. 136). Oder in den Worten von Bandura: «Beides, Menschen und ihre Umwelten, sind sich wechselseitig beeinflussende Größen» (zit. n. ebd., S. 184).

9 In seinen Mysteriendramen: GA 14.

10 Steiner: GA 120.

11 Steiner: GA 34, Abs. 4, S. 310.

12 Ebd., Abs. 30, S. 320.

13 Ebd., Abs. 32, S. 320 f.

14 Vgl. S. 500 die Beschreibung einer solchen Geburt, wo die Nabelschnur für das Erlebnis reißt.

15 Kipp: 1980.

16 Claessens: 1967.

17 Rousseau: 1912: Brief an Christophe de Beaumont vom 18.11.1762. «Emile ist ein fertiger Mann, noch manches Rats bedürftig, aber doch voll Einsicht, Verstand, Güte, Menschenfreundlichkeit, Gesittung und Geschmack ... frei von der Herrschaft der Tagesmeinung, aber dem Gesetz der Weisheit unterwürfig.»

18 Steiner: GA 34, Abs. 49 und 60, S. 329 u. 340.

19 Ebd., Abs. 35, S. 321.

20 Ebd., Abs. 39, S. 323.

21 Steiner: GA 9, S. 35: «Die Kräfte, die einen Eichbaum [ein Tier oder einen Menschenleib] gestalten, müssen wir auf dem Umwege durch den Keim in Mutter- und Vaterpflanze suchen.»

22 Ebd.: «Alles, was in der menschlichen Gattung sich ausprägt, wird bedingt durch die Vererbung ...» (S. 70). Es ist „auch der Seelenleib in die Gesetze der physischen Vererbung, durch die der Leib seine Gestalt erhält, mit einbezogen« (S. 76).

23 Steiner: GA 212, Vortrag v. 26.5.1922, S. 112.

24 Das wird auch in den hypnotischen Befragungen über die vorgeburtliche Existenz bei Wambach: 1986 vielfältig deutlich.

25 Hoffmeister: 1990, dort sind alle Angaben Steiners systematisch zusammengetragen. – Steiner unterscheidet dabei folgendes: «Erst im Augenblick der Befruchtung geschieht die Umkleidung des Astralleibes mit dem Ätherleib ... In den ersten Monaten nach der Empfängnis ist im Menschenkeim nur der Kausalleib [d.h. die Erträgnisse des letzten Lebens] tätig und wirksam. Ungefähr in der siebenten Woche beginnt der Ätherleib mit seiner Wirksamkeit, und vom siebenten Monat ab tritt der Astralleib mit seinen Kräften an den Menschen heran» (Steiner: GA 94, Vortrag v. 3.7.1906, S. 153 f.).

26 Vgl. statt dessen Blechschmitt: 1982, Wilmar: 1979, Schad: 1982, Appenzeller: 1976.

27 Treichler: 1981, S. 19.

28 Steiner: GA 36, S. 284 (nach einem Autoreferat eines Vortrags v. 16.9.1922).

29 Ebd., S. 286.

30 Vgl. dazu Kranich: 1989, S. 337-763.

31 Steiner: GA 34, Abs. 40, S. 324.

32 Bower: 1978, S. 37.

33 Ebd., S. 35. – Dies gilt nicht nur für den Seh-, sondern auch für den Hörvorgang, wo schon nach Stunden festgestellt werden kann, daß die interaktionale Synchronisation, das heißt eine Mitbewegung in der Abfolge der Sprechbewegung des Sprechenden vollzogen wird, wie eine Einzelbildanalyse zeigt.

34 Kranich, in: Leber 1985, S. 58.

35 Haith et al.: 1977.

36 «So zeigte sich in der Studie von Wachs zum Beispiel, daß einerseits ein Mangel an Präsenz wichtiger Bezugspersonen für die kognitive und motivationale Entwicklung von Kleinkindern eher abträglich ist, andererseits gilt dies auch für ein Zuviel an sozialer Stimulation, etwa wenn man die Gesamtzahl oder die Zahl fremder Personen betrachtet, die sich in der Umgebung des Kindes aufhalten» (Schneewind: 1982, S. 164).

37 Carossa: 1982, S. 7.

38 So «bleiben die sogenannten synapsenbildenden Endknöpfchen an den Ausläufern junger, künstlich stumm gehaltener Nervenzellen unreif: Sie wachsen dann nicht weiter, bilden keine neuen Synapsen mehr aus und verändern sich auch in vielen wichtigen Aspekten nicht mehr» (Kalil: 1990, S. 94).

39 Ebd.

40 Nitschke: 1962, S. 110.

41 Unabhängig von den grundlegenden Einsichten Steiners in *Die Erziehung des Kindes* in diese Zusammenhänge 1906/07 setzte dann eine empirische Forschung ein, an der Ärzte und Psychologen gleichermaßen beteiligt waren und sind, wodurch die Wechselwirkung von Somatischem und Psychischem in eindringlicher Weise aufgewiesen wurde. Leider löst sich diese enge Zusammenarbeit zweier Disziplinen schon in der ersten Schulzeit zum Nachteil der Kinder (vgl. Goebel/Glöckler: 1991. – Glöckler: 1991). Der erste Kritiker an «Pflegefabriken» und «Säuglings- und Kleinkinderkasernen» war ein Münchner Kinderarzt, der meinte, daß man dem Vernehmen nach im Kreise der «Tierzüchter wegen der damit verbundenen Bedrohung der Brut und der sich daraus ergebenen Unwirtschaftlichkeit» diese Formen der «Betreuung» schon aufgegeben habe (v. Pfaundler, Klinik und Fürsorge, in: Gesundheitsfürsorge für das Kindesalter, Berlin 1, Nr. 3, 1925). Inzwischen gibt es eine reiche Literatur, wir nennen nur: v. Harnack: Wesen und soziale Bedingtheit frühkindlicher Verhal-

tensstörungen. Bibliotheca Paediatrica, Fasc. 55, Basel 1953. – Hellbrügge: 1964. – Vgl. ferner Spitz: 1981, S. 223ff. – Bowlby: 1951; 1975; 1978; 1982. – Ders./Margery Fry: 1974.

42 Leonhardt: 1974, S. 205. – Schon «etwa einen Monat vor der Geburt finden keine Mitosen in den Nervenzellen» mehr statt (Müller: 1968, S. 13).

43 Das Gliagewebe dient vor allem der Stützung der Nervenzellen und der Ernährung des Gehirns, doch es werden zunehmend auch Leistungen entdeckt, die bisher den Neuronen zugeschrieben wurden (Kimelberg und Norenberg: 1989, S. 52-60). – «DieMakroglia füllt die Räume zwischen den Nervenzellen und anderen Gliaelementen wie angegossen aus» (Leonhardt: 1974, S. 224.).

44 Tramer: 1964, S. 80.

45 Ebd., S. 81.

46 Lesny: 1962.

47 Müller: 1968, S. 5.

48 Herder: *Ideen zur Philosophie der Geschichte der Menschheit*, 1. Teil, IV. Buch. – Übrigens empfahl Steiner, in der 8. Klasse mit den Schülern die Gedanken Herders, die im ersten Teil unter starker Beteiligung Goethes entstanden waren, in Auswahl zu lesen.

49 Straus: 1960, S. 224.

50 Ebd., S. 226.

51 Ebd., S. 227.

52 Vergleiche zur Ausbildung der drei menschlichen Grundfertigkeiten König: 1981.

53 Steiner: GA 293, Vortrag v. 3.9.1992, S. 179.

54 Ebd., S. 180.

55 Ebd., S. 181.

56 Pressel: 1975, S. 594.

57 Pressel unterscheidet die Skelettmuskeln für die Bewegung im Raum, die Sprachmuskulatur und die mimische Muskulatur.

58 Kirn: 1989, S. 282 ff., 320 ff.

59 Sacks: 1989, S. 209.

60 Ebd. S. 211.

61 Ebd.

62 Ebd. S. 151.

63 Ebd., S. 146.

64 Ebd., S. 120.

65 Steiner: GA 321, , Vortrag v. 5.3.1920.

66 Steiner: GA 293, S. 181.

67 Portmann: 1971, S. 166 f.

68 Dieses Körper-Ich untersucht Steiner eingehend in: GA 15, S. 9 f. – «Die Weisheit unseres Körpers ist umfassender als die unseres bewußten

Geistes» (Kornhuber: A Consideration of the Brain-Mind Problem. In: Buser/Rougeul-Buser: 1978, S. 319 ff.).

69 Vgl. Leber: 1990 c.

70 Hegel: 1970, S. 28: «Um über das Belehren noch ein Wort zu sagen, so kommt dazu ohnehin die Philosophie immer zu spät. Als der Gedanke der Welt erscheint sie erst in der Zeit, nachdem die Wirklichkeit ihren Bildungsprozeß vollendet und sich fertig gemacht hat. Dies, was der Begriff lehrt, zeigt notwendig ebenso die Geschichte, daß erst in der Reife das Ideale dem Realen gegenüber erscheint und jenes sich dieselbe Welt, in ihrer Substanz erfaßt, in Gestalt eines intellektuellen Reichs erbaut. Wenn die Philosophie ihr Grau in Grau malt, dann ist eine Gestalt des Lebens alt geworden, und mit Grau in Grau läßt sie sich nicht verjüngen, sondern nur erkennen; die Eule der Minerva beginnt erst mit der einbrechenden Dämmerung ihren Flug.»

71 Steiner: GA 34, Abs. 40, S. 324.

72 Ebd., Abs. 45, S. 327.

73 Schenk-Danzinger: 1988, S. 151 ff.

74 Cl. und W. Stern: 1965.

75 Müller: 1968, S. 16.

76 Eimas: 1990, S. 120. Dabei wurde bei bestimmten Lautungen die Nuckelrate beziehungsweise die Herzfrequenz gemessen.

77 Kainz: 1960, S. 6. – Dort findet sich auch eine ausgedehnte Diskussion, ob die Gebärdensprache die ursprüngliche gewesen sei (wie Wundt, Geiger, van Ginneken behaupten), aus der sich die Lautsprache entwickelt habe, oder nicht, weil jene diese voraussetze, wie Révész und auch Kainz meinen. Denn das Kind verfüge – phylogenetisch betrachtet – doch über nur wenig ausdifferenzierte Gebärden (S. 580-634). – Bei dieser Diskussion wird nur auf die äußere leibliche Gebärde geschaut, daß ein U eine andere Empfindungsgebärde als ein A hat, ein K eine andere als B, ein Baum etwas anderes als tree in der Seele auslöst, wird dabei nicht bemerkt, so daß der Zugang zum Begriff der Gebärde sehr begrenzt bleibt.

78 Steiner: GA 306, S. 35 f. – Vgl. auch GA 310, S. 52 ff.

79 Straus: 1960, S. 229.

80 Steiner: GA 307, Vortrag v. 10.8.1923, S. 98 ff.

81 Kainz: 1960, S. 21.

82 Gehlen: 1971, S. 193.

83 Portmann: 1971, S. 162. – McNeill: 1974, S. 78, deutet die Versuche, mit Hilfe der Taubstummen-Gebärdensprache Schimpansen «Wörter» beizubringen, als eine Form der Zeichensprache, als Sprache, freilich ohne Sprechen. – Vgl. ferner: Kipp: 1985, S. 9-29.

84 Kolzowa: 1979. Für sie war zunächst erkenntnisleitend, daß Sprachzentrum und Bewegungszentrum der Feinmotorik der Finger im Gehirn nahe

beieinander liegen, und so dachte sie, daß das eine, nämlich die Bewegung, förderlich auf das andere, die Sprachentwicklung, wirken könnte. Der empirische Nachweis ist eindeutig.

85 König: 1981.
86 Rubinstein: 1968, S. 476.
87 Ebd., S. 479.
88 Solche Umbrüche oder Weiterungen hat Piaget: 1989 um das 7. und 12. Lebensjahr aufgewiesen, worauf wir zurückkommen.
89 Diemer: 1968.
90 Kranich: 1985, in: Leber 1985, S. 65. Kranich verweist auf den Autopsiebericht des Gehirnes von Kaspar Hauser, das eine ungewöhnlich geringe Ausbildung (Strukturierung) aufwies.
91 Steiner: GA 15, S. 10.
92 Ebd., S. 11.
93 Ebd., S. 13.
94 Ebd., S. 19.
95 Ebd., S. 22.
96 Steiner: GA 34, Abs. 42, S. 325 f.
97 Plan und Praxis des Waldorfkindergartens – Beiträge zur Erziehung des Kindes im ersten Jahrsiebt, hg. v. Helmut v. Kügelgen, 7Stuttgart 1980.
98 Groos: 1899; 1910.
99 Huizinga: 1938.
100 Hansen: 1965, S. 46 f.
101 Hahn: 1988.
102 Buytendijk: 1973, S. 106.
103 Ebd., S. 106 f.
104 Oerter/Montada:1987 b, S. 216 ff.
105 Steiner: GA 34, Abs. 48, S. 328.
106 Jaffke: 1991, S. 13.
107 Ebd., S. 16 f.
108 Steiner: GA 34, Abs. 46, S. 328.
109 Lievegoed: 1976, S. 30, 81 et passim.
110 Vgl. Dumke: 1988. – Koch: 1987.
111 Schad: 1991.
112 Steiner: GA 301, Vortrag v. 11.5.1920, S. 222 f.
113 Zeller: 1967, S. 65.
114 Steiner: GA 302 a, Vortrag v. 16.9.1920, S. 26.
115 Ebd., S. 27.
116 Vgl. Piaget/Inhelder: 1973.
117 Schenk-Danzinger: 1980, S. 107.
118 Steiner: GA 206, Vortrag v. 7.8.1921, S. 96.
119 Steiner: GA 34, Abs. 16, S. 315.

120 Ebd., Abs. 41, S. 324.

121 Picht: 1987, 1, S. 21 ff.

122 «Leib» bezeichnet hier wie in «Lebensleib» lediglich ein abgegrenztes, ganzheitliches Gefüge.

123 Lersch: 1970, S. 104.

124 Steiner: GA 206, Vortrag vom 7. 8. 1921, S. 97.

125 Steiner: GA 34, Abs. 49, S. 329.

126 Steiner: GA 302a, Vortrag v. 16.9.1920, S. 26.

127 Ebd., Vortrag v. 22.9.1920, S. 54.

128 Grassé: 1973, S. 191.

129 Piaget/Inhelder: 1973.

130 Steiner: GA 107, Vortrag v. 2.11.1980, S. 85 f.

131 Vgl. Steiner: GA 59, Vortrag v. 21.10.1909 (irrtümlich statt 5.12.1909). – Ähnlich GA 9, S. 50 und GA 13, S. 65-70.

132 Steiner: GA 34; Abs. 23, S. 317.

133 Ebd., Abs. 42, S. 325.

134 Steiner: GA 9, S. 121: «Das sinnliche Auge nimmt den Löwen wahr und das auf Sinnliches gerichtete *Denken* bloß den Gedanken des Löwen als ein Schemen, als ein schattenhaftes Bild. Das *geistige* Auge sieht im ‹Geister-land› den Gedanken des Löwen so wirklich wie das sinnliche den physischen Löwen … In dieser Welt sind nun zunächst die geistigen *Urbilder* aller Dinge und Wesen zu sehen, die in der physischen und in der seelischen Welt vorhanden sind … Die physischen Dinge und Wesenheiten sind *Nachbilder* dieser Urbilder.» – Der Menschengeist durchwandert zwischen zwei Verkörperungen «das ‹Land der Geister›, um da zu verbleiben, bis er zu einem neuen leiblichen Dasein reif ist» (S. 129).

135 Steiner: GA 34, Abs. 45, S. 327.

136 Vgl. die reiche Phänomenologie bei Stone und Church: 1978.

137 Müller-Wiedemann in Leber: 1992, S. 75.

138 Ebd., S. 77.

139 Steiner: GA 34, Abs. 49, S. 329.

140 Piaget: 1932.

141 Bruno Walter, *Thema und Variationen*. Frankfurt/Main 1960. Zitiert nach Müller-Wiedemann: 1989, S. 17.

142 Steiner: GA 9, S. 121.

143 Koepke: 1989.

144 Schad: 191, S. 116 ff.

145 Vgl. die ausführliche Darstellung in Leber: 1989, S. 117 ff.

146 Steiner: GA 34, Abs. 49, S. 329.

147 Steiner: GA 302, Vortrag v. 12.6.1921, S. 10.

148 Steiner: GA 34, Abs. 51, S. 331.

149 Steiner: GA 34, Abs. 51, S. 331 f.

150 Mattiesen: 1987. – Moody: 1979, 1978.
151 Steiner: *Das Leben nach dem Tod und sein Zusammenhang mit der Welt der Lebenden.* 10 Vorträge ausgew. u. hg. v. Teichmann, Stuttgart 1988.
152 Steiner: GA 34, Abs. 51, S. 332.
153 Dies ist ein Vorschlag von H. v. Kügelgen.
154 Wie sie von Dewey bis zur antiautoritären Erziehungsbewegung in die 70er Jahre gehen.
155 Rutschky: 1977.
156 GA 4, in der Erstauflage Berlin 1894, S. 3, wo es weiter heißt: «Was gelten soll, muß seinen Ursprung in den Wurzeln der Individualität haben. Abgewiesen wird alles, was die volle Entfaltung der Kräfte des Einzelnen hemmt. ‹Ein jeglicher muß seinen Helden wählen, dem er die Wege zum Olymp hinauf sich nacharbeitet›, gilt nicht mehr für uns.»
157 Hartmann: 1964, weist nach, wie kein Zusammenleben ohne diese Form der Autorität funktionieren kann.
158 Geißler in Flitner/Scheuerl: 1967, S. 84.
159 Der Künstler bringt das Göttliche nicht dadurch auf die Erde, daß er es in die Welt einfließen läßt, sondern dadurch, daß er die Welt in die Sphäre der Göttlichkeit erhebt. Das Schöne ist Schein, weil es eine Wirklichkeit vor unsere Sinne zaubert, die sich als solche wie eine Idealwelt darstellt (Steiner: GA 30, Vortrag v. 9.11.1888, und GA 271).
160 Steiner: GA 34, Abs. 52, S. 332 f.
161 Busschbach/Louwerens: ASW-Experimente mit Vorschulkindern in den Niederlanden. In Bender: 1976, S. 358 ff.
162 Wassiliew: Theoretische Bedeutung und praktische Anwendbarkeit der ‹Psychischen Fernwirkung›. In Bender: 1976, S. 777.
163 Steiner: GA 34, Abs. 52, S. 333.
164 Steiner: GA 317, Vortrag v. 26.6.1924, S. 33.
165 Ebd.
166 Steiner: GA 130, Vortrag v. 2.12.1911, S. 173.
166a Diese durchaus verbreitete Grundhaltung wird von Hornstein: 1990, und Fend: 1988, mit Bedauern aufgezeigt.
167 Steiner: GA 130, Vortrag v. 2.12.1911, S. 175.
168 Stevenson: 1989, S. 197. Dieser diskutiert dort auch psycho-analytische Deutungsmuster der Übertragung.
169 Steiner: GA 99, Vortrag v. 30.5.1907, S. 66 f.
170 Ebd., Vortrag v. 31.5.1907, S. 76.
171 Ansprache am 3.5.1923, in: GA 298, S. 172.
172 Ebd., S. 173.
173 Eisler: Wörterbuch philosophischer Begriffe.
174 Aus Grimms Wörterbuch.
175 Steiner: GA 9, S. 63.

176 Steiner, GA 107, Vortrag v. 2.11.1908, S. 90.

177 Steiner: GA 53, Vortrag v. 15.12.1904, S. 190f. – Steiner gebraucht wiederholt das Bild des Verhältnisses vom Minuten- zum Stundenzeiger, um darauf hinzuweisen, wie es leichter ist, Veränderungen im Gefühls- und Empfindungsleben als solche im Bereich der Gewohnheiten und Neigungen
herbeizuführen; so erstmalig 1904 schriftlich in GA 10.

178 Lersch: 1970, S. 471 f.

179 Damit wird das Bewußtsein entlastet und kann sich neuen Aufgaben zuwenden, wie Gehlen: 1940, zu Recht hervorhebt.

180 Dies sieht Watson: 1968, S. 51, anders, er denkt sich, «daß es Tausende von
einfachen, unerlernten und unbedingten Reaktionen gibt (wie Finger- und
Armbewegungen) ... Diese sind die Elemente, aus denen sich unsere gestalteten, erlernten Reaktionen bilden.» Er sieht sogar die Persönlichkeitsbildung so radikal, daß sie ganz den Gewohnheiten verdankt wird: «Persönlichkeit ist nur das Endprodukt unseres Gewohnheitssystems» (S. 342).

181 Ganz über die seelische Seite in Form von Belohnungen und Verstärkungen
versucht die behavioristisch orientierte Therapie in das Verhalten, das sich
fehlentwickelt hat, verändernd einzugreifen (Schneewind: 1982, S. 159).

182 Lersch: 1970, S. 48 f.

183 Steiner: GA 34, Abs. 50, S. 331.

184 Heydebrand: 1927, S. 54.

185 Nietzsche, Unzeitgemäße Betrachtungen. Zweites Stück: Vom Nutzen und
Nachteil der Historie für das Leben. Werke in drei Bänden, hg. Schlechta,
Bd. 1. Hanser Verlag München, 9. Aufl. 1982, S. 209.

186 Steiner: GA 9, S. 65.

187 Steiner: GA 72, Vortrag v. 18.10.1917, S. 41 f. – Man beachte, daß diese
Darstellung 13 Jahre nach der zuvor zitierten liegt.

188 Lersch: 1970, S. 400.

189 Steiner: GA 34, Anmerkung 6, S. 345 f.

190 Ebd., Abs. 53, S. 333.

191 Steiner: GA 9, S. 65.

192 Ebd., S. 66.

193 Ebd. – Steiner hat die Einprägung vielfach beschrieben, so etwa in: GA 128,
Vortrag v. 23.3.1911, S. 83 f., oder GA 181, Vortrag v. 19.3.1918, S. 113 ff.

194 Weitere Beispiele zu Erinnerungsbildung und Gedächtnispflege gibt aus
dem Natur- und Sprachkundeunterricht Oltmann in: Kranich/Bohnsack,
1990, S. 222 f.

195 Steiner: GA 302, Vortrag v. 12.6.1921, S. 10 f.

196 Zit. n. Science News, Nr. 119, 1981, S. 252, wir folgen Oltmann, 1990, S.
225.

197 Bock, 1980, S. 280-292.

198 Priller et al.: 1988, S. 129-146.

199 Poppelbaum: 1948, S. 65.

200 Oltmann: 1990, S. 226.

201 Steiner: GA 218, Vortrag v. 9.10.1922, S. 30.

202 Sheldrake: 1990.

203 Vester: 1975, S. 72: «Die Speicherung beginnt mit kreisenden Gehirnströ-
men, das ist das Ultrakurzzeit-Gedächtnis, sie wird aber allein durch die
Existenz solcher Gehirnströme oder Schwingungskreise in keinem Fall länger als einige Sekunden aufrechterhalten … [Die Einprägung wird nicht
durch Elektroschocks aufgehoben.] Längst ist einwandfrei bewiesen, daß
einmal fest gespeicherte Erinnerungen auch nach solchen Eingriffen voll
erhalten bleiben. Es bleibt nur noch die Möglichkeit, daß das Gedächtnis
entweder ein rein geistiges Element ist, also einer materiellen Untersuchung
überhaupt nicht zugänglich, oder aber, daß die Erinnerung nach Aufnahme
der elektrischen Wahrnehmungsimpulse, also anschließend an das Ultrakurzzeit-Gedächtnis durch Kodifizierung und Verarbeitung einzelner
Moleküle, über das ganze Gehirn verteilt ist.» Der Eingriff des Geistes in
den Stoff greift ideologisch tief, ist «deshalb doch lange nicht unwahrscheinlich» (S. 74).

204 Steiner: GA 205, Vortrag v. 2.7.1921, S. 100 f. – Damit sind weitere For-
schungsaufgaben angedeutet, die freilich der Ausarbeitung harren. Notwendig wäre eine empirische Verknüpfung von psychologischen und physiologischen Tatbeständen, um beispielsweise den Zusammenhang zwischen Gedächtnisqualitäten (Bild, Ton und so weiter) und leiblicher Konstitution zu klären.

205 Steiner: GA 34, Abs. 53, S. 333 f.

206 Vgl. Müller-Wiedemann: 1989, Kap. III.

207 Steiner: GA 302, Vortrag v. 12.6.1921, S. 19.

208 Vgl. auch die Ausführungen über das Vergessen S. 280 und Steiner: GA 107,
Vortrag v. 2.11.1908.

209 Remplein: 1962, S. 407.

210 Piaget/Inhelder: 1974.

211 Steiner: GA 34, Abs. 56, S. 306 f.

212 Steiner: GA 307, Vortrag v. 16. 8.1923, S. 212.

213 Steiner: GA 115, Vortrag v. 4.11.1910, S. 202.

214 Ebd., S. 203.

215 Hemleben: 1967.

216 «…bedingt durch die physiologischen Funktionen der Vererbung (Fortpflanzung) und Anpassung (Ernährung)» (Haeckel: 1960, S. 111).

217 So bei – wenn auch nicht unter Berufung auf Haeckel – Piaget: 1932,
S. 379 ff., wo er unter Bezug auf Durkheim, Fauconnet, Bovet und Baldwin
seine eigene These vertritt, daß Autonomie und Gegenseitigkeit reifer als
Heteronomie und Weisung durch Geronten sei. – Bei aller Kritik an der

Phasenlehre bleibt Piaget davon ausgenommen, vgl. Oerter: 1987 a; Wieczerkowski/Oeveste: 1982, Bd. 2, S. 63 ff.

218 Andersen: 1992, S. 23.

219 Steiner: GA 59, Vortrag v. 5.5.1910.

220 Andersen: 1992, S. 20 ff., dort eingehende Analyse der Dramen.

221 Ebd., S. 51 ff.

222 Dietz: 1976, S. 124.

223 Andersen: 1992, S. 13.

224 Steiner: GA 59, Vortrag v. 5.5.1910, S. 205.

225 Ebd.

226 Andersen: 1992, S. 127.

227 Steiner weist auf den inneren Zusammenhang dieser drei Kräfte, über die der Mensch in der Antike zu verfügen beginnt, hin in: GA 133, Vortrag v. 14.5.1912.

228 Steiner: GA 59, Vortrag v. 5.5.1910, S. 207.

229 Ebd., S. 216.

230 Andersen: 1992, S. 54.

231 Davon handelt Steiner beispielsweise in GA 130, Vortrag v. 2.12.1911, S. 164.

232 Dies ist die Formel Piagets.

233 Monakov: 1930, spricht vom *biologischen Gewissen als Syneidesis*. – Nachmansohn: 1937, hat diese Position weiter ausgebaut.

234 Remplein: 1962, S. 312.

235 Piaget: 1932, S. 137.

236 Fromm: 1980, Bd. 2, S. 93 ff.

237 Piaget: 1932, S. 177.

238 Kohlberg geht von konformistischen oder nonkonformistischen Wertungen, die Kindern vorgelegt wurden, aus und unterscheidet drei Ebenen, mit jeweils zwei Stellungnahmen (Typen) dazu. Die niederste Ebene ist die «prämorale», wo das Kind sich durch Gehorsam an der Strafandrohung orientiert (Typ 1) oder von einem naiven Hedonismus (Typ 2) leiten läßt. Auf der zweiten, der Zwischenebene, wird Moral so verstanden, sich Gunst und gute Beziehungen dadurch zu erhalten, daß man ein «guter Junge» und so weiter ist (Typ 3), oder man gehorcht den Geboten der Autorität (Typ 4). Auf der höchsten Ebene, der «Moralität freiwilliger Prinzipien», versteht das Kind Moral im Sinne vertraglicher Verpflichtungen und demokratisch akzeptierter Rechtmäßigkeit (Typ 5) oder als «Moralität individueller Gewissensgrundsätze» (n. Mussen et al.: 1976, S. 460).

239 Eine Übersicht über den Diskussionsstand findet sich bei Wieczerkowski/ Oeveste: 1982, Bd. 2, S. 63 ff.

240 Mussen et al.: 1976, S. 457.

241 J. G. Fichte: 1800, S. 91 f.

242 Ebd., S. 97.

243 Ebd., S. 99.
244 Ebd., S. 101 f.
245 Novalis: 1962, S. 288 ff.
246 Andersen: 1992, S. 155.
247 Steiner: GA 59, Vortrag v. 5.5.1910, S. 214 f.
248 Steiner: GA 34, Abs. 50, S. 330.
249 Plutarch: 1953, Perikles, S. 36.
250 Steiner: 1946, Vortrag v. 4.11.1922, in: Die Menschenschule. Ebenso die
     folgenden Zitate.
251 Lersch: 1970, S. 33.
252 Steiner: GA 59, Vortrag v. 29.10.1909, S. 123.
253 Lersch: 1970, S. 36.
254 Steiner: GA 59, Vortrag v. 29.10.1909, S. 130.
255 Ebd., S. 111.
256 Remplein: 1975, S. 135.
257 Wir erinnern uns, daß im ersten Jahrsiebent «Belehrungen nicht formen-
     bildend auf den physischen Leib, sondern auf den Ätherleib wirken». Mit
     dem siebenten Jahre wird der Ätherleib von seiner Hülle frei, das heißt für
     die Außenwelt zugänglich. Da aber noch kein eigenständiges Urteil ent-
     wickelt ist, ist Räsonieren als erzieherische Maßnahme fehl am Platz.
258 Steiner: GA 34, Abs. 59, S. 339.
259 Ebd.
260 Ebd., Abs. 60, S. 340.
261 Ebd., Abs. 62, S. 341.
262 Vgl. Kischnik: 1989; 1985. – Ders./van Haren: 1989.
263 Grube: 1878, S. 94.
264 Steiner: GA 59, Vortrag vom 29.10.1909, S. 131.
265 Ebd., S. 133.
266 Steiner: GA 34, Abs. 22, S. 317.
267 Steiner: GA 34, Abs. 27, S. 319.
268 Der wissenschaftliche Begriffsgebrauch auf dem Ciba-Symposion 1989 war
     so definiert: Aktivität, rhythmisches Verhalten, Annäherung/Rückzug,
     Anpassung, Intensität, Stimmung, Ausdauer, Ablenkbarkeit, Hemmung.
     Daneben steht aber ein weit streuender, höchst diffuser Sachverhalt: Er
     reicht von emotionaler Verfassung, Aktivität, Aufmerksamkeit, Irritabi-
     lität, über Persönlichkeit, Antrieb, Interaktionsmuster, Eß- und Schlafge-
     wohnheiten, Reaktionsweisen bis zu Verhaltensmerkmalen: launisch,
     schüchtern, intensiv, unflexibel, bestimmt und so weiter. Eine Definition
     von Temperament besagt, es sei ein «Verhalten, bei dem die Regulation der
     Erregung und sein Ausdruck durch Qualitäten der Gefühlsbewegung
     involviert ist, die Zeit- und Situations-Vorhersagbarkeit aufweist» (Bell/
     Waldrop: 1982 , S. 208).

269 Duden. Das große Wörterbuch der deutschen Sprache in 6 Bänden, Mannheim u.a. 1981.

270 Roth: 1971, S. 195.

271 Sixel: 1990, S. 27–50, gibt einen knappen geschichtlichen Abriß der Entstehung der Temperamentenlehre. – Insbesondere die Bemühungen seit Kant auf diesem Gebiet sind dargestellt bei Stern: 1923, S. 481 ff.

272 Ullrich: 1986, S. 177.

273 Ebd., S. 180, heißt es: «Die Temperamentenlehre Steiners … ist gegenüber dem heutigen Problembewußtsein und Forschungsstand als defizitär und anachronistisch» einzuschätzen. Ullrich tritt für eine differentielle Analyse ein, was aber auch seine Probleme hat, denn Allport weist nach, daß in der englischen Sprache ungefähr 18.000 Bezeichnungen für bestimmte Formen des persönlichen Verhaltens verfügbar sind, wobei bei Kombinationen die Zahl beträchtlich anwachse (Allport: 1959, S. 353 ff.). Deshalb kommt die Psychologie bisher nicht ohne Typologien aus.

274 Remplein: 1975, S. 429; er sagt weiter, daß nach der Kritik an der Temperamentenlehre in diesem Jahrhundert, die von Klages ausging, sie noch immer ihren unverzichtbaren Wert habe (434 f.).

275 Ravagli: 1990, hält Ullrich eine Verkürzung vor und begründet dies auch vielfältig. So kritisiert er – wie andere – das archäologische Verfahren Ullrichs: Wenn ein Begriff zuvor irgendwo nachgewiesen werden kann, dann ist er damit verortet, und der Gebrauch durch einen Nachfolger, insbesondere im Fall Steiner, macht diesen per se zu einem Geist zweiter oder nachfolgender Ordnung. Dies gilt auch für die Temperamentenlehre, die von Ullrich auf die Lehre der *humores*, der Säfte, zurückgeführt wird; was von Steiners Auffassung darin nicht unterzubringen ist, wird als der «zeitgenössischen volkstümlichen Kompendienliteratur entlehnt» bezeichnet, so daß also prinzipiell und für immer nichts Beschäftigenswertes zurückbleibt (Ullrich: 1986, S. 171). Nur: Dieses Verfahren hält einer genaueren Prüfung in keiner Richtung stand, wie im einzelnen nachgewiesen wird (Ravagli: 1990, S. 178 ff.).

276 Steiner: GA 52, Vortrag v. 7.11.1903, S. 47.

277 Ullrich: 1986, S. 148.

278 Ullrich: 1986, S. 176ff., wo anthroposophische «Temperamentenlehre» und «wissenschaftliche *Persönlichkeitsforschung*» – also weitgehend Unvergleichbares – verglichen werden, denn Temperament ist nicht Persönlichkeit, allenfalls eine Facette davon. Ullrich setzt beides – naiver- oder unredlicherweise – gleich.

279 Präzision sollte, nebenbei bemerkt, ein Kennzeichen von Wissenschaft sein; daß sie ausgerechnet dort fehlt, wo ständig mit ihr operiert wird, ist entlarvend.

280 König: 1989, S. 65.

281 Ullrich: 1986, S. 179.

282 Steiner: GA 52, Vortrag v. 6. 9.1903, S. 22.

283 Ebd., S. 23.

284 Stern: 1923, S. 173.

285 Bekannt sind die Typen: apollinisch – dionysisch (Nietzsche); aktiv – reflexiv (Gross); weichherzig – hart (James); schizoid – zyklothym (Kretschmer); innengeleitet – außengeleitet (Riesman); extravertiert – introvertiert (Jung).

286 Dazu zählen neben den Temperamenten Einteilungen in auditive, visuelle und kinästhetische (motorische) Typen. Ferner Sheldons Typologie von viscerotonisch, cerebrotonisch, somatotonisch, wobei er von der Vorherrschaft der Gewebe der embryonalen Keimblätter ausgeht (endomorph, ektomorph und mesomorph). Jungs Klassifizierung sieht neben den genannten die psychischen Funktionen vor: Empfinden, Fühlen, Denken, Intuition, zusammen mit extra- und introvertiert ergibt sich eine achtfache Gliederung. – Haymans und Wiesman kennen auch eine achtfache Klassifikation.

287 Strunz: 1951.

288 Ullrich: 1986, S. 187. – Mit einem Merkmalskomplex soll im Totaltypus «das Psychische in seiner Ganzheit» umfaßt werden – so Ullrich, S. 184. Dagegen Steiner, Heraklit zitierend: «Der Seelen Grenzen kannst du nicht ausfindig machen.»

289 Lersch: 1970, S. 25.

290 Der Ätherleib ist «Träger» von allem, «was bleibende seelische Eigenschaften im Menschen sind [wie Gewohnheiten, Temperament]. Wenn wir vom Seelischen des Menschen sprechen, so meinen wir nicht zuletzt das Temperament und die ursprüngliche Charakteranlage» (Steiner: GA 96, Vortrag v. 15.10.1906, S. 106). Triebe, Begierden und Leidenschaften gehören dem Astralleib zu, sie sind flüchtiger.

291 Kretschmer: 1971.

292 Die Kritik dieser Typologie zielt darauf, daß sie von Extremen ausgehe, wie sie in unausgelesener Population nur schwer zu finden sei, ferner berücksichtige die Korrelation von Temperament und Körpertyp keine Entwicklung (vgl. Schneewind: 1982, S. 131 ff). Gleichwohl wird durch diese Betrachtung ein Gegengewicht geschaffen.

293 Steiner: GA 34, Abs. 49, S. 329.

294 Ebd., Abs. 54, S. 334.

295 Ebd.

296 Ebd., Abs. 44, S. 326 f.

297 Steiner: GA 57, Vortrag v. 4.3.1909, S. 274 f.

298 Ebd., S. 275.

299 Ebd., S. 278.

300 Ebd., S. 279.

301 Steiner betont nachdrücklich, daß damit nicht gesagt sei, der Choleriker sei klein, der Sanguiniker groß. Denn man darf «die Gestalt des Menschen nur mit seinem eigenen Wuchs vergleichen» (ebd., S. 282), nicht mit irgendeiner Norm.

302 Ebd., S. 281.

303 Das Immunsystem gilt, wie im Kapitel über den Zahnwechsel (s. S. 246 ff.) dargelegt, als biologisches Ich (vgl. Dumke: 1988).

304 Steiner: GA 21, S. 243.

305 Steiner: GA 57, Vortrag v. 4.3.1909, S. 284.

306 Ebd., S. 283.

307 «Der Verstand ist hier [bei den Temperamenten] die allerschwächste Seelen-kraft» (Steiner: ebd., S. 288). Dazu fällt Ullrich die etwas seltsame Bemerkung ein: «Insgesamt gilt es, nicht das Temperament, sondern die Vernunft zu entwickeln» (Ullrich: 1986, S. 188) – was so gescheit ist wie zu sagen: Wir essen in Zukunft nur noch Vitamine, aber keine Kohlehydrate, Eiweiß oder Fett mehr. – Angemerkt sei, daß in der jüngsten psychologischen Forschung *Nalini Ambady* und *Robert Rosenthal* herausgefunden haben, daß der erste intuitive Eindruck eines anderen durch ein erstaunliches Einfüh-lungsvermögen geprägt wird und eine Treffsicherheit besitzt, die von einer aufwendigen differentiellen Analyse kaum übertroffen wird, und selbst Stereotype einen wahren Kern besitzen (Pschological Bulletin, Bd. 111, 1992, S. 256). Gilt Ähnliches auch für das Erkennen der Temperamente?

308 «Ein Rätsel der Natur, das er zu lösen hat, soll jedes werdende Menschen-wesen dem Menschen sein, der Erzieher sein will» (Steiner: GA 52, Vortrag v. 30.3.1904, S. 216). Diese Grundhaltung zieht sich durch das Werk Stei-ners bis in die letzten pädagogischen Vorträge hinein.

309 Steiner: GA 53, Vortrag v. 30.3.1905, S. 203.

310 Steiner: GA 295, Vortrag v. 21.8.1919, S. 9.

311 Ebd., S. 15.

312 Ebd., Besprechung v. 22.8.1919, S. 28.

313 Die Beobachtung, daß das vorherrschende Temperament in der Einzelbio-graphie sich mit dem Lebensalter ändert, findet sich auch bei Troxler in den *Vorlesungen über psychische Anthropologie* (1841/42). In Auszügen abge-druckt bei Sixel: 1990, S. 145-153.

314 Steiner: GA 295, Besprechung v. 21.8.1919, S. 10.

315 Steiner: GA 305, Vortrag v. 22.8.1922.

316 Hiebel: 1944, in: Sixel, 1990, S. 139-144.

317 Schad: 1991, S. 57 ff.

318 Daß dies einem tieferen Zusammenhang entspricht, hat Steiner schon frü-her verdeutlicht, als er einmal den Bau des Dreibogenorgans im Ohr behan-delte. Die Bilder des Astralleibes hängen mit den Kräften des Ätherleibes und den Organen des physischen Leibes zusammen. Der physische Leib

mit seinen plastischen Formen ist als Ergebnis entstanden aus den voran-
liegenden Bildern des Astralleibes. «Der Astralleib ist Vorgänger des Ätherleibes, und der Ätherleib ist Vorgänger des physischen Leibes» (Steiner:
GA 99, Vortrag v. 22.5.1907, S. 18).

319 Diese Beweglichkeit in der Begriffsbildung ist für eine Abgrenzung unge-
eignet, ja ärgerlich. Sie mag aber bei den Temperamenten mit ihrer vielfältigen Durchfärbung berechtigt sein: Angriffsflächen bietet sie allerdings genug. Man könnte da den wirklich waltenden Ernst, der ein durchgängiger
Zug bei Steiner ist, leicht verkennen. Es ist der Beleuchtungswechsel, den
Steiner oft zur Methode erhebt, auch um das eigene Durchdenken anzuregen, und den er mit Beweglichkeit im Vorstellen und Denken gleichsetzt –
übrigens eine Methode, die der Postmoderne eignet (Rittelmeyer: 1990 b).

320 Spitteler: 1947.

321 Steiner: GA 305, Vortrag v. 22.8.1922, S. 118.

322 Kranich/Jünemann/Berthold-Andrae/Bühler/Schuberth: 1985.

323 Ullrich: 1986, S. 180.

323a Steiner: GA 308, Vortrag v. 8.4.1924. – Um die Relevanz dieser Zusammenhänge offenzulegen, bedürfte es noch eingehender medizinischer Forschung. Vgl. auch Kiersch: 1990.

324 Leber: 1989, S. 132 ff.

325 Steiner: GA 206, Vortrag v. 7.8.1921, S. 97.

326 Steiner: GA 212, Vortrag v. 26.5.1922, S. 116.

327 Steiner: GA 208, Vortrag v. 12.11.1921, S. 199.

328 Steiner: GA 34, S. 371.

329 Steiner: GA 293, Vortrag v. 25.8.1919.

330 Die Instinktreduktion beim Menschen ist von Herder über Gehlen bis zu
Fromm Bestand aller Anthropologie.

331 Hier treffen wir auf ein Kampffeld allergegensätzlichster Auffassungen in
der Gegenwart (vgl. Anhang, XIX).

332 Stibbe: o.J.

333 Stibbe bringt diese Eigenschaften in Beziehung zum Planetenwirken, wobei
er sich in freier Weise auf eine Vortragsdarstellung Steiners (GA 228, Vortrag
v. 27.7.1923) bezieht. – Es sei erwähnt, daß Ferrière eine zwölffache Typologie in Zusammenhang mit dem Tierkreis entwickelt hat: 1. originell, spontan,
2. primitiv, 3. imaginär, 4. konventionell, 5. individuell, 6. logisch, 7. gesellig,
8. unruhig, 9. intuitiv, 10. asketisch, 11. mystisch, 12. vollendet, erfüllt (Vers
une classification naturelle des types psychologiques, Nice 1943).

334 Steiner: GA 9, S. 69.

335 Die Schätzungen sprechen von einer Korrelation zugunsten der erbbeding-
ten Faktoren der Intelligenz von 0,62 bis 0,86 bei Zwillingen (Heritabili-
tätskoeffizient). Übersicht nach Prenzel/Schiefele, in Weidemann/Krapp:
1986, S.131.

336 Vgl. S. 318.

337 Kranich: 1991, S. 114.

338 Steiner: GA 9, S. 70.

339 Lykken/Bouchard: Genetische Aspekte menschlicher Individualität. In: Mannheimer Forum 1983/84, zit. n. Kranich: 1990, S. 114.

340 Von einem ganz anderen Ansatz und Blickwinkel aus wird unterschieden zwischen *sozialer* und *physikalischer* Stimulation auf Verhaltenseffekte in der frühen Kindheit bei L. J. Yarrow et. al: *Infant and environment. Early cognitive and motivational development*, New York 1975. «So scheinen die verschiedenen Aspekte der sozialen Umwelt eher die soziale Ansprechbarkeit und Reaktionsfreude des Kindes zu fördern, während die Sachumwelt, insbesondere eine hinreichende Komplexität und eine Manipulierbarkeit der Gegenstände, eher dem kindlichen Explorationsverhalten zuträglich ist» (Schneewind: 1982, S. 164).

341 Steiner: GA 9, S. 72 f.: «Als geistiger Mensch habe ich meine *eigene Gestalt,* wie ich meine eigene Biographie habe. Ich kann also diese Gestalt von niemand anderem haben als von mir selbst. Und da ich nicht mit unbestimmten, sondern mit bestimmten seelischen Anlagen in die Welt eingetreten bin ... so kann meine Arbeit an mir nicht bei meiner Geburt begonnen haben. Ich muß als geistiger Mensch vor meiner Geburt vorhanden gewesen sein.»

342 Steiner: GA 34, S. 371 f.

343 «Gebt mir ein Dutzend gesunder, wohlgebildeter Kinder und meine Umwelt, in der ich erziehe, und ich garantiere, daß ich jedes nach dem Zufall auswähle und es zu einem Spezialisten in irgendeinem Beruf erziehe, zum Arzt, Richter, Künstler, Kaufmann oder zum Bettler und Dieb, ohne Rücksicht auf seine Begabungen, Neigungen, Fähigkeiten, Anlagen und die Herkunft seiner Vorfahren» (Watson: 1968, S. 123).

344 Zit. n. Schneewind: 1982, S. 138.

345 Lessing: 1788, § 100. – «Warum sollte ich nicht so oft wiederkommen, als ich neue Kenntnisse, neue Fertigkeiten zu erlangen geschickt bin? Bringe ich auf einmal soviel weg, daß es der Mühe wiederzukommen etwa nicht lohnet?» (§ 98).

346 Steiner: GA 32, S. 434 f., wo er auf Gideon Spicker: *Lessings Weltanschauung,* verweist; ferner GA 52, Vortrag v. 23.3.1903, S. 177 ff.

347 Steiner: GA 317.

348 Singer: 1984, S. 188: «Der Kern der Sache ist freilich klar: Die Tötung eines behinderten Säuglings ist nicht moralisch gleichbedeutend mit der Tötung einer Person.» – Singer unterscheidet zwischen *lebenswerten* Personen und *lebensunwerten* Nichtpersonen. Eine Nichtperson gehört zwar zur Gattung Homo sapiens, doch sie hat «keinen Begriff von ihrer eigenen Zukunft» – dadurch wird sie zur Unperson (ebd.). Da der Personbegriff sich ausschließlich an das Bewußtsein seiner selbst knüpft, ist dieses Ergebnis

rational. Ohne einen Begriff des Geistes muß man in «Un»-tiefen geraten. So ist der Schluß, daß etwa «die Tötung eines Schimpansen schlimmer als die Tötung eines schwer geistesgestörten Menschen, der keine Person ist», sein muß, selbstverständlich (S. 135). – Schon allgemein gilt, daß ein Neugeborener prinzipiell weniger Wert hat als ein älteres Wesen. Denn: «Wenn der Fötus nicht denselben Anspruch auf Leben hat wie eine Person, dann hat ihn der Neugeborene offensichtlich auch nicht, und das Leben eines Neugeborenen hat weniger Wert als das Leben eines Schweins, ines Hundes oder eines Schimpansen» (S. 165). «Schnecken oder ein einen Tag altes Kind» sind prinzipiell gleichwertig oder gleichunwertig, «weil Schnecken und Neugeborene unfähig sind … Wünsche zu haben» (S. 109). Das Menschsein hängt vom Erleben des eigenen Glücks ab. Altgewordene, senile Menschen sind dann auch wohl Unpersonen. Das ist die Ethik des Kapitalismus und Materialismus.

349 Steiner: GA 34, S. 376.
350 Ebd., S. 374.
351 Lessing: 1786, § 4.
352 Steiner: GA 308, Vortrag v. 11.4.1924, S. 81. – In diesen Vorträgen – den letzten, die Steiner über Pädagogik in Stuttgart hielt – kam es ihm nach seinen eigenen Worten darauf an, «den ganzen Geist der Pädagogik, die aus Anthroposophie herausströmen soll, zu kennzeichnen».
353 Ebd., Vortrag v. 10.4.1924, vormittags, S. 47.
354 Ebd., S. 49.
355 Ebd., Vortrag v. 10.4.1924, abends, S. 74.
356 Ebd., Vortrag v. 11.4.1924, S. 85.
357 Steiner: GA 34, S. 389.
358 Ebd., S. 390.
359 Verdienstvoll hat Stockmeyer: 1976, die entsprechenden Angaben zusammengetragen. – Zu nahezu allen Unterrichtsgebieten – Mathematik, Naturkunde, Physik, Chemie, fremd- und muttersprachigem Unterricht, künstlerischen Fächern, Handwerk und Handarbeit – gibt es eine umfangreiche Literatur.
360 Steiner: GA 118, Vortrag v. 30.1.1910.
361 Piaget/Inhelder: 1973.

Anmerkungen zu Teil III: Das Jugendalter

1 Steiner: GA 9, S. 121.
2 Steiner: GA 34, Abs. 63, S. 342.
3 Steiner: GA 34, Anmerkung 6, S. 345f.: «Man muß sich … klarmachen, daß sowohl der Ätherleib wie der Astralleib vom Anfange an vorhanden

sind, nur eben unter der … schützenden Hülle … So ist es auch mit den Eigenschaften, deren Träger der Astralleib ist, vor der Geschlechtsreife. Man muß ihnen Nahrung geben, aber immer im Bewußtsein … daß der Astralleib unter einer schützenden Hülle liegt. Es ist eben etwas anderes, die im Astralleib schon liegenden Entwickelungskeime *vor* der Geschlechtsreife zu pflegen und den selbständig gewordenen Astralleib *nach* der Geschlechtsreife demjenigen in der Außenwelt auszusetzen, was er *ohne* Hülle verarbeiten kann. Dieser Unterschied ist sicherlich ein subtiler, aber ohne auf ihn einzugehen, kann man das Wesen der Erziehung *nicht* verstehen.»

4 Steiner: GA 34, Abs. 63, S. 342.

5 Ebd., Abs. 61, S. 340.

6 Steiner: GA 34, Abs. 23, S. 317.

7 Steiner: GA 302, Vortrag v. 16.6.1921, S. 75 f.

8 Ebd., S. 75.

9 Spranger: 1966, S. 48.

10 Steiner: GA 302, Vortrag v. 16.6.1921, S. 80.

11 Schad: 1991, S. 94 ff.

12 Hegel: *Vorlesungen über die Philosophie der Geschichte*, Vierter Teil, Dritter Abschnitt, 3. Kap.

13 Steiner: GA 34, Abs. 61, S. 340 und Abs. 63, S. 342.

14 Vgl. Piaget/Inhelder: 1973.

15 Ginsburg/Opper: 1975, S.229 ff. – Piaget weist dieses Vermögen in der Adoleszenz an der INRC-Gruppe nach: Identität, Negation, Reziprozität und Correlativität.

16 Tumlirz: 1927. Er unterscheidet drei Stufen: Frühe Kindheit (2-5 Jahre), Schulalter (7-11), Reifejahre (15-18).

17 Bühler: 1928. Sie kennt fünf Phasen: 1. Jahr (Zentralisation u.a.) – 2. bis 4. (Realisierung von Sinn und Wert u.a.) – 5. bis 8. (Einordnung in Gemeinschaft u.a.) – 9. bis 13. (Wißbegier, Abhebung des Ich u.a.) – 14. bis 19. (Erkennen der Wahrheit, Hingabe an das Du).

18 Busemann: 1950. Er kennt drei Stufen: 2-5, 7-11, 15-18.

19 Kroh: 1956. Er kennt drei Stufen: 1. Frühe Kindheit, 2. Eigentliche Kindheit, 3. Reifezeit; diese untergliedert er in jeweils drei Phasen.

20 Eine Begründung gibt Steiner – soweit ich sehe – nicht in dem Sinne, daß er einen letzten Grund angibt, vielmehr setzt er die siebzig oder zweiundsiebzig Jahre einfach voraus und arbeitet dann mit dieser Zeitspanne sehr differenziert und vielgestaltig und sucht den Chronotypus auch aus Umlaufverhältnissen der Gestirne und Planetenwirksamkeiten zu begründen (so in GA 201, Vortrag v. 16.4.1920). Weiteres wurde dargestellt in Leber (Hg.): 1992, S. 26-31. Mit der von Ullrich (1986, S. 112 ff.) vollzogenen, an sich recht interessanten «archäologischen» Rekonstruktion, wo er diesen Ge-

danken der Gliederung auf die antike Heptomadenlehre zurückführen zu können meint, hat Steiners Vorgehen allerdings rein gar nichts zu tun. Es gelingt Ullrich auch nicht, eine Verknüpfung herzustellen. Steiners Gedanke, daß kein Lebewesen ohne «seine Zeit» sein kann, ist eine Einsicht der Moderne, in der überhaupt erst der Entwicklungsgedanke auftritt. Daß daneben aus anderen Quellen Überlieferungen existieren, verdeutlicht nur, daß ein langbestehendes Rätsel vorliegt.

21 Steiner: GA 56: *Der Lebenslauf des Menschen vom geisteswissenschaftlichen Standpunkt*, Vortrag v. 28.2.1907. – Weitere Vorträge finden sich in: Steiner: *Vom Lebenslauf des Menschen*, Vorträge, ausgewählt und herausgegeben von Erhard Fucke, (Themen aus dem Gesamtwerk 4), Stuttgart 1980. – Vgl. auch Moers: 1953; Lievegoed: 1991.

22 Steiner erwähnt einmal, daß die Perioden – von sieben zu sieben Jahren – ziemlich regelmäßig gehen, und fügt dann hinzu: «Unregelmäßig wird diese Einteilung, diese Gliederung in siebenjährige Perioden in der zweiten, in der absteigenden Lebenshälfte. Aus dem Grunde wird das so, weil wir in bezug auf die erste Hälfte unseres Lebens eigentlich diejenigen Gesetze und Tatsachen heute ausleben, die eine Art Wiederholung des regelmäßigen Entwickelungsganges der Menschheit seit Urzeiten her sind, während wir in der zweiten Hälfte unseres Lebens noch nicht etwas ausleben, was in der äußeren Welt schon geschehen ist, sondern was erst in der Zukunft geschehen wird» (GA 118, Vortrag v. 30.1.1910, S. 55.).

23 Dies führt dann dazu, daß gedanklich einfach ein Jahrsiebt gedrittelt wird. Innerhalb der beiden Einschnitte – nach dem ersten und zweiten Drittel – finden psychologisch auffällige Veränderungen statt.

24 Vgl. Steiner: GA 302; 302 a; 303.

25 Steiner: GA 141, Vortrag v. 14.1.1913, S. 116.

26 Steiner: GA 143, Vortrag v. 16.4.1912, S. 120.

27 Ebd., S. 121.

28 Ebd., S. 123 ff. und GA 141, Vortrag v. 14.1.1913.

29 Siehe dazu beispielsweise GA 237, Vortrag v. 6.7.1924.

30 Oerter: 1987, S. 60.

31 Ebd.

32 Rensch: 1954.

33 Mayr: 1984, S. 345 f.

34 Darauf lassen sich die gegensätzlichen Interpretationsmuster der Entwicklung zwischen Neodarwinismus und Lamarckismus, von egoistischen Genen Monods oder der pantheistischen Schöpferkraft der Natur Bergsons zurückführen.

35 Poppelbaum: 1961, S. 90.

36 Sheldrake: 1990, S. 344.

37 Auch in der Wissenschaftsentwicklung läßt sich dieselbe Gestik nachwei-

sen: Umbrüche und stetige Entwicklung, Paradigmenwechsel und Ausbau der Positionen. Vgl. Kuhn: 1978.

38 Ariès: 1976, S. 76 ff.

39 Ebd., S. 81.

40 Ebd., S. 209.

41 Ebd., S. 378.

42 Elias: 1976.

43 Teichmann: 1987, S. 538 ff.

44 Heckhausen: 1974, S. 67 ff. – Ferner würden einzelne Entwicklungsvorgänge aus dem Zusammenhang herausgelöst und täuschten Einschnitte vor, die bei genauerer Betrachtung verschwinden oder eher Kontinuität in der Entwicklung bestätigen. Des weiteren werde der fälschliche Eindruck erzeugt, als sei Entwicklung vorprogrammiert und vollziehe sich gleichsam zeitgerecht.

45 Wohlwill: 1977.

46 Wieczerkowski/zur Oeveste (Hg.): 1982, Bd. 1, S. 68.

47 Ebd., S. 21: *«Das Kind wächst und entwickelt sich als tätige Person,* nicht als passiver Empfänger von Entwicklungseinflüssen.»

48 So spricht Hassenstein: 1973, S. 31, 340 f. et passim, von sensiblen Phasen im ersten und fünften Lebensjahr, die er mit Prägungsphasen der Nesthokker vergleicht. – «Zahlreiche Hinweise liegen vor, die das Auftreten kritischer Perioden in der Entwicklung bestätigen» (Wieczerkowski/zur Oeveste [Hg.]: 1982, Bd. 1, S. 60).

49 Die hormonellen Veränderungen führen nach Beach: 1948, lediglich zu sensibilisierenden Wirkungen, erst in Auseinandersetzungen mit der Umwelt kommt es zu jugendtypischen Konflikten, die zu Desillusionierung, Kritik an der Gesellschaft usw. führen (Luchins: 1954).

50 Das fehlende Verständnis der Gesamtbiographie beklagt Thomae, wenn er meint: «Die Lebensspanne zwischen 15 und 65 Jahren [ist] noch weitgehend eine Terra incognita» (1959, S. 31 f.).

51 Köhler: 1990, S. 41 f.

52 Lindenberg: 1981.

53 Steiner: GA 34, Abs. 63, S. 342.

54 Ebd., Abs. 63, S. 342 f.

55 Ebd., Abs. 63, S. 343: «Er soll auch die Meinungen mit dem Gefühle aufnehmen, er soll, ohne gleich für das eine oder das andere sich zu entscheiden und Partei zu ergreifen, hören können: der hat das gesagt, der andere jenes. Es wird zur Pflege eines solchen Sinnes von Lehrern und Erziehern allerdings ein großer Takt verlangt.»

56 Roth: 1971, Bd. 1, S. 307 f.

57 Roth: 1971, Bd. 2, S. 179 ff. – Unter Reife wird verstanden: reif sein für etwas, es meint «die Internalisierung und die Integrierung des Verhaltens,

die der Person und ihren Handlungen Konstanz, Identität und Konsequenz verleiht». Mündigkeit dagegen wird verstanden a) als *Selbstkompetenz*, d.h. die Fähigkeit, für sich selbst verantwortlich handeln zu können, b) als *Sachkompetenz*, d.h. als Fähigkeit, für Sachbereiche urteils- und handlungsfähig und damit zuständig sein zu können, und c) als *Sozialkompetenz*, d.h. als Fähigkeit, für sozial, gesellschaftlich und politisch relevante Sach- oder Sozialbereiche urteils- und handlungsfähig und also ebenfalls zuständig sein zu können.

58 Genau aus diesem Geist – nunmehr ohne weitere methodische Begründung – verfügt der hessische Sozialminister zur *Aufsichtspflicht im Kindergarten:* «Das Erziehungsziel ‹Erziehung zur Selbständigkeit› hat unmittelbar rechtliche Verbindlichkeit für die Bestimmung der Aufsichtspflicht nicht nur aufgrund des § 1 JWG, sondern auch als Ausfluß des Grundrechts auf freie Entfaltung der Persönlichkeit nach Art. 2, Abs. 1 GG. Praktische Konsequenzen für die Aufsichtspflicht ergeben sich z.B., indem das Erziehungsziel ‹Erziehung zur Selbständigkeit› vom Erzieher fordert, Aufsicht zu führen, indem er

– anregt (statt zu verbieten)
– vorschlägt (statt zu belehren)
– bestärkt (statt zu kritisieren).»

59 Schaller: 1967 a.
60 Schaller: 1967 b.
61 Lindenberg: 1979, S. 172, macht darauf aufmerksam, daß die Metamorphose im Organischen an die Stelle der Kausalität tritt. «Für Steiners Pädagogik entscheidend ist die Idee der Metamorphose der Lernstile vom frühkindlichen Nachahmen über das schulische Lernen bis zum freien Erkennen.»
62 J. W. Goethe: *Schriften zur Morphologie.* Die Metamorphose der Pflanzen. Hamburger Ausgabe (1960), Bd. XIII, S. 72.
63 Suchantke: 1982, S. 869.
64 Steiner: GA 1, Kap. II.
65 Roth: 1971, Bd. 2, S. 219.
66 Ebd., S. 219.
67 Ebd., S. 344.
68 Ebd., S. 344.
69 R. und A. Tausch: 1991, S. 57. Die von uns an das Selbstkonzept gestellten Fragen beziehen sich nicht auf die pädagogischen Folgerungen, die R. und A. Tausch daraus ziehen – diese halten wir für überwiegend zutreffend –, sondern auf die Ausblendung der Substanz des tätigen Wesens. Dazu wird, obgleich viele Dutzend Seiten auf das Selbstkonzept und seine Wirkung verwandt werden, nur bemerkt, daß erleben-aktivierende Maßnahmen «seelische Nahrung für sein Ich» seien, wie umgekehrt solidarische Aktionen das Ich narkotisieren und von ihm wegführen können (S. 93).

70 Wir weisen hier hin auf die reichen Fallsammlungen von Stevenson: 1989.
Die Erinnerung kann in Verhaltens- und Bilderinnerung bestehen. Bild-
erinnerungen geben bildhaft Szenen einer früheren Existenz des Subjektes
wieder. In 250 genau untersuchten Fällen sowie in weiteren 1000 recher-
chierten Fällen in verschiedenen Kulturen – gleichgültig, ob dort der Gedanke der Wiederverkörperung verbreitet ist oder nicht – bestand ein Bewußtsein des «Subjektes», wie es Stevenson nennt, von sich und seiner
wechselnden Identität. In den beschriebenen Fällen handelt es sich zumeist
um als Kinder Verstorbene oder sonst gewaltsam ums Leben Gekommene,
die nach «weitverbreitetem Glauben ... [infolge des] gewaltsamen Todes zu
einer raschen Wiederverkörperung» kommen, im Unterschied zu einem
natürlichen Tod (S. 133). Ferner ist auffällig «das extrem niedrige Alter
vieler Subjekte, wenn sie erstmals von früheren Leben zu erzählen anfangen, und die Tendenz augenscheinlicher Erinnerung zu verblassen, wenn
das Kind älter wird» (S. 143). Der Beginn liegt im zweiten Lebensjahr, also
vor der Zeit, wo das Kind sich als Ich benennt, das Verblassen der Erinnerungen setzt zumeist mit sieben bis neun Jahren ein (S. 121). So lehnen z.B.
Kinder mit Verhaltenserinnerungen, die in einer Jat-Familie geboren wurden, mit dem Hinweis, sie seien Brahmanen, bestimmte Nahrungsmittel ab
bzw. zeigen das Verhalten von Brahmanen.

71 Schelling: 1794, S. 47.

72 Plessner: 1981, S. 364 f.

73 Scheler: 1928, S. 48.

74 Steiner: GA 206, Vortrag v. 7.8.1921, S. 97.

75 I. H. Fichte: 1833, S, 47.

76 I. H. Fichte: 1859, S. 70.

77 I. H. Fichte: 1864, S. 20 f.

78 Den eigenen Genius kennt auch die Transpersonale Psychologie, wenn sie
das Ich als eine Widerspiegelung oder Projektion des «höheren oder transpersonalen Selbst» bezeichnet (Assagioli: 1991, S. 21). Gaston Berger
schreibt: «Die Entdeckung des transzendentalen Subjekts ist der entscheidende Moment der psychologischen Reflexion ... Auch selbst, wenn ich
mich auf keine Weise erfassen kann, so weiß ich doch, daß ich bin und daß
ich es nicht bezweifeln kann ... Noch genauer gesprochen sollte ich sagen:
Ich bin Ich. Auf diese ungewöhnliche Weise kann ich die Tatsache zum
Ausdruck bringen, daß das Ich immer Subjekt ist» (Caractère et persona-
lité, Paris 1962, S. 106, 108, zit. n. Assagioli: 1991, S. 226).

79 Vers 11899. – Durch die Schuldlosigkeit kommt es wohl, daß es gerade
Frühverstorbene sind, die in den Berichten Stevensons: 1992, sich ihrer
früheren Verkörperung erinnern. – Steiner begründet diesen Zusammenhang aus seinen Untersuchungen differenziert. Vgl. Steiner: GA 206, Vortrag v. 7.8.1921, S. 103 f. und GA 254, Vortrag v. 20.10.1915.

80 Harbauer et al.: 1976, S. 7.

81 Wiesberger: 1975, S. 25.

82 Ebd.

83 Vgl. Lindenberg: 1979, S. 171.

84 Schindewolf in Gadamer/ Vogler: 1972, S. 230-292.

85 Vgl. im einzelnen hierzu Kipp: 1985, S. 51-56; ferner Poppelbaum: 1981; Schad: 1985, S. 57-52.

86 Steiner: GA 115. – Vgl. ferner Zeylmans van Emmichoven: 1979.

87 Wir folgen hier der Darstellung Steiners in seinem Vortrag vom 4.11.1910, in: GA 115.

88 Ebd., S. 192.

89 Ebd., S. 193.

90 Ebd., S. 194.

91 Ebd., S. 198.

92 Steiner: GA 28, 12. Kapitel.

93 Carus: 1860.

94 Steiner: GA 20, S. 156.

95 Vgl. Hoffmeister: 1990, S. 24 ff., 34 ff., 38 ff., 50 ff., 73 ff.

96 Siehe für diese und die folgenden Ausführungen Rohen: 1977.

97 Steiner: GA 21, S. 150.

98 Ebd., S. 151 (Hervorhebung von mir).

99 Diese Betrachtungsart ist bei Rohen: 1978, erstmals durchgeführt.

100 Steiner: GA 21, S. 158.

101 Ebd., S. 156.

102 Dröscher: 1975, S. 19 ff.

103 Die Informationstheorie mit ihren technomorphen Vorstellungen hat sogar diesen Vorgang zu quantifizieren gesucht und die Informationseinheiten in Bits zerlegt. Demnach fließen in jeder Sekunde 600 000 Bits zum Gehirn, davon seien vier Fünftel Sehdaten – ein Zeichen, daß die ständigen Leibwahrnehmungen gar nicht erfaßt sind. Durch das wache Bewußtsein fließen nur bis zu 20 Bits pro Sekunde (Karl Knüpfmüller: Nachrichtenverarbeitung im Menschen. In Steinbuch, Hg.: 1967).

104 Zimmer: 1987, S. 300.

105 Steiner: GA 21, S. 156 f.

106 Ebd., S. 156.

107 «Hauptfunktionen *aller* [Zell]Membranen sind: *Stofftransport, Synthese-* und *Abbaureaktionen, Signalerkennung, -wandlung* und *-weiterleitung*», ihre ‹Viskosität ist ähnlich wie Oliven- oder Maschinenöl›. Die Phospholipide können, sofern sie benachbart sind pro sec etwa 10^{6}mal ihre Plätze wechseln (Frunder: 1988, S. 75).

108 Steiner: GA 21, S. 157.

109 Steiner: GA 293, Vortrag v. 28.8.1919, S. 115.

110 Ebd.

111 Ebd., Vortrag v. 22.8.1919, S. 39.

112 Sie bestehen zu 80 % aus Lipiden und zu 20 % aus Proteinen (Frunder: 1988, S. 78).

113 Rohen: 1978, S. 68.

114 Steiner: GA 21, S. 157. – Der Nachweis der Substanzen in ihrer Lage ist erst seit 1936 möglich. Steiners Einsicht stützt sich auf andere Phänomenreihen. Vgl. Kranich in: Schad: 1992, der nachweist, wie der Entschluß zwischen efferenten und afferenten Bahnen vermittelt wird (S. 168 ff.).

115 Husemann/Wolff: Bd. 2, 1991, S. 195. – Es handelt sich um ein Steroid, das fettähnlich ist.

116 Ebd., S. 194-204.

117 Sie setzt in den ersten Anfängen im 4. Schwangerschaftsmonat ein an bestimmten Fasergruppen (Rohen: 1978, S. 68).

118 Neben der bewußten Erlebnisfähigkeit gibt es freilich reflektorische und unbewußte Abläufe, die gleichfalls an das Nervensystem gebunden sind; dieses weist dann allerdings neben den funktionellen auch morphologische Unterschiede auf, denen hier nicht nachgegangen wird. Wir verweisen auf Rohen: 1978.

119 Steiner: GA 293, Vortrag v. 28.8.1919, S. 115.

120 «Wie die Welt ‹an sich ist›, kann niemand sagen: Atomwolken, Energieschwaden. Unser Gehirn macht daraus, unbewußt, etwas Anschauliches, Begreifbares. Es erleichtert unsere Arbeit, Reize mit Verhalten zu beantworten» (Zimmer: 1987, S. 300).

121 Steiner: GA 3, Praktische Schlußbetrachtung: «Die gesetzmäßige Harmonie, von der das Weltall beherrscht wird, kommt in der menschlichen Erkenntnis zur Erscheinung. Es gehört somit zum Berufe des Menschen, die Grundgesetze der Welt, die sonst zwar alles Dasein beherrschen, aber nie selbst zum Dasein kommen würden, in das Gebiet der *erscheinenden* Wirklichkeit zu versetzen. Das ist das Wesen des Wissens, daß sich in ihm der in der objektiven Realität nie aufzufindende Weltengrund darstellt» (S. 90).

122 M. Treichler: 1989, S. 193.

123 Steiner: GA 271, Vortrag v. 15.2.1918, S. 68.

124 R. Treichler: 1987, S. 203.

125 Ebd.

126 Alle Angaben Steiners zu dieser Problematik hat Scheurle gesammelt, in Schad: 1992, Bd. 2.

127 In Schad: 1992. Wir bringen im Anhang einige Beobachtungen.

128 Steiner: GA 21, S. 150.

129 Portmann: 1971, S. 163.

130 Die Daten sind Tanner: 1962, entnommen.

131 Die Werte sind entnommen Benninghoff/Goerttler: 1975, Bd. 1, S. 141-149.

132 Ebd., S. 151.

133 Steiner: GA 106, Vortrag v. 12.9.1908, S. 134.

134 Steiner: GA 303, Vortrag v. 4.1.1922, S. 238.

135 Ebd., S. 239.

136 Dieses Zitat verdanke ich Walter Liebendörfer, Järna, der es auch übersetzte; es ist entnommen aus Hans Åkerberg: Livet som utmaning. Studia Psychologica et Paedagogica (serie), University Lund 1987.

137 Köhler: 1990, S. 67.

138 Steiner: GA 172, Vortrag v. 13.11.1916, S. 111.

139 Köhler: 1990, S. 59.

140 Ebd., S. 63.

141 Bühler: 1967 S. 72.

142 Steiner: GA 302, Vortrag v. 16.6.1921, S. 73.

143 Fromm: 1980, Bd. 4, S. 26 f.

144 Fromm: 1980, Bd. 2, S. 67.

145 Ebd., S. 74.

146 Ebd.

147 Ebd., S. 75.

148 «Mit dem Übergang durch das sexuelle Reifwerden hat man es mit etwas zu tun, worin der Mensch sein ganzes Subjektives, sein Ich und seinen astralischen Leib in ein Verhältnis bringt zu einem Objektiven, zu seinem Ätherleib und zu seinem physischen Leib» (Steiner: GA 302, Vortrag v. 16.6.1921, S. 73).

149 Ebd., S. 74.

150 Steiner: GA 303, Vortrag v. 4.1.1922, S. 241.

151 Steiner: GA 305, Vortrag v. 22.8.1922, S. 114.

152 Müller-Wiedemann: 1989, S. 84.

153 Steiner: GA 218, Vortrag v. 7.12.1922, S. 301.

154 Bennighoff/Goerttler: 1975, Bd. 1, S. 380.

155 Vgl. zum Diskussionsstand Seifert: 1989.

156 Meinberg: 1988, S. 275ff. zeichnet die gegenwärtigen Bemühungen der philosophischen Anthropologie, zu einem neuen – dualismusfreien – Leibverständnis zu gelangen, insbesondere an Plessners Leistungen nach, wobei die Sonderstellung der menschlichen Sinnestätigkeit hervorgehoben wird. Dies hier mit Steiners Darstellungen einer Zwölfheit der menschlichen Sinne zu kontrastieren, würde den gesetzten Rahmen sprengen.

157 Steiner: GA 302, Vortrag v. 13.6.1921, S. 33.

158 Steiner: GA 218, Vortrag v. 20.11.1922, S. 245.

159 Ebd., S. 245 f.

160 Ausubel: 1974, S. 132.

161 Ein 18jähriger, zit. nach Fischer: 1966, S. 132.

162 Steiner: GA 306, Vortrag v. 21.4.1923, S. 143.

163 Koegel: 1984. – Fucke: 1976; 1981. – Rist und Schneider: 1977.
164 Steiner: GA 306, Vortrag v. 20.4.1923, S. 130.
165 Fromm: GA II, S. 68 f.
166 Ausubel: 1974., S. 103.
166a Trotz des sehr verbreiteten partnerschaftlichen Umgangs anstelle der traditionell autoritären Beziehungen zwischen Eltern und Jugendlichen kann es nach wie vor zu Auseinandersetzungen im Verhältnis zu den Eltern kommen, sofern konflikträchtige Themen wie Sex und Politik nicht wohlweislich ausgespart werden. Auch wenn in dieser Hinsicht gute Beziehungen zu den Eltern herrschen, ist die Hinwendung zu Gleichaltrigen doch ausgeprägt. In dieser Schicht der Freunde herrschen zumeist deutlich andere «Standards» im Sinne des «Erwachsen»-Seins: Nikotin- und Alkoholkonsum, spätes Zu-Bett-Gehen oder forciertes Auffallen (Bohnsack/Nipkow: 1991, S. 19).
167 Steiner: GA 312, Vortrag v. 1.4.1920, S. 241.
168 Ebd., S. 242.
169 Ebd., S. 143. – Vgl. zu dieser Betrachtungsart grundlegend auch Husemann/Wolff: 1991 und 1993.
170 Zum Krankheitsbild der Anämie vgl. Husemann/Wolff: 1991, Bd. 2, S. 52-61.
171 Wir halten die Darstellung knapp, da wir an anderer Stelle eingehend darüber gehandelt haben. Leber: 1989, S. 55-213.
172 Ausubel: 1974, S. 105 f.
173 Stone/Church: 1976, Bd. 2, S. 215.
174 Tanner: 1962, S. 165.
175 Treichler: 1981, S. 35.
176 Husemann/Wolff: 1991, Bd. 2, S. 47.
177 Benninghoff/Goerttler: 1975, Bd. 3, S. 455.
178 Leber/Schad/Suchantke: 1989.
179 Mead: 1970.
180 Da die biologische, seelische und geistige Entwicklung innerhalb der modernen Zivilisation zeitlich gebrochen verläuft, entsteht eine Spannung zwischen Triebhaftigkeit und Gefühlsausbildung. «Die Kämpfe und Zwiste des Ich mit dem Trieb sind ... sonst ausgesprochen nur auf ... Gesellschaftskreise und Individuen beschränkt, die sich hohe ethische Forderungen auferlegen; in Primitivkulturen, die sofort nach erlangter Geschlechtsreife die Sexualbetätigung erlauben ... bleiben den Individuen diese Konflikte ebenso erspart, aber dafür ist ihnen auch der Aufbau einer geistig geformten Persönlichkeit verwehrt» (Remplein: 1962, S. 394 f.).
180a Das biologische Modell der Pubertät, wonach es sich um einen Triebschub mit entsprechenden sexuellen Bedürfnissen handle, eine Art «‹Dampfkesselmodell› ... ist fragwürdig und unzureichend (Hornstein: 1990, S. 106). –

Die empirischen Studien zum Thema Sexualität sagen wenig zu den «Tiefenstrukturen in den Erlebensformen der Individuen. In der Tat ist es eine schwer zu beantwortende Frage, wieweit sich über die Veränderungen in den äußeren Verhaltensweisen hinaus und in welcher Richtung die inneren Erlebnisformen, die innere Dynamik und Verarbeitungsformen dessen, was in der Pubertät geschieht, gewandelt haben» (ebd., S. 113).

181 Bühler: 1967, S. 65.

182 Zitiert n. ebd., S. 56.

183 Steiner: GA 302a, Vortrag v. 21.6.1921, S. 78.

184 Fischer: 1967.

185 Ebd.

186 Köhler: 1990, S. 87 f.

187 Spranger: 1966, S. 59.

188 Steiner: GA 45, 5. Kapitel: «Des weiteren bieten sich als solche Erlebnisse des ‹astralischen Menschen› diejenigen dar, welche man als instinktive Begehrungen bezeichnen kann … Die Begehrung ist ein selbständiges Erlebnis, das der ‹astralische Mensch› zu dem Hungergefühl hinzufügt. Daneben gibt es Begehrungen, die im ‹astralischen Menschen› wurzeln, ohne daß sie angeregt sind durch Lebensvorgänge oder durch äußere Wahrnehmungen» (S. 64 f.).

189 Steiner: GA 303, Vortrag v. 5.1.1922, S. 255.

190 Ebd., S. 257.

191 Fucke: 1981.

192 Steiner: GA 45, S. 64.

193 Ebd., S. 65.

194 Goethe: Faust, Verse 1112 ff.

195 Goethe: Faust, Verse 3250 f.

196 Portmann: 1969, S. 57 ff. – Schad deutet das beim Menschen vorliegende Phänomen so, daß im Grunde das Gliedmaßensystem eine Spät-, das Sinnessystem dagegen eine Frühgeburt darstelle, nur die rhythmische Organisation bilde bei der Geburt ein reifes System. Im Tierreich bestehe hingegen immer mehr oder weniger Eindeutigkeit der Zuordnung (Schad: 1992, S. 190 ff.).

197 Mussen/Conger/Kagan: 1976, S. 166.

198 Nickel: 1975, Bd. 1, S. 131 ff.

199 Mussen et. al.: 1976, S. 166. – Eimas: 1990.

200 Steiner: GA 4, S. 62.

201 Uns interessiert hier nicht, wie Begriffe zustande kommen oder wie sie vermittelt werden. Der ersten Frage hat sich Steiner eingehend zugewandt in GA 2 und GA 4.

202 Neuhaus: 1962, S. 14.

203 Vgl. Spitz: 1981. – Hassenstein: 1973.

204 Canestrini: *Über das Sinnesleben der Neugeborenen*, 1913, zit. nach Neuhaus: 1962, S. 13 f.

205 Lauer: 1977, S. 99-102.

206 Ebd.,

207 Nickel: 1975, Bd. 2, S. 195.

208 Ebd.

209 Steiner: GA 162, Vortrag v. 8.8.1915, S. 267.

210 Vgl. Kranich: 1969, S. 54 ff. – Schuberth in Leber: 1992; sowie Schuberth: 1984 und 1992.

211 Steiner: GA 322, Vortrag v. 29.9.1920, S. 41. Steiner gibt dort eine eindrucksvolle Begründung der mathematischen Fähigkeiten aus der Tätigkeit des Lebens-, Bewegungs- und Gleichgewichtssinnes.

212 Vgl. Nickel: 1975, Bd. 1, S. 257 ff.

213 Rubinstein: 1968, S. 344. Es ist die wachsende sensorische Entwicklung des Kindes – ungeachtet der frühen Reife der Sinnesorgane – vor allem darauf zurückzuführen, daß die Organe infolge der Übung besser angewendet und die Daten besser ausgedeutet werden, daß mithin das Empfindungsvermögen zunimmt.

214 Rubinstein: 1968, S. 280 f.

215 Lauer: 1977, S. 343.

216 Pfrogner: 1981.

217 Lauer, 1977, S. 343.

218 Steiner: GA 234, Vortrag v. 1.2.1924, S. 78.

219 Neuhaus: 1962, S. 88.

220 Der Zeichenunterricht in der Waldorfschule läßt bereits in der Licht- und Schattenlehre der 6. Klasse (Zwölfjährige) diese Elemente auftreten, indem an Kugel, Zylinder u.a. geübt wird, wie der Schatten auf die Unterlage fällt, wenn das Licht von einer bestimmten Seite hereinfällt. Was in der Sinnesregion erwacht, wird durch Betrachtung und Übung im zeichnerischen Vollzug zur Erkenntnis und Überschau gebracht. Im Kunstunterricht der Waldorfschule wird dann in der 9. Klasse (Fünfzehnjährige) an großen Bildwerken in der Überschau gezeigt, wie Licht und Farbe konstitutiv und stilbildend zu verschiedenen Zeiten – von der Antike bis in die Moderne – gewirkt haben. Die Übung für den Schüler selbst bewegt sich in der Gestaltung von Flächen und Aussagen mit schwarzer Kreide/Kohle auf hellem Untergrund. Durch die weiteren Klassen der Oberstufe wird dies dann im einzelnen differenziert und ausgestaltet. Vgl. Jünemann/ Weitmann: 1983. – Gerbert: 1983. – Brater/ Büchele/Fucke/Herz: 1989.

221 Neuhaus: 1962, S. 88.

222 Rohen: 1978, S. 59.

223 Ebd.

224 Ebd.

225 Kimelberg/Norenberg: 1986.
226 Goldstein/Betz: 1986.
227 Steiner/Wegman: GA 27, S. 42. – Vgl. auch Steiner: GA 293, Vortrag v. 28.8.1919, S. 115.
228 Steiner: GA 21, 6. Erweiterung.
229 Steiner: GA 293, Vortrag v. 27.8.1919.
230 Müller: 1968, S. 24 f.
231 Spatz: 1949, S. 167.
232 Ebd.
233 Ebd., S. 166.
234 Lesny: *Entwicklungsdiagnostik in der Kinderneurologie*, Berlin-Ost, 1965, zit. nach Nickel: 1975, Bd. 2, S. 285.
235 Müller: 1968, S. 14.
236 Ebd., S. 18.
237 Es ist dies der Bezirk 44, nach Rohen: 1978, S. 335.
238 Es sind die Bezirke 9, 10, 11, 46, 47, nach Rohen: 1978, S. 335.
239 Steiner: GA 180, Vortrag v. 26.12.1917, S. 67 f.
240 Ginsburg/Opper: 1975, S. 256.
241 Ebd., S. 256.
242 Nickel: 1975, Bd. 2, S. 365.
243 Rubinstein: 1968, S. 387.
244 Steiner regte für den Mathematikunterricht der 9. Klasse (Fünfzehnjährige) an, eingehend die Lehre von Permutationen zu behandeln.
245 Fucke: 1991, S. 52 ff., hebt in seinen Darstellungen besonders auf diesen Aspekt ab, der vor allem durch das Weltinteresse pädagogisch vorbereitend gepflegt werden soll.
246 Mussen: 1975, S. 455.
247 Ginsburg/Opper: 1975, S. 256.
248 Ebd., S.254.
249 Steiner: GA 302, Vortrag v. 16.6.1921, S. 81.
250 Steiner: GA 302a, Vortrag v. 21.6.1922, S. 74.
251 «Nur mit gesteigerter Aufmerksamkeit können Vorstellungen in ihre beiden Elemente Wahrnehmung und Begriff ‹zerlegt› werden» (Fucke: 1991, S. 29).
252 Vgl. Grimms Wörterbuch.
253 Steiner: GA 299, Vortrag v. 28.12.1919, S. 24 f.
254 Steiner: GA 4, S. 67 f.
255 Ebd., S. 99.
256 Steiner: GA 2, Kap. 13, S. 77 f.
257 Steiner: GA 9, S. 52.
258 Steiner: GA 4, S. 106 f.
259 Zeylmans van Emmichoven: 1953, S. 107.

260 Diese paradoxe Wendung verdeutlicht, daß Bewußtsein mehr umfaßt als nur den wachen Zustand.

261 Steiner: GA 2, Kap. 11, S. 65.

262 Wir gehen auf die affirmativen und negativen, die allgemeinen, partikularen, unbedingten und hypothetischen, synthetischen und analytischen Urteile nicht weiter ein.

263 Götte in Leber: 1993, S. 275.

264 Ebd.

265 Kant: 1799, Vorrede.

266 Ebd., Einleitung, III: *Von der Kritik der Urteilskraft, als einem Verbindungsmittel ...*

267 Ebd., Einleitung, IV: *Von der Urteilskraft als einem a priori gesetzgebenden Vermögen.*

268 Steiner: GA 302, Vortrag v. 16.6.1921, S. 73.

269 Aeppli: 1963, S. 14 f.

270 Steiner: GA 293, Vortrag v. 26.8.1919, S. 85 f.

271 Steiner: GA 302, Vortrag v. 13.6.1921, S. 29 f.

272 Steiner: GA 302, Vorträge v. 12. bis 15.6.1921.

273 Spranger: 1966, S. 56 f.

274 Steiner: GA 302, Vortrag v. 19.6.1921, S. 123.

275 Spranger: 1966, S. 159.

276 Zit. n. Fischer: 1966, S. 59.

277 Ebd., S. 61.

278 A. Freud: 1968, S. 131.

279 Ebd.

280 Fischer: 1966, S. 87.

281 Fucke: 1991, S. 30.

282 Ebd.

283 Leider kann ich die Stelle nicht wieder auffinden.

284 Steiner: GA 303, Vortrag v. 4.1.1922, S. 238 f.

285 Steiner: GA 293, Vortrag. v. 5.9.1919, S. 199.

286 Steiner: GA 302a, Vortrag v. 21.6.1922, S. 83.

287 Ebd.

288 Rubinstein: 1966, S. 424.

289 Aeppli: 1967, S. 60.

290 Fucke: 1972, S. 18.

291 Bühler: 1968, S. 135.

292 Spranger: 1966, S. 69.

293 Borchert: 1959, S. 5.

294 Scheurle: 1984, S. 116.

295 Kirn: 1989, S. 320 ff., interpretiert das Kap. «Geist» in der *Phänomenologie des Geistes* von Hegel in überzeugender Weise vom Gleichgewichtssinn aus.

296 Steiner: GA 302, Vortrag v. 16.6.1921, S. 82. Schon für die vorangehende Schulzeit gilt, daß «moralische, religiöse Empfindungen» sich «stärkend und kräftigend» auswirken. «Das Astralische und das Ich werden schwach, wenn die religiösen und moralischen Empfindungen und Impulse schwach entwickelt werden. Das kind wird schlapp ... wird wie körperlich auch gelähmt» (ebd., S. 78).

297 In einer Anmerkung verweist Schiller auf Fichtes Schrift *Vorlesungen über die Bestimmung des Gelehrten*, wo sich die Ableitung dieses Satzes findet.

298 Steiner: GA 302, Vortrag v. 16.6.1921, S. 78 f.

299 Bühler: 1968, S. 113.

300 Ebd., S. 114.

301 Dieses Zitat verdanke ich Walter Liebendörfer, Järna, der es auch übersetzte; es ist entnommen aus Åkerberg: Livet som utmaning. Studia Psychologica et paedagogica (serie), University Lund 1987.

302 Spranger: 1966, S. 165 ff.

303 Steiner: GA 302a, Vortrag v. 21.6.1922, S. 83 f.

304 Levin: 1963, S. 82.

305 Oerter: 1966, S. 28.

306 Remplein: 1962, S. 419 ff.

307 Oerter: 1966, S. 79 f.

308 Ebd., S. 81.

309 Oerter: 1987 a, S. 246: «In Philosophie und Theologie werden für das menschliche Gewissen, für das moralische Fühlen und Wollen häufig metaphysische Erklärungsprinzipien verwendet ... Besonders die empirisch-experimentell vorgehende Psychologie kann nicht mit solchen Prinzipien arbeiten, da sie außerhalb ihres Kompetenzbereiches liegen.»

310 Spranger: 1966, S. 261.

311 Ebd., S. 236.

312 Solschenizyn: 1974, S. 164 ff.

313 Bühler: 1968., S. 112 ff.

314 Steiner: GA 31, S. 233 f.

315 Wir geben einige wichtige Fundstellen: Steiner: GA 218, Vorträge vom 20.1., 9.10., 5.11., 4.12.1922; ferner: GA 214, Vorträge vom 20.8., 30.8.1922.

316 Dies hat Steiner wiederholt dargestellt, z. B. in GA 9: Vgl. ferner: *Das Leben nach dem Tod und sein Zusammenhang mit der Welt der Lebenden*, 10 Vorträge ausgew. u. hg. v. Teichmann, Stuttgart 1988. – Die Schilderung deckt sich auch mit den Nah-Tod-Erlebnissen, die Moody referiert.

317 Steiner: GA 9, S. 111.

318 Steiner: GA 157, Vortrag v. 16.11.1915, S. 312. Weitere Darstellungen finden sich in: GA 206, Vortrag v. 7.8.1921, S.103 f. – GA 157, Vorträge v. 18.11.1915, S. 330 und 20.11.1915, S. 351 ff.

319 Steiner: GA 206, Vortrag v. 7.8.1921, S.103.

320 Glas: 1976, S. 143.

321 Condon/Ogston: 1966, weisen nach, daß bei Aufnahmen von 300 Bildern/ sec die Analyse einen ständigen Wechsel zwischen Sprach- und Körperbewegung ergibt. «Intensive analysis revealed harmonious or synchronous organizations of change between body motion and speech in both intraindividual and interactional behaviour. Thus the body of the speaker dances in time with his speech. Further the body of the listener dances in rhythm with that of the speaker» (S. 338).

322 Kühlewind: 1976, 1986.

323 Steiner: GA 45, S. 37.

324 Platon: 1959, *Kratylos*, in Bd. 2 (Stephanus 383 ff.).

325 König: 1981, S. 29 f.

326 Ebd., S. 32.

327 Steiner: GA 294, Vortrag v. 22.8.1919, S. 24: «Beim Sprechen ist im Grunde genommen eine Tätigkeit vorhanden, die sich in der Brust vollzieht, und eine parallel gehende Tätigkeit, die sich im Haupte vollzieht.»

328 Ebd., S. 24.

329 Ebd.

330 Ebd.

331 Wir verweisen auf die sehr lesenswerte Abhandlung Heinrich von Kleists *Über die allmähliche Verfertigung der Gedanken beim Reden.*

332 Steiner: *Das Objekt der Sprache,* in: Blätter für Anthroposophie, 1962, Nr. 9.

333 Ebd.

334 Benninghoff/Goerttler: 1975, Bd. 2, S. 196.

335 Leonhardt: 1973, S. 122.

336 Husemann/Wolff: 1991, Bd. 2, S. 46.

337 Schuchhardt: 1992, S. 100.

338 Neuhaus: 1962, S. 133. – Nickel: 1975, Bd. 2, S. 368, gibt einen Wortschatz von 50.000 für das 6. Schuljahr, von 80.000 für Fünfzehnjährige an (es werden hier wohl die Flexionen mitgezählt).

339 Gerade hierzu liegen vielfältige Studien vor; wir nennen lediglich Oevermann: 1969, S. 297-356 mit reicher Literatur.

340 Busemann: 1926.

341 Neuhaus: 1962, S. 133.

342 Alle Zahlenwerte nach Neuhaus: 1962, S. 133-180; vgl. zum selben Tatbestand Ries: 1958, S. 107, wo gezeigt wird, daß mit zunehmendem Alter anstelle der Adjektive auch umschreibende Charakterisierungen, in diesem Fall unabhängig von der sprachlichen Vorbildung, versucht werden.

343 Patzlaff: 1992, S. 106 f.

344 Ebd., S.107 f.

345 Becker: 1990, S. 10.

346 Vgl. die Sammlung von Müller-Thurau: 1987. – Qualitätvolle Zeugnisse aus allen Zeiten zu diesem Thema sind gesammelt in Honnefelder: 1989.

347 Zit. n. Heinemann: 1990, S. 24.

348 Ebd., S. 27.

349 Brief v. 4. 10.1985.

350 Steiner: GA 222, Vortrag v. 11.3. 1923, S. 14.

351 Ebd., S. 15.

352 Patzlaff: 1992, S.106 ff.

353 Fucke: 1991, S. 199 ff.

354 Tittmann: 1962, S. 139 ff.

355 Schuchhardt: 1992.

356 Oerter: 1966, S. 13.

357 Hahn: 1969, S. 624 f.

358 Ebd.

359 Husemann/Wolff: 1993, Bd. 3, S. 135 f.

360 Ebd., S. 154.

361 Steiner: GA 205, Vortrag v. 2.7.1921, S. 105.

362 Husemann/Wolff: 1993, Bd. 3, S. 155.

363 Steiner: GA 212, Vortrag v. 26.5.1922, S. 117.

364 Ebd.

365 Husemann/Wolff: 1993, Bd. 3, S. 156 f.

366 Husemann/Wolff: 1991, Bd. 2, S. 51.

367 Ebd.

368 Ebd., S. 49 f.

369 Husemann/Wolff: 1993, Bd. 3, S. 190.

370 Husemann/Wolff: 1991, Bd. 1, S. 174.

371 Ebd., S. 86 f.

372 Ausubel: 1974, S. 112.

373 Ebd., S. 116.

374 Steiner: GA 132, Vortrag v. 21.11.1911, S. 62 f.

375 Neuhaus: 1966, S. 13.

376 Steiner: GA 302, Vortrag v. 16.6.1921, S. 73.

377 Vgl. die subtilen Wandlungen, wie sie Müller-Wiedemann: 1989, für die Mitte der Kindheit schildert.

378 Delius: 1922, S. 24 f.

379 Bühler hat eine ganze Reihe von Tagebuchaufzeichnungen in *Quellen und Studien zur Jugendkunde* veröffentlicht. Freilich wird das Material heute als unzulängliche Quelle angesehen, da es den Ansprüchen an «Objektivität und Zuverlässigkeit», wie dies eine empirisch-positivistische Psychologie erstrebt, nicht genüge. Einerseits störe diesen methodischen Ansatz die subjektive Auswahl durch die Tagebuchschreiber der Erlebnisse, andererseits die schichtspezifisch elitäre Gruppe dieser Autoren, denn der größere

Teil der Jugend z. B. arbeite im Beruf und schreibe keine Tagebücher (Nikkel: 1975, Bd. 2, S. 311). Dennoch geben die Tagebücher einen subtileren Einblick in die seelischen Vorgänge, als es allgemeine Befragungen je vermöchten. Mit der großen Alltagswende der Erziehungswissenschaft werden die Verhältnisse auch wieder anders gesehen, wie sich aus der großen Shell-Studie «Jugend '81», ergibt, auf die wir noch zurückkommen. – Vgl. auch Baacke: 1978.

380 Bühler: 1968, S. 133.
381 Ebd.
382 Ebd., S. 132.
383 Ebd.
384 Ebd.
385 Ebd., S. 134.
386 Ebd.
387 Ebd., S. 160.
388 Ebd.
389 Steiner: GA 303, Vortrag v. 4.1.1922, S. 236.
390 Spranger: 1966, S. 50.
391 Steiner: GA 302, Vortrag v. 16.6.1921, S. 74.
392 Ebd., S. 78.
393 Ebd., S. 80.
394 Bühler: 1968, S. 76 f.
395 Steiner: GA 302, Vortrag v. 16.6.1921, S. 73.
396 Steiner: GA 206, Vortrag v. 14.8.1921, S. 162.
397 Spranger: 1966, S. 49.
398 Steiner: GA 302, Vortrag v. 16.6.1921, S. 74.
399 Über den Zusammenhang von innerer Leere und Sucht handelt aus psychiatrischer Sicht Treichler: 1981, S. 82 ff.
400 Steiner: GA 302, Vortrag v. 16.6.1921, S. 83.
401 Ebd., S. 84.
402 Darauf macht Steiner aufmerksam: GA 302a, Vortrag v. 16.9.1920.
403 Steiner: GA 145, Vortrag v. 25.3.1913, S. 106.
404 Ebd., Vortrag v. 26.3.1913, S. 136.
405 Ebd., S. 122. – Gemeint ist mit Interesse des Astralleibes natürlich die Tätigkeit des Subjektes.
406 Steiner: GA 55, Vortrag v. 28.2.1907, S. 169 f.
407 Steiner: GA 99, Vortrag v. 28.5.1907, S. 50.
408 Steiner: GA 95, Vortrag v. 22.8.1906, S. 13 f.
409 Ebd., S. 14 f.
410 Steiner: GA 103, 19.5.1908, S. 34.
411 Kiersch: 1992, S. 553.
412 Ringbom: 1982.

413 Steiner: GA 21, 4. Skizzenhafte Erweiterung, S. 143.

414 Steiner: GA 21, S. 28 f.

415 Vogel: 1992, gab eine erste umfangreiche Gesamtdarstellung, insbesondere vom Gesichtspunkt der Medizin her.

416 Vgl. Fucke: 1991, S. 78 ff.; Sleigh: 1992.

417 «Der Mensch beginnt zu verstehen, was erlebte Liebe ist ... So wie er durch seinen Körper eine innere Erfahrung bekommt, ob es warm oder kalt ist, so bekommt er durch die Erkenntnis ... des seelischen Leibes eine innerliche Wahrnehmung, ob Liebe webt und wellt oder ob Antipathie webt und wellt. Es ist eine volle Bereicherung des Lebens» (Steiner, zitiert nach Schuchardt: Motive des dritten Jahrsiebts. In: Zur Menschenkunde der Oberstufe. 1981, S. 38).

418 Steiner: GA 300, Bd. 2, Konferenz v. 20. 6. 1922, S. 96.

419 Piaget: 1974, S. 3.

420 Vgl. Rauthe: 1981.

421 Fischer: 1966, S. 126 f.

422 Ebd., S. 133.

423 Ebd., S. 158 ff.

424 Vgl. dazu Georg Glöckler: Mondknotenumlauf, Meton- und Sarosperiode. In: Zur Menschenkunde der Oberstufe, S. 45-48.

424a In diesem Bereich unterliegt das Jugendalter ganz entschieden den Zeiteinflüssen. Einerseits nahm die Lenkung durch Elternhaus und Schule deutlich ab und die Teilnahme am Erwachsenensein entsprechend zu – was sich in Konsumverhalten, Freizeitgestaltung, Zigarettenkonsum und Verfrühung auf sexuellem Gebiet aufweisen läßt (Bohnsack/Nipkow: 1991, S. 16 ff.) –, andererseits wächst durch die Arbeitslosigkeit die Zukunftsunsicherheit (Hornstein: 1990).

425 Schneewind: 1982, S. 163.

426 Ebd.

427 Koebner/Janz/Trommler: 1984.

428 Steiner: GA 217a, Ansprachen vom 17.6. und 20.7.1924.

429 Zimmermann: 1987, S. 262.

430 Ebd.

431 Steiner: GA 191, Vortrag v. 4.10.1919. – Vgl. auch Leber 1983 b.

432 Fucke: 1991, S. 65.

433 Steiner: GA 191, Vortrag v. 4.10.1919.

433a Bock: 1982, S. 21 ff., prägte die Begriffe Bildhunger, Musikhunger, Liebeshunger und bezog sie auf die höheren Erkenntnisstufen.

434 Aristoteles: 1961, III, § 4, 29.

435 Muchow: 1959, 1962.

436 Weber: 1972.

437 Fend: 1988.

438 Jaide/Venn: 1989, S. 17 und 31.

439 Der Fernsehkonsum beträgt bei 15-jährigen 118 Minuten täglich, bei 14-
bis 19jährigen 106; Gleichaltrige der Oberschicht sehen zeitlich nur halb
solange (Bohnsack/Nipkow: 1991, S. 20).

440 85 % der Jugendlichen erwerben bis zum 21. Jahr den Führerschein. Von
allen Fünfzehnjährigen haben 92 % eigene Radios, 40 % einen Fernseher,
39 % Kassettenrecorder, 30 % einen Walkman, 20 % eine Hi-Fi-Anlage
(Bohnsack/Nipkow: 1991, S. 20).

441 Mit 17 fahren Jugendliche ohne Aufsicht Erwachsener in Urlaub, aber auch
sonst werden Auto und Motorrad, wo immer es angeht, genutzt. Um zu
eigenem Einkommen zu kommen, betreiben 13,2 % der Jugendlichen
Teilzeitarbeit. Gelegentliche Jobs haben 22,6 %, Ferienarbeit übernehmen
20,3 % der Oberstufenschüler (Bohnsack/Nipkow: 1991, S. 20).

442 Hornstein: 1989.

443 Bohnsack/Nipkow: 1991, S. 20.

444 Ferchhoff/Neubauer:

445 1962 besuchten 19,8 % der 16- bis 18jährigen eine Vollzeitschule, 1983
59 %. 1953 waren 69 % der 15-17jährigen und 85 % der 18-20jährigen
berufstätig, 1984 19 % bzw. 56 % (Bohnsack/Nipkow: 1991, S. 12).

446 Ebd.

447 Jaide/Venn: 1989, S. 49.

448 Wagner-Winterhager: 1990, S. 457.

449 Hornstein: 1990, S. 81 f.

450 Ferchhoff/Olk: 1989.

451 31 % der 19- bis 25jährigen vorwiegend arbeitsorientiert. 23 % familienori-
entiert (vor allem Frauen), 16 % freizeitorientiert (vor allem Männer). In
der Arbeit herrschen bei 27 % materielle Motive vor (Bohnsack/Nipkow:
1991, S. 23).

452 Zinnecker: 1981.

Literaturverzeichnis

ADAMS, GEORGE / WHICHER, OLIVE (1979): Die Pflanze in Raum und Gegenraum. ²Stuttgart.

AEPPLI, WILLI (1963): Wesen und Ausbildung der Urteilskraft. Stuttgart.

– (1967): Sinnesorganismus, Sinnesverlust, Sinnespflege. Die Sinneslehre Rudolf Steiners in ihrer Bedeutung für die Erziehung. Stuttgart.

ÄGYPTISCHES TOTENBUCH (1955), übers. und kommentiert von Gregoire Kolpatktchy. München.

ALBERTUS MAGNUS: Über das Himmelsgebäude.

ALLPORT, GEORGE W. (1959): Persönlichkeit. Struktur, Entwicklung und Erfassung der menschlichen Eigenart. ²Meisenheim.

ALTEHAGE, GÜNTER (Hg. 1992): Im Vorfeld des Dialogs. Erwiderung der Waldorfschulen auf kritische Darstellungen von kirchlicher Seite über Anthroposophie und Waldorfpädagogik. Stuttgart 1992.

ANDERS, GÜNTHER (1980): Die Antiquiertheit des Menschen. München.
Bd. 1: Über die Seele im Zeitalter der zweiten industriellen Revolution.
Bd. 2: Über die Zerstörung des Lebens im Zeitalter der dritten industriellen Revolution.

ANDERSEN, HENNING (1992): Odyssee des Gewissens. Die Entwicklung der freien Individualität von der Antike bis zur Gegenwart. Stuttgart.

APPENZELLER, KASPAR (1976): Die Genesis im Lichte der menschlichen Embryonalentwicklung. Basel.

ARIÈS, PHILIPPE (1976): Geschichte der Kindheit. ²München und Wien.

ARISTOTELES (1959): Über die Seele. Übers. von Willy Theiler. Aristoteles Werke, Bd. 13, Berlin.

– (1961): Poetik. Stuttgart (Reclam).

ASSAGIOLI, ROBERTO (1991): Die Schulung des Willens. Methoden der Psychotherapie und der Selbsttherapie. ⁶Paderborn.

AUSUBEL, DAVID P. (1974): Das Jugendalter. Fakten, Probleme, Theorie. ⁴München.

BAACKE, DIETER (1972): Jugend und Subkultur. München.

– (1978): Die 13-18 Jährigen. München.

BACON, FRANCIS [1620]: Novum Organum. Übers. u. hg. v. A. T. Brück. Darmstadt 1990.

BALSS, HEINRICH (1947): Albertus Magnus. Stuttgart.

BARFIELD, OWEN (1991): Evolution. Der Weg des Bewußtseins. Zur Geschichte des europäischen Denkens. Aachen.

BASFELD, MARTIN / KLÜNKER WOLF-ULRICH / SANDTMANN, ANGELIKA (1993): Einsicht in Wiederverkörperung und Schicksal. Stuttgart.

BEACH, F. A. (1948): Hormons and Behavior. New York.

BECKER, JUREK (1990): Warnung vor Schriftstellern. Frankfurt.

BECKH, HERMANN (1954): Neue Wege zur Ursprache. Sprachwisssenschaftliche Studien. ²Stuttgart.

BEITRÄGE zur Rudolf Steiner Gesamtausgabe. Dornach.

BELL/WALDROP (1982): Temperamental differences in infants and young children. In: Ciba-Symposion, 1989.

BENNINGHOFF/GOERTTLER (Hg.: Ferner, H. / Staubesand, G., 1975): Lehrbuch der Anatomie des Menschen.

    Bd. 1: Allgemeine Anatomie, Cytologie und Bewegungsapparat. ¹¹München/Berlin/Wien.

    Bd. 2: Eingeweide und Kreislauf. ¹⁰München/Berlin/Wien.

    Bd. 3: Nervensystem, Haut, Sinnesorgane. ⁹München/Berlin/Wien.

BESANT, ANNIE (1981): Der Mensch und sein Körper. Reinkarnation, Karma, Dharma. München.

BIERI, PETER (1992): Was macht Bewußtsein zu einem Rätsel? In: Spektrum der Wissenschaft 10, S. 50-56.

BILZ, RUDOLF (1977): Paläoanthropologie. Der neue Mensch in der Sicht der Verhaltensforschung. Bd. 1, Frankfurt/M.

BINDER, ANDREAS (1989): Wie christlich ist die Anthroposophie? Standortbestimmung aus der Sicht eines evangelischen Theologen. Stuttgart.

BLAVATSKY, H(ELENA) P(ETROWNA): Die Geheimlehre. Die Vereinigung von Wissenschaft, Religion und Philosophie, Bd.II: Anthropogenesis. Zwölf Strophen aus dem Buche des Dzyan. Den Haag o.J.

BLECHSCHMITT, ERICH (1982): Sein und Werden. Die menschliche Frühentwicklung. Stuttgart.

BOCK, EMIL (1982): Apokalypse. Betrachtungen über die Offenbarung des Johannes. ⁴Stuttgart.

BOCK, M. (1980): Angenehme und unangenehme Erfahrungen aus gedächtnispsychologischer Sicht. Bilanz einer 80-jährigen Forschung. Psychologische Beiträge 22, S. 280-292.

BOHNSACK, FRITZ/KRANICH, ERNST-MICHAEL (Hg., 1990): Erziehungswissenschaft und Waldorfpädagogik. Der Beginn eines notwendigen Dialogs. Weinheim und Basel.

BOHNSACK, FRITZ/ NIPKOW, KARL ERNST (1991): Verfehlt die Schule die Jugendlichen und die allgemeine Bildung? Comenius Institut. Münster.

BORCHERT, WOLFGANG (1959): Das Gesamtwerk. Hamburg.

BOWER, TOM (1978): Die Wahrnehmungswelt des Kindes. Stuttgart.

BOWLBY, JOHN (1951): Maternal Care and Mental Health. Genf.

– (1975): Bindung. München.

– (1978): Trennung. München.

– (1982): Verlust. München.

BOWLBY, JOHN / FRY, MARGERY (1974): Child Care and Growth of Love. ²Harmondsworth.

BRATER, MICHAEL / BÜCHELE, UTE / FUCKE, ERHARD / HERZ, GERHARD (1989): Künstlerisch handeln. Die Förderung beruflicher Handlungsfähigkeit durch künstlerische Prozesse. Stuttgart.

BREDERLOW, JÖRN (1976): «Lichtfreunde» und «Freie Gemeinden». Religiöser Protest und Freiheitsbewegung im Vormärz und in der Revolution von 1848/49. Studien zur modernen Geschichte, Bd. 20. München/Wien.

BRENTANO, FRANZ [1874]: Psychologie vom empirischen Standpunkt. Hg. v. Oskar Kraus, Philosophische Bibliothek 192. ³Hamburg 1973.

BRÜLL, DIETER (1984): Der anthroposophische Sozialimpuls. Ein Versuch seiner Erfassung. Schaffhausen.

BRUNNER, HELLMUT (1964): Die Geburt des Gottkönigs. Studien zur Überlieferung eines altägyptischen Mythos. Ägyptologische Abhandlungen, Bd. 10, hg. v. W. Helck und E. Otto. Wiesbaden.

BUBNER, RUDOLF (1984): Evolution, Reinkarnation, Christentum. Frankfurt/M.

BUCHNER, H. (1977): Geist. In: Handbuch philosophischer Grundbegriffe. Bd. 2. München.

BÜHLER, CHARLOTTE (1928): Kindheit und Jugend. Leipzig.

– (1967): Das Seelenleben des Jugendlichen. Versuch einer Analyse der psychischen Pubertät. ⁶Stuttgart.

BUSEMANN, ADOLF (1926): Die Sprache der Jugend als Ausdruck der Entwicklungsrhythmik der Jugend. In: Quellen und Studien zur Jugendkunde, hg. v. Ch. Büler. Jena.

– (1950): Einführung in die pädagogische Jugendkunde. ³Bonn.

BUSER, P. A. / ROUGEUL-BUSER, A. (Hg., 1978): Cerebral Correlates of Conscious Experience. Amsterdam.

BUYTENDIJK, F. J. J. (1973): Das menschliche Spielen. In: Neue Anthropologie, Bd. 4. Hg.: H.-G. Gadamer / P. Vogler. Stuttgart/München.

CAPELLE, WILHELM (1958): Die Vorsokratiker. Berlin.

CAROSSA, HANS (1982): Eine Kindheit. ²Frankfurt/M.

CARUS, CARL GUSTAV [1860]: Psyche. Zur Entwicklungsgeschichte der Seele. Darmstadt 1964.

CLAESSENS, DIETER (1967): Familie und Wertsystem. Eine Studie zur zweiten, soziokulturellen Geburt des Menschen. Berlin.

CONDON, W. S. / OGSTON, W. G.: Sound Film Analysis of Normal and Pathological Behavior Patterns. In: Journal of Nervous and Mental Disease, Vol. 143, No. 4.

CREUTZFELD, O. D. (1983): Cortex Cerebri. Leistung, strukturelle und funktionelle Organisation der Hirnrinde. Berlin/Heidelberg/New York/Tokyo.

CROMBIE, ALISTAIR C. (1977): Von Augustinus bis Galilei. Die Emanzipation der Naturwissenschaft. München.

DAHRENDORF, ROLF (1967): Pfade aus Utopia. Arbeiten zur Theorie und Methode der Soziologie. München.

DELIUS, RUDOLF VON (1922): Schöpfertum. ²Darmstadt.

DIE WEISHEITSBÜCHER der Ägypter. Lehren für das Leben. Eingeleitet, übersetzt und erläutert von Hellmut Brunner. Zürich/München 1991.

DIEMER, KARL (1968): Grundzüge der postnatalen Hirnentwicklung. In: L. Linneweh (Hg.): Fortschritte der Pädiologie, Bd. 2. Berlin.

DIETZ, KARL-MARTIN (1976): Von den Erinnyen zum Gewissen. In: Die Drei, Heft 3.

– Metamorphosen des Geistes.
Bd. 1 (1989 a): Prometheus. Vom göttlichen zum menschlichen Wissen. Stuttgart.
Bd. 2 (1989 b): Das Erwachen des europäischen Denkens. Stuttgart.
Bd. 3 (1990): Vom Logos zur Logik. Stuttgart.

DILTHEY, WILHELM (1988): Gesammelte Schriften, Bd. VII. Göttingen.

DIONYSIOS AREOPAGITA (1955): Die Hierarchie der Engel und der Kirche. München.

DRÖSCHER, VITUS B. (1975): Magie der Sinne im Tierreich. München.

DU BOIS-REYMOND, RENÉ (1884): Über die Grenzen des Naturerkennens. Rede vor den in Leipzig versammelten Naturforschern und Ärzten. ⁶Leipzig.

DUDEN (1981): Das große Wörterbuch der deutschen Sprache in 6 Bänden. Mannheim.

DUMKE, KLAUS (1988): Aids. Die tödliche Befruchtung. Stuttgart.

EHRET, HERMANN (1987): Immanuel Hermann Fichte. Ein Denker gegen seine Zeit. Stuttgart.

EIMAS, PETER D. (1990): Sprachwahrnehmung beim Säugling. In: Gehirn und Kognition. Heidelberg.

ELIAS, NORBERT (1976): Über den Prozeß der Zivilisation. Soziogenetische und psychogenetische Untersuchungen. Frankfurt.
Bd. 1: Wandlungen des Verhaltens in den weltlichen Oberschichten.
Bd. 2: Wandlungen in der Gesellschaft. Entwurf einer Theorie der Zivilisation.

ELLER, HELMUT (1991): Ein Weg zum Erkennen der kindlichen Temperamente. In: Erziehungskunst 11.

ENDRES, PETER / SCHAD, WOLFGANG (1994): Die Rassen der Erde. Stuttgart.

FEND, HELMUT (1988): Sozialgeschichte des Aufwachsens. Frankfurt.

FERCHHOFF, W. / OLK, TH. (1989): Jugend und Postmoderne. Weinheim/München.

FICHTE, IMMANUEL HERMANN [1833]: Grundzüge zum System der Philosophie, Bd. 1: Das Erkennen als Selbsterkennen. Heidelberg. Nachdruck Aalen 1919.

–   (1859): Zur Seelenfrage. Eine philosophische Confession. Leipzig.

–   (1876): Anthropologie. Die Lehre von der menschlichen Seele. Begründet auf naturwissenschaftlichem Wege. ³Leipzig.

–   Psychologie. Die Lehre vom bewußten Geiste des Menschen, oder Entwicklungsgeschichte des Bewußtseins, begründet auf Anthropologie und innerer Erfahrung.
Teil 1 [1864]: Die allgemeine Theorie vom Bewußtsein und die Lehre vom sinnlichen Erkennen, vom Gedächtnis und von der Phantasie. Leipzig. Nachdruck Aalen 1970.
Teil 2 [1873]: Die Lehre vom Denken und vom Willen. Leipzig. Nachdruck Aalen 1970.

FICHTE, JOHANN GOTTLIEB [1800]: Die Bestimmung des Menschen. Stuttgart 1922.

FIORE, EDITH (1977): You Have Been Here Before. New York.

FISCHER, WOLFGANG (1966): Der junge Mensch. Freiburg.

–   (1967): Neue Tagebücher von Jugendlichen.

FLITNER, ANDREAS / SCHEUERL, HANS (Hg., 1967): Einführung in pädagogisches Sehen und Denken. Texte. München.

FORSTER, EDGAR (1991): Erscheinungsformen gemischter Temperamente. In: Erziehungskunst 11.

FORTLAGE, KARL (1855): System der Psychologie als empirischer Wissenschaft. 2 Bände. Leipzig.

FREUD, ANNA (1968): Wege und Irrwege der Kinderentwicklung. Bern/Stuttgart.

FREUD, SIGMUND [1938]: Abriß der Psychoanalyse. In: Gesammelte Werke, Bd. 17, Frankfurt/M. 1941.

FROMM, ERICH (1980): Gesamtausgabe. Stuttgart.
Bd. 2: Analytische Charaktertheorie.
Bd. 4: Gesellschaftstheorie.
Bd. 6: Religion.
Bd. 7: Aggressionstheorie.
Bd. 8: Psychoanalyse.

FRUNDER, HORST (1988): Physiologische Chemie. ²Berlin.

FUCKE, ERHARD (1972): Die Bedeutung der Phantasie für Emanzipation und Autonomie des Menschen. Stuttgart 1972.

–   (1976): Berufliche und allgemeine Bildung in der Sekundarstufe II. Ein Modell. Stuttgart.

–   (1981): Lernziel: Handeln können. Erfahrungen und Überlegungen zu einem erweiterten Handlungskonzept. Frankfurt/M.

– (1991): Grundlinien einer Pädagogik des Jugendalters. Zur Lehrplankonzeption der Klassen 6 bis 10 an Waldorfschulen. Stuttgart.

GABRIEL, WILFRIED / RENTSCH, VOLKER (1992): Aufklärung und Verschleierung. Die Suche nach dem Menschenbild in der modernen Erziehungswissenschaft. In: Erziehungskunst 6/7.

GADAMER, H.-G. / VOGLER, P. (Hg., 1972): Biologische Anthropologie. 1. Teil. Stuttgart.

GEBSER, JEAN (1978): Ursprung und Gegenwart. 2 Bände, Gesamtausgabe II und III. Schaffhausen.

GEHLEN, ARNOLD (1961): Anthropologische Forschung. Zur Selbstbegegnung und Selbstentdeckung des Menschen. Reinbek.

– [1940]: Der Mensch. Seine Natur und seine Stellung in der Welt. ⁹Frankfurt 1971.

GEISSLER, ERICH E. (1967): Autorität. In: Flitner/Scheurle (1967).

GERBERT, HILDEGARD (1983.): Menschenbildung aus Kunstverständnis. Kunstgeschichte und Ästhetik in der Oberstufe der Waldorfschule. ²Stuttgart.

GIEBEL, MARION (1990): Das Geheimnis der Mysterien. Antike Kulte in Griechenland, Rom und Ägypten. Zürich und München.

GINSBURG, HERBERT / OPPER, SYLVIA (1975): Piagets Theorie der geistigen Entwicklung. ⁵Stuttgart.

GLAS, NORBERT (1976): Gefährdung und Heilung der Sinne. ²Stuttgart.

GLÖCKLER, MICHAELA (1991): Elternsprechstunde. Erziehung aus Verantwortung. ²Stuttgart.

GOEBEL, WOLFGANG / GLÖCKLER, MICHAELA (1991): Kindersprechstunde. Ein medizinisch-pädagogischer Ratgeber. ⁹Stuttgart.

GÖTTE, WENZEL M. (1993): Unterrichten in der Oberstufe. In: Leber (1993).

GOLDSTEIN, GARY W. / BETZ, A. LORRIS (1986): Die Blut-Hirnschranke. In: Spektrum der Wissenschaft, 11.

GRASSÉ, PIERRE (1973): Das Ich und die Logik der Natur. München.

GRIMMS WÖRTERBUCH [1854-1971]. Nachdruck München 1984.

GROOS, K. (1899): Die Spiele der Menschen. Jena.

Groos, K. (1910): Der Lebenswert des Spiels. Jena.

GRÜNEWALD, PETER / WILMAR, FRITS (1993): Vererbung und Genetik. Dornach.

GRUBE, A. W. (1878): Charakterbilder aus der Geschichte und Sage. Leipzig.

HAECKEL, ERNST [1899]: Die Welträtsel. Gemeinverständliche Studien über monistische Philosophie. Berlin (Ost) 1990.

HAHN, HERBERT (1969): Der Weg, der mich führte. Lebenserinnerungen. Stuttgart.

– (1988): Vom Ernst des Spielens. ⁴Stuttgart.

– (1990): Vom Genius Europas. Begegnungen mit zwölf Ländern, 3 Bände. Stuttgart.

HAITH, M. M. / BERGMAN, T. / MOORE, N. J. (1977): Eye contact and face scanning in early infancy. In: Science, Vol. 198.

HANDBUCH philosophischer Grundbegriffe. Hg. H. Krings, H. M. Baumgartner, Ch. Wild. München 1973.

HANSEN, WILHELM (1965): Die Entwicklung des kindlichen Weltbildes. ⁶München.

HARBAUER, H. / LEMPP R. / NISSEN, G. / STRUNK, P. (1976): Lehrbuch der speziellen Kinder- und Jugendpsychatrie. ³Berlin/Heidelberg/New York.

HARRISON, C. G. [1897]: Das Transcendentale Weltenall. Übers. v. C. Graf zu Leiningen-Billigheim. ²Stuttgart 1990.

HARTMANN, HEINZ (1964): Funktionale Autorität. Systematische Abhandlung zu einem soziologischen Begriff. Soziologische Gegenwartsfragen. Stuttgart.

HARTMANN, NICOLAI [1940]: Der Aufbau der realen Welt. Berlin 1964.

HASSENSTEIN, BERNHARD (1973): Verhaltensbiologie des Kindes. München/Zürich.

HECKHAUSEN, HEINZ (1974): Entwicklung – psychologisch betrachtet. In: F. E. Weinert et al. (Hg.): Funkkolleg Pädagogische Psychologie, Bd. 1. Frankfurt.

HEGEL, J. G. W. (1970): Grundlinien der Philosophie des Rechts. Werke Bd. 7. Frankfurt/M.

HEINEMANN, MARGOT (1990): Kleines Wörterbuch der Jugendsprache. ²Leipzig.

HELLBRÜGGE, THEODOR (1964): Kindliche Entwicklung und soziale Umwelt. München.

HEMLEBEN, JOHANNES (1965): Rudolf Steiner und Ernst Haeckel. Stuttgart.

HENRICH, D. (1970): Selbstbewußtsein. Kritische Einleitung in eine Theorie. In: Hermeneutik und Dialektik, Bd. 1, hg. von R. Bubner u.a. Tübingen.

HENSEL, HERBERT (1966): Allgemeine Sinnesphysiologie. Hautsinne, Geschmack, Geruch. Berlin.

HERDER, JOHANN GOTTFRIED (1784): Ideen zur Philosophie der Geschichte der Menschheit. Hg. v. H. Stolpe. Berlin/Weimar 1965.

HERRMANN, T. (1976): Handbuch der Persönlichkeitsforschung. ³Göttingen.

HEUSSER, PETER (1990): Das zentrale Dogma nach Watson und Crick und seine Widerlegung durch die moderne Genetik. In: Der Merkurstab, Nr. 3.

HEYDEBRAND, CAROLINE VON (Hg., 1927): Rudolf Steiner in der Waldorfschule. Darstellung und Erinnerungen aus dem Lehrerkollegium der Freien Waldorfschule. Stuttgart.

HIEBEL, FRIEDRICH (1944): Bemerkungen zur Temperamentslehre Rudolf Steiners. In: Das Goetheanum. Wiederabgedruckt in: Sixel (1990).

HOFFMEISTER, MAX (1980): Reinkarnation. Antwort auf das Rätsel des Menschen. Eine Einführung in den Gedanken wiederholten Erdenleben. ²Achberg.

– (1990): Die übersinnliche Vorbereitung der Inkarnation. ²Basel.

HONNEFELDER, GOTTFRIED (1989): Was ist denn eigentlich die Jugend? Eine literarische Spurensuche. Frankfurt/M.

HORNSTEIN, WALTER (1989): Auf der Suche nach Neuorientierung. Jugend-
forschung zwischen Ästhetisierung und neuen Formen politischer Thema-
tisierung. In: ZfP.
– (1990): Aufwachsen mit Widersprüchen. Jugendsituation und Schule heute.
Stuttgart.
HUIZINGA, JOHAN [1938]: Homo ludens. Eine Untersuchung über den Ursprung
der Kultur im Spiel. ²Hamburg 1958.
HURRELMANN, K. u. a. (1989): Erweitertes Medienangebot und Auswirkungen auf
die Familie. In: Bertram, H. (Hg.): Blickpunkt Jugend und Familie. Inter-
nationale Beiträge zum Wandel der Generationen, Weinheim/München.
HUSEMANN, ARMIN (1989): Der musikalische Bau des Menschen. Entwurf einer
plastisch-musikalischen Menschenkunde. ²Stuttgart.
HUSEMANN, FRIEDRICH / WOLFF, OTTO: Das Bild des Menschen als Grundlage
der Heilkunst. Entwurf einer geisteswissenschaftlich orientierten Medizin.
Bd. 1 (1991): Zur Anatomie und Physiologie. ¹⁰Stuttgart.
Bd. 2 (1991): Zur allgemeinen Pathologie und Therapie. ⁵Stuttgart.
Bd. 3 (1993): Zur Pathologie und Therapie. ⁴Stuttgart.
IBSEN, HENRIK (1876): Peer Gynt. Reclam.
JACOBS, WILHELM G. (1984): J. G. Fichte in Selbstzeugnissen und Bilddokumen-
ten. Reinbek.
JAFFKE, FREYA (1991): Spielen und arbeiten im Waldorfkindergarten. Stuttgart.
JAIDE, WALTER / VEEN, HANS-JOACHIM (1989): Bilanz der Jugendfoschung. Pa-
derborn.
JASPERS, KARL (1985): Psychologie der Weltanschauungen. ²München.
JOHANSON, IRENE (Hg. 1976): Ich übe Verteidigung. 37 Texte von Jugendlichen.
Stuttgart.
JUGEND '81 (1981): Lebensentwürfe, Alltagskulturen, Zukunftsbilder. Bearb.
Arthur Fischer, 2 Bände. Hg. v. Deutsche Shell Jugendwerk. Hamburg. –
Vgl. auch JUGEND '85 und JUGEND '92.
JÜNEMANN, MARGIT / WEITMANN, FRITZ (1983): Der künstlerische Unterricht in
der Waldorfschule. Malen und Zeichnen. ³Stuttgart.
JULIUS, FRITS H. (1981): Das Tier zwischen Mensch und Kosmos. Neue Wege zu
einer Charakteristik der Tiere. ²Stuttgart.
– (1991): Die Bildersprache des Tierkreises und der Aufbau eines neuen Ge-
meinschaftslebens. ⁵Stuttgart.
KAINZ, FRIEDRICH (1960): Psychologie der Sprache. 2. Bd.: Vergleichend-geneti-
sche Sprachpsychologie. ²Stuttgart.
KALIL, RONALD E. (1990): Nervenverknüpfung im jungen Gehirn. In: Spektrum
der Wissenschaft 2.
KALLERT, BERNHARD (1960): Die Erkenntnistheorie Rudolf Steiners. Der Er-
kenntnisbegriff des objektiven Idealismus. Stuttgart.
KANT, IMMANUEL [1799]: Kritik der Urteilskraft. Leipzig (Reclam).

KELLER, WILHELM (1968): Psychologie und Philosophie des Wollens. ²München/ Basel.

KIERSCH, JOHANNES (1992): Waldorfpädagogik am Beginn ihrer Entwicklung. Zur pädagogischen Erstlingsschrift Rudolf Steiners. In: Erziehungskunst 6/7.

– (1990): Die Waldorfpädagogik. Eine Einführung in die Pädagogik Rudolf Steiners. ⁷Stuttgart.

KIMELBERG, HAROLD K. / NORENBERG, MICHAEL D. (1989): Astrocyten und Hirnfunktion. In: Spektrum der Wissenschaft 6.

KIPP, FRIEDRICH A. (1980): Die Evolution des Menschen im Hinblick auf seine lange Jugendzeit. Stuttgart.

– (1985): Indizien für die Sprachfähigkeit fossiler Menschen. In: Schad (Hg.): Goetheanistische Naturwissenschaft, Bd. 4: Anthropologie. Stuttgart.

KIRN, MICHAEL (1989): Hegels Phänomenologie des Geistes und die Sinneslehre Rudolf Steiners. Stuttgart.

KISCHNIK, RUDOLF (1985): Was die Kinder spielen. ⁷Stuttgart.

KISCHNIK, RUDOLF / VAN HAREN, WIL: Der Plumpsack geht um. Stuttgart.

– (1989): Leibesübung und Bewußtseinsschulung. ²Basel.

KLINGLER, WOLFGANG (1989): Gestalt der Freiheit. Das Menschenbild Rudolf Steiners. Stuttgart.

KLÜNKER, WOLF-ULRICH (1990): Selbsterkenntnis der Seele. Zur Anthropologie des Thomas von Aquin. Stuttgart.

KNIEBE, GEORG (1991): Die Temperamente in der modernen Psychologie. In: Erziehungskunst 11.

KOCH, MICHAEL G.: Aids. Vom Molekül zur Pandemie. Heidelberg 1987.

KOEBNER, THOMAS / JANZ, ROLF-PETER / TROMMLER, FRANK (1984): Mit uns zieht die neue Zeit. Der Mythos der Jugend. Frankfurt.

KOEGEL, FRITZ (1984): Zur Lebenskunde. Spiel im Vorschulalter. Sachkunde und Technologieunterricht in der Unter- und Oberstufe der Waldorfschule, Bd. 1. Manuskriptdruck Stuttgart.

KOEPKE, HERMANN (1989): Das neunte Lebensjahr. Seine Bedeutung in der Entwicklung des Kindes. ³Dornach.

– (1990): Das zwölfte Lebensjahr. ²Dornach.

KÖHLER, HENNING (1990): Jugend im Zwiespalt. Eine Psychologie der Pubertät für Eltern und Erzieher. Stuttgart.

KOHLBERG, L. / TURIEL, E. (1978): Moralische Entwicklung und Moralerziehung. In: G. Portele (Hg.): Sozialisation und Moral. Weinheim.

KOLZOWA, MARIA (1979): Untersuchungen zur Sprachentwicklung. In: Kinderarzt, Nr. 6/7.

KÖNIG, KARL (1981): Die ersten drei Jahre des Kindes. ⁷Stuttgart.

– (1986): Sinnesentwicklung und Leiberfahrung. Heilpädagogische Gesichtspunkte zur Sinneslehre Rudolf Steiners. Hrsg. und erw. v. Georg v. Arnim. ³Stuttgart.

- (1987): Embryologie und Weltentstehung. Vorträge. ⁶Freiburg.
- (1989): Über die menschliche Seele. Stuttgart.
- (1992): Die Mission des Gewissens. Fünf Vorträge, gehalten in Föhrenbühl vom 13. Dezember 1964 bis 6. Januar 1965. Mit einem Vorwort von Hans Müller-Wiedemann. Stuttgart.

KORCZAK, JANUSZ (1983): Wie man ein Kind lieben soll. ⁸Göttingen.

KRANICH, E.-M. / JÜNEMANN, M. / BERTHOLD-ANDRAE, H. / BÜHLER, E. / SCHU-BERTH, E. (1985): Formenzeichnen. Die Entwicklung des Formensinns in der Erziehung. Stuttgart.

KRANICH, ERNST-MICHAEL (1969): Pädagogische Projekte und ihre Folgen. Stuttgart.
- (1983): Die Bildung der Urteilsfähigkeit in ihrem Zusammenhang mit dem ganzen Menschen. In: Erziehungskunst, S. 493-503.
- (1985): Entwicklung und Erziehung in der frühen Kindheit. In: Leber 1992.
- (1989a): Das Ich in der Entwicklung des Kindes und jugendlichen Menschen. In: Erziehungskunst 8/9.
- (1989b): Von der Gewißheit zur Wissenschaft der Evolution. Die Bedeutung von Goethes Erkenntnismethode für die Evolutionstheorie. Stuttgart.
- (1990): Anthropologie – das Fundament der pädagogischen Praxis. In: Bohnsack/Kranich 1990.

KRANICH, ERNST-MICHAEL / RAVAGLI, LORENZO (1990): Waldorfpädagogik in der Diskussion. Eine Analyse erziehungswissenschaftlicher Kritik. Stuttgart.

KRETSCHMER, ERNST (1971): Körperbau und Charakter. ²⁴Berlin/Göttingen/Heidelberg.

KRINGS, H. (1973): Denken. In: Handbuch philosophischer Grundbegriffe. Bd. 1. München.

KROH, OSWALD (1956): Psychologische Probleme des Schulkindalters. In: Moderne Entwicklungspsychologie. Berlin.

KÜBLER-ROSS (1989): Über den Tod und das Leben danach. Stuttgart 1989.

KÜHLEWIND, GEORG (1976): Das Licht des Wortes. Welt, Sprache, Meditation. Stuttgart
- (1978): Die Wahrheit tun. Erfahrungen und Konsequenzen des intuitiven Denkens. Stuttgart.
- (1982): Das Leben der Seele zwischen Überbewußtsein und Unterbewußtsein. Elemente einer spirituellen Psychologie. Stuttgart.
- (1984): Bewußtseinsstufen. Meditationen über die Grenzen der Seele. Stuttgart.
- (1986): Die Logosstruktur der Welt. Sprache als Modell der Wirklichkeit. Stuttgart.

KUHN, THOMAS S. (1978): Die Struktur wissenschaftlicher Revolutionen. Frankfurt.

LAUER, HANS-ERHARD (1964): Die Volksseelen Europas. Versuch einer Psychologie der europäischen Völker. Stuttgart.

– (1977): Die zwölf Sinne des Menschen. Umrisse einer neuen, vollständigen und systematischen Sinneslehre auf Grundlage der Geistesforschung Rudolf Steiners. ²Schaffhausen.

LEBER, STEFAN (1982): Selbstverwirklichung – Mündigkeit – Sozialität. Eine Einführung in die Idee der Dreigliederung des sozialen Organismus. ²Frankfurt/M.

– (1983 a): Grenzüberschreitung. Zum Problem heutiger Großforschung. In: Die Drei, Nr. 4.

– (1983 b): Der Zusammenhang der Willens- und Erkenntniskräfte im Hinblick auf die Menschenerkenntnis. In: Wie entsteht erzieherisches Wirken aus meditativ erübter Menschenerkenntnis?

– (1988): Gentechnologie. Die Forschung zwischen Macht und Moral. In: Die Drei, Nr. 3.

– (1989): Geschlechtlichkeit und Erziehungsauftrag. In: Die Geschlechtlichkeit des Menschen. ²Stuttgart.

– (1990 a): Weltanschauung, Ideologie und Schulwesen. Ist die Waldorfschule eine Weltanschauungsschule? Stuttgart.

– (1990 b): Die Impulsierung der menschlichen Entwicklung und der neueren Geschichte aus der Sphäre des Schlafes. In: Der Rhythmus von Schlafen und Wachen. Seine Bedeutung im Kindes- und Jugendalter. Stuttgart.

– (1990 c): Die menschliche Individualität. In: Bohnsack/Kranich 1990.

– (1991): Die Sozialgestalt der Waldorfschule. Stuttgart.

– (Hg., 1992): Die Pädagogik der Waldorfschulen und ihre Grundlagen. ³Darmstadt.

– (Hg., 1993): Waldorfschule heute. Einführung in die Lebensformen einer Pädagogik. Mit Beiträgen von St. Leber, E.-M. Kranich, H. v. Kügelgen, F. Jaffke, Ch. Lindenberg, M. Glöckler, M. Leist, H. Schiller, W. Riethmüller, W. M. Götte, Ch. Rittelmeyer, Ch. Gögelein, E. Gergely und J. Dessecker. Stuttgart.

LEBER, STEFAN / SCHAD, WOLFGANG / SUCHANTKE, ANDREAS (1989): Die Geschlechtlichkeit des Menschen. ²Stuttgart.

LEHRS, ERNST (1982): Vom Geist der Sinne. Zur Diätetik des Wahrnehmens. ²Frankfurt.

LEONHARDT, HELMUT (1973): Innere Organe. In: dtv-Atlas der Anatomie. München/Stuttgart.

– (1974): Histologie, Zytologie und Mikroanatomie des Menschen. ⁴Stuttgart.

LERSCH, PHILIPP (1970): Aufbau der Person. ¹¹München.

LESSING, GOTTHOLD EPHRAIM (1786): Die Erziehung des Menschengeschlechts.

LEVIN, KURT (1963): Feldtheorie in der Sozialwissenschaft. Bern.

LIEVEGOED, B. C. J. (1976): Entwicklungsphasen des Kindes. Stuttgart.

- (1991): Lebenschancen. Die Entwicklung des Menschen zwischen Kindheit und Alter. ⁸München.

LINDENBERG, CHRISTOPH (1979): Rudolf Steiner. In: Klassiker der Pädagogik, hg. v. H. Scheurle. München.

- (1981): Die Lebensbedingungen des Erziehens. Von Waldorfschulen lernen. Reinbek.

- (1992): Rudolf Steiner in Selbstzeugnissen und Bilddokumenten. Reinbek.

LIPPS, PETER (1991): Unterrichtsgestaltung im Blick auf die vier Temperamente. In: Erziehungskunst 11.

LOCHER-ERNST, LOUIS (1973): Mathematik als Vorschule der Geist-Erkenntnis. ²Dornach.

- (1980): Raum und Gegenraum. Einführung in die neuere Geometrie. ³Dornach.

LUCHINS, A. S. (1954): On theories and problems of adolescence. In: Journal of Genetic Psychologie 85.

MARCUSE, HERBERT (1991): Der eindimensionale Mensch. Studien zur Ideologie der fortgeschrittenen Industriegesellschaft. ²⁴Hamburg.

- (1968): Triebstruktur und Gesellschaft. Ein philosophischer Beitrag zu Sigmund Freud. Frankfurt/M.

MARTIN, MICHAEL (Hg., 1991): Der künstlerisch-handwerkliche Unterricht an Waldorfschulen. Stuttgart.

MATTIESEN, E. (1987): Das persönliche Überleben des Todes. 3 Bände. Berlin/ New York.

MAYR, ERNST (1984): Die Entwicklung der biologischen Gedankenwelt. Vielfalt, Evolution und Vererbung. Berlin.

«MATERIALIEN ZUR SOZIALEN ERZIEHUNG IM KINDESALTER» (1974). Hg. von Hans Hielscher. Erarbeitet von G. Heuer, H. Hielscher, H. Kölln, E. u. W. Stange und D. Thiemann. Heidelberg.

MCCALL, R.B. (1979): Infant. Cambridge/Mass.

MCNEILL, DAVID (1974): Der Spracherwerb. Düsseldorf.

MEAD, MARGARET (1970): Jugend und Sexualität in primitiven Gesellschaften. 3 Bände. München.

MEFFERT, EKKEHARD (1986): Carl Gustav Carus. Stuttgart.

MOERS, MARTA (1953): Entwicklungsphasen des menschlichen Lebens. Ratingen.

MEINBERG, ECKEHARD (1988): Das Menschenbild der modernen Erziehungswissenschaft. Darmstadt.

MOLL, ERNST (1968): Die Sprache der Laute. Buchstaben, Namen und Zeichen alter europäischer Alphabete im Lichte geisteswissenschaftlicher Erkenntnisse. Stuttgart.

MOLT, EMIL (1972): Entwurf meiner Lebensbeschreibung. Anhang mit zum Teil unveröffentlichten Dokumenten aus der Zeit der Schulgründung und Dreigliederungsbewegung. Stuttgart.

MONAKOW, C. V. / MOURGUE, R. (1930): Biologische Einführung in das Studium der Neurologie und Psychopathologie. Stuttgart/Leipzig.

MOODY, RAYMOND A. (1977): Leben nach dem Tode. Reinbek.

– (1978): Nachgedanken über das Leben nach dem Tode. Reinbek.

– (1990): Leben vor dem Leben. Reinbek.

MORTKOWICZ-OLCZAKOWA, H. (1967): Janusz Korczak. Arzt und Pädagoge. München/Salzburg.

MUCHOW, HANS HEINRICH (1959): Sexualreife und Sozialstruktur der Jugend. Reinbek.

– (1962): Jugend und Zeitgeist. Morphologie und Kulturpubertät. Reinbek.

MÜLLER, DAGOBERT (1968): Neurologische Untersuchungen und Diagnostik im Kindesalter. Wien.

MÜLLER, WERNER (1981): Indianische Welterfahrung., Stuttgart.

MÜLLER-THURAU, CLAUS PETER (1987): Laß uns mal 'ne Schnecke angraben. Sprache und Sprüche der Jugendszene. [8]München.

MÜLLER-WIEDEMANN, HANS (1985): Mitte der Kindheit. In: Leber 1992.

– (1989): Mitte der Kindheit. [3]Stuttgart.

MUSSEN, PAUL HENRY / CONGER, JOHN JANEWAY / KAGAN, JEROME (1976): Lehrbuch der Kinderpsychologie. Stuttgart.

NACHMANSOHN, MAX (1937): Wesen und Form des Gewissens. Wien.

NÄHERUNGSVERSUCHE (1983): Jugend '81. Eine Studie, eine Tagung, Reaktionen. Hg. vom Jugendwerk der Deutschen Shell. Redaktion Arthur Fischer und Margot Lang. Opladen.

NELSON, BENJAMIN (1986): Der Ursprung der Modernen. Vergleichende Untersuchungen zum Zivilisationsprozeß. Frankfurt/M.

NEUHAUS, WOLFGANG (1962): Der Aufbau der geistigen Welt des Kindes. [2]München/Basel.

NICKEL, HORST (1975): Entwicklungspsychologie des Kindes- und Jugendalters. Bd. 1: Allgemeine Grundlagen. Die Entwicklung bis zum Schuleintritt. [3]Bern/Stuttgart/Wien.
Bd. 2: Schulkind und Jugendlicher. [2]Bern/Stuttgart/Wien.

NITSCHKE, ADOLF (1962): Das verwaiste Kind der Natur. Tübingen.

NOVALIS (1962): Werke und Briefe, hg. v. A. Kelletat, München.

OERTER, ROLF (1966): Die Entwicklung von Werthaltungen während der Reifezeit. In: Erziehung und Psychologie, Bd. 42. München.

– (1987 a): Moderne Entwicklungspsychologie. [21]Donauwörth.

OERTER, ROLF / MONTADA, LEO (1987 b): Entwicklungspsychologie. Ein Lehrbuch. [2]München/Weinheim.

OEVERMANN, ULRICH (1969): Schichtenspezifische Formen des Sprachverhaltens und ihr Einfluß auf kognitive Prozesse. In: H. Roth (Hg.): Begabung und Lernen. Stuttgart.

OLTMANN, OLAF (1991): Gedächtnisbildung an Waldorfschulen. In: Bohnsack/ Kranich: 1990.

OTTO, WALTER F. (1962): Mythos und Welt. Stuttgart.

PASCHEN, HARM (1990): Lernen von der Waldorfpädagogik? Zum systematischen Verhältnis von Erziehungswissenschaft und Waldorfpädagogik. In: Bohnsack/Kranich: 1990.

PATZLAFF, RAINER (1992): Verlust und Wiedergewinnung der Sprache im Jugendalter. In: Erziehungskunst, Nr. 2.

PFLUG, HANS D. (1984): Die Spur des Lebens. Paläontologie – chemisch betrachtet. Berlin/Heidelberg/New York/Tokyo.

PFROGNER, HERMANN (1981): Lebendige Tonwelt. Zum Phänomen Musik. ²München.

PIAGET, JEAN [1932]: Das moralische Urteil beim Kinde. ²München 1990.

–   [1936]: Das Erwachen der Intelligenz beim Kinde. Stuttgart 1989.

–   (1974): Theorien und Methoden der modernen Erziehung. Frankfurt/ Main.

PIAGET, JEAN / INHELDER, BÄRBEL (1973): Die Psychologie des Kindes. ²Olten.

PICHT, BENEDIKT (1987): 80 Jahre «Erziehung des Kindes». In: Erziehungskunst 1.

PLACK, ARNO (1968): Die Gesellschaft und das Böse. Eine Kritik der herrschenden Moral. München.

PLAN UND PRAXIS DES WALDORFKINDERGARTENS – Beiträge zur Erziehung des Kindes im ersten Jahrsiebt (1980). Hg. v. Helmut v. Kügelgen. ⁷Stuttgart.

PLATON (1958), Sämtliche Werke. Übers. v. F. Schleiermacher, hg. v. W. F. Otto, E. Grassi, G. Plambӧck, Hamburg (rde):
Politeia. Bd. 3.
Phaidros. Bd. 4.

PLESSNER, HELMUTH [1928]: Die Stufen des Organischen und der Mensch. Einleitung in die philosophische Anthropologie. In: Gesammelte Schriften IV. Frankfurt/M. 1981.

–   [1941]: Lachen und Weinen. Eine Untersuchung der Grenzen menschlichen Verhaltens. In: Gesammelte Schriften VII. Frankfurt/M. 1982.

PLUTARCH (1953): Griechische Heldenleben. Übers. v. W. Ax. Stuttgart.

POPPELBAUM, HERMANN (1948): Im Kampf um ein neues Bewußtsein. Freiburg.

–   (1961): Entwicklung, Vererbung und Abstammung – wie sie Rudolf Steiner sehen lehrte. Dornach.

–   (1981): Mensch und Tier. Fünf Einblicke in ihren Wesensunterschied. ³Frankfurt/M.

PORTMANN, ADOLF (1969): Biologische Fragmente zu einer Lehre vom Menschen. ³Basel/Stuttgart.

–   (1971): Der Mensch im Felde der Evolutionsbiologie. In: Meyers Enzyklopädie. Mannheim.

PRESSEL, SIMEON (1975): Der unbekannte Muskelmensch. In: Erziehungskunst.

PRILLER, J. ET AL.(1988): Experimente zum Unterschied von «Wort auf der Zunge» und «Gefühl des Wissens». Zeitschr. für experimentelle u. angewandte Psychologie, Bd. 35, H. 1.

RAVAGLI, LORENZO (1993): Pädagogik und Erkenntnistheorie. Auseinandersetzungen über Anthroposophie und Waldorfpädagogik. Stuttgart.

RAUTHE, WILHELM (1981): Sprache als Bild – Das Bild in der Sprache. In: Erziehungskunst.

REMPLEIN, HEINZ (1962): Seelische Entwicklung des Menschen. Grundlagen, Erkenntnisse und pädagogische Folgerungen der Kinder- und Jugendpsychologie. [17]München.

– (1975): Psychologie der Persönlichkeit. Die Lehre von der individuellen und typischen Eigenart des Menschen. [7]München/Basel.

RENSCH, BERNHARD (1954): Neuere Probleme der Abstammungslehre. Stuttgart.

RIES, GERHILD (1958): Die Erweiterung und Vertiefung des Erlebens im Jugendalter anhand eines sprachfreien Films. Dissertation Köln.

RIESMAN, DAVID / REUEL, DENNY / GLAZER, NATHAN (1958): Die einsame Masse. Eine Untersuchung der Wandlungen des amerikanischen Charakters. Hamburg.

RINGBOM, SIXTEN (1982): Kandinsky und das Okkulte. In: A. Zweite (Hg.): Kandinsky und München. München.

RIST, GEORG / SCHNEIDER, PETER (1977): Die Hiberniaschule. Von der Lehrwerkstatt zur Gesamtschule. Eine Waldorfschule integriert berufliches und allgemeines Lernen. Reinbek.

RITCHIE, GEORGE (1988): Rückkehr von morgen. [3]Marburg.

RITTELMEYER, CHRISTIAN (1990 a): Phänomene der Bewußtseinsseele. Über den postmodernen Habitus. In: Beiheft 3, Die Drei.

– (1990 b): Die entmachtete Aufklärung. Pluralität und Intuition in der postmodernen Schule. In: Die Deutsche Schule, 4.

– (1990 c): Der fremde Blick. Über den Umgang mit Rudolf Steiners Vorträgen und Schriften. In: Bohnsack/Kranich: 1990.

ROFFWARG, H. P. et al. (1966): Ontogenetic development of the human sleep-dream cycle. In: Science, Nr. 66, S. 247 f.

ROHEN, JOHANNES W. (1977): Funktionelle Anatomie des Menschen. [3]Stuttgart/New York.

– (1978): Funktionelle Anatomie des Nervensystems. [3]Stuttgart/New York.

ROTH, GERHARD / SCHWEGLER, HELMUT (1992): Der Geist in der Gehirnforschung. In: Naturwissenschaftliche Rundschau 11, Beilage: Biologie heute, Nr. 403.

ROTH, HEINRICH (1971): Pädagogische Anthropologie.
Bd. 1: Bildsamkeit und Bestimmung. [3]Hannover.
Bd. 2: Entwicklung und Erziehung. Grundlagen einer Entwicklungspädagogik. Hannover.

ROUSSEAU, JEAN-JACQUES (1912): Brief an Christophe de Beaumont vom 18.11.1762. In: *Emile*. Frankfurt.

RUBINSTEIN, S. L. (1968): Grundlagen der allgemeinen Psychologie. Übersetzung nach der sechsten russischen Auflage. Berlin.

RUTSCHKY, KATHARINA (Hg., 1977): Schwarze Pädagogik. Quellen zur Naturgeschichte der bürgerlichen Erziehung. Frankfurt/M. und Berlin.

SACKS, OLIVER (1987): Der Mann, der seine Frau mit einem Hut verwechselte. Reinbek.

– (1989): Der Tag, an dem mein Bein fortging. Reinbek.

SCHAD, WOLFGANG (1982): Die Vorgeburtlichkeit des Menschen. Der Entwicklungsgedanke in der Biologie. Stuttgart.

– (1985): Gestaltmotive der fossilen Menschenformen. In: Schad (Hg.): Goetheanistische Naturwissenschaft, Bd. 4: Anthropologie. Stuttgart.

– (1991): Erziehung ist Kunst. Pädagogik aus Anthroposophie. ²Stuttgart.

– (Hg., 1992): Die menschliche Nervenorganisation. Stuttgart.
  Teil 1: Beiträge von B. Sandkühler, I. Buchanan, H.-J. Scheurle, Gutland, E.-M. Kranich, O. Wolff, L. F. C. Mees, G. v. Arnim, W. Schad.
  Teil 2: Dokumentarischer Anhang mit Beiträgen von R. Steiner, H. Hensel, H.-J. Scheurle, H. Poppelbaum, G. Kienle.

– (1993): Säugetier und Mensch. Zur Gestaltbiologie vom Gesichtspunkt der Dreigliederung. ²Stuttgart.

SCHALLER, KLAUS (1967 a): Die Pädagogik des J. A. Comenius und die Anfänge des pädagogischen Realismus im 17. Jahrhundert. ²Heidelberg.

– (1967 b): Die Pampaedia des J. A. Comenius. ⁴Heidelberg.

SCHELER, MAX [1914]: Zur Idee des Menschen. In: Abhandlungen und Aufsätze, 1. Bd. Leipzig 1915.

– [1928]: Die Stellung des Menschen im Kosmos. ¹²Bonn 1991.

SCHELLING, FRIEDRICH W. J. [1794]: Vom Ich als Prinzip der Philosophie oder über das Unbedingte im menschlichen Wissen. Sämtliche Werke. Darmstadt 1975.

SCHENK-DANZINGER, LOTTE (1980): Entwicklungspsychologie. ¹⁴Wien.

– (1988): Entwicklung, Sozialisation, Erziehung. Von der Geburt bis zur Schulfähigkeit. ²Stuttgart/Wien.

SCHEURLE, HANS-JÜRGEN (1984): Die Gesamtsinnesorganisation. Überwindung der Subjekt-Objekt-Spaltung in der Sinneslehre. Phänomenologische und erkenntnistheoretische Grundlagen der allgemeinen Sinnesphysiologie. ²Stuttgart.

SCHINDEWOLF, O. H. (1972): Phylogenie und Anthropologie aus paläontologischer Sicht. In: Neue Anthropologie, hg. v. H.-G. Gadamer und P. Vogler. Biologische Anthropologie, 1. Teil. Stuttgart.

SCHMELZER, ALBERT (1991): Die Dreigliederungsbewegung 1919. Rudolf Steiners Einsatz für den Selbstverwaltungsimpuls. Stuttgart.

SCHMIDT, R. F. / THEWS, G. (Hg., 1987): Physiologie des Menschen. ²³Berlin/ Heidelberg.

SCHMITZ, HERMANN (1981): System der Philosophie. 3. Bd., 2. Teil: Der Gefühlsraum. ²Bonn.

SCHNEEWIND, KLAUS A.: Persönlichkeitstheorien. Darmstadt.

Bd. I (1982): Alltagspsychologie und mechanistische Ansätze.

Bd. II (1984): Organismische und dialektische Ansätze.

SCHNEIDER, PETER (1985): Einführung in die Waldorfpädagogik. ²Stuttgart.

SCHÖFFLER, H. H. (Hg., 1986): Der Kampf um das Menschenbild. Das achte ökumenische Konzil 869/870 und seine Folgen. Mit Beiträgen von J. Geyer, R. Wagner, S. Leber, W. Schwarz, H. H. Schöffler. Dornach.

SCHUBERTH, ERNST (1984): Übersicht über den Mathmatiklehrplan in den Klassen 1 bis 8 der Freien Waldorfschulen. Pädagogische Forschungsstelle beim Bund der Freien Waldorfschulen. Stuttgart.

– (1992): Der Anfangsunterricht in der Mathematik. Aufbau, fachliche Grundlagen und menschenkundliche Begründung. Manuskriptdruck. Mannheim.

– (1992): Der Aufbau des Mathematikunterrichtes an der Waldorfschule. In: Leber 1992.

SCHUCHHARDT, MALTE (1992): Idealismus im Gedanken und in der Sprache – ein notwendiges Lebenselement im Jugendalter. In: Die Bedeutung des Rhythmus in der Erziehung. Stuttgart.

SCHUMACHER, E. F. (1977): Rat für die Ratlosen, Hamburg.

SCHWAB, MARTIN (1979): Einzelding und Selbsterzeugung. In: Individualität. Stuttgart.

SEIFERT, JOSEF (1989): Das Leib-Seele-Problem und die gegenwärtige philosophische Diskussion. Eine systematisch-kritische Analyse. ²Darmstadt.

SHELDRAKE, RUPERT (1985): Das schöpferische Universum. München.

– (1990): Das Gedächtnis der Natur. Das Geheimnis der Entstehung der Formen in der Natur. ³Bern/München/Wien.

SINGER, PETER (1984): Praktische Ethik. Stuttgart.

SIXEL, DETLEV (1990): Rudolf Steiner über die Temperamente. Dornach.

SLEIGH, JULIAN (1992): Freiheit erproben. Das dreizehnte bis neunzehnte Lebensjahr. Stuttgart.

SMIT, JÖRGEN / KÜHLEWIND, GEORG / LINDENAU, CHRISTOF (1989): Freiheit erüben. Meditation in der Erkenntnispraxis der Anthroposophie. Stuttgart.

SOLSCHENIZYN, ALEXANDER (1974): Der Archipel Gulag. Bd. 1. Bern.

SPATZ, H. (1949): Über Gegensätzlichkeit und Verknüpfung bei der Entwicklung von Zwischenhirn und «Basaler Rinde». In: Allgemeine Zeitschrift f. Psychiatrie, Nr. 125.

SPITTELER, CARL (1947): Autobiographische Schriften. In: Gesammelte Werke, Bd. 6. Zürich.

SPITZ, RENÉ A. (1981): Vom Säugling zum Kleinkind. Naturgeschichte der Mutter-Kind-Beziehungen im ersten Lebensjahr. ⁶Stuttgart.

SPRANGER, EDUARD (1966): Psychologie des Jugendalters. ²⁸Heidelberg.

STEINBUCH, KARL (Hg. 1967): Taschenbuch der Nachrichtenverarbeitung. ²Berlin.

Steiners Werke werden, soweit nichts anderes angegeben, nach der letzten Auflage der Gesamtausgabe zitiert, Verlagsort ist Dornach.

STEINER, RUDOLF (1988): Das Leben nach dem Tod und sein Zusammenhang mit der Welt der Lebenden. 10 Vorträge, ausgewählt und herausgegeben von F. Teichmann. Themen aus dem Gesamtwerk 15. Stuttgart.

– (1980): Vom Lebenslauf des Menschen. 12 Vorträge, ausgewählt und herausgegeben von Erhard Fucke. Themen aus dem Gesamtwerk 4. Stuttgart.

– (1946): Die religiöse und sittliche Erziehung im Lichte der Anthroposophie. Vortrag v. 4.11.1922. In: Die Menschenschule, S. 108 ff.

– GA 1, Hg.: Goethes Naturwissenschaftliche Schriften. 5 Bände. 1884-1897.

– GA 2: Grundlinien einer Erkenntnistheorie der Goetheschen Weltanschauung. 1886.

– GA 4: Die Philosophie der Freiheit. Grundzüge einer modernen Weltanschauung. Seelische Beobachtungsresultate nach naturwissenschaftlicher Methode. 1894.

– GA 9: Theosophie. Einführung in übersinnliche Welterkenntnis und Menschenbestimmung. 1904.

– GA 10: Wie erlangt man Erkenntnisse der höheren Welten? 1904-1905.

– GA 13: Die Geheimwissenschaft im Umriß. 1910.

– GA 14: Vier Mysteriendramen. 1910-1913.

– GA 15: Die geistige Führung des Menschen und der Menschheit. 1911.

– GA 18: Die Rätsel der Philosophie in ihrer Geschichte als Umriß dargestellt. 1914.

– GA 21: Von Seelenrätseln. Anthropologie und Anthroposophie. Max Dessoir über Anthroposophie. Franz Brentano (Ein Nachruf). Skizzenhafte Erweiterungen. 1917.

– / WEGMAN, ITA: GA 27: Grundlegendes für eine Erweiterung der Heilkunst nach geisteswissenschaftlichen Erkenntnissen. 1925.

– GA 28: Mein Lebensgang. 1923-1925.

– GA 30: Methodische Grundlagen der Anthroposophie 1884-1901. Gesammelte Aufsätze zur Philosophie, Naturwissenschaft, Ästhetik und Seelenkunde.

– GA 36: Der Goetheanumgedanke inmitten der Kulturkrisis der Gegenwart. Gesammelte Aufsätze 1921-1925.

– GA 38: Briefe Band I: 1881-1890.

– GA 38: Briefe Band II: 1890-1925.

- GA 45: Anthroposophie. Ein Fragment aus dem Jahre 1910.
- GA 52: Spirituelle Seelenlehre und Weltbetrachtung. 1904.
- GA 53: Ursprung und Ziel des Menschen. Grundbegriffe der Geisteswissenschaft. 1904-1905.
- GA 54: Die Welträtsel und die Anthroposophie. 1905-1906.
- GA 55: Die Erkenntnis des Übersinnlichen in unserer Zeit und deren Bedeutung für das heutige Leben. 1906-1907.
- GA 57: Wo und wie findet man den Geist? 1908-1909.
- GA 58: Pfade der Seelenerlebnisse. 1909/10. Ausgabe von 1957.
- GA 59: Metamorphosen des Seelenlebens. 1909/10. Ausgabe von 1958.
- GA 66: Geist und Stoff, Leben und Tod. 1917.
- GA 72: Freiheit – Unsterblichkeit – Soziales Leben. 1917-1918.
- GA 78: Anthroposophie, ihre Erkenntniswurzeln und Lebensfrüchte. 1921.
- GA 94: Kosmogonie. 1906.
- GA 96: Ursprungsimpulse der Geisteswissenschaft. 1906-1907.
- GA 99: Die Theosophie des Rosenkreuzers. 1907.
- GA 105: Ägyptische Mythen und Mysterien. 1908.
- GA 108: Die Beantwortung von Welt- und Lebensfragen durch Anthroposophie. 1908-1909.
- GA 110. Geistige Hierarchien und ihre Widerspiegelung in der physischen Welt. 1909.
- GA 114: Das Lukas-Evangelium. 1909.
- GA 115: Anthroposophie – Psychosophie – Pneumatosophie. 1909-1911.
- GA 118: Das Ereignis der Christus-Erscheinung in der ätherischen Welt. 1910.
- GA 120: Die Offenbarungen des Karma. 1910.
- GA 128: Eine okkulte Physiologie. 1911.
- GA 133: Der irdische und der kosmische Mensch. 1911-1912.
- GA 137: Der Mensch im Lichte von Okkultismus, Theosophie und Philosophie. 1912.
- GA 141: Das Leben zwischen dem Tode und einer neuen Geburt im Verhältnis zu den kosmischen Tatsachen. 1912-1913.
- GA 145: Welche Bedeutung hat die okkulte Entwickelung des Menschen für seine Hüllen und sein Selbst? 1913.
- GA 147: Die Geheimnisse der Schwelle. 1913.
- GA 157: Menschenschicksale und Völkerschicksale. 1914-1915.
- GA 157 a: Schicksalsbildung und Leben nach dem Tode. 1915.
- GA 162: Kunst- und Lebensfragen im Lichte der Geisteswissenschaft. 1915.
- GA 170: Das Rätsel des Menschen. Die geistigen Hintergründe der menschlichen Geschichte. 1916.
- GA 172: Das Karma des Berufes des Menschen in Anknüpfung an Goethes Leben. 1916.

– GA 201: Entsprechungen zwischen Mikrokosmos und Makrokosmos. Der Mensch – eine Hieroglyphe des Weltenalls. 1920.

– GA 202: Die Brücke zwischen der Weltgeistigkeit und dem Physischen des Menschen. 1920.

– GA 203: Die Verantwortung des Menschen für die Weltentwickelung. 1921.

– GA 205: Menschenwerden, Weltenseele und Weltengeist – Erster Teil: Der Mensch als leiblich-seelische Wesenheit in seinem Verhältnis zur Welt. 1921.

– GA 206: Menschenwerden, Weltenseele und Weltengeist – Zweiter Teil: Der Mensch als geistiges Wesen im historischen Werdegang. 1921.

– GA 208: Anthroposophie als Kosmosophie – Zweiter Teil: Die Gestaltung des Menschen als Ergebnis kosmischer Wirkungen. 1921.

– GA 212: Menschliches Seelenleben und Geistesstreben im Zusammenhange mit Welt- und Erdentwickelung. 1922.

– GA 214: Das Geheimnis der Trinität. 1922.

– GA 217: Geistige Wirkenskräfte im Zusammenleben von alter und junger Generation. Pädagogischer Jugendkurs. 1922.

– GA 217 a: Die Erkenntnis-Aufgabe der Jugend. 1920-1924.

– GA 218: Geistige Zusammenhänge in der Gestaltung des menschlichen Organismus. 1922.

– GA 222: Die Impulsierung des weltgeschichtlichen Geschehens durch geistige Mächte. 1923.

– GA 234: Anthroposophie – Eine Zusammenfassung nach einundzwanzig Jahren. 1924.

– GA 237: Die karmischen Zusammenhänge der anthroposophischen Bewegung. 1924.

– GA 254: Die okkulte Bewegung im neunzehnten Jahrhundert und ihre Beziehung zur Weltkultur. 1915.

– GA 271: Kunst und Kunsterkenntnis. Grundlagen einer neuen Ästhetik. 1888-1921.

– GA 293: Allgemeine Menschenkunde als Grundlage der Pädagogik. 1919.

– GA 294: Erziehungskunst. Methodisch-Didaktisches. 1919.

– GA 295: Erziehungskunst. Seminarbesprechungen und Lehrplanvorträge. 1919.

– GA 298: Rudolf Steiner in der Waldorfschule. 1919-1924.

– GA 299: Geisteswissenschaftliche Sprachbetrachtungen. 1919-1920.

– GA 300: Konferenzen mit den Lehrern der Freien Waldorfschule in Stuttgart 1919 bis 1924. 3 Bände.

– GA 302: Menschenerkenntnis und Unterrichtsgestaltung. 1921.

– GA 302 a: Erziehung und Unterricht aus Menschenerkenntnis. 1920, 1922 und 1923.

– GA 303: Die gesunde Entwickelung des Menschenwesens. 1921-1922.

– GA 305: Die geistig-seelischen Grundkräfte der Erziehungskunst. Spirituelle Werte in Erziehung und sozialem Leben. 1922.

– GA 306: Die pädagogische Praxis vom Gesichtspunkte geisteswissenschaftlicher Menschenerkenntnis. 1923.

– GA 307: Gegenwärtiges Geistesleben und Erziehung. 1923.

– GA 308: Die Methodik des Lehrens und die Lebensbedingungen des Erziehens. 1924.

– GA 312: Geisteswissenschaft und Medizin. 1920.

– GA 317: Heilpädagogischer Kurs. 1924.

– GA 321: Geisteswissenschaftliche Impulse zur Entwickelung der Physik II. 1920.

– GA 322: Grenzen der Naturerkenntnis und ihre Überwindung. 1920.

– *Ausführungen* (1982) Rudolf Steiners zum Verständnis des dritten Jahrsiebts in seinem allgemeinen Vortragswerk. Hg. von E. und H. Huber-Reebstein, Manuskriptdruck, 2 Bände. Stuttgart.

– *Das dritte Jahrsiebt* (1977): Ausführungen Rudolf Steiners in seinen pädagogischen Vorträgen. Zusammengestellt von H. Rebmann, hg. von der Pädagogischen Foschungsstelle, Manuskriptdruck. Stuttgart.

STERN, CLARA UND WILLIAM (1965): Die Kindersprache. ⁵Darmstadt.

STERN, WILLIAM (1923 a): Differenzielle Psychologie. ³Leipzig.

– (1923 b): Die menschliche Persönlichkeit. Bd. II: Person und Sache. Leipzig.

STEVENSON, JAN (1989): Wiedergeburt. Kinder erinnern sich an frühere Erdenleben [Children who remember previous lives, University Press of Virginia]. Grafing.

– (1992): Reinkarnation. [20 Cases Suggestive of Reincarnation]. ⁶Braunschweig.

STIBBE, MAX (o.J.): Menschentypen. Manuskript-Vervielfältigung. o.O.

STIERNON, DANIEL S. J. (1975): Geschichte der ökumenischen Konzilien. Bd. 5: Konstantinopel 4. Mainz.

STOCKMEYER, E. A. KARL (1976): Angaben Rudolf Steiners zum Lehrplan für die Waldorfschulen. Manuskriptdruck. Stuttgart.

STONE, L. JOSEPH / CHURCH, JOSEPH (1978): Kindheit und Jugend. Einführung in die Entwicklungspsychologie. Stuttgart.
Bd 1: Geburt, Säugling, Gesetze der psychischen Entwicklung, Kleinkind. Bd. 2. Vorschulkind. Mittlere Kindheit. Der Jugendliche. Herausbildung der erwachsenen Persönlichkeit. Störungen der Entwicklung.

STRAUS, ERWIN (1960): Psychologie der menschlichen Welt. Gesammelte Schriften. Darin: Die aufrechte Haltung. Eine anthropologische Studie. Berlin.

STRAWE, CHRISTOPH (1986): Anthroposophie und Marxismus. Stuttgart.

STRUNK, PETER (1976) in Harbauer et al.

STRUNZ, KARL (1951): Zur Methodologie der psychologischen Typenforschung. In: Studium Generale IV, 7.

SUCHANTKE, ANDREAS (1982): Zerstörung: Ende oder Chance zu Neubeginn. In: Die Drei 12.

– (1985): Der Beitrag der Verhaltensforschung zum Selbstverständnis des Menschen. In: Schad: 1985.

TANNER, J. M. (1962): Wachstum und Reifung des Menschen. Übers. von K. H. Weber. Stuttgart.

TAUSCH, REINHARD U. ANNE-MARIE (1991): Erziehungspsychologie. Begegnung von Person zu Person. [10]Göttingen.

TEICHMANN, FRANK (1990): Die Kultur der Empfindungsseele. Ägypten – Texte und Bilder. Ein Beitrag zur historischen Menschenkunde. Stuttgart.

– (1975): Der Ka – ein Wesensglied des Menschen in altägyptischer Auffassung. In: Die Drei 7/8.

– (1987): Die Entstehung des Entwicklungsbegriffs in der Goethe-Zeit. In: Die Drei 7/8.

TEMPERAMENTAL DIFFERENCES IN INFANTS AND YOUNG CHILDREN. Ciba Foundation Symposion 89. London 1982.

THOMAE, HANS (1959): 50 Jahre Längsschnittforschung: Ein Beitrag zur Trendanalyse der Entwicklungspsychologie. In: Montada, L. (Hg.): Brennpunkte der Entwicklungspsychologie. Stuttgart 1959.

THOMAS, ALEXANDER (1981): Currents Trends in Developmental Theorie. In: American Journal of Orthopsychiatrie, Nr. 51.

TITTMANN, MARTIN (1962): Deutsche Sprachlehre der Volksschulzeit. Menschenkundlich begründet nach Anregungen Rudolf Steiners. Stuttgart.

TRAMER, M. (1964): Lehrbuch der allgemeinen Kinderpsychiatrie einschließlich der allgemeinen Psychiatrie der Pubertät und Adoleszenz. [4]Basel/Stuttgart.

TREICHLER, MARKUS (1989): Kunst und Krankheit. Die Odyssee des Jakob van Hoddis. In: Die Drei, Nr. 3.

TREICHLER, RUDOLF (1981): Die Entwicklung der Seele im Lebenslauf. Stufen, Störungen und Erkrankungen des Seelenlebens. Stuttgart.

– (1987): Friedrich Hölderlin. Leben und Dichtung – Krankheit und Schicksal. Stuttgart.

TUMLIRZ, OTTO (1927): Einführung in die Jugendkunde. Leipzig.

ULLRICH, HEINER (1986): Waldorfpädagogik und okkulte Weltanschauung. Eine bildungsphilosophische und geistesgeschichtliche Auseinandersetzung mit der Anthropologie Rudolf Steiners. Weinheim/München.

VESTER, FREDERIC (1975): Denken, Lernen, Vergessen. Was geht in unserem Kopf vor, wie lernt das Gehirn, und wann läßt es uns im Stich? Stuttgart.

VOGEL, LOTHAR (1992): Der dreigliedrige Mensch. Morphologische Grundlagen einer allgemeinen Menschenkunde. [3]Dornach.

WADLER, ARNOLD (1988): Der Turmbau von Babel. Urgemeinschaft der Sprachen. ²Wiesbaden.

WAGNER-WINTERHAGER, LUDWIG (1990): Jugendliche Ablösungsprozesse im Wandel des Generationenprozesses: Auswirkungen auf die Schule. In: DDS.

WAMBACH, HELENE (1986): Leben vor dem Leben. München.

WATSON, J. B. (1968): Behaviorismus. Hg. v. C. F. Graumann. Köln.

WEBER, MAX (1972): Gesammelte Aufsätze zur Religionssoziologie. 3 Bände. ²Tübingen.

– (1964): Wirtschaft und Gesellschaft. Grundriß der verstehenden Soziologie. Köln/Berlin.

WEHR, GERHARD (1986): Heilige Hochzeit. Symbol und Erfahrung menschlicher Reifung. München.

WEIDENMANN, BERND/ KRAPP, ANDREAS et al. (Hg. 1986): Pädagogische Psychologie. München/Weinheim.

WEIZSÄCKER, VIKTOR V. (1973): Der Gestaltkreis. Theorie der Einheit von Wahrnehmen und Bewegen. Frankfurt.

WIECZERKOWSKI, WILHELM / ZUR OEVESTE, HANS (Hg., 1982): Lehrbuch der Entwicklungspsychologie. 3 Bände. Düsseldorf.

WIESBERGER, HELLA (1975): Rudolf Steiners Lebenswerk in seiner Wirklichkeit ist sein Lebensgang. In: Beiträge zur Rudolf Steiner Gesamtausgabe, Nr.49/50.

WILLMANN, OTTO [1894 ff]: Geschichte des Idealismus. In: Werke Bd. 8 u. 9, Nachdruck Aalen 1980.

WILMAR, FRITS (1979): Vorgeburtliche Menschwerdung. Eine Betrachtung über die menschliche frühembryonale Entwicklung. Stuttgart.

WITZENMANN, HERBERT (1980): Die Philosophie der Freiheit als Grundlage künstlerischen Schaffens. Dornach.

– (1983): Strukturphänomenologie. Ein neues wissenschaftstheoretisches Konzept. Dornach.

– Intuition und Beobachtung. Stuttgart.
   Bd. 1 (1977): Die Erfassung des Geistes im Erleben des Denkens.
   Bd. 2 (1978): Befreiung des Erkennens – Erkennen der Freiheit.

WOHLWILL, J. F. (1977): Strategien entwicklungspsychologischer Forschung. Stuttgart.

ZALESKI, CAROL (1993) Nah-Todeserlebnisse und Jenseitsvisionen vom Mittelalter bis zur Gegenwart. Frankfurt/Leipzig.

ZELLER, WILFRIED (1964): Konstitution und Entwicklung. Anthropologie und Psychologie der Kindheit und Jugend. ²Göttingen.

ZELTNER, HERMANN (1966): Ideologie und Wahrheit. Zur Kritik der politischen Vernunft. Stuttgart.

ZEYLMANS VAN EMMICHOVEN, F. W. (1979): Die menschliche Seele. ³Basel.

ZIMMER, DIETER E. (1987): Tiefenschwindel. Die endlose und die beendbare Psychoanalyse. Reinbek.

ZIMMERMANN, ROLF (1987): Wandervogel und Anthroposophie. In: Das Goetheanum, Nr. 34/35.

ZINNECKER, JÜRGEN (1981): Accessoires. Ästhetische Praxis und Jugendkultur. In: Eine Studie, eine Tagung, Reaktionen. Hg. vom Jugendwerk der Deutschen Shell, Redaktion Arthur Fischer, Margot Lang, Leverkusen.

ZUR MENSCHENKUNDE DER OBERSTUFE (1981). Gesammelte Aufsätze. Hg. von der Pädagogischen Forschungsstelle des Bundes der Freien Waldorfschulen. Manuskriptdruck Stuttgart.

Stichwortverzeichnis

Nicht aufgenommen wurde der Name Rudolf Steiner; ferner blieben Anhang, Anmerkungsteil und Literaturverzeichnis unberücksichtigt.

137, 164, 202, 252, 280, 287, 435 f.,
448 f., 452 ff.
Erinnerungswelt
– Diskriminierung 402
Erinnyen 295
«Erkenne dich selbst» 303
Erkennen, Erkenntnis 23 f., 26, 29,
34 f., 40, 104, 110, 140, 163, 218,
261, 269, 310, 338, 365, 389, 406 f.,
434, 439, 441, 449, 506
– Akt 434, 458
– Ausweitung 241
– Bemühung 269
– Erweiterung 516
– Grenzen 34, 388
– Grundlagen 16
– höhere Stufen 61, 163
– Impulse 425
– Interesse 19, 65
– Kräfte 517
– Leben 440
– Prozeß 431, 433, 435, 449 ff.,
454, 459
– übersinnliche 516
Erkenntnissinne 439
Erkenntniswissenschaft 22
Erleben, Erlebnisse 39, 104, 337 f.,
352, 360, 369, 461
Erlebensweisen 354, 418
Erlebnishunger 486
Ermüdung, schnelle 412
Ernährung 253, 335
– seelische 270
Ernährungsprozesse 251
Erregbarkeit 110, 138, 324
Ersatz-Ich 522
Erscheinung und Idee 49
Erwachen 86 f., 89
«Erweckung» 164, 358
Erzählen 325, 344
Erziehungsfähigkeit des Menschen
334

Ethik, Ethisches 502
– rationalistische 339
ethische Begegnung 304
Eumeniden 295
Euripides 295
Eurythmie 307, 329
Evidenz 104, 111, 185, 191, 203
Evolution, Evolutionslehre 31 ff.,
50 f., 172, 356 f., 373 f.
Evolutionsbiologie 339
Existenzgefühl 401
Extremitäten 49, 347, 397
exzentrische Positionalität 19, 190,
367
Eysenck, H. J. 470

Fähigkeiten 54, 156, 189 f., 209 f.,
213, 239, 280, 318, 335, 407, 516
– künstlerische 344
– soziale 343
Falsifizierbarkeit, falsifizieren 66
Farben 127, 258, 421, 430 f., 434, 440
– des Astralleibes 508 f.
– Nuancen 439
– Unterscheidung 437
– Wirkung 317
Farbwahrnehmung
– übersinnliche 509
Feeling of knowing 289
Fegefeuer 475
Feinmotorik 404, 413
Feldmessen 414, 511
Fernsehen 518
Fettsäuren 386 f.
Fichte, I. H. 55, 58, 60, 78 ff., 92 ff.,
130, 158, 199, 369, 524
Fichte, J. G. 28, 78, 168, 299, 319
Finger 234, 244, 460
Finsternis 92, 175
Form 96
formale Operationen 448
Formenzeichnen 307, 329

Menschenkunde und Erziehung

Schriften der Pädagogischen Forschungsstelle
beim Bund der Freien Waldorfschulen

Verlag Freies Geistesleben

Menschenkunde und Erziehung

Schriften der Pädagogischen Forschungsstelle
beim Bund der Freien Waldorfschulen

Verlag Freies Geistesleben

Menschenkunde und Erziehung

Schriften der Pädagogischen Forschungsstelle
beim Bund der Freien Waldorfschulen

Verlag Freies Geistesleben

Menschenkunde und Erziehung

Schriften der Pädagogischen Forschungsstelle
beim Bund der Freien Waldorfschulen

Verlag Freies Geistesleben

Menschenkunde und Erziehung

Schriften der Pädagogischen Forschungsstelle
beim Bund der Freien Waldorfschulen

Verlag Freies Geistesleben